종교개혁사

펭귄 교회사 시리즈 **3**

종교개혁사

오언 채드윅 / 서요한 옮김

크리스챤
다이제스트

OWEN CHADWICK

The Reformation

차례

제 1 부

항거

제 2 부

반동 종교개혁

제 3 부

종교개혁과 교회 생활

제1부

항거

제 1 장

개혁을 위한 외침

개혁의 이상

16세기 초 서구 교회와 관련이 있었던 모든 사람들은 개혁을 위해 외치고 있었다. 한 세기 이상 동안 서구 유럽의 '수뇌부와 구성원들'(in head and members)은 교회의 개혁을 찾고 있었지만 이를 찾는데 실패하였다.

만일 당신이 사람들에게 그들이 교회가 개혁이 필요하다는 것을 말할 때 그 의미하는 바가 무엇인지를 물었다면, 그들이 의견 일치를 보는 것이 쉽지 않다는 것을 발견했을 것이다. 많은 주임신부들은 그들의 교구 안에서 살거나 일하지 않았다. 그러나 그들이 다른 곳에서 일하면서 여전히 그 교구의 봉급을 받는 것을 허용하는 것에 대해서는 아주 그럴듯한 이유가 있을 수 있다. 교황의 법은 교회와 국가의 많은 문제들에 있어서 간섭하였고, 대부분의 사람들은 교황의 권위를 제한할 필요성에 대해서 말하였다. 그러나 그들 가운데 어떤 이들은 그들의 영토 안에 있는 교회를 다루기 위해 교황의 도움을 필요로 했고, 영주들이나 주교들이 엄격한 교회법의 적용을 피할 수 있는 돌파구로서, 즉 실행자로서 교황의 절대 권력을 이용하였다.

모든 사람들이 교회 안에서 주교직이나 혹은 교구 사제직 직분을 사고 파는 것이 통탄스럽다고 항의하였다. 그것은 성직매매로 알려진 죄이다. 그러나 예배의식 입장료를 지불하는 것은 과세의 한 형태나 변호사 비용을 지불하는 것으로 변호될 수 있었다. 우스터(Worcester)의 주교는 계속 거주

한 이탈리아인이어야 하고, 로마 법정의 행정상의 의무에 관여해야 한다는
것은 처음 보기에는 불명예스러운 것이었다. 그러나 잉글랜드(England)의
왕은 교황청(Vatican)에 교회 대리인을 필요로 했는데 잉글랜드의 교구청
(English ecclesiastical office)이 그의 봉급을 지불해야만 하는 것은 사리에
맞지 않았다. 한 정직한 사람이 남용이라고 생각하는 것을 또 다른 정직한
사람은 이에 대하여 변호하는 입장에 있었다.

　모든 사람들이 개혁을 원했거나 개혁을 원한다고 고백했다. 그러나 어떻
게 개혁을 하고 무엇을 개혁해야 하는가는 분명치 않았다. 어떤 개혁자들
의 힘은 새로운 종교적인 단체를 만들거나 기도와 학문의 소모임들을 만
드는 쪽으로 흘러갔다. 주교들은 무지한 자들을 서품하는 것에 대하여 보
다 엄격해지거나 수도사들과 수사신부들이 그들의 규율에 따라 살도록 강
요하려고 노력하였다. 그러나 행정상의 수준에서 개혁을 위한 탐색은 갈
곳을 알지 못하는 절뚝발이처럼 절름거렸다.

　1512년부터 1517년까지 에큐메니컬(Ecumenical)이라고 불리운(이탈리아
사람들을 제외하면 소수만이 참석했지만) 대공의회(a great Council of the
Church)가 로마의 라테란 성당(Lateran church)에서 개회중이었다. 그곳의
참석자들은 길고 뛰어난 연설에 귀를 기울였으며 많은 시간 동안 자리를
지켰다. 그들은 수많은 논제들 가운데 분열과 이단을 멈추게 해야 한다는
것과, 터키 사람들(the Turks)이 기독교 국가들에 위험이 된다는 점, 그리고
주교들이 수도사들보다 더 많은 권력을 가져야 한다는 점, 합법적인 권위
에 의하지 않고서는 어느 누구도 설교할 수 없다는 것, 로마의 폭도들이
교황이 죽었을 때 추기경들의 집을 약탈해서는 안된다는 것, 교수들은 강
의할 때에 영혼불멸의 진리를 세워야 한다는 것, 불건전한 책들의 인쇄는
중단되어야 한다는 것에 동의하였다. 개혁성향이 짙은 사람들은 이러한 결
론들이 교훈적이라고 생각할 수도 있었다. 그러나 어떤 이들은 공의회의
법령집에서 막연하고 알기 어려운 국면의 성취, 즉 '수뇌부와 구성원들 안
에서의 개혁'을 최소한 인식할 수도 없었다.

　유럽 전체에 확산된 교회가 개혁되어야 한다는 느낌은 아주 다양했다.

이탈리아 주교들에게 있어서 개혁은 교황청의 입법기구가 머리가 크다는 것, 추기경들의 권력이 커졌기 때문에 축소되어야 한다는 것을 의미할 수 있었다. 설교하는 수도사들에게 있어서 그것은 그 회중들의 생활이 기독교의 거룩함의 이상에 의해 판단될 때 악하다는 것을 의미할 수 있었다. 세속적인 변호사들에게 있어서 그것은 교회 법정과 교회의 면제가 효과적인 행정을 위해서는 참을 수 없는 걸림돌이라는 것을 의미할 수 있었다. 성직자들에게 있어서 그것은 삐걱거리고 귀찮은 성직자의 관료주의의 기구 가운데서, 교회 조세의 부담이 능률적이나 부담이 된다는 것, 반면에 하나님이나 사람의 왕국이 그 수입으로부터 이득을 얻고 있든지 아니든지 교황의 자리다툼이나 정치나 실정(失政)의 긴 역사가 사람들을 회의적으로 만들었다는 것을 의미했다.

결혼에 대한 성경적인 명령에서 나온 면제가 유용해야 한다는 것이 옳은지, 그리고 만일 옳다면, 그 면제를 얻기 위해 값비싼 대가를 치르는 것이 옳은 것인가? 그것이 부자들을 위한 한 법과 가난한 자들을 위한 또 다른 법과는 동등하지 않았는가? 돈을 가진 사람은 사순절 전 셋째 일요일과 성회(聖灰) 수요일 사이에 결혼할 수 있는 허락을 얻을 수 있고, 돈이 없이는 그렇게 할 수 없는 것이 옳은가? 왜 로마에 집중된 행정부가 성직 임명에 있어서, 특별히 행정부가 거기에 딸린 사람들의 이익을 위해 그 권력을 사용하는 것처럼 보일 때, 지방 후원자들의 권리를 차지하는 힘을 가져야만 하는가?

중죄를 범한 성직자가 세속 행정관의 보통 판결로부터 면제되어야만 하는 것이 정의인가? 정부가 터키의 침입으로부터 영토를 지키기 위해 긴급하게 돈이 필요할 때, 성직자들이 기부하는 의무로부터 면제되기 위해 정부의 막대한 기증을 요구해야만 하는 것이 상책인가? 빚을 수금하기 위해 파문이라는 가혹한 무기가 휘둘러지고 사소한 이유 때문에 사람들이 절망으로 내몰려야만 하는 것이 교회의 영적인 징계의 가치가 있는가? 비거주 주임신부는 성직록의 봉급으로 안락하게 사는 반면에 교구의 보좌신부는 왜 굶주려야 하는가? 세속화된 — 싸움질하고, 술 취하고, 간음한, 성직을 맡기에 적합하지 않은 — 성직자들이 너무 많지 않은가? 현 교회는 돈을 지불할 수 있는 누구에게나 그 아름다움을 파는 창녀가 아닌가(만일 비평가가 극단적이라면, 아마도 강단에서)?

성직자들이 개혁에 대해서 말할 때, 그들은 거의 항상 행정적인 면과 법률적·도덕적 개혁을 생각하고 있었으며, 교리적인 개혁은 거의 생각하지 않았다. 그들은 교황의 교리가 잘못이라고는 생각지 않았다. 그들은 비효율, 부정이득, 불법, 속된 마음, 그리고 부도덕을 낳는 법률제도와 관료주의를 생각했다. 만일 그들이 교육받은 르네상스의 인문주의자들이었다면 이러한 욕구는 때때로 지적 진보를 위한 구실과 섞여졌을 것이다. 그들은, 교황들과 주교들이 덜 세속화되고, 수도사들은 그들의 규율을 실천하며, 교구성직자는 더 교육받기를 원했다. 그들은 때때로 인간과는 덜 동떨어져야 하고 복음에는 더 충실해야 하는 신학, 덜 외형적이지만 주님의 가르침에는 더 가까운 신앙을 말했다. 그러나 이 목표를 이루기 위해서 그들은 교리에 있어서의 변화라 불릴 수 있는 어떤 것의 욕구나 기대를 갖지 않았다.

비록 확산되어있지만 가끔 막연히 개혁이 필요하다는 인식이 개개의 경우로부터 힘을 끌어냈다. 술집에서 공공연하게 술에 취한 것이 목격된 한 사제는 비난받지 않고 그의 직무를 계속하는 것이 허용되었고, 추문의 악명은 높아갔으며, 사제들이 술 취하는 것을 바로잡는 기강이 강화되어야 한다는 것이 거의 인지되지 않았다. 수도원과 재산문제로 소송 중인 일부 단체는 재판장이 요원한 판결을 쓸모 없게 할 때에도 시간과 돈을 사용하지 않고서는 해결이 불가능하다는 것을 발견했다. 살인죄를 범한 것으로 알려진 한 성직자는 빵과 물로 지낼 만한 감옥으로 도피한 것으로 드러났다. 교구사제는 공공연하게 첩을 두었지만 비난받지 않았다. 라틴어 지식이 전혀 없는 무식자가 사제직에 서품되었고, 제단에서 그의 기도를 통해 무의식적으로 중얼거리는 소리만 들려왔으며, 교구민들은 다른 곳 같으면 주교들이 서품해 줄 유식하고 독실한 사람들에 대해서 아무것도 알지 못했다. 너무 많은 추문들, 너무 많은 불편함들, 너무 많은 불법들, 개선되지 않거나 고칠 수 없는 너무 많은 비효율 — 이러한 것들이 개혁을 위한 성직자와 정치인의 외침에 대하여 힘을 실어주었다.

그 때 대중들의 마음 속에 있는 첫번째 질문은 "가톨릭 교회의 가르침은 사실인가?"라는 질문이 아니었다. 그 가르침은 지난 긴 세기들 동안에 걸쳐서 바꾸어지지 않았다고 믿어졌다. 보헤미아에는 억압받지 않은 권위를 행사하는 후스파 이단자들이 있었다. 영국의 시골 지역과 알프스 계곡 등지에는 숨어 지내는 롤라드파(Lollards)나 발도파(Waldensians)의 모임들이 있었고, 독일에는 성경을 연구하고, 사람들이 상상했던 것처럼, 선동과 신성모독을 하는 거친 잡다한 집단을 형성하는 생소한 몇 개의 모임들이 있었다. 개혁을 위한 외침은 이러한 비밀스런 불평들에 대한 격려가 아니라 억압을 의미했다.

명백한 남용들의 많은 경우는 성직자들의 가장 높은 기준에 의한 남용이었으나 주(state)나 백성들의 군주에게는 유용했다. 국왕 헨리 8세의 주치의인 리네이커(Linacre)는 네 개 교구의 주임신부였고, 세 개 대성당의 성당 참사회원이었으며, 그리고 그가 사제로 서품을 받기 전에 요크민스터(York Minster)의 성가대 선창자였다. 그는 이같은 갖가지 주임신부와 성당 참사회원의 수입에 더하여 그의 의료봉사에 대한 급료를 지급받고 있었다.

아마도 교회보다는 국가의 부패는 더 많았다. 왕은 교황보다도 더 많은 책임을 졌다. 왕은 만일 그가 잘 섬김을 받는다면 그의 관리들을 부유하게 보답해야만 한다. 교회가 모든 국가들의 부(富)의 큰 부분을 차지하고 있기 때문에 왕은 오직 그의 관리들을 교회의 직무에 앉힐 때 그들 중 많은 사람들을 보답할 수 있었다. 프랑스의 위대한 외교관 앙투안 뒤 프래(Antoine du Prat)는 상스(Sens)의 대주교직에까지 올랐는데 그의 장례행렬 때 처음으로 그의 대성당에 들어갔다. 주교들은 가끔 사제로서보다는 알랑거리는 신하로서 더 뛰어났다. 프랑스 왕 루이 12세가 1509년에 이탈리아에 입국할 때, 세 명의 프랑스 추기경, 두 명의 대주교, 다섯 명의 주교, 그리고 페캉(Fecamp)의 대수도원장이 그와 동행했다. 왕의 양심으로는 이 기라성 같은 무리들이 참석한 것은 당연시 되었다.

16세기의 2/4 분기 동안 프랑스 남부의 랑그독 지방에 22명의 주교들이 있었는데, 단지 5, 6명만이 그들의 관할구역에 거주하였다. 독직(瀆職)은 그것이 왕의 독직일 때 교회에서 비난받아 마땅했다. 그러나 성직자들의 이익을 위해 성직자들에 의해 저질러질 때 권력남용은 더 나빴다. 성직자들은 전체 양심의 수호자들이었다. 탐욕을 금하고, 가난을 정당히 여기고, 고리대금 업자와 성직 매매자와 간음자를 비난하는 것, 만일 왕들이 개전의 정을 보이지 않고 죽음을 면키 어려운 죄에 빠지면 왕들까지도 파문하고, 공의롭게 행하며 긍휼을 사랑하고, 하나님 앞에서 겸손히 행하는 것이 그들의 의무였다.

이러한 목적들을 위해 그들의 강단은 신성했다. 만일 개혁이 필요했고, 모든 사람들이 그렇게 동의했다면, 그 필요성을 선포하고 이 세상이 아직은 교회에 속해 있다는 것을 행동과 실례로 보여주는 것이 성직자들의 의무였다. 그들은(그들은 믿기에) 그리스도나, 왕들과 군주들 위에 있는 콘스탄티누스에 의해 세워진 교황을 올려다 보았고, 교황이 그의 말로써 사람들에게 평화와 정의와 고결함을 가져다 줄 수 있다고 기대했다.

어느 교황도 — 심지어 힐데브란트(Hildebrand) 혹은 인노켄티우스 3세조차도 — 이러한 느슨하고 무지한 열망을 만족시키지 못했다. 200년 동안 교황의 힘은 왕들의 권력 앞에서 약해져 갔다. 비록 기독교국(Christendom)은 여전히 군대를 명령할 수 있는 이상이지만, 그 군대들은 한 때 이교도들로부터 팔레스타인을 정복하기 위해서 모였던 십자군에 비교하면 작은 군대에 불과했다. 기독교국의 양심은 1525년 이후 가장 기독교도다운 프랑스 왕이 터키 사람들과 동맹하는 것을 목격했을 때 충격을 받았고, 교황 알렉산더 6세가 그러한 협상을 행한 첫번째 기독교 통치자 가운데 있었을 때 충격을 받았다. 그러나 그 충격은 크지 않았다. 비록 사람들이 여전히 기독교국을 믿었고 교황이 기독교국의 머리가 되기를 여전히 기대했지만, 그들은 정치적인 지도력을 그들의 국가와 군주에게서 찾았다.

200년 동안 왕들과 정부들은 그들의 영토 안에서 교황의 권위를 제한하고, 그 목적들에 적합한 범위들 내에서 그의 권력을 한정하며, 주교들을 임명하는 효과적인 권리를 지켜왔다. 교황의 권위는 여전히 광범위했다. 서구 유럽의 모든 통치자들은 여전히 그것을 고려해야 했다. 라틴 기독교국의 법률제도는 교황의 재판에 계속 의존했다. 그리스도의 대리자(vicar of Christ)와 기독교 사회의 머리로서의 위세는 사람들 사이에서 혼란스러운 동의와 존경을 계속 강요했다. 그러나 유럽의 국가들은 교회의 권위를 제한하고 있었다. 교황이 교회를 개혁하기를 기대하는 것은 그가 행할 능력을 거의 갖지 않은 기적을 기대하는 것이다. 그는 모범이나 혹은 영향력이나 혹은 가르침에 의해 개혁에 대한 자극을 제공할 수는 있었을 것이다. 그러나 그가 명령할 수 있을 때 — 그가 명령하기를 원했다고 가정할 그 시대는 지나고 있었다.

교황의 명성은 가끔 사회적이고 교리적일 뿐만 아니라 도덕적이었다. 1500년에서 1517년 사이에 그것은 완전히 사회적이고 교리적이었다. 알렉산더 6세 보르지아, 율리우스 2세, 그리고 레오 10세 치하에서 다른 주교직들처럼 성 베드로의 권좌가 비록 세속 정치인들에게 불편한 자리지만 수지가 맞는 자리로 보여졌다. 교훈과 실제 사이의 대비를 보지 않는 것은 앞을 보지 못하는 것이다. 불경한 팜플렛 저자(아마도 에라스무스)는 교황 율리우스 2세가 천국의 문에서 들어가려 했을 때의 대화를 묘사했다:

율리우스:빨리 문을 열어라. 만일 네가 너의 의무를 다했다면, 너는 천
　　　　 국의 성대한 의식으로 나를 맞이했을 것이다.
성 베드로:당신은 명령하기를 좋아하는 것 같군요. 당신이 누구인지를
　　　　　 나에게 말하시오.
율리우스:물론, 너는 나를 인정하지!
성 베드로:내가요? 나는 당신을 전에도, 그리고 내가 괴상한 모습을
　　　　　 발견한 그 순간에도 본 적이 없어요.
율리우스:너는 눈이 멀었음에 틀림없다. 너는 분명히 이 은열쇠를 인
　　　　 정할꺼다 … 나의 3중관과 보석이 달린 휘장을 보라.
성 베드로:나는 은열쇠를 봅니다. 그러나 그것은 교회의 참된 목자 되

신 그리스도께서 나에게 주신 그 열쇠들과는 조금도 같아
보이지 않소 …

유럽은 교황 율리우스 2세가 이탈리아 북부에서 그 자신이 교황 군대의
맨 앞에 나서는 것과, 그리스도의 대리자가 옆구리에 칼을 차고 머리에 투
구를 쓰고 그의 장수가 획득한 미란돌라(Mirandola)의 요새에서 성벽의 틈
새로 기어오르는 것을 보고 놀랐다. 그가 무정부 상태로부터 교황령(Papal
States-역자주: 1870년까지 교황이 지배한 중부 이탈리아 지역)을 구했다는 것, 성
베드로 성당의 기초를 놓게(1506년 4월 18일) 했다는 것, 라파엘로에게 벽
화를 그리고, 또한 미켈란젤로에게 시스틴 성당의 천장 벽화를 그리게 한
것 — 이러한 일들은 현재의 도덕적 판단의 기준으로 볼 때에는 아무것도
아니었다.

그의 사역은 이탈리아 사람의 사역으로, 그리고 르네상스의 한 위대한
군주의 사역인 것처럼 보였지 국제적이고 도덕적인 권위의 사역은 아니었
다. 1510년에 투르(Tours)에서 있었던 프랑스 신학 박사들의 한 위원회는
그들이 그 문제에 대해서 열정적으로 토론을 벌이고 있다는 사실을 깨달
았다: 교황의 군대에 의한 공격에 저항하는 한 왕에 대하여 교황이 선언한
파문의 가치가 무엇인가?

수 세기 동안 사람들은 술과 음탕한 노래로 모독하였고, 그들의 술친구
들을 위해 즉흥적으로 노래를 지었다. 이제 이러한 오락은 더 이상 술집에
만 제한되지 않았다. 그러한 것들은 일반 대중들이 즐기는 것이며, 존경할
만하고 교육받은 사람들의 읽을거리며 흔히 하는 것들이 되어가고 있었다.

중세 시대의 청교도들은 거의 모든 악의 뿌리가 돈에 있다고 보았다. 그
리고 아마도 종교적인 이상과 교회의 실제 사이의 가장 고통스런 대비는
바로 이 점에 있었다. 아시시의 성 프란체스코(St Francis of Assisi)나 토마
스 아 켐피스(Thomas à Kempis)를 따르는 경건한 사람들이나 중세교회의
셀 수 없는 수많은 다른 사람들은 여전히 청빈(poverty)이 도덕적인 열심
의 가장 높은 부분이라고 믿었다. 그러나 그들은 더 이상 가난한 사람들을

존경하지 않았다. 거룩한 거지는 더 이상 무조건의 칭찬의 대상이 아니었는데, 부분적으로는 경험이 많은 사기꾼들을 보여주었기 때문이었지만, 부분적으로는 사회적이며 경제적인 변화의 현실 속에서 도덕적인 이상이 변화되고 있었기 때문이었다.

그러나 믿음이 깊은 사람들은 여전히 청빈과 세속으로부터의 초연함의 옛 이상을 생각했다. "사라질 부를 추구하고 그것들을 의지하는 것은 헛되다. 관직을 추구하고 높은 직위에 올라가려는 것도 헛되다. 육체의 욕구를 따르는 것도 헛되다. … 장수를 바라는 것도 헛되다. … 신속히 지나가버리는 것을 사랑하고, 영원한 기쁨이 있는 곳에 서둘러 가지 않는 것도 헛되다"(그리스도를 본받아 I, 1).

도덕적 이상은 다른 세상의 것이었고, 여전히 수도원적이거나 준 수도원적이었다. 그러나 그리스와 로마의 재발견된 문학의 샘으로부터 깊이 들이마시고, 이 세상에 있는 즐거움으로 채워지고, 커져가는 부의 사회 속에서 자신들을 발견한 지식인들, 중류층, 인문주의자들은 이상과 자신들이 속한 일상생활 사이의 모순과 불일치를 인식했다. 과거로부터 물려받은 옛날의 가치들은 현재의 물질적이며 지적인 추구와 갈등관계에 있었다.

악의 뿌리인 돈, 그리고 여전히 교회의 성직록(聖職祿)은 평신도들에게는 너무 자주 황금을 쌓는 형태로 보였다. 그리고 돈의 영역에 있어서, 성직의 좋은 생활을 위한 기회에 있어서, 로마는 많은 관찰자들에게 아주 좋은 것처럼 보였다. 교회 안에서 모든 것이 비판자들이 과장해서 말했지만 — 돈을 받고 팔렸다. 즉, 용서, 미사, 양초, 의식, 보좌신부, 성직록, 주교직, 교황직 그 자체 등 이었다. "만일 그리스도의 대리자들인 교황들이 그의 생애를 본받으려고 노력한다면 — 즉 그의 청빈, 노동, 교리, 십자가, 그리고 이 세상의 경멸 등 — 오늘날 그들의 주교직을 돈으로 사고 그것을 칼과 독약으로 방어하는 교황들과 같겠는가?"

에라스무스(Erasmus)는 1509년에, 루터(Luther)는 1511년에 로마에 있었는데, 그들 중 어느 누구도 그것을 전혀 좋아하지 않았다. 오랜 후 루터는 말했다: "나는 십만 플로린(florin)의 금화를 들이더라도 로마를 보는 것을 놓치지 않았을 것이다. 왜냐하면 그때 나는 교황에게 바르지 못한 것을 두려워했을 것이기 때문이다."

개혁이라는 단어는(그것은, 르네상스라는 단어와는 달리, 동시대 사람들에 의해 광범위하게 사용되었고 두 세기 이상을 사용되어 왔다) 보다 나은 것들을 위한 이 탐색이 특징상 그 양식과 기준에 대해 옛 것을 추구함에 있어서 중세적이었다는 것을 보여준다. 중세 후기의 모든 작가들은 장밋빛 유리를 통해 초대 교회를 보았다. 성자들의 삶에서 그들은 영웅적 행동과 사도적 열정을 읽었고, 그들 주위에 있는 일반 사람들보다 평범하거나 더 못한 성직자들을 보면서 그들은 성자들을 동경하며 무비판적으로 뒤를 돌아다 보았다. 한 때 황금시대가 있었다. 헌신, 열정, 신앙, 거룩한 사제들, 마음의 순결이 있었다. 그러나 이제 그 옛날의 황금시대는 눈치채지 못하게 은으로, 은에서 나무로, 나무에서 철로 퇴보했다. "잡동사니와 황금 사이처럼 우리들과 초대 교회의 사람들 사이에는 큰 차이가 있다." 이것은 15세기의 새로운 외침은 아니었다.

300년 전에 클레르보의 성 베르나르(St Bernard of Clairvaux)는 그가 죽기 전에, 사도들이 금과 은을 위해서가 아니라 영혼을 구하기 위해 그들의 그물을 던졌던 때인 옛날에 있었던 교회와 같은 교회를 보기 원했다. 그것은 중세 시대 설교자의 전형적인 간청들 가운데 하나였다. 많은 개혁자들은 콘스탄티누스 황제의 기증[교황 실베스터(Pope Sylvester)에게 준 땅과 세속적인 권위의 선물]에 의해 재앙이 초래되었으며, 기독교국의 황금시대는 교황이 부를 획득했을 때 파괴되었다고 생각했다.

15세기의 새로운 인문주의자들은 콘스탄티누스에 대한 그들의 태도에 있어서 덜 순진했는데, 그들 중의 한 사람인 교황의 비서였던 발라(Valla)는 그 기증 이야기가 나중에 위조된 작품이라는 것을 입증했다. 그러나 비록 희미한 비판적인 역사가 검은 현실과 하얀 과거에 대해 생각하는 것을 쉽지 않게 하지만, 에라스무스와 같은 유식한 인문주의자는, 만일 적당하다면, 거룩함과 순수함의 잃어버린 시대를 여전히 믿었다. 개혁은 항상 뒤를 돌아보았다.

100년 전에 경쟁했던 교황들의 요구는 성직자들로 하여금 우두머리와 구성원들에 있어서의 교회의 개혁을 계획하도록 하였다. 콘스탄스 공의회(Council of Constance, 1414-1418)와 바젤 공의회(Council of Basle, 1431-39)가 모여서 많은 결의안들을 승인했고, 그리고 의기양양하게 교황권에 있어서의 갈등을 끝냈다. 교회의 행정과 경건에 대한 개혁의 열망은 사건들과, 국가의 이익과 기득권의 무게에 의해 좌절되었다. 그러나 그들이 의도했던 것을 하지 못한 반면, 그들은 1500년까지 무장한 전사들로 자란 용의 이빨들(dragons' teeth)을 뿌렸다.

그러한 공의회들은 개혁의 이상에 그러한 운동을 제공하여서 그것은 결코 잊혀질 수 없었다. 그들은 솔직히 변화, 남용, 제안된 치료를 말하였고, 그리고 그들이 그때에 만족하지 못했던 이상주의를 강력하게 요구했다. 그들은 그것에 의해서 불만을 증가시켰다. 만일 그들이 그들의 실제적인 목적에서 실패했더라도, 그들은 들떠있고, 비판적이고, 불안하고, 성급하고, 이론적으로 개혁을 요구하고, 실제적인 결과를 항상 느끼지 못한 여론의 상태를 뒤에 남겨두었다. 1496년에 한 프랑스 사람이 사람들의 대화 속에 개혁의 주제보다 더 빈번한 것은 없었다고 썼다.

개혁에 대한 광범위하며, 인기있고, 그리고 만족하지 못한 요구들은 주로 종국엔 혁명적이었다.

그 요구는 그 자신을 먹고 자랐다. 그의 관구에서 개혁하려고 시도했던 모든 주교(그리고 많았다)는 자칫하면 거기에서 쓴 저항을 만날 뿐만 아니라 이웃 관구와 무시된 관구들에서 더 많은 열망을 일으킬 뻔했다. 수도원에 엄격하고 규칙적인 생활을 권하려고 노력했던 모든 수도사는 다른 수도원들을 비방하는 듯했다. 개혁을 요구하는 것은 남용을 고발하는 것이었다. 남용을 고발하는 것은 대중들의 마음 속에 의심을 일으키고, 관리들을 비판하고, 그들을 대중적인 비난으로 치켜드는 것이었다. 개혁을 요구하는 것은 교황, 주교들, 수사들, 탁발 수사들, 그리고 교구사제들의 위세를 줄이고, 더 많은 비판으로 나아가는 길을 여는 것이었다. 성직계급제는 교회의 질서에 대한 공격으로 약화되고 있었다.

반(反) 성직자주의(anticlericalism)라는 단어는 오도될 수가 있었는데, 그것이 19세기의 다른 쓴 맛을 시사했기 때문이다. 그러나 1502년에 에라스무스는, 만일 평신도가 성직자나 사제나 수도사로 불리웠다면 그는 용서할 수 없을 만큼 모욕을 당했다고 말했다. 1515년에 그의 고문관이 양복점 재단사를 살해했다는 평판이 있는 런던의 주교는 울지 추기경(Cardinal Wolsey)에게, 비록 그는 아벨처럼 결백하지만 그 상황에서는 런던에 있는 12명의 모든 배심원들은 어떤 성직자라도 정죄했을 것이라고 말했다. 아일워스의 스키드모어 씨는 몇 년 후에 '웨일스 사람들과 사제들'은 이제 심하게 경멸당했다고 말했다.

파도 위를 때리는 바람처럼 커가는 개혁에 대한 이 외침은 판단과 비평의 새로운 기준은 아니었다. 그 요구는 대학의 학습계획에서부터 사람들의 함성으로 커져갔다. 그러나 왜 옛 욕구가 100년 전보다도 이제 훨씬 더 강해졌는가를 묻는 것이 필요하다. 왜냐하면 개혁이 좌절되는 것처럼 보였기 때문이다. 15세기의 모든 노력 끝에 교황권은 교황 알렉산더 6세 보르지아를 탄생시켰다. 개혁은 시도되었지만, 실패했다.

도미니쿠스회의 탁발수사 사보나롤라(Dominican friar Savonarola)의 비극은 후대에게 극적인 형태로 실패감을 안겨주었다. 프랑스 왕 샤를 8세가 1494년에 피렌체를 통과할 때, 사보나롤라는 그에게 열정적으로 로마에서 공의회를 소집하여 교황 알렉산더 6세를 폐위시키라고 간청했다. 프랑스의 정복을 위하여는 교황이 그의 권좌에 있는 것이 더 유익했다. 사보나롤라는 도덕적이며 예언자적인 능력에 타올라 그리스도를 왕으로 영접하도록 피렌체시를 설득하였고, 사치와 성직매매와 로마 교황청을 공격했으며, 교황의 성직정지와 파문을 무시했고, 개혁공의회를 소집하도록 유럽의 주권자에게 거친 탄원을 했으며, 그리고 마침내 피렌체의 군중들에 의해 버림을 당하고 1498년 5월 23일 시뇨리 광장에서 화형을 당했다.

그의 외침은 개혁을 위한 중세적인 외침이었고, 옛날 방식으로 표현되었으며, 옛날 방식으로 잠시 동안의 승리였으며, 옛날 방식으로 진압되었다.

그의 동시대 사람들 대부분은 비극에서의 중요성을 거의 보지 못했다. 겨우 25년 후에, 개혁에 대한 호소에서 열정은 절반이었지만 효과는 두 배였던 에라스무스는 사보나롤라의 도전을 탁발수사들 내에서 발견될 수 있는 악의 한 슬픈 예라고 생각했다.

그러나 100년 전보다도 16세기 초에 개혁에 대한 외침을 보다 힘있고 혁명적으로 만든 것은 무엇인가? 그것은 단순히 남용이 더 악화되었기 때문인가? 그 부패는 시체를 썩게 하여서 속이 빈 몸체가 밀쳐질 때 한 순간에 무너졌다.

비록 판단하기는 어렵지만 이 점에 대한 증거는 시사하고 있지 않다. 개혁은 유럽이 비종교적이기 때문에 온 것이 아니라 종교적이었기 때문에 왔다. 중세 교회는 뜨거운 이상주의의 반복된 물결을 생기게 하였고 그렇게 다시 반복되었다. 지금 정죄된 남용은 언제나 남용이었고, 여론의 법정에서 항상 정죄되었다. 많은 교구사제들은 1500년에도 무식했으며, 많은 교구사제들은 모든 시대에 무식했다. 개혁자들은 황금시대를 뒤돌아 보는 환상 아래 있었다. 교회는 거칠었던 시대에서 유럽을 지배하게 되었고, 그런 것의 흔적들을 여전히 그곳에서 볼 수 있었다. 그런 남용의 대부분이 더 악화된 것은 아니었다. 새로운 것은 교회의 질서와 치료의 가능성 안에 있는 결점들에 대한 사람들의 인식의 정도였다.

어떤 영역에서, 그리고 어떤 관습에서, 15세기 동안에 퇴보가 있었다. 신뢰의 새로운 세계는 이기적인 사람들에게 그의 전임자들보다 더 엉뚱한 꿈의 기회들을 제공했다. 비거주, 교회직분의 독직, 첩을 두는 것, 사제로서 서품을 받지 않고 사제의 봉급을 갈취하는 문제들에 대한 새로운 비난이 있었다. 마키아벨리(Machiavelli)는 "우리 이탈리아 사람들은 다른 사람들보다 더 불경스럽고 부패했다 … 왜냐하면 교회와 그 대표자들이 우리에게 가장 나쁜 모범을 보였기 때문이다"라고 썼는데, 자기 만족의 자책감 속 어느 곳엔가는 사실이 있을 수 있다. 그러나 심지어 후기 르네상스의 이탈리아에도 많은 개혁의 이상주의가 있었다.

의심이 되지 않는 것은 종교적인 습관의 정도이다. 헨리 8세는 사냥을 하는 날은 하루에 세 번 미사를 드리고, 때때로 어떤 날은 다섯 번도 미사를 드린다고 말했고, 믿음이 독실한 마가렛 뷰포트(Margaret Beaufort)는 매일 여섯 번의 미사를 드렸다. 중세 시대의 열정은 헌신의 새로운 양식들을 버렸으며, 15세기 후반에 경건의 몇 가지 새로운 형태들을 보았다. 사보나롤라는 피렌체 사람들에게 그들의 보물들을 가지고 와서 그것들을 불태우라고 설득했고, 1507년에 교황 율리우스 2세는 로레토(Loreto)에 있는 성소의 숭배를 인가했으며, 그것이 나사렛으로부터 천사들에 의하여 신비하게 운반된 주님의 집이라고 믿었다. 도미티쿠스회 알랭 드 라 로쉬(Alain de la Roche, 1475년에 사망)는 묵주 사용을 보급했으며, 죽은 아들을 안고 있는 슬퍼하는 동정녀 마리아의 피에타(Pieta)가 교회 안에서 특징적인 기념비가 되었으며, 교회의 벽 위에 십자가의 행로가 설치되기 시작한 시기였고, 동정녀(Virgin)의 기도가 적혀 있는 종(鐘)의 연합표상이 — 그 후에 앙글러스(Angelus)로 알려진 — 나타난 것은 14세기 후기부터였다. 느슨하게 '반동 종교개혁의 경건'으로 알려진 것의 한 부분이 종교개혁 전에 개화되기 시작했다.

성인들과 그들의 유물들, 그리고 그들의 성소에 대한 순례의 숭배에 있어서의 현저한 증가가 동정녀에 대한 강력하고 인기있는 헌신을 뒤따랐다. 무질서한 열정은 미신적으로 심지어는 악마적으로 될 수 있었다. 1500년에 더 많은 마녀들이 고문을 당하고 화형당했으며, 더 많은 유대인들이 박해를 받았다. 그러나 미신의 쇄신은 없었다. 가장 암울한 시대에 농부들은 성인들의 무덤에서 가져온 흙을 먹었거나, 부적으로 성체를 이용하거나, 가짜 유물을 수집하거나, 믿을 수 없거나 교훈적이지 못한 기적들을 믿거나, 동정녀 마리아나 후원성인으로 구세주를 대체했다. 1500년에 그들은 이러한 일들에 열심이었다. 새로운 것은 관습이라기보다는 오히려 여론의 의견을 주도하는 사람들이 그것을 생각하기 시작한 방법이었다.

간단히 말해, 글을 읽을 줄 아는 유식한 자들의 종교와 글을 읽을 줄 모르는 무식한 자들의 종교 사이의 영속적인 간격은 거의 다리를 놓을 수 없을 때까지 벌어졌다. 대중적인 미신과 혼합된 대중적인 헌신은 주교들이나 신학자들에 의해 거의 통제할 수 없는 것처럼 보인 반면, 사람들의 열정은 감정적인 의식을 찾고 있었으며, 1457년에서 1500년 사이에 100판 이상의 성경책들이 인쇄되고 있었다.

따라서 우리는 교회가 너무 부패하여 지속될 수 없었다는 단순한 이론 보다는 다른 설명을 찾아야 하고, 두 가지 특별한 상황을 생각해야 한다: 그들의 왕국에서 왕들의 지배권의 증가, 그리고 서구 세계의 지적인 정신 의 향상된 교육.

정부의 권력

헨리 7세와 헨리 8세 같은 왕들은 영국에서 그들의 전임자들 중 어느 누 구보다도 더 강력했다. 페르디난드(Ferdinand) 왕과 이사벨라(Isabella) 여왕 도 스페인에서 마찬가지였고, 포르투갈과 덴마크의 왕들, 독일의 어떤 제후 들, 그리고 심지어 독일 황제도 그들의 최근 전임자들보다 더 강력했다. 정 부는, 비록 근대는 아니지만, 좀더 근대화 되어가고 있었다. 나라마다 행보 는 달랐다. 영국에서 남작들의 사병들은 장미전쟁에서 지칠 대로 지쳤고, 그때부터 튜더왕가에 의해 귀족들은 약화되었으며, 프랑스에서는 봉건귀족 들은 영토를 나눌 만큼 강한 채로 남아 있었고, 폴란드에서 귀족계급이 왕 에 대한 통제권을 얻고 있었다.

그러나 시민봉사, 중앙에서의 행정과 정의를 위한 개선된 조직, 훈련된 법률가의 사용의 기초들 — 근대국가의 이러한 요소들은 그 시대 동안에 여러 영역의 헌법적인 발전을 특징지었다. 그리고 이러한 보다 효과적인 정부 주위에 국가의 개념, 반(半)의식적이지만 그 백성들의 애국적인 충성 심이 더해지고 있었다.

이것과 프로테스탄트 항거의 성공 사이의 관계는 의심할 수 없지만 정 의하기는 쉽지 않다. 영국과 덴마크의 개혁은 교회권력의 제한이 능률적인 정부의 더 나은 발전에 필요했기 때문에 왔다. 능률적인 정부는 교회의 간 섭, 교회의 특권과 의무면제, 나라 밖에서 세금을 거두기 위한 권력의 법적인 권리에 대한 제한을 요구했다. 그리고 나중에 신교국이 될 국가들 안에서 뿐만 아니라, 서유럽 모든 국가들 안에서, 이것은 1500년 이전에 일어나기 시작했다.

그러나 헌법적인 발전과, 영국 역사에서 갑자기 아주 크게 나타나서 다른 모든 고려들을 위축시킨 신교도의 반란 사이의 이 연결은 유럽 전체의 일반적 규칙은 아니었다. 개혁이 시작되기 전, 스페인과 프랑스의 왕들은 교회를 지배할 그들의 필요를 부분적으로 만족시켰다. 1478년에 교황은 스페인의 국왕에게 종교 재판소를 세우고 감독하는 권리를 부여했다: 그 영토에 있는 성직자들을 효과적으로 통제하며 교황이나 주교들의 직접적인 권위 아래 있지 않고 왕의 권위 아래 있는 법정의 제도이다. 종교 재판관들은 모든 종교적인 법령들과 (1531년 후) 주교들보다 위에 있는 권력을 가졌고, 그들의 평결로부터 로마에 탄원하는 일이 없었다.

프랑스의 왕들은 영국의 왕들처럼 더 성공적으로 15세기 동안에 교황의 간섭을 제한했다. 1516년에 교황과 왕 프랑수아 1세 사이의 오랜 면담 후에 1789년의 프랑스 혁명 때까지 교황과 국왕의 법률적 관계를 결정한 볼로냐 협약이 서명되었다. 왕은 프랑스 교회의 모든 고위직들에 대한 임명권을 확보했고, 좁은 범위 내에서 로마 교황청에 성직자들에 의한 탄원권을 인정하였다. 그는 10곳의 대주교직, 82곳의 주교직, 527곳의 대수도원, 그리고 수많은 소수도원과 성당 참사회원직, 그리고 이러한 호의와 그들의 기부금의 시여자로서 교회의 재산을 간접적으로 통제하였다. 그가 교회의 돈을 원했을 때에도, 그의 방법들은 사악할 필요가 없었다.

15세기에 영국의 왕들은 이미 주교직 임명을 조종하고 있었다. 심지어 독일의 약한 황제 프리드리히 3세, 더 약한 스코틀랜드의 왕들도 많은 대주교 관할구에 대한 임명권을 획득했다. 베네치아 공화국은 똑같은 목적을 위해서 로마와 여러 차례의 전투를 치렀다. 교황들은 다른 국가들에서 서서히 교회에 대한 실제적인(이론적으로는 아니지만) 권위, 고위직에 대한 임명, 기부금을 거두고 조세로부터 교회 부동산의 면세를 지키는 권리, 그리고 간섭없이 탄원을 들을 권리를 잃어가고 있었다.

　그러나 교황들이 스페인 교회법정을 허용하고 프랑스 왕에게 볼로냐 협약을 승인해 준 것보다도 그렇게 많은 교황의 권위를 전에 넘겨준 적이 없었다는 것은 분명하다. 정부가 점점 강해지기 때문에 교황은 점점 약해졌다. 그리고 정부가 강해지면 강해질수록, 교회의 막대한 부(富)와 소유물은 점점 더 손을 쓸 수 없는 상태에 놓였으며, 기득권의 이익과 부패에 대한 개혁의 외침은 점점 더 위험해졌다.

　개혁은 항상 합법적인 주권자들이 그들의 국가들에 대한 그들의 장악을 강화시키는 수단은 아니었다. 때때로 그 반대의 경우가 사실이다. 많은 지역에서 신교도의 반란은 외부나 외국의 통제에 대항한 — 스코틀랜드, 네덜란드, 스웨덴, 스위스 도시들의 일부, 제국의 감독으로부터 자유를 찾는 독일공국들의 일부에서처럼 — 정치적 반란과 연합되었다. 심지어 교황에 대항한 영국의 정치적인 혁명은 외국의 주인을 버리는 것에 대한 희미한 반영이었다.

　군주들의 권력이 증대되고 교황의 권력은 약화될 때, 교회 개혁자들은 개혁에 대한 효과적인 힘을 위해서 정부에 시선을 돌렸다. 개혁은 체계화된 남용을 보호한 법적인 매듭들을 잘라버릴 칼이 필요했다. 권리와 법규의 뒤엉킴 속에서, 세속과 교회의 법률적인 제도들의 갈등 속에서, 법정의 경쟁하는 사법권 속에서, 지연전술을 위한 끊임없는 기회 속에서, 주교제도의 무력함 속에서, 그리고 어떤 지역에서 교회 행정의 무정부 상태 속에서, 게으르고 부도덕한 사람들이 안락하게 활동했다.

　당신은 수도원을 개혁하기 원하는가? 만일 당신이 수도회나 주교나 교황의 관구로 갔다면, 어떤 선한 것도 이루어지지 않고, 결국에는 당신은 아마도 좌절하는 소송으로 세월을 마감할 것이다. 그러나 만일 당신이 왕에게 갔다면, 그는 무례하게 뒤엉킴을 뚫고 수도사들에게 예의바르게 행동하거나 썩 물러가라고 명령했을 것이다. 최소한 스페인, 영국, 프랑스, 독일에서 개혁자들 중 가장 뛰어난 사람들은 행동할 주권자를 원했다. 그 혼자만이 효과적으로 행동할 권력을 가졌다.

프랑스에서 개혁을 이끌 힘을 왕으로부터 부여받은 추기경 담부아즈 (d'Amboise)는 교황의 특사로서의 전권을 그에게 주는 로마 교황의 친서 (Bull) (교황 알렉산더 6세로부터)를 가지고 개혁을 강화할 필요가 있었다. 그리하여 교회와 국가의 머리들로부터 나온 무기들로 무장을 하여, 그는 여러 개의 수도원적인 교단들과 단체들에 대하여 놀라운 개혁을 주도하였다. 1501년에 그는 파리에 있는 코델리어 수도회(Cordeliers)를 개혁하려고 결정했으며, 그 수도원을 방문하여 개혁하도록 두 주교들에게 위임하였다. 그 위원회가 도착했을 때, 탁발 수사들은 급히 예배실로 들어가서 성찬의 빵을 진설하고 시편을 노래하기 시작했다. 그 두 주교들은 4시간을 기다린 후 좌절하여 돌아갔다.

다음날 그들은 파리의 수도원장, 100명의 궁사들, 그리고 한 무리의 경찰들과 함께 돌아왔다. 다시 그 탁발 수사들은 시편을 부르기 시작했다. 그들은 그 행동을 멈추었고, 교황의 친서와 왕의 명령이 그들에게 읽혀졌다. 그들은 그들의 수도원 헌장과 교회법규에서 정반대의 의미로 뽑아낸 발췌물을 인용함으로써 대응하였다. 긴 교착상태가 있었고, 그리고 코델리어 수사들로 이루어진 다른 위원회가 구성된 다음에, 그 추기경은 마침내 그 수도원에서 개혁의 기준을 확보하였다.

법의 뒤엉킴 속에서, 개혁자는 교황의 힘도 필요했지만, 왕의 힘도 역시 필요했다. 그는 교황의 친서뿐만 아니라 왕의 명령도 지니고 있었고, 그리고 왕의 보호도 필요했을 것이다. 근대적인 언어로 비록 국가가 항상 교회의 개혁을 필요로 했지만, 그 자신의 힘이 점점 더 실제적이고 독립적으로 될 때, 그 필요는 점점 더했다.

기독교국의 일체에 대한 오랜 이상은 민족 국가들의 발생 앞에서 무너져 내리고 있었다. 로마 교황청은 여전히 세계 통치에 대한 인노켄티우스 3세나 보니파키우스 8세의 주장들을 떠들썩하게 외쳤다. 1493년에 교황 알렉산더 6세는 여러 대륙들의 주인으로서, 새로 발견된 아메리카와 서인도 제도를 스페인과 포르투갈 사이에서 나누었다. 유럽인들의 분쟁에 있어서 교황들은 여전히 그들의 왕국으로부터 적대적인 왕들을 폐위하는 것을 말할 수도 있었다. 성 베드로 성당에서 알렉산더 6세의 엄숙한 청중 앞에서 치에레가토(Chieregato)는 권력의 두 칼, 즉 교회에 의해서 휘둘러지는 영적 칼과 교황의 명령에 따라 국가에 휘둘러지는 현세의 칼에 대한 오래된 해석을 되풀이했다. 이 막대한 요구는 유럽 정치의 냉엄한 현실 속에서 거의 충분히 일치하지 않았다. 교황은 때때로 그가 원하는 것을 획득할 수 있었지만, 더 이상 명령에 의해서가 아니라 외교에 의해서였다. 교황의 교서들은 천둥을 발할 수가 있었고, 그것들이 뇌성을 발할 때는 여전히 위력적이었지만, 무대 뒤에서는 거래가 이루어지고 있었다.

프랑스, 스페인, 포르투갈, 영국, 이탈리아의 일부, 독일의 일부에서 무엇인가 중요한 것을 성취하기 위해 교황은 능력있는 지도자의 협력과 공손함을 얻어야만 했다. 이것이 로마 교황청이 유럽의 수도들에 대사(로마 교황의 사절)들을 배치하는 것이 바람직하다는 것을 깨달은 처음 시기였다. 첫번째 상주 사절직들은 1500년에는 베네치아, 1513년에는 파리에 설치되었다. 사람들은 더 이상 교회의 두려운 책망 앞에서 고개를 숙이지 않았다. 그들은 그들과 조정하였고, 그들과 타협했으며, 그들에 대해서 논쟁하였으며, 심지어 그들의 적에 대항하여 그들을 돈으로 매수하였다. 1500년에 그들은 결정적으로 매수할 가치가 있었기 때문이다.

유럽 국가들의 제도가 성숙되어감에 따라, 교황직에 대한 이탈리아 사람들의 필요와 책임은 국제적인 책임에 대하여 비교적 점점 더 불안하게 다가왔다. 유럽의 다른 통치자들처럼, 교황 관할 국가의 통치자는 그의 영토에 대한 효과적인 통치를 확립해야만 했다. 교황청의 관리들은 이탈리아인이 될 필요가 있었고, 교황들은 선출되기 전에 모든 로마의 직무들은 로마인에게로 가야 한다는 약속에 서명해야 했고, 이탈리아인 추기경들의 숫자는 점차 증가했다. 이탈리아인 추기경들이 절대 다수를 유지하는 것은 왕들이 그들의 민족 출신의 추기경들을 통해 행사할 수 있는 압력을 먼 거리에서 유지하는 것이었다. 15세기 동안에 비이탈리아계 교황은 단 두 사람에 불과했는데, 그 중 한 사람이 알렉산더 6세 보르지아였다. 비이탈리아계 교황이 한 사람 더 있었는데, 그는 아드리안 6세로서, 1522-23년까지 짧은 기간 동안 통치한 자였다. 그 밖에 다른 비이탈리아계 교황은 아직 없었다. 이탈리아인 아닌 사람이 교황으로 이탈리아인의 의무들을 효과적으로 수행할 수 있다는 것은 거의 생각할 수 없었다.

새로운 학문

상류계층들, 통치자들, 상인들은 더 나은 교육을 받기 시작했다. 출판물들이 간행되고, 인쇄기가 늘어났으며, 도서관들이 아직은 나중 기준에 비해 비록 작았지만 책의 숫자와 범위에서 증가하고 있었다. 출판은 필사본 시절에는 초기 단계에 있었던 연구의 방법들을 가능하게 했다. 원문들은 비교될 수 있었으며, 학문의 도구들은 좀더 싸게 구입될 수 있었으며, 비록 '비평적인' 이라는 단어가 17세기에 사용될 수 있는 것처럼 사용될 수는 없었지만 비평판들이 준비되었는데, 이는 원고들이 여전히 도서관의 서랍 속에 숨겨져 있었고 학문의 방법들이 경험되지 못했기 때문이다. 더 많은 사람들이 책들을 읽기 시작했고, 지식은 증가하기 시작했다.

그러나 르네상스는 단지 새로운 정보만은 아니었다. 그것은 마음뿐만 아니라 정신의 움직임이었다. 르네상스의 생각은 회복할 가망이 없이 막연했다. 때때로 개인주의, 인간 안에 있는 즐거움, 자연과 예술과 인간의 성취에 대한 새로운 분위기는 — 마치 사람이 그를 정통주의와 금욕적인 이상에다 묶어버린 실가지를 풀어보려고 삼손이 일어서는 것처럼 — 종교적인 혁명에 대한 필요하고도 직접적인 배경이었다고 추측되었다. 그러므로 대담하게 언급된 것처럼, 르네상스와 종교개혁 사이의 주장된 연결은 아주 분명하게 허위여서 그 시대의 가장 기초적인 지식도 그것을 논박하기에 충분하고, 르네상스와 종교개혁 사이에 아무 관련이 없었다는 것을 독설적으로 주장한 의견들이 발견될 수 있다.

건전한 역사가들은 비록 원인과 결과의 관련은 아니지만 그 관련이 깊다는 것을 의심하지 못할 것이다. 그러나 그것을 명확하게 정의하는 것보다는 그 관련이 존재한다는 것을 확신하는 것이 훨씬 더 쉽다. 성 베르나르(St Bernard)의 열정처럼 도덕적인 열정은, 피에르 아벨라르(Peter Abelard)의 자유처럼 비평적인 자유보다도 종교개혁에 대하여 더 많은 책임이 있었다. 그것은 이성의 운동이라기보다는 신앙의 운동이었다.

인문주의자들은 아주 다양했다. 그들은 고전적인 유물에 대한 사랑을 제외하고는 공통적인 것이 거의 없었다. 고전의 부흥이 민족주의의 상승감과 이탈리아인들의 과거의 영광들과 연결되는 곳에서, 이탈리아의 인문주의자들은 북쪽과 독일, 프랑스, 영국의 인문주의자들과는 현저하게 다른 분위기 속에서 살았다. 이탈리아의 인문주의는 문학적·예술적·철학적이었는데, 북쪽의 인문주의는 종교적이고 심지어는 신학적이었다. 이 대비는 많은 역사적인 대비들처럼 세심하게 검토해 보면 줄어든다. 폼포니오 레토(Pomponio Leto)처럼 별난 사람의 가장된 이교도 신앙을 심각하게 여기는 것은 잘못일 것인데, 그는 그 자신을 대제사장으로 부르면서 매일 로물루스 왕(King Romulus)에게 드려진 제단 앞에 무릎을 꿇었으며, 그리고 매년 로마시의 창건을 기념하였다.

몇 가지 눈에 띄는 예외도 있었지만, 이탈리아의 인문주의는 종교적인 정신과 일치하였고, 북쪽에도 철학과 문학에 대한 분명한 인문주의가 있었다. 그러나 현저한 차이도 남아 있다. 프랑스와 독일과 영국에서는 이탈리아 사람들로부터 또 희랍어와 라틴어의 고전에 대한 그들의 새로워진 사랑으로부터 자극을 취하려는 움직임이 있었지만, 그것을 결정적으로 종교적인 맥락으로 변형시켰으며, 그 운동은 기독교의 인문주의로 가끔 알려졌고, 영국에서는 존 콜렛과 토머스 모어 경에 의해, 그리고 프랑스에서는 에타플즈의 르페브르(Lefevre of Etaples)에 의해, 그리고 무엇보다도 로테르담의 에라스무스에 의해 가장 잘 대표되어졌다.

에라스무스(c. 1466-1536)

에라스무스(Erasmus)는 소년 시절의 북유럽은 이미 이탈리아에서 꽃피운 새로운 고전 학문에 대해 아무것도 모른다고 생각했다. 그가 주저없이 어떤 목적에 그의 생애를 헌신하려 했다고는 말할 수 없는데, 이는 그가 생활의 안락함을 꽤 좋아했기 때문이다. 그러나 그가 어느 운동에 착수하는 한에 있어서는 모범과 교훈으로서 새로운 학문을 격려하고 북구의 '야만' (barbarism)의 상태를 치료하려고 노력하였다. 1498년에서 1514년 사이에 그는 파리, 옥스퍼드, 이탈리아에서 살았고, 케임브리지에서 2년간 가르쳤으며, 그리고 그후에 1536년 죽을 때까지 간격을 두고 바젤에 정착했다. 비록 그의 무해한 허영심이 혼자서 북구의 대학들을 교육시켰다고, 때때로 그를 우쭐하게 만들었지만, 학문의 물줄기는 그가 소유했던 것보다 더 넓게 넘실거렸다.

그러나 어떤 인문주의자보다 훨씬 더 그는 북구 독자들의 가정생활과 학문을 꿰뚫어 보는 책들을 저술하였다. 서점들은 그 당시에 엄청난 숫자의 이러한 책들을 팔았다. 소르본느가 머지않아 「담화」(*The Colloquies*)를 이교적인 책으로 정죄할 것이라는 암시를 받은 프랑스에 있는 한 인쇄업자는 24,000부를 서둘러서 인쇄했다. 에라스무스는 문체와 학문의 거장 이상이었다. 그의 자연적인 기지는 인간에 대한 섬세하고 유머스럽고 때때로 냉소적인 관찰에 의해 공급되었다. 그는 즐겁게 하기 위해서 뿐만 아니라 교훈하고 감동시키기 위해서 글을 쓸 수 있었다. 그러나 그가 무디어질 수 없는 동안에, 그는 좀처럼 피상적이지 않았고, 그의 지성은 민첩했을 뿐만 아니라 강력했으며, 그는 그의 주제의 핵심을 꿰뚫었다.

풍자가로서 그는, 가끔 부드럽지만 때때로 신랄한 농담을 그 나라의 거의 모든 다양한 직업들과 계층들에게 던졌다. 그의 변덕스러운 조롱은 왕들, 상인들, 군인들, 숙련공들, 학자들을 찌르거나 자극했다. 모든 목표들 가운데서 그는 가장 날카로운 화살을 교회의 남용에 겨누었다. 과연 그가 통렬하게 교회를 향하게 외치게 된 이유가 세속적인 성직자들이 풍자가에게 쉬운 먹이이기 때문인지 혹은 그의 도덕 지각이 상처받게 되었기 때문에 그리고 조롱이 개혁을 위한 탄원에 가장 예리한 면이었다고 믿었기 때문이었는지에 대해서는 의문시 된다.

네덜란드는 공동생활 형제단(Brethren of the Common Life)으로 알려진 개혁의 열정과 헌신의 그러한 세포들의 고향이었고, 중세시대의 신앙적인 작품 「그리스도를 본받아」(*The Imitation of Christ*)가 나온 환경이었다. 그리고 에라스무스는 그들의 관심 아래서 그의 교육의 일부를 받았다. 그는 단지 기쁘게 하기 위해서 글을 쓰지 않았고, 단지 성직자들에 대해 비판한 그의 책의 판매를 증가시킬 것이라는 것을 알았기 때문에 책을 쓴 것도 아니라는 것은 최소한 분명하다. 에라스무스는 개혁의 정열과 열정에 의해 불태워지지는 않았다.

그러나 그의 민감하고 학자적인 후각은 다른 점에서 부패의 악취에 의해 자극을 받았다. 그는 무지, 미신, 몽매함을 경멸했고, 그것들을 치료하기 원했다. 그의 문필은 가장 유쾌한 조명으로 그러한 악덕들을 그려낼 수 있었기 때문에, 그는 그 자신의 경멸을 무수한 다른 사람들에게 전달할 수 있었다. 「우신예찬」(*The Praise of Folly*, 1511) 또는 「담화」(*The Colloquies*, 1518)와 같은 작품들의 확산된 효과는 계산될 수 없었다.

유식한 사람들은 성직자들, 수도사들과 교황들, 부패와 독직, 만연한 미신과 우상숭배의 관습들에 대한 것들을 말하고 있었다. 에라스무스는 그들이 거의 뚜렷하게 표현하지 못하는 것을 명쾌하게 표현했고, 유식한 유럽인들은 웃었다. 왕들과 주교들, 학자들과 상인들, 교육을 받고자 하는 요구를 가졌으면 누구나 처음에는 즐거움으로 그리고 나중에는 신중한 승인으로 그를 환호하였다. 1517년까지 그는 수용된 질서의 부분이 되었다. 이탈리아에서 뿐만 아니라, 프랑스와 영국과 스페인과 독일에서도 새로운 학문과 에라스무스의 교회에 대한 비판은 특별히 성직자들 내에서 함께 손을 잡고 갔다. 어떤 다른 사람보다도, 그는 교황들과 성직자들, 수도사들과 탁발수사, 그리고 무엇보다도 신학자들에 대한 유럽인들의 평판을 떨어뜨렸다.

그가 한 번은 동시대 신학자들을 '건달 패거리, 즉 성육한 신학(theology incarnate)'으로 묘사했다. 그는 그들을 탁상공론가들, 즉 궤변을 부리는 사람들, 의미없는 생각의 협잡꾼들, 삼단논법의 건설자들, 표현의 전사들로 정죄했다. "한 사람이 실재론자들, 유명론자들, 토마스주의자들, 알베르투스

주의자들, 오컴주의자들, 스코투스주의자들의 지적인 미궁들보다도 그의 길
을 미로에서 더 빨리 찾을 수 있다."

　스콜라신학자들에 대한 이 공적인 경멸은 전통적인 교리의 보루를 약화
시켰다. 그것은 설명을 필요로 한다. 논리와 윤리학과 형이상학의 문제들이
마음을 혼란시킬 수 있다는 것은 잘 알려졌는데, 그것들을 경멸하는 것이
부득이한 것은 아니다. 스콜라 학자들에 대한 경멸은 그들의 '괴팍한' (즉,
키케로식의 장중하고 단아하지 않은) 문체나 결점있는 문법에 대한 경멸
을 포함한다. 그러나 이것은 낭만적인 시인이나, 그의 고전적인 전임자들에
대한 신고딕양식 건축가의 경멸보다 깊고, 강하고, 보다 정열적인 어떤 것
이었다. 그것은 17세기 끝에 고전작가들과 근대작가들 사이의 전투, 즉 고
전작가들은 근대작가들을 성급하고 아마도 이단적이라고 생각했으며 근대
작가들은 고전작가들을 편협하고 광신적이라고 생각한 보다 깊은 철학의
알력 위에 놓여 있는 문학적인 불일치에 있는 전투와 더 비교된다. "우리
는 새로운 어떤 것과도 아무 관계가 없어야 한다고 한 낙타가 설교하는 것
을 나는 루뱅(Louvain)에서 들었다"고 풍자화 속의 에라스무스는 말했다.

　첫째, 그 신학자들은 시대에 뒤떨어진 것 같은 방법들로 신조를 방어하
고 있었다. 그들의 신학은 많은 철학자들이 믿기를 중단한 철학적인 원리
들로 뒤얽혀 있었다.

　200년 동안 철학의 유명론 학파가 북유럽 대학들을 지배해오고 있었다.
유명론자들은 형이상학의 영역에서 참 결론에 도달하는 인간 이성의 힘에
대해서 회의적이었다. 그들은 '근대학파'로 알려졌고, 그리고 1500년까지
독일과 프랑스의 일류대학들에서 다소 우세했다.

　유명론자들(Nominalists)은 의도에서 정통파였고 교회의 교리를 전복시
키지 않았다. 그러나 그들은 기독교의 중요한 교리를 증명하는데 있어서
무능을 나타냄으로써 사고하는 기능의 무력함을 설명했다. 그러므로 그들
은 기독교 교리와 아리스토텔레스파의 자연철학 사이의 중세적인 화해인
그 위대한 「신학대전」(Summae)에 대해서 회의적이었다. 비록 저자들의 학
파에 따라 다양한 관점에서 쓰여졌지만, 이 「신학대전」의 많은 부분은 이

성의 능력에 대한 신뢰 위에 그들의 조화를 쌓았다. 유명론자들은 이 빈약한 신뢰가 그들의 기초에서 신학의 육중한 구조들을 손상시켰고 그것들을 인상적인 파편 무더기로 만들었다고 믿었다. 그들은 교회의 교리들이 거짓이라고는 생각지 않았다. 그들은 그러한 교리들이 이성에 의하지 않고 계시에 의해 — 성경이나 교회의 권위, 진실로 성경과 교회 양자의 권위에 의해 — 알려진다고 생각했다.

화체설(transubstantiation)의 교리에 대한 신학자들의 태도는 철학에서 변화의 한 중요한 예이다. 성 토마스 아퀴나스는 철학에 대해 그의 학파를 따르면서 '본질'(substance, 또는 빵에 대한 보편적인 개념)과 '부수적인 성질들'(accidents, 또는 빵의 개별적인 조각들에 대한 외적인 특성들) 사이를 구분했다. 그는 빵의 본질이 그리스도의 몸의 본질로 변화하고, 반면에 부수적인 성질들, 즉 그 생김새와 색깔과 맛과 모양은 빵 그대로 남아 있다고 제안함으로써 성만찬의 신비를 설명했다. 유명론자들은 이성적인 토대 위에서 빵의 일반개념이나 '본질'의 사실적인 존재를 믿을 수 없었다. 개체만이 '실재적'이기 때문에, 그들은 동시에 부수적인 성질들의 변화가 본질의 변화를 의미한다고 생각할 수 있었다. 그들은 화체설이 사실이라고 믿었다. 교회는 그것을 인증했고 그러므로 그것은 사실이었다. 만일 우리가 안내자로서 이성만을 가지고 있다면, 우리는 그것이 사실이 아니라고 생각해야 한다. 그러나 그러한 신비 속에서 그 이성은 무력하다.

그리하여 유명론적인 신학자들은 계시에 의해 알려진 진리와 이성적인 기능의 의심들 사이를 이간시켰다. 그들은 신앙과 이성 사이의 조화를 더 이상 추구하지 않았는데, 이는 신앙과 이성이 다른 비행기에 태워진 것같이 보이고, 그들을 조화시키는 것이 기름과 물의 섞음 같기 때문이다. 종교철학은 평판이 나빠지고 있었다. 유명론의 밧줄은 그 철학자들이 숨쉬는 그 숨통을 누르고 있었다. 영국의 종교개혁의 시작 직후에, 옥스퍼드(Oxford) 사람들은 스코투스(Duns Scotus)의 두꺼운 책들을 찢어내고 그것들을 휴지로 사용하고 있었다. 스코투스에 대한 중세의 태도는 개혁의 결과가 아니라 원인이었다. 그의 장엄한 건축물은 지적인 휴지처럼 보였다.

15, 16세기의 비평가들은 스콜라 학자들이 해결할 수 있다고 생각한 사소한 일에 열정을 가지고 매달렸다. 이성적 신학에서의 신뢰는 추론의 가능성에 대한 과신에서 끝났다. 스콜라 학자들이 핀의 뾰족한 끝 위에서 춤을 출 수 있는 천사들의 숫자를 토론한 것은 나중의 추문이며 사실이 아니다. 그러나 성 토마스 아퀴나스도 가령 천사들이 공간 이동을 갖는다면 그들은 중간 공간을 통과하는지, 혹은 한 천사가 한 번에 그리고 동시에 한 곳 이상의 장소에 있을 수 있는지를 논쟁했다. 아퀴나스에게는 때로 필요한 공리(axioms) 위에서 이러한 질문들에 대한 대답들을 추구하는 것이 이성적인 것처럼 보였다. 유명론자들의 공리 위에서 그것은 비이성적인 것처럼 보였다. 이러한 대답들은 성경이나 교회의 정의 안에 주어지지 않았기 때문에, 이성은 그 답들을 찾을 수 없었다. 실재적인 질문들에 대한 실재적인 해결책들을 찾는 대신 토마스주의자들은 유명론 비평가들에게는 단지 주제넘은 것처럼 보였다.

형이상학적인 추론에 대해 회의적인 사회에서 교육을 받은 에라스무스와 초기 개혁자들에게 삼단논법이라는 단어는 불합리와 자기만족의 냄새를 풍겼다. 이러한 신학자들은 ― 에라스무스가 경멸적으로 썼는데 ― 그의 어깨로 하늘을 떠받치는 아틀라스(Atlas)처럼 그들이 삼단논법적인 부벽(扶壁)으로 로마교회를 지탱하고 있다고 생각한다.

철학은 죽지 않았다. 프란체스코회(Franciscans)는 여전히 스코투스주의자(Scotist)였고, 도미니쿠스회(Dominicans)는 여전히 토마스주의자(Thomist)였으며, 사고의 옛 방식들에 대한 연구는 대학에서 계속되었다.

그러나 그것은 더 이상 철학자들의 주된 노력은 아니었다. 풀 수도 없는 문제들로 움츠러든 유명론자들은 그들의 연구를 논리학과 의미의 문제들로 돌렸다. 그리하여 그들은 철학을 신학의 영역으로부터 가져갔다.

논리학의 연구는, 비록 마음을 위해서는 건강했지만, 영혼을 위해서는 빈약한 음식을 제공한다. 토머스 모어 경(Sir Thomas More)이 한 번은 그가 "스콜라 학자들의 글을 읽고 영적인 영양을 얻을 수 있다면 숫염소에게서 체 안에 우유를 짜내서 몸의 영양을 얻을 수 있을 것이다"고 말했다.

스콜라 신학자들의 내부의 부패가 극에 달했을 때, 철학적인 연구에 관심이 부족한 채, 교육에 대한 덜 편협한 형태의 비전문적인 생각과 비평적이고 역사적 탐구에 대한 애정을 가진 인문주의자의 비평이 왔다.

스콜라 학자와 인문주의자의 충돌은 피할 수 없었던 것만은 아니었는지도 모른다. 옛 학문과 신학문 사이의 불일치를 과장하기는 쉽다. 뒤를 이은 모순의 어떤 것은 스콜라 학자들이 새로운 지식에 대하여 그들의 눈을 감아버렸기 때문이 아니라 새로운 학자들이 거만하고, 경멸적이고, 공격적이었기 때문이다. 그럼에도 불구하고 학파의 전통은 가끔 전통주의 인습의 최악의 결점들로부터 고통을 당했다. 1505년 빔펠링(Wimpfeling)은 그리스도, 성 바울, 그리고 성 아우구스티누스는 수사였던 적이 없었다는 것을 증명하려고 시도함으로써 프라이부르크의 대학을 괴롭혔었다고 말해진다. 에타플즈의 르페브르는 그가 막달라 마리아와 마르다의 여동생 마리아는 같은 사람이 아니었다고 주장했을 때 긴 싸움에 빠져들었다. 에라스무스는 히브리서는 성 바울에 의해 쓰여지지 않았다고 믿었고, 계시록이 사도 요한의 손에서 나왔다는 것을 의심했으며, 요한 1서의 삼위일체를 주장하는 구절은 희랍어 사본들에서는 발견되지 않는다는 것을 알았고, 아레오파고 사람 디오니시우스(Dionysius the Areopagite)의 작품들이 가짜였다는 것을 식별했다. 만일 비평의 기준들이 여전히 모호하고 분명치 않았다면, 그것들은 새로운 연구들과 스콜라 신학자들이 고수하고 있는 전통파의 바깥일들 사이의 갈등을 만들어 내었을 것이다.

1514-1516년에 독일 로이힐린(Reuchlin)에 대한 논쟁은 학자들을 두 진영으로 나누었다. 개종한 페퍼코른(Pfeffercorn)이라는 이름의 한 유대인은 반기독교적이었던 유대인의 책들을 몰수하는 운동을 벌였다. 로이힐린은 이상하고, 신지학(神智學)적이며, 히브리어의 근대적 연구를 시작한 영향력 있는 언어학자였다. 학문에 대한 그의 명성은 에라스무스로 하여금 그를 성 제롬(St Jerome)에 비유하게 했다. 그가 신비하게 히브리 밀교를 접해 보았기 때문에 그는 이미 보수주의자들 사이에는 인기가 없었다. 히브리어에 대한 그의 연구는 라틴 불가타역 성경에서의 어떤 약점을 그에는 노출시

컸다. 그는 유대인의 책들을 변호했고, 페퍼코른을 공격했다. 1511년에 그는 유대인의 탈무드에 대해 기독교 학자들을 위한 유용성을 변호하기 위해서 「검안경」(*Augenspiegel*)이라는 제목의 책을 썼는데, 쾰른의 도미니쿠스회에서는 그 책을 불태우자고 제안했다. 그의 책은 마인츠에서 종교재판관들에 의해 정죄되었고 쾰른에서 엄숙하게 불태워졌다.

양편에서는 교황에게 탄원했는데, 교황은 1520년에 최종적으로 정죄를 지지했다. 로이힐린의 몰락을 획득하려는 종교재판관들의 노력은 독일 인문주의자들 대부분이 로이힐린을 동정하고 적대자들을 경멸할 만큼 아주 완고하고 무지하게 보였다. 쾰른 종교재판관들의 두 적들인 울리히 폰 후텐(Ulrich von Hutten)과 크로투스 루비아누스(Crotus Rubianus)는 그들의 방법으로 모든 '신학자들'을 조롱하는 풍자문으로서 "모호한 사람들에 대한 편지"(Letters of Obscure Men, 1515)를 썼다. 몽매주의자(Obscurantist)에 대한 생각이 형성되고 있었다.

신학적인 의견으로부터 교리를 나누는 선은 과거와 현재도 그리기가 쉽지 않다. 교리에 대한 비판을 의도하지 않았기 때문에, 인문주의자들은 로마교회의 전통의 기초에 다가가지 않고서는 전통적인 신학자들을 냉소적으로 짓밟을 수는 없었다. 에라스무스는 참된 신학의 회복을 위한 계획을 가지고 있었다.

1503년에 그는 이 참된 신학의 선들을 설명할 목적으로 「기독교 전사를 위한 안내서」(*Enchiridion militis Christiani*)를 발행했다. 그것은 좀 더 단순한 신학이었고, 좀 더 원시적이었으며, 보다 성경적이고, 논리적 난해함이 덜 얽혔으며, 인간 영혼에 좀 더 직접적이었고, 주석들과 권위와 설명들의 층이 벗겨졌다. 1516년에 그는 희랍어 신약성경 한 판을 발행했으며, 아주 새로운 라틴역이 추가되었다. 복음서를 위하여 그는 4세기의 빈약한 희랍어 사본을 사용했고, 사도행전과 서신서들을 위해 비슷한 연대의 두 개의 희랍어 사본을 사용했으며, 계시록을 위해서는 그가 잘못해 사도적인 것으로 믿은 8세기의 사본을 사용했다.

비록 그의 역본이 불가타역(the Vulgate)보다 거의 나을 것이 없었지만

— 그는 그것을 때때로 충분한 이유 없이 바꾸었는데 — 희랍어 사본들을 사용하기 시작했다는 점이 대단한 것이었다. 그는 모든 사람이 자국어로 성경을 읽을 수 있기를 원했고, 그것이 가장 비천한 자에게도 돌아가기를 원했다. 그는 스콜라 학자들의 주석을 버렸고, 주의를 주어서 학생을 교부들에게 보냈다. 그는 라틴 교부들 가운데서 제롬과 다른 교부들의 책들을 발행했고, 희랍 교부들 가운데서는 아타나시우스와 크리소스톰, 그리고 다른 교부들의 책을 번역했다. 그는 성경이 인간의 가슴에 신선하게 와 닿기를 원했고, 계시록을 제외한 신약성서 속의 모든 책들을 라틴어로 의역했다.

성경에 대한 이 새로운 연구와 비교해 보고 단순성을 위한 이 탐구에 의해 판단해 볼 때, 인기있는 헌신의 복잡성과 불합리는 우스꽝스러운 것 같았다. 에라스무스와 그의 친구들은 사람들의 미신에 참을성이 없었고, 경멸적이었으며, 화를 냈다. 그러한 미신들, 조상(彫像)숭배, 성모 마리아상 등을 공경하는 것은 단지 졸렬한 신앙의 무해한 수단이 아니라 단지 저속하고 속기 쉬울 뿐만 아니라 참 종교의 독소였다. 사람들은 외적인 행위의 종교를 계발했고 마음과 삶의 진정한 변화를 순례, 대사(大赦), 유품으로 대체했다.

에라스무스의 더 나은 면은 참된 종교에 대한 관심인데, 그것은 그의 풍자를 정죄의 가장 통렬한 형태로 바꿔 버렸다. "아마도 당신은 당신의 모든 죄악이 작은 종이 한 장, 봉인된 양피지, 적은 헌금이나 몇 개의 밀랍상(像)의 헌납, 약간의 순례와 함께 씻겨져 없어진다고 믿는다. 당신은 전적으로 속고 있다." "의식(儀式) 없이는 아마도 당신은 기독교인이 되지 못할 것인데, 그것들이 당신을 기독교인으로 만들지는 않는다."

이상과 현실 사이의 대비에 대한 오래된 중세기적 느낌은 성경과, 교회에서 흔하게 행해진 신앙 사이의 대비에 대한 양식(良識) 속으로 흡수되기 시작했다.

유럽은 개혁을 원했고 혁명을 기대하지 않았다. 에라스무스와 같은 많은 교육받은 사람들은 교회가 양식(良識)과 능률과 생의 순수함 속에서 조롱

당하기를 원했다. 그러나 폭력과 불법 없이는 바꾸어지지 않을 교회의 현재의 상태를 유지하고, 교회의 현재의 상태가 고질적이고 도덕적인 병의 증세인지 아닌지를 묻기 위해서 보다 강하게 역사하는 힘이 있었다. 16세기에 대한 유명한 말이 있다: "에라스무스는 알을 낳았고 루터는 그 알을 부화했다." 최소한 에라스무스 혼자서 그것을 부화하지 않았고, 할 수도 없었다는 것은 분명하다. 만일 오고 있는 것을 예견했다면 자기의 책들을 다르게 썼을 것이라고 에라스무스는 나중에 말했다.

제 2 장

루터(Luther)

값비싼 르네상스 세계에서 교황에게 한 가지 주요한 어려움은 파산이었다. 여러 해 동안 로마의 경영은 그 수입을 초과해서 지출했고, 비용이 커졌으며, 사면, 면제, 사면의 교서 등을 위한 수수료도 꾸준히 상승했다. 어떤 유력한 성직자들에 의해 지불된 수수료도 막대했다. 샤르트르(Chartres)의 주교인 일리어즈의 마일스(Miles of Illiers)는 세금, 법률 수수료, 그리고 뇌물로 30,000 리브르를 지출했다. 이 돈이 모두 로마에 전달된 것은 아니었다.

관리의 비효율적인 상태에서 모든 종류의 중개자들은 왕의 관리들로부터 시작해 그 밑으로 그들의 대가를 취했다. 교황은 그 대가의 일부를 얻는 반면에 모든 비난을 받았다. 심각한 결손에 직면하여 그는 새로운 직책을 만들어 그들에게 팔았고, 각각의 새로운 직책은 수입에 대한 권리를 소유했기 때문에 이같은 현명치 못한 절차는 원금을 까먹고 후손을 희생시키는 것과 마찬가지였다. 인노켄티우스 8세의 치하에서 일군의 범죄자들이 교황의 교서를 가짜로 만들어 팔아 많은 금액의 돈을 벌었으며, 어떤 것도 이 시도가 가능하고 돈벌이가 된다는 것 이상의 재정적인 분위기를 밝혀주지 않았다.

베네치아 공화국의 수입은 거의 백만 두캇이었다. 그러나 교황의 수입은 잘해야 50만 두캇을 얻는 것도 실패했는데, 그는 베네치아의 그러한 책임들보다도 훨씬 큰 범위의 정치적·영적, 그리고 때때로 군사적 책임을 져야 했다.

1484년에 교황 인노켄티우스 8세는 십만 두캇에 그의 삼중관을 저당잡혀야 했다. 교황 알렉산더 6세는, 그의 재정적인 통찰력이 그의 주요한 덕목 중 하나였는데, 수지 균형을 맞추었다. 그의 계승자 율리우스 2세는 정치와 위대한 예술가들과 건축가들에 대한 그의 막대한 후원과 유럽인들의 지위에 대하여 그의 교황권의 위치를 높이려는 노력 가운데서 모든 면에서 함부로 낭비하였다. 레오 10세는 그 지출을 계속했다. 1513년에 그는 최소한 125,000 두캇을 빚졌다.

낭비하는 사람은 그 자신을 그 시간 동안 은행의 위력 속에 둔다. 피렌체에 있는 메디치 가(the Medici)나 제노아에 있는 기우스티니아니 가(the Giustiniani)나 아우그스부르크에 있는 푸거 가(the Fugger)와 같은 유럽의 금융 거래소는 필요한 신용을 제공했다. 사업의 운영에서 효율적이었기 때문에, 그들은 가끔 그 자신들의 안전을 위해서 교회 재정의 수입이 효율적으로 모아진다는 것을 확실히 했다. 은행가들은 면제와 성직서임과 시여와 면죄부에 있어서 교황의 수입원에 정통해지고, 그들의 대출과 자본의 상환에 있어서 이자로서 그들의 정당한 몫을 받기를 기대하기 시작했다.

그 확장되어가는 세계 속에서 교황들을 제외한 다른 사람들은 신용을 필요로 했다. 왕들은 가끔 굽실거리는 대리인들을 은행으로 보낼 필요가 있었다. 푸거 가는 정치적인 재난으로부터 카를 5세를 한 번 구했다. 대주교들도 역시 신용을 필요로 했는데, 신용을 위한 그 필요가 교리와 더불어 행정적인 개혁을 위한 그 외침과 숙명적으로 연결되었다.

면죄부

마인츠의 대주교 알베르트(Albert)는 27세의 나이로 군주였고, 브란덴부르크의 선제후(the Elector of Brandenburg)의 형제였다. 그는 또한 마그데부르크의 대주교였고[거기에서 주교관구는 비텐베르크에 위치했다], 할베르슈타트(Halberstadt)의 주교 관할구의 행정관이었다. 이같은 높은 직책들을 겸직하기 위해서 그는 로마로부터의 면제가 필요했다. 이 엄청난 규모에 있어서 면제를 위한 수수료는 막대했는데, 알베르트는 독일의 큰 은행가인 아우그스부르크의 푸거 가로부터 돈을 빌렸다. 채무를 위한 보증으로써 교황이 로마에 성 베드로 성당을 세우기 위해 최근에 선포한 면죄의 선언서를 독일 전역에 준비하기 시작했다. 이 면죄부의 판매로부터 나온 돈(또는 덜 거친 표현으로, 연옥에서 고통의 면제를 신실하게 구하는 성도의 선물)은 일부는 교황청으로 들어가고, 일부는 알베르트의 채무의 상환으로 은행가들에게로 들어갔다.

이러한 상황들이 나빴다. 그러나 그것들이 공공연하게 비방적이지는 않았다. 그것들은 외교관들과 재정가들의 강력한 손 안의 비밀 이상으로는 알려지지 않았다.

'면죄부를 파는 사람'은 중세기적인 정황에서 오랫동안 친밀하고 때때로 우스꽝스럽게 존재했다. 도미니쿠스회로 이 면죄부를 설교하도록 고용된 테첼(Tetzel)은 그의 말의 덕스럽지 못한 논리에서가 아니라, 그의 보증의 특별하고 엄숙한 특징에서 예외적이었다. 민감한 신학자들은 면죄부 '판매'로부터 이론적인 악을 끌어내는 구별을 지을 수 있었다. 실제로 무지한 사람들은 앞으로 그들이 그 자신들이나 사랑하는 사람들을 위해서 죄사함을 '사고' 있다고 생각하지 않을 수 없었으며, 또는 최소한 그들의 관대함으로 교황이 앞으로 죄사함에 대하여 효과가 있다고 선언한 선행을 그들이 하고 있다고 생각하지 않을 수 없었다. "돈이 모금함에 딸랑 떨어지는 순간에, 한 영혼이 연옥으로부터 날아간다" — 이 금언이 설교되었다는 것은 의심의 여지가 없다.

작센의 통치자였던 선제후 현자 프리드리히(the Elector Frederick the Wise)는 그의 영토 내에서 테첼의 면죄부 판매를 금지시켰다. 그는 브란덴부르크 가에 의해 행사된 권력을 좋아하지 않았는데 — 대주교 알베르트가 그것을 대표했다. 그는 그 자신의 값진 유물들과 그들의 수입을 늘려주는 특권을 가진 면죄부를 자랑했다 — 다른 군주들처럼 프리드리히는 그

의 영토로부터의 손실금에 분개했다. 비텐베르크에 있는 그의 성(城) 교회
에는 성인들 중의 한 사람의 시신과 거룩한 유골들과 다른 유품들 17, 443
점을 담은 상자들이 있었다.

그러나 그의 백성들은 몇 마일 떨어져 있는 이웃 도시에서 테첼이 설교
하는 것을 듣기 위해 성 경계를 가로질러 갔다. 비텐베르크 대학의 성경교
수 마르틴 루터는 몇 년 동안 면죄부 교리와 시행에 대해서 고민했다. 그
는 무지한 사람들이 그 면죄부를 샀기 때문에 그들 자신은 더 이상 회개할
필요가 없다고 생각한다는 말을 듣고 말할 수 없는 고통을 느꼈다. 루터는
그 대주교가 테첼에게 주는 훈령서를 보고 충격을 받았다. 만성절 축제 전
야인 1517년 10월 31일에 그는 비텐베르크 성(城) 교회의 문에다 '면죄부
에 대한 95개 조항'이 새겨진 벽보를 붙였다. 그는 공개적인 토론에서 이
조항들을 변호할 준비가 되어 있다고 알렸다.

95개 조항들의 어떤 것들은 신학자들에 의해 평가되도록 한 신학자에
의해서 입안된 제안들이다. 그리고 그것들은 아직 순전히 학문적인 토론의
분리된 분위기를 가지고 있지 않다. 저자의 머리뿐만 아니라 그의 마음이
관련되어 있다는 것은 분명하다. 비록 그 조항들이 때로 보수적이고, 루터
의 개혁의 중심적인 교리의 어떤 것도 담고 있지 않지만, 학문적인 토론의
분위기는 때때로 고통의 외침에 의해 추방된다. "교황은 다른 모든 사람들
보다 훨씬 많은 부(富)를 가지고 있는데 왜 그는 가난한 기독교인들의 돈
대신에 그 자신의 돈으로 성 베드로 대성당을 세우지 않는가?"

그것은 면죄부 신학에 대한 논제가 아니다. 그러나 95개 조항이 이탈리
아인의 강제징수에 대항한 독일 사람들의 외침을 반영하는 동안에, 그 조
항들은 표면적으로 반(反)교황적인 것이 아니었다. 루터는, 만일 교황이 그
것에 대해 알고 있다면 그는 불법적인 거래를 승인하지 않을 것이라고 주
장했다. 만일 교황이 일어나고 있는 것을 안다면, 그는 그의 양떼들의 뼈와
살로 지어지기보다는 차라리 폐허 속에 있는 성 베드로 대성당을 보려고
할 것이라는 것을 기독교인들은 알아야 한다고 썼다.

청년 루터

95개 조항이 발표되던 때에 루터는 거의 34세였다. 그는 강인했고, 시골 농부 혈통의 솔직한 사람이었으며, 움푹 파인 불안해 하는 눈과 대낮처럼 개방된 성격을 가졌다. 그의 마음은 적극적이고 정열적이었지만, 그는 지적인 체육인다운 기질은 아니었고, 민감하고 섬세하기보다는 진지하고 인내심이 있는 사람이었다. 그의 친구들은 항상 애정있고 때때로 애처로운 배려로 그를 존경했고, 그가 그들로부터 아무것도 제지하지 않았고 숨기지 않았으며, 그들이 그의 참 본질에 접촉하도록 허용한 것을 알고 있었다. 그는 결코 농부가 되기를 마지 않았고, 그의 농부의 혈통을 자랑했다. 그는 언어에서 소박할 수 있었고, 서민적이며, 꾸미지 않았고 비천할 수 있었다. 그는 유머와 큰 웃음소리를 가졌지만, 재치가 있는 것은 아니었다.

1483년에 작센의 아이슬레벤에서 부유하고 경건한 구리 광부의 아들로 태어난 그는 에르프르트 대학교에서 공부하였는데, 그곳의 철학 학파는 유명론이며, 거기에서 아마도 폭풍우 속에서의 갑작스런 경험 후에 아우구스티누스 참사수도회에 들어가기로 결심했다. 그것은 어떤 의미에서도 퇴폐적인 수도원은 아니었으며, 규율이 신실하게 지켜지는 곳이었다. 그곳에서 그는 성 아우구스티누스를 공부했고 그의 저술들을 사랑하게 되었다. 유명론의 한 학생으로서, 그리고 아우구스티누스와 교부들의 학생으로서, 그는 그 시대의 큰 특징이었던 아리스토텔레스적인 스콜라 학자들에 대하여 경멸적인 태도를 공유하였다.

루터는 인문주의자는 아니었다. 개혁의 초창기 시대에 개혁자는 인문주의자가 되는 것이 아주 적절한 때가 있어서, 멜란히톤과 에라스무스와 다른 인문주의자들처럼, 그 자신을 희랍어 이름인 엘로이테리우스(Eleutherius)라 불렀다. 그 이름은 확실히 적절하지 않아서 거의 쓰이지 않았다. 나중에 그의 어떤 친구들은 그가 고대 세계의 문학에 너무 적은 관심을 가졌다고 슬퍼했고, 그것이 그의 거침을 완화해 주는데 도움이 되었을 것이라고 생각했다. 인문주의는 유럽적이었고 국제적이었으며, 지적인 귀족풍이었는데, 루터는 독일인이었고, 민족적이었으며, 그 백성의 한 사람이었다. 그가 류트(lute, 17세기 기타 비슷한 악기 — 역자주)를 연주하고 테너 목소리로 노래를 부를 수 있었다는 것은 놀라운 일이다.

그는 유행이나 우아함에 대해서 거의 관심을 갖지 않았고, 고대의 문헌들의 정확한 원본에도 별 관심을 갖지 않았으며, 그의 생애 내내 그의 방법과 태도에 있어서 한 스콜라 학자의 어떤 것으로 남았다. 그러나 1516년까지, 그리고 1516년이 되기 전 몇 년 동안에 부분적으로, 그는 보다 단순한 신학의 개념, 성경과 교부들 안에 있는 기독교 진리의 샘으로의 귀환의 개념을 받아들였다. 1512년에 비텐베르크에 있는 아우구스티누스 수도회의 수도원에 살면서, 그는 박사로서 신생 대학의 성경교수가 되었다.

그는 열심있는 탁발수사였고, 열심을 가지고 기도와 금식을 실천했다. 몇 년간의 평화로운 기간 후에, 그의 양심은 망설임의 폭풍 속으로 뛰어들었다. "나는 규율을 지키려고 내가 할 수 있는 한 열심을 다했다. 나는 규칙적으로 죄를 뉘우쳤고, 내 죄의 목록을 만들었다. 나는 그것들을 반복해서 고백했다. 나는 나에게 할당된 참회를 성실하게 이행했다. 그러나 아직 나의 양심은 계속 불평을 했다. 그 양심은 내게 계속 말했다: '너는 거기에서 모자란다.' '너는 충분히 뉘우치지 않았다.' '너는 너의 목록에 그 죄를 남겨두었다.' 나는 인간적인 치료법으로 그 양심의 의심과 가책을 치료하려고 했다. 내가 이렇게 하면 할수록, 내 양심은 괴로워 했고 편하지 못했다." 그는 하나님의 위엄과 분노에 대해서 압도되는 마음을 가졌다. 그는 그가 버림받은 사람이며 멸망의 자식이며 그가 결코 구속될 수 없다는 것을 믿게 하는 유혹을 느꼈다. 하나님은 그를 제외한 모두를 사랑하셨다. 그는 하나님이 정의롭다는 생각에 의해 병이 났다.

그의 교단의 주교 총대리(the vicar-general)인 슈타우피츠(Staupitz)에 의해 그는 성 바울에게 인도되었고, 성경과 아우구스티누스 안에서 그 자신의 연구에 의해, 그는 로마서에서 새로운 깨달음과 그의 영혼이 찾고자 고통했던 평화를 찾았다. 그는 순간적인 통찰력이나 현혹시키는 계시로 이 깨달음에 도달하지 않았다. 20세기에 현대 학문은 루터가 1513년에서

1518년까지 성경에 대하여 행한 강의들의 과정을 발견하고 검토하였다. 이 기간에 걸친 그의 바울적인 이해는 점차 정확해지며 명료해지고 성숙해졌다. 비록 1513-1515년에 시편에 대해 그가 행한 강의들이 그가 4년 후에 사용한 것보다 좀더 학문적이고 전통적인 언어로 표현되었지만, 그의 바울 이해의 시초는 거기에서 발견될 수 있다. 나중에 그는 그의 초기 생애를 회고해 보고 특정한 이해의 순간들을 포착했다. 그는 탑 속에서 그가 어떻게 로마서를 읽고 있었는지를 기억했고 '의로운 사람은 믿음에 의해 살리라'는 본문의 위력을 갑자기 느꼈다. 그의 저작은 인식이 서서히 왔다는 것을 보여준다.

그 약속은 그에게는 그의 도덕적 존재의 가장 심원한 경험을 만나는 것처럼 보였다. 참을성 있는 수사는 그의 인내력과 그의 참회와 그의 신중함을 신뢰하지 말아야 한다. 그리스도의 의는 그를 믿는 모든 사람들에게 약속되었다. 믿음은 구세주의 은혜가 괴로워 하는 영혼에게 흘러내려갈 수 있게 하고 평화와 새로운 노력을 가져올 수 있게 하는 통로이다. 마음의 이 평화와 새로운 노력은 피곤한 기독교인의 부족한 작은 노력에 매달려 있는 것이 아니라 그 자신을 뛰어넘는 영원한 평화와 의로움 안에서의 몫에 매달려 있다. 인간의 마음은 그 자신을 구원하기에는 너무 악하고, 용서는 선물이며, 그것은 달성될 수 없다.

그가 테첼과 면죄부에 대해 듣기 전에, 그는 그의 바울적인 복음처럼 이 신칭의를 선언하고 있었다. 비텐베르크는 그에게 그의 가르침을 받아들이는 것처럼 보였다. 1517년 5월에 그는 한 친구에게 편지했다: "내 신학은 — 그것은 아우구스티누스의 신학인데 — 점차 성공하고 있고, 대학에서 우세해진다. 하나님께서 그것을 하셨다. 아리스토텔레스는 기울고 있으며, 아마도 지옥 밑으로 완전히 내려갈 것이다. 성 롬바르드(St Lombard)의 「명제집」(*Sentences*)에 대한 강의를 원하는 사람이 그렇게 적다는 사실이 나를 놀라게 한다. 만일 강사가 내 신학을 가르치지 않으면 어느 누구도 강의를 들으러 가지 않을 것인데, 그것은 성경, 성 아우구스티누스, 그리고 교회의 모든 참된 신학자들의 신학이다."

"나는 만일 우리가 오늘날 연구되고 있는 것과 같은 교회법, 스콜라 철학의 신학, 철학과 논리학을 제거하지 않고, 또 그 자리에 어떤 다른 것을 놓지 않는다면 교회는 결코 개혁되지 않을 것이라고 아주 확신한다."

95개 조항은 믿음에 의한 칭의(稱義)의 교리에 대한 어떤 언급도 없다. 그러나 그 조항들의 침묵에도 불구하고, 면죄부에 대한 그의 공격은 '나의 신학'으로부터, 하나님의 은혜에 대한 바울적인 신념에서 발생했다. 그는 면죄부를 유해하다고 믿었는데 그것은 순진한 사람들을 잘못 인도하고 있었기 때문이다. 그는 그것이 그의 세대의 기독교의 가르침, 즉 외적인 행위, 형식, 대가를 지불, '선행'에 의해서 하나님과 화해될 수 있다는 것을 주장하고 제안하는 가르침과 함께 내적으로 잘못된 외면적이고 가증스런 커다란 증상으로 보았다. 루터는 면죄부를 공격하지 않았고 그것에 의하여 '오직 믿음'에 의한 칭의의 교리에 도달하지 않았다. 그는 특별한 면죄부를 비판하기 위해서 이미 인정된 칭의의 교리를 적용했다.

교황에 대한 공격

마인츠의 대주교 알베르트는 면죄부 신학의 교활함에 관심이 있을 것 같은 사람은 아니었다. 그러나 그는 면죄부로부터 오는 수입에는 관심이 있었으며 비텐베르크에서 그때까지 알려지지 않은 한 신학자에 의한 항의로 면죄부 판매가 줄고 있다는 것을 깨달았다. 그는 비텐베르크의 조항들을 교황에게 보고했다. 교황은 그 다툼이 사소하다고 생각하고, 이 사람들을 조용히 시키라고 아우구스티누스 수도회의 우두머리에게 말했다.

면죄부에 대한 공격은 이단적인가? 도미니쿠스회의 신학자들은 — 정통의 수호자들과 아우구스티누스 수도회에 대한 자연적인 적대자들로 구성되었기 때문에 — 루터를 이단자로 믿었고 그들의 소송을 입증하려고 노력했다. 면죄부의 교리는 의심스러웠기 때문에 이것은 루터가 교황의 힘을 공격하고 있다는 것을 입증함에 의해서 이루어져야 했다. 루터는 교황의 절대권력에 의문점을 가지고 있었는데, 교황의 절대권력에 이의를 제기하는 것은 이단시 되었다. 그 논의는 급속하게 교황의 권위와 그 한계에 대한 논쟁으로 변모했고, 면죄부에 대한 토론은 곧 좀더 폭넓은 논의로 뒤에 남겨졌다.

처음에 루터는 그 자신이 로마에 대한 공격의 지도자로 환호받는 것을 알고 기뻐하지 않았다. 사람들은 그가 의도하지 않았던 것들을 그가 꾀했다고 말하고 있었다. 그는 "노래가 내 목소리에는 너무 높은 음으로 정해졌다"고 말했다.

아마도 단지 그의 뒤에 있는 증대해가는 후원 기관이 없었더라면 그는 침묵하게 되었을 것이다. 그의 지상에서의 통치자인 작센의 선제후 프리드리히가 그를 보호하였다. 프리드리히는 틀림없이 이론적인 논의에 대해서 아무것도 이해하지 못했다. 그러나 그는 비텐베르크의 그의 대학을 자랑했고, 독일에서 이탈리아인들의 간섭에 대한 작센 사람의 혐오감을 가지고, 마인츠의 대주교의 국고 안에서 야기된 불안을 불쾌하게 여기지는 않았으며, 루터의 친구이자 후원자였던 그의 궁정 신부인 슈팔라틴(Spalatin)을 신뢰했다.

교황은 독일에 있는 강력한 군주, 즉 탁발 수사들 사이의 귀찮은 싸움을 위하여, 황제의 왕관을 놓고 벌일 다가올 경쟁에서 정치적으로 쓸모가 있을 군주를 화나게 하는 일에 안달하지 않았다. 그리고 어느 곳에서나 독일 전역에 걸쳐 그 조항들과 뒤이은 소책자들이 유포되었고 그 뒤에서 여론이 수렴되고 있었다. 교회의 권위들은 저항을 받고 있었고, 성공적으로 저항하였다. 로마의 성가신 원거리 통제에 대한 독일인의 정서는 루터 뒤에서 갑작스런 조수처럼 높아지기 시작했다. 로마에 의해 박사에 봉해진 테첼은 사람들의 폭력이 무서워서 거리에 들어설 수 없었다.

1518년에 아우그스부르크 의회(Diet)가 독일에서 로마의 강제징수와 간섭에 대한 일련의 요구사항들을 들었다. 그곳에 도미니쿠스회의 위대한 신학자이며 스콜라 학문의 복구자인 카예탄(Cajetan) 추기경이 왔는데, 교황은 소송을 그 특사에게 맡겼다. 루터는 1518년 10월 12-14일에 카예탄 앞

에 나타났는데, 그의 선제후의 약속에도 불구하고 그 이후로 어떤 때보다
도 더 큰 위험 가운데 있었다.

카예탄은 면죄부에 대해 논의하려 하지 않았다. 그것은 단순히 교황의
권위와 반역에 대한 문제였다. 그는 그의 주장을 취소하든지 아니면 그 결
과들을 당하라고 명령했다. 루터는 정중했고, 겸손했으며, 말이 거칠지 않
았다. 그러나 그는 어느 것도 포기하지 않으려 했다. 그는 그가 철회하느니
차라리 죽을 것이라는 것을 알고 있었다. 그의 친구들은 밤에 서둘러서 그
를 아우그스부르크에서 데려갔다. 만일 진리에 대한 충성이 교황을 공격하
는 것이라면, 교황에 대한 공격이 있어야 했다. 그는 카예탄과의 면담에 대
한 설명을 인쇄했고, 교황의 신적인 높음과 무오성에 대한 로마 교황청의
주장의 교리적인 기초를 공격한 설명을 덧붙였다. 1518년 11월 28일에 그
는 엄숙하게 교황 대신에 기독교의 공의회(General Council)에 청원했다.

교황 레오 10세의 조언자들은 결정적인 제지를 위해 준비되지 않았다.
그들은 선제후 프리드리히에게 교황의 황금장미 훈장을 수여하고 터키 사
람들과 루터에 대항하여 그의 도움을 얻기 위하여 독일 귀족 카를 폰 밀티
츠를 보냈다. 밀티츠는 황금장미를 안전하게 보관하기 위해 아우그스부르
크에 있는 푸거은행에 맡기고, 1519년 1월 알텐부르크에서 루터를 면담했
다. 영리한 외교관으로서, 그는 독일 사람의 감정의 상태를 목격하였고, 비
록 그가 25,000명의 군대를 가지고 있다 해도 완력으로 루터를 로마로 데
려갈 수 없다는 것을 알았다. 그는 말했다: "마르틴, 나는 당신이 난로 뒤
의 편안한 구석에서 스스로에게 주장을 중얼거리는 꽤 나이가 든 신학자
라고 상상했소. 나는 당신이 젊고 힘이 있으며 독창적인 사람이라는 것을
알게 되었소." 그는 루터에게 교황 레오에게(1519년 3월 3일) 유순한 어조
로, 교황청에 대하여는 기꺼이 경외하는 태도로 편지를 쓰되, 어떤 것도 취
소하지 말라고 권면했다.

면죄부 논제가 나온지 16개월 후, 제지되지 않은 루터는 여전히 그의 아
우구스티누스 수도회에게 충실하였고, 어떤 의미에서 교황을 교회의 머리
로 인정하였다. 동시대의 검열관들이 어떻게 생각했든지, 루터는 어떤 중세

적인 신학자들에 의해서도 심지어 1519년 3월에는 이단이라고 생각되지 않았을 것이다.

1519년 초에 걸쳐서 루터는 교황제도의 역사를 연구하고 있었다. 그는 그가 찾고자 하는 것, 교황의 최고 권위에 대한 의심을 정당화 시킬 수 있는 근거를 찾았다. 성경에 대한 연구는 면죄부가 잘못된 것이라는 점을 그에게 확신시켜 주었다. 면죄부는 ― 그의 적대자들이 계속해서 큰 목소리로 그에게 생각나게 하는 것처럼 ― 교황의 권위 위에만 근거를 둔다. 따라서 성경의 권위를 교황의 권위와 대비하기 시작하였을 때, 교황은 신적인 권리로 모든 교회들의 머리가 된 것이 아니라고 많은 저자들이 그를 확신시켜준다는 것을 그는 발견하였다. 교회 안에서의 최고의 권위는 공의회에 속하고, 교황은 공의회(the General Council)에서 수석으로 섬기는 자이다. 그는 당시의 가장 뛰어나고 끈질긴 논쟁가인 잉골슈타트의 요한 에크(John Eck of Ingolstadt)에 의해 더 힘든 논쟁의 자리에 서게 되었다. 만일 기민함과 재치있는 응답이 승리를 가져올 수 있었다면, 에크가 쉽게 루터를 제압했을 것이다.

1519년 7월에 에크는 라이프치히의 한 공적인 논쟁에서 루터의 친구(그때까지 그의 친구였음)인 칼슈타트(Carlstadt)를 만났다. 루터는 에크에 의해 찔렸고 싸움에 가담하였다. 논쟁은 플라이젠베르크 성(城)의 한 집회장에서 있었고, 작센의 게오르그 공작이 부분적으로 참석하였다. 논쟁자들은 강단에서 서로 마주쳤고, 에크는 거칠고 귀에 거슬리는 목소리와 그의 착실하게 보이는 표정과 실망시키는 대답의 민첩함을 지녔고, 루터는 맑고 음조가 좋은 목소리, 금욕적인 외모와 논쟁에 대한 어설픈 태도를 지녔다. 토론의 대부분에서 에크가 칼슈타트와 루터에 대하여 승리를 얻었다. 그의 가장 위대하고 결정적인 승리는 루터로 하여금 그의 마음을 바꾸게 하였고 개혁과 혁명을 구분하는 가장 높은 단 하나의 울타리를 넘게 하였다.

라이프치히는 보헤미아의 경계에 가까웠다. 그 통치자와 시민들에 대하여, 1415년에 콘스탄스 공의회(the Council of Constance)에서 화형 당한 보헤미아 사람 요한 후스(John Huss)는 이단자들 가운데서 가장 악명 높았다. 루터의 적대자들이 그를 관대하게 그러나 모호하게 '보헤미아 사람'이나 '후스의 추종자'의 사나운 말로 비방한 것은 당연했다. 루터는 후스가 이단자였다고 믿도록 교육을 받았으며, 분개하여 그 이름들을 거부하였다. 에크는 루터의 견해의 일부가 후스의 견해와 일치한다는 것과 따라서 루터가 유명한 이단과 의견을 공유한다는 것을 나타내려고 결심했다. 만일 루터가 에크처럼 빈틈없는 논쟁가였다면, 그는 능숙하게 그 주제를 피했을 것이다. 그는 승리보다도 진리에 보다 굳건하고 단호한 심지를 가지고 있었다. 그리고 그는 고집과 완고함이 섞인 도덕적인 용기를 소유했다.

에크의 영리한 책략에 직면하고 그의 독설에 찔렸을 때, 루터는 에크가 그로 하여금 하게 하려고 바라던 것을 했는데, 그는 후스가 때때로 옳았으며 그를 정죄한 콘스탄스 공의회가 옳지 못했다는 것을 인정했다. "요한 후스와 그의 제자들에 대한 정죄된 신념 가운데서, 진실로 기독교적이고 복음적이며 로마 가톨릭 교회가 정죄할 수 없는 것들이 많이 있다." 소동이 일어났으며, 거기에서 작센의 게오르그 공작은 "빌어먹을!"이라고 외치는 소리를 들을 수 있었다.

에크의 환희는 명백했다. 루터는 교황이 오류가 없다고 하는 점을 부인함으로써 시작했다. 그는 이제 단 하나의 대안인 오류가 없는 공의회를 부인했다. 그러면 무오성은 어디에서 발견될 수 있는가?

그 고백은 루터의 마음에 중요했다. 그는 보수적이었고, 지적인 사람이 아니라 쉽게 흥분하는 사람이었다. 그의 생애를 통해 불필요한 변화에 화를 냈다. 그는 혁명을 의도하지 않았고, 로마 가톨릭교회를 정화하고 그 진리를 수호하는 것을 목표했다. 그러나 라이프치히 논쟁은 로마에 대한 그의 적의를 속박했던 마지막 장벽을 무너뜨렸다. 그는 공공연하게 그리고 돌이킬 수 없도록 그 자신을 부분적으로는 전체 교회의 권위에 의해 정죄된 사람과 동일시했다. 앞으로 그는 성경과 이제 구성된 것 같은 교회의 권위 사이에서, 즉 하나님의 말씀 안에서 가르쳐진 진리와 교회 성직자들의 인간적인 전통 속에서 가르쳐진 오류 사이에서 반감과 불일치를 기대했다. 1520년 2월까지 그는 라이프치히에서의 마음에 내키지 않고 강요된 고백을 훨씬 넘어서서 나아갔다. "우리는 부지중에 모두 후스파며, 성 바울이나 성 아우구스티누스도 후스파다"라고 그는 썼다.

이제 그는 유명하고 악명 높은 사람이었다. 시장(市場)은 그가 펴낸 것을 사는데 열심이었다. 루터는 세상에 이름이 알려졌고, 비록 그가 미묘한 논쟁을 위한 소질은 없었지만, 천재적인 논객(論客)이었다. 문체는 직접적이고, 적극적이며, 성경적이고, 직선적인 사람에게 적절했다. 그는 그의 증대해가는 대중들에게 읽기 쉽고, 가끔 표현의 아름다움에 이르고, 때로 극단론의 책임을 정당화시키는 독일어와 라틴어 소책자 시리즈를 출판했다. 그의 언어는 빠르게 그와 함께 널리 퍼졌다. "나는 기질적으로 성급하고, 내 펜은 쉽게 분개한다"고 그는 1520년에 썼다.

루터의 소책자들은 혐오감을 줄 수 있었다. 그것들은 가끔 사심없는 동기와 논쟁의 신랄함이 숨길 수 없는 종교적인 관심에 의하여 단순한 공격들로부터 만회되었다. 그는 성경적인 교리와 헌신의 맥락에서 교황한테 그의 공격을 맞추었다. 그는 갈라디아서에 대한 주석, 마리아 송가(Magnificat)에 대한 주해, 설교, 고난을 위한 위로의 메시지를 쓰는 것으로 쉽게 돌아섰다. 루터는 두 종류의 저작 사이의 차이를 찾지 못했다. 그는 그 자신이 단 하나의 목적 — 즉 기독교국의 영적이고 도덕적인 개혁 — 을 가지고 있다고 느꼈다.

많은 성직자들의 눈에 이단인 사람이, 그래서 치명적인 위험에 처한 사람이 그의 작품을, 군주들 및 흑암의 세력들과의 싸움으로 생각하는 것은 당연하다. 은혜와 칭의에 대한 그의 종교적인 이상은 그로 하여금 기독교인의 영혼을 사탄의 군대에 의해 포위당하고 공격당한 하나님의 요새 안에 있는 것으로 생각하게 하였다. 그는 심리학적으로 유혹의 폭풍우를 거쳐 그의 길을 싸웠다. 그는 한 번은 그 영혼을, 구덩이 안에 묶여 있고 둘레에 대못이 박혀 있는 미끼 거위에 비유했는데, 이리들이 그 거위에게 사방에서 달려들지만 이리들은 그 구덩이에 빠지거나 대못에 찔려 죽임을 당한다. '안전한 요새가 되시는 우리 하나님은 잠잠하시다' 라는 그의 가장 유명한 찬송은 그 마음의 가장 깊은 직관에서 솟아 나왔다:

모든 마귀들이 이 세상 위에 있고
우리를 삼키려고 노려보고 있지만,
우리가 마음으로 낙심하지 아니함은
그들이 우리를 압도할 수 없기 때문이라네.
마귀가 전에도 그랬던 것처럼
무섭게 보이게 할지라도
그가 우리를 조금도 해하지 못하네;
왜냐구요?- 그의 운명은 기록되기를;
말씀이 신속히 그를 없애리라.

이 찬송은 몇 년 후에(1527년) 쓰였다. 그러나 그것은 소책자를 쓰는 작업에 있어서 그의 종교적인 헌신에 대한 독특한 결합을 설명하는데 도움을 준다.

1520년의 저술 가운데서 세 개가 유명하다: 소위 종교개혁 논문들로 불린다. 「독일의 기독교 귀족들에게」, 「교회의 바벨론 포로」, 그리고 「그리스도인의 자유」. 이 가운데서 두번째 논문은 당시 7성례의 교리에 대한 공격이었다. 세번째 논문은 믿음에 의한 칭의론과 기독교인의 도덕적인 삶을 위한 그 결과에 대해 교황을 위한 새로운 진술이었다.

세 가지 가운데 첫번째 논문은 모든 그의 논쟁적인 논문들 가운데서 가장 효과적이고 혁명적이었다. 그는 그것을 여리고 성벽을 무너뜨린 강한 나팔 소리라고 생각했다. 그는 독일의 군주들과 행정관들의 직무에 의하여 독일 교회를 개혁하도록 요청하였다. 성직자들은 그들의 상태를 개혁할 수 없거나 개혁할 의향이 없었다. 왕들과 군주들은 들어가서 싫든 좋든 그것들을 개혁해야만 했다. 위기 속에서 행동을 할 수 있는 사람은 빨리 행동해야만 한다. 심지어 만일 시장의 집에 불이 났다면, 우리가 그 불을 끄려고 달려가기 전에 시장의 허락을 기다려야만 하는가? 만일 침략군이 시를 공격하고 있다면, 모든 시민은 경보를 울릴 의무가 있다. 만일 독일에서 교황의 세력이 소멸되지 않는다면 개혁은 불가능하다. 왕들과 군주들이 일어나서 그것을 소멸해야 한다. 그들은 면죄부, 면제, 교황에게 바치는 성직 첫

해의 수입, 강제 징수, 교황들의 세속성과 추기경들의 부, 대관식복, 성직록, 그 의무가 세속적인 통치가 아니라 설교와 기도인 교황과 주교들의 세속적인 통치를 폐지해야만 한다.

"만일 하나님께서 한 번 소돔과 고모라를 던지셨던 것처럼, 하늘로부터 불과 유황을 내리시고 로마를 구덩이에 던지신다면 그것은 놀라운 일이 아니다." 군주들은 파문의 남용, 로마 교황청 관리들의 지나친 게으름, 성직자들의 독신주의의 규칙을 끝내야 하는데, 그들은 행렬, 순례여행, 맹세, 절기, 죽은 자들을 위한 미사, 탁발 수사, 거지의 숫자를 줄여야만 한다. 그들은 대학의 커리큘럼을 개혁해야만 했고, 학문을 스콜라 학자들로부터 성경과 성경에 관한 소수의 참으로 좋은 책들에게로 되돌려 놓아야 한다. 독일 민족과 제국은 그 자신들의 삶을 살도록 자유로워야 한다. 의복이나 절기나 향신료에 있어서의 낭비를 금하고, 공공연한 매음을 근절하며, 은행가들과 신용대부를 통제해야 하기 때문에 군주들은 사람들의 도덕적 개혁을 위해 법을 만들어야 한다.

평신도가 교회에 손을 대는 것이 옳은 것인가? 이것이 신성모독인가? 교회를 개혁하는 것은 성직자들의 의무가 아닌가? 루터는 교회가 성직자들로 구성된다는 생각을 비난했다. 교회는 신약에 따르면 제사장적인 몸이다. 평신도는 그 교회에서 그의 제사장적 소명을 갖고 있다. 그는 교회의 성직자들만큼 영적인 신분의 필수적인 한 부분이다. 군주는 그의 백성들의 복지를 돌보도록 하나님으로부터 부름받았다. 만일 그가 그의 백성들이 약탈당하고 매수되는 것을 본다면, 그들을 보호하는 것이 그의 의무다. 만일 그가 교황을 위해 그가 할 수 있는 것을 하지 않아도 된다면, 그의 재단사는 교황의 의복 만드는 것을 제지받아야 하며, 구두 수선공은 주교들을 위해 신발 만드는 것을 중단해야 하며, 목수들은 성직자들을 위해 집을 세우지 않아야 하고, 요리사는 요리하는 것을 중단해야 한다. 만일 군주가 개혁을 추구하지 않는다면 그는 그의 의무에서 실패하는 것이다.

교황의 교서를 불태움

1520년 여름에 독일은 루터의 뒤에 모였다. 교회의 관리와 그 강제징수에 대해 분노가 그를 지지하기 위해 일어났고, 루터를 그들의 대변인으로 여겼다. 1520년 6월 15일 로마 교황청은 교황의 교서(Exsurge Domine)를 발행하여, 루터의 41개 조항을 이단적인 것으로 정죄하였고, 충성된 자들에게 루터의 책이 어디에서 발견되든 불태우라고 명령했으며, 루터에게 두 달의 유예를 주어서 그의 주장을 철회하든가 아니면 파문되게 하였다. 그 교서의 많은 부분을 쓴 에크에게는 그것을 독일어로 발행하는 업무가 주어졌다. 감정의 최고조에서 그는 그 과업이 아주 어렵다는 것을 발견했다. 군주들, 대학들, 그리고 심지어 주교들도 그 교서가 그들의 영토에서 발행되는 것을 싫어했다.

루터는 공적인 반항의 행동으로 교서를 맞이했다. 1520년 12월 10일 오전 9시에 많은 시민들과 대학생들 앞에서 그는 의식적으로 교회법전과 교황의 법령집과 교황의 교서 한 부를 비텐베르크 담장과 엘베 강 사이에 있는 풀밭에서 모닥불에 태웠다. 그는 종이가 타서 재로 변하는 것을 지켜본 다음 그의 동료들과 함께 시내로 돌아갔다. 수많은 학생들이 불 주위에 남아 있었다. 처음에 그들은 동요했으나 엄숙했고, 테 데움(Te Deum, 찬송)을 불렀다. 그때에 그들은 소리내어 웃기 시작했고, 법령집의 장례를 위한 장송곡을 부르기 시작했다. 그들 중의 몇 사람은 우스꽝스럽게 옷을 차려입고, 거대한 모조교서를 장대에 꽂아서 취주악단을 따라서 시내로 휘젓고 다녔고, 에크와 스콜라 학자들의 책들을 수집하였다. 그런 다음 그들은 모닥불로 와서 다른 테 데움(Te Deum)을 부르면서 책들과 모조교서를 태웠다.

1521년 1월 3일에 루터의 파문은 전적으로 단행되었다. 절교(絕交)는 완전했고, 그 후로는 전쟁이나 복종이 있을 뿐이었다. "나는 콘스탄스 공의회가 진실로 기독교적인 후스의 어떤 명제들을 정죄했다고 말했다. 나는 취소한다. 모든 그의 명제들은 기독교적이었다. 그를 정죄함으로써 교황은 복

음을 정죄했다"(1519년의 라이프치히 논쟁에서). 그 싸움은 더 이상 수도
사의 싸움은 아니었고, 다른 수도회의 신학자들 사이의 사소한 소동도 아
니었으며, 끈질긴 이단의 문제도 아니었다. 그것은 유럽 정치의 무대 위로
옮겨졌다. "모든 독일은 혁명 가운데 있다"라고 교황의 사절이 썼다. "10분
의 9는 그들의 구호로서 '루터'라고 소리치며, 다른 10분의 1은 루터에 대
해서 아무 관심도 보이지 않으며 '로마 법정에게 죽음을!'이라고 외친다"

　그것은 더 이상 교수들, 법정, 성직자들의 문제가 아니었다. 비텐베르크
에 가까운 농민들은 길에서 여행자를 만났을 때 그에게 "당신은 마르틴 편
입니까?"라고 묻곤 했으며, 만일 그가 아니라고 대답하면 그를 때리기도
했다.

보름스 의회(The Diet of Worms), 1521

　루터가 교황의 교서를 불태웠을 때, 카를 5세는 스페인에서 3년간 국왕
이었고, 독일에서는 2년 동안 선거황제였다. 그것은 마치 모든 독일이 나중
에 영국이 하게 될 것을 하고, 로마에의 충성을 거부하며 민족적인 독일
교회를 선언하는 것처럼 보였다. 만일 독일 황제가 그 자신이 민족운동에
뛰어들고 그것을 지향한다면, 이것은 가능했을 것이다. 그러나 비록 카를 5
세가 독일 혈통이고, 그가 교황 레오 10세가 그의 정치적인 적이라는 것을
알았음에도 불구하고, 그는 독일의 주권자는 거의 아니었다. 그의 권력의
기반은 스페인과 나폴리에 있었다. 그는 스페인 사람들이 개혁을 실천할
때에 개혁을 믿었고, 보다 덜 호전적이지만 스페인의 정통과 같이 견고한
정통을 믿었다. 그는 그의 영토를 작게 나누지 않고는 로마로부터 독일을
갈라놓을 수 없었다.

　루터의 파문이 있은지 24일 후에 카를은 보름스 시에서 그의 첫번째 회
의(Diet)를 개회했다. 그는 21세였는데, 침착했고, 단호했으며, 믿음이 돈독
했다. 그는 보름스에 루터가 나올 수 있도록 안전통행권을 주었고, 루터는
가기로 결심했다. 그것은 용기있는 행동이었는데, 왜냐하면 후스는 안전통

행권을 받고 콘스탄스에 가서 화형당했기 때문이다. 루터는 슈팔라틴 (Spalatin)에게, 비록 모든 마귀들과 지옥문들에도 불구하고 보름스에 갈 것이라고 했다.

1521년 4월 18일에 보름스에서 황제의 면전에서 루터는 그가 철회할 것 인가를 요구받았다. 그는 논쟁적인 저술에서의 그의 오류를 사과할 준비가 되어 있다고 말했지만, 그러나 교황에 대한 그의 공격은 유죄로 인정할 수 가 없었다. "만일 내가 성경이나 명백한 이성에 의해 그르다고 증명되지 않는다면, 나는 하나님의 말씀에 대한 양심의 죄인이다. 나는 철회할 수 없 을 뿐만 아니라 철회하지 않을 것이다. 양심에 거역해서 나가는 것은 안전 하지도 않고 옳지도 않다. 하나님께서 나를 도우신다. 아멘."

그의 안전통행권의 이유로 그는 보름스로부터 그의 고향으로 향하도록 허락되었고, 한 달 동안 그 의회는 황제의 금지령을 선언하거나 그를 무법 자로 선포하지 않았다. 루터는 그 의회가 용두사미, 즉 거의 시간낭비였다 고 생각했다. 그는 화가 크라나흐(Cranach)에게 쓰기를, "나는 황제 폐하께 서 논쟁에서 그 수도사를 논박하기 위해서 50명의 신학박사들을 모으기를 기대했다. 그러나 그들 모두가 말한 것은 이것뿐이었다: '이 모든 책들이 당신의 것이오?' '예.' '당신은 철회하겠소?' '아니요.' '그러면 나가시 오!'"라고 했다.

바르트부르크(The Wartburg)

루터가 법적인 보호 밖에 있음으로 인해 작센의 선제후 프리드리히는 곤경에 처하게 되었다. 감정이나 정치적인 본능에 의해 루터 개인에게 붙 잡힌 그는 루터를 화형이나 교수형에 넘겨줄 생각이 없었다. 그러나 그는 교회가 이단자로 선언하고 나라의 대다수가 무법자로 여기는 사람을 보호 한다는 외양을 주는 것은 경솔하다고 생각했다. 따라서 그는 루터가 보름 스로부터 고향으로 오는 도중에 '납치'되도록 계획했고, 그 계획을 루터에 게 알려주었다. 루터의 마차가 뫼라(Möhra) 근처의 숲을 통과할 때에 다섯 명의 기병들이 그것을 에워싸서 루터를 그의 책들과 함께 바르트부르크의 성에서 떨어진 안전한 곳으로 빼돌렸다.

마인츠의 대주교 같은 이는 "내가 그를 체포했다고 어떤 사람이 말했고, 나는 그것이 사실이기를 원한다"고 말했다고 교황의 사절단이 썼다. 보름스에서는 칼에 찔린 채 탄광에 던져진 루터의 시신이 발견되었다는 소문이 일어났다.

바르트부르크에서 대지주 게오르크로 알려지는 옷차림을 했기 때문에 그의 소재가 세상에 알려지지 않아서, 그는 그가 통과한 위험 후의 반작용으로 고통을 당했다. 그가 그와 싸운 마귀에게 잉크병을 던져서 벽에 잉크 자국이 남아 있다는 이야기는 사실이 아니다. 그는 육체적으로 쇠약해지고 정신적으로 유혹을 받은 시기가 있었다. 그는 귀신들이 그 주위에 있다고 느꼈다. 그는 한 마귀가 식탁에서 호두를 취하여 밤새 천장에서 그것들을 깨는 것을 들었다고 생각했다. 갈가마귀들과 까치들이 그의 창 밖의 탑 주위에서 까악까악거릴 때, 그것은 그의 영혼에서 울려나오는 신음소리의 음산한 메아리처럼 들려왔다. 그는 한순간 그가 싸우고 저항하는 것이 옳은 것이었는가를 의심했다. 그는 야생 딸기를 따려고 걸으면서, 혹은 산토끼와 자고새 사냥에 동참하면서 조용하게 휴식을 가졌다. 그 사냥은 그로 하여금 반항하게 했는데, 그 속에서 그는 교황들과 사제들에 의해 가난한 사람들의 방어할 수 없는 영혼들이 덫에 걸려드는 우화를 보았다. 곧 그는 회복되었고 다시 글을 썼다: 그의 논쟁 소책자들 중의 하나, 개인적인 고백(고해)은 필수적인 것이 아니라는 것을 보여주는 설교 한 편, 서신서들과 복음서들에 대한 설교집(주해서로 불리움), 수도 서원이 그릇되었다는 것을 증명하는 책 한 권이다.

무엇보다도 그는 신약성경을 독일어로 번역하기 시작했다. 그는 성경이 일반 사람들의 가정에 보급되어야만 한다고 결심했다. 그는 농부가 밭을 가는 동안 성경을 암송하거나 직조공이 베틀의 박자에 맞춰서 콧노래를 부를 때 성경을 암송할 수 있어야 한다는 에라스무스의 외침을 반복했다. 그는 신약성경을 번역하는데 일년 조금 더 걸렸으며, 그의 젊은 친구이자 동료인 필립 멜란히톤(Philip Melanchthon)이 그것을 수정했다. 이것에 앞서서 독일어 역본이 있었으며, 루터는 희랍어에 정확한 학자도 아니었고 문학적인 천재도 아니었다. 그러나 루터 성격의 단순성, 솔직함, 신선함, 인내력이 그가 쓴 다른 모든 책에서처럼 그 번역에 나타나 있었다. 독일어 성경(1534년에 완성됨)은 루터의 찬송가들과 함께 루터 개혁의 기둥들 가운데 하나가 되었다.

비텐베르크에서의 소동

그 반항가 루터는 비록 숨어 있었지만 억눌리지 않았으며, 친구들은 그와 다른 사람들이 비판해왔던 남용에 대항하여 행동할 때가 왔다고 생각했다. 루터의 주장들은 독일의 많은 강단에서 선포되기 시작했다. 많은 탁발수사들이나 수사들이 새로운 개혁을 설교하기 위해서 그들의 수도회를 떠났거나 떠나고 있었다. 로이힐린의 종손인 필립 멜란히톤 같은 젊은 인문주의자들이 비텐베르크에서 그에게 합류했다. 바젤에서는 그가 성체축일의 축제 행렬에서 성체 대신에 성경을 운반했을 때 군중들은 그 사제를 환호하였다. 비텐베르크 대학교에서 학생들이 지켜보고 있을 때, 루터는 교황의 교서와 교황의 교령집을 태웠다. 학생들이 보는 것으로 만족하지 않을 거라는 것은 예상되었다.

그들은 서원과 성직자 독신주의, 그리고 일종 배찬(즉, 성찬을 받는 사람에게 포도주는 주지 않고 단지 빵만 주는 것)이 잘못되었음을 들었다. 1521년 9월 29일에 멜란히톤과 약간의 그의 젊은 사람들은 두 종류의 성찬, 즉 빵과 포도주 모두를 받았다. 12월 4일에는 난동을 부리는 일군의 학생들이 프란체스코회의 교회 안에 있는 제단을 파괴하였다. 성탄절 전야에는 군중들이 교구 교회에서 난동을 부렸고 미사를 조롱하는 노래를 불렀다. 성탄절에는 교수들 가운데 한 사람(루터의 동료 칼슈타트)이 미사를 올릴 때 평신도처럼 옷을 입었고, 의식을 단순화 했으며, 평신도들에게 두 종류의 성찬을 제공하였다.

1월에 한 법령은 형제단으로부터 교회의 수입을 취하여 그것들을 평신도 위원회의 통제 하에 두었으며, 사제들을 위한 봉급과 가난한 자들을 위한 구제금, 가난한 처녀들을 위한 결혼 지참금으로 정했다. 구걸과 매음굴을 금했고, 성례에서의 빵과 포도주는 성찬을 받는 사람들의 손에 놓아져야 한다는 것, 성찬은 두 종류로 제공되어야 한다는 것, 교회 안에 있는 그림들과 부속 제단들은 제거되어야 한다는 것을 명령했다. 어떤 사람들이 성상들과 그림들을 쳐부수는 약간의 폭동이 있었다.

그 난동 외에도 보수적인 사제들이나 수도사들과, 소동의 한 가운데서 일어났던 세 '예언자들' (소위 츠비카우(Zwickau)의 예언자들)의 언어에 대항하여 위협이 언급되었는데, 이러한 변화는 충분히 온건했다. 그들은 저 신앙이 돈독한 가톨릭 신도인 선제후 프리드리히에게는 온건하게 보이지 않았다. 루터는 그 소식들을 좋아하지 않았다.

1522년 3월에 그는 바르트부르크로부터 달려 나와서 그의 평신도 위장을 버리고 그의 아우구스티누스수도회의 옷을 입고 비텐베르크의 거리에 나타났다. 그는 개인 미사를 거부하고, 서원을 반대하고, 그리고 사제들의 결혼을 허용할 준비가 되어 있었는데, 그는 폭력, 즉 난동을 피했다. 그는 그의 개인적인 힘으로 소요를 평정했다. 1523년 3월에 그는 어느 정도 단순해진 예식을 승인했으며, 1524년에 칼슈타트는 작센을 떠나야 했다.

농민전쟁, 1524-25

독일에서 중앙 정부는 약했다. 독일은 지방 세력들, 영주들, 주교들, 시행정관들, 귀족들이나 기사들에 의하여 다스려졌다. 이 지방 세력들은 약한 제국법을 의지하기보다는 그 자신들의 힘을 더 의지했다. 남작들이나 기사들의 사병들에 대항한 싸움과, 농민난동이나 '반란'의 진압은 독일에서 유행하였다. 비록 루터는 무질서를 증오했지만, 그는 성공적으로 중앙 정부에 저항했고, 독일에서 가장 보수적인 세력이었던 교회의 세력가들을 개혁하도록 모든 진실한 사람들을 불러서 일어나게 하였다.

덤불을 통과하던 불은 쉽게 타는 물질을 향해 돌진했다. 농민들은 증오심이 가득했고 불만족했다. 구두의 상징 아래서 그들의 소요는 반성직자적이었고, 그들은 굶주리고 해산된 군인들이나 몰락한 기사들에 의해 이끌어졌다. 그들은 모든 재산이 공유되는 기독교국을 위한 단순한 외침에 동조하였고, 토마스 뮌처(Thomas Münzer) 같은 급진적인 방랑 설교가들에 의한 종말론적인 예언을 믿었다.

1524-25년에 잇따른 농민봉기는 독일 남부를 휩쓸었다. 그 지도자들은 정의, 구제, 지주들에 의한 억압으로부터의 자유, 그들의 사제를 선택할 권리, 한 때 공동 소유였던 땅의 마을 공동체로의 회복을 요구했다. 그들은 중앙으로부터 독일 남부를 휩쓸며 수도원들과 성들을 불태웠다. 1525년 5월에 작센 농민군대는 프랑켄하우젠에서 대패하였고, 뮌처는 교수형을 당했으며 독일 전역의 반란은 진압되었는데, 어떤 지역에서는 야만적이었다. 그 진압은 독일의 통치에 있어서 군주들의 손을 더 강화시켰고, 루터와 그의 운동에 대하여 격렬한 결과를 수반하였다.

루터는 농부로 태어났고 농부들의 비참상을 알았다. 그는 지주들의 억압에 강한 타격을 가했고 농부들의 많은 요구에 동의했다. 그러나 그는 농민들이 무장하여 투쟁하는 것을 증오했다. 그는 평화적이고 끈질긴 요구를 주장하는 방법이 유일하게 기독교적이라고 믿고 있었다. 반란이 시작되었을 때 그는 폭력에 대항하여 목숨을 걸고 설교하면서 시골지역들을 여행하였다. 파이프 소리에 농민들이 헬펜슈타인 백작의 부인과 어린 아이 면전에서 그를 창으로 찔러 죽인 바인스베르크에서의 대량학살에 대한 소식에 의해 충격을 받았기 때문에, 그는 그의 소책자 중 가장 비극적인, 「살인하고 도둑질하는 농민 무리에 대항하여」를 썼다. 중요한 네 페이지에서 그는 군주들에게 요구하기를 "농민들에 합류해야만 하는 가난한 사람들을 자유케 하고, 구하고, 돕고, 그리고 긍휼히 여기도록 군주의 칼을 휘두르고, 당신들은 사악한 사람들은 찌르고, 때리고, 죽일 수 있다"고 했다. "이 시기들은 아주 예외적이어서 한 군주가 기도에 의해서 보다는 피흘림에 의해 보다 쉽게 천국을 얻을 수 있다."

농민들 편의 극단주의자들은 그가 압제자들을 위한 '아첨쟁이'라고 말했다. 귀족들은 그의 열정적인 언어가 농민들을 자극하여 학살하게 하였다고 말했다. 그러나 루터는 이에 대하여 철회하기를 거부했다. "당신은 이성으로 반란군을 대처할 수 없다. 당신의 최상의 대답은 그가 코피를 흘릴 때까지 그의 안면을 주먹으로 치는 것이다." 그의 대적들은 그의 말을 쉽게 이용했다. 그는 그것을 변호하기 위해 다른 소책자를 썼는데, 사태는 나아지지 않았다.

그것은 그의 논쟁적인 경향의 응보였다. 1520년 초에 한 친구가 그에게 그렇게 논쟁하기를 좋아하지 말라고 경고했다. 비록 그는 그의 펜이 그로 하여금 자제심을 잃게 한다는 것을 잘 알고 있었고, 때때로 그것을 후회하기도 했지만, 그의 단순하고 감싸고 있는 교육은 그로 하여금 단순한 마음에 끼치는 폭력적인 언어의 영향을 깨닫는 것을 방해하였다.

루터는 극단주의자는 아니었지만, 가끔 극단주의자처럼 말했다. 그는 손에 칼을 든 탐욕스러운 농민을 대처하는 용감한 시민을 상상했는데, 그의 언어가 사람들을 격려하여 무방비한 농민들에게 난폭행위를 저지르게 한다는 것을 알지 못했다.

로마인이나 교회의 권력을 증오하는 모든 사람은 그 주위에 모였는데, 로마를 싫어하는 모든 독일인이 루터의 원리와 동기에 의해 움직이지는 않았다. 울리히 폰 후텐이나 프란츠 폰 지킹엔(Franz von Sickingen) 같은 전사들은 교황의 특사들을 납치할 음모를 즐겁게 꾸밀 수 있었다. 비록 루터 성격의 작은 한 부분은 직접적인 행동의 그런 방법들에 끌렸지만, 이것은 그의 방법이 아니었다. "나는 폭력이나 살인으로 복음을 위한 투쟁을 하고 싶지 않다"라고 그는 슈팔라틴에게 썼다.

그러나 수 년 동안 그는 독일인의 자의식의 목소리였다. 종교적인 개혁을 위한 루터의 외침 주위로 종교적인 개혁 외에 다른 것들을 원했던 사람들이 모였다. 독일인의 정서의 물결이 루터 뒤로 몰려와서 그를 앞으로 밀고 나갔다. 그러나 이 모든 정서가 다 순수한 것은 아니었다. 루터가 더 논쟁을 하면 할수록, 그는 더욱 독일을 분열시켰다. 루터가 면죄부를 비난했을 때 칭찬했던 사람들이 교황에 대한 전면공격을 주저했거나 물러났다.

그들이 물러나야만 한 것은 당연했다. 이것은 이제 혁명이었고, 머리가 부서질 수도 있었다. 루터가 보름스로 가는 도중에 에르푸르트를 통과한 직후에 학생들과 시민들은 시의 교회 건물 사이에서 날뛰었고, 도서관들에 손상을 입히고 책들을 파손하였다. 비록 루터가 이것과 다른 불법행위들을 비난했지만, 제정신이고 평화적인 사람들은 만일 사회를 해체하는 이것이 개혁이라면 그들은 결코 그것을 하지 않을 거라고 생각했다.

한때 루터처럼 강하게 에크를 공격했던 피르크하이머(Pirckheimer)같은 인문주의자들은 로마 가톨릭에 복종했다. 에라스무스는 개혁을 위해서 루터를 환영했는데, 선제후 프리드리히에게 루터를 체포하라는 아우성에 귀를 기울이지 말라고 강요하는 열정적인 편지를 썼고, 교황 레오 10세에게는 루터를 공격하는 방법이 성급했다고 말했다. 1522년에 에라스무스는 루터의 문제가 사실인 곳에서 그의 태도가 반대할 만하다고 생각했다. 1524년까지 에라스무스는 적극적으로 적대적이었는데, 그들은 「자유 의지론」과 「노예 의지론」에 대한 논쟁에 관여하였다. 루터에게 무엇보다도 가장 슬픈 것은, 그의 친구이자 고해신부인 슈타우피츠가 — 루터를 격려하기 때문에 여전히 로마에 의심받고, 여전히 친구이며 그를 껍질로부터 푸른 초장으로 인도해 주었기 때문에 루터에게 항상 감사하는 — 만일 동시에 그 개혁이 교회의 일체성을 위태롭게 한다면 어떤 개혁도 정당화 될 수 없다고 믿은 것이다.

루터는 독일의 예언자로서 시작하였다. 1524년까지 그는 다수파의 예언자였다.

루터 교회의 형성

정치적인 보호

독일은 분열되었으며, 1524년 후에 루터는 오직 힘에 의해서, 즉 시민 전쟁에 의해서 분쇄될 수 있었다. 1529년에 슈파이어 회의(the Diet of

Speyer)에서 개혁에 호의적인 제후들의 소수파는 황제와 가톨릭 교회의 제후들에 대항하여 '항의문'을 전달하였다. 이것은 신교도(Protestant)라는 단어가 그 기원을 빌려온 그 항의였다. 1531년에는 신교도인 제후들과 도시들은 정치적인 동맹, 즉 슈말칼덴 동맹(Schmalkaldic League)으로 연결되었고, 황제와 로마 가톨릭 교회의 제국주의자에게 저항하기로 결심했고 저항할 수 있었다. 그 동맹은 유럽에서 새로운 세력이었다.

1539년까지 그것은 선제후 브란덴부르크, 프로이센(Prussia, 1525년에 통치자 알베르트가 그때까지 튜톤 수도회에 의해 통치된 공국을 세속화했다), 선제후 작센, 헤세, 만스펠트, 브룬스빅, 안할트, 그리고 제국의 20개 도시들을 갖는 다른 영토들을 포함했다.

새로운 정치세력으로서, 개신교도 동맹은 종교적인 고려가 중요하지 않은 지역 속으로 파고 들어갔다. 그 동맹이 가톨릭교도들로부터 개신교도들을 보호하고 있었는지 혹은 황제로부터 제후들의 권리를 보호하였는지, 아니면 황제가 가톨릭교나 제국의 우위성을 보호하였는지는 항상 분명하지 않았다. 카를 5세는 개신교도들 외에 다른 직무와 위험에 의해 괴롭힘을 당했다. 그는 스페인의 통치자였고, 그의 스페인 국사를 처리하면서 많은 해를 보냈다. 그는 프랑스, 그리고 프랑스 출신의 교황 클레멘트 7세의 동맹국과 전쟁 중이었다. 1527년에 급료를 받지 못하고 훈련되지 않은 황제의 군대가 로마시를 약탈했고 교황을 황제의 권력 안에 두었다. 황제는 너무 바빠서 강력한 개신교도 동맹을 대항하여 실제의 병력을 동원할 수 없었다. 교황의 모든 후원자들은 개신교도들이 진압되어야 한다는 것에 안달하지 않았다.

프랑스 왕은 터키인들과의 동맹이 그의 정치적인 필요와 맞았을 때 그것을 시도하는 것을 주저하지 않았고, 일단 터키의 장군에게 툴롱(Toulon)의 거리에서 라마단 금식(the fast of Ramadan)을 공표하는 것을 허용했던 것처럼, 프랑스 왕들은 분열된 독일을 원했다. 그들은 자국의 영토에서 개신교도들을 사형시키기도 했지만, 독일의 개신교도들이 분쇄되는 것을 보고 기뻐하지 않았다. 만일 그들이 종교적인 세력이 아니라 정치적인 세력으로만 간주된다면, 일부의 가톨릭교도들은 개신교도들의 종말이 자신에게 재앙이라는 것을 알았을 것이기 때문에 반동 종교개혁은 부분적으로 실패하였다. 심지어 때로 교황들까지도 스페인 사람들이나 독일의 가톨릭교도들과 갈등이 있을 때에 개신교 제후들의 후원을 동경하듯이 지켜보았다.

독일에서 가톨릭교의 제후들은 그들의 동쪽 국경에 있는 위험에 의해 효과적인 행동을 금지당했다. 터키인들은 헝가리에 있었는데, 개신교도들에 대한 가장 커다란 자유의 양보가 터키인들의 침략의 위협과 어떻게 일치했으며, 그리고 가장 혹독한 대우에 대한 시도가 터키와의 평화와 어떻게 일치했는가를 보여주었다.

루터 교회들은 비록 남쪽으로 쉽게 확장될 수는 없었지만, 평화 속에서 그들의 생활을 조직할 시간을 가졌다.

신앙 고백

우상들을 넘어뜨리는 것은 우상으로 자신을 멍하게 만든 그 신앙을 대체하는 것보다 쉽다. 옛날의 법에 대한 보수적인 경향이 없이 사람들은 개혁을 시작하자마자, 그들은 개혁에 있어서 얼마나 멀리 가고, 무엇을 보존하고 무엇을 바꿀지를 결정해야만 했다. 교황의 힘이 소멸되어야 하고, 수사들과 수녀들은 무거운 서원, 즉 아마도 그들이 너무 어려서 그들이 하려고 하는 것을 이해할 수 없을 때에 그들에게 부과된 서원에서 자유롭게 되며, 교회의 직무나 성례를 파는 재정적인 제도는 중단되어야 하며, 기부금은 목양적인 필요나 가난한 자들의 후원으로 전환되어져야 하며, 성경이 사람들에게 교육되고 가르쳐져야 하며, 사제들은 교사들이나 설교가들로 변화되어야 하고, 미사는 단순화되고 이해할 수 있어야 하며, 성경에서 발견되지 않는 '최근의' 교리들은 제거되어야 한다.

지배적 원칙은 믿음에 의한 칭의의 교리였으며, 다른 말로 하면 신앙에서의 외적인 행위 — 제의적이고 예전적이고 의식적인 — 의 강조로부터 정신과 마음, 즉 내적인 예배의 성례적 표현을 위해 외적 행위를 필요로 하는 믿음으로의 이동이었다.

개혁된 나라들과 도시들 속에서 첫 단계들은 비교적 쉬웠다. 독일어 성경이 강단에 놓였고, 사제들도 결혼하는 것이 허락되었으며, 자유롭게 되기를 원하는 수사들은 그들의 수도회를 떠나는 것이 허용되었으며, 알아들을 수 없는 의식들은 억제되었고, 사람들은 독일 찬송가로 예배하는 것을 배웠으며, 교회 기부금은 개인 미사를 수행한 사제들을 지원하고 퇴락한 수녀원을 수리하는 것으로부터 전환되었으며, 루터 그 자신도 이러한 점진성을 믿었다. 그는 개혁을 위한 제안을 했으며, 실험을 격려했으며, 지역의 개혁적인 시도에 많은 여지를 남겼다. 그의 예식의 형태는 미사로부터 제사적인 언어를 제거했으며, 예식을 라틴어에서 독일어로 전환했고, 설교하는 기회를 많이 늘렸으며, 성찬을 주일과 성일들로 제한했으나(이리하여 교회에 있는 부속 제단들이 그 목적을 잃게 됨), 다른 점에서는 보수적이었다. 성찬식은 두 종류로 진행되었으나, 성체 거양(the elevation of the Host)은 많은 교회에서 유지되었다. 전통적인 복장은 가끔 계속 입게 되었다. 개혁의 보수적인 성격은 가장 완전하고 화려하게 꾸민 중세적인 제단 배후의 장식벽의 실례들이 독일의 루터 교회에서 발견될 수 있다는 단 하나의 사실에 의해 설명될 수 있다.

1520년의 「바벨론 포로」에서 루터는 성례의 숫자를 줄였는데, 성경적 근거 위에서 350년 동안 널리 행해져 온 일곱 개에서 세 개 — 세례, 성찬식, 사적인 고백 — 로 줄였다. 비록 루터는 참회 전에 자기 반성이 성실한 양심에 부담이 되어서는 안된다고 걱정했지만, 성례전적인 고백이 루터 교회에 계속 정상적인 것으로 남았다. 성찬식에서의 요소들은 가장 심오한 외적인 경외심으로 받아들여졌는데, 루터파 목사들은 여전히 빵과 포도주가 주님의 몸과 피라고 가르쳤다. 루터의 역사적인 연구는 화체설이 성서에 의해 보증되지 않는 최근의 비이성적인 교리라는 것을 그에게 확신시켜 주었다. 그는 성서가 명백히 실재적인 현존(the Real Presence) 안에서 믿음을 요구하며, 그 요소들의 신비를 정의하고 묘사하는 것을 더 추구하는 것을 삼간다고 믿었다. 비록 그가 회중들이 무지할 때 미사를 독일어로 드리기를 원했으나, 그는 회중들이 교육을 받은 경우라면 라틴어도 만족했다.

루터나 멜란히톤 어느 누구도 그들이 새로운 교회를 세우고 있다고 생각하지 않았다. 그들은 그 자신들이 모든 세기의 가톨릭 교회의 구성원들이며, 최근에 끼여든 어떤 남용으로부터 그 교회를 정화하는 일에 관여한다고 믿었다.

이 견해는 멜란히톤이 1530년에 아우그스부르크 회의에 제출하고 아우그스부르크 고백으로서 루터 교회의 폭넓은 교리적 기준이 된 신앙고백 안에서 인정되었다. 멜란히톤은 개신교도 신앙을 살펴본 후 다음과 같이 썼다: "이것은 거의 우리 가르침의 요약이다. 그 안에 있는 어떤 것도 — 고대의 작가들로부터 알려진 것처럼 — 성서나, 전기독교회의 가르침이나, 로마 가톨릭교회와 불일치하지 않는다는 것을 알 수 있다. 따라서 만일 우리가 이단자들로 생각되어진다면 우리는 불공정하게 판단되어지는 것이다. 우리의 불일치는 정당한 권위 없이 교회에 살며시 들어온 약간의 남용에 관해서다……" 그 때에 루터는 마음이 불안했고, 어떤 루터교 사람들은 더 불안했는데, 이는 멜란히톤이 교회 안에서의 평화를 아주 갈망해서 진리와 상황이 보증한 것보다 덜 솔직하게 말하였기 때문이었을 것이다.

멜란히톤

아우그스부르크 신앙고백(Augsburg Confession)은 한 변증문에 의해서 지지되었는데, 그것은 역시 신앙에 대한 루터교의 기준 내에서 위치를 확보했고, 필립 멜란히톤(Philip Melanchthon)에 의해서 또한 기초되었다. 루터와 멜란히톤 사이에 루터적인 개혁을 형성한 그들의 두 마음 사이의 동맹은 매혹적인 연구 분야인데, 그들은 일치하지 않은 동료였기 때문이다. 한 사람의 열정 대(對) 다른 사람의 평온한 본성, 목회적인 열정 대(對) 학자적이고 지적인 열정, 가난하고 단순한 사도 대(對) 높은 교육을 받은 사도, 귀신들과 유혹의 구름을 통과해 그의 하나님께 나아가는 순례자 대(對) 진리를 추구하는 온건한 학자, 거칠은 농부의 예절 대(對) 친절한 정중함, 용기 대(對) 소심함, 비록 교회가 무너져도 진리에 대한 고수 대(對) 만일 할 수만 있으면 중도에서 대적자들과 협상할 준비가 되어 있는 합리

적인 사고, 에라스무스의 원수 대(對) 그의 친구 — 그들 모두는 그 동맹이
난처하고 고통스럽다는 것을 알았다.

루터의 죽음(1546) 후에 선생과 제자 사이의 불일치는 어려움이 되었고,
논쟁을 일으키며 충성을 분열시켰다. 그가 살아 있던 동안에 그들은 서로
보완하였다. 루터의 결점을 보고 유감스럽게 여겼던 멜란히톤은 슬픔에 찬
애정으로 그를 찬양했고, 교회 안에서 진리의 회복자로서 그를 존경했다.
전통과 권위에 대한 그의 존경은 루터의 기초적인 보수주의를 연구했으며,
그리고 그는 학문, 조직신학(the Commomplaces, 1521, 나중 판(版)에서 많
이 수정됨), 교육의 방법, 대학들을 위한 이상, 균형있고 차분한 기질을 공
급했다. 피르나(Pirna)에 있는 동정녀의 교회에 있는 프레스코 벽화에는 성
누가가 루터의 얼굴로, 성 마가가 멜란히톤의 얼굴로 함께 그려졌다.

루터 교회의 조직

착한 사람들이 여러 세기 동안 근절하려고 시도해 왔던 오점들이 한 순
간에 뿌리째 뽑힐 수 있다는 것은 기대될 수 있는 것이 아니었다. 한 무지
한 백성이 하루에 교육될 수 있는 것은 아니며, 벙어리와 다름없고 품행이
나쁜 목회자들이 조사 없이 축출되거나 개혁될 수는 없으며, 질문하거나
교육할 기관이 없었다. 주교들은 성직자들의 도덕과 그들의 교회 안에서의
봉사에 대하여 부적절한 감독을 하였으나, 여전히 감독을 하였다. 루터파의
주들과 도시들 안에서 이 감독은 붕괴되었거나 붕괴되고 있었다.

어떤 지역에서 주교들은 여전히 그들의 기능을 수행하려고 시도했고, 다
른 지역에서 그들은 그렇게 하려는 어떤 시도도 중단하였다. 잠란트
(Sammland)의 주교처럼 몇 사람은 적극적으로 개혁된 교리들과 목사들을
소개하려고 도왔다. 그러나 교구의 훈련은 혼란스럽거나 존재하지 않았다.
교회법을 아는 사람은 거의 없었다. 많은 개혁의 행동들이 칼로 법률적인
권리와 특권의 매듭 속으로 파고 들었다. 수도원을 떠난 모든 수사, 개인
미사를 억제하고 기부금을 이전한 모든 행정관, 교구에서 무능한 사제를
추방한 모든 개혁가는 현존하는 법률제도의 수명을 단축시키고 있었다. 루

터가 교구들을 방문하기 위해서 갔을 때, 그는 한 사람의 신학자와 세 사람의 법률가들을 대동했다. 교회는 법의 동의와 도움 ─ 즉, 도시에서는 행정관, 주에서는 군주 ─ 없이는 개혁될 수 없었다.

군주는 로마의 거절에 의해 남겨진 진공을 채우는 것이 더 당연하고 쉽다고 생각했는데, 이는 나중에 중세 시대에 평신도 귀족이 이미 주교직이나 교구를 임명함에 있어서 심지어 교회의 수입의 몫을 충당함에 있어서 후원자로서 광범위한 세력을 획득하였기 때문이다. 독일의 제국에 있어서 자유 도시의 행정관들은 그 도시 내에서 교구행정에 대한 통제 수단을 이미 가지고 있었다.

제국 전체에 걸쳐, 북쪽에 있는 함부르크로부터 남쪽에 있는 취리히나 제네바까지 그 도시들은 쉽게 새로운 교리들을 받아들였고, 그들의 의회들은 교구들에 대한 개혁과 감독을 쉽게 시작하였다. 개혁은 그 힘을 붙들고 있는 교회의 손에서 그것을 취하지 않았다. 그것은 도시들이나 군주들로 하여금 이미 그 힘이 빠져 나오고 있는 손에서 그것을 빼앗을 기회를 제공하였다.

그 변화의 자연스러움은 뉘른베르크에서 보여질 수 있다. 1524-25년에 루터에게 관심을 끌었던 성당 참사회장들은 예배의식을 수정하였고, 죽은 자들을 위한 미사를 폐지했으며, 다른 변화들을 이루었다. 밤베르크의 주교는 그 성당 참사회장들을 파문하였고, 그들이 그들의 직무에서 파면되었다고 선언했으며, 새로운 선출을 명령했다. 그 성당 참사회장들은 복종하기를 거부했으며, 그 도시의 의회는 그들을 지지했으며 협박과 설득으로 성직자들에게 복종을 강요하였다. 그 주교는 더 이상 그 도시 안에서 관할권을 행사하지 않았고, 시의회가 그의 옛 권할권을 행사하였으며, 수도원들을 해산하거나 교구의 방문을 명령했다. 그것을 행할 다른 사람은 없었다.

동시대 사람들에게 주교 권위의 제거는 그것이 후대 사람들에게 나타나는 것보다 덜 혁명적이었다. 후기 중세 시대의 몇 학파들은 신학적인 중요성을 사제나 교황에게 돌렸지만, 주교는 전 기독교회에 없어서는 안될 목회의 직위로서보다는 행정적인 관리로서 간주하였다. 밤베르크 주교의 권위를 던져버리는 것은 미사의 다른 교리를 가르치는 것에 결코 비유될 수는 없지만, 억압적이고 반동적인 부주교의 악몽을 제거하는 것에 비유될 수 있는 것처럼 느껴졌다. 16세기에 많은 신학자들은 — 개혁적이든 보수적이든 — 사제나 장로가 목회의 '필수적인' 직분이라고 15세기의 많은 신학자들처럼 가정하였다. 한 사제가 다른 사제들을 안수해야만 한다는 것은 부적절할 수 있었지만, 신학적인 반대는 없었다.

루터는 왜 군주가 교회를 개혁하지 않아야 하는가에 대한 이유를 찾을 수 없었다. 반대로, 그것은 그의 의무요, 사명이며, 그가 하나님의 부름을 받은 목적들 중의 하나였다. 개혁은 법률에 있어서 맹렬한 변화를 요구했기 때문에, 개혁은 그의 협력 없이는 불가능했다. 비록 루터가 평신도의 제사장직 교리에 대한 군주의 의무 안에 그의 믿음을 두었지만, 그의 마음은 많은 방법에서 실제적이었다.

그는 즉각적인 필요와 어떻게 그것이 효과적으로 대처될 수 있는가를 보았다. 그는 신념있는 루터파인 작센의 새로운 선제후 요한에게 작센 교회들의 방문을 명령하라고 요구했다. 그 방문으로부터 1542년에 비텐베르크에서 확립된 새로운 조직이 나왔다. 그 군주는 교회법원(consistory)을 약속함으로써 주교의 옛 관할권을 행사하였다.

루터파(나중에 개혁파에서처럼) 교회에서 교회 정치의 특징적인 기관인 그 교회법원이 모든 루터파 주에서 한 번에 만들어진 것은 아니었다. 완전한 교회법원 제도는 나타나는데 시간이 걸렸다. 교회법원은 포메라니아(Pomerania)에서는 1563년까지, 헤세(Hesse)에서는 1610년까지, 발데크(Waldeck)에서는 1676-80년까지는 만들어지지 않았다.

교회법원은 정상적으로 법률가들과 성직자들로 구성되었으며, 군주에 의해서 임명되었다. 비록 그 차이는 그것이 한 세기 후에 갖게 될 의미보다 적었지만, 그것은 시민법정이라기보다는 교회법정으로 간주되었다. 때때로 군주가 토의에서 사람을 통솔하였으며, 그렇지 않으면 그는 대리자에 의해 행동했다. 방문객들은 군주의 이름으로 나갔으며, 그에게 보고하였고, 그들의 풀 수 없는 문제들을 그에게 부탁하였다. 교회법원은 모든 기율을 행사하였다.

평신도의 제사장직 교리가 평신도 회중이 권위의 수단을 소유한 교회 정치의 어떤 형태로 도달할 것이 기대될 수 있었다. 이 교리에 의해 루터는 교회를 개혁할 군주들의 권리를 요구하였다. 그는 참된 신앙과 적합한 성례와 당연한 질서를 돌보는 성직자들에 대한 보통 사람의 의무를 가르쳤다. 그러나 회중교회 질서를 위한 실제적인 계획에 의해 직면했을 때, 루터는 그것을 거부하였다. 헤세에서 전에 프란체스코회에 속한 떠돌이 수도사 프란체스코 람베르트(Francis Lambert)는 각 회중에게 그 목사를 선택하고 사실상 감독하는 권리를 주는 교회 정치의 민주적인 안(案)을 제안하였다(1526년). 루터는 그 어느 것도 갖지 않았다.

몇 도시에서[울름, 슈트라스부르크, 로이틀링엔] 교회를 돌보는 일에 평신도를 대표한 일군의 장로들이 재정적인 관리를 조력했는데, 그러한 대표의 기준이 루터의 공감을 얻었다. 그러나 그것은 결코 현실이 되지 못했다. 멜란히톤은 감독법원의 조촐함을 좋아했기 때문에, 그것을 승인하지 않는 듯했다. 도시 안에서는 자치 정부가 마치 그것이 일종의 교회법원처럼 행동하는 것이 더 일반적이었다.

루터는 군주에게 교리에 대한 감독권을 주려는 욕심은 없었다. 그가 선제후에게 돌린 감독권은 주교의 옛 행정적인 기능, 즉 주로 세속적이고 법률적인 기능이었다. 그는 교리는 성서에 의해, 그리고 그것이 성서와 일치하는 가톨릭 교회의 전통에 의해 통제된다고 생각했다. 그러나 종교적인 불일치 속에서 통치자의 개인적인 신앙은 통치자의 주(州)의 종교적인 역사 안에서 불가피하게도 중요하였다. 영국에서 통치자의 변화는 종교개혁의 진행을 조건지었으며, 독일의 몇 개 주에서도 역시 그랬다.

성직자들과 그들의 재산에 대한 군주들의 권력은 그들의 주 안에서 정부를 더욱 효율적으로 만들었다. 그것은 마찬가지로 교회의 행정을 덜 부패하고 보다 효율적으로 만들었다. 개혁은 구 교회에 있어서 발견된 행정적인 혼란과 무능력을 최소한 고치는 부분이었다. 그러나 법률을 바꾸고 있었으며, 그 과정은 가끔 어수선했다. 가난한 자들에 대한 새로운 개신교도의 구제와 같은 생각들은 이론적으로 훌륭했다. 실제는 훨씬 뒤에서 꾸물거렸다. 개혁의 효과는 주마다 달랐다.

독일의 군주적 무정부 상태에서 강자들은 항상 교회의 수입을 관할하고 방향을 돌리는 유용한 기회를 가졌다. 그 유용한 기회들은 이제 기부금의 필요한 전환에서도 증가하였다. 잘 기부된 수도원에서 사는 수사들은 그들의 은퇴를 남기고 흩어졌고, 수도원은 텅 비었으며, 그 수입은 사용되지 않았다. 법률가들은 기부금의 행선지를 수녀원으로부터나 개인 미사로부터 바꾸고 있었고, 기부금의 일부가 세속의 금고로 간다는 것은 예견되는 것이었다. 루터는 이러한 전용을 항상 시샘하지는 않았다. 지나친 기부금의 일부가 그 주의 필요한 목적에로 합리적으로 전용될 수 있다고 생각했는데, 왜냐하면 이러한 목적들도 역시 종교적이었기 때문이다. 그는 진짜 착복을 분개했다. "나는 우리의 군주들이 주교직에 그렇게 탐내는 것을 보면 증오한다. 풀을 먹는 개처럼, 귀족들은 그들로 하여금 토하게 만드는 식사인 수도원을 먹는다."

그는 교회 재산을 보호하기 위해서 일단 선제후의 방으로 밀고 들어갔다. 작센에서 몰수된 수도원에서 나오는 기부금 그 자체는 자선적인 목적, 목사들이나 학교 교사들을 위한 급료, 빈곤한 자들을 위한 구호품을 위해서 주어졌다. 헤세에서 어떤 수도원들은 병원들로 바뀌거나, 개신교도들에 의해서 세워진 첫번째 대학인 마르부르크 대학교의 설립(1527년)에 기부되었다. 어떤 기부금들은 가난한 자들을 돌보기 위한 주의 첫번째 시도를 위해서 바쳐졌고, 한때 수도회들에 의해서 제공된 구제를 대체하였다.

헤세의 필립의 중혼(重婚)

군주의 권력은 헤세의 영주 필립(Philip)의 중혼에 의해 예시되었다. 필립은 19세의 나이에 결혼했지만 그의 결혼 후에 다양한 여인들을 취하여 자신을 만족시켰다. 개신교로의 그의 개종은 이러한 삶의 방식을 바꾸는데 실패하였다. 1539년에 그는 17세의 젊은 귀족 처녀를 사모하게 되었다. 그녀의 어머니는 만일 그 결혼이 공식화 될 수 없다면 교회 안에서 수석 목사에 의해서 허용되어야만 한다고 요구했다. 필립은 루터, 멜란히톤, 부처 (Bucer)로부터 두번째 결혼에 대한 그들의 재가를 요구했다. 그는 만일 그가 합법적으로 결혼하는 것이 허용되지 않는다면 그가 죄 가운데서 계속 살아야만 한다고 논쟁하였다. 그는 만일 루터가 그 결혼을 재가하지 않는다면, 그는 교황과 황제에게 의뢰하겠다고 협박하였다.

그 협박은 무익한 것은 아니었다. 과거에 교황의 특면권은 첫번째 부인에 대한 이혼의 허가를 재가하였다. 개신교도의 주(州)들은 교황의 권력, 그리고 그것과 더불어 특면권을 부인하였다. 비밀의 서약 하에서 루터와 멜란히톤은 두 가지 악 가운데 보다 작은 것으로서 두번째 결혼을 재가하였다. 루터는 필립의 잇따른 여인들에 대해서 알지 못했으며, 만일 그가 알았다면 그는 결단코 그 결혼을 재가하지 않았을 것이라고 나중에 말하였다. 그는 필립이 좋은 신앙 안에 있을 것과 그가 틀림없이 '연약함'으로 고통을 당하고 있다고 믿었다.

아브라함의 전례에 의해 그 결혼을 정당화 하려는 노력은 동시대 사람들에게는 설득력이 없었다. 결혼은 멜란히톤과 부처 면전에서는 엄숙해졌다. 비밀의 서약은 빨리 깨어졌고, 그리고 — 개신교뿐만 아니라 가톨릭 교도의 어떤 의견은 중혼이 이혼보다는 낮다는 루터의 견해를 공유했지만 — 유럽에서 개신교도들의 성직자들은 추문에 휩싸였다.

요리문답서와 찬송가

1528년의 첫 작센 방문에서 알게 된 전체적인 무지에 자극을 받아, 루터는 그의 「대소 요리문답」(1529)을 썼는데, 사적인 기도와 식사 때의 감사 기도를 위한 짧은 형태로, 하나는 성직자를 위해, 하나는 평신도와 어린이들을 위해서다. 독일어 성경처럼, 이 책들은 교구의 가르침과 가정에서의 신앙생활의 기초가 되었다. 같은 목적으로 그는 찬송가들을 썼다. 그는 옛 종교적인 노래들과 곡조들을 사용하였으며 그것들을 개작하였다. 루터에 의한 네 곡을 포함해, 여덟 곡이 담긴 첫 독일 찬송가 소책자가 1524년에 비텐베르크에서 나왔고, 그 후 곧 루터가 24곡을 쓴 42곡 찬송가집이 뒤따랐다. 그 전체 모음집은 루터교 찬송가의 기초가 되었다. 그 찬송가들은 가르치기 위해 계획된 것이 아니며, 신학자들의 언어로도 표현되지 않았으며, 진심에서 우러난 신뢰와 찬양의 단순한 표현이었다.

그것들의 사용에 대해서는 주(州) 사이에 큰 다양성이 있었다. 어떤 주들은 교회에서 그것들을 허용하였고, 다른 주들은 단지 시편의 번역만을 허용했다. 그것들은 공적인 사용보다는 항상 좀더 사적인 사용을 위해서였으며, 그리고 학교와 가정으로 들어갔다. 성가대 지휘자들은 때때로 다른 것들로 그것들을 보충하였지만, 늦어도 1624년까지는 작센 지방대회(the Saxon synod)는 원본 이외의 어떤 책의 사용도 금하였다. 회중은 그것들을 학교에서 배웠으며, 그래서 기억으로부터 찬송가집도 없이 그것들을 교회 안에서 불렀다. 심지어 1697년에는 찬송가집을 교회에 가지고 가서 그 책으로부터 노래를 부른 메르제부르크의 한 농부는 그의 목사에 의해 그러한 새로운 곡들을 소개하는 것을 금지당했다.

루터는 그 백성들의 한 사람이었으며, 참 신앙생활을 그 백성들의 마음과 가정에 가져다 주고, 그들에게 신앙생활은 교회 안에서 행해지는 성직자적·교회적·제의적 행위가 아니라 그 삶 속으로 복음을 소유하는 것이라는 것을 보여주기 위해서 투쟁하였다. 그가 중세의 교회가 수 세기 동안에 성취하려다 실패한 것을 한 순간에 성취했다고 가정하는 것은 순진한 것이다. 심지어 17세기에도 시골에서는(도시와는 반대로) 성경을 읽는 것이 상류층을 제외하고는 일반적이지 못했다. 심지어 17세기에도 회중은 찬송가를 부르는 것에 동참하도록 권할 수 없다는 불평들이 있었다. 그러나 그가 성취한 성공은 주로 그의 네 가지 일 ― 독일어 성경, 독일어 미사, 독일어 찬송가, 독일어 요리문답 ― 에 있었다. 루프트의 비텐베르크 인쇄소 혼자서만 1534년에서 1584년 사이에 성경 100,000부를 발행한 것으로 믿어진다.

루터의 적대자 중의 한 사람인 코클래우스(Cochlaeus)는 일반 사람들이 그것을 사랑했고, 구두 수선공들과 나이든 부인들도 그것을 공부하였으며, 그 본문에 대해서 논쟁하였다고 불평하였다. 그것은 백성들의 책이 된 첫 번째 독일어 책이었다. 그것은 언어의 발전에 영향을 주었다.

루터의 성격

루터는 건강이 나빠진지 수 년 후 1546년에 죽었다. 그는 개혁을 시작하였고, 그의 경험과 전망은 그 역사의 과정으로부터 분리될 수 없었다. 독일 북부의 특징이 된 경건의 성격 — 단순함, 엄격함, 솔직함 — 은 루터의 인격과 영향에 대한 가장 뛰어난 척도이다. 그의 학문과 재능에도 불구하고, 그는 결코 시골 사람이 되기를 중단하지 않았다. 그는 항상 유혹과 큰 죄악 가운데서 그의 영혼을 지탱하는 하나님의 은혜에 대한 그의 초기의 인식을 지녔다. 그는 두려움 없이 항상 자신이 사악함과 전투하고 있다고 느꼈다. 그의 미움과 웃음은 모두 거대했다고 말해진다.

그러나 그의 미움은 개인적이지 않았고, 그의 투쟁은 그 자신을 위하지 않았으며, 그 자신에 대해서 비열한 것은 어떤 것도 없었다. 그의 미움은, 그가 믿는 것처럼, 그의 사랑하는 독일 국민들의 압제자들이나 오도하는 자들에게 향하였으며, 그가 그의 독일 사람들을 생각할 때에 그는 가난한 자들과 무지한 자들을 생각하였다. 외모는 보잘것 없었고, 그로 하여금 농부들에게 말하게 한 어린이 같은 특성을 가졌지만, 그는 대중적인 설교와 가장하지 않은 분명한 교훈을 위한 천재적 자질을 소유했다. 그의 마음은 생생하고 그림을 보는 것 같았으며, 적절하거나 희극적인 예증에 창의력이 풍부했으며, 일상 생활 속에서 손에 닿을 듯한 비유를 느낄 수 있었다. 그의 찬송가, 그의 독일어 성경, 그의 요리문답, 그의 성찬식에 대한 가르침 — 이러한 것들은 오직 믿음에 의한 칭의론과 더불어 경건, 그리고 가족과 공중 예배의 루터교 전통을 만들었다.

독일 사람들의 기억에 살아 있던 그 루터는 탁발 수사 루터가 아니라 한 가족의 가장인 루터였다. 농민전쟁 동안에 그는 전에 수녀였던 카테리나 폰 보라(Catherine von Bora)와 결혼했는데, 아우구스티누스 수도회의 빈 집에서 그녀와 함께 살았다. 결혼은 낭만적이지 않았다. 모습이 평범했고 의복에 치장을 하지 않은 카테리나는 아주 뛰어나고 부지런한 가정주부였다. 그러나 루터는 말했다: "나는 나의 아내를 프랑스와 베네치아하고 바꾸지 않을 것이다. 왜냐하면 하나님께서 그녀를 나에게 주셨기 때문이며, 다른 부인들은 더 많은 나쁜 결점들을 가지고 있으며, 그녀는 나에게 진실하고 나의 아이들에게 좋은 어머니이기 때문이다."

루터에 대한 특징적인 기억은 그와 논쟁을 하거나 혹은 그의 신학, 그의 정치, 그리고 그의 유머에 귀를 기울이는 그의 동료들 및 주위의 친구들과 함께, 그 자신의 모임을 주관하는 사람에 대한 것이다. 그의 친구들 중의 한 사람이 수줍어하면서 노트 한 권을 꺼내어 루터의 의견을 받아 적기 시작했다. 그 습관이 퍼져서 열두 명의 다른 보고자들이 모음집을 만들었다. 루터는 때때로 놀렸지만 이런 공손한 필기자들에게 분개하거나 금하지 않았다. 그의 사후 20년 후에 그들 가운데 한 사람인 아우리파베르(Aurifaber)는 다양한 수집물로부터 한 문집을 펴냈다. 그때 이래로 「루터의 탁상 담화」(Luther's Table Talk)는 종교개혁의 한 고전이 되었다.

그는 가끔 거칠고 노골적이었다. 카테리나는 말했다: "경외하는 남편이여, 당신은 너무 거칠어요." "그들은 나에게 거칠도록 가르치오"라고 루터는 대답했다. 그는 아주 노골적이어서 그의 대적들은 「탁상 담화」를 이용하려고 날뛰었다. 그것은 역사의 상세한 기술을 위한 자료로서는 신뢰할 만하지 못한데, 특히 그 사건들이 보고된 대화의 날짜보다 오래 전에 일어난 경우에는 그러하며, 아우리파베르의 원본은 개선이나 삽입에 의해 수정되었었다. 그러나 그것은 한 사람과 한 성직자에 대한 독특하고 믿을 만한 그림이었는데, 루터의 인격과 정신을 이해하려는 사람은 그것을 무시할 수 없을 것이다. 마음이 넓다는 원래의 의미에서, 옛날의 고전적인 큰 형용사보다 작은 어떤 형용사를 그에게 적용하는 것은 불가능하다.

스위스 계곡을 거쳐 이탈리아 안으로, 라인강 위에서 프랑스로, 그리고 거기에서 스페인으로, 남쪽으로 뻗은 산 위에서 보헤미아와 헝가리와 오스

트리아 안으로, 바다를 지나 잉글랜드와 스코틀랜드와 스칸디나비아까지
이르는 동안에, 루터교의 뇌성의 반향음은 우렁차게 울렸다. 성공적인 반란
은 반란을 낳는다.

제 3 장

칼빈(Calvin)

츠빙글리 (1484-1531)

취리히에서 개혁은 신성로마제국의 자유도시 사이에서 정상적인 길로 들어왔다. 주도하는 시민들은 종교개혁의 교리들에 의해 영향을 받았는데, 그들은 콘스탄스의 주교가 간섭하려고 시도했을 때 그의 권위를 저항하며 거부하였고, 시의회는 수석 목사들의 충고에 따라 교회들과 교구들을 개혁하고, 성직자의 결혼을 허용하였으며, 미신적인 조상(彫像)들과 유물들을 제거하고, 수도원들을 억제하며 그들의 기부금을 교육을 위해 사용하고, 그리고 미사 대신에 자국어와 단순해진 예배의식을 명령하기 위해 법률을 제정하였다. 그 과정은 1522년에 시작되었고 1525년까지 완성되었다. 다른 도시들에서처럼, 의회는 공공 도덕을 관할하기 위해서 개혁의 규정들을 가지고 따랐다.

츠빙글리(Zwingli)는 그의 개혁이 루터의 개혁과는 별개로 독립적이고, 그가 루터에 대해서 듣기 전부터 개혁의 교리들을 가르쳐 왔다고 주장했다. 그 증거에 대한 조사는 그의 주장을 전적으로 지지하지 않는다. 취리히는 그 제국에 있는 다른 모든 자유도시들처럼 루터파의 반란으로부터 자극을 받았고, 그때에 츠빙글리는 루터의 가르침과 루터의 방법들에 열정적으로 흥미를 보였다. 그러나 같은 개혁의 연료(燃料)는 어느 곳에나 있었고, 교회의 권위로부터 성서에로의 같은 호소도 그러했다. 개혁이 모두 루터에게서 솟아나온 것은 아니었고, 그것은 교회의 그러한 조건들과 루터로 하여금 가능하게 했던 그러한 마음의 상태로부터 솟아나왔다. 츠빙글리는 그가 루터에 대해서 듣기 전에 개혁에 대한 생각을 가지고 있었다고 주장함에 있어서 그 자신을 속이는 것은 아니었다. 그러나 비텐베르크에서 온 소식들이 취리히에서 과감하게 사건들에 영향을 끼쳤다.

루터처럼, 그러나 루터보다도 더 공감을 나타내면서 츠빙글리는 에라스무스에게서 배웠다. 그는 차가운 비웃음으로 개혁을 위한 탐구에 공감하였다. 그는 루터보다 더 많은 재치, 철학, 학문을 가졌으나, 심오함과 종교적인 감각은 루터보다 적었다. 교회를 개혁하고자 하는 욕구는, 그의 백성들의 영혼을 지키기 위해 유혹의 폭풍우를 통과해서 싸워온 전(前) 탁발수사의 욕구보다는 비능률과 몽매주의를 미워한 인문주의자의 욕구에 좀더 가까웠다. 그는 인간의 본성에 대해 덜 비관적이었으며, 선한 이방인의 운명에 대해서 보다 희망적이었다.

그러나 그는 단지 인문주의자는 아니었다. 그가 에라스무스가 인도해 준 희랍의 교부들을 공부할 때, 그리고 그가 성 아우구스티누스의 영향 아래에 들어올 때, 그는 루터의 마음 중심에 있었던, 같은 종교적인 필요와 통찰력을 발견했다.

츠빙글리나 칼빈 어느 누구도, 그들의 지성을 감탄하고 제자들처럼 그들의 이론을 따르는 친구들이 그들의 내부를 들여다보는 것을 허락하지 않았고, 그들은 그들의 마음의 차가운 힘으로 사람들의 충성을 획득하였다. 루터는 항상 애정이 있는 사람으로 남아 있었고, 그의 내부의 생각과 느낌을 눈으로 보고 마음으로 느끼게 개방하였으며, 정신의 민감함에 의해서보다는 도덕적인 위업에 의해서 충성을 획득하였다. 그 대비는 과장되어서는 안된다. 그 두 스위스의 개혁자들에 대해 알면 알수록, 우리는 그들을 단지 지성인들로 취급할 수 없다는 것을 발견하게 된다. 그러나 이 척도가 세 사람의 성격과 정신으로 들어가는 근원을 뚫고자 하는 모든 이들에게 깨달음을 준다.

츠빙글리는 루터보다는 과거에 대해서 보다 적은 경외감, 예배의 전통적인 방법에 대해서 더 적은 존경심을 느꼈다. 취리히의 교회들은 외형에서 변모했다. 유물들과 오르간은 치워졌으며, 그림들과 조상(彫像)들은 팔리고 부서졌으며, 남아 있는 제단들은 장식이 벗겨졌고, 성만찬(the Lord's Supper, 1525년)에 대한 새로운 독일 방식은 중세적인 예전과는 조금 닮았을 뿐이었다. 설교와 기도 후에 누룩을 넣지 않은 빵과 포도주는 제단 위에 놓여지지 않고, 회중에 의해 둘러싸인 본당에 있는 탁자 위에 놓여졌다. 목사들은 회중들을 마주 보았고, 평민 복장을 했으며, 빵을 큰 나무로 된 쟁반에 담아서 그들의 좌석에 조용히 앉아있는 사람들에게 운반하였다. 츠빙글리는 거의 예전(禮典)적인 형식이 없이 단지 설교와 기도로만 구성되는 다른 예배를 제정하였다.

루터는 예배에서 어떤 것도 하나님의 말씀에 상반되어서는 안된다고 믿었다. 그러나 그의 보수적인 기질은 성경이 명백하게 금하지 않는 것은 허용될 수 있다고 생각했기 때문에, 그는 성체 거양(the elevation of the Host)이나 성찬식의 복장을 폐지하려고 하지 않았다. 츠빙글리는, 마찬가지로 예배에서 어떤 것도 하나님의 말씀에 상반되어서는 안된다고 믿었기 때문에, 다른 분위기로 이 신념을 지지하였다. 그의 마음에 성경은 명백하게 예배에서 되어진 것을 재가해야 하며, 비록 그가 기도의 표현과 같은, 목사나 교회가 교훈적인 규정을 자유롭게 만드는 곳에서 '중요하지 않은 일들'의 영역을 인정했지만, 그는 단순성은 모든 곳에서 확산되어야 한다고 생각했다. 그러므로 스위스의 교회에서 외형과 예배의 변화는 독일 북부의 교회에서보다도 좀더 혁명적이었다.

루터교회의 어떤 곳에서는 루터의 자극 하에서 찬송가가 개화했다. 스위스의 교회들은 찬송가를 비성경적이라고 생각했고 시편의 운문역(韻文譯)을 제공하였다. 루터파 교회들은 성례로서 사적인 고백을 계속 사용하였고, 스위스의 교회들은 목사와의 사적인 참회를 금지하지 않았으나, 성경에 의해 보증되지 않은 성례, 성직자의 권력의 명분과 그 결과로 인한 부패를 믿었다.

실재적 임재

원리에 대한 태도에서 보여준 바와 같이 츠빙글리의 견해 차이는 성찬식 교리의 공격에서 시작되었다. 많은 대중적 미신의 초점이 되었던 미사는 그의 공격의 초점이 되었음을 부인할 수 없다. 츠빙글리는, 루터처럼, 미사는 제사적 행위가 아니라는 것을 믿었고, 제사적인 언어를 제거하기 원했다. 그러나, 루터와는 달리 그는 또한 성찬식에 대한 기독교적인 교리는 그리스도의 몸이 '실질적으로' 혹은 '육체적으로' 빵과 포도주의 요소들 안에 또는 아래에 현존한다는 생각에 의해서 순수성을 잃게 되었다고 믿었다. 그의 마음은 날카롭게 영적인 것으로부터 물질적인 것을 구분하였고, 물질적인 대상들이 영적인 은혜의 수단이 될 수 있다는 생각으로부터 물러났다. 그는 항상 성례를 은혜의 수단으로서보다는 하나님과 사람 사이의 약속의 상징과 표지로 취급하기를 좋아했다. 주님의 만찬은 주님의 죽음과 그것에 대한 감사의 기념이었다.

그의 초기에 개혁자로서 그와 그의 친구 바젤의 외콜람파디우스(Oecolampadius)는 주님의 만찬이 무엇인가를 말하는 것에 관여하지 않아서, 그들은 그것이 무엇인가를 기술하는 것을 거의 시도하지 않았고 시도하는 것을 싫어했다. 그의 성경 연구는 그에게 실재적인 임재(당시에 real이라는 단어는 실질적인 혹은 육체적인을 의미하는 것으로 사용되었다)의 교리를 제안하였다. 은혜는 그리스도의 구속의 영적인 은혜이며, 영적인 은혜는 육체적으로 받을 수 없으며 오직 믿음에 의해서만 받을 수 있다.

그리고 성경 본문에서 예수께서 "이것은 내 몸이다"고 말하신 것이 그에게 적용될 때, 그와 외콜람파디우스는 이것은 예수님에 의해 사용된 은유의 정상적인 형태라고 대답했다. 그는 "나는 문이다", "나는 포도나무다"고 말하셨지만, 어느 누구도 이러한 진술이 문자적으로 이해되어져야만 한다고 주장하지 않았다. "이것은 내 몸이다"는 "이것은 내 몸의 표지이다"를 의미하는 것으로 이해되어져야만 한다. 빵과 포도주는 현존하는 그리스도의 수단이 아니며, 믿음에 의한 현존하는 그리스도의 표지(signs)이다.

그의 생애의 마지막 4년 동안, 그의 대적들과 아마도 그의 동료들의 일부의 압력 아래서, 그는 좀더 적극적인 주장을 하였다. 이러한 표지들은, 비록 부재자들의 표지들이지만, 효과가 있거나 은총을 지닌 표지이며, 그것들은 성령의 보편적인 현존의 특별한 형태이고, 그들은 우리가 기도할 때 우리가 받는 그 은혜에 초점을 맞추었다. 그는 주님의 만찬에서 신실한 자에게 주님의 인성의 참된 교통이 있다는 전통적인 교리를 결코 허용하지 않았다.

마르부르크의 회담(1529)

루터는 츠빙글리가 신실한 기독교인에게서 복음 안에서 약속되어 있는 충분한 확신을 빼앗고 있으며, 그리고 그는 이성적인 논증을 모든 논증을 초월한 신비에 적용하고 있다고 생각했다. 그는 그 스위스 사람들을 신실한 사람들로 간주할 수가 없었다. 영주 헤세의 필립은, 개신교도들 사이에서 일치를 위한 정치적인 필요를 절감하였다 그는 1529년에 마르부르크(Marburg)에서 한 회담을 마련했는데, 거기에서 그는 평화로운 논의가 양측을 재결합시키기를 바랐다. 마르부르크에서 그는 루터, 츠빙글리, 멜란히톤, 부처, 외콜람파디우스, 그리고 다른 뛰어난 신학자들을 모았다. 그들은 많은 것에서 일치를 보았으나, 성찬식에서 전적으로 실패했다.

루터는 탁자 위에 "이것은 내 몸이다"라는 말을 씀으로써 토론을 시작했고 그는 결코 그것들에서 떠나지 않겠다고 선언했다. "나는 '~이다'가 '~의 상징이다'를 의미할 수 있는지 논쟁을 하지 않겠다. 나는 그리스도께서 말씀하신 것에 만족한다 … 마귀는 그것으로부터 나올 수 없다." 그 후로부터 그는 결코 츠빙글리의 제자들에게 우정의 손을 뻗으려 하지 않았다. 멜란히톤은 그 차이가 어느 한 쪽이 가정하는 것처럼 단순하지 않다는 염려로 고통을 당했으며, 그리고 화해를 갈망했다.

루터는 한 발자국도 움직이지 않았고, 개신교도들 사이의 간격은 더 깊어졌다. 일부 라인지방 도시들과 저지대 국가들(북해 연안의 지금의 베네룩스

(Benelux)의 총칭 — 역자주)의 신학자들은 루터보다는 츠빙글리와 외콜람파디우스를 따랐기 때문에, 그러한 교회들은 비텐베르크보다는 취리히에서 안내와 지도력을 찾기 시작했다.

칼과 전부(戰斧)를 손에 쥔 채, 츠빙글리는 1531년에 취리히와 가톨릭교도의 주(州)들 사이의 카펠(Kappel) 전투에서 죽임을 당했다. 그는 수석 목사로서의 현명하고 온건한 기질의 하인리히 불링거(Henry Bullinger, 1575년에 죽음)에 의해 계승되었는데, 취리히가 다른 개신교도 도시들을 위한 안내와 모델이 되었을 때 그는 유럽의 일치를 지향하였다.

부처(1491-1551)

마르틴 부처(Martin Bucer)는 슈트라스부르크의 개혁가로서 그의 경력의 주요 부분을 츠빙글리파들과 루터파들의 화해를 위해 헌신했다. 다른 협상가들처럼 그는 때때로 바른 공식을 찾는 것은 싸우는 당사자들을 화해시키는 것과 같다고 생각했으며, 그리고 그는 결코 그의 설명에서 너무 간결해짐의 결점으로 고통을 당하지는 않았다. 루터는 한 번은 그를 '그 수다쟁이'라고 불렀다. 그러나 부처는 단순한 외교가나 협상가 이상이었으며, 그는 원칙의 사람이었고 개신교도들 중에서 가장 유식하고 분별있는 사람 가운데 한 사람이었다. 루터의 지지자가 된 후에, 그는 츠빙글리의 논증에 의해 영적인 은혜를 육체적으로 받는 것은 불가능하며, 받는 통로는 믿음이라는 것을 확신하게 되었다. 그러나 그는 성서가 성찬식에서 주님의 인성의 참된 교통을 계시했다는 루터파의 논쟁 속에서 설득하는 힘을 또한 깨달았다.

그는 따라서 그 사건의 참된 진술은 전치사 함께(with)를 사용해야 한다고 제안하였다. 신의 은혜는 빵과 포도주의 형식 속에(in)나 아래에(under)에 주어지지 않는다 — 여기까지는 츠빙글리가 옳다. 그러나 그것은 그것들과 함께(with) 분해될 수 없게 결합하여 주어졌다 — 그 빵이 몸에 주어지는 것처럼, 신의 은혜는 신실한 영혼 속으로 들어간다. 이 신적 은혜는 가톨릭 교회가 그러하다고 믿는 것처럼 주님의 인성이었다. 따라서 실재적인 은혜가 성찬을 받는 사람에게 주어졌다는 논쟁에서는 루터가 옳았고, 신실하지 않은 사람은 빵 이외에는 아무것도 받을 수 없다는 논쟁에서는 츠빙글리가 옳았다.

이것이 후에 '수용론'(receptionism)으로 알려진 교리의 개략이며, 시간이 지나 비루터파 개신교의 고전적인 교리가 되도록 운명지어졌다. 그 형태들 중의 하나는 칼빈주의의 교리이다. 부처의 긴 문장들이 명확하고 조리있는 설명으로 압축되었기 때문에, 그의 추종자들 중의 한 사람에 의해 잘못 이해되는 것은 불가능했다. 1538년부터 1541년까지 요한 칼빈은 제네바에서 추방되어 슈트라스부르크에서 부처 아래서 일하고 있었다.

제네바의 파렐

제네바 시는, 비록 뉘른베르크나 슈트라스부르크나 취리히보다는 좀더 느리지만, 제국의 다른 많은 도시들처럼 점차 독립을 향해 나아가고 있었다. 베른(Berne)시의 군사력은, 1528년 이후로 개신교도의 스위스에서 가장 강력한 도시였는데, 그들의 주교로부터 독립하고자 하는 제네바 사람들의 욕구를 지원하였다. 베른 사람들은 프랑스 사람 윌리암 파렐(William Farel)을 그들의 관할 하에 있는 스위스의 불어 사용 지역을 개혁하는데 동원하였으며, 그리고 파렐이 로잔(Lausanne) 사람들이 그들의 군주-주교(prince-bishop)를 몰아내고 개신교도의 자유도시가 되는 것을 도울 때 그것은 베른 사람들의 영향력의 자연적인 확대였다. 파렐은 제네바에서 일하려고 시도했으나 내쫓겼다. 1533년에 베른 시는 외교적인 보호하에서 그가 제네바로 돌아오도록 하였다. 설교, 논쟁, 폭동, 포위 공격이 그 시민들의 분할된 주(州)를 특징지었다. 1535년이 지나기 전에 제네바는 개신교도의 시(市)가 되었다. 그것은 독립된 시였지만 그 독립은 베른의 보호하에 있었다.

칼빈 (Calvin, 1509-64)

1536년 여름에 칼빈은 파리에서, 프랑스로부터 도망쳐 온 피난민들의 피난처인 슈트라스부르크로 가는 도중에 제네바를 통과했다. 1509년에 노용(Noyon)에서 태어났기 때문에, 그는 파리 대학교에서 라틴어와 신학을 그리고 오를레앙에서 법을 공부하였다. 그는 1532년에 유명한 세네카의 「관용론 주석」(De clementia)을 출판했다. 파리에서 안전하지 못했기 때문에, 그는 바젤로 물러가서 1536년에는 개신교 신학의 뛰어난 안내서인 「기독교 강요」(The Institutes of the Christian Religion)(초판)를 발행하였다. 우연히 제네바시를 통과할 때, 그는 머물라는 파렐의 권유를 받았다. 시의회는 그에게 성경 교사로서의 일자리를 제공했다.

파렐은 조직가는 아니었다. 제네바에서 개혁은, 작지만 부서진 조상(彫像)과 설교로 구성되었다. 법률가로서 훈련을 받은 칼빈은, 그가 바람직한 개혁의 계획으로 시의회와 맞섰을 때 4개월 동안 제네바에 고용되어 있었다. 그는 종이 위에서 뿐만 아니라 실제적인 업무에서 소심한 마음을 가지고 있었으며, 그의 생애의 정열을 불태운 것 가운데 하나는 공공의 혼란에 대한 미움이었다. 그는 품위와 질서를 확실히 하는 교회 목회의 조직을 찾기 시작했다. 다른 모든 개혁자들처럼 그는 이것이, 역사와 신약성서가 그것들을 밝힌 것처럼 초대 교회가 실천한 것들의 조직적인 재현에 의해서 달성되어질 수 있다고 생각했다.

교회를 조직하려는 그의 첫 노력은 1538년부터 1541년까지의 추방에 의해서 중단되었는데, 이는 제네바가 칼빈이 원하는 대로 조직되어지기를 결코 원하지 않았기 때문이다. 그러나 그가 다시 청빙된 순간에, 의기양양하게 그는 "교회의 법령"(Eccelesiastical Ordinances)으로 알려진 일련의 규정을 세우도록 시의회(市議會)를 설득하였다. 심지어 20년 후에 확고하게 권력을 잡고 있는 칼빈에 의해 이러한 규정들이 개정될 때에도, 그들은 여전히 교회의 정치형태에 대한 그의 까다로운 이상을 나타내는데 실패하였다. 그러나 1541년부터 그의 계획의 윤곽은 실천되고 있었다.

그는 루터보다는 나중 세대였다. 루터는 전직 수녀와 결혼했는데, 칼빈은 재세례파의 과부와 결혼했으며, 그 차이는 상징적이다. 이제 문제는 교황권의 타도가 아니라, 권력의 새로운 형태의 건설이었다. 루터는 만인 제사장직의 교리에 많은 것을 근거했으며 그 교리로부터 그의 실제적인 계획의 부분을 끌어냈다. 칼빈은 그 교리가 성서에 있다는 것을 인정하고 그 신학적인 중요성을 강조했다. 그러나 필요로 한 것은 옳게 부름받고 정화된 교역의 권위였다. 교황의 권위를 무너뜨리는 가운데, 종교개혁은 기독교의 교역의 권위를 모호하고 분명치 않게 남겨놓는 것처럼 보였다. 업적이 있는 개개인들의 개인적인 권위와는 별도로, 개신교의 교회들 사이에 권위가 남아 있는 곳에는, 그것은 군주나 시 행정관과 함께 하였다. 칼빈은 제네바에서 교회를 조직함에 있어서 그는 초대 교회를 모방하여 그것을 조직해야 한다고 믿었으며, 그 때문에 교회의 독립과 그 목사들의 신적 권위를 거듭 주장하였다.

칼빈의 이상적인 헌법 안에는 민주적인 것은 거의 없었다. 비록 시의회가 그 선택을 거부할 수 있지만, 목사들이 목사들을 선택했다. 그들은 성서의 일반적 연구를 위해서 한 주에 한 번 모여야 했고, 이 모임은 자발적이지 않았다. 비록 시의회가 다시 그 선택은 그 자신들에 의해 재가되어야 한다고 주장했지만, 그들은 교사들을 선택했고, 그 교사들은 일반적으로 성서를 가르치는 것과 교육을 책임졌다.

장로들은 ─ 칼빈의 구성의 가장 특징적인 ─ 훈육 관리들이었다. 회중들의 품행을 조사하고, 악명높은 죄인들이 성찬을 받는 것이 허용되지 않게 하고, 목사들로 이루어진 '목사단'(Venerable Company)에게 보고서를 만드는 것이 그들의 의무였다. 이 장로들은 목사들과 협의한 후에 시정부의 의회에 의해 임명되었다. 매주 목요일 그들은 교회법원(the consistory)에서 목사들과 함께 모여서 교회 안에서 교정을 필요로 하는 무질서가 있는가를 생각했다. 그들은 그 자신들 앞에 이단자들, 그들의 교회에 출석하지 못한 교구민들이나 목사들을 경멸한 자들을 호출하여야 했다. 그들은 훈계를 해야 했는데, 만일 죄인이 여전히 뉘우치지 않으면 그들은 그를 출교하고 행정관에게 통보할 수 있었다.

주민들의 품행에 대한 이 관할은 새로운 것은 아니었다. 수세기 동안 주교들의 법정과 시의회는 나중 세대가 시민들의 자유에 대하여 견딜 수 없는 독재정치라고 생각할 법령들을 포고하였다. 칼빈은 국가가 아니라 교회의 당국자들에게 이 권리와 의무를 주기 원했으며, 교회의 당국자들이 죄인을 시민의 권력에 넘겨주는 곳에서는 시민의 권력이 그를 처벌하기도 했다.

바젤, 베른, 취리히, 그리고 다른 스위스 도시들의 의회처럼, 제네바 의회는 그들의 성직자들에게 출교권을 줄 의도가 없었다. 모든 기회 때마다 그들은 목사들이 의회에 문의를 한 다음에 행동할 수 있다는 것을 보증하는 조항들을 법령집에 추가하려고 하였다. 그들은 "교회의 법령"의 마지막 본문에 이런 문안을 추가했다: "이러한 협정은 목사가 어떤 민사 재판권을 갖거나 교회법원의 권위가 어떤 식으로든 행정관들과 시민 법정의 권위를 간섭하는 것을 의미하지 않는다."

그 추가사항은 불안을 드러냈다. 추방으로부터 칼빈의 귀환의 조건으로서 행정관들은 다소간 이미 어쩔 수 없이 출교할 권리를 허용해야만 했다. 그들은 이 모호한 추가 사항에 의해서 뿐만 아니라 한 행정관이, 손에 지휘봉을 잡고, 단지 평신도 장로로서가 아니라 행정관으로서 그가 행동한다는 표지로서, 교회법원을 주재한다고 주장함으로써 그것을 제한하려고 하였다. 칼빈은 1561년에 마침내 지휘봉을 제거하는데 성공했다.

의회는 항상 칼빈이 전적으로 승인한 것보다 교회법원의 선출에 더 많은 통제권을 유지하였으며, 그들은 가끔 칼빈이 격렬하게 거부한 재판권 위에서 어떤 식으로든 위의 조항을 해석하였다.

1542년 2월 16일 이후의 교회법원의 의사록은 현존한다. 위반사항들은 가지각색이며, 모든 것이 다음과 같이 흥미롭다. 한 부인이 그녀 남편의 무덤에 무릎을 꿇고 "돌아가신 이에게 명복이 있을지어다"(Requiescat in pace)를 외쳤고, 다른 사람들이 그녀를 보고 그녀를 따라하기 시작했다. 한 금세공인이 성찬배를 만들었다. 어떤 사람이 프랑스 피난민들의 도착이 생계비

를 올렸다고 말했다. 한 부인이 거미가 들어 있는 호두를 남편의 목 주위
에 묶어서 그녀의 남편을 치료하려고 시도했다. 또 다른 사람은 춤을 추었
다. 또 다른 사람은 성인들의 생애에 관한 「황금 전설」(*Golden Legend*)을
한 권 소유했다. 62세 된 한 부인이 25세 된 한 남자와 결혼했다. 한 이발
사가 사제에게 삭발을 해주었다. 또 다른 사람은 제네바가 그들의 종교적
인 의견 때문에 사람들을 사형시킨다고 비난했다.

칼빈은 도덕적인 행위의 사소한 것들 뒤에 숨어 있는 위험을 보았다.
1547년의 법령은 닳고 있는 갈라진 포미(砲尾)에 대하여 1535년의 오래된
법령을 새롭게 했다. 그러나 "우리는 포미의 구멍으로 그들이 무질서의 모
든 방법들을 들여 놓기를 원했다는 것을 본다." 그는 위반사항에 대해 엄
격한 모습을 취하기 원했다. 몇 사람의 저명한 사람들이 개인집에서 춤 모
임을 가진 것 때문에 구속되었을 때, 그는 감정적으로 되었고, '심지어 그
의 목숨을 걸고' 진실을 드러내려는 그의 의도를 선언하였다.

1550년에 행정관들은 가족들이 교회의 규칙들을 지키는지를 조사할 목
적으로, 성직자들이 각 교구민의 집에 연례 심방을 하도록 허가하였다. 개
혁은 부패, 미신, 교회와 사회에 대한 부도덕을 치료하기 시작했다. 진자는
흔들렸다. 치료는 예상을 뛰어넘어 효과가 나타나기 시작했다.

교회법원은 도덕적 질서의 유지에 있어서 지치지 않았다. 그 회원들은
점치는 것과 마술을 억눌렀고, 고객들을 속이는 상인들에 대하여 냉혹했고,
자를 속이는 것과 지나치게 높은 이자율, 높은 진료비를 짜내는 의사, 여행
하는 영국 사람에게 부당한 돈을 받는 재단사를 비난했다. 그들은 한 번은
그 자신들을 그 주인이 공격을 받을 때 짖는 개에게 비유했다. 그들은 그
자신들이 노인들, 고아들, 과부들, 어린이들, 병자들을 보호할 책임이 있다
고 생각했다. 그들은 공적인 양심을 가르치는 것을 시도했고 어느 정도 히
브리 예언자들을 닮았는데, 그들의 용기, 그들의 힘을 가졌고, 그들처럼 인
기가 없었다.

교회와 국가의 재판 관할권 사이의 경계는 정의되기가 결코 쉽지 않았
으며, 그리고 그것들은 제네바에서 정의되기도 쉽지 않았다. 경험있는 법률

가인 칼빈은 의회를 위해 시 법전의 개정, 파수를 위한 계획, 쓰레기를 분산시키는 보다 깨끗한 방법을 기초하였다. 그가 흥미를 가진 평신도로서 이러한 제안을 제공하였는지 혹은 그 시의 수석 목사로서 했는지 구분하는 것은 쉽지 않았다. 첫 치과의사가 제네바에 도착했을 때, 칼빈은 그 사람이 개업이 허용되기 전에 평판이 좋아서 개인적으로 만족했다는 이야기가 있는데, 비록 그 이야기가 아마도 출처가 의심스럽지만, 그것은 교회와 국가의 얽힘에 대해서 한 진리를 나타낸다. 교회법원은 은행 이자율, 전쟁 대부를 위한 이자의 수준, 수출과 수입, 법정을 빠르게 진행하는 것, 생계비용과 양초의 부족에 있어 그 의견을 냈다.

다른 한편으로 의회는 — 심지어 칼빈의 마지막 몇 해 동안에 — 성직자들을 감독하고, 논리상 교회법원에 할당되어야 할 다른 기능을 수행하는 것이 발견될 수 있었다. 의회는 너무 긴 설교에 반대하여, 혹은 사람들의 가정을 심방하는 것을 소홀히 하는 목사들에 반대하여 항의하는데 있어서 뒷전에 있지 않았고, 그들은 심지어 만일 목사들이 그 도시에 일반 금식을 요구하면 그 선포를 조사했고, 공적인 참회의 날들을 위한 날짜를 재가했고, 목사들을 다른 교회들로 보내주는 것을 동의하거나 거부하였으며, 목사들에게 집과 급료를 제공했고, 신학 서적들의 인쇄를 허가하였다.

목사들에 의해 지배받는 행정관들이나 행정관들에 의해 지배받는 목사들에 대해 말할 수 없다는 것은 정확하다. 어떤 사람들은 의회와 교회법원 모두에서 봉사하였고, 그들이 교회로서 행동하고 있는지 혹은 국가로서 행동하고 있는지가 그 자신들의 마음 속에 항상 분명해지는 않았을 것이다. 교회법원을 지배한 한 목사가 교회뿐만 아니라 국가의 통치자들 중의 한 사람이 되는 것을 피할 수는 없었을 것이다. 그것이 칼빈이 그 자신의 생각에 아주 충실하지 않은 헌법을 가지고 성공적으로 일한 한 가지 이유이다.

칼빈은 전승과 그의 대적들에 의해 그려진 것처럼 제네바의 절대적인 통치자는 아니었다. 그는 그가 원한 모든 것을 성취할 수 없는 많은 문제들이 있었다. 그는 목사들을 선택함에 있어서 목사들이 첫 단계를 취하기를 원했으나, 의회는 처음부터 선택의 일에 관련되기를 주장했다. 그는 의회가 장로들을 선택할 때 목사들이 참석하기를 원했는데, 비록 그가 죽은 후 8년 뒤에 옛 관습이 회복되었지만, 그의 마지막 몇 해 동안 이것을 성취하는데 성공했다. 그는 창녀들의 처벌이 엄격하게 되기 원했는데, 그것은 그가 적절하다고 생각하는 것만큼 결코 엄격하게 되지는 않았다.

1558년 10월에 의회는 마침내 두번째 범하는 범죄자는 누구라도, 나팔이 울려진 다음, 그 머리에 모자를 쓰고 시내를 행진해야 한다고 포고되었는데, 그러나 심지어 의회조차도 그 처벌을 엄격하게 적용하는 것을 거부하였다. 1546년에 칼빈은 선술집들을 없애고 까페들을 대신 세우도록 의회를 설득하였다. 엄격한 규정들은 이러한 까페들에서의 행동을 결정하였으며, 버릇없는 대화나 음탕한 노래들을 금하였고, 식사 전과 후에 은총이 말해지지 않으면 어떤 식사도 제공될 수 없으며, 그리고 프랑스어 성경이 상담을 위해 이용되어야 했다. 까페들은 성공하지 못한 것으로 판명되었는데, 이는 사람들이 선술집들을 더 좋아했고, 선술집들이 필연적으로 다시 문을 열었기 때문이다. 1546년에는 성경에 없는 기독교 이름들의 사용을 금지하는 법이 있었는데, 다시 사람들은 너무 완강했다.

칼빈은 목사들이 손을 얹어서 안수받기를 원했는데, 의회는 단지 기도와 설교만을 허용했다. 많은 도시들이나 군주들처럼, 개혁의 첫 시도에서, 그는 교회들이 전유(專有)했던 모든 교회의 수입을 돌려주라고 의회를 설득할 수는 없었다. 이것은 그에게 원칙의 문제는 아니어서, 그는 불굴의 노력을 하지 않았다. 성찬식이 얼마나 자주 시행되어야 하는가의 문제는 그의 마음에 더 와 닿았다. 그는 성찬식이 초대교회에 의해서 빈번히, 매주 시행되었으며, 제네바에 있는 교회에 의해서도 시행되어야 한다고 믿었다. 중세시대에 평신도들은 그렇게 빈번하지 않은 성찬식에 익숙해졌는데, 모든 개혁자들은 이 변화가 평신도들이 받아들이기에 가장 어려운 것 가운데 하나라는 것을 발견했다. 1541년의 법령에서 그는 그의 요구를 매월 한 차례씩의 성찬식으로 제한했는데, 심지어 그것까지도 거부되었다. 그것은 '당분간' 일 년에 네 차례로 시행되어야 했다.

그는 인기는 없었다. 그는 단지 제자들이나 적대자들만 있는 종류의 사람이었으며, 그에 대해서 중립이 된다는 것은 불가능했다. 그는 소수의 친한 친구들에 의해 알려졌고 사랑을 받았다. 죽어가는 사람으로서 그는 베른의 시민들에 대해 말했다: "그들은 나를 사랑하기보다는 항상 나를 무서워했다." 그리고 제네바의 많은 시민들에 있어서도 참된 판단은 마찬가지일 것이다. 그들 가운데 일부는 그를 가인(Cain)으로 불렀고, 또 한 사람은 그의 이름을 개에게 붙였다고 전해진다. 우리는 강단에 남겨진 버릇없는 글들, 그에 반대해서 기록된 노래들, 그를 위선자와 독재자로서 매도하는 사람들, 그가 가르치고 있던 교회 밖 광장에서 게임할 장소를 고르고 있다는 의심을 받는 30명의 테니스 선수들, 그를 암살하는 자에게 누군가 500크라운을 제공한다는 소문에 대해서 듣는다.

그는 그가 원하는 것을 알았고 그것을 얻는데 냉혹할 수 있었다. 비록 그는 친절할 수 있었지만, 그는 그의 적대자들에게 친절하게 하는 것이 다른 어떤 사람들보다 어렵다는 것을 알았다. 그가 성경을 가르치는 것에 신실했다는 것을 알았기 때문에, 그는 그 자신에 대한 반대를 하나님의 말씀에 대한 경멸과 일치시켰고, 그리고 그것은 때려 눕혀져야 한다는 것을 알았다. 그는 본래적으로 금욕적이어서, 음식과 술에서 쾌락을 찾지 않았는데, 어떤 사람은 그가 모범을 세우기 위해 결혼한 것이 아닌가 하고 짐작한다. 그는 적은 급료와 간단한 식솔과 적은 수면 시간으로, 샤노안 가(街)에 있는 그의 집에서 조용하게 살았으며, 그는 항상 진지했고, 생에 있어서 루터의 풍부함과 기쁨은 전혀 없었다. 자유분방함은 없었고, 그는 그 자신을 제어하였다. 한 번 결정한 것에 대해서는 항상 확고부동하였다. 한 동료 목사는 말했다: "만일 그가 일단 칼로 당신을 찔렀으면, 당신은 가망이 없다."

아모(Ameaux)라는 장난감과 놀이 카드의 한 제조업자는, 그의 사업이 카드놀이를 금지한 기율에 의해 영향을 받았는데, 한 저녁식사 파티에서 "칼빈은 나쁜 사람이며 사실이 아닌 교리를 가르친 외국인이다"고 말했다. 의회는 그가 그들 앞에서 무릎을 꿇고 칼빈에게 사과를 해야 한다고 결정하였다. 칼빈은 그러한 사과는 충분히 공개적이 아니며, 만일 만족할 만한 사과가 이루어지지 않는다면 다시 설교를 하지 않을 것이라고 주장했다. 의회는 아모가 초를 들고 하나님의 자비를 구하면서 셔츠 바람으로 시내를 걸어가도록 정죄했다. 만일 칼빈이 루터가 흘러넘친 곳에서 억제되었더라면, 만일 그가 때때로 루터의 대화를 모독한 거친 말을 삼갔다면 좋았을 것이다. 그는 루터의 따스함과 관대함이 부족했다.

그는 편의를 추구할 여지는 거의 없었으나, 그의 마음이 편협하거나 시야가 좁지는 않았다. 츠빙글리가 적대자들을 경멸할 수 있고 루터가 그들이 사악하다는 것 이외에는 거의 볼 수 없는 반면에, 칼빈은 그들이 논증을 가졌으며 아직 이 논쟁이 해결되어야 한다는 것을 볼 수 있었다. 그의 업무의 많은 것을 나누어 주는데 있어서 그가 성공한 강직함의 태도는 주로 그 자신의 논리에 의해 확신하고 최상의 결과들에 ― 그것들이 무엇이든지 그리고 이론적이든 실제적이든 ― 대한 이론을 따르는 사람의 태도이다. 논리는 항상 추상적인 논리가에게는 확신을 주지 못할 수도 있다. 「기독교 강요」는, 심지어 그 최종 형태에서도, 그 추측되는 인기있는 명성보다 덜 불가피한 일관성을 가졌다. 일관성의 느낌은, 그 공리로부터 논증의 어떤 냉혹한 전개에 의해서처럼 문체의 배열과 명료성의 단정함에 그만큼 독자들에게 전달된다.

그는 지성과 교리에 정통한 사람이었다. 「탁상 담화」(*Table Talk*)의 어떤 독자가 루터를 꿰뚫어 볼 수 있었던 것처럼, 심지어 그의 친한 친구들조차도 그의 영혼으로 뚫고 들어갈 수 없었다. 떨어져 있고, 은밀하고, 유보된 무엇인가가 그 속에 내재해 있었다. 그는 책, 성경, 권위의 사람이었는데, 그는 자연적인 아름다움에 대한 감각이 부족했다. 만일 그가 다른 감정들을 가졌다면 그것들은 대개 숨겨져 있었다. 그의 부인이 죽었을 때 그의 정신의 부드러움을 보는 것은 놀라운 일이다.

1559년까지 그 시의 시민도 아니었으며 거기에서 대중적인 인기를 얻으려는 시도도 하지 않은 그가 그 시(市)를 지배했었다는 것은 첫 눈에도 이상하다. 1555년까지 시(市) 내에서의 반대는 강력했다. 1548년에 그는 행

정관들 앞에서 가로채어진 편지를 설명하도록 호출되었으며, 그의 의무에
서의 실패 때문에 크게 비난을 받아서, 그는 자신이 다시 추방될 것이라고
믿었다. 그의 제자들은 자유사상가들(libertines)이란 이름으로 그 반대파에
대한 평판을 나쁘게 하려고 시도했으나, 그들은 단지 칼빈의 의견과는 다
른, 교회와 국가에 대한 의견을 갖는 색다른 의미에서 자유사상가였다.
1553년에 제네바는 스페인 출신 세르베투스(Servetus)의 삼위일체론적인
이단성 때문에 그를 화형시켰는데, 그 때문에 급진주의 개신교도들에게 충
격을 주었다. 칼빈은 그 죽음이 화형보다는 더 자비롭기를 원했으나, 그는
사형을 확실하게 했고, 일부의 착한 사람들은 그 가혹함은 그에게 비난이
주어져야 한다고 믿었다.

  같은 해에 베르텔리어(Berthelier)라는 이름의 자유사상가 집단의 출교당
한 한 시민이 교회법원이 아닌 의회에게, 교회의 권위가 아닌 국가의 권위
에게 이틀 후에 성찬을 받을 수 있도록 허용해 줄 것을 요구했다. 의회는
찬성하였다. 법령의 부록에서 그것은 그 권리 안에 있었다. 칼빈은 강단으
로부터 출교된 사람 누구에게든지 성찬을 거부할 것이라고 선언했다. 그는
실각하여 추방될 것으로 기대했고, 송별설교를 하기까지 했다. 의회는 그가
그들의 질서에 복종해야 한다고 말했으나, 신중함이 용기의 더 좋은 부분
이 되어 베르텔리어에게 예배에 참석하지 말 것을 충고하였다. 그 싸움은,
법령에 대한 칼빈의 해석이 받아들여지고 '자유사상가'의 지도자가 베른
으로 도망갔을 때인 1555년까지 계속 끌었다. 칼빈은 차후로 안전했다.

  외적인 환경이 그를 도왔다. 제네바는 박해로부터 도망치는 프랑스 개신
교도들을 위한 자연적인 피난처였다. 프랑스 개신교도들은 지도력을 위해
제네바에 시선을 돌렸으며, 제네바로 들어온 많은 망명자들이 칼빈을 위한
새로운 후원자들이었다. 1546년에 13명 중 제네바 출신의 목사는 단 한 명
도 없었다. 칼빈을 증오한 사람들 중 한 사람은 제네바를 떠나면서 말했
다: "결국 프랑스 왕은 여기서 시민이 될 것이다." 망명자들은 양심을 위하
여 그들의 조국을 떠난 경건한 사람들이었고, 프랑스나 스코틀랜드나 이탈
리아나 네덜란드나 잉글랜드에서 온 모든 새로온 사람은 칼빈의 손을 강

하게 하였다. 제네바를 '사도시대 이후로 지상에 있었던 그리스도의 가장 완벽한 학교'로 부른 사람은 스코틀랜드의 망명자 존 녹스(John Knox)였다.

그러나 그의 권위가 외적인 후원에 기초했다고 생각하는 것은 잘못일 것이다. 심지어 모든 망명자들이 그들이 발견한 것에 만족하지는 않았다. 파리에서 거의 계관시인이었으며, 쾌활하고 낭만적이며 풍자적인 프랑스 사람이었던 클레망 마로(Clement Marot)는 한 번은 사순절에 실수로 먹은 것 때문에 투옥되었고, 한 번은 개신교의 이단을 버리도록 강요되었는데 (파리에서), 30개의 시편의 운문역을 1541년에 발행하였다. 운문의 시편집은 모든 개혁 교회들 안에서 회중 예배의 주요한 수단이었다.

마로는 제네바로 망명했고, 그곳에서 20개의 시편을 더 번역하였는데, 그 시편집에 칼빈이 서문을 썼으며, 회중들은 곧 그것들을 부르기 시작했다. 마로의 시들은 개혁가들의 필요에 완전하게 맞았다. 운문 시편들은 예배에서 진심에서 우러난 표현의 새로운 방법을 가능하게 하였고, 곧 사랑을 받았다. 그러나 마로의 활기찬 인품은 제네바에 잘 맞지 않았다. 1543년 12월에 교회법원은 그와 함께 트릭-트랙 놀이를 했던 한 사람을 고소하였고, 그는 그 도시를 떠났다.

칼빈의 권위의 참된 근원은 그 자신 안에 있었다. 비록 타협하지 않았지만, 그는 하나의 마음으로 그가 진리라고 믿은 것을 추구하였는데, 그는 일관성과 용기와 결단성이 있어야 하는 제자도와 마땅한 존경심을 강요하였다. 그는 항상 행정관의 세력과 말하고 글을 썼고, 그가 원하는 것과 그가 가고 있는 곳을 알았으며, 감상적인 생각이 없었던 것처럼 화려함이나 위선적인 말투도 없었다. 그는 그의 마음의 도장으로 제네바에게 감동을 주었고, 따라서 칼빈주의자들은, 그들이 어디로 가든지, 루터파 사람들, 재세례파 사람들, 잉글랜드의 국교회파 사람들이 공유하지 못한 견해의 일관성과 명료성을 공유하였다.

1559년에 그는 제네바와 서구 개신교의 더 수준높은 교육을 위해 대학을 설립하였다. 그는, 시의회로 하여금 출교권에 동의하게 할 수 없었던 로

잔의 비슷한 대학에서 사임한 교수들을 그 대학에 교직원으로 두었는데,
그들 중의 한 사람이며 학자인 테오도레 베자(Theodore Beza)를 그 머리로
두었고, 베자는 나중에 칼빈의 후계자가 되었다. 그 대학은 급속하게 개신
교 사상의 위대한 학교들 중의 하나가 되었으며, 다음 세대의 많은 칼빈주
의 지도자들을 교육하였다. 학장, 교수들, 그리고 모든 교사들은, 비록 시의
회의 승인을 받았지만, 장로 법원에 의해 임명되었다. 처음에 모든 학생들
은 정통신앙의 엄격한 고백에 서명하도록 되었다. 그러나 이것은 1576년에
폐지되었는데, 루터파 대학들이 칼빈주의 학생들로 하여금 아우그스부르크
의 신앙고백에 서명하게 할 때 루터파 대학들을 부분적으로 정당화하는
것처럼 보였기 때문이다.

칼빈의 보다 광범위한 영향은 그의 신학 체계의 명료함과 그의 성경 강
해의 명료함에 있었다. 1536년에 출판된 「기독교 강요」의 초판은 배열의
투명성과 라틴어 문체에 의해 주로 신학적인 성취들 사이에서는 뛰어난
작은 책이었다. 그 책은 매년 커졌는데, 그는 슈트라스부르크에 망명해 있
을 때에 그것을 증보할 시간을 가졌고 1541년에는 이 증보된 책의 첫 불
어역이 출판되도록 허용하였다. 최종적이고 더 확대된 판(版)은 1559년에
출판되었고, 병상에서 칼빈은 그의 비서들에게 불어역을 받아쓰게 하였고
심지어 그때 본문에 포함될 추가사항을 제안하였다. 그는 단순하고 간결하
게 글을 썼다. 부처의 산문의 반향은 없었고, 루터의 산문의 열정도 없었다.
사람들은 칼빈이 말한 것을 좋아하지 않을 수도 있었으나, 그들은 그가 의
미한 것을 오해할 수는 없었다. 그리고 그 책의 구성은 판(版)마다 이어졌
기 때문에, 그 책은 슈트라스부르크에서 증보될 때 이미 그 책의 골격을
포함하였으며, 추가사항들은 실제적인 상황들에게 초판으로부터 그 자신의
마음에 분명한 신학을 설명해주고 확대해주고 적용해주고 있었다는 것이
분명해졌다. 그러나 교역과 조직을 위해 공급함에 있어서 ― 그 책의 그
부분이 실제적으로 아주 중요한데 ― 그 추가사항들은 실제적이다.

유력한 모든 사람들처럼, 그는 다른 사람들의 영향과 그의 과거의 경험

을 의지하였다. 우리가 부처에 대해서 더 알면 알수록, 파생적인 것들은 신학과 교회정치에 있어서 어떤 칼빈의 특징적인 견해들이라는 것이 명백해진다. 그러나 비록 부처 아래서 슈트라스부르크에서의 그의 머무름이 형성기였지만, 그는 모방자는 아니었다. 성경에 정통한 사람으로 그리고 고대 교부들을 열심히 공부하는 학생으로서, 칼빈은 결과와 결정적인 확신이 그의 것이 될 때까지 생각하고 소화하고 흡수하였다.

칼빈의 교리는 세계의 특정한 사건들을 인도하시는 하나님의 특별한 섭리에 대한 믿음에 근거하였다. 우리는 일반적인 인도를 생각하지 않아야 한다. 우리는 개인들의 삶의 특별한 사건들 안에서 그의 특별한 인도에 대해서 성경에 의해 배운다. 우리는 하나님 아버지의 뜻이 없이는 한 마리의 참새도 땅에 떨어지지 않는다는 것을 읽는다. 우리는 그가 광야에서 회오리바람을 보내셨다는 것을 읽으며, 그리하여 우리는 "그가 특별하게 명령하시지 않으셨다면 결코 바람이 불지 않는다"는 것을 안다. 우리는 그가 어떤 어머니들에게는 아기들을 주셨으며 다른 어머니들로부터는 아기들을 데려가셨다는 것을 읽는다. 이것은 운명론이 아니며, 잔인한 자연의 기계적인 체계도 아니며, 오히려 전능하신 한 하나님의 개인적인 섭리이다. 그는 사람들의 뜻과 성향을 움직여서 그가 지시하시는 방법으로 걸어가게 하신다. 그의 영원한 계획이 그의 가슴 안에 감춰어져 있기 때문에 우연은 우리에게 겉모습이다.

루터의 궁극적 종교적 행위는 구속하시는 구세주 안에서의 전적인 신뢰였으며, 그의 최종적인 본문은 '의인은 믿음으로 살 것이다'이다. 칼빈의 궁극적 종교적 행위는 영존하시는 주님에 대한 의지의 동의였는데, 그의 최종적인 본문은 '당신의 뜻이 이루어지이다'이다.

만일 상황들이 우호적이라면, 그 기독교인은 그 자신에게가 아니라 하나님께 모든 영광을 돌릴 것이다. 만일 상황들이 우호적이지 않고 멸망이 그를 괴롭힌다면, 그는 하나님의 단련하심을 인정할 것이며, 욥과 함께 "주님이 주셨고 주님이 가져가셨으니, 주님의 이름이 찬양을 받을지어다"고 외칠 것이다. 체념과 신뢰에 대한 성경적인 본문들은 흔히 칼빈의 입에 오르

내렸으며, 그리고 기독교 역사에서 어느 누구도 그것들을 사용하는 칼빈주의자들보다도 나은 권리를 갖지는 않았다. 칼빈은 하나님의 섭리에 대한 종교적인 관심과 함께 새로운 상황과 맞추어 예정에 대한 옛 교리를 옹호하게 되었다.

개신교도들은 루터에 의해, 성 아우구스티누스에 의해, 그리고 로마서에 의해서, 그들이 천국에 들어갈 만한 자격이 없다는 것, 기독교인의 도덕적인 삶과 앞으로 그 결과들이 하나님의 자비와 사랑의 은혜로서 믿음을 통해 받아들여져야 한다는 것을 배웠다. 하나님은 어떤 사람들은 선택하셨지만, 다른 사람은 선택하지 않으셨다 — 성경이 그것을 가르쳤고, 관찰이 그것을 확증하였다.

만일 모든 것이 하나님의 은혜라면, 우리가 믿음에 의해 전유하는 그 은혜조차도 그러하며, 영원 전부터 하나님께서는 어떤 사람들은 생명으로 택하셨고 그들 위에 자비를 허락하셨으며, 다른 사람들은 영원히 죽도록 그들의 죄로부터 구속하지 않고 버려두셨다. 회중들이 들을 필요가 있는 것은 예정(豫定)의 신비에 대한 추측이 아니라 "회개하는 사람은 누구든지 구원을 받을 것이다"라는 것에 누구나 동의하였다. 예정이 사실이라는 것은 바울과 아우구스티누스 전통의 모든 기독교 사상가들에 의해 인정되었다. 칼빈이나 아우구스티누스나 토마스 아퀴나스나 루터 사이의 이론적인 차이들은 근소하다.

그러나 칼빈은 섭리에 대한 그의 믿음의 맥락에서 그것을 보았다. 따라서 예정론 그것이 아퀴나스나 심지어 루터에게서 소유하지 않았던 종교적인 헌신과 실천에 대한 중요성을 칼빈에게서 소유하였다. 요한 에크(John Eck)는 그의 젊은 정신을 훈련하는 지적인 연습으로서 예정에 대해 썼다. 칼빈은 이것이 정신에 대하여 별개의 문제라는 생각을 싫어했다. 영생으로의 그의 선택에 대한 기독교인의 확신은 그의 신뢰, 그의 담대함, 그의 겸손, 그리고 그의 도덕적인 힘의 가장 깊은 근원이었다. "만일 하나님이 우리를 위하시면, 누가 우리를 대적하리요?" 이 교리는, 비록 신비지만 단지 강의실의 비평가들을 위한 신비는 아니었다. 로마서와 에베소서와 성경의 다른 곳에 그것에 대한 본문들이 있었다. 이 본문들은 그것들이 지식을 전달하도록 주어져야만 하고, 그것들은 강단으로부터 설교되어야 하며 단순한 사람들에게 가르쳐져야 한다. 모든 사람은 그의 부르심을 의식하도록 믿음 안으로 인도되어야 하며, 바울과 함께 어떤 것도 그들을 하나님의 사랑으로부터 떼어놓을 수 없다는 것을 확신한다고 그 자신에게 말할 때까지 하나님의 자비로운 손이 그 위에 있다는 것을 확신해야 한다.

이 웅대한 교리를 선포함에 있어서 칼빈은 그것에서 그의 선배들의 속삭이는 주저함을 벗겨버렸다. 그는 어떤 것도 모호하게 쓸 수 없었다 — 그리고 따라서 그는 무시무시한 결과들을 명백하게 썼다: 그리스도는 모든 인류를 위해서가 아니라 단지 선택된 자들을 위해서 십자가 위에서 죽으셨고, 하나님께서는 모든 사람들이 구원 받기를 의도하신 것이 아니며, 사람들은 영원 전부터 영원한 멸망에 주어지도록 정하신 하나님에 의해서 창조되었다. 그리고 만일 어떤 사람이 하나님이 그 때문에 불공정하다고 이의를 제기했다면, 그는 모든 사람은 그들의 죄 때문에 정당하게 정죄되었다고 대답했고, 그리고 그것 이상으로 우리는 그 어마어마한 목적을 볼 수 없다. 우리는 하나님께서는 항상 공의 안에서 행동하신다는 것을 안다. 어떻게 그 공의가 역사하는가는 이 인생 안에서는 우리가 볼 수 없다.

다음 백년 동안에 이것은 신학자들, 즉 개신교도들 뿐만 아니라 가톨릭교도들에게 있어서, 중요한 질문이었다. 곧 이 타협할 수 없는 표현에 있어서 아우구스티누스의 교리들이 신약성서의 참된 해석인가 하는 질문이었다. 보다 젊은 베르텔리어는 "당신과 당신의 칼빈이 무엇을 말하든지! 나는 예정된 것이 아니다"라고 격렬하게 선포하였다.

제네바에서 전에 카르멜회 수사였던 제롬 볼섹(Jerome Bolsec)의 경우는 기독교국을 소란하게 했던 일련의 논쟁의 원형이다. 1551년 10월에 칼빈의 동료들 중의 한 사람이 칼빈주의 노선에서 요한복음 8장 17절을 설명하였다. 프랑스로부터의 망명자인 볼섹은, 그리스도가 모두를 위해 죽지 않았고 신앙은 영원 전부터 택함을 받은 자에게 주어진 은혜라는 주장에 도전하기 위해서 일어섰으며, 그는 이 교리들이 하나님을 독재자로 바꾸었다고 말했다. 그가 말하고 있는 동안에 칼빈이 그 모임에 보이지 않게 들어와 들었다. 볼섹이 말을 마쳤을 때 칼빈이 일어서서 한 시간 동안 말했다. 볼섹은 감옥으로 보내졌다. 시의회는, 양측의 논쟁에 놀라서, 그리고 칼빈의 설명에 의해 즉각 끌리지 않아, 스위스의 다른 교회들에게 호소하였다. 칼빈은 다른 교회들의 대답이 만족스럽지 않다는 것을 알았다: 베른은 그 문제는 사람들이 싸워서는 안되는 신비라고 대답했고, 바젤과 취리히는 칼빈에게 일반적이지만 그러나 제한된 지지를 보냈으며, 그리고 취리히는 볼섹을 처리한 그의 방법 때문에 칼빈을 비난했다. 단지 파렐의 뇌샤텔만 — 청원받지 않았는데 — 볼섹을 가룻 유다로 비난하는 편지를 보냈다. 시의회는, 진리를 위해서보다는 평화를 위해서, 볼섹을 추방하였다. 볼섹은 여러 가지 비방하는 이야기들의 근원이 된 「칼빈의 생애」를 1577년 발행함으로써 복수를 하였다.

결국 이것은 칼빈주의의 걸림돌이 되었다. 처음에 교회의 조직하는 힘과 교리는 마음을 끄는 설득력이었다. 사람들은 칼빈주의 교리에 의해 마음이 끌려서 스스로 칼빈주의 교회들을 조직하도록 이끌어지지 않았다. 그들은 칼빈주의 치리에 의해 마음이 끌렸고 그 때문에 칼빈주의 정통신봉으로 이끌어졌다. 그러나 선택 교리에 있는 도덕적이고 헌신적인 힘은 강력했다. 칼빈주의자들은 금욕적이고, 대담하고, 열심히 일을 하고, 성경적인 경건한 사람들이었다. 그들은 그들이 믿은 것을 알았고, 그들은 그들이 해야 하는 것을 알았으며, 그들은 어떤 권위로 그들이 그것을 해야 하는가를 알았다. 백년 동안 그들은 개신교에서 가장 힘이 있는 종교적인 세력이었다.

제 4 장

1559년까지 잉글랜드의 종교개혁

작센에서 개혁에 대한 자극은 처음에는 종교적이었으나 그 다음은 정치적이었다. 프랑스와 네덜란드와 스코틀랜드에서 종교개혁은 어쩔 수 없이 국가의 정치로 이끌려 들어간 종교적 운동으로 시작되었다. 그러나 이 과정이 종교적인 것은 아니었다. 어떤 개혁들은 국가가 발전하고 있기 때문에 시작되었고, 그리고 종교적인 변화가 그 발전에 영향을 끼쳤다. 덴마크와 스웨덴에서 종교개혁은 정치적인 영향에 따른 종교적인 혁명이라기보다는 종교적 영향에 따른 정치적인 혁명이었다.

잉글랜드의 종교개혁은 개혁의 영향으로 세워진 교회 안에서 독특했다. 잉글랜드의 개혁은 단연코 정치적인 혁명이었고, 그 입안자 국왕 헨리 8세는 한동안 유럽의 어느 곳에서나 법률적인 변화를 동반한 종교적인 결과들을 격렬하게 반대했다.

잉글랜드에서 왕들은 전통적으로 반(反)교황적이지는 않았다. 성직자들의 수중에 있는 땅의 1/5에서 1/3, 그리고 재판과 세금을 내는 데서 특별한 독립적인 권리들을 소유하는 성직자들과 더불어, 만일 왕이 이론적으로 그의 성직자들을 관할하는 수단으로써 교황의 최고 권력을 사용하지 않았다면 그가 효과적으로 통치하는 것은 불가능했다.

추기경 울지(Cardinal Wolsey)는 이 당당한 권력의 흥미있는 한 표본이었다. 1514년부터 헨리의 수석 사제, 1515년에는 추기경, 그리고 1515년 대법관으로부터 1529년 몰락까지, 그는 그 나라에서 모든 권력을 휘두르는 것 같이 보였다. 그러나 그는 왕의 권력 이상을 필요로 했다. 1520년에 그 나라를 통치하기 위해 그는 주교들과 종교적 단체들을 통솔하기 위한 교황의 권위를 필요로 했다. 그는 때때로 갱신되고 확대되는 권력을 갖는 교황의 특사가 되었다. 이 권력들은 그가 교회의 개혁을 위해 그것들이 필요하다는 탄원에 의해 부여되었다. 그는 공공연하게 개혁에 대한 필요를 말했으나, 국가의 차원 높은 문제들로 너무 바빴다. 그는 두 대학 설립을 위해 수도원들을 폐쇄하였고, 성역(聖域)들의 남용에 마무리를 시작하였다. 그가 봉건 지주들을 관할하에 두는 한에서 그는 교회의 훈육을 도왔다.

그러나 그 자신은 개혁되지 않았다. 비록 그가 권력에서 몰락할 때까지 그의 감독 관구의 어떤 곳도 결코 방문하지 않았지만, 그는 요크교구에서 그의 대주교직의 수입뿐만 아니라 하나 이상의 다른 대주교 관할권의 수입, 그리고 부유한 성 알반스 대수도원의 수입을 거둬들였다. 그는 모든 종류의 사적인 봉사에 대하여 많은 수수료와 뇌물을 받았고, 그리고 그의 부(富)를 세상에 과시하였다. 그는 첩을 두고 그 첩에 의해 최소한 한 명의 딸과 아들을 얻었는데 그 아들은 아직 학교에 다니는 동안에 웰스 대성당(Wells Cathedral)의 주임 사제가 되었다.

1518년부터 1529년까지 울지는 왕과 교황의 대표로서 잉글랜드를 통치하였다. 그러나 그 나라에서 그의 인기없는 권위, 특별히 그의 돈 착취는, 성직자들의 권력에 대항하는 교육받은 평신도들의 고충을 크게 했는데 이것은 결국 교황에게 도전하는 것이었다. 이러한 새로운 형태의 교황에 의한 통제는, 멀리 떨어져 있어서 거의 효과가 없었던 것을 실제적이며 효과적으로 만들어가고 있었기 때문에 분노를 샀다. 잉글랜드에서 교황의 간섭으로부터 자유롭게 되고자 하는 것은 전에 어떤 때보다도 더 많은 평신도들과 성직자들에 의해 갈구되는 목표가 되었다. 서퍽(Suffolk) 공작은 큰 맹세로 탁자를 치고, 옛 속담처럼, 어떤 특사나 추기경도 잉글랜드에 결코 좋지 못하였다고 외쳤다.

그러나 울지는 왕의 신하였지 교황의 신하는 아니었다. 왕의 호의없이 그는 한 순간도 설 수 없었다. 1529년이 되기 전 11년 동안 왕은, 교황이 고분고분한 가운데, 이미 잉글랜드에서 국가뿐만 아니라 교회도 관할하였다. 만일 그의 백성들 사이에 교황에 대하여 충분한 적의가 있었다면 그는 교황이 고분고분하지 않아도 국가뿐만 아니라 교회도 관할할 수 있었을 것이다. 그의 부인 캐서린(Catherine of Aragon)을 폐위하고자 하는 왕의 욕구가 교황이 고분고분하기가 불가능한 곤경에 처했다는 것을 발견했기 때문에 울지는 몰락했다.

교회의 '수장(首長)'

헨리(Henry)는 앤 불린(Anne Boleyn)과 결혼하기를 원했다. 캐서린은 그보다 더 늙고, 너무 초라해 왕의 넘치는 힘을 만족시켜줄 수 없었고, 연달아 후손을 낳았지만 메리(Mary)를 제외하고는 모두 사산했거나 유아기에 죽었다. 그는 그의 육체적인 요구를 한 정부(情婦)와 만족시킬 수 있었다. 그러나 보다 높은 동기들이 헨리의 무서운 마음에 들어왔고 그를 위해 그 논쟁점을 승화시켰다. 캐서린은 헨리의 형 아서(Arthur)와 약혼했었다. 그러므로 그녀는 헨리의 신부로서 부적격했으며 오직 교황의 시여(施與)에 의해서 그와 결혼하는 것이 허용되었다. 병약한 어린이들의 경우와 남자 상속인이 없는 경우는 하나님의 법에 의해 금지된 결혼에 하나님의 축복이 머물지 않는다는 것을 입증하는 것이 가능했다. 장미전쟁과 분명하게 실제로 불안정한 튜더(Tudor) 왕조의 기억과 더불어, 잉글랜드의 일치와 번영을 위해 왕에 의한 합법적인 남자 후계자가 태어나야 한다는 것이 필요했다. 캐서린은 ─ 헨리는 이제 믿기 시작했는데 ─ 결코 그의 부인이었던 적이 없었다. 그는 교회에 그 사실을 선포하고 앤 불린과의 결혼을 정당화 하기를 원했다.

교황 클레멘트 7세는 근면했으나 성공적이지 못한 정치인으로 너무 약하고 신중하여 공공연하게 거부할 수 없었다. 그는 그 결정을 계속 미뤘다. 유리한 상황에서 그는 왕이 원하는 것을 선고하기에 충분히 신속했을 것

이다. 그러나 헨리와 울지는 교황에게 교리적인 그리고 실제적인 불가능을
요구하고 있었다. 그들은 그에게 헨리가 캐서린과 결혼하도록 허용한 교황
의 시여(施與)는 타당하지 않았다고 선고하도록 요구하고 있었다. 한 교
황이 그 때문에 그 자신의 권위를 약화시키지 않고서는 전임자의 행동이
타당하지 않다고 선고할 수 없었다. 그리고 이탈리아 정치의 변화 사이에
서, 캐서린에게 조카가 되는 황제 카를 5세의 군대는 1527년에 로마를 약
탈하고 교황을 체포하였다. 클레멘트는 카를 5세를 심하게 화나게 함으로
써 헨리 8세를 기쁘게 할 수는 없었다.

1529년 여름에 왕은, 교황이 굴복하도록 설득하는데 자포자기하여, 울지
를 해임하고, 설득하는 정책에서 협박하는 정책으로 돌아섰다. 독일 북부의
군주들은 그들의 영토에서 교황의 권력을 성공적으로 배제하였다. 그는 이
예(例)를 따를 것을 말하였다. 그는 1529년에 의회를 소집하고, 그리고 울
지의 지배에서 풀린 평신도와 반교권적인 법률가들이 교회의 행정을 개혁
하기 위한 일련의 법안들의 초안을 허용하였다.

1393년 이후로 영국 교회에서 교황의 간섭에 대한 법률 안에서의 주요
한 제한은 교황존신죄(尊信罪, Praemunire)의 법령이었다. 원래 이것은 그
왕국으로부터 영국 주교들의 권리들을 간섭한 교황의 법령을 배제하기 위
해 의도되었었다. 법정은 서서히 그 적용을 확대시켜 갔다. 울지는 교황의
특사로서 잉글랜드에서 활동했다는 불합리하고도 불공정한 토대 위에서,
그의 몰락 후에, 그는 교황존신죄 아래 고소되었다.

1531년 1월에 이 모호하고 협박적인 무기는 잉글랜드의 모든 성직자들
을 반대하는 법률가들에 의해 뒤집어졌다. 그들은 그들의 법정에서 로마의
교회법을 집행해왔기 때문에 교황존신죄를 반대한 위반죄로 고소되었다.
제국 황제의 대사는, "어느 누구도, 이 법의 신비를 측정할 수 없다. 그것의
해석은 단지 왕의 머리 속에만 있는데, 왕은 수시로 그것을 확대하고 선고
하며, 그가 원하는 사람에게 그것을 적용한다"고 썼다. 교회의 대주교회의
는, 거센 항의 후에 그리고 구두로 죄를 인정하지 않고, 118,000 파운드
(100,000 파운드는 캔터베리 대주교회의를 위해, 18,000 파운드는 요크 대

주교회의를 위해)를 내고 그들의 용서를 받았으며, 그런 다음 왕에 의해 왕을 교회의 머리로 인정해야만 했다 — "특별한 보호자, 유일한 최고의 주, 그리고 그리스도의 법이 허용하는 한, 심지어 수장(首長)"까지.

그 공식은 충분함을 뜻하지 않았다. 이것은 교황의 권력에 대한 거부는 아니었다. 그리스도의 법이 허용하는 한이라는 어구(語句)는 제한의 모든 방법을 책임질 수 있었다. 그러나 의회의 귀족들과 법률가들은 교황에 반대하여 서둘러서 왕에 동의하였다. 고문들 가운데, 울지의 부관들 중의 한 사람인, 토머스 크롬웰(Thomas Cromwell)은 이제 정상에까지 올랐다. 단일체로서 교회와 국가를 관할하는 울지의 방법을 경험했기 때문에, 토머스는 왕과 의회에 의해 이룩된 유사한 통합조정을 목표로 했고, 교황은 그 영토로부터 배제되었다.

1532년에 헨리는, 의회에 의해 간청되어, 대주교회의들로부터 '복종'을 받아냈는데, 그것은, 대주교회의의 교회 법규를 제정하는 권한이 왕과 의회의 법률을 제정하는 권한과 충돌할 수 있기 때문에, 그들은 왕으로부터 허가 없이 어떤 새로운 법령들을 제정하지 않고, 개정을 위해서는 왕에 의해 임명된 위원회에 현행의 교회 법규들을 제출하도록 한 시도이다. 같은 해에 한 법령이 성직 취임 후 첫 해의 수입(annates)이나 첫 열매들을 로마에 바치는 것을 제한했는데, 그것들이 1534년에는 왕에게 건네졌고, 1533년에 한 법령은 잉글랜드로부터 로마에로의 탄원을 폐지했으며, 1534년에 교황의 다른 모든 법률적인 권리들과 의무들은 왕에게로 옮겨졌다.

같은 해에 수장령(the Act of Supremacy)은 왕이 잉글랜드 교회의 수장임을 선포하였고 대주교회의에서 성직자들에 의해 삽입된 유보조항을 생략했다. 캔터베리의 새로운 대주교인 토머스 크랜머(Thomas Cranmer)는 헨리와 캐서린의 결혼은 무효라 선포하였고, 1533년 성령 강림 대축일에 앤 불린(Anne Boleyn)은 왕비가 되었다. 1535년 6월과 7월에 로체스터의 피셔 주교(Bishop Fisher of Rochester)와 전직 대법관인 토머스 모어 경(Sir Thomas More)은 교황의 권위를 손상하는 왕의 지상권의 맹세를 거부했기 때문에 목베임을 당했다. 1535년 1월에 크롬웰은 전국에 있는 교회들과 성직자들을 방문하라는 위임을 받았다.

1534년 이후 그 몇 년 동안 교황을 거부하고 왕의 수장권을 수용하라는 요구를 받았을 때 성직자들의 가슴 속에는 무슨 감정들이 있었을까?

잉글랜드의 남부에서 공개적인 반대자들은 거의 없었다. 많은 사람들이 갈등하는 양심과 두려움으로 침묵을 지켰다고 다음 세대의 가톨릭 역사가들이 후에 주장하였는데, 그 주장의 많은 부분이 진실이든 아니든간에, 그 중 분명히 일부는 분명히 사실이다. 우리는 개인적인 친구들에게 수장령에 반대하는 말을 하는 사람들의 증거를 가지고 있으며, 그리고 그 증거는 단지 그러한 친구들에 의해 나중에 배반당한 사람들에 관한 것이기 때문인데, 불평은 우리가 아는 것보다 훨씬 더 보편화되었다. 종교에서의 모든 변화는 불안하게 한다. 성 알반스에서 한 교회의 사제가 자신은 옛 방식들 속에서 자랐기 때문에 그것들을 버릴 수 없다고 말했다. 그 변화는 마음을 불안정하게 하고, 사람들은 무엇을 기대해야 할지를 알지 못했다. 탁발 수사 브렌츨리는 변화를 꾸짖는 설교를 했다: "여러분, 주의하십시오, 우리는 요즘 많은 새로운 법을 갖습니다. 나는 우리가 곧 한 새로운 신을 갖게 될 것이라고 믿습니다."

요크셔의 기스번에서, 한 사제가 큰 소리로 수장령에 대한 기사들을 읽고 있는데, 한 사람이 대중 가운데서 다가오더니, 그의 손에서 그 책을 낚아채어, 교회로부터 달아났다. 정부가 움직이는 방법에 대한 두려움이 있었는데, 루터주의에 대한 두려움, 왕이 교회의 토지들을 몰수할 것이라는 두려움이었다. 존 스미슨(John Smethson)은 또 다른 사제와 함께 아침 기도를 드리면서 말했다: "나는 왕을 위해서 기도하지 않겠다. 그 이유는 그가 우리를 가난하게 만들려고 하기 때문이다."

대부분의 불평자들은 단순한 사람들이었다. 맨 정상에 피셔와 모어 같은 몇 사람들은 어떤 의회도 교황의 권력을 폐지할 수 없다는 교리적인 근거를 사수하였다. 레이놀즈 박사(Dr Reynolds)는, 1535년 4월 29일에 조사를 하였는데, "그 왕국의 모든 선한 사람들은" 그를 지지했고, 그리고 "모든 공의회, 모든 저자들, 지난 1500년 동안 교회의 박사들, 특히 성 암브로스,

성 제롬, 성 아우구스티누스, 그리고 성 그레고리가 내 편 가운데 있다"고
말하였다. 그는 믿기를, 가톨릭의 전통은 교황의 권력이 기독교 진리의 일
부라고 선포했으며, 그리고 어떤 의회의 법령도 양심 위에서 그 근거를 폐
지할 수 없었다. 이 견해는 아라곤의 왕비 캐서린의 주변 모든 사람에 의
해 취해졌는데, 이는 교황의 합법적인 권력없이 캐서린은 헨리와 결혼하지
않았기 때문이다. 그 이혼이 양심 속에서 부인되어야 할 불법이라고 생각
한 모든 사람은, 교황이 정당하게 그 결혼을 허락했다는 것과 따라서 교황
이 사람으로부터 나온 행정적인 권위뿐만 아니라 하나님으로부터 나온 종
교적인 권위를 소유했다는 것을 옹호해야만 했다.

그러나 정상에 있는 이러한 사람들은 거의 없었다. 고위 성직자들은 교
황을 거부하는 것에 대해서 거의 불평을 말하지 않았다. 그들은 교황권을
더 나은 합의를 위해 적법하게 제거될 수 있는 인간의 제도로 간주하였다.
그들은 어떤 다른 외국의 주교보다도 로마의 주교가 잉글랜드에서 더 큰
관할권을 갖지 않는다는 서류에 서명할 놀라운 준비가 되어 있었다. 그들
은 1535년에 선포한 주교들과 함께 교황의 권력은 하나님에게서가 아니라
사람에게서 나왔다는 것을 믿었다.

더럼의 턴스톨(Tunstall of Durham)은 인정이 있고 정직했는데, 그가 설교
를 하도록 지시를 받기 전에 왕의 수장권을 지지하여 정력적으로 설교를
해왔다. 코벤트리와 리치필드의 주교였던 롤란드 리(Roland Lee)는, 그가
교황에 반대해서 설교하라고 지시를 받아서가 아니라, 설교하라고 임명되
어서 어리둥절했는데, 이는 그가 아직 한 번도 강단에 들어가지 않았기 때
문이다. 한 세기 전 북부 유럽은 "교황은 교회의 행정상의 종이다"라는 콘
스탄스와 바젤의 공의회의 의견을 크게 수용하였다.

고위 성직자들은 가끔 보수주의를 몽매주의와 관련시켰으나, 그들은 때
때로 옳았다. 캔터베리의 탁발 수사 아서는 허른(Herne)의 많은 청중들 앞
에서 설교를 했으며, 그리고 새로운 책들과 설교가들이 백성들을 잘못 인
도하고 금식과 기도와 성지순례를 훼방한다고 비난하였는데, 그는 그들을
유다와 같은 자들이라고 불렀으며, 그리고 성 토머스의 사당에 1페니라도

드리는 자는 누구든지, 그가 가난한 자들에게 노블 금화 한 닢을 준 것보다 더 많은 공로를 얻을 것인데, 이는 전자는 영적이고 후자는 육체적이기 때문이라고 말했다. 단순한 사람들은 보수적이나, 그들은 무지했다.

크랜머는 레이놀즈 박사 같은 유식한 사람이 교황에 대한 이런 의견을 고집스럽게 지킬 수 있었다는 것을 발견하고 놀랐다. 요크의 대주교인 에드워드 리(Edward Lee)는 교황에 반대하는 선언문을 읽도록 그의 보좌 신부들에게 명령했으나, 그 명령이 전적으로 복종되지 않을 것이라고 지적했다. 왜냐하면 보좌 신부들 중 많은 사람들이 거의 읽을 수가 없었고, 그는 주교 관구에서 설교를 할 수 있는 사제가 12명도 안되는 것을 알았기 때문이다.

비록 약간의 양심자들이 갈등을 겪었지만, 다음 세대 메리 여왕 시대의 작가들은 많은 내적인 고뇌를 과장하였다. 교황의 권력을 폐지하는 것은 헨리의 법률 가운데 가장 위험한 것은 아니었다. 그 나라는 교황의 파문을 거의 알지 못했고, 그리고 헨리는 만일 교황이 10,000건의 파문을 시행한다 해도 그는 지푸라기 하나 끄떡하지 않겠다고 선언했다.

교황의 권력이 폐지되고 성직자들이 그 나라의 법에 복종했다는 안락함은 왕과 크롬웰이 더 혁명을 향해 나아가도록 격려하였다. 교황을 거부하는 모든 다른 나라나 도시는 수도원들을 억압했다. 왕과 크롬웰은 그들의 눈을, 이제는 왕의 권력 앞에서 속수무책인, 잉글랜드 수도원의 소유지에 돌렸다. 울지는 이미 옥스퍼드에 그의 새로운 대학(후에 Christ Church)과 입스위치(Ipswich)에 한 학교를 세우기 위해 28개 수도원들을 억압했었다.

수도원들에 대한 억압

개신교도의 국가들은 수도원들에 대한 그들의 태도에서 여러 가지였다. 그들은 수도원 생활이 기독교 생활의 잘못 해석된 한 형태라는 것에 동의했으나, 그것이 따라서 억제되어야 하는가 혹은 아닌가는 일치하지 않았다. 모든 개신교도의 국가들은 도망친 수도사들과 수녀들로부터 벌금을 강요하는 법률을 폐지했다. 그들은 수도사들과 수녀들에게 세속적인 생활로 돌아가도록 격려했다. 그들은 수도사들에게 수도원의 기부금에서 연금을 지급함으로써, 그리고 그들에게 목회적인 돌봄과, 그리고 만일 그들이 사제들이라면, 교구의 급료를 찾아줌으로써, 그들이 세속적 직업을 갖는 것을 수월하게 하였다. 그들은 수녀의 생활을 중단하는 수녀들에게는 비슷한 연금 혹은 결혼 지참금을 제공하였다. 그들은 때때로 그들의 잘못된 행동으로부터 그들을 돌려놓기 위해 계획된 교육에 그들로 하여금 들어가게 하였다.

스위스의 도시들처럼, 더 혁명적인 국가들은 단지 수도원들을 억압하였고, 비록 그들에게 그 기부금에서 필요한 연금을 제공하였지만, 그들의 기부금들을 몰수하였다. 어떤 루터교 국가들은 이 예(例)를 따랐다. 그러나 다른 루터교 국가들은 — 한동안 작센, 특히 스웨덴과 덴마크 — 어떤 수도원들이 자체로 자연히 소멸될 때까지 계속 있도록 허용하였다. 세상에 던져진 한 수녀의 운명은 수도사의 운명보다 더 어려웠던 것 같았으며, 그리고 스웨덴에서 몇 개의 수녀원들은 상당한 기간 동안 쇠락하면서 조용하게 표류하였다. 덴마크의 마리뵈의 한 수녀원은 1621년까지 폐쇄되지 않았다.

잉글랜드는 이 점에 있어서 다른 많은 곳에서처럼 예외적이었다. 헨리 8세의 보수적인 잉글랜드에서는 수도원들을 폐쇄하도록 강요하지 않는 것처럼 가장했다.

1535년 여름에 방문자로서 수여된 권력 하에서 크롬웰은 수도원들의 방문을 협의하였다. 두 명의 위원들인 리처드 레이턴(Richard Layton)과 토머스 리(Thomas Legh)는 1535년 7월에서 1536년 2월 사이에 남부의 수도원들을 방문하였다. 그 방문객들은 수도원들 안에 있는 많은 부정을 보고하였다. 그들의 모든 증거들은 그 공명정대한 관찰자를 충분히 만족시킨 것은 아니었다. 더 작은 수도원들(일년 수입이 200 파운드 이하인 수도원들)은 1536년의 법령에 의해 압력을 받았다. 심지어 그 법령 후에 왕은 모든 수도원들을 해산하는 분명한 의도를 갖지 않았으며, 그 자신이 1537년에는 두 개의 수도원을 다시 세웠다. 심지어 1538년 5월에 커클리스(Kirklees)에 있는 수녀원은 재설립의 특허를 받았다.

그러나 1537년 11월부터 더 크고 부유한 수도원들이 협정에 따라 자발적으로 항복하여 해산하기 시작했다. 방문자들은 다시 수사들이 해산되도록 권면하기 위해 전국을 돌았다. 권면은 거의 어렵지 않았는데, 부분적으로는 모든 곳에서 곧 압력이 있으리라는 소문이 있었기 때문이며, 또한 어떤 수도원들은 이미 계속 유지하는 것이 어렵다는 것을 발견했기 때문이었다. 무시하지 못할 많은 수의 수사들과 수녀들이 이렇게 그들에게 자유가 주어지는 것을 기뻐했다. 1539년에 의회는 1536년의 법령 후에 넘겨진 모든 수도원의 소유물을 왕에게 귀속시키는 법안을 통과시켰다. 상원에 참석한 대수도원장들 어느 누구도 그것에 반대하여 항의하지 않았다. 해산은 평화적으로 진행되었고, 왕의 수장권을 거부한 소수의 피흘림이 있었다. (만일 그들이 항복에 대해 덜 어려웠었다면, 비난은 어려운 수도원장들에 반대해서 압박이 가해졌을지는 확실치 않다.) 마지막 수도원인, 에섹스에 있던 월섬 대수도원(Waltham Abbey)은 1540년 3월 23일에 왕에게 항복하였다.

1536년의 법령은 넘겨진 재산을 접수하고 관리하는 증대의 법정(Court of Augmentations)을 세웠다. 처음에 그것은 그 재산을 관리하고 연간수입을 지키기 위해 의도된 것처럼 보였다. 곧 그 법정은 임차를 허가했고, 가끔 왕의 신하들에게 했으며, 그리고 어떤 토지들은 파는 것을 알 수 있었고, 그리하여 그 재산의 일부는 국민들에게 제공되었다.

수도원들의 해산은 혁명에서 단연 가장 중요한 사회적인 사건이었다. 수도원들은 중세 후기 300년 동안 도덕적이며 영적이고 지적인 힘이 없었다. 그러나 그들은 유럽의 시골과 그들의 토지, 수많은 마을들을 지배하는 그들의 고용 전체에 손길이 미치는 사회적인 요인이었다. 어떤 세기에는 종교적인 교단들에 명예가 되는 많은 수도원들을 발견하는 것이 가능한데, 그러나 이들은 전체 숫자에 있어서는 여전히 작은 집단이다. 에르푸르트에 있는 루터 자신의 수도원은, 슈타우피츠의 지도 아래 있었는데, 분명히 종교를 가진 사람들이 진실되고 진지하게 종교적인 삶을 살아가려고 노력하는 한 장소였다. 독일 남부에 있는 메텐(Metten)의 베네딕투스 수도원은 그 신앙심 때문에 개신교도들에 의해 존경을 받았다. 잉글랜드에 있는 카르투지오 수도사들(Carthusians)은 왕 헨리 8세의 수장령 하에서 용감하게 죽음으로 맞선 영적인 사람들이었다.

마땅히 불명예로 불릴 수 있는, 뜨거운 것 이상의, 수도원들을 찾는 것도 또한 가능하다. 독일의 수도원들 가운데는 음주와 정부(情婦)에 대해서 많은 추문들이 있었다. 국왕 헨리 8세의 위원들은 국가적인 이유에서 도덕적인 부정을 찾았고, 그리고 비록 그들이 그것에 대한 혐오스런 수집을 과장했지만, 다른 덜 편파적인 증거에 의해서도 충분히 확증된다. 그러나 대부분의 경우 수도원들은 뜨겁지도 않았고 불명예스럽지도 않았다. 그들은 쾌활했으며, 일반적으로 안락한 삶을 위해 반(反)세속화된 단체였다. 더 작은 어떤 수도원들은 농장이나 다름 없었다.

비록 그러한 점에 있어서 믿을 만한 증거를 찾기는 어렵지만, 열렬한 가톨릭 교도들은 많은 수사들이 만일 그들 사이에 있는 돈을 나눌 수 있거나 최소한 적정한 연금을 받을 수 있었다면 그들은 그들의 수도원들의 해산에 무관심했다고 믿었다. 이 가정을 제외하고는, 우리는 1536년-1540년 사이에 잉글랜드에서 큰 수도원들이 '자발적으로' 그들 자신을 해산시킨 자유로움을 거의 설명할 수 없다. 아주 소수의 수사들과 수녀들이 잉글랜드에서는 그들에게 거부된 친숙한 삶을 가톨릭 국가들 안에서 실천하기 위해 1539년이나 1540년에 바다를 넘어 도망쳤다.

그의 수도원장과 함께 살기 위해 은퇴하는 개인에 대해 알려진 몇 가지 예들이 있는데, 요크셔의 커클리스에서 온 다섯명의 수녀들이 머필드에서 오랫동안 소수녀원장과 함께 살았고, 몬크 브레톤의 서너 명의 수사들이 가까운 곳에서 소수도원장과 함께 계속 살았으며, 그들은 그들의 장서와 공문서들을 가져왔으며, 케임브리지셔에서 데니의 대수녀원장인 엘리자베스 스로크모턴은 수녀들 중 두 명과 함께 그녀의 집으로 물러나 수녀원의 규율을 계속 지켰다. 그리고 그러한 비공식적인 계속성은 그것의 증거보다도 좀더 보편적일 수 있다.

그러나 그것은 예외적이었으므로, 수도원을 교황의 사적인 군대로 상상하는 것은 전적으로 잘못이다. 글래스턴베리의 대수도원장들인 리딩과 콜체스터는 1539년에 교수형을 당했으나, 잉글랜드에서는 수많은 사람들이 불평없이 왕의 수장권과 교황의 권위 폐지를 받아들였고, 그리고 같은 고분고분함의 예증들이 독일에서도 발견된다. 수도원들의 해산은 교황 권위의 파괴에 필요한 것은 아니었다. 그러나 막대한 규모로 토지를 전용하고 다방면의 새로운 권리와 관심을 만들어 냄으로써, 그것은 루터파 사람들에 동의하는 사람들을 격려하였다.

해산된 수도원들의 돈과 토지는 어떻게 되었는가?

첫째, 그것은 전직 수사들을 위한 연금과 전직 수녀들을 위한 연금이나 결혼 지참금을 지급하는데 사용되었다. 이것들은 일반 종교인들을 위해 충분한 연금은 아니나 개신교 유럽에서 그것들은 규칙적으로 지급되었다. 이 연금수령자들의 일부는 오랫동안 살았는데, 이는 잉글랜드에서 마지막 수령자가 1607-08년에 죽었다고 풀러(Fuller)가 말했기 때문이다. 그리고 우리는 비틀스덴의 수도원에서 온 한 시토 수도회의 수사가 1601년에 던트시의 주임신부로 죽었다는 것을 안다. 많은 전직 수사들은 교구 성직자가 되었으며 한동안 교회의 당국자들이 새로운 사제들의 많은 서품을 피할 수 있게 하였다. 던스터블에서, 알려진 12명의 성당 참사원들 중에서, 최소한 10명은 1556년에 현직에 있던 것으로 알려진다.

다른 수사들은, 평신도들이든 사제들이든, 세속적인 일을 했다. 잉글랜드의 대수도원장들과 소수도원장들은 수도원 수입에서 많은 연금을 받았다. 가장 부유한 대수도원들 가운데 어떤 곳으로부터 여섯 곳의 새로운 주교직들이 헨리 8세에 의해 세워졌는데 — 웨스트민스터, 브리스톨, 체스터, 글루스터, 옥스퍼드, 그리고 피터버러 — 이들 모든 새 성당들은 그들의 주임사제로서 전직 수사들을 가졌고, 그리고 거의 모두가 그들의 주교로서 전직 수사를 가졌다. 피터버러에서 대수도원장의 관저는 주교의 관저가 되었다. 20명에서 30명 사이의 수도원장들이 해산된 지 몇 년 이내에 주교들이 되었고, 어떤 다른 수도원장들은 대학들이나 병원들의 우두머리가 되었다.

오래된 대성당들이 수도원의 기초가 되었던 곳은 캔터베리, 더럼, 윈체스터, 엘리, 노리치 등인데, 그 수도원들은 성당 참사원들의 참사회로 전환되었고, 옛 수사들 중 다수가 새로운 성당 참사원들로서 계속했다. 우리는, 가령 20명 이상의 수사들이 노리치 대성당의 수록 성직자들로 남아 있었다는 것을 알며, 윈체스터에서는 네 명을 제외하고 모든 수사들이 남아 있었고, 더럼에서는 54명 중 26명이 남아 있었다.

새로운 주교 관구들에 대한 이러한 기부금들은 수도원 토지의 단지 한 조각에 불과했다. 잉글랜드에서는 그 기부금 중 작은 비율이 교육으로 갔다. 옥스퍼드와 케임브리지에 있는 몇 개의 대학들이 설립되었거나 재설립되었고, 특히 지방의 자치단체가 부지를 요구하고 교육을 제공하는데 그것을 바치기로 결정했을 때에, 적은 액수의 돈이 학교 설립에 들어갔으나, 이러한 설립들은 겨우 수도원 학교들의 손실을 보충할 수 있었다. 해산이 잉글랜드에서처럼 질서있게 이루어진 독일 주(州)들의 경우에는, 비율에서 큰 액수들이 억압된 수도원들로부터 대학교들이나 학교들로 전환되었다. 그러나 모든 정부들은 돈이 몹시 궁했고, 토지의 한 부분이 정부의 목적들을 도왔으며, 정부의 관리들을 보상하기 위해 갔다. 잉글랜드의 국왕은 족히 100,000파운드 이상의 증가된 연수입을 획득했다.

수도원의 해산이 무질서했던 곳에서는, 수사와 수녀들의 운명이 아마도 덜 행복했을 것이다. 스코틀랜드에서는 중앙 정부가 잉글랜드에서보다도 약했는데, 해산은 단편적이었고 때때로 미숙했다. 중앙 정부가 약한 곳에서는, 수도원들이 권력의 전이에 무방비하게 놓여 있는 보물이었다.

그러나 우리는 그 손실을 과장하지 말자. 유럽의 모든 국가들에서, 단체들의 총체로서 교회는 국가의 건강상태를 위해 너무 많은 부를 소유했다는 것, 어떤 전환은 필요했다는 것, 그리고 재산의 물질적인 양도가 항상 고통스럽고 개인들에게 주로 부정에 의해 수반된다는 것에 모두가 동의하였다. 많은 수도원들을 억압하는 것은 교회 생활을 해롭게 하는 것은 아니었으나, 그것을 정화하거나, 또는 개인들, 농장이나 컨트리 클럽에 가장 기본적인 보상만 한 채 국유화 했다.

전성기의 수도원적인 이상을 존경하는 어떤 사람에게, 그 손실은 일반적인 대파괴에서 소모되어버린 헌신된 공동체들의 집단들에도 있었고, 학교들, 병원들, 양로원들에도 있었고, 음악가들을 실직하게 하고, 결혼을 하지 않거나 할 수 없는 전직 수녀들을 제외한 모든 사람들 가운데서 그들의 운명을 가장 가혹하게 하는 노래 학교들에도 있었다.

불평은 교회가 기부금의 큰 타격을 주는 손실을 입어서가 아니라, 유럽의 개신교도 주권자들이 돈에 대한 필요에서, 이러한 자선의 자원들을 진정으로 교육, 병원들, 또는 가난한 자들에 대한 구제와 같은 자선적인 목적으로 전환하는 유일한 기회를 놓쳤다고 생각해서다. 만일 기부금들이 진정으로 국가적인 목적들로 전환되는 것이 보여질 수 있었다면 그것은 아주 심하게 비난받지는 않았을 것이다. 기부금들 중의 일부는 그렇게 전환되었다. 다른 경우에는, 해산의 결과가 돈과 토지를 평신도 귀족들의 손에 놓는 것이었다. 그러한 전환들은 정부로 하여금 살아남게 하였거나 최소한 한동안 더 많은 것을 하게 하였다.

만일 대수도원 건물이 번화가에 있었다면, 그것은 가치있는 재산이 될 수 있었을 것이다. 만일 그것이 시골에 있었다면, 그것은 아마도 팔거나 사용하는 것이 불가능해 쓸모없게 되었을 것이다. 잉글랜드의 정부는 그것들을 헐도록 명령했으나, 이것은 가끔 너무 비용이 비싸서 복종할 수 없었고, 그 집들의 벗겨진 외형은 아직은 낭만적이지 않은 폐허로 쇠락했다. 루이스에서 일단의 노동자들이, 이탈리아인 전문가 밑에서, 큰 기둥들을 넘어뜨리기 위해서 화약을 사용하였으며, 그 일은 토머스 크롬웰의 한 친척이 그곳에서 거주하기 원했기 때문에 신속하게 끝났다. 링컨셔에서 지방 관리는 그 명령에 복종하고 파괴하는 것은 1,000파운드 이상의 비용이 들 것이라고 계산했고, 따라서 그는 그 수도원들의 지붕들과 계단들을 파괴하고, 그런 다음 돌을 원하는 어떤 사람에게 그 벽들을 채석장으로 사용하도록 허가함으로써, 거기에 사람이 살지 못하게 해야 한다고 제안했다.

몇몇 소유자들은 그들이 폐허를 사용하는 것에 관심을 두지 않았다. 리처드 그렌빌 경(Sir Richard Grenville)은 후에 버클랜드 대수도원(Buckland

Abbey)의 교회를 주택으로 바꾸었고, 같은 운명이 케임브리지셔에 있는 데니의 본당(本堂)과 수랑(袖廊)에도 일어났다. 티츠필드의 리어드슬리 경(Lord Wriothesley)의 새 집의 큰 문(門)은 대수도원 교회의 가운데에 위치했었다. 왕 헨리 8세는 런던 카르투지오회 수도원의 예배실을 그의 천막들과 '정원 도구'를 보관하기 위해 사용하였다. 맘즈베리에서는 한 부유한 모직물업자가 수도원을 공장으로 사서, 모든 방을 베틀로 채웠고, 마당에 직조공을 위해서 건물을 세울 계획을 세웠다. 그러나 다른 수도원들은 교구의 교회들이 되었고, 읍들은 때때로 이 목적을 위해서 대수도원 교회를 샀다. 잉글랜드의 중세 건축의 영예스러운 것 가운데 하나인, 툭스베리 대수도원(Tewkesbury Abbey)은 처음에는 쓸모없는 것으로 허물도록 권해졌으나 읍에 의해서 이 방법으로 구해졌다.

수도원들의 내용물들은 낭비없이는 노출되지 않았다. 수도원이 폭도들에 의해 약탈된 독일과 스코틀랜드에 있는 수도원들을 제외하고, 접시와 보석들, 그리고 아마도 도서관의 약간의 책들은 주로 금고나 주 도서관으로 넘겨졌다. 잉글랜드에서 내용물들은 그때 경매되었고, 가끔 회랑이나 양로원에서 염가판매에 붙여졌으며, 이런 방법으로 투기꾼들이나 상인들이나 수집가들이나 보수적인 사람들은 유리, 의복, 미사 경본(經本)들, 촛대들, 흔들 향로들, 사닥다리들, 오르간들, 설교단들, 벽돌들, 그리고 타일들을 집어들 수 있었다. 목공품은 가끔 값이 있었고, 납지붕들도 그랬다.

한 수사가 그의 방에서 재산들을 팔려고 시도하고 농부들이 벽에서 쇠고리들을 비틀고 있었던 로쉬 대수도원(Roche Abbey)에서 판매에 대한 유명한 후대의(1591년) 기술(記述)이 있다. 한 동정적인 보수적인 사람은 교회와 첨탑으로부터 목재의 일부를 샀다. 한 세대 후에 그는 그의 조카에 의해 어떻게 그것을 할 수 있었느냐고 질문을 받았는데, 그는 "내가 무엇을 해야 하지? 다른 사람들이 대수도원의 전리품으로부터 이익을 얻는데 나라고 못하겠어? 왜냐하면 나는 모든 것이 사라져 버리는 것을 보았기 때문이지. 그래서 다른 사람들이 하는 대로 나도 했어"라고 대답했다.

내용물들 중의 일부는 교구의 교회들로 들어갔는데, 특히 잉글랜드와 독

일의 북부에서 그러했다. 토니 대수도원(Thorney Abbey)으로부터 나온 146
톤의 돌이 케임브리지의 코르푸스 크리스티 대학(Corpus Christi College)
의 새로운 예배실을 짓는데 하사되었다. 옥스퍼드의 그리스도 교회(Christ
Church)대학 정문의 탑에는 한때 오세니 대수도원(Oseney Abbey)에 속해
있던 큰 종이 매달려 있는데, 1678-79년에 다시 주조되었다. 리치몬드, 요
크셔에 있는 교구 교회에는 해산 때에 이즈비에 있는 수도원에서 획득된
수도원 면계실(免戒室) 의자들이 보인다. 그러한 유물들은 이제 잉글랜드
의 교회에서는 드문데, 이는 이런 경매에서 폐기물이 많았기 때문이다. 지
방 경매에서, 가끔 시골에 있는 그 상품들의 가치를 아는 사람들은 거의
없었다. 아우구스티누스 수도회의 스태퍼드의 염가판매에서, 스탬퍼드씨는
7씰링의 입찰로 설화 석고 제단 선반, 문짝, 그리고 높은 제단을 확보했다.

어떤 도서관들은 초라하고 작았다. 보다 나은 도서관들을 처분하면서 손
실이 있었는데, 중세 학교들의 사본 파괴에 의해서 뿐만 아니라 분산에 의
해서 였다. 이러한 내용물들은 공적인 책 매매로 분산되었고, 그들의 가치
를 거의 혹은 아무것도 이해하지 못하는 개인들의 소유로 넘어갔다. 개신
교 국가들에서 골동품 애호가들이나 혹은 보수를 고집하는 동정적인 사람
들, 또는 역사에 관심이 있었던 성직자들은 그들이 구할 수 있는 것을 수
집하고, 대주교 매튜 파커(Archbishop Matthew Parker)가 나중에 그의 독특
한 원고(原稿) 수집물을 케임브리지에 있는 코르푸스 크리스티(Corpus
Christi) 대학에 기증한 것처럼, 혹은 로버트 헤어(Robert Hare)는 그가 수집
한 원고들을 트리니티 홀(Trinity Hall)과 케이어스 대학(Caius College)에
기증했는데, 분명하게 그는 이 단체들이 정신에 있어서 충분히 보수적이어
서 그 증여물을 존중할 수 있다고 생각했기 때문에, 확실하게 보존할 수
있는 어떤 기관에 그들의 값진 수확을 건네주려고 서점들을 돌았다.

그러나 수천 개의 원고들의 강요된 분산은 손실이 없을 수가 없었는데,
더 심하게 된 것은 새로운 인쇄의 시대에서 그러한 손실들이 얼마나 돌이
킬 수 없게 될 것인가를 사람들이 거의 의식하지 못했기 때문이다. 그러나
그 손실들은 우발적이었고, 우연이었으며, 비조직적이었는데, 만일 원고들

이 불에 태워졌다면, 그것은 열광적인 대학살에서 파괴되어서가 아니었다. 그것은 쓸모 없는 빅토리아 시대의 소설 전집들 — 다락에서 잊혀져 먼지가 쌓이고 낡은 종이뭉치를 어떤 사람도 그것들을 원하지 않기 때문에 — 더미를 펄프로 만드는 현대의 책장사꾼과 같다.

잉글랜드의 여러 곳에서 수도원들의 진압은 사람들을 분노케 하여 무력에 의지하게 하였다. 위원들이 엑서터의 성 니콜라스의 수도원을 해체하고 있을 때, 그들은 저녁 식사를 하러 간 동안에 십자가 상을 해체하는 노동자 한 사람을 남겨두었다. 한 떼의 여자들이 모여서, 교회 안으로 난입하였고, 그 노동자를 쫓아와 그에게 돌을 던졌고 그는 마침내 탑 안으로 피하여 창문에서 뛰어내려 탈출하였는데, 늑골이 부러졌고 목이 부러지는 대가를 치렀다. 링컨셔, 요크셔, 그리고 컴벌랜드에서 대중적인 감정은, 왕의 종교적인 정책을 싫어하고 분노가 더 쌓여서, 그 권좌 즉 은총의 순례(the Pilgrimage of Grace)를 흔들기에 충분한 반역으로 끝났다. 그러나 그 반역의 패배는 단편적인 진압이나 보다 큰 수도원들의 '자발적인 항복'을 촉진시켰다.

헌신에 있어서 전통적으로 다른 대상들을 파괴함이 없이는 수도원의 해체가 불가능했으나 그러나 그것은 미신적이고 유치한 교육을 받은 보수적인 사람들에 의해 경멸되었다. 1538년에 왕의 대리인들은 그 왕국의 손꼽히는 사당들, 무엇보다도 캔터베리의 성 토머스 베켓(St.Thomas Becket)의 모든 사당을 약탈하거나 파괴하였고, 거기에서 나온 약탈물이 26대의 마차를 채웠는데, 하나님께서 아담을 만드신 흙의 일부, 성 베드로가 탈출한 감옥의 돌들, 그리고 가시면류관의 가시를 포함하였다고 한다. 그들은 복슬리 루드(Boxley Rood)라 불린 오래된 상(像)을 런던으로 가져왔는데, 그 상의 눈과 입술은 그 안에 있는 철사 장치에 의해 움직여질 수 있었다.

성 바울 십자가 수도원에서 설교자가 그 회중들에게 그것의 작동을 보여준 다음 그들에게 그 부서진 조각들을 던졌다. 다벨 가단(Darvell Gadarn)이라 불린 웨일스 북부에서 나온 한 상(像)은 왕비 캐서린의 고해신부이며 왕의 수장권을 부인한 한 프란체스코회 수도사와 함께 스미스필드에서 화형되었다. 월싱엄에서 성모 마리아 상(像)은 소수도원의 진압 전에 철거되었다. 1545년 왕이 죽기 2년 전, 의회 법령은 예배당 설립자들의 영혼과 다른 목적들을 위해 개인 평미사를 드리기 위해 기부된 예배실을 해산하는 권한을 부여하였다. 그러나 그것은 그 법령이 개정되고 확대된 때인, 에드워드 6세의 통치 전에는 널리 행해지지 않았다.

비록 이러한 혁명적인 법령들이 많은 보수적인 사람들의 동의를 명령했지만, 그것들은 보수적이지 않은 사람들을 결정적으로 격려하였다.

헨리 8세 치하의 잉글랜드 개신교도들

현재 케임브리지에 있는 캐번디쉬 연구소의 자리에 아우구스티누스 수도회의 수도원이 자리잡고 있었다. 1520년에 그 우두머리는 로버트 반스(Robert Barnes)였는데, 마일스 카버데일(Miles Coverdale)은 그 회원이었다. 케임브리지의 그 탁발 수사들이, 비텐베르크에 있는 그 수도회의 저명한 신학자인 루터에 의해 제기된 논쟁을 열심히 따르는 것은 당연했다. 대학들 사이에서 트리니티 홀의 토머스 빌니(Thomas Bilney), 클레어 대학(Clare College)의 휴 래티머(Hugh Latimer)는 독일 신학을 논의하기 위해 근처의 White Horse Inn에 모였으며, 그 모임은 대학 당국에 '독일'(Germany)로 알려지게 되었다.

그 케임브리지 모임은 1525년 이후에 해체되었으나, 급진론자들은 개혁을 위한 그들의 계획을 연구하고 추구하기 위해 독일이나 스위스로 조용히 옮겨갔다. 헨리 8세의 통치 기간에 대륙에 있던 많은 잉글랜드인들 중에, 전에 케임브리지의 아우구스티누스 수도회의 로버트 반스가 있었는데, 그는 비텐베르크에서 공부하였으며, 토머스 크롬웰이 개신교도들에게 호의적이었을 때 다시 총애를 받았고, 심지어 해외에서 왕의 대리인으로 쓰임받았는데, 1540년에 스미스필드에서 이단자로 화형을 당했다.

1525-6년에 보름스에서 첫 영역(英譯) 신약성서를 인쇄하는데 성공한 윌리엄 틴들(William Tyndale)은 1536년 10월에 브뤼셀 근처에서 목졸려

화형을 당했으며, 역시 케임브리지의 아우구스티누스 수도회의 마일스 카버데일은, 1535년 취리히에서 영역(英譯) 성경전서를 인쇄했고, 그의 섬세한 운율감각은 「공동 기도서」(*Book of Common Prayer*)의 시편을 사용하는 모든 이에게 여전히 친밀하다.

1535-39년 수도원들이 해산되는 동안 토머스 크롬웰은, 만일 그 개혁자들이 급진적이지 않다면, 그들에게 신중한 후원을 보냈다. 휴 래티머는 우스터의 주교직으로 승진되었는데, 필립 멜란히톤은 공공연히 잉글랜드로 초대되었다. 크롬웰은 독일 북부의 루터파 군주들과 외교적인 교환에 관여했으며, 영어 성경이 모든 교구 교회에 배치되도록 명령했다. 이 성경은 1538-9년에 파리와 런던에서 인쇄되었는데, 틴데일과 커버데일의 역본에 기초하였다. 1540년의 재 발행판은 캔터베리의 대주교 크랜머에 의해 서문(序文)이 주어졌다.

토머스 크랜머(Thomas Cranmer, 1489-1556)

케임브리지의 예수 대학의 특별 회원인 크랜머는 왕의 이혼 업무에 고용되었고 황제 카를 5세에게 파송된 잉글랜드의 대사가 되었다. 뉘른베르크에 있는 동안 그는 루터파 신학자 오시안더의 여조카와 결혼했고, 직후(1532)에 잉글랜드에 소환되어 캔터베리의 대주교가 되었다. 아마도 왕 헨리는 그가 대주교로 지명된 것이 이미 아내를 갖기에 충분하게 개혁되고 있다는 것을 알지 못했으며, 그가 열렬히 앤 불린에 의해 추천되었다는 것으로 헨리에게는 충분했다. 크랜머는 마지못해 고위 성직을 받고, 지명이 취소되기를 바라며 천천히 유럽을 건너왔다. 거기서부터 그는 왕에게 복종하였다. 만일 교황에 대한 충성의 맹세가 하나님의 법에 거스린다면 그것이 왕을 속박해서는 안된다는 것을 그는 주교서품 전에 주장하였다. 던스터블에서 법정을 열고, 캐서린과의 결혼을 무효로 결정하였으며, 교회의 부동산을 유리한 조건으로 왕에게 승인하였다. 그는 비록 교육과 가난한 자들의 구제를 위한 토지를 원했지만, 수도원들의 해산을 승인하였다. 그는 정치에서 세력이 있는 것은 아니었다.

대주교로서, 그는 케임브리지에서처럼 하루의 3/4의 시간을 학문에 계속 바쳤으며, 나머지 시간을 사격, 산보, 장기, 승마에 할애했는데, 그는 훌륭한 승마가였기 때문이다. 심지어 18세기에 주교의 여가가 한창일 때 어떤 주교는 하루의 1/4보다 적은 시간만으로 효과적으로 교회를 통치할 수 있었다. 크랜머는 처음이자 마지막으로 조용한 학자였으며, 교회는 그의 지시에 의해서 보다는 그의 동의에 따라 통치되었다.

그는 헨리 통치의 부침(浮沈)에서도 살아남았는데, 그것은 비록 그가 이단이든 가톨릭이든 정죄된 사람들에게 호의적으로 사적인 진정을 하였지만, 부분적으로는 그가 조용했기 때문이고, 부분적으로는 그가 유용한 도구였기 때문이며, 그리고 부분적으로는 그가 왕의 수장권과 왕의 정책을 믿었기 때문이다. 개혁을 위한 우정의 시간은 1539년에 끝났다. 온건한 개혁의 지지자이며 크랜머의 친구이며, 왕의 총대리인 토머스 크롬웰이 왕과 클리브즈의 앤(Anne of Cleves) 사이의 결혼을 위한 잘못 운명지어진 계획에 간여하였고, 그리고 1540년 7월에 그의 목이 잘렸다.

1539년에 억압적인 6개 조항의 법령은 화체설, 개인 미사, 사적인 고백, 혹은 성직 독신에 대한 필요성에 대한 부인에 야만적인 형벌을 포고함으로써 왕의 가톨릭 신앙을 지지하려고 시도하였고, 잉글랜드의 진보에 대해 희망적이던 개신교도들에게 충격을 주었다.

개혁에 대하여 공감한 우스터의 휴 래티머와 솔즈베리의 니콜라스 삭스턴(Nicholas Shaxton) 같은 주교들은 그들의 주교직에서 물러나도록 강요되었고, 그 통치가 끝나기 전에 삭스턴은 이단자로 사형에 처하도록 정죄되었으며 그의 직책을 사임하도록 내몰렸다. 크랜머의 부인은 4년 동안 해외로 사라졌다고 말해지며, 크랜머는 해외로 도피하기를 원한다고 말했다. 런던 거리에서 사람들은 크랜머도 크롬웰을 따라 탑에 달릴 것이라고 내기를 했으며, 대륙에서는 그가 사형을 당했다는 소문이 돌았다. 그러나 크랜머는 살아남았다.

하지만 1539년에 그는 상원에서 6개 조항의 법령을 반대했으며, 거기서부터 그의 '이단성'은 정통 교도들 사이에서 악명높았다. 1543년에 왕은, 대주교를 반대하여 캔터베리 대성당의 일부 수록 성직자들에 의해 제출된 고소를 받아들였다. 헨리는 램버스 브리지 곁의 유람선 위에서 익살스럽게 크랜머에게 말했다: "나는 이제 안다. 누가 켄트에서 가장 위대한 이단자인가를."

왕은 크랜머를 파멸시키려는 보수적인 사람들에 의한 모든 노력을 좌절시켰고, 그의 유언의 집행인들 속에 그의 이름을 남겼다. 신하들로부터 공작들에 이르기까지, 모든 사람들이 크랜머를 좋아했고, 왕도 그들 중의 하나였다.

크랜머의 생존은 개혁적인 이상의 성장에서 중요했다. 잉글랜드에서 교회의 미래에 대하여 크랜머의 생존의 중요성은 첫째 그가 정직한 사람이었다는 것이다. 정치적인 음모나 더러운 이익에 대한 어떤 소문도 그에게 달라붙지 않았다. 만일 그가 왕을 섬겼다면, 그는 그를 원칙에서 섬겼지 자기 이익이나 비겁함에서가 아니었다. 그는 경건한 군주의 이론을 믿었고, 그것을 극단적인 형식으로 믿었다. 비록 그가 '왕'이, 특별히 그 왕이, '어떤 잘못도 할 수 없다'는 것을 믿을 수는 없었지만, 그는 왕의 명령을 수용하는 것이 하나님과 사람에 대한 의무가 될 수 있다는 것을 믿었다.

그는 헨리 재위의 마지막 2년 동안 그의 개신교적인 신념에 있어서 결심에 도달한 것으로 보여진다. 늦어도 1543년까지 그는 왕의 요청으로 화체설 교리를 수용하였다. 왕이 죽기 전에, 개신교적인 주장에 대한 그의 유일한 대중적인 기여는 크롬웰이 모든 교구 교회들에 배치되도록 명령한 공식적인 영어 성경에 개방적인 서문을 쓴 것인데, 그 성경은 사람들을 교육하고 거짓되고 이단적인 번역에 의지하는 것을 금하도록 의도되었으며, 1543년 이후에는 단지 성직자들, 귀족들, 상류사회 사람들, 그리고 상인들에 의해 읽히도록 허용되었다. 그러나 크랜머는 보수적인 사람들, 심지어 그의 부인에 대해 아무것도 모르는 보수적인 사람들에 의해서 의심받았다. 그들은 그를 잘못 판단한 것은 아니었다. 1546년까지 그는 오직 믿음에 의한 칭의의 교리를 믿었고, 화체설의 교리를 믿지 않았으며, 크랜머는 학문적이고, 신중하며, 침착한 마음을 가졌고 확언하기를 싫어하며 갑작스런 개종을 받아들이려 하지 않았다. 1546년의 확신은 망설임과 연구의 긴 갈등의 역사 없이는 유지되지 않았다. 비록 그는 개신교도들에게 만족스럽지 못했지만, 그의 캔터베리 주교직의 편치 못한 업무가 그들 가운데 있는 온건한 사람들에게 조용한 격려를 제공할 수 있게 하였다.

에드워드 6세의 통치(1547-53)

1547년 1월 28일에 국왕 헨리가 죽자, 마침내 개혁 세력 쪽으로 문이 열렸다. 새로운 왕은 에드워드 6세(Edward Ⅵ)로 당시 9세였고, 권력은 곧 크랜머의 친구이며 개혁의 지지자인 섭정 서머셋(Protector Somerset)의 손아귀에 있었다. 6개 조항의 법령과 이단 법률은 비록 명목상 11월에 폐지될 때까지 영향력이 있었지만, 단번에 효력이 중지되었다. 개신교의 수록(受祿) 성직자들은 자유롭게 개신교의 교리를 가르칠 수 있었고, 개신교의 교구 위원들은 조상(彫像)들을 제거하거나 그 교회들의 외양을 바꿀 수 있었으며, 개신교 인쇄업자들은 미사에 반대하는 소책자들을 발행할 수 있었다. 1547년 7월에 남용된 성상들이나 성화들의 파괴를 요구하고 영어로 복음서들과 서신서들을 읽을 것을 요구하는 명령이 내려졌다. 성상이 '남용된' 때를 결정하는 어려움이 논쟁으로 유도되었고, 그 논쟁은 모든 조상(彫像)들이 제거되어야 한다는 명령으로 이끌어졌다. 래티머는 설교하도록 소환되었고, 의회법은 성찬식은 앞으로 두 종류로 시행되어져야 한다고 포고했으며, 뒤따른 1549년의 법령은 성직자들이 결혼하는 것을 허용했고, 크랜머의 부인은 그 남편의 식탁에 공공연히 나타나기 시작했다.

1549년의 기도서

개혁자들은 먼저 라틴어 미사를 폐지하고 자국어로 예전을 대체하기 원했다. 1548년 3월에 라틴어 미사 안에 준비된 영어 기도문을 끼워넣는 조건으로 「성찬 예식서」(*Order of Communion*)가 출판되었다. 1549년 1월에는 통일령(Act of Uniformity)이 라틴어 미사를 폐지하고 예배의 합법적인 형식의 새로운 예전(1549년의 기도서)을 만들었다.

명목상으로 그것은 13명의 신학자들의 집단 작품이었는데, 그들은 처트시(Chertsey)와 윈저(Windsor)에서 만났으므로 윈저 위원회로 알려졌다. 사실 책 전체를 흐르는 하나의 문체, 즉 크랜머의 예전적인 특징의 문체가 있었다. 학문에 있어 하루의 3/4의 연구는 그 풍부한 열매를 맺고 있었다. 오랫동안 그는 예전적인 기획에 조용히 관여해왔으며, 헨리 8세의 재위 동안 대중들에게 미친 한 가지는 1544년에 처음 사용된 영어 연도(連禱)였으며 이것은 현재의 형태와 거의 같다.

1549년의 기도서는 부분적으로 독일 개신교회 예식을 따랐다. 개혁에 대한 원칙들은 루터의 원칙들이었다. 예배는 사람들에 의해 이해되어야 하고 회중적이어야 하며, 사람들은 그들의 개인적인 헌신 위에서 응시하는 관망자들에서 적극적인 참여자들로 바뀌어야 한다. 평신도들은 잘 교육되어야 하며, 교육에 대한 권고가 포함되었다. 교리에 있어서는 성찬식에서 반복된 희생의 관념이 부인되었다.

1549년 기도서를 강조하는 개신교도의 책들 가운데 가장 중요한 것은 쾰른을 위해 마르틴 부처가 쓴 예전(禮典)으로 1547년과 1548년 영어로 번역되어 「단순하고 종교적인 자문」(*A Simple and Religious Consultation*)이라는 영어 번역제목으로 알려졌다. 몇 개의 독일 문구들은(예를 들면 "하나님께서 결합하신 사람을 어느 누구도 나누지 못할지니") 루터의 책에서 취해졌다. 예전(禮典)은 단순화 되었지만, 의식적이고 전통적인 복장의 많은 옛 관습들은 그럼에도 불구하고 유지되었다. 1549년 기도서는, 성경이 모든 행동에 대한 보증을 해야 한다는 혁명적인 스위스의 교리가 아니라, 관습은 성경이 요구하는 곳에서 단지 변경되어야 한다는 루터의 생각을 따랐다. 순회하는 잉글랜드의 한 상인은 그 성찬예식을 '뉘른베르크 교회들과 작센에 있는 다른 교회들의 방식을 따른' 것으로 잘 묘사하였다.

루터의 예식(禮式)은 중세 시대의 예전(禮典)을 각색하였다. 크랜머도

마찬가지로 잉글랜드의 중세적인 예전, 특히 사룸 전례를 사용하였다. 그
는, 어떤 루터의 의식(儀式)과 같은, 아침기도의 성무 일과를 만들었는데,
그 루터의 의식은 이미 중세적인 성무 일과서 속의 아침기도와 새벽기도
의 옛 예식에 융화되었다. 그는 저녁기도와 종도(終禱)의 옛 성무 일과서
를 근거로 직접 작업하여 저녁기도 성무 일과서를 만들었다.

성찬 의식의 엄숙한 순간에, 무엇보다도 성찬식의 헌신 기도에서, 크랜머
는 가끔 중세적인 의식의 말과 외적인 기호들을 유지했는데, 그 기도는 로
마 미사의 법규를 강하게 연상시킨다. 그러나 그가 작업한 다양한 요소들
은, 전통적이든 개신교적이든, 그의 주의깊은 학문에 의해 취해졌으며 예전
적인 산문과 시의 섬세함과 동시에 엄격한 아름다움으로 바뀌어졌다. 예전
은 만들어지는 것이 아니라, 수세기의 헌신 속에서 커가지만, 예전이 한결
같은 마음을 가진 사람의 작품일 수 있는 한에서, 기도서는 한 백성의 예
배를 위한 확실한 직관을 가진 학자로부터 흘러나온다.

잉글랜드의 개혁에 대한 미래의 문제는 — 잉글랜드의 개신교가 새로움
의 최선의 것으로 옛 것의 최선을 만들려는 이 시도를 따르든지, 혹은 그
사건이 그 혼합이 필수적인 일체성이 아니라는 것을 증명하든지 — 많은
부분에 있어서 크랜머의 기도서에 달려 있었다. 그러나 노련한 명인에 의
해 아주 능숙하게 만들어진 기워 맞춘 것이어서 오직 시간과 긴장감이 서
로 양립할 수 없는 것을 기워 맞춘 것이라는 것을 보여줄 것이다.

심지어 그 책이 출판되기 전에도, 그 책은 거의 크랜머 자신을 만족시킬
수 없었다. 1548년 후반기에 그의 마음은 스위스의 개혁자들에 의해 가르
쳐진 성만찬의 교리쪽으로 움직여졌는데, 미사의 전통적인 방식은 더 이상
그를 기쁘게 하지 않았다. 그는 그의 친구이며 당시 런던의 주교였던 니콜
라스 리들리(Nicholas Ridley)와 그리고 그가 잉글랜드로 초청한 대륙 출신
의 저명한 망명자들에 의해 영향을 받았다. 곧 슈트라스부르크에서 온 마
틴 부처는 케임브리지에서 칙임(勅任) 신학 교수(Regius Professor of
Divinity)가 되었으며, 이탈리아인 피터 마터 버미글리(Peter Martyr
Vermigli)는 옥스퍼드에서 칙임(勅任) 교수가 되었고, 존 아 라스코(John à

Lasco)는 폴란드에서 왔다. 부처가 온건한 교리를 가르치는 동안 후에 그의 학생 칼빈을 따라 불려지게 되었고, 피터 마터, 존 아 라스코는 취리히의 방식에 따라 둘다 츠빙글리파 사람들이었다.

"하나님을 찬양하라"고 젊은 잉글랜드의 츠빙글리파에 속한 사람이 취리히에 있는 불링거에게 1548년 9월에 편지를 썼다. "래티머는 성찬식에 대해 우리의 교리로 넘어왔으며, 캔터베리의 대주교와 다른 주교들도 그렇게 했는데, 그들은 지금까지 루터파였던 것 같았다."

출판의 순간부터, 1549년의 기도서는 양측이 모두 싫어했고, 그것이 너무 급진적이어서 보수적인 사람들도 싫어했으며, 그것이 너무 보수적이어서 개혁가들도 싫어했다.

섭정으로서의 노섬벌랜드(Northumberland) 공작 밑에서, 잉글랜드의 개혁당은 1550년에서 1553년 사이에 독일이나 스위스의 도시가 행했던 모든 것을 하는데 성공하였다. 그들은 자국어로 된 새롭고 단순해진 예전(禮典)을 만들었고, 성찬식에 대해 스위스의 교리를 가졌으며, 최소한 윤곽에 있어서 스위스 신학의 유형(1553년의 42개 조항)과 일치하는 교리의 새로운 진술을 출판하였고, 교회들에서 상(像)들과 부제단들(side altars)을 철거했으며, 높은 제단을 성찬대(聖餐臺)로 교체했고, 기도서에 명백하게 제공된 것들 이상의 의식들의 사용을 금지하였으며, 교회 재산의 일정 비율을 세속적인 용도로 전용하였다. 그들은 왕의 수장권의 직접적인 행사에 의해 주교들의 권위를 대체하기 위해 헨리 8세의 정책을 확대함으로써, 주교들의 권위를 약화시켰다. 주교들이 개혁에 동참하기를 반대하는 곳에서, 그들은 그들의 주교직에서 제거되었고 — 런던의 보너, 윈체스터의 가디너, 더럼의 턴스톨, 치체스터의 데이, 우스터의 히스 — 그리고 교체되었다.

외형적으로 교회 정치의 옛 제도는 계속되었고, 사실 교회의 통치자들이, 비텐베르크에서나 뉘른베르크에서나 취리히에서처럼 국가 평의회원이었다. 새로운 주교들 가운데 두 사람인, 글로스터의 후퍼와 엑서터의 카버데일은 대륙에 오랫동안 망명해 있었는데, 취리히의 따뜻한 지지자들이었고, 그리고 그들이 주교들로 헌신하고 있는 동안에 고대의 주교제도를 승인하지 않았다. 주교로의 헌신에 외적으로 딸린 것들에 대한 그의 반대를 철회하도록 그를 강요하기 위해서 후퍼는 심지어 한동안 플리트 감옥에 갇혀 있었다.

1552년의 기도서

이 책은 여전히 1549년 책의 개정판 기도서였으나, 아직 취리히나 제네바의 단순화 된 설교와 기도와 시편은 아니었다. 만일 크랜머가 그때 스위스 사람들이 성찬식에 대한 그들의 생각이 옳았다고 믿었다면, 그의 마음은 선천적으로 신중했으며, 예전에 대한 그의 연구에서 그의 생애의 작업을 대부분 포기하는 것을 주저함으로써 보다 덜 혁명적으로 되었을 것이다. 마틴 부처는 1549년도 책의 잘못된 것을 입증하기 위해서 Censura(1551)로 알려진 학문적인 책을 썼으며, 그리고 그의 온건한 비평은 크랜머에게 영향을 주었다. 부처는 무릎 꿇음, 제의 복장, 사자(死者)를 위한 기도, 세례시의 흰 옷이나 유아의 세례용 흰 옷, 기름으로 바름, 축사(逐邪)를 반대하였다. 그리하여 1552년의 예전(禮典)은 많이 단순화 되었다.

1549년의 책이 루터파나 로마가톨릭의 요소에 있어서 실재의 임재교리, 즉 크랜머가 믿기를 중단한 교리를 가르쳤다고 주교 스티븐 가디너와 같은 보수적인 사람들에 의해 주장되었다. 가디너에 의해 주장되었던 다양한 구절들이 새로운 책에서는 고쳐졌다. 이 책들에 있어서 가장 중요한 것은 성만찬을 받을 때의 문장이었다.

1549년의 책: "너를 위해 드려진 우리 주 예수 그리스도의 몸이 너의 몸과 영혼을 영원한 생명으로 보존하신다."

1552년의 책: "그리스도께서 너를 위하여 죽으신 것을 기억하면서 이것을 받아 먹으며, 감사함으로 너의 마음 속의 믿음으로 그를 먹으라."

1552년의 문장은 성찬식이 주로 희생에 대한 기념이며 그 은총은 손에 의해서가 아니라 가슴으로 받아들여지는 영적인 은총이라는 것을 가르친 스위스 교리들을 위한 완전한 수단이었다.

크랜머는 옛날의 의식적인 관습의 제거에 동의하였고, 제단을 식탁이라 불렀으나, 여전히 목사를 사제라고 불렀고 성찬을 받기 위해 무릎꿇는 것을 유지하였다. 1552년 10월에 이름이 자료에 의해 주어지지 않았지만 일반적으로 존 녹스일 것으로 믿어지는 한 스코틀랜드인 목사가 이 무릎꿇음에 반대하여 신랄한 설교를 하였다. 위원회는 기도서의 출판을 중지하였고, 크랜머에게 그 문제에 대해 재고해 보도록 요구하였다. 크랜머는 양보하기를 거부했고, 그 책 속에 소위 검은 주서(Black Rubric)라 불리운 것을 끼워넣음으로 타협에 도달했는데, 그것은 성찬을 받는 사람에게 무릎을 꿇으라고 요구함에 있어서 "거기에서 그리스도의 자연적인 살과 피가 되는 어떤 실재적이고 필수적인 현존에 대하여 … 그것에 의해 어떤 숭배가 행해지거나 행해져야 한다는 것을 의미하는 것은 아니다"라고 선언하였다.

이 설명은 교회 안의 모든 것을 위해 성서적인 보증에 대한 스위스의 원칙을 수용하는 개혁자들을 결코 만족시키지 않았다. 기도서에 대해 여전히 틀림없이 매달려있는 전통적인 분위기, 중세적인 예전으로부터의 명백한 유산, 세례에서 십자가의 기호나 결혼에서 반지의 사용, 기도의 형식적이고 예전적인 특성, 무릎꿇음의 필요성 ― 모든 것이 칼빈주의자나 츠빙글리파에게 못마땅했다. 메리 여왕의 재위 기간에, 대륙의 잉글랜드 망명자들 사이에 크랜머가 은밀히 그들과 동의하였고, 그리고 1552년의 기도서보다 100배나 더 완전한 기도서를 썼지만, '사악한 성직자들'에 의해 그것을 출판하는 것이 금지되었다는 소문이 돌았다.

1553년에 잉글랜드의 개혁은 여전히 대부분의 사람들에게 형식적이었고, 여전히 입법의 문제였다. 교구들은 수도원들의 해산에 의해 영향을 받았고, 그들은 라틴어 미사의 폐지, 빠르게 잇따른 두 자국어 예전의 소개, 교회들의 외형에서와 그 안에서 의식을 집행한 성직자들의 외형에서의 변화에 의해서 더 영향을 받았다. 회중들은 자연적으로 보수적이었고 변화에 분개했다. 1549년의 코니쉬(Cornish) 반란자들을 동정했던 많은 교구민들이 시골에 있었음에 틀림없는데, 그 때 그들은 잉글랜드의 예전을 '성탄절

유희'(Christmas game)로 묘사했고, 라틴어 미사와 한 종류의 성찬식이 다시 복구되기를 원했다.

잉글랜드에서의 개혁은 단지 몇 사람의 교육받은 신학자들과 약간의 유식한 상인들과 특별히 런던에 있는 중류층의 다른 회원들의 진짜 충성을 획득하였고, 귀족 유력자들에 의한 덜 순수한 동기들을 위해서 지지되었다. 1553년에 잉글랜드는 결코 프로테스탄트 국가가 아니었다. 그것은 메리 여왕의 통치에 의해 더욱 프로테스탄트 국가가 되었다.

메리의 통치(1553-58)

반은 스페인 사람이며, 아라곤의 캐서린(Catherine of Aragon)의 딸이며, 때때로 그녀의 아버지에 의해 사생아로 취급된 메리는 열광적일 만큼 열렬한 로마에 대한 애정을 가지고 자랐다. 에드워드 6세의 치하에서 개신교적인 변화의 몇 년 동안에, 그녀는 그녀의 미사를 지키려는 그녀의 소망 위에서 경멸과 박해를 당하였다. 그녀는 37세의 나이에 왕위에 올랐는데, 이미 쓰라림을 맛본 노처녀였다. 결혼은, 1554년에 황제 카를 5세의 아들 필립(Philip of Spain)과 합의되었는데, 재위 기간 중 가장 불운한 행동이었다. 그는 그녀보다 11세 연하로 매력적이었다. 1555년에 그녀는 아기를 출산할 것이라고 스스로 확신했고, 4월 30일 실제로는 없는 환상 속의 아이의 출생을 감사하여 런던의 종들이 울렸고 테 데움(Te Deum)이 노래되었다. 가톨릭 국가의 잉글랜드뿐만 아니라 그녀의 개인적인 행복이 상속인인 아이에게 달려있었는데, 이러한 희망들의 좌절로부터 그녀는 결코 균형을 회복하지 못했다.

그녀의 목적은 가톨릭의 신앙을 회복하는 것이었으며, 그 아버지의 비(非)로마적인 가톨릭 신앙에서가 아니라, 로마 교황의 권위의 회복을 의미하였다. 다섯 명의 파급된 주교들이 그들의 직무에 복직되었고, 그리고 가디너가 대법관겸 그녀의 수석 고문이 되었다. 리들리, 래티머, 카버데일, 그리고 후퍼는 투옥되었고, 크랜머도 ― 비록 의회의 법률은 단지 그가 투옥된 후에 그의 정당성을 회복시켰지만, 라틴어 미사를 반대하는 항의 때문에 — 투옥되었다. 비록 일부는 그들이 덜 알려진 곳으로 몰래 들어갔지만 약 2,000명의 성직자들이 결혼했다는 이유로 추방되었다. 피터 마터와 다른 망명자들은 자유롭게 잉글랜드를 떠나는 것이 허락되었고, 그리고 떠나는 것이 현명하다고 느낀 잉글랜드인들도 그 나라를 떠나는 쉬운 길을 찾았다.

1553년 10월 1일 그녀의 대관식에서, 메리는 영토의 특권뿐만 아니라 로마 교황의 권리도 유지한다고 약속하였다. 의회의 법률은 기도서, 통일령, 그리고 성직자들의 결혼에 대한 에드워드 6세 재위의 모든 입법을 폐기하였다. 캔터베리의 대주교회의는 화체설의 교리가 사실이라고 선언하였다.

이것은 교황의 권위를 회복하는 것과 동일하지는 않았다. 여왕은 1528년의 가톨릭 교회보다는 1546년의 가톨릭 교회를 회복하는 것이 더 쉽다는 것을 알았다. 잉글랜드의 의회는 잉글랜드에서 교황의 권위가 회복되는 것을 바라지 않았다. 의회는 그녀가 스페인 사람이 아닌 잉글랜드 사람과 결혼하기를 원했고, 그리고 그 점에 있어서 탄원에 의해 반대하였다.

교회를 1547년 이전의 모습으로 복구하는 것은 쉽지 않았다. 보너 주교는 성체용기가 다시 제단 위에 걸려져야 하며, 돌 제단, 그리스도 수난상, 성단 후면의 자리, 흔들 향로, 제의(祭衣), 그리고 상투스(santus) 종이 있어야 한다고 요구했고, 많은 수록 성직자들이나 교구 위원들이나 폭도들이 이러한 물품들을 파괴했거나 팔아버렸기 때문에, 주교의 명령에 따르는 것이 처음에는 불가능했다. 런던 사람들은 격렬한 적의를 보여서 제국의 대사 시몬 레나드(Simon Renard)는 순간적으로 혁명을 두려워했다. 그 시대의 교구 위원들의 설명은 복구된 십자가 위의 그리스도상이 이전의 헐린 그리스도상들보다 더 임시적이었다는 것을 보여준다.

평신도들은 만일 그들이 교황의 특사인 레지날드 폴(Reginald Pole)을 캔터베리의 새 대주교로 받아들인다면, 그들은 이전의 수도원 토지를 그들이 소유하는 것이 위태로워질 것이라고 생각했다. 교회법에 의해, 교회 재산은 양도할 수 없었다. 하원의원들은 법적으로 교황의 복권이 그 나라의 많은 손꼽히는 지주들의 재산몰수를 의미한다고 두려워 했다. 그들의 두려움은 폴이 이전의 교회 토지에 대해 절대적인 보장을 거부했을 때 커졌다. 1554년 11월 7일에 교황 율리우스 3세는 마침내 충분한 보장을 주었다. 그 달 하순에 폴은 도버에 상륙하는 것이 허용되었고, 런던에서 대중들의 큰 열광 속에서 환영받았다.

11월 30일에, 500명의 의회원들이 잉글랜드 왕국의 불순종하고 종파 분립적인 행위에 대해 그의 사면을 받기 위해 무릎을 꿇었고, 테 데움(Te Deum)을 부르기 위해 예배실로 내려갔다. 6일 후에 대주교회의가 특사에게 항복했고, 마찬가지로 사면을 받았다. 그러나 교황에 반대하는 헨리 8세의 법령들을 폐지한 의회의 법률은 이전의 교회 토지의 계속적인 소유에 있어서 평신도들을 또한 안정시켰다. 메리는 그녀 자신의 토지를 돌려주기 시작했으나, 그 과정은 곧 시들해졌다.

여왕은 몇 개의 수도원 건물들을 다시 세웠는데, 웨스트민스터 대수도원이 가장 중요하게 되었다. 이전 수도원의 토지들은 법적으로 이용할 수 없기 때문에, 모든 수도원은 새로 기부되어야 했고, 돈의 부족은 세워질 수 있는 건물의 수를 제한했다. 글래스턴베리(Glastonbury)의 수도원을 다시 세우려는 시도는 기부금이 충분하지 않았기 때문에 실패했다. 수도원들은 대부분의 경우 해산된 수도원의 수사들과 수녀들이 거주했다.

화형

1554년 12월에 이단에 반대한 세 개의 옛 법령들이 다시 세워졌다. 1555년 2월 4일에 개신교도들 가운데 첫번째로 존 로저스(John Rogers)가 스미스필드에서 화형당했다.

다음 3년 반의 과정에서, 거의 300명의 신분이 높은 사람들과 낮은 사람들, 부자들과 가난한 자들이 개신교의 이단자들로 화형당했다. 그들 가운데 다섯명의 이전 주교들이 포함되었다: 페라, 후퍼, 리들리, 래티머, 그리고 크랜머. 리들리와 래티머는 1555년 10월 16일 함께 화형당했다. 두 명의 스페인 사람 탁발 수사들이 크랜머와 논쟁하도록 옥스퍼드로 보내어져서 그가 기대한 것보다 교황의 지상권에 대한 교부들 안에 있는 더 많은 증거를 인정하도록 그 온건하고 주저하는 마음을 권면했다.

1556년 2월 말에 크랜머는 가톨릭 교회와 그 최고의 머리로서의 교황에게 복종했고, 그가 가톨릭 신앙의 모든 항목들을 믿는다고 선언했으며, 루터와 츠빙글리의 이단성을 비난했다. 3월 18일에 그는 그가 대주교직을 남용하고 헨리 8세 국왕의 이혼을 선언한 것에 대한 참회의 문서에 서명하였다. 그의 화형이 정해진 날은 비가 오고 있었고, 그리고 그는 코울 박사가 그에게 설교를 하는 동안 성 메리 교회의 대(臺) 위에 앉아 있었다. 설교가 끝났을 때, 크랜머는 깊은 참회 속에서 기도했고, 그 다음 회중들이 놀라고 관계자들이 당황하게도, 그는 그의 모든 취소를 무효로 했다. 그는 그것들을 믿지 않았지만, 그의 목숨을 건지려는 희망 속에서 그것들을 서명했다고 말했다. 화형주(火刑柱)에서 그는 그의 오른 손을 타오르는 불꽃 속에 두었다.

그리하여 정부는, 원칙이라고 생각하는 것에 따라 움직여, 20년 이상 캔터베리의 대주교였던 사람을 억지로 깊은 굴욕 속에 들어가게 했다. 크랜머는 파렴치한 기회주의자는 아니었다. 그는 절대적인 주권을 가지고 부유한 교회의 전리품을 나누는 세속적인 성직자는 아니었다. 그는 학자였고 양심적인 사람이었으며, 왕의 수장권을 진짜로 신봉한 사람이었는데, 마지막에는 군주가 그에게 왕의 수장권을 거부하라고 명령했을 때 견딜 수 없는 딜레마에 이르렀다. 그의 겸손한 마음은 그 문제들이 결코 단순하지 않다는 것을 보았다. 그러나 그는 신앙의 사람이었으며, 만일 정부가 덜 광신적이었다면, 그가 어떤 것에 대해서 절반만 취소하라고 설득당할 수 있는 논쟁의 양면을 볼 준비가 되어있는 사람이었다. 어느 누구도 관용을 믿지 않았다. 크랜머나 존 필폿(John Philpot) 같은 개신교도들은 메리 여왕이 했던 것처럼 강하게 극단적인 이단자들의 화형을 승인하였다. 그러나 헨리 8세나 에드워드 6세 치하의 교회에서 주된 직책을 맡았던 이 사람들은 구시대의 이단자들과는 같은 유(類)가 아니었다. 그들은 잉글랜드 정부의 권위와 총애 아래서 가르쳤다. 잉글랜드가 그때에는 다른 정부를 가졌기 때문에 학식과 고결함을 가진 사람들이 그들의 의견을 바꾸기를 기대하는 것은 불가능했다.

일부의 피고들에 반대하여 그 관계자들은 그들의 이단이 아주 심각해서 심지어 개신교도들도 처벌을 부인하지 않을 것이라고 주장할 수 있었다. 다른 사람들은 그들을 교회 안의 신성모독으로 고소할 수 있었다. 잉글랜드의 정부는 프랑스의 왕들이나 네덜란드에서의 스페인 통치자들보다도 더 적은 수의 개신교도들을 화형시켰다. 그러나 그들은 소수의 급진론자들뿐만 아니라 영향력 있는 성직자들과 평신도들 사이에서 폭넓게 지지를 받는 여론의 유명한 대표자들까지도 포함하였다. 메리는 소수의 인기없는 광신자들을 처형하지 않고, 반대당의 주요한 지도자들의 일부를 처형하였다. 그 나라에서 35세 이하의 어느 누구도 로마 교황을 지지하는 잉글랜드가 어떤 것인가를 알지 못했다. 교황은 단지 보수적인 성직자들에 의해 원해졌고, 그들은 교황의 권위를 인정하지 않고서는 가톨릭 정통이 지켜질 수 없다고 그때 믿었다. 잉글랜드는 잉글랜드인들이 교황을 원해서가 아니라, 메리의 요청에 의해 다시 교황을 받아들였다.

대부분의 사람들은 개신교를 거의 원하지 않았다. 그러나 그 나라의 곳곳에서는 옛 질서에 대한 적의가 놀랍게도 깊었다. 울지 시대의 쓰라린 반(反)교권주의가 심지어 단순한 평신도들로 하여금 교황의 복권을 싫어하게 하였다. 1554년 8월 말에 서퍽 마을 사람들은 전 회중이 안에서 미사를 드리고 있는 교회를 불지르려 했다. 같은 달에 성난 농민들이 켄트주(州)의 한 사제의 코를 잘랐다. 1555년 2월에 레나드는 방화가 그치지 않고 계속될 때마다, 반란에 대한 두려움을 보고하였다. 1556년 8월 29일, 1,000명의 사람들이 거리에서 콜체스터에서 화형을 당하기 위해 가는 도중에 있던 밧줄에 묶인 22명의 남녀를 환호했다. 그리니치에 재건된 프란체스코회 수사들 가운데 두 명이, 그들이 밖으로 나갈 때 민중들이 그들에게 돌을 던졌다고 보고했다.

이 박해에 대한 책임을 누가 져야 할 것인가?

런던에 있는, 필립 왕 주위의 스페인 사람들은 책임지지 않았다. 영리한 대사 시몬 레나드 이외의 어느 누구도 그 위험을 더 분명하게 보지 못했다. 그는 필립에게 연달아 보고하여, 주교들이 자제되어야 한다고 강조하였고, 이러한 위험한 공개적인 화형 이외의 다른 방법들이 있다는 것, 은밀한 사형집행이 더 나으며, 또는 추방이나 투옥이 더 낫다고 충고하였다. 그는 근심하면서, 어떻게 그들이 재(災) 주위에 모여서 그들을 공손하게 묶었는지, 어떻게 그들이 주교들을 반대하는 협박을 했는지, 또는 동정심에서 울었는지, 희생자들에 대한 군중들의 동정을 언급하였다.

화형은 폴이 도착한 후에 시작되었고, 이단자들을 정죄하기 위해 법정에 앉아 있는 주교들은 교황의 특사로서 그의 재판 관할권 아래에 앉아 있었다. 폴은 사형 전에 온후한 분위기가 되길 시도하였으나, 만일 온후함이 실패한다면 사형이 옳다고 믿었다. 레나드는 거칠고 기묘한 기분의 보너가 주교들 가운데서 가장 비통하게 적극적이었다고 생각했고, 그리고 개신교도 희생자들의 기록들은 이 평판을 지지하였다. 대법원장인 스티븐 가디너는 1555년에 그가 죽을 때까지 큰 책임을 수행하였다. 다른 주교들도 몫을 감당했다. 여왕과 그녀의 가까운 고문들은 정책이나 복수심에서가 아니라, 전능하신 하나님 앞에서 그 영토를 정화하기 위해서 양심으로부터 남자들과 여자들을 죽였다.

순교자들의 용기는 관계자들에 의해 기대되지 않았다. 잉글랜드의 개신교도들이 숫자가 적고 신앙이 얕다고 믿었기 때문에, 그들은 신앙의 취소를 기대했다. 그들은 그 취소를 얻어냈는데, 그 중에서 가장 중요한 것은 전에 국왕 에드워드 6세의 가정교사였던 존 체크 경(Sir John Cheke)의 취소인데, 그는 브뤼셀 근처에서 납치되어 화형을 당하지 않았다. 그러나 그들은, 명령받았기 때문에 의견을 받아들이는 사람들의 능력을 과대 평가하였다. 리들리에서 래티머로 내려갈수록, 희생자들의 확고함은 잉글랜드의 개혁을 피에 잠기게 했으며, 잉글랜드인의 정신을 교회의 전제 정치와 로마 교황과의 숙명적인 연합으로 몰아갔다.

이전의 반교권주의, 울지와 그의 권력에 대한 이전의 증오, 교황의 권위에 반대하는 분개는 새로운 그리고 소름끼치는 정당화를 받았다. 5년 전에,

개신교의 명분은 교회 약탈, 파괴, 불손, 종교적인 무정부 상태와 동일시 되었다. 그것은 이제 미덕, 정직, 그리고 반(半)외국 정부에 대한 충성된 잉글랜드인의 저항과 동일시되기 시작하였다.

모든 것이 결코 태어나지 않은 아기에게 달려 있었다. 유럽 전체에 걸쳐 사람들은 엘리자베스 공주가 계승을 해야 하며 그녀와 함께 또 다른 개신교 혁명이 올 것이라는 것을 알았다. 메리의 병에 대한 소문들, 그녀의 죽음에 대한 보고들이 대륙에 퍼져서 로마의 지지자들을 당황하게 했고 개신교도들의 사기를 높였다. 독일에 있는 잉글랜드의 망명자들은 잉글랜드에 있는 그들의 부동산을 담보로 돈을 빌리는 것이 쉽다는 것을 발견했으며, 유럽의 은행가들은 그들이 곧 고국으로 가서 건강과 권력을 되찾을 것으로 확신했다.

박해자들 가운데 몇 사람을 괴롭힌 모든 불행은 하나님의 심판으로서 기록되고 기억되었다 ― 90명을 심문하도록 보내지기 전날에 죽은 솔즈베리 주교 관구의 종교법 고문관, 살이 썩어서 죽은 뉴게이트의 교도관, 개신교도를 체포할 때 번개를 맞아 파멸한 대리자, 중풍을 맞은 런던의 주(州) 장관. 만일 아기가 있었다면, 잉글랜드의 정치적인 양상은 하룻밤 사이에 달라졌을 것이다. 그러나 사람들이 그녀가 죽어가는 것을 무서워하거나 기대하며 속삭이는 동안에, 여왕은 그녀의 방에서 비참하게 앉아 있었거나, 혹은 유령처럼 복도를 걸었거나, 혹은 그녀의 부재중인 무관심한 남편을 사모했고, 또는 그녀의 무릎을 끌어 올린 채 마루에 앉아 있었을 것이다.

그녀는 1558년 11월 17일 이른 아침에 죽었고, 폴 추기경은 몇 시간 후에 죽었다.

엘리자베스의 즉위

엘리자베스의 종교는 수수께끼이나 그녀가 그 주제에 대해서 침묵했기 때문은 아니다. 그녀는 외국의 대사들에게 자유롭게 말했으며, 그녀의 고문관들에게는 덜 자유롭게 했으나, 그 결과로 생기는 정보는 아주 혼란스러워서 우리는 스페인 대사를 이상하게 생각하지 않는데, 그는 절망 속에서, "결국 그녀는 한 여인이며 변덕스럽다"라고 썼다. 종교가 잉글랜드 외교의 핵이 되었기 때문에, 때때로 그녀의 신앙에 대한 자신의 묘사는 스페인의 필립 2세 왕이나 위그노(the Huguenot), 화란이나 독일이나 스코틀랜드의 귀족들을 기쁘게 하려고 의도되었다는 것은 의심할 여지가 없다. 그녀는 사람들에게 그들이 듣기 원하는 것을 말하는 경향이 있었다. 우리는 다른 사람들의 눈을 통한 그녀의 확언들을 신뢰하기를 주저한다.

그녀는 한 번은 '무신론'으로 적의 있는 비판자에 의해 비난받았으나, 그것은 터무니없는 생각이다. 그녀는 '세속적'으로 역사가들에 의해 비난되었으나, 그 비난은 시대착오였다. 그녀는 덜 불합리하나, 여전히 있음직하지 않게, 모든 종교들이 많이 같다고 생각하는 것과 관련해 비난받았다. 그녀는 결혼에 대해서 그녀의 진짜 의도처럼 은밀한 그 영혼의 깊은 곳의 신념을 지켰다. 그녀는 결혼에 대해 입심 좋게 말했으며, 그녀는 구혼자들과 영속적인 애정 속에 있었으나, 어느 누구도 내부의 마음을 뚫을 수 없었다. 그리고 아마도 여인처럼 그녀는 그녀 자신의 마음을 항상 헤아릴 수 없었다. 그 심리과정은 간단하지 않았다. 그녀는 메리의 통치 기간에 아주 위험하게 살아왔기 때문에 그 복잡성을 감추는 것이 자연스럽게 되었다.

결과적으로, 역사가들은 여전히, 1559년에 잉글랜드를 개신교 국가로 만듦에 있어서, 여왕과 그녀의 고문관들이 마음 내켜 하지 않는 의회에 압력을 넣고 있었는지, 아니면 하원이 마음 내켜 하지 않는 여왕에게 압력을 행사했는지를 논쟁한다.

그녀는 앤 불린의 딸로서 개신교도였음에 틀림없다. 메리 치하에서 그녀는 개신교도란 이유 때문에 고통을 당했고, 그녀는 커가는 개신교도당에 의해 그들의 옹호자로서 환호를 받았으며, 망명자들은 대륙으로부터 서둘러서 돌아왔다. 그녀의 외교적인 수완에도 불구하고, 그녀는 교황과의 외교 관계가 없었으며 예식 없이 로마에 있는 사절을 철수시켰다. 1558년 성탄절에 그녀는 칼라일의 주교에게 성체거양(聖體擧揚)을 못하도록 명령했고, 그리고 그의 거절로 복음을 따라 그 교회를 떠났다.

1559년 1월25일 의회 개회 때, 그녀는 당당하게 웨스트민스터 대수도원으로 들어갔으며, 촛불, 향, 그리고 성수(聖水)를 든 대수도원장과 수사들에 의해 영접되었고, "우리가 잘 볼 수 있으니, 그 횃불들을 치워라"고 말함으로써 수사들을 당황하게 하였다. 그는 개신교 설교가들을 불렀고, 개신교도 귀족들이, 특히 이전의 서머셋의 주장관인 윌리엄 세실(William Cecil)이 그녀 주위를 에워싸게 했다. 가난하게 된 국고와 무방비의 나라, 스코틀랜드의 메리 여왕을 통해 잉글랜드의 왕위를 요구하는 프랑스 사람들, 네덜란드에 있는 스페인 군대, 잉글랜드의 2/3인 가톨릭교도와 관련해, 개신교도가 된다는 것은 경솔한 것이었다. 그러나 출생, 교육, 그리고 신념에 의해 그녀는 개신교도임에 틀림없다. 그녀는, 그녀가 이단자이기 때문에 필립 2세와 결혼할 수 없다고 스페인의 대사에게 공공연하게 말했다.

그녀는 헨리 8세의 딸이었는데, 비록 일반적인 것들에서 고려되고, 모든 세부 사항에서 채택된 것은 아니지만, 그녀가 개인적으로 그 아버지의 그것처럼 종교적인 해결에 마음이 끌렸다는 것은 분명하다. 그 해결에 대한 그녀의 생각은 교황이 없는 가톨릭교, 왕의 수장권, 선호되는 독신의 성직자, 성찬식에서 실재의 현존을 포함했다. 1559년 3월에 그녀는 스페인의 대사에게 그 아버지가 종교를 떠났던 것처럼 그녀는 그것을 회복할 결심이라고 말했다. 이것은 실행할 수 있는 계획은 아니었는데, 그 나라의 어느 누구도 그것을 원하지 않았기 때문이었다. 에드워드 6세와 메리의 통치는 가톨릭 교도들을 더 로마적으로 만들었고, 개신교도들은 더 개혁적이게 하였다. 그녀는 분열된 백성을 통치하고 있었는데, 어떤 사람들은 교황을 원했고, 다른 사람들은 크랜머와 리들리와 래티머가 죽은 이유가 된 기도서를 원했다.

7년 후에 그녀는 한 스페인 사람에게, 개신교도들은 그녀가 가려고 의도했던 것보다 더 멀리 그녀를 몰아갔다고 말했는데, 그녀는 외교뿐만 아니라 진실을 말하고 있었다. 그러나 그녀는 다른 선택의 여지가 없었다. 만일 개신교도였다면, 그때 아우그스부르크의 루터파 신앙고백에 대한 그녀의 말에도 불구하고, 그녀가 미사에 있어서 단지 서너 가지만 동의하지 않았다는 그녀의 확언에도 불구하고, 그녀는 불로 거룩하게 된 기도서에 대하여 다른 대안을 갖지 않았다.

정책이 그녀가 선호한 것과 일치했다는 것은 엘리자베스 여왕과 잉글랜드의 운명이었다. 격렬한 변화, 우상숭배 타파 운동은 잉글랜드의 북부에서 혁명을 불러일으킬 수 있었을 뿐만 아니라, 프랑스나 스페인의 군대들을 불러들일 수 있었다. 그녀는 스페인의 동맹과 프랑스에 반대한 최상의 보호로서 필립 2세 왕의 선의(善意)를 계속 유지해야만 했다. 그녀는 세심하게 나가도록 충고받았다: "작은 목을 가진 유리 그릇들은, 만일 물이 그들 속으로 갑자기 격렬하게 부어진다면, 가득차지 않을 것이고, 그것을 받아들이기를 거부할 것이다." 가능한 멀리 그녀는 더럼의 턴스톨 주교 같은 온건하게 보수적인 사람들과 화해하고, 따라서 보수적인 사람이 수용할 수 있는 종교를 세우기를 목표했다.

의회에서 강한 반대가 없지는 않았지만, 수장령은 그녀에게 최고의 수장의 지위를 제공했다. 그녀는 권력을 받아들였으나 칭호는 거부했고, 그리고 최고의 통치자가 되었다. 보수적인 사람과 급진론자 모두 머리(Head)라는 칭호를 좋아하지 않았고 새로운 단어(Supreme Governer)를 더 기뻐했다. 1552년의 기도서가 유일 가능한 예전(禮典)이었기 때문에, 그것은 통일령(Act of Uniformity) 하에서 재발행되었으나, 그러나 보수적인 의미에서 중요한 수정이 있었다. 붉은 글씨의 전례 규정은, 교회와 목사들의 예배용품들은, 전통적인 복장들이 여전히 착용되었고 교회들도 여전히 중세적인 외양과 가구를 유지했을 해에 에드워드 6세 왕의 2년 차의 것들이 되어야 한다고 선언하였다. 어떤 실재의 현존에 대한 숭배가 성찬식에서 무릎 꿇음으로 의도되지 않는다고 선포한 1552년의 검은 주서(Black Rubric)는 생략되었다. 무엇보다도, 1552년의 책이 성만찬의 시행에서 명령한 츠빙글리파의 방식은 지켜졌으나, 1549년의 보다 전통적인 방식 — "너를 위해 드려진 우리 주 예수 그리스도의 몸이 너의 몸과 영혼을 영원한 생명으로 지키신다" — 이 선행되어져야 했다.

매튜 파커

공석인 캔터베리의 대주교 관할구는, 에드워드 6세 하에서 개혁에 우호적이었다고 알려진 사람 매튜 파커(Matthew Parker)에게 수여되었다. 메리의 통치 기간에, 파커는 결혼한 사람으로서 그의 지위를 빼앗겼으며 잉글랜드에서 조용하게 살았다. 그는 물러남에 있어서 크랜머(Cranmer)와 같이 학자적이었고, 할 수 있는 것보다 더 인내하였으며, 정부의 눈에 그는 달랠 수 있는 온건한 사람으로 최고의 이점을 소유했다.

메리 여왕의 주교들은 정부와 협력할 준비가 되어 있지 않았다. 그들은 상원에서 끊임없이 법안을 반대했다. 요크의 대주교 히스는 여왕을 즉위시키기를 거부했다. 그 사건에서 17명의 메리 여왕의 주교들 "란다프의 사람들과 소도와 만의 사람들" 가운데서 단지 2명만이 엘리자베스 하에서 그들의 주교 관할구를 유지했다. 14명의 주교들, 12명의 학장들, 15명의 대학의 우두머리들, 200명에서 300명에 이르는 성직자들이 그들의 직책을 사임했거나 빼앗겼다.

보수적인 지도자들의 이 거부는 파커의 업무를 훨씬 더 어렵게 만들었다. 그는 개신교에 동정적인 신학자들을 의지해야 했다.

그러나 개신교당의 많은 성직자들은 그들이 에드워드 6세 아래서 그랬던 것처럼 온건하지 않았다. 대륙에 망명했던 사람들은 스위스와 라인 지방의 교회들의 교리들과 관례들을 배웠다. 그 자신들은 1552년의 기도서가 진실로 개혁된 책인가에 대해 나누어져 있었다. 프랑크푸르트에서 그 망명자들이 격렬히 싸웠다. 리처드 콕스(Richard Cox)가 이끈 덜 극단적인 쪽은 1552년의 기도서가 잉글랜드의 순교자들이 죽은 이유가 된 책이었다고 주장했고, 존 녹스(John Knox)가 이끈 더 극단적인 쪽은 그것이 여전히 가톨릭의 잔재들을 포함하고 있다고 주장했다. 이들이 그때 잉글랜드로 몰려든 그 사람들이었고, 정부는 그 온건한 정책을 위해서 그들 중의 일부를 의지해야만 했다.

1559년 12월 17일, 그의 수석사제와 참사회에 의한 선거 후에 파커

(Parker)는 캔터베리의 대주교로 축성되었다. 정부는 모든 것이 옛날의 방법대로 되어지기를 원했고, 그리고 4명의 메리 여왕의 주교들은 축성에 동의할 것이라고 희망했다. 그 희망은 헛되었는데, 파커는 바스와 웰스의 헨리 왕의 주교 발로우, 치체스터의 에드워드 왕의 주교 스코리, 베드퍼드의 관구관하주교 하즈킨, 그리고 성경의 번역자이며 엑서터의 에드워드 왕의 주교 카버데일 등에 의해 축성하게 되었다.

파커의 어려움들은 목사들의 복장에 의해 판단될 수 있다. 발로우는 법복인 코프(cope, 고위 성직자가 입는 망토 모양의 긴 외투)를 입었다. 스코리와 하즈킨은 분명하게 코프에 대해서 주저해서, 중백의(Surplices)를 입었다. 카버데일은 분명하게 중백의(中白衣)에 대해서 주저해서 검은 가운을 입었다. 장식품 조항이 무엇을 의도하든지, 사제들의 전통적인 복장은 강요할 수 없다는 것이 곧 분명했다. 그린달과 주얼 같은 그때 새로운 주교들인 옛 망명가들은 그 문제에 대해서 그들의 주교직을 사임하겠다고 위협했다. 코프가 지켜져야 한다는 것을 확보하기는커녕, 파커는 중백의(the surplice)를 유지하기 위해서 투쟁하고 있었다.

대부분의 교구 성직자들은 이러한 부침(浮沈)을 통해 그들의 위치에 남아 있었다. 각 주교 관구의 몇 사람이 메리 여왕의 주교들을 따라 은퇴하거나 망명했으나, 성직자들의 대다수는 모든 변화들을 거치면서 그들의 교구에서 교역을 계속하였다. 존 스톨워스(John Stalworth)라 불린 던스터블(Dunstable)의 한 아우구스티누스회 성당 참사회원은 1539년에 수도원이 해산될 때 연금을 받고 그의 수도회를 떠나라고 강요받았다. 그는 연이어 헨리 8세, 에드워드 6세, 메리, 그리고 엘리자베스 통치 하에서 생계를 유지했으며, 그리고 그는 1590년에 노샘프턴셔 주에서 그레잇워스(Greatworth)의 교구 목사로 죽었다. 비록 그가 대부분의 사람들보다 더 오래 살았지만, 이 경력은 유별난 것은 아니었다. 휴 커웬은 더블린의 개신교 대주교였을 뿐만 아니라 메리 여왕의 사람이었는데, 엘리자베스 여왕에게 잉글랜드의 대주교 관할구를 간청했을 때, 그가 8년 반 동안 그녀와 그녀의 자매(메리)를 섬긴 것을 상기함에 있어서 이상한 것을 보지 못했다.

니콜라스 우튼(Nicholas Wotton)은, 열정적으로 주교직을 거절했는데, 헨리 8세의 재위에서부터 엘리자베스의 재위까지 연대적으로 캔터베리 대성당의 주임사제와 요크 대성당의 주임사제였다. 그러나 그는 주임사제라기보다는 주임사제직에 의해 급료를 받는 외교관이었다. 어떤 사람들은 브레이의 교구 목사(Vicars of Bray)가 되는 것의 비난을 면키 어려웠다. 앤드루페언 박사(Dr Andrew Perne)는 1554년부터 1589년까지 피터하우스(Peterhouse)의 우두머리였다. 1557년에 부처와 파기우스(Fagius)의 시신들이 파내어져 이단으로 케임브리지의 시장 광장에서 개신교의 책더미와 함께 태워질 때, 페언(Perne)은 부총장이었으며 그 행동들을 편들었다. 3년 반후에 상원은 부처와 파기우스에게 그들의 지위를 회복하는 만장일치의 특사(特赦)를 통과시켰고 그들을 명예롭게 하는 공적인 예배가 거행되었으며, 페언 박사는 다시 부총장이었다. 엘리자베스 재위의 팜플렛 작가들은 '변절자가 되다'를 의미하는 라틴어 동사 pernare를 만들어냈다. 그러나 페언은 예외적이었는데, 메리 여왕이 임명한 케임브리지와 옥스퍼드 대학들의 우두머리들의 대다수는 엘리자베스의 즉위 후에 제거되었기 때문이다.

어떤 성직자들은 열등한 동기들에 만족했고, 그 대안이 가능한 굶주림과 분명한 불편함이었다는 것을 알았다. 우리는 위원들 앞에서 새로운 서명을 하기 위해서 런던에 있는 성 바울 대성당으로 호출된 두 성직자들 사이의 대화에 대한 보고서를 가지고 있다. 그들은 그 방 밖에서 만났다.

> 케날 박사가 말했다: "오늘 무엇을 할 생각입니까?"
> 다비셔 박사가 대답했다: "나는 서명하려는 것이 아니라, 양심에 있는 것을 하려고 하오."
> "뭐라고요!" 케날이 말했다. "나는 당신이 서명을 거부할 만큼 바보가 아니라고 생각하는데, 그 때문에 당신이 가지고 있는 좋은 생계를 잃다니요!"
> 다비셔가 말했다: "나는 내 영혼에 안전한 것을 해야만 하오, 내 생계는 어찌 돼든."
> "하나님 앞에서," 케날이 크게 열정적으로 말했다. "만일 당신이 그렇게 좋고, 그리고 그렇게 많이 얻고, 그리고 다시 그렇게 함께 가까워진다면, 나는

나의 목을 당신에게 주리다!"

　많은 성직자들이 무지했고, 단순했고, 매우 가난했으며, 그리고 일반적으로 '개혁되지 않았다.' 더 결정할 수 있는, 다른 사람들은 교회가 개혁을 필요로 했다는 것을 확신했다. 그들은 개혁의 형태로 그들 주위에서 그들이 보는 것에 대해 모두 행복한 것은 아니었으나, 그들은 라틴어보다는 자국어를, 그리고 첩보다는 부인을 더 좋아했으며, 그들의 교구민들이 세례를 받고, 먹고 결혼하고 장례되어야 할 영혼을 가졌다는 것을 알았다. 교황, 교회법, 또는 스콜라 철학의 위치가 무엇이었든지, 그 사람들은 여전히 성찬식을 필요로 했다.

　그러나 1559년에 잉글랜드의 종교개혁에 대한 종교적이고 교회적인 모델은 여전히 결정되어야만 했다. 어떤 혹은 다른 방식에서, 잉글랜드의 교회는 개신교회가 될 것이라는 것은 그때까지 분명했다.

　모든 곳에서 종교개혁은 정치적인 결과들을 가졌다. 그러나 다른 모든 국가들을 넘어서 잉글랜드에서 정치적인 동기는 개혁의 생각들과 뒤얽혔다. 1558년까지 개신교는 그 나라에 뿌리를 내렸는데, 메리 치하의 순교자들로부터 그리고 그들에 대한 런던의 태도에서 그것은 분명했다. 그러나 개혁하는 한 세력으로서 그 개혁은 거의 시작되지 못했다. 교회들의 외양은 바꾸어졌고, 수도원들은 해산되었으며, 성직자들은 결혼하는 것이 허용되었고, 교회의 상(像)들과 제의(祭衣)들은 파괴되거나 팔렸고, 교회의 독립된 권력은 줄었으며, 주교들의 세속적인 권위는 약화되었다. 그러나 성직자들은 전에 없이 무식하였다. 그리고 개신교의 교리는 읽도록 강요된 설교와 사용하도록 강요된 예식서 이상은 거의 들어가지 못했다.

　평신도들의 생각의 실질적인 내용은(런던에서 떨어지면 떨어질수록 더 실질적인데) 옛 방식들을 좋아했다. 매튜 파커(Matthew Parker)를 제외한 뛰어난 개혁가들은 여전히 남아 있는 옛 방식들의 유물들을 좋아하지 않았고, 취리히나 제네바의 본보기들을 따르기 위해서, 보다 새로운 제도로 바꾸기를 원했다. 혁명의 끝은 1559년에는 이르지 않았다. 어떤 사람들은 엘리자베스의 즉위가 잉글랜드의 개혁의 끝이 아니라 시작이었다고 말한다.

제 5 장

개혁 교회의 성장

개혁 교회의 스위스 본보기는 독일 북부와 스칸디나비아의 루터 교회 밖의 개신교 교회들을 위한 규범이 되었다. 그들은 교회와 국가의 관계에 대해서 일치하지 않았는데, 칼빈주의와 비칼빈주의로 나누어졌다. 그들은 성찬식의 은총이 빵 '속에' 주어진다는 것을 부인하는 성찬식의 교리에서, 예배에서 의식의 엄격한 단순성에서, 도덕적인 기율의 높은 중요성에 대한 인식에서, 그리고 성경을 모든 가정에 가져다 주려는 열정적인 시도에서 일치하였다.

개혁 교회는 주로 정부가 가톨릭이고 적대적인 나라를 정복하였다. 가장 보수적인 개혁들은 정부가 조만간 개혁을 책임지고 그것을 베푼 그 나라들 — 독일 북부의 공국들, 덴마크, 스웨덴, 잉글랜드 — 에 있었다. 혁신적이 개혁들은, 정부가 힘으로 누르고, 그리고 종교적인 혁명이, 또한 정치적인 혁명이 일어난 나라들 — 프랑스, 네덜란드, 스코틀랜드 — 에 있었다. 국가가 더 적대적이면, 개신교도들은 더 칼빈주의에 가까웠는데, 이는 칼빈주의가 국가의 권위에 대하여 영적인 종속으로부터 자유로운 목회사역의 권위를 세웠기 때문이다.

그러나 개혁 세력은 가톨릭 교도들 뿐만 아니라, 독일 북부에서 루터주의를 희생시켜 확장해 나가기 시작했다. Reformed라는 이름은, 진실로, 가톨릭 교도들에게가 아니라, 루터주의자들에게 반대를 받을 때, 처음 일반에서

1529년의 개신교

루터파

개혁파

성공회

1555년의 개신교

루터파
개혁파
성공회

Canterbury

Antwerp
Cologne
Mainz
Heidelberg

Brunswick
Hildesheim
Wittenberg
Fulda
Nuremberg
Prague
Rakow

Berne
Geneva
Zurich

Eastern Orthodox
Turkish Dominion

Rome

1600년의 개신교

사용되기 시작했다.

독일

루터교의 분열

1546년 루터의 사후 1년 이내에, 독일 개신교는 파멸에 직면했다.

카를 5세 황제는 마침내 1544년에 크레피(Crépy) 조약에서 프랑스와 평화를 달성했다. 터키 사람들은 페르시아에서 분주했고, 동쪽의 변경은 조용했다. 그는 개신교도 작센의 모리츠 공작을 그의 편에 서게 하였는데, 그 공작은 작센의 선제후의 칭호와 영토를 탐냈다. 그의 군대들은 북쪽으로 진격하였고 1547년에 뮐베르크(Mühlberg)의 전투에서 작센 사람들을 분쇄하고 비텐베르크 市와 선제후 요한 프리드리히의 사람을 포로로 잡았다. 헤세의 백작 필립은 속임수에 의해 법정에 서도록 꾀임을 당했고 또한 투옥되었다. 선제후의 칭호와 튀링겐(Thuringia)을 제외한 작센의 모든 선제후의 영토는 그 보상으로 모리츠 공작에게 주어졌다. 그것은 마치 황제가 개신교도의 반란을 힘으로 끝낼 수 있는 것처럼 보였다.

잠정 협정(Interim), 1548

1548년에 아우그스부르크의 화의에서 황제는 아우그스부르크 잠정 협정(the Augsburg Interim)이라고 알려진 종교적인 해결을 명령했다. 이것은, 공의회의 최종적인 결정 때까지, 개신교도들로 하여금 성직자의 법적인 결혼과 성만찬에서 잔의 사용을 유지할 수 있도록 허락하였다. 그것은 그들에게 거의 다른 어떤 것도 허용하지 않았으며, 그리고 그것이 집행될 수 있는가에 대한 질문이 따랐다. 부처는 슈트라스부르크에서 잉글랜드로 탈출하였고, 다른 성직자들도 북쪽으로 달아났으며, 투옥된 요한 프리드리히는 비텐베르크로부터 그의 대학교를 — 그 대학은 그의 영토로부터 억지로 빼앗긴 땅에 있었는데 — 튀링겐의 예나로 옮기려고 시도했다. 예나에서 그 잠정 협정의 가장 고통스러운 반대자들, 즉 루터의 제자들 가운데서 가장 격렬하고 가장 비타협적인 사람들이 모였다. 그들은 멜란히톤 (Melanchthon)이 그들에게 가담하도록 불렀다.

멜란히톤은 가기를 거부했다. 그는 비텐베르크가 스페인의 군대에 의해 점령되기 직전에 비텐베르크에서 달아났으나, 곧 그곳으로 돌아가서 모리츠 공작으로부터 작센의 개신교 교회는 유지될 것이라는 보장을 받았다. 그는 선천적으로 그가 할 수 있는 어느 때든지 반대자들과 타협할 준비가 되어 있는 사람이었고, 비텐베르크를 버리기를 싫어했는데, 그는 그곳을 개혁의 샛별로 생각했다. 모리츠의 도움으로 그는 잠정 협정을 — 그것을 보다 참을 수 있게 하여 — 1548년 12월의 라이프치히(Leipzig) 잠정협정으로 변경하는데 성공했는데, 그것들은 루터교의 해석과 양립하지만, 주교들에 의해 정부에 동의하며(그것이 하나님의 말씀에 반대하여 시행되지 않는 한) 또한 라틴어 예전, 7성례, 복장, 그리고 금식 기간 등에 동의하는 것이었다. 만일 복음의 핵심적인 교리들이 자유롭다면, 멜란히톤은 그가 그것들을 싫어할지라도 가톨릭의 예전과 의식의 강요를 받아들이는 것을 만족했다. 칼로비츠(Karlowitz)에게 보내는 편지에서 그는, 그가 평화로운 사람이며 경솔하게 루터의 열정과 성급함을 비판했다고 말했다.

카를 5세는 그 백성들의 호의를 무시했다. 개신교도의 신앙과 실천이 대중적인 헌신에 뿌리를 가졌다는 것이 발견되었다. 독일 남부와 중부에서 잠정 협정에 대한 피상적인 수용은 스페인의 군대에 의해 강화되었고, 작센와 브란덴부르크에서 복음적으로 들리는 신조들은 그것을 수월하게 하였다. 그러나 독일의 북부는 공개적으로 반발하였다. 황제는 마찬가지로 독일의 도시들과 영주들의 전통적인 독립을 무시하였다. 심지어 독일의 남부에서 그는 사람들이 회복된 미사에 반대하여 완고하다는 것과, 그리고 목사들을 찾기가 어렵다는 것을 발견했는데, 따라서 많은 개신교도들이 따르기를 거부했다. 또한 많은 가톨릭교도들은 교황의 승인 없는 강요된 해결을 의심했다.

만일 카를 5세가 루터파들을 파괴하지 않았다면, 그는 그들을 분열시켰다. 필립 멜란히톤은 유럽인의 재능을 가진 루터의 유일한 제자였으며, 루터파 교회들을 이끌 수 있었던 유일한 사람이었다. 루터파 사람들의 절반이나 또는 절반 이상에서 그의 명성은 줄어들었다. 그는 여전히 독일의 교육가로서 그리고 종교상에 많은 진리를 소유한 저자로서 보였다. 그러나 몇 달이 지나기 전에 그는 교회의 지도력을 상실했고, 일단의 신학자들의 우두머리가 되었다. 루터주의자들은 비텐베르크에 근거를 두고 멜란히톤에 의해 이끌어진 온건한 파와 예나와 마그데부르크에 근거를 두고 마티아스 플라키우스 일리리쿠스(Matthias Flacius Illyricus)에 의해 이끌린 엄격하거나 또는 극단적인 파로 나누어졌다.

루터파 교회들은 1548년의 아우그스부르크 잠정 협정 후에 잃어버린 일체성을 결코 회복하지 못했다.

아우그스부르크의 평화, 1555

정치적으로 그들은 곧 안전을 회복하였는데, 이는 황제가 그의 권력을 유지할 수 없었기 때문이다. 터키의 새로운 침략에 의해, 프랑스와의 동맹에 의해, 그리고 작센의 모리츠 공작에 의해 도움을 받고, 개신교도 연맹은 황제로부터 아우그스부르크의 평화(1555)를 얻어냈다. 1552년 이전에 루터파에 속했던 모든 토지는 법적으로 그렇게 유지될 수 있었고, 미래에 주(州)의 모든 통치자에게 구 종교와 루터교 사이에 선택이 주어졌으며, 그리고 그의 백성들은 그의 결정에 의해 살거나 또는 평화적으로 그 주(州)를 떠날 수 있었으며 ― 영주는 자기 영토 내의 신앙을 선택할 수 있고 오직 하나의 신앙만 해당지역에 해당된다(cujus regio ejus religio)는 원리이다 ― 그 협정은 독일에서 60년간 종교적인 평화의 기초를 세웠다. 개신교는 더 이상 위험에 처하지 않았다.

그러나 잠정 협정에 대한 불일치는 루터교 교회 내에서 논쟁의 긴 세월을 개시하였다. 플라키우스 일리리쿠스는 16세기의 가장 유식하고, 투쟁적이고, 그리고 논쟁하기 좋아하는 성직자였다. 베네치아(그런고로 성(姓)이 됨) 근처의 이스트리아(Istria)의 태생이기 때문에, 그는 그의 모국어로서 이탈리아어를 사용했고 결코 독일어를 유창하게 하지 못했다. 멜란히톤은 그를 단지 은혜를 모르는 학생, 즉 비텐베르크가 부지중에 키운 독사라고 생각했다. 플라키우스는 죽을 때까지 '오직 신앙'을 지키기 위한 결정에 의해 쫓겨났다. 그는 소책자 작가로서 루터의 압도하는 특질의 어떤 것을 소유했으며, 필립 멜란히톤과 그의 당 — 그 후부터 필립주의자(Philippist)로 알려졌다 — 에 반대하여 맹렬한 공격을 퍼부었다. 단지 멜란히톤만 반대한 것은 아니었다.

플라키우스가 논박하는데 실패한 — 기독교국 내에서 — 학파는 거의 없었다. 그의 높은 종교적인 토대 위에서 정통신봉에 대한 정열적인 애정으로, 그는 변덕과 광기의 기미(氣味) 이상을 겸했다. 1560년에 죽은 멜란히톤은 왜 그가 죽음을 두려워하지 않았는가를 추론한 작은 글을 썼다. 왼쪽 면에 이런 말이 있다: "당신은 죄에서 구속될 것이다. 당신은 염려에서, 그리고 신학자들의 격노에서 자유롭게 될 것이다."

개혁주의 신앙이 북 독일 안으로 확산되기 시작할 때에, 루터교 신앙의 시금석은 성찬식의 교리가 되었다. 멜란히톤은 항상 '빵 안에서'와 '빵과 함께' 사이의 구분이 단순하지 않다는 것을 견지했고, 그리고 개혁주의를 위한 여지로 만든 개정된 아우그스부르크의 신앙고백서를 1540년에 내놓았다. 필립주의자들(Philippists)은 곧 비밀 칼빈주의(crypto-Calvinism)라는 이유로, 성만찬에 대한 개혁파 교리를 선호한다는 이유로 비난받았다. 더 엄격한 루터주의자들은 때때로 정통에서 칼빈주의보다는 가톨릭교가 더 가깝다고 고백했다. 멜란히톤은, 스위스의 개혁가들과 평화적으로 일하기 위해서, 그가 만날 수 있는 곳에서 그들을 만나기를 원했다. 다른 투쟁의 근원들이 있었다. 필립주의자들은 루터가 비판을 초월해 있다는 것을 인정할 수 없었다. 엄격한 루터주의자들에 대한 가장 강력한 탄원은 루터에 대한 신실함의 탄원이었다.

일치 신조

1577년에 루터교에서의 논쟁의 부분적 해결이 「일치신조」(*Formula of Concord*)의 출판에 의해 달성되었다.

그 「일치신조」는 플라키우스 일리리쿠스의 사후의 승리는 아니었다. 그것은 그의 관점의 일부를 정죄하였다. 그러나 그것은 성만찬에 대한 개혁파 교리와 예정에 대한 칼빈주의 교리를 비타협적으로 배제하였다. 어떤 필립주의자도 그것에 서명할 수 없었다. 그 「일치신조」는 그것을 수용한 루터파 주(州)들 내에 있는 목사들에게 의무로 지워졌고, 그리고 1548년의 아우그스부르크 잠정 협정의 시대 이후로 존재해왔던 것보다 더 종교적인 평화를 확립했다.

대부분의 루터파 주(州)들은(86개 주들이나 도시들 그리고 약 8,000명의 목사들) 「일치신조」를 수용했고, 그리고 한순간 그것은 마치 루터주의자들이 연합된 것처럼 보였다. 그러나 모든 주들이 그것을 수용한 것은 아니었다. 덴마크의 국왕은 불 속에 그의 「일치신조」를 던져버렸다. 브레멘, 안할트, 뉘른베르크 등은 그것을 수용하기를 거부한 소수 중에서 중요한데, 필립주의자로 남았다. 이 필립주의 교회들의 계속된 존재는 독일 내에서 개혁파 신앙의 성장을 격려하였다. 공감 속에서 그들은 그들이 엄격한 루터주의자들에게 만큼 칼빈에게 가까웠고, 그리고 조금씩 조금씩 필립주의 교회들의 일부는 개혁교회들과 거의 구분될 수가 없었다. 개혁교회는 독일에서 장족의 진보를 하였는데, 루터주의자들 사이에서 다수당이 중요한 면에서 그들이 옳다고 믿게 되었기 때문이다.

루터주의자들이 1555년에 아우그스부르크의 평화 후에 정열과 팽창력을 잃었다는 것은 역시 대중적인 역사의 환상이다. 대부분의 루터파의 지역들은 명목상 1555년 이전에 루터파에 속했으나, 프로이센과 스웨덴 같은 가장 큰 나라 중 몇 곳은 16세기의 후반기 동안에 적절하게 조직되었고, 독일에서 루터주의자들은 30년 전쟁에 이르기까지 그들의 영토들을 강력하게 통합하고 있었다. 그들은, 한 때 마르틴 부처와 존 칼빈의 도시였던 슈트라스부르크가 「일치신조」(*Formula of Concord*)를 받아들여 루터교 도시가 되었을 때(늦어도 1598년까지) 중요한 획득을 얻었다. 칼빈주의 장로회가 1570년부터 도입되었던 곳이고, 그리고 독일 개혁 교회들의 초석이 된, 신성로마제국의 팔츠 백작령(the Palatinate)까지도 1576년 후에 7년 동안 완고하게 루터교 지역이 되었다. 루터주의자들은 때때로 서로 비판했기 때문에, 그들이 역동성을 잃었다는 것은 추론될 수 없다. 열정은 약함의 신호라기보다는 힘의 신호이다. 개혁주의 세력과 예수회의 침식 앞에서 정적이고 쇠락하는 루터파 교회의 옛 그림은 현대의 학문이 다시 쓴 교회사(敎會史)의 한 전설이다.

1556년에서 1559년 사이에 팔츠의 선제후 오토 헨리는 선제후령을 개신교 지역으로 만들었다. 동시에 뷔르템베르크의 크리스토퍼 공작은, 1534년 이후로 개신교도 주(州)였는데, 신학자 요한 브렌츠(Johann Brenz)의 도움으로 교회를 완전히 조직하였다. 1568년에 브룬스빅(Brunswick)의 공작령이 개신교 편으로 넘어왔다. 올덴부르크(Oldenburg)는 1573년의 강력한 루터교회의 명령으로 조직되었다. 일련의 교회 명령들은 다른 주(州)들도 재조직하였다.

1555년 이후에 개신교도 영토의 확장의 가장 중요한 형태는 주교직들의 영토들을 흡수함에 의해서다. 독일의 그러한 곳들은 역시 세속적인 영지들이다. 마그데부르크의 주교 관할구를 루터교의 지역으로 만드는 것은 주교 관구와 교회의 행정뿐만 아니라 공국과 세속적인 행정을 개신교로 개종시키는 것이었다. 가톨릭교도들은 주교 관구를 개신교로 개종시키는 것은 불법이라고 주장했다. 1555년에 아우구스부르크의 평화에 대하여 그들은 교회에 관한 유보조항으로 알려진 한 절(節)을 추가했는데, 만일 어떤 주교나 대수도원장이 개신교도가 되면 그는 그의 직무를 잃게 되고 참사회나 수도회나 후원자는 새로운 선출로 넘어가야 한다고 주장하였다. 개신교도들은 이 절(節)을 받아들이기를 거부했고 반복적으로 그것에 반대하여 항의하였다.

이러한 영토들을 확보하는 방식은 간단했다: 개신교도 주교가 선출되게 하는 것으로 그때 그 주교는 그의 영토 내에서 아우구스부르크의 신앙고백에 대하여 자유를 허락하였으며, 그리고 그 계승을 보장하기 위해서 개신교도 참사회원들을 임명하였다. 주교가 참사회에 의해 선출되지 않고 개신교도 군주에 의해 임명된 곳에서는 더 쉬웠다. 이 방법으로 브란덴부르크는 선제후가 임명권을 가졌던 세 주교 관할구들 — 브란덴부르크, 하벨베르크, 그리고 레부스 — 의 영토를 그 자체에다 합병하였다. 또 토지가 개신교 영토에 의해 둘러싸이거나 큰 개신교 도시 안에 위치해 있는 곳의 주교 관할구 안에서는 그것은 덜 쉬웠지만, 여전히 불가피했다. 아무리 참사회의 참사회원들이 가톨릭교도라 해도, 아무리 개신교도를 선출하기가 싫어도, 이웃하는 권력에 받아들여지지 않을 인물을 선출하는 것은 정치적으로 불가능했다.

이 방법으로 작센은 마이센, 메르제부르크, 그리고 나움부르크의 주교 관할구들을 흡수하였다. 개신교도 참사회원들이 다수였던 메르제부르크는 그들의 주교로서 작센의 선제후의 어린 아들을 요구하였으며(1561년 12월), 그는 여덟 살이었는데, 그 때문에 선제후가 그 아들의 이름으로 그 주교 관구를 통치하였다. 3년 후에, 나움부르크의 주교가 죽었을 때, 선제후는 선출 지역을 군대로 에워싸고, 돈과 성직자 보수를 약속하고, 그리고 같은 어린 아들(그때 12세였음)이 그 주교 관할구에 선출되었을 때 만족하였다. 1585년에 브레멘의 개신교도 참사회는 10세 된 귀족의 소년을 대주교직에 선출하였다.

비슷한 동기들로부터 믿음직한 바바리아의 가톨릭교도 공작은 그의 아들 에르네스트를 13세의 나이에 프라이징의 주교 관할구에 두었다. 할베르슈타트의 가톨릭 참사회는 그 주교 관할구에 대한 브룬스빅의 보호를 받을 필사적이고 헛된 희망 속에서 두 살 된 브룬스빅 공작의 손자를 선출했다. 그 아이는 그가 가톨릭의 신앙 안에서 성장해야 한다는 조건으로 선출되었다. 그러나 늙은 공작은 개신교도의 기도와 개신교도의 대수도원장에 의해 장례되었고, 그 아이는 개신교도로 교육되었으며, 그리고 비록 그는 가톨릭의 예식에서 주교로 헌신되었지만, 그는 미사에 참석하기를 거부했고 그 자신을 아우그스부르크 신앙고백의 지지자로 선언하였다.

그리하여 옛날의 주교의 공국들 중의 몇 곳은 새로운 제도 속으로 들어갔다.

황제는 교회에 관한 유보조항을 교묘하게 피하는 이 방법이 불법이라고 선언했으나, 협상 후에 그는 그것을 못 본 체하기 시작했으며, 마그데부르크, 뤼벡, 베르덴, 민덴, 할베르슈타트 등의 큰 주교 관할구들이 개신교도들의 손으로 넘어가는 동안 고분고분하게 지켜만 보았다.

가장 큰 교회의 공국들은 마인츠, 트레베스, 쾰른 등의 세 개의 대주교 관구들이었다. 그들의 시민들 가운데 많은 개신교도들과 그들이 참사회원들 가운데 몇 명의 개신교도들이 있음에도 불구하고, 그들 중 어느 누구도 개신교도 대주교를 선출하는데 성공하지 못했으며, 1555년 이후에 1582년 쾰른에서 한 독일인 대주교의 개신교 신앙으로의 개종은 30년 전쟁 전의 개신교의 주장으로 가장 중요한 역행을 증명하였다. 라인 지방과 독일 북서부에서 멀지 않은 곳에, 유럽에서 가장 무서운 군대, 즉 네덜란드의 스페인 군대가 주둔하고 있었는데, 라인 지방의 주교 관구들을 보호하는 것이 스페인의 정치적·종교적 이익이었다.

그러나 개신교의 신앙은 단지 군주-주교직(prince-bishoprics)이 갖고 있는 정치적인 수단들에 의해 확산되는 것은 아니었다. 개신교의 진짜 확장하는 힘은 양측이 아우그스부르크의 신앙고백에 대한 자유를 그 영토를 개신교로 개종시키는 있음직한 전주곡으로 간주할 때 분명했다. 통치자가 우호적이지 않고 시기하지도 않는 마인츠의 대주교 관구와 같은 주(州)에서, 개신교도들은 계속 급속하게 잠식해 나갔다. 근대에 견고한 가톨릭 지역으로 간주되는 독일의 남부에서, 오스트리아와 바바리아와 티롤과 보헤미아에서, 그들은 16세기의 60년을 지나는 동안 숫자와 힘에서 커지고 있었는데, 주로 귀족 사이에서 그리고 중류 계층의 도시에서 그랬다. 1568년에 막시밀리안 2세 황제는 오스트리아의 루터주의자들에게 법적인 자유의 한 수단을 허락하도록 압력을 받았으며, 4년 후에 그는 보헤미아에서도 비슷한 자유를 허용하였다. 늦어도 1575년까지 마치 개신교도들은 모든 독일을 개종시킴으로써 끝을 내는 것처럼 여전히 보였다.

개혁파 교리와 정치형태를 수용한 독일의 주(州)들 가운데 가장 중요한 곳은, 1583년 이후에 비록 온건하지만 영속적으로 개혁파였던 팔츠 백작령(the Palatinate), 1580년에 개혁파가 된 필립주의 루터교 교회의 브레멘 ―

그곳은 점차적으로 칼빈주의자의 이름을 거부하였다 — 1595년까지 개혁파 주(州)들 가운데 하나로 여겨진 안할트, 1605년까지 개혁파로 여겨진 헤세의 주요한 부분, 그리고 유일하게 그 백성들은 아니지만, 브란덴부르크의 통치자이다.

1613년에 브란덴부르크의 선제후 요한 지기스문트는, 그의 아버지에 의해 팔츠 백작령에 있는 하이델베르크에서 공부하는 것이 허락되었는데 칼빈주의자가 되었다. 세 사람의 독일 개신교도 선제후들(작센, 팔츠, 브란덴부르크) 가운데 두 사람이 개혁파라는 것은 모든 곳의 루터주의자들을 걱정케 하였고, 그리고 특히 브란덴부르크가 권력과 중요성에서 떠올랐을 때 그랬다. 그러나 라인지방 상부와 스위스의 이웃이 개혁파의 영향을 필연적인 것으로 만든 곳인 팔츠 백작령과는 달리, 브란덴부르크에서 사람들은 철저하게 루터교 신봉자들이었다. 그들로 하여금 개혁파 정치형태로 들어가도록 강요할 수 없었기 때문에, 선제후 지기스문트는 브란덴부르크 주(州) 내에서 개혁파의 가르침을 위한 법적인 공간을 확보하였고, 그리고 두 선제후들은 다수파인 루터교 신봉자들과 함께 계속해 나갔다.

만일 그들이 개혁주의자들이라고 불렸더라도, 혹은 심지어 그들이 칼빈주의자로 불렸더라도, 독일의 교회들은 주로 교회 정치의 스위스 본보기를 따르지 않았다. 만일, 브레멘처럼, 그들이 원래 필립주의였다면, 그들은 주로 장로 법원의 루터교 형태를 유지했다. 만일, 팔츠 백작령처럼, 그들이 한 군주에 의해 다스려졌다면, 그 군주는 그가 제네바의 장로들의 도입을 허용한 교회법원의 지배력을 가졌다. 선제후 팔츠의 프리드리히 3세는 주로 장로 법원을 주재하였고, 그의 손자 프리드리히 4세도 한 달에 한 번은 주재하였다.

독일의 어느 곳에서도 교회정치의 순수한 칼빈주의 형태는 성공적으로 세워지지 않았다. 독일 개혁주의는 좀더 츠빙글리와 취리히의 그의 후계자들에 가까운 것처럼 보였는데, 그들은 행정관에게 알리지 않고는 출교의 자유권리를 승인하지 않았다. 단지 라인 지방 하부에서는 칼빈주의 네덜란드와의 연합에 의해, 진짜 장로교의 노회들이 만들어졌는데, 베젤에서는

1568년에, 그리고 엠덴에서는 1571년에 만들어졌다. 오랫동안 필립주의 교
회들은 아우그스부르크 신앙고백을 제외한 어떤 신앙고백도 거부하였다.

에라스투스(Erastus, 1524-83)

팔츠 백작령에서, 교회와 국가 사이의, 교회의 정치형태에 대한 취리히와
제네바의 생각 사이의 충돌은 공표되었다. 에라스투스(Erastus)라는 인문주
의자의 이름으로 세상에 더 잘 알려진 토마스 뤼베르(Thomas Lüber)는 취
리히에서 불링거의 학생이었고 선제후 팔츠의 의사로서 1558년에 하이델
베르크에 왔다. 1560년부터 칼빈주의자 카스파르 올레비아누스(Caspar
Olevianus)는 칼빈주의의 장로 법원과 치리를 팔츠 백작령에 도입하려고
시도했다. 에라스투스는 그의 주요한 반대자가 되었으며, 그리고 1570년에
선제후 프리드리히 3세가 장로교의 치리를 마침내 도입하도록 설득받았을
때, 그것은 비록 에라스투스로 하여금, 교회 법정에서 과정에 의해 몇 년
동안 어려움을 당하지 않게 할 만큼 충분히 엄격하지는 않았지만, 엄격한
제한 아래에 있었다. 그의 생애 동안 에라스투스는 출교에 대한 장로교의
요구에 반대하는 어떤 작품도 인쇄하지 않았다. 그러나 그는 만일 출교가
시민들의 처벌을 수행하는 것이라면 그 시행은 행정관에게만 주어져야 한
다는 일반적인 근거 위에서, 출교의 권리에 반대하는 논문들을 써서 돌렸
다. 이 논문들은 그의 사후에 나와서 1589년에 런던에서 출판되었다. 영국
에서(오직 영국에서만) 에라스투스주의(Erastianism)라는 이름은, 에라스투
스에게 정당하지 않게, 국가에 의한 지나친 교회 통제를 지지하는 어떤 이
론을 묘사하는 용어로 적용되었다.

루터교 신봉자와 칼빈주의자

루터교의 교회들은 서서히 질서와 배움 속에서 성장했다. 튀빙겐, 로슈
톡, 그라이프스발트, 그리고 라이프치히의 옛날의 대학교들은 개혁되었고,
그리고 마르부르크의 설립(1527) 후에, 다른 새로운 대학교들은 쾨니히스
베르크(1544), 예나(1558), 헬름슈테트(1576) 그리고 기센(1607)에 세워졌

다.

브룬스빅의 마르틴 켐니츠(Martin Chemnitz, 1522-86)는 멜란히톤의 학생이었는데, 그는 자신을 그 세기의 가장 유식한 개신교도 신학자로 변모시켰다. 그는 루터교 교리를 더 체계화 하도록 도왔다. 그의 유명한 책은 「트렌트 공의회의 고찰」(*An Examination of the Council of Trent*)이었는데 (4부작 1565-1573년), 그것은 개신교 운동에 대한 동시대의 정당성의 가장 완전한 것을 담고 있다. 여러 주(州)들은 교회의 제도에 의해 조직되었기 때문에, 교육에 대한 그리고 가난한 사람들의 구제에 대한 행정은 더 잘 조직되었다.

분열된 독일에서 루터교 신봉자들은 루터교의 주(州)들 내에서 미사나 칼빈주의 예배를 허용하지 않으려 했고, 칼빈주의 장로 법원들은 실재의 현존(the Real Presence)의 가톨릭이나 루터교의 교리를 지지한 것으로 발견된 어떤 사람을 징계하려 했다. 어떤 곳에서보다도 독일에서 분열된 개신교의 주(州)들이 많았기 때문에, 독일의 종교적인 불화는 더 뚜렷했다.

개신교의 독일은 의견의 차이에 기초적인 통일성이 있는 것은 아니었다. 칼빈주의자들은 루터교 신봉자들이 칼빈주의자들에게 하는 것보다 루터교도들에게 더 우호적이었으나, 그들은 루터교도들이 여전히 가톨릭의 유산에 얼룩져있다는 그들의 공개적인 주장에 의해, 그리고 그들의 의식적인 우월성에 의해 굉장히 분노했다. 스칼리겔(Scaliger)은 말했다: "비록 루터교도지만 회쉘(Hoeschel)은 유식한 사람이다."

1648년까지 루터교도들은 그들과 로마 가톨릭교가 독일의 유일한 합법적인 종교라는 것, 그리고 개혁파의 위치는 재세례파(Anabaptists)의 위치처럼 불법적이라는 것을 결코 잊지 않았다. 그들은 실재의 현존에 대한 칼빈주의의 부인이 가톨릭적인 신앙의 참을 수 없는 침해가 된다고 믿었다. 그들은 개신교도들 내에서 일반적인 통일성을 거의 의식하지 못했다.

루터교의 폴리카르프 레이제르(Polycarp Leyser) 교수는 만일 칼빈주의자들의 오류들이 천주교의 그것들과 비교된다면, 칼빈주의자들의 오류들은 더 나쁘다는 논제를 변호했다. 「칼빈주의자들을 반대한 기도서」(*A Prayer*

Book against the Calvinists)이 출판되었을 때 헌신은 군자금(軍資金)이 되었다. 비록 레이제르의 견해가 다수에 의해 지지되지는 않았지만, 엄격한 루터교도들은 그들이 개혁주의자들과 사귀지 않는 것이 진리에 대한 충성이라고 믿었다.

테오도레 베자(Theodore Beza)가 몽트벨리아르에서 재결합에 대한 논의에서 루터교의 안드레아이(Andreae)를 만났을 때, 그들은 결국 악수를 할수 없었다. 프랑스에서 수천명의 위그노(Huguenot) 순교자들의 죽음은 루터교의 후터(Hutter)에게는 종교적인 평화를 깨뜨렸던 한 종파에 대한 하나님의 정당한 심판으로 보였다. 필립주의자 칼릭스투스(Calixtus)가 베를린에서 한 개혁파의 법정 목사와 점심 식사를 했을 때 그를 반대하는 항의가있었다. 개혁주의 신학자들의 편을 든 것 때문에 공격을 받을 때, 칼릭스투스가 물었다: "미움이 우리 사이에 그렇게 높이 올라가서 개혁주의자들이함께 동행할 사람으로 적합하지 않다는 것이 가능합니까? 나는, 칼빈주의자들이든 가톨릭이든, 좋은 사람들과 동행하는 것을 피하지 않을 겁니다."

독일 전역으로 번진 그 싸움은 독일과 폴란드와 프랑스와 헝가리와 트란실바니아(Transylvania)에서 개신교도들의 정치적인 세력을 약화시켰고, 반동 종교개혁에 대한 문을 열었으며, 논쟁을 일으키는 신학에로 목회적인힘을 분산하게 했다. 그러나 심지어 논쟁을 일으키는 신학도 여전히 신학이었고, 그리고 호전적인 목적들을 위해 요구되는 지식도 말이 없거나 시시한 무지보다는 더 유용했다.

어떤 루터주의자들은 칼빈주의 저작물들을 사용하는 것을 두려워하지않았다. 그들은 잉글랜드의 개혁주의 신앙 서적들을 번역할 준비가 되어있었다. 루터주의 학생들은 그들의 여행에 마르부르크, 혹은 하이델베르크, 혹은 레이든을 포함시켰고, 튀빙겐의 루터파 대학교는 심지어 열정적인 칼빈주의 학생들을 우호적으로 환영했다. 필립주의 루터파 신봉자들은 개혁주의자들에게 훨씬 더 우호적이었고, 그래서 합병에서 격리된 경우도 있었다: 프랑크푸르트의 감독자였던 펠라구스는 필립주의에서 열려 있는 칼빈주의로 건너갔으며, 어떤 루터교 성직자들은 그를 계속 지지했으며, 그는 루터파와 개혁파의 목사들을 안수하였고, 그리고 그 대학은 양쪽 신앙고백의 회원들에게 박사 학위를 허락하였다.

존 듀리(John Durie)는 1628년에 프로이센의 엘빙에 있는 잉글랜드 상인들의 담당 목사가 된 스코틀랜드의 목사였다. 독일의 종교적인 투쟁을 괴로워했기 때문에, 모든 개신교도들이 아니라도, 사도신경에 기초한 신앙의 일반적이고 단순한 고백 안에서 그는 그의 남은 긴 생애를 루터파와 개혁파의 통합을 모색하는데 바쳤다. 그는 런던에서 트란실바니아까지, 제네바에서 스톡홀름까지, 유럽을 종횡무진 여행했다. 스위스의 교회들은 그의 주장을 그들의 기도 속에 포함시켰는데, 스웨덴의 주는 그를 추방했다. 폭넓은 공감, 막연한 신학, 그리고 상황에 대한 작은 지식을 가진 사람이었기 때문에, 그는 기독교 통일성의 명분 안에서 감정과 애정만으로는 충분하지 않다는 것을 증명했다.

개혁주의자들은 루터주의자들이 — 그들의 오류 때문에 — 참 교회의 일부가 아니라고 말하는 것은 어리석다는 것을 발견했다. 리처드 후커(Richard Hooker)는 루터주의자들에 대해 말했다: "나는 그들의 구원의 가능성을 부인하지 않는다. 비록 그들이 그들의 무덤까지 진리에 아주 맞지 않는 그들의 신앙을 운반한다 할지라도, 그것은 우리 구원의 주요한 도구가 되었다." 16세기가 17세기로 돌아설 때, 그들이 주장한 신앙의 필수적인 것들의 숫자를 줄임으로써, 그들은 루터주의자들을 여전히 비판적이지만 전보다 훨씬 우호적인 눈으로 보기 시작했다. 1631년에 샤렌통(Charenton)의 프랑스 노회는 마침내 루터주의자들을 그들의 형제들로 간주했으며 그들이 그 교회들과 대화할 수 있고 심지어 그 자녀들을 위한 후원자들이 될 수 있다고 결정했다. 스위스의 교회들은 30년 전쟁 동안 루터교 망명자들에게 자유롭게 호의적이었다.

프랑스

프랑스의 개종은 칼빈의 마음 가장 가까이에 있었다. 불어는 그의 모국어였고, 그는 프랑스인 신학자였으며, 그는 그의 친구들과 편지로 왕래했으며, 그리고 그의 제네바 아카데미는 프랑스를 위한 복음 전도자들을 훈련하였고, 1535년 올리브땅(Olivetan)에 의해 출판된 불어성경과 마로(Marot)에 의해 번역된 시편을 운반하였다.

프랑스 정부는, 비록 처음부터 이단을 처형했지만, 보다 엄중한 박해를 가했다. 1534년 10월 18일, 파리, 오를레앙, 블루아(Blois), 그리고 다른 곳의 시민들은 주요 거리의 벽에 붙여 있는 벽보들이, 그리고 암부아즈 성의 왕의 침실 문에 있는 한 벽보가 격렬하고 심히 부적절하다는 것을 깨달았다. 그들은 프랑스로 몰래 들어갔고, 그리고 개신교도들 사이의 더 현명한 사람들로부터 반대가 없는 것은 아니지만, 그들의 배포는 잘 조직되었다. 나바르의 마가렛 여왕(Queen Margaret of Navarre)은 개혁자들의 친구였는데, 그 벽보들이 그들을 불신하는 한 원수에 의해 쓰여졌고 배포되었다고 믿었다. 그녀는 틀렸다. 프랑수아 1세 왕은, 파리 시를 정화하기 위해서 유물들과 타오르는 불꽃과 함께, 노틀담의 대성당까지 장엄한 행렬을 시작했으며, 그리고 주교궁에서의 한 연회에서 그 나라에서 독을 뿌리뽑는 그의 목표를 선언했다. 35명 이상의 루터주의자들이 화형당했고, 그리고 더 많은 사람들이 그 나라를 도망쳤다.

정부는 그 이후로 박해를 했는데, 때로 잔인하게 했다. 초기에 가장 심하게 박해를 당한 사람들은 프로방스(Provence)의 발도파 사람들(Waldensians)이었는데, 그들은 '십자군'이라는 낭만적인 이름에 의해 위엄 있게 되고 변명된 살인적인 급습(1545)에서 수백 명의 순진한 사람들을 잃었다. 그러나 '루터주의자들'(1560년 이후에 위그노(Huguenots)라는 이름이 일반화 될 때까지 그들이 그렇게 불렸기 때문에)이 박해를 당했지만, 정부가 그들을 지속적으로 박해하는 것은 항상 쉽지는 않았다. 만일 잔인성이, 부분적으로 비능률적으로, 공적이고 그리고 명백하게 수많은 착한 남녀들에 대하여 행해진다면, 어떤 백성도 그것을 묵인할 수 없다.

프랑스는, 외양에도 불구하고, 정치적인 통일체가 아니었다. 왕위는 강력했고, 견실하게 가톨릭이었으며, 그리고 볼로냐 협약(the Concordat of

Bologna, 1516)이 교회의 기부금에 대하여 강력하고 불행한 권위를 행사하였기 때문이다. 그러나 그 나라는 크고, 귀족들은 골칫거리였고 독립적이었으며, 성직 생활의 부패가 눈에 띄었고, 그리고 국경 너머로, 그리고 1558년 이후 해협(the Channel)을 가로질러 개신교도의 나라들이 있었다. 상인들과 지주들은 새로운 교리들을 받아들였고, 그들의 성경을 폈으며, 교회의 개혁을 위한 희망을 찾았고, 그리고 비록 가끔 위험에 처했고 많은 사람들이 화형과 사형을 당했지만, 그들은 모든 곳에서 혹은 한꺼번에 쉽게 진압될 수 없었다. 그것은 단지 왕권 — 소수파, 섭정 정치 — 의 약화를 초래했는데, 이는 권력 투쟁에서 정치적인 당파들이 지도적 귀족들 주위에 모였기 때문이다. 1560년까지 위그노 교도들은 프랑스 전체를 통해 정치 투쟁에서 중요한 요소가 되기에 충분할 만큼 숫자가 많았다.

대학교들, 그리고 다른 인문주의자 집단들은 가끔 개혁을 향해 이끌려졌다. 지방 대학들로부터 온 대학생들의 집단들이 때때로 개신교도들의 편에 섰고, 때때로 가톨릭교도들을 방어하기 위해 무장을 했다. 1560년에, 400명의 학생들이 툴루즈에서 한 교회를 요구했고, 공개적으로 마로의 시편을 노래했으나 진압되었다. 몽펠리에의 큰 중세풍의 대학은 독일과 다른 개신교도 지역으로부터 온 많은 학생들이 있었다.

개혁은 특히 시골 지역의 귀족들과 도회지의 상인들에게 호소하였고, 반면에 농부는 만일 그가 그의 봉건 지주를 따르지 않았다면 그는 견고하게 보수적으로 남아있었다. 많은 것이 지역 지주의 동정심에 의지했다. 노르망디에서 콜리니(Coligny) 장군은 개혁에 공감하였고, 그의 인도 하에서 교회들은 조직할 수 있었다.

나바르에서 그리고 주위의 지역에서 회중들이 구성되었는데, 이는 부르봉 왕과 나바르의 그의 왕비가 우호적이었기 때문이다. 오를레앙과 오를레아네에서, 비슷한 이유 때문에, 칼빈주의자들은 더 남쪽에 있는 도피네와 프로방스에서처럼, 그들이 발전을 했는데, 그곳에서 발도파들과 중세의 이단으로부터의 어떤 유산이 독립에 대한 정치적인 전통과 결합했을 것이다. 파리, 보르도, 그리고 툴루즈 사람들의 대부분은 언제나 가톨릭교도로 남았다. 로렌과 북부는 가톨릭의 귀족들인 기즈(Guise)와 몽모랑시(Montmorency)에 의해 관할되었다.

처음에 위그노 교도의 예배들은 비밀리에, 개인 집에서, 창고에서, 숲이나 들에서 드려졌다. 어떤 회중들은 허락 위에서 그 회원은 다른 개신교도들의 이름들을 결코 발설하지 않는다는 맹세를 강요했다. 목사들은, 그 숫자가 너무 적었는데, 부분적으로 위장이나 가명에 의해 보호되었고, 만일 그들의 신원이 읍내에서 알려지면 옮겨졌다. 비록 그들이 1559년에 파리에서 그들의 첫 국가적인 총회를 개최했지만, 조직의 중심은 제네바였다. 그들은 제네바의 시편과 성경과 예배의 형태를 사용했고, 그리고 절대적인 목사들의 부족에서 많은 목사들을 스위스에서 끌어왔다.

어떤 교구들에서는, 사제가 조용하게 개신교도의 의견을 채택하여 계속 그의 양떼를 가르쳤다. 다른 많은 사제들과 탁발 수사들은 추방되었고, 그리고 목사의 역할을 채택하였다. 1560년 사순절에 땅뻬스트(Tempeste)라는 이름의 한 수사가 몽뗄리마에서 그의 복장을 벗지 않고 개혁주의 복음을 설교하였다. 1561년에 몽토방에서 한 아우구스티누스회 수사가 사순절에 주목할 만한 설교를 했고, 성만찬에서 위그노 교도들에게 가담하기 전에, 부활절에 그 자신이 공개적으로 성직을 내놓았다.

그러나 프랑스에서 성직을 벗은 사제들과 수사들의 경험은 항상 행복한 것은 아니었다. 그들의 동기들은 의심스러웠고, 그리고 그들은 교회의 당국자들에 의해 정도 이상으로 미움을 받았다. 위그노의 장로 법원들은 전직 사제들이나 전직 수사들이 허용될 수 있는 규칙들을 세웠다. 그들은 스위스에 도움을 요청했고, 그리고 제네바에서 목사의 직무를 위해 교육받도록 학생들을 보냈다. 1555년에서 1562년 사이에 제네바는 최소한 88명의 목사들을 위그노 교도들에게 공급했고, 그리고 베른과 뇌샤텔은 다른 사람들을 공급했다. 스위스의 도시들은 프랑스 사람들을 위해서 그들의 설교단을 공개했다.

1561년에, 위그노 교도들이 공개적으로 활동하기 시작했을 때, 프랑스의 한 도회지는 그 사제들을 쫓아내고, 교회 안에 있는 상(像)들을 깨뜨리고,

한 목사를 요청했었을 것인데, 때때로 어느 누구도 보낼 수 없었다. 베른에서 — 많은 목사들이 베른 영토 내에서 제네바 식 장로 법원의 치리들을 주장했기 때문에 — 로잔(Lausanne)과 그 밖의 다른 곳에서 많은 목사들을 쫓아냈을 때(158년), 제네바는 도움을 받았으며, 이 쫓겨난 목사들 가운데 많은 사람들이 프랑스로 보내졌다.

1561년 초에 프랑스 정부는 그 왕국에서 선동과 의견 차이를 일으키는 목사들을 보내는 것에 반대하여 제네바 공화국(the Republic of Geneva)에 공식적으로 항의하였다. 그 이후로 제네바는 그들의 목사들과 시민들이 공급하는 비공식적인 원조에 대하여 조심스럽게 못본 체하였다.

1561년에 콜리니 장군은 프랑스에 2,150 군데의 개신교 회중들이 있다고 계산했다.

랑그독의 카스트르의 소읍에서 개신교도들의 성장에 대한 당시대의 설명이 남아 있다. 1559년에 카스트르의 어떤 시민들은 성경들과 다른 책들을 사기 위해서 제네바까지 여행했고, 한 목사를 요청했다. 1559년 말에 목사단(the Venerable Company)은 제프리 브뢴(Geoffrey Brun)을 선택했는데, 그를 베른이 근래에 로잔의 영토로부터 추방했었다. 1560년 4월에, 회중들의 구성원들이 브뢴을 카스트르까지 안전하게 안내하였고, 날이 어두울 때에 그를 읍내로 데려갔으며, 가쉬라 이름하는 유력한 한 시민에게 그를 맡겼다. 가쉬의 집에서 예배가 드려졌는데, 항상 밤에 그리고 비밀의 조건 하에서 드려졌다. 그러나 한 달 후 가쉬의 집에서의 그 모임들이 밖에 알려졌고, 그리고 그들은 그 예배를 다른 개신교도의 집으로 옮겼다. 그러는 동안 회중은 커져 갔다. 단지 6개월 후에 브뢴은 또다른 목사가 있어야 한다고 결심하고 한 사람을 찾기 위해서 제네바로 돌아갔다. 그가 떠나 있는 동안에, 한 목사가 툴루즈에서 와서 설교하고 세례를 주기 위해서 순회하였으나, 목격되어 추방되었다.

그때가 1561년이었는데, 위그노 교도들은 의지를 공표하고 있었다. 1561년 2월에 브뢴의 새로운 조력자는 개인 집에서의 예배를 새롭게 하였다. 4월 18일에 또 다른 새로운 목사가 옛 학교 건물에서 공개적으로 설교하기 시작했고, 그리고 비록 그는 행정관들에 의해 그만 두라고 명령을 받았으나, 그는 그 명령에 따르기를 거부했다. 브뤼 자신이 제네바에서 돌아왔고, 그리고 곧 행정관들 그 자신들이 그 회중에 가담하였다. 그 회중은 이제 너무 커져서 개인 집에서 모이는 것이 불가능했고, 그래서 그들은 공공 건물들을 취득하였고 힘으로 개신교도 구류자들을 석방하였다. 그런고로 그 도시는 위그노의 시가 되었다.

파리 지방 대회(1559)는 장로회의 국가적인 제도를 조직하였다. 각 교회는 장로 법원, 즉 평신도 장로들과 함께 하는 목사에 의해 다스려졌다. 이것 위에 한 지역 대회(district assembly), 협의회(the colloquy), 그리고 그것 위에 지방 회의(provincial synod), 그리고 최종적으로 그 정점에 전국 총회(the national synod)가 있었다. 오랫동안 국가는 이런 많은 것들이 서류상의 조직체 이상으로 되는 것을 금했으나, 많은 지역에 장로 법원과 협의회가 효과적으로 일했다는 많은 증거가 있다.

1559년에 프랑스는 통화 팽창과 유럽의 신용 위기를 거쳐 파산하였고, 그리고 공공 질서의 최악의 순간에 왕이 죽었다. 1559년 6월30일 국왕 앙리 2세가 마상 시합에서 부러진 창 끝에 의해 오른쪽 눈이 찔렸고, 그리고 비록 몇 명의 유능한 의사들이 서둘러, 고의로 목을 베인 네 명의 범죄자들의 눈을 실험했으나, 그는 10일 후에 죽었다. 새로운 왕, 이미 스코틀랜드의 메리 여왕(Mary Queen of Scots)과 결혼한 프랑수아 2세는 아직 16세였고, 그리고 병약했다. 그는 1560년 12월 5일에 죽었고, 그리고 왕위는 10살 된 어린 동생 샤를 9세에게로 넘어갔다.

그의 어머니 카트린 드 메디치(Catherine de' Medici)는 그녀의 남은 생애를 귀족들의 두 개의 큰 당파 사이에서 불안하게 보냈다. 한 쪽은 기즈(Guise)의 공작과 로렌의 추기경(the Cardinal of Lorraine)이 머리로 있는 기즈 家(the Guises)인데 가톨릭 교도이고, 가능할 때는 스페인 사람들과 동맹을 맺었다. 다른 한 쪽은 부르봉 家(the Bourbons)인데, 콩데(Condé)의 왕자가 머리였고(그 당파의 자연적인 머리로는, 나바르(Navarre)의 왕인 앙투

안 드 부르봉이었으며, 개신교도와 결혼했는데, 약하고 우유부단했다), 세
명의 샤틸론(Châtillon) 형제들[샤틸론(Châtillon)의 추기경, 콜리니
(Coligny) 장군, 그리고 당델로(d'Andelot)]에 의해 지원되었는데, 위그노 교
도들에게 우호적이었고, 그리고 가능할 때는 독일 개신교도 군주들이나 잉
글랜드의 엘리자베스 여왕과 동맹을 맺었다.

프랑스 왕위의 권력은 소수파와 외국 여왕 태후의 섭정의 시험을 참을
수 없었다. 권력 투쟁에서 중앙 정부는 약화되었고 지방 정부들은 자신들
의 권리를 주장했다. 만일 종교적인 의문이 프랑스를 분열시키지 않았다면,
잉글랜드의 장미전쟁과 다르지 않은, 아마도 내전이 있었을 것이다. 심지어
1560-61년에 동시대 사람들은 '정치적인' 위그노 교도들과 '종교적인' 위
그노 교도들로 구분했는데, 정치적인 위그노 교도들은 왕위에 대한 가톨릭
의 기즈가의 권력을 분개하고 수단으로써 종교적인 투쟁을 할 준비가 되
어 있는 귀족들이었다. 그들의 지도자들은 그 전망에서 다양했다. 콩데는
그 사생활에서 평판이 좋지 않았고, 콜리니는 경건하고 고상한 개신교도였
다.

정부의 약화 속에서, 위그노 교도들은 불법을 도울 수는 없었다. 한 쪽에
서서 그들이 불법을 중단시킬 힘이 있을 때 친구들이 화형당하는 것을 지
켜보기만 하는 것은 가능하지 않았다. 그들은 무장한 사람들을 보초로 세
워 예배하는 군중들을 보호하기 시작했다. 캉(Caen)에서 그들은 버려진 교
회들을 손에 넣었고, 다른 곳에서 그들은 때때로 그들이 손에 넣기 전에
점거자들을 쫓아냈다. 몽펠리에(Montpellier)에서 그들은 그들의 성당 경내
에 있는 성당 참사회원들을 포위하였다. 1560년 봄에 루앙(Rouen)의 위그
노 교회는 신도 숫자가 10,000명에 달했으며, 4명의 목사들과 27명의 장로
들이 있었다. 디페(Dieppe)에서 그 회중은 시내 중심에, 콜로세움과 같은
고전적인 양식으로, '사원'을 세울 만큼 충분히 대담하고 성급했으나, 정부
는 그것을 파괴했다. 대다수가 개신교도들인 도회지에서, 은폐하는 것은 불
가능하고 불합리했다.

그들은 보호 없이는 모일 수 없었고, 당국은 그들을 보호하려 하지 않았

다. 1560년에 발런스(Valence)에서 젊은 위그노 교도들이 프란체스코회 교회를 점거하여 무장한 신사들이 그들의 예배를 보호했다. 님므(Nîmes)에서 회중은 교외에서 모였고 창과 화승총으로 무장한 수비를 두고 제네바의 예전(禮典)을 거행했다. 1560년 8월 26일에 7,000명의 회중이 루앙의 시장 광장에 모여서, 시편을 노래했고, 그리고 화승총을 든 500명에 의해 둘러싸인 채 의자에 서 있는 설교자에게 귀를 기울였다.

위그노 교도들에 의한 교회들의 점유는 가톨릭 교도들을 불쾌하게 했으며, 그들은 그것을 신성 모독으로 간주했다. 위그노 교도들은 신성 모독에 대한 느낌을 갖지 않았는데, 그들은 그들의 건물들을 정화하고 참 종교를 회복하는 하나님의 교회였다. 만일 거의 모든 도회지의 시민들이 위그노 교도라면, 그들은 하나 혹은 그 이상의 비어 있는 교회들 안에서 예배를 위해 그들이 모이는 것은 단지 정의라고 생각했다.

왕을 체포하고 위그노 교도들을 위한 관용을 얻으려는[1560년에, 앙부아즈(Amboise)의 소요] 음모는 — 그 안에 종교적인 동기는 작은 부분이거나 핑계였다 — 기즈 家(the Guise)에 누설되어 진압되었다. 나라가 내전의 벼랑 위에 있었다.

종교적인 사람들이 합법적인 주권에 반대하는 반란에 가담하는 것이 옳은 것인가? 이 주제에 대한 많은 대화가 제네바와 위그노 지도자들 사이에 오갔다. 한 가지 목적에서 칼빈은 권력은 하나님의 정하신 바가 되어야 한다는 것, 어느 누구도 합법적인 주권에 반대해서 반역할 권리가 없다는 것을 믿었다. 늦어도 1562년까지 베자(Beza)는 나바르의 왕에게 유명한 응수를 했는데, 수동적인 저항을 암시하였다: "폐하, 때리는 것을 참고 그들을 때리지 않는 것이 — 그 때문에 제가 말을 하지만 — 하나님의 교회의 참 운명입니다. 그러나 많은 망치들을 닳아 빠지게 한 것이 모루라는 것을 기억하시기 바랍니다."

다른 극단에서는, 파리 감옥에서(1559년) 이단으로 사형을 기다리는, 위대한 법률가 앤 드 부르그(Anne du Bourg)는 그의 백성들로 하여금 하나님의 뜻과 반대로 살도록 강요하는 어떤 군주도 불법적이라는 것을 주장하는 소책자를 썼다. 이 양극단 사이에, 논쟁할 수 있는 많은 여지가 있었다. 기즈 家는 왕을 체포하여 그를 지배하였는데, 왕을 보호한다는 명분하에 왕의 전제에 반대하는 모반이 아닌가? 기독교인은 불법적인 전제 정치로 부터 그의 왕을 구하기 위해 싸울 수 없는가? 심지어 칼빈도 그러한 싸움 은 가능하다고 동의했으나, 그러나 그것은 주요 행정장관들이나 그 혈통의 군주들에 의해 이끌어져야 한다는 한 가지 조건에서였다. 그래서 콩데가 그의 군사들을 동원했을 때 제네바가 그의 기준에 따라 모인 사람들을 승 인하는 것은 가능했다. 베자는 이 의견의 결정적인 지지자였다. 위그노의 장로 법원들은 그들 자신이 교회 정치로서 뿐만 아니라 민간과 군대의 조 직체로서 사용되어지는 것을 허락했다.

푸아시(Poissy)의 회담

덜커덕거리는 칼과 상호 비방하는 소리에 둘러싸인 채, 카트린 드 메디 치는 새장 안에서 펄럭거리는 새처럼 허둥댔다. 도움을 위해 콜리니에게 돌아서서, 그녀는 종교에 대한 모든 박해가 중단되고 모든 구속자들이 풀 려나도록 명령하는 법령을 선포했다. 스위스와 잉글랜드에 있는 망명자들 이 다시 프랑스로 쏟아져 들어왔다. 위그노 교도들은 그들이 소수인 읍내 안에서도 공공연하게 모였고, 대중적인 폭동과 무질서는 계속되었다. 1561 년 9월에 카트린은, 양측이 함께 살게 하려는 노력에서, 푸아시(Poissy)의 회담, 즉 양측의 신학자들의 모임을 소집하였다.

그들은 파리 근처의 푸아시의 수도원의 식당에서 만났다. 가톨릭 측에서 는 로렌의 추기경과 수행 신학자들과 함께한 44명의 주교들이 앉았다. 식 당에는 베자가 서 있었는데, 프랑스의 뛰어난 목사들에 의해 부축되었고 나중에 취리히에서 온 피터 마터(Peter Martyr)가 가담하였다. 왕과 그의 모 친 그리고 그 가문의 왕자들 앞에서 신학자들이 그들의 주장을 진술하였 다. 그것은 마치 취리히와 스위스의 다른 도시들에 개신교를 세우기 위해 도움을 주어 온 논쟁의 계획된 자리의 하나처럼 보였다. 그러나 그 분위기 는 아주 달랐다. 고위 성직자들의 줄은, 그들의 권력을 의식하고, 적대적으로 앉았고, 그리고 베자의 개인 서신들은 그가 회중들에게 소개된 험한 전선에서 나타난 것보다 내적으로 덜 자신만만했다는 것을 보여준다. 법정에서보다 피고인들처럼 보이는 칼빈주의자들을 위해서 어떤 자리도 제공되지 않았다는 것은 상징적이었다. 만일 카트린이 일치나 관용을 목표했다면, 그녀는 속히 환상에서 깨어나야 했을 것이다.

베자와 그의 동료들이 들어올 때, 한 추기경이 들리게 말했다: "여기에 제네바의 개들이 온다." 베자가 그것을 듣고, 돌아서서 말했다: "주님의 양 우리는 이리들을 쫓아낼, 양을 지키는 개들이 필요하다."

그는 그들과 화해하기 시작했고, 전통적인 신경(信經)의 모든 중요한 조항 안에서 개혁 신앙을 선언하였다. 주교들은 처음에 침묵하는 존경심으로 그가 말하는 것을 들었다. 로렌의 추기경은, 최소한, 만일 평화가 가능하다면 평화를 찾으려고 진짜로 의도했다는 것이 보여졌다. 심지어 베자가 성경, 믿음에 의한 칭의, 교회의 전통들에 대해서 불일치를 선언하기 시작했을 때에도, 주교들은 침묵을 지켰다. 그는 개혁주의자들은 성찬식의 빵이 단순한 빵이 된다는 것을 믿지 않으며, 그리스도께서 성만찬에 부재한다는 것도 믿지 않으나, 그의 특정한 현존에 있어서는 "우리는 가장 높은 하늘이 땅에서 떨어져 있는 것처럼 그의 몸은 빵과 포도주로부터 멀리 떨어져 있다고 말한다"는 것을 선언했다.

그는 '신성 모독'이라는 외침에 의해 말을 중단했다. 그리고 단지 왕후 카트린의 명령에 의해 그 회의는 계속 되었다. 그것은 열매없이 질질끌며 앞으로 나갔고, 1561년 10월에는 지쳤다. 카트린은, 위그노 교도들이 전보다도 더 강해졌다고 생각하고 기즈 가의 권력을 두려워하여, 1562년 1월의 칙령을 발표했는데, 위그노 교도들은 그들이 손에 넣은 교회들을 돌려줄 것을 명령했고, 개인 집에서를 제외한 도회지의 담 안에서 위그노 교도의 공식예배를 금지했으나, 담 바깥에서는 어느 곳에서나 공식예배를 허용하였다.

개신교도들은 그것에 의하여 법적인 인정을 얻었지만 빈약했다. 그들은 얼마나 많이 그들이 얻었는가를 알았다. 어떤 사람들은 만일 그 칙령에 의해 주어진 자유가 지속된다면, 그들은 프랑스를 개신교국으로 만들게 된다는 것을 확신한다고 믿었다. 그러나 그들은 그것이 지속될 것이라는 것을 거의 기대하지 않았다.

내전의 발발

1562년 3월 1일 기즈의 공작은 200명의 무장한 사람들과 파리로 향하는 그의 여행 도중에 샹파뉴의 바씨(Vassy)에서 멈춰섰다. 그날은 일요일이었고, 그리고 근처에 수도원 예배당이 있었는데, 그곳은 기즈가 미사를 드리려 의도했던 곳이며, 600~1,000명의 개신교도들이 한 창고에서 예배를 드리고 있었다. 만일 그 창고가 개인집이 아니라면, 그들은 불법적으로 모이고 있었던 것인데, 이는 그들이 담장 안에 있었기 때문이다. 회중이 처음 침입하는 기즈의 부하들에게 돌을 던졌는지 아니면 그 부하들이 처음 불을 질렀는지, 누가 싸움을 시작했는지 아무도 모른다. 최소한 48명의 회중이 살해되었거나 치명적으로 부상을 입었고 많은 다른 사람들이 다쳤다.

그 예는 전 지방에 알려졌다. 툴루즈에서 거의 3,000명의 — 여자들과 아이들을 포함해 — 위그노 교도들이 죽임을 당했다. 가톨릭의 폭도들은 어느 곳에서나 위그노 교도들을 공격했다. 위그노의 폭도들은 가톨릭 교회들을 약탈했다. 기즈의 공작은 왕과 카트린을 손에 넣었다. 그 '종교 전쟁'은 시작되었다.

그것은 개혁의 비극이었다. 모든 사람이 — 가톨릭 교도이든 아니든 — 프랑스의 교회는 부패하였고 개혁되어져야 한다고 고백했다. 칼빈주의자들은 그것이 하나님의 말씀을 따라 개혁되어져야 한다고 주장하였다. 그리고 그들의 이상은 정치적인 회전운동 속에 끌려들어갔고, 인간의 탐욕과 두려움과 정열과 섞였고, 피 속에 쏟아져 나왔고, 그리고 먼지 속에서 짓밟혔다. 종교는 이미 금이 가고 있던 프랑스를 나누었고, 그리고 내란이나 의심스러운 휴전의 30년이 그 결과였다 — 살인의 내전, 한 쪽에서 무고한 사제들을 죽이고, 다른 쪽에서는 무고한 목사들을 죽이기, 그리고 약탈, 방화, 황폐, 그리고 대량 학살의 내전.

그것은 계속되지는 않았고(1562-3, 1567-70, 1572-6), 그리고 1576년 이후에 그 전쟁은 종교적이기보다는 정치적이었다. 기즈의 공작은 1563년에 암살되었고, 콩데는 체포되고 1569년에 냉혹하게 총에 맞았고, 콜리니는 1572년 성 바르톨로메오 축일의 대량학살 때에 다른 수천 명들과 함께 살해되었다. 그리고 '평화'의 틈새기에 많은 살해가 있었다.

1569년에 베네치아의 대사 코레로(Correro)가 썼다: "'전쟁이 없었더라면' 프랑스는 그 때 위그노국이 되었을 것인데, 사람들이 빠르게 그들의 신앙을 바꾸고 있었고 목사들은 많은 존경을 받았으며 그들 사이에서 권위를 행사하였기 때문이다. 그들이 말(言)에서 무기로 옮아갔고 약탈하고, 파괴하고, 그리고 살인하기 시작할 때, 사람들은 말하기 시작했다: '이것이 어떤 종류의 종교인가?'"

십계명 중의 하나는, 스위스의 신학자에 의해 문자적으로 해석될 때, 개혁의 대의를 위해 그들의 공감이 얻어질 수 있는 온건한 사람들 사이에서 대파괴와 분노를 일으켰다: 어떤 새긴 우상도 만들지 말라; 구약이 파괴에 대한 전례를 제시했다. 만일 양측의 비종교적인 폭도들이 때때로 교회들을 약탈했다면, 사람들의 법보다 앞서서 복종되어야 할, 하나님의 말씀에 의해 명령되었다고 그 자신들이 믿기 때문에 종교적인 광신자들은 상(像)들과 십자가 위의 그리스도상들과 그림들과 스테인드 글라스를 파괴하였다. 어떤 것도 더 쉽게 율법을 지키는 사람들을 제지하지 못했다.

캉에서 정복왕 윌리암(William the Conqueror)과 마틸다(Matilda)의 무덤들이 파괴되었다. 목사들은 온건함에 호소하였고, 위그노의 장수들은 약탈에 대해 죽음의 형벌로 위협했으나, 열광적인 행동에 대하여 헛되었다. 1562년 4월21일 콩데는 오를레앙의 교회들이 공격받고 있다고 듣고 콜리니와 함께 홀리 루드(Holy Rood)의 큰 교회로 서둘러 갔다. 벽감(壁龕)으로부터 한 성인상(像)을 넘어뜨리는 행동에서 벽에 높이 올라가 있는 한 사람을 보고, 콩데는 그를 따르는 사람들 가운데 한 사람으로부터 화승총을 낚아채서 겨누었다. 그 올라가 있는 사람이 아래로 소리쳤다: "전하, 제가 이 우상을 깨뜨릴 때까지 기다려 주십시요 그런 다음 만일 전하께서 원하시면 저는 죽겠습니다." 1561년 8월에 몽토반의 시장 광장에서 어린이 성가대가 십계명의 운문역을 노래하는 동안 분노하게 하는 우상들이 엄숙하게 장작 위에서 태워졌다.

그러나 대부분의 파괴가 종교적인 열심이었다고 상상하는 것은 잘못일 것이다. 반대로, 그들이 지방 정부를 파괴했기 때문에, 내란이 대중적인 약탈의 경우도 있었을 뿐만 아니라, 이 내란은 상당 부분, 그 종교가 약탈인 고용된 용병들의 무리들 사이에서, 싸워졌다. 파리에서 성 바르톨로메오 축일의 대학살 소식이 오를레앙에 도달했을 때, 더 큰 학살이 오를레앙에 임박했다는 것은 가장 지능이 낮은 사람에게도 분명했다. 400명의 무법자들이 과거의 전쟁에서 그들의 손실을 보상하기 위해서 시골지역에서 도착했으며, 그리고 개인들은 가끔, 정부가 붕괴되었을 때, 기회를 타서 그들의 원한을 복수하고 주머니를 채웠다. 군대의 업무는 양측의 종교에 대하여 불행했다. 대령들의 명령들이 목사들의 설교나 멀리 제네바의 경고보다도 더 결정적이었다.

앙리 4세(Henry IV)

평화로운 때에나 휴전 때에 위그노 교도들은 법적인 인정을 유지하였고, 만일 전쟁의 조수가 그들을 거슬러 밀려왔다면 빈약했고, 만일 전쟁이 호의적으로 끝났다면 풍부했다. 1589년 8월 1일, 카트린의 마지막 아들 앙리 3세는 한 얼빠진 도미니쿠스회 탁발 수사에 의해 칼에 찔렸고, 그것은 약한 앙투안(Antoine)과 위그노 교도 잔느 달브레(Jeanne d'Albret)의 아들인, 부르봉 가의 나바르의 앙리를 프랑스의 합법적인 주권자로 남겨놓았다. 그리고 프랑스는 마침내 왕으로서 힘이 있고 결정적인 사람을 가졌다. 그는 가톨릭 연맹과 스페인의 동맹국들을 반대하여 그 자신의 왕국을 정복하는 데 5년이 걸렸는데, 그들은 개신교도 왕을 인정하지 않으려 했다. 그는 마침내 그가 단지 가톨릭 교도가 됨으로써 그 나라에 평화를 줄 수 있다고 고백했다.

어떤 작가들은 앙리 4세는 항상 정치적인 위그노 교도였으며 종교적인 위그노 교도는 아니었다고 주장했고, 그의 사생활, 즉 그의 경멸적인 연인들의 행렬을 지적했다. 당시에 대중적인 이야기가 있었는데, "파리는 한 큰 덩어리의 가치가 있다"고 그가 말했다. 그러나 충성의 변화가 그의 마음에 대한 것처럼 그것이 그의 영혼에 괴로웠는지에 대해 약간의 의문이 이제 있다. 그가 잔느 달브레의 아들이었다는 것이 부질없었던 것은 아니었으며, 그가 가끔 말했던 것처럼, 그의 어머니의 품 안에서 개신교의 신앙을 흡수하였다.

그의 정치적인 마음에 골치아팠던 것은, 이는 가톨릭으로의 개종이 약간의 위그노 교도들의 지지, 즉 그의 충실한 추종자들을 잃게 하였다는 것은 확실했고, 그것이 가톨릭 동맹 사이에서 비타협적인 사람들을 얻게 했을 것이라는 것은 확실하지 않았기 때문이다. 그러나 온건한 가톨릭 교도들, 그리고 종교에 많은 관심을 갖는 것을 중단하고, 평화에 강력하게 관심을 갖는 '정당파'(politiques)는 그 왕국이 한 왕국이라기보다는 더 약탈자들의 캠프 같으며 오직 만일 그가 로마 가톨릭 교도가 된다면 평화를 가질 수 있다는 주장으로 그를 압박하였다. 프랑스의 대다수는 여전히 가톨릭 신앙이었고, '그들이 이단자에게 할 수 있는 것보다는 터키 사람들을 더 잘 관용할 수 있었다.'

프랑스의 왕은 그의 영토의 복지를 고려해야 하고, 잘못하면 프랑스에 대한 스페인의 지배가 될 수 있었을 것이다. 심지어 그의 주위에 있는 두세 명의 위그노 목사들이 그 주장에 동의하기 위해 보내졌고, 여기에 프랑스의 개신교를 위한 가장 큰 희망이 있다고 믿었다. 이것은 위그노 교도들에게는 일반적이지 않았다. 그는 그의 개인적인 목사인 가브리엘 다무르(Gabriel d'Amours)에 의해 질문을 받았다: "세상에서 가장 위대한 지휘관이 사람들이 무서워서 미사에 갈 만큼 비겁하게 되는 것이 가능할까?"

"우리의 교회로 들어와 그것을 깨끗이 하라"고 온건한 가톨릭 교도들이 외쳤다. 앙리는 걱정하는 위그노의 대표에게 말했다: "나는 그 집으로 들어간다. 그 안에서 살기 위해서가 아니라 그것을 청소하기 위해서." 그는 그 신앙들 사이의 차이는 순서와 의식에 대한 사소한 것이라는 설득을 받은 것 같았다. 그의 고문들 가운데 가장 현명하고 유능한 위그노 교도 쉴리(Sully)는 어떤 사람이 만일 그가 신조와 사랑의 필수적인 것들을 지킨다면 어느 쪽 종교에서나 구원받을 수 있다는 구실로 그에게 바꿀 것을 권고했다.

앙리는 로마 교회의 모든 조항들에서 그의 신앙 고백을 너무 상세하게 하는 것을 거부했고, 그리고 일반적인 동의를 하였다. 1593년 7월 25일 그는 성 드니(St. Denis)의 옛 대수도원 교회에 받아들여졌으며, 그리고 복음서 위에서 이단을 포기하고 로마 가톨릭과 사도적인 종교 안에서 살고 죽을 것을 맹세하였다. 1595년 9월 17일 교황 클레멘트 8세는 엄숙하게 성 베드로 성당 앞의 광장에서 앙리의 대사들과 대리인들을 사면했고, 왕이 일년에 네 차례 고백과 성찬식에 나가며, 매일 미사를 듣고, 금식을 지키고, 수요일에는 연도(連禱) 기도문을, 토요일에는 로자리오 기도문을 암송하는 것을 조건으로 강요하였다. 그는 그의 상속자를 로마 가톨릭교도로 양육해야 하며, 그리고 베아르의 그의 조상의 주(州)에서 그 종교를 확립해야 했다.

의심의 여지 없이, 프랑스는 개신교 국가가 되어가고 있는 것은 아니었다.

낭트 칙령(The Edict of Nantes), 1598년 4월 13일

위그노 교도들이 남아 있으며, 그리고 합법적이라는 것은 역시 의심의 여지가 없었다. 그들은, 비록 어떤 지역에서는 다수였지만, 아마도 인구의 1/15 이었다. 앙리 4세의 즉위는 이 순간까지 유럽의 모든 곳에서 유지되었던 한 주(州)에 한 종교의 이상(un roi, une loi, une foi)을 약화시켰다. 가톨릭의 군주로서 그의 처음 몇 달이나 몇 년 동안, 그는 그들을 완전히 관용할 수는 없었는데, 그를 사기로 고소하려고 준비되어 있는 많은 목소리가 있었고, 그리고 부르타뉴에 있는 가톨릭 연맹의 군사력이 1598년까지 감소되지 않았기 때문이다.

1598년에 그는 마침내 행동할 자유를 느꼈고, 그리고 결과로 생긴 낭트 칙령은 관용과 자유의 역사에서 경계표이다. 독일 사람들은 독일을 개신교도와 가톨릭교도의 주(州)들로 분할함으로써 종교적인 불화(당분간)의 문제를 해결하였다. 유럽의 다른 곳에서는 — 단지 폴란드와 아일랜드는 특별한 예외로 — 한 나라가 가톨릭교나 개신교의 나라였다. 이제 프랑스는 가톨릭교도들과 개신교도들이 나란히 사는 나라의 중요한 실험을 하고 있었다.

낭트칙령은 개신교도들이 프랑스의 어떤 곳에서도 양심의 자유를 가질 수 있고, 양 종교의 어린이들이 모든 병원들과 대학교들과 학교들에 들어갈 수 있다는 것을 규정하였다. 개신교도들은 주요한 개신교의 귀족들의 영토 위에서, 그리고 그 왕국의 모든 집행관의 관할구 안에 있는 두 도시들을 포함하여, 1596년 1월부터 1597년 8월까지 예배가 개최되어진 모든 도시들 안에서 예배드릴 수가 있었으나, 파리에서 15마일 내에서는 할 수 없었다. 그들은 그들이 예배하는 어느 곳에서나 그 자신들의 학교를 세울 수 있었다. 그들은 그 자신들의 사용을 위한 공적인 묘지들을 할당받았고, 국가의 모든 관직에 대한 자격을 갖게 되었다.

그들이 묘지들을 필요로 하는 것처럼, 그들은 그 자신들의 법원을 필요로 했다. 법원들은 개신교도들과 관련된 소송을 재판하기 위해 세워졌는데, 파리에 16명의 판사들 가운데 6명의 개신교도가(곧 한 명으로 줄었다) 있었고, 남부에는 같은 수의 개신교와 가톨릭의 판사들이 있었다. 개신교도들에게 국고에서 225,000 크라운의 하사금이 연간 주어졌고, 그들의 안전의 보장으로서 어떤 중요한 요새들의 일시적인 소유도 주어졌다.

그 동안에 가톨릭교도들에게는 프랑스의 확립된 종교로서 가톨릭교의 인정뿐만 아니라 하나의 실제적인 혜택, 곧 개신교도의 읍내에서 미사를 위한 자유가 주어졌다.

그 칙령이 완벽하게 적용되었다고 주장될 수는 없다. 살인들이 그들에게 뿌리깊은 쓰라림을 남기고, 칙령 안에 법적인 보호의 존재가 불안전의 증거였다. 대학교는 개신교도 학생들의 입학을 거부했고, 여전히 개신교도 교수들을 덜 허용하였다. 투르(Tours)의 대주교와 몇 사람의 주교들은 이단에 대해 호의적인 그 칙령이 입법되지 않도록 교회들 안에서 기도를 요청했다. 교황 클레멘트 8세는 말했다: "나는 세상에서 가장 슬프고 서글픈 사람이다 … 나는 내가 상상할 수 있는 가장 저주받은 칙령을 보는데, … 양심의 자유가 모든 사람에게 하사되었는데, 그것은 세상에서 가장 나쁜 것이다 … 나는 그를 사면하고 왕으로 인정했다 … 이 모든 것에 대한 답례로 나는 세상의 웃음거리가 될 것이다."

프랑스의 어떤 지역들에서 낭트칙령은 몇 년 동안 기피되었다. 위그노 교도의 문에서 무례한 사람들이, 위그노의 예배당 안으로 돌아다니는 가톨릭 소녀의 암소에 대한 노래들을 불렀다. 처음에 조금의 피흘림도 있었고, 그리고 많은 나쁜 감정도 있었다. 앙리가 격노하게도, 갑(Gap)의 위그노 지방대회(1603년)는 교황은 적그리스도라는 그 신념을 엄숙하게 다시 선언하였다. 그러나 모두가 나쁜 감정은 아니었다. 카스텔모로(Castelmoron)에서는 계약이 살아 남아서 그것에 의하여 양 종교의 거주자들이 교구의 묘지와 종루를 함께 사용하는 것에 엄숙하게 동의하였다. 1601년부터 위그노 교도들은 법정에서 그 칙령의 위반 사항들을 보고하도록 두 명의 대리관들이 허용되었다. 왕은 파리의 위그노 교도들이, 법의 15마일보다 파리에 가까운 샤렌통(Charenton)에 큰 교회를 세우도록 허락해 줌으로써 그 자신의 칙령을 위반했다.

그것은 역사의 메아리였다. 다른 어떤 것을 할 수 없었기 때문에, 프랑스는 비록 어떤 사람의 종교가 왕의 종교와 다를지라도 그가 좋은 시민이 될 수 있는지를 시험할 예정이었다.

네덜란드

스페인이 네덜란드를 지배했으며, 스페인은 가톨릭 국가들 가운데서 가장 독실하고 강력했다. 그러나 네덜란드는 모든 종류의 개신교의 영향에 대하여 열려 있었다. 동쪽으로, 독일 북부의 주(州)들은 루터교회이거나 개혁교회였으며, 서쪽으로, 1558년 이후에, 잉글랜드는 개신교였으며 스페인의 힘을 두려워했고, 남쪽으로, 1562년 이후에, 위그노 교도들이 기즈 가 및 가톨릭 연맹과 싸우고 있었고, 그리고 간간이 생존할 수 있는 법적인 권리를 획득하였다. 네덜란드의 시민들은 번영하였고, 그들의 도시들은 상업중심적이었고, 그들의 항구들은 부유했으며, 그들의 교육은 진보했고, 그 백성들 사이에서는 개혁에 대한 생각들이 빠르게 퍼져나갔다. 스페인의 왕위는 — 불과 칼을 가지고 이단을 진압하는 헌신의 동기와 지위의 동기에 의해 결정되었는데 — 개신교도들이 정치적인 세력이 되기에 충분한 숫자가 되는 스페인 제국의 유일한 부분을 만났다.

따라서, 1564년까지, 정치적인 논쟁이 네덜란드에도 존재하여서 내전의 전야에 프랑스에 있던 그 논쟁과 비교될 수 있었다: 그 나라에 두 개의 당파, 하나는 가톨릭이고 지역의 자치권에 대한 왕의 권력을 계속 유지하고 확장하는데 열심이었으며, 다른 한 쪽은 정확하게 개신교가 아니었는데, 이는 그것이 가톨릭의 귀족들을 포함했기 때문이었지만, 왕의 권력 확장에 분개하고, 지역적인 그리고 전통적인 자치권을 유지하는데 안달이었고, 그리고 모든 화형주(火刑柱)와 단두대에도 불구하고 너무 많아서 진압할 수 없는 개신교도들에 대한 관용을 원했다.

네덜란드의 가톨릭 통치자는 외국인이었고 부재중인 통치자인 스페인의 필립 2세였다. 관용(혹은, 극단적인 사람은 로마 가톨릭의 진압)을 원했던 당은 쉽게 애국자들, 즉 외국의 군대에 반대하는 옹호자들의 당으로서 나타났다. 다른 쪽에는 왕의 당이 프랑스에서 기즈 가에 의해 소유된 어떤 것보다 더 강력한 이점을 소유했다. 왕은 그 시대의 가장 강력한 부와 군대를 요청할 수 있었다.

필립은 다양한 전통들과 두 개의 언어들을 가진 네덜란드를 스페인의 한 주로서 통합하기 원했다. 왕의 권위를 증가시키기를 목표한 후기 중세시대나 종교개혁 시대의 통치자들은 교회에 대한 그들의 통제를 확대하는 데서 가장 쉬운 방법들을 찾았다. 이 목적을 위해서 그는 보다 작은 감독 관구들과 주교 관구들의 새로운 제도를 만들었고(1559년), 그 관구들에 대하여 임명을 유지하였으며, 그는 종교 재판의 스페인 형태를 장려하였고,

그리고 1565년에 그는 포학하게 이단자들에 반대하여 이미 잔인한 법령들을 강화하였다. 1565년까지 네덜란드의 저항은 그 자신을 스페인 왕의 종교적인 정책에 대한 저항과 동일시 하였고, 그리고 따라서 개신교도들과도 동일시 하기 시작하였다.

1566년에 회중들은 개활지에서, 때때로 무장한 수비와 방책을 치고 예배드리기 시작했다. 7천 혹은 8천 명의 회중이 헨트(Ghent) 근처의 들에서 모였고, 만 오천 명이 안트웨르펜 밖에서 모였으며, 이만 명이 투르네 근처의 다리에서 모였는데, 그 회중의 1/3은 무장하였고 설교자는 백명의 기병에 의해 호위되었다. 위그노 교도들처럼 그들은 절대적으로 목사들이 부족하였다. 프란시스 유니우스(Francis Junius)는, 비록 나이가 막 20세였지만, 안트웨르펜의 회중의 목사가 되기 위해 제네바로부터 도착했다.

대중적인 감정의 그러한 상황 속에서, 어떤 공적인 사건은 소요를 시작할 수 있었다(50년 후에 독일의 남부에서 도회지의 거리를 통과하는 가톨릭의 행렬이 30년 전쟁으로 치명적으로 이끌어졌다). 1566년의 8월에, 안트웨르펜의 거리 주변의 거대한 성모 마리아 상(像)을 이끄는 행렬에서, 거친 폭도가 성당 안으로 침입하였고, 문 가까이에서 양초와 여러 가지 장신구들을 팔던 나이든 여자를 조롱하고 물건들을 던지기 시작했다. 그리고 거기서부터 대중들의 흥분이 네덜란드의 도시들로 치닫기 시작하여, 교회 안에 있는 상(像)들이 파괴되고, 벽의 그림들이 찢겨지고, 스테인드 글라스가 산산이 깨지고, 옷 상자들이 부서지고, 미사 경본들이 찢어지고, 수도원들이 약탈되고, 죄수들이 자유롭게 되었다. 프랑스에서 경우처럼, 개신교의 목사들은 그 불법을 저지하고 진압하려고 싸웠다.

폭동은 백성들을 싸우는 당사자들로 분리시켰고, 그리고 나라는 이미 내전 중이었다. 스페인의 필립은 그 후에 네덜란드를 계엄령으로 다스리려고 결심했고, 그리고 1566년 12월 1일 안트웨르펜에서 칼빈주의자 지방대회(Calvinist synod)는 허용될 수 있는 무장 저항을 선언하였다. 침묵자인 오렌지의 윌리엄(William of Orange)은 온건한 당을 함께 붙들려고 노력하였으나, 1568년에 그는 반(反) 스페인과 개신교 운동의 지도력에 그 자신을 던졌고, 그리고 공식적으로 1573년에 칼빈주의자가 되었다.

늦어도 1587년까지 개신교도들은 여전히 단지 인구의 1/10로 계산되었다. 그러나 칼빈주의 조직체는 스페인의 조세에 대한 그리고 알바의 공작의 피로 얼룩진 규칙에 대한, 저항의 조직체였다. 침묵자 윌리엄은, 칼빈주의자 지도자들 사이에서, 가톨릭의 다수파와 타협을 위해, 그리하여 1584년에 그가 암살될 때까지, 네덜란드의 통합을 위해 투쟁을 하였다.

프랑스에서 종교적인 전쟁은 한 나라 안에서 한 나라로 끝났다. 네덜란드에서, 그것은 가톨릭은 남부에, 그리고 칼빈주의는 북부라는 나라의 분열로 끝났다(1579년). 이것은 근대 벨기에(modern Belgium)와 근대 네덜란드(modern Holland)의 먼 기원이 되었다. 북부는 1609년에 스페인에 의해 불안한 인정과 1648년에 독립의 자유로운 승인을 쟁취했다.

스코틀랜드

스페인이 유럽에서 가장 중앙집권적인 독재 정치인 반면에, 스코틀랜드는 약한 왕권을 소유했는데, 헌법적으로 약했고 1542년부터 군주가 어린 아이이며 여자인 스코틀랜드 사람 메리 여왕(Queen Mary of Scots)이었기 때문에 약했다. 프랑스에서보다 더 분명하게, 귀족적인 폴란드에서처럼 거의 명백하게, 개신교도들은 만일 그들이 귀족들의 지지를 확보할 수 있다면 그들의 이상을 전파할 수 있었다. 스코틀랜드 교회의 관습들은 프랑스 교회의 그것들만큼 개혁되지 않았고, 그 인문주의자 비평가들은 그 부패를 경멸했고, 그 나라는 유혹하듯이 놓여 있었다. 잉글랜드는, 그 자신의 나라에서 안전하지 않다고 느끼는 개혁의 이상을 가진 스코틀랜드 사람을 위한 피난처였다.

프랑스와 네덜란드에서처럼, 개혁은 스코틀랜드의 당파들의 정치적인 투쟁 속에서 뒤엉켜졌다. 한 당(黨)은 프랑스의 지원을 바라보았고, 프랑스의 자금을 받았으며, 프랑스 군대의 조력으로 스코틀랜드를 통치하려고 했고, 프랑스 사람 섭정 기즈의 메리를 대표하여 왕의 권력을 증가시키기 원했으며, 그리고 가톨릭교의 유지와 동일시 되었다. 다른 당(黨)은 잉글랜드의 지원을 바라보았고, 잉글랜드의 자금을 받았으며, 잉글랜드 군대와 선박들의 원조를 원했고, 가톨릭의 주교들에 대한 반감과 개혁의 이상과 동일시 되었다. 1557년 12월에 그 자신들을 '회중의 의장단'(Lords of the Congregation)이라고 부르는 일단의 귀족들이 연맹 혹은 하나님의 말씀을 방어하는 언명된 목적과의 '계약'을 형성했다.

1560년에, 잉글랜드의 엘리자베스 여왕은 그녀의 뒤에 있는 가톨릭이며 친 프랑스의 스코틀랜드를 참고 볼 수가 없어서 리스(Leith)에 돈과 선박들과 군대를 보냈으며, 프랑스의 섭정과 군대는 쫓겨났고, 스코틀랜드의 의회는 교황의 권위를 거부하고 미사를 폐지하였다. 그 의회는 존 녹스(John Knox)에 의해 기초된 신앙고백을 수용하였다. 그러나 도덕적인 감독이 교회법원과 장로들에 의해 행사되던 교회 정치의 개혁주의 정치 체제를 도입하려고 의도된 치리서(Book of Discipline)에는 법적인 힘이 주어지지 않았다. 위그노의 전국 총회와 동등한 스코틀랜드의 총회가 구성되었고, 공동 예식서(Book of Commom Order)로 알려진 제네바의 양식을 따른 예식서를 확정하였다. 1564년 판은 운문의 시편으로 엮어졌고, 그리고 시편이 그 책에서 대중적이고 회중적인 요소였기 때문에, 전체 기도서는 마침내 '시편서'(the Psalm-Book)로 알려지게 되었다.

장로교회의 정치 체제는, 법적인 재가의 거부에도 불구하고, 교구들에 천천히 도입되었다. 세인트 앤드루스(St Andrews)의 치리 명부는 이미 1559년에 시작된다. 그러나 그것은, 심지어 사람들에 의해서도, 천천히 받아들여졌다. 130년 동안 스코틀랜드의 교회의 역사는 독립적이고, 합법적 지위를 지닌 장로회 제도를 만들거나 반대하는 시도의 역사이다. 왕과 정부가 약했을 때, 장로회 관할구들에게 법적인 힘이 주어졌다. 정부가 강했을 때, 그들이 주장한 그 권리들은 회수되거나 약해졌다.

위그노의 프랑스와 네덜란드, 그리고 스코틀랜드에서 개신교 운동은 1559년에서 1567년 사이에 칼빈주의 형태를 가졌다. 각 나라에서 개혁가들은, 왕의 권력의 이빨 안에서, 사람들을 설득하고, 교회를 조직해야만 했다. 각 나라에서 그들의 목사들은 제네바에서 훈련을 받거나 제네바의 가르침의 깊은 영향을 받았다. 각 나라에서 사람들에 대한 호소와, 그리고 교회들 안에서 대중적인 폭력에 의한 '우상숭배'에 대한 무자비한 진압은 온건한 사람들로 하여금 등을 오그라들게 만들었다. 그러나 스코틀랜드에서 내란은 짧았고 머뭇거렸으며, 그리고 잉글랜드의 도움으로 개신교도들은 쉽게 승리하였다.

강력한 프랑스는 스코틀랜드가 그렇게 쉽게 개신교도 국가가 되도록 허락하지 않으려 했다. 프랑스의 종교전쟁의 발발은 프랑스의 유럽에서의 세력을 파괴했고, 프랑스는 그녀의 딱딱한 권좌 위에서 어찌할 수 없는 스코틀랜드 사람 메리 여왕을 버렸다. 만일 위그노 교도들이 프랑스에서 실패했다면, 그들은 스코틀랜드에서 칼빈주의가 승리하도록 간접적으로 도운 셈이었다.

프랑스의 앙리 4세가 개신교 왕이 가톨릭 국민을 다스릴 수 없다고 입증했을 때, 스코틀랜드 사람 메리 여왕의 비극은 가톨릭 여왕이 개신교의 국민을 다스릴 수 없다는 것을 증명했다. 16세기는 그 백성의 대다수와 종교가 다른 통치자의 경우를 알지 못했다. Cujus regio ejus religio(군주는 자기 영토 내의 신앙을 선택할 수 있고, 오직 하나의 신앙만 인정된다)는 통치자가 그의 백성들에게 그의 종교를 따르도록 강요할 권리를 가졌다는 것을 의미할 수 있었다. 그것은 또한 역전될 수 있고, 그리고 백성이 그들의 통치자에게 그들의 종교를 따르게 하든지 아니면 퇴위하도록 강요할 힘을 가졌다는 것을 의미했다.

메리는 홀리루드(Holyrood)에 있는 그녀의 개인 예배실에서 미사를 원했고, 녹스(Knox)는 만일 10,000명이 참 종교를 진압하기 위해서 상륙하는 것보다 하나의 미사가 그에게 더 두렵다고 선포했다. 프랑스의 앙리 4세처럼, 그녀는 그녀의 종교를 바꾸려는 생각을 하였다. 1566년에 마치 그녀는 그녀의 권력을 확립하고 가톨릭 교도로 남아 있는 것처럼 보였다. 리치오(Rizzio)와 단리(Darnley)의 살해는 모든 희망을 끝냈다. 1567년 4월에 그녀는 보스웰(Bothwell)과 결혼했고 그 때문에 심지어 가톨릭의 지지조차도 잃었다. 그녀는 그 해 퇴위하도록 강요받았다.

그러나 메리의 짧은 통치, 그리고 녹스의 승리는 강력한 칼빈주의와 스코틀랜드 개신교의 특징적인 기풍을 위해 중요했다. 자유나 생존을 위한 투쟁이 고통스러우면 고통스러울수록, 종교에서의 변화는 더 혁명적이고 결정적이었다. 전쟁은 비교적 쉽게 승리를 얻었으나, 개혁은 왕에 반대하여 칼빈의 제자들 가운데서 가장 세련되지 않은 녹스의 인도 하에서 확립되었다.

잉글랜드 사람들은 왕의 도움으로, 즉 몇 년 동안 그들의 교회의 존재가 엘리자베스 여왕의 생애에 의지하는 것처럼 보였던 그러한 중요한 도움으로, 그들의 개혁을 확립했다. 잉글랜드 개신교도들의 대다수는 교회에서 왕에 의한 '간섭'을 결코 두려워하지 않았는데, 이는 그들의 복지와 자유가 그 간섭 덕택이었기 때문이다. 스코틀랜드 사람들은 가톨릭의 여왕에 반대하여 그들의 개혁을 확립했고, 그리고 초기에 그들의 개신교 신앙을, 적대적이거나 존경할 가치가 없는 통치자의 간섭으로부터 교회의 권리들을 보호해야 한다는 인식과 연관시켰다. 장로교의 교리와 정치 체제가 1603년에 잉글랜드의 왕위와 스코틀랜드의 왕위의 연합이 있기 전에 저지대(the Lowlands)의 많은 스코틀랜드 사람들의 마음을 움직였다.

순교사

개신교 운동은 때때로 폭도의 지배, 토지 횡령, 그리고 정치적이고 군사적인 당파와 함께 수행되었다. 오렌지의 윌리엄(William of Orange)의 군대들은 네덜란드를 개신교 국가로 만드는 것을 도왔고, 잉글랜드의 엘리자베스 여왕의 군함과 군대는 스코틀랜드를 개신교 국가로 만드는 것을 도왔으며, 알바(Alva)나 파르마(Parma)의 군대는 네덜란드의 남부를 가톨릭으로 남아 있게 했다. 권력이 종교개혁과 반동 종교개혁의 성공에 실질적으로 기여하지 않았다고 생각하는 것은 순진하다.

그러나 개신교도들은 피흘리는 조직적인 박해에 반대하여 그들의 백성들을 붙들었고 그들의 회중들을 늘려갔다. 루터나 칼빈의 제자들이 화형을 시킬 이단자들로 취급되었어야 한다는 것이 아주 필수 불가결한 것은 아니었다. 루터교도와 칼빈주의자를 화형시키는 정책은 곧 독일의 가톨릭 주(州)들에서 필연적으로 변경되었다. 불행하게도 그들은 이탈리아와 스페인에서 성공적으로 화형될 수 있었고, 그리고 이탈리아와 스페인은 종교개혁에 대한 가톨릭의 태도를 결정하였다.

메리 여왕 시대의 잉글랜드에서, 프랑스에서, 그리고 네덜란드에서 — 그리고 스코틀랜드에서는 더 적은 정도로 — 개신교도의 공동체들은 용기와 높은 정도의 신념에 의해 만들어졌다. 프란시스 유니우스(Francis Junius)는 몇 사람이 시장 바깥에서 화형을 당하고 그 불꽃의 빛이 방의 창문을 깜박거리는 동안에 안트웨르펜에서 모인 사람들에게 설교를 하였다. 몇 사람의 뛰어난 개혁파 목사들은 대륙에서, 다섯 명의 잉글랜드의 주교들처럼, 화형주에서 그들의 생명을 마감하였다. 그들은 수많은 순진한 사람들에 의해 지지되었다.

개혁파의 신학자들은 성인들의 달력을 기념하는 옛 관습을 믿지 않았는데, 이는 그들이 성인들에게 바쳐진 존경이 한 구세주를 믿는 믿음을 훼손한다고 믿었기 때문이다. 그러나 아주 초기부터 개신교의 저자들은 역사적인 자료들과 화형주에서와 단두대에서의 죽음에 대한 이야기들을 수집하기 시작했다. 존 녹스에 의한 「스코틀랜드에서 종교개혁의 역사」(*History of the Reformation in Scotland*)의 초기 부분은 순교사(殉敎史)의 약간의 특징들을 갖는다.

화란의 저자들은 그러한 순교사들의 시리즈를 출판하였다. 가장 유명하고 영향력이 있는 것들은, 슈트라스부르크로 도망갔다가 나중에 제네바로 간 프랑스의 법률가인 장 크레스팽(Jean Crespin)에 의해 쓰여진 「순교자들의 열전」(*Book of Martyrs*)이었으며, 그는 위그노의 희생자들의 감동적이고 고통스런 사례들을 수집하였고, 그리고 잉글랜드 사람 존 폭스(John Foxe)에 의해 쓰여진 원래 같은 제목의 책인데, 그는 메리 여왕의 통치 중에 해외로 도망쳐서 1556년에서 1559년 사이에 바젤에서「순교자들의 열전」
(*Book of Martyrs*)을 썼다.

폭스의 작품은 ― 그 나중 판에서「행위들과 기념비들」(*Acts and Monuments*)로 알려진 ― 크레스팽(Crespin)의 작품에 의해 영향을 받았으나, 폭스 자신의 재능과 다른 사건은 그것을 그 자신의 권리 안에서 위대한 책이 되게 하였다. 크레스팽과 폭스 모두 기꺼이 종교개혁의 대의를 위해서 의심스럽게 주장될 수 있는 사람들의 죽음도 포함하였고, 그리고 폭스는 결코 죽지 않은 최소한 두 사람도 포함하였다. 그러나 모든 참작이 현대의 비평에도 되어질 때, 그 책들은 그 시대의 역사가에게 여전히 없어서는 안될 많은 자료들을 담고 있으며, 그리고 그들은 그들이 근거를 두었던 개신교 공동체 안에서의 능력과 신앙의 근원들이었다.

잉글랜드에서 1571년의 대주교 회의는 모든 대성당 안에 폭스의 책 한권이 놓여 있도록 명령했고, 많은 교구의 교회들이 그 예를 따랐고, 그리고 몇 권은 여전히 잉글랜드의 교회들 안에서 발견된다. 위그노 교도들과 잉글랜드의 청교도들 사이에, 이러한 순교사들은 종교개혁에 대한 애착을 깊게 했으며 교회사의 강한 반 로마적인 이해를 촉진하였다.

청교도주의(Puritanism)

청교도는 모욕 용어로서 1560년 대에 처음 사용된 형용사였다. 그것은 곧 정확과 너무 엄격함과 엄중함과, 참작하지 않는 것을 의미했다. 그것은 불합리한 엄격함이나 단단한 죄책감을 느끼는 그러한 사람들을 놀리는 것으로 사용되었다.

그러나 너무 엄격한 것에 대한 한 가지 이상의 견해가 있다. 찰스 2세의 조신들은, 의회당원들에 대한 그들의 증오에서, 청교도에 대한 비난을 정당화하는데 엄격함이나 엄중함을 거의 요구하지 않았다. 종교개혁 시대는 이 마음에서 나온 것은 아니었다. 그것은 교회와 사회의 부도덕을 치료하기 시작했다. 전체로서 그 시대는 진정으로 도덕적이었다. 반동 종교개혁의 스페인 사람들, 스위스의 시의회, 교황 바울 4세 또는 추기경 보로메오 (Borromeo), 루터파의 시민들, 스코틀랜드의 목사들, 잉글랜드 개혁의 지도 자들, 가톨릭 교도와 개신교도, 예정론자나 아르미니우스주의자, 칼빈이나 이그나티우스 로욜라(Ignatius Loyola), 필립 네리(Philip Neri)나 윌리엄 로 드(William Laud), 요한 아른트(Johann Arndt)나 제레미 테일러(Jeremy Taylor) ─ 서유럽의 경향은 개혁적이었고 그 결과 가끔 엄격했다. 만일 형용사 Puritan이 위선자들, 점잔빼는 말투를 쓰는 사람들, 그리고 이상야릇한 사람들을 정죄하는 그 특별한 용도로부터 제거된다면, 그것은 단지 종교개혁과 반동 종교개혁의 도덕적인 이상들을 묘사하는 한 가지 방법이 될 수 있을 것이다. 후대에 대한 그 반감은, 이러한 도덕적인 이상들에 대한 어떤 실제적인 표현들이 다른 것들보다도 덜 관용하는 것으로 증명되었기 때문에 일어났다.

도덕적인 엄격주의는 칼빈주의자들에게만 한정되는 것은 아니다. 개혁을 하려다 실패한 것이 무엇이든, 그것은 이 세상의 허식적인 것이나 허영에 대한 대중의 관습을 바꾸어 갔다. 청교도주의는 만일 그것이 유럽의 의견의 한 사조의 일부로서 보여지지 않는다면 이해되지 않을 것이다.

때때로 그 단어는, 비록 칼빈주의 교리를 논박했지만 성경의 사람들로 엄격하게 살았던 좌파의 개신교도들을 느슨하게 포함하는데 사용되어져 왔다. 이 폭넓은 사용에 대한 약간의 변명이 있다. 모든 청교도들이 교회에 대한 장로교의 정치 체제를 믿은 것은 아니었으며, 모든 장로교파 사람들이 청교도로 정당하게 묘사될 수 있는 것은 아니었다. 그러나 청교도적 이상이 칼빈주의자들 내에서 가장 특이하고 응집력이 있고 확실한 특징으로 발견될 수 있다. 칼빈의 교리들은 도덕적인 이상을 감쌌고, 성서의 분위기와 헌신의 특별한 형태와 종교적인 관습 내에서 그것을 구체화 했다. 비록 청교도주의와 칼빈주의가 일치하지는 않았지만, 청교도적인 이상은 칼빈주의자들 내에서 보일 때 가장 잘 이해되었다.

공적인 그리고 사적인 도덕성의 엄격한 기준을 유지하는 것은, 그리고 동시에 그러한 기준들을 강요하는 국가의 힘을 사용하기 위한 권력을 갖는 것은, 인기 없음과 동시에 마침내 반란을 야기하는 것이다. 1561년에 연속적으로 세 번 일요일에 걸쳐, 오백에서 육백 명의 사람들이 깃발들과 탬버린들을 들고 몽펠리에(Montpellier)를 통과하였고, 거리를 뛰어다니며 반복해 노래하였다: "위그노 교도들에도 불구하고 우리는 춤을 추겠다."

도덕적인 치리는 교회법원을 통해 발휘되었는데, 그 법원은 공동체의 복리를 위하여 질문의 상설 위원회로 활동하였다. 심지어 제네바에서도 교회법원의 활동은 결코 완전히 자유롭지 않았고, 그리고 네덜란드와 스코틀랜드 같은 다른 칼빈주의 국가들 안에서도 그 자유는 과감하게 제한되었거나 단지 단기간 동안만 얻어졌다. 프랑스의 위그노 교도들과 잉글랜드의 교회 내에서 청교도들 사이에서 그 활동은 결코 어떤 종류의 세속적인 형벌을 가져오지 않았고, 그리고 그 권위는 그 때문에 단지 그 도덕적인 명성에만 의존했다. 그럼에도 불구하고 교회법원의 존재는, 아무리 제한되었거나 아무리 자발적이었지만, 개혁자들이 앞에 정해놓은 치리의 높은 이상들을 유지시켜 나갔다. 거기에서 회중의 지도자들은 도덕법을 유지하였고, 서로 격려했으며, 죄에 대한 공동의 심판을 세워나갔고, 정통신앙을 안정시켰고, 비행을 단속하였다.

칼빈주의 도덕성의 중심점은 예정론이었다. 선한 사람들과 악한 사람들, 흑암의 자녀들과 빛의 자녀들 사이의 대조의 의미는 청교도주의의 구석구석까지 분명하다. 선택의 교리가 부분적으로 그 원인이고, 부분적으로 이 대조의 표현이다. 신앙의 사람은 그가 그 자신 안에 있는 선행이나 특성에 의해서가 아니라, 하나님의 은총의 자유로운 사랑의 행위에 의해 그가 부름을 받았다는 것을 믿었다. 그러나 그가 선한 일들 안에서 걸어감으로써, 그 자신의 마음에 부름의 확신을 세워야 했다. 왜냐하면 그 증거가 선한 생활이기 때문이다. 그는 하나님의 사랑 안에서 그 자신의 구원에 대한 마음에서 우러난 확신을 구해야 했다. 그는 만일 하나님께서 한 번 그의 은총을 주셨으면, 하나님은 마침내 그가 멸망하도록 묵인하지 않으신다는 것을 그는 알았다.

그 칼빈주의자는 이 확신을 갖지 않으면서 가끔 은총의 상태에 있을 수

있었다. 만일 그가 이 확신을 소유하는데 실패했어도 그것이 파멸의 증거
는 아니었다. 그러나 확신은 선함 속에서 나오는 바위 같은 믿음을 동반하
는 것으로 믿어졌다. 그리고 그가 그 주변을 볼 때, 그는 인간이 양과 염소
로 나누어졌다는 것을 알았다. 그는 누가 양이었고 누가 염소였는가를 그
가 모른다는 것, 이것이 하나님의 영원한 경륜 안에 감추어진 비밀이라는
것을 알았다. 그러나 인간이 이렇게 빛과 어두움으로 나누어졌다는 것을
알았기 때문에, 마치 그가 영원한 예지를 공유하고 그리고 누가 밤에, 영속
적인 밤에 있는지를 알았던 것처럼, 그는 생각하고, 때때로 행동하지 않을
수 없었다. 더 훌륭한 청교도는 그 자신의 구원을 성취하였고 그의 이웃들
의 구원은 신비 속에 남겨두었다.

1570년에 케임브리지의 레이디 마가렛(Lady Margaret) 석좌 신학교수였
던 토머스 카트라이트(Thomas Cartwright)는 그의 강의에서 잉글랜드를 위
한 교회 정치에서의 장로교 제도를 추천하였다. 다음 몇 년 동안 많은 목
사들이 장로회의 자발적인 제도를 세웠는데, 특히 런던, 노샘프턴셔 그리고
에섹스에서 그랬다. 그들의 계획들은 하원에서 지지를 얻었다. 1588-9에
작자 미상의 마틴 마프레리트(Martin Marprelate)가 주교들에 반대하여 비
방하는 소책자들을 발행하였고, 그리고 뒤이은 사냥에서 장로회들이 주로
억압되었다.

비록 교훈적이고 교육적인 목적에 대한 드라마를 정죄하지 않았지만, 청
교도들은 그 주요한 형식상의 연극에 대하여 우호적이지 않았다. 엘리자베
스 시대의 영광에도 불구하고, 그들은 가끔 그것을 정당하게 정죄하였다.
연극은 그들에게 술취한 사람들이나 호색가들을 나타냄으로써 그리고 청
중들로 하여금 미워하는 대신 웃게 함으로써 부도덕을 조장하는 것처럼
보였다. 칼빈은, 신명기 22:5에 근거하여, 다른 성(性)의 옷을 입는 것을 결
코 허용하지 않으려 했는데, 무대에서는 소년들이 습관적으로 여자들의 역
할을 맡았다. 칼빈의 사후에 도덕가들은 연극에 반대하여 점증하는 단호함
을 나타냈다. 1572년에 님므(Nîmes)의 위그노 지방대회는, 프랑스의 개혁
교회들을 대표하여, 교육을 위해 목적된 것들을 제외한 모든 연극들을 금

하였다.

1584년에 옥스퍼드의 레이놀즈 박사(Dr Reynolds)는 대학교의 학문들을 방해한다고 연극들을 비난하였다. 1599년에 그는「무대 연극들의 타도」 (The Overthrow of Stage Plays)를 발행하였고, 그 책 안에서 그는 젊은 사람들을 위해 연극을 편드는 모든 교육적인 논증들을 비판하였고, 방종을 본뜨는 것이 도덕적으로 타락하게 한다고 생각했으며, 그리고 비록 그가 시(詩)와, 사리에 맞는 기분전환의 원수가 아니지만, 그는 연극에서 보낸 그 시간의 일부를 설교에서 보내지 말아야 하는가를 의심했다. 만일 보다 엄격한 도덕가들이 교육에 연극을 사용하는 것을 공격할 준비가 되었다면, 거의 모든 도덕가들이 런던에 있는 전문적인 극장의 상스러움을 공격했다. 모든 성서적이고 도덕적인 주장들이 제시되었다. 무대 위에서의 매춘, 매춘부들을 위한 만남으로서 청중들을 이용하기, 연극을 위한 관례적인 날로서 일요일을 이용하기, 저녁 기도를 위해 종이 울리는 것처럼 청중들을 불러모으기 위한 트럼펫을 불기. 런던 시는 그들을 차단하였고, 그리고 그들은 남쪽의 사우스워크(Southwark) 안으로 옮겨갔다.

그러나 잉글랜드에서 반(反)청교도 정당의 부상과 더불어 극작가들이 격려받았다. 청교도들에 반대하는 싸움에서, 연극은 날카로운 무기였고, 그리고 그 풍자시에 의해 앙갚음을 하였다. 그 청교도의 도덕적인 비평은 검열관 같은 것으로, 그의 확신은 형식주의로, 유행에 대한 그의 경멸은 겉치레의 특이성으로, 인기 없음에 대한 각오는 박해에 대한 열광으로 부풀려졌다. 벤 존슨(Ben Jonson)의 연극 "바돌로뮤의 박람회" (Bartholomew Fair)에서 한 청교도에 대한 통렬한 풍자만화인 Zeal-of-the-land Busy는 말했다: "나는 그 땅의 이교도들로부터 분리되고, 그리고 거룩한 목적을 위해 차꼬에 채워져 따로 있어서 기쁘다." 정말로 유머스러운 모든 풍자시들은 진실의 일부를 소유하고, 그리고 연극은 청교도의 지하계의 증오스러운 특성을 포착하였다. "당신은 짐승의 자리요, 오 스미스필드씨," 랍비 비지 (Busy)가 박람회에 돈호법으로 말했다. "그리고 나는 당신을 떠나겠소! 우상숭배가 당신의 모든 면을 내다보았소."

그러한 남용에 의해 청교도의 이름은 일부의 좋은 사람들 사이에서 존경받게 되었다; 1641년의 이것처럼: "이 단어(puritan)를 남용함에 있어 … 그들은 같은 것을 늘리고 넓힐 수 있어서, 자신의 종교에 대하여 마음에서 우러나오고 진실된 어떤 정중하고 정직한 개신교라도 그것의 비방을 피할 수 없다." 다른 사람들 사이에서 그 이름은 위선, 혹은 엄격함, 혹은 심지어 정치적인 당파를 상징했다. 청교도의 힘은 도회지의 상인들, 조합들의 회원들에게 있었다. 당국의 냉대에도 불구하고, 그들 교구의 교회 안에 '강사'로 제공하기로 서명함으로써, 그러한 사람들은 청교도의 목회를 유지시켰다. 그들은 칼빈주의 신앙을 설교할 강사를 선택했고 그를 위해 설교단을 차지할 권리를 확보하였다.

청교도들은 종교적인 행사로서 일지의 기록을 권장하였다. 그들은 도덕적인 내력들에, 개종의 순간과 방법들에, 특별한 인도와 섭리들에, 그리고 그 자신들의 범죄들에 관심이 있었다. 그것은 부분적인 고백, 부분적인 자기 훈련, 주님 앞에서 그들의 생애를 부분적으로 펼치는 것이었다. 같은 이유 때문에 그들은 경건한 작은 전기들을 즐겼다. 아이작 월턴(Izaak Walton)은 청교도는 아니었는데, 그는 왕정복고 시대의 고위 성직자였고, 그리고 그는 1640년에 그의 매력적인 「생애」(Lives)의 제1부를 발행하였다. 그러나 그 장르의 이 방식 후에 청교도의 글의 한 덩어리, 즉 새로운 시대의 소박한 성인전이 있었다. 새뮤얼 클라크(Samuel Clarke)는 1650-52년에, 역사가를 제외하고 잘 모르는, 심지어 유명한 사람들도 아닌 사람들의 생애와 함께, 더 새롭고 보다 청교도적인 순교사를 수집했다.

청교도 대지주

대지주 브루엔(Bruen)은 17세기의 첫 25년 동안에 체셔(Cheshire) 주의 타빈 근처에서 살았다. 그는 겨울에는 아침 5시에 일어났고, 여름에는 3시에서 4시 사이에 일어났으며, 성경을 묵상하는데, 그의 가족들을 위해 중보기도 하는데, 혹은 그가 최근에 들은 설교를 고쳐쓰는데 한두 시간을 보냈고, 그러한 목적으로 그가 죽었을 때 그는 그의 서재에 손으로 쓴 신앙에 대한 많은 분량의 책들을 남겼다. 그는 하루 동안 정해진 장소에서 "나는 하루에 일곱 번 당신을 찬양할 것입니다"라는 성구를 지켰다. 그는 가족 기도회를 위해 종을 울림으로써 그의 식구들을 깨웠고, 그리고 그의 기도 의 대부분은 즉흥적이었지만, 그는 정해진 형식은 불법적이라고 생각한 무지한 자들을 확신시키려고 항상 특별 기도문으로 시작했다. 그는 이웃에서 경건한 사람들을 그의 하인들이 되도록 선택했고, 문답식으로 가르쳤고, 그리고 그들과 함께 양심의 사례들을 논의하기 위해 모임을 가졌으며, 그리고 저녁 기도 후에 그 하인들은 부엌에서 그들의 기도를 계속하곤 했다.

그는 두 권의 큰 성경책을 사서 그의 현관 마루와 응접실의 탁자 위에 두어서 그 하인들과 방문객들이 그 책들을 참고할 수 있었다. 그가 방문객의 방에서 놀이 카드를 발견했을 때, 그는 아무 말도 하지 않고 단지 주의해서 그 카드 묶음에서 넉 장의 잭 패들을 없앴다. 한 번은 주(州)의 장관이 베푼 저녁식사에서 왕자를 위한 건배가 제안되었다. 잔이 줄을 따라 지나갈 때 그들은 그가 하는 것을 쳐다보았다. 그는 말했다: "여러분들은 그의 건강을 위해 마실 수 있고, 나는 그의 건강을 위해 기도하겠소…" 그렇게 잔이 지나갔다.

일요일에 그가 1마일 떨어진 교회에 갈 때, 그는 그의 이웃사람들과 그의 소작인들을 불렀고, 그리고 그들은 도중에 시편 84편을 노래하며 함께 갔다. 아침 예배 후에 그는 주로 다른 몇 사람들과 함께 머물렀으며, 그리고 저녁 예배가 시작될 때까지 설교를 반복하고 시편을 불렀고, 그리고 나중에, 그 설교를 토론하고 다시 시편을 노래하면서 그의 일행과 함께 집으로 돌아왔다.

그는 타빈 교회에서 자신의 비용으로 스테인드 글라스를 제거하고 흰유리를 끼웠다. 그는 몇 명의 설교자들과 강사들의 사례비들, 특히 수록 성직자가 노쇠한 타빈의 경건한 설교자의 사례비를 지불하였다. 타빈의 사람들이 많은 술을 마시고 춤을 추었던 철야제를 개최한 해의 어느 일요일이었다. 브루엔은 그 나라에서 가장 유명한 세 사람의 목사들을 불렀는데, 그들은 계속적인 설교와 기도로 함께 그 교구를 지켰다. 피리부는 사람들, 행

상인들, 연주가들, 그리고 도박꾼들이 안달하며 가버렸고, 그리고 이것이 3
년 동안 반복되었을 때 그 철야제는 없어졌다.

그의 좌우명은 — 그것을 그는 그의 책들의 제목 페이지에 쓰곤 했는데
— 할렐루야였다. 그는 날카롭게 특별한 하나님의 뜻을 지켰고, 그것들에
대해 일기를 적었으며, 그것으로부터 이러한 인용구가 남아 있다.

> 1601년. 짐을 실은 수레와 함께 가려던 나의 하인이 넘어졌고, 그리고 쇠
> 가 씌워진 그 바퀴들이 그의 다리 위로 넘어갔으나, 그는 조금도 상하지 않
> 았다: Laus Deo, 하나님을 찬송할지로다.
> 1602년. 들로 나가려고 하던 나의 아들 존이 어떻게 풀을 자를 것인가를
> 알기 위해 큰 낫을 집어들었는데, 그 낫이 그의 양말을 뚫고 정강이 뼈까지
> 들어왔으며, 털을 자르고, 그의 다리 뒤쪽으로 나왔는데, 어느 살이나 피부도
> 닿지 않았다: Laus Deo, 하나님을 찬송할지로다.
> 1603년. 윔블-스태퍼드(Wimble-Stafford)의 내 농장에 거하는 한 사람이,
> 두 명의 경건한 사람들이 길에 오는 것을 보고, 그와 함께 있는 한 사람에게,
> 나는 춤추고, 뽐내며 걷고, 그리고 맹세하고, 저 두 청교도들에게 화를 낼 것
> 이다고 말했는데, 그는 그들이 몹시 슬프게도 그렇게 하였다. 그러나 하나님
> 의 복수의 손이 그에게 함께 하셔서, 즉시 그는 병에 들었고, 수레에 실려 집
> 으로 왔으며 그리고 3일 이내에 가장 무섭게 죽었다: 모든 영광을 하나님께.

그는 그의 소작인들에게 관대했고, 높은 임차료를 짜내지 않았으며, 그들
의 노동을 장려하였고, 해마다 겨울 옷을 사도록 가난한 자들을 생각했으
며, 아플 때 그들을 찾아보았고, 때때로 그들에게 좋은 옷들을 제공하였다.
궁핍한 때에 그는 그의 식탁에서 많은 사람을 먹였다. 그의 환대는 풍부했
고, 그리고 청교도에 대한 전통적인 묘사와는 아주 달랐다. 그의 둘째 부인
이 사망했을 때 21명의 사람들이 그와 저녁 식사를 함께 나누었고, '가장
훌륭한 계층의' 젊은 신사들이 그의 집에서 공부하기 위해서 왔고, 그의
식탁은 잘 공급되었는데, 그것은 그가 그의 부엌을 돕기 위해서 비둘기들
과 토끼들을 길렀기 때문이다. 그는 세 차례 결혼했으며, 최소한 12명의 자
녀들을 가졌고, 그리고 그의 초상화에서는 상당히 넓은 최신 유행의 목도

리 털을 두르고 있었다. 그의 관대함은 아주 넘쳐서 그는 빚에 빠졌고 그의 노년에는 그 집을 3년 동안 폐쇄하고 그의 재산이 회복되는 동안 체스터에서 조용하게 살 필요가 있었다.

그러한 사람들은 성서적인 본문들로 충만했고, 모든 행동과 순간에 하나님의 임박한 손을 의식했으며, 우연의 가능성을 부인했고, 그래서 아담의 타락 이후로 인간의 전적인 타락과 그리고 구속하는 힘의 영광을 가르쳐서, 위대한 청교도적인 서사시가 밀턴(Milton)의 「실낙원」(*Paradise Lost*, 1667)이라는 것은 적절했으며, 기도의 토양에 헌신적이고 영적인 저작으로 물을 주었고, 마침내 하나님의 승리를 확신했다.

비록 소박하고 절약했지만, 그들은 가난에 대한 중세적인 이상을 공유하지는 않았다. 그들은 마모직 셔츠와 채찍을 정죄하였고 때때로 조롱했으며, 그들은 결코 도피자와, 세상을 등진 미덕을 믿지 않았다. 비록 다른 시대에 수사들과 탁발 수사들로 나타난 기독교의 세상 부정적인 금욕주의를 상징하긴 하지만, 그들은 그 단어의 옛 의미에서 금욕주의자들은 아니었다. 착한 사람이 일하고, 그리고 만일 그가 열심히 일했다면 그는 번영을 누릴 수 있으며, 그리고 그가 아내와 자녀들과 같은 다른 자연적인 선물들을 누리는 것처럼, 그가 그의 번영을 누리는 것이 옳았다.

결혼에 대해서나 자녀들을 낳는 것에 대한 의심은 없었다. 그러나 그는 일찍 일어나는 것, 금식일들, 항상 절제하는 것, 옷에서 내핍을 실천했고, 그리고 그는 그의 집에서 개인적인 안락함을 거의 지키지 않았다. 심지어 부유한 청교도도 그의 가난한 소작인들처럼 큰 접시들을 사용할 수 있었다. 그의 이상은 사회에서, 단순하고 겸손하게, 그의 위치를 지키고, 기분을 전환시킨 사소한 것들과 장식들을 베어 버리는 것이었다. 그 기독교인은 세상 안에서 살아야 하고 하나님의 청지기로서 그의 재능들을 사용해야 했다. 그것이 싸우는 사람을 위한 종교인 것처럼, 그것은 상인, 행정관, 노동자를 위한 종교였다. 재능들은 썩히는 것이 아니라 사용되어야 했다. 모든 올바른 세상 직업들의 축복에 대한 루터의 교리는 칼빈주의자들 사이에서 금욕적이고 결정적인 표현을 얻었다.

신명기 23:19의 본문에서 중세의 교회는 고리 대금을 정죄했고 모든 이 익을 금지하였다. 신용 대부를 금지하는 것은 유럽의 번영을 좌절시켰을 것이다. 후기의 스콜라 학자들은 공공 대부에 대한 이자를 허용하도록 공 식을 고안했다. 개혁자들의 견해들은 급진적이지 않았다. 수세기를 통하여 교회의 부정적인 판단은 가볍게 또 속히 파기되지 않았다. 루터는 고리 대 금에 대하여 적대적이었고, 그는 그들의 임대나 채무의 지급을 거부하기 위해 고리 대금에 대한 금지령을 이용하는 농부들에 대하여 더 적대적이 었다.

스위스 사람들은 더 급진적으로 되려고 했다. 칼빈은 이 신명기적인 법 이 단지 히브리 사람들의 정치 체제에만 적용되었고 보편적인 것으로는 의도되지 않았다고 주장함으로써 그 금지를 끝냈다. 유일한 지침은 사랑의 법이다. 강요는 항상 그르고, 지나친 이자율도 그르며, 가난한 사람들에게 빌려주는 것도 나쁘나, 그러나 정상적인 대부는 모든 계약의 당사자들에게 합리적으로 유리하다. 이익은 만일 그것이 사랑의 법을 위반하지 않는다면 정죄되지 않아야 한다.

칼빈의 논증은 유럽의 신학자들 사이에 서서히 받아들여졌다. 1564-65년 에 루돌슈타트의 성 안드레 교회 목사인 바르톨로메오 게른하르트 (Bartholomew Gernhard)는 4에서 6퍼센트에 돈을 빌려준 두 신사들에게 성 찬식을 거부하였다. 1587년에 라티스본(Ratisbon)의 다섯 명의 설교자들이 모든 이자율을 격렬하게 공격했고, 빌려주는 사람을 도둑과 살인자에게 비 유했고, 그리고 게른하르트처럼 루터의 권위를 주장하였으며, 그리고 그 주 제에 대하여 침묵하라는 명령에 복종하기를 그들이 거부했을 때 그 시에 서 쫓겨났다. 일부 루터교와 가톨릭교의 작가들은 17세기에 들어서도 모든 고리 대금이 비도덕적이라고 계속 선언하였다. 잉글랜드에서 의회는 1545 년에 10퍼센트까지 이자를 허용하였다. 그 법령은 1552년에 에드워드 4세 하에서 폐기되었으나, 1571년에 이자는 다시 허용되었고 결코 그 이후로 정부에 의해 공격받지 않았다. 교회 관계자들은 단지 서서히 적법함에 묵종하였다. 1638년에 한 개신교 신학자, 네덜란드 사람 클라우데 자우마이제(Claude Saumaise)는 마침내 그의 책 「고리 대금에 대하여」(*On Usury*)에서 이자는 이제 문명에 필요하고 자유 경쟁은 비용을 낮춤으로써 사회를 이롭게 한다고 주장하였다.

청교도주의와 자본주의의 주장된 관계 뒤에 있는 사실들은 이렇다: 첫째, 개혁주의 신학은 앞선 신학에 덜 속박되었기 때문에, 그 자신을 새로운 경제에 조금 더 빠르게 조정시켰고, 둘째로, (다른 것들은 같기 때문에) 근검, 절제, 정직, 그리고 다른 사람들을 위한 고려를 실천하고, 그리고 사회에서 평신도로서의 활동적인 생활이 하나님으로부터의 소명이라고 믿은 사람들은 이러한 특징들이 없는 그러한 사람들보다 더 성공적인 상인들이 되기 쉬웠다.

칼빈주의자의 예배

스위스의 원칙은 교회의 정치 체제와 교회의 예배에서 모든 것들에 대한 성경적인 권위를 요구하였다. 단순성은 경건했으나, 그 밖의 모든 것은 마음의 혼란이었다. 중세의 교회는 개혁주의자들에게는 지나치게 갖춰져 난잡한 것, 시대에 뒤떨어진 고물가게처럼 보였는데, 그 곳에서 예배자의 시각이 작은 장식물들, 보조 제단들, 조상(彫像)들, 색유리창들, 화려함, 제의(祭衣)들, 성인들, 그리고 의식들에 의해 가려졌기 때문에 거기에서 그는 참 거룩함을 이해할 수 없었는데, 마치 기도를 듣는 귀들이 제의적인 소음의 뗑그렁 소리에 의해 듣지 못하는 것과 같았다. 어떤 단순한 사람들, 특히 여자들은 색깔을 없애고, 조상(彫像)들과 깃발들을 제거하는 것을 유감스럽게 여겼다. 참 칼빈주의자는 그렇지 않았다. 그는 마치 그가 성전의 정화에 현존한 것처럼, 영적으로 고양되고 정화되며, 교회를 통과하여 돌진하는 히브리적 순결성의 바람을 의식하고, 그의 영혼을 땅에다 고정시킨 더러움과 미신과 장식물들을 쓸어내는 것처럼 느꼈다. 1563년의 한 설교자는 한 여자와 그녀의 목사 사이의 상상적인 대화를 보존하였다.

　"아아, 모든 성인들이 치워졌기 때문에, 우리가 보는 것에 익숙했던 모든
훌륭한 볼거리들이 가버렸기 때문에, 우리는 피리를 불고, 노래하며, 영창(詠
唱)하고, 그리고 전에 우리가 들을 수 있었던 오르간 연주를 들을 수 없기
때문에, 우리는 이제 교회에서 무엇을 해야 하지요?"

　"그러나 사랑하는 이여, 하나님을 그렇게 아프게 화나게 한, 그리고 그의
거룩한 집을 지독하게 더럽힌 그 모든 것들에서 우리의 교회들을 구해준 것
을 우리는 크게 기뻐해야 하고, 감사해야 합니다."

　그러므로 그들은 제의적인 행위들을 제거하고, 형식적인 기도보다는 즉
흥적인 것을 더 좋아했으며, 성만찬에서 무교병 대신에 보통의 빵을 사용
하였고, 교회 안에서나 교회 밖에서 그들의 목사들이 특별한 의복에 의해
구별되게 하려고 하지 않았고, 결혼에서 반지와, 세례에서 십자가의 기호를
버렸으며, 그리고 모든 예배는 하나님의 말씀을 해석하는 설교를 포함해야
한다고 믿었다. 무지하고 이해할 수 없는 예전에 항상 반항하였기 때문에,
그들은 종교적인 교훈, 문답식 교육, 학교, 성경의 지식에 대한 열정적인 지
지자들이었다. 칼빈주의자 예배의 주요한 약점은 언제나 훈계조의 경향, 설
교가 너무 길어지고, 즉흥적인 기도가 하나님을 향하는 대신에 인간을 향
하는 경향이었다.

　루터는 위대한 찬송가들을 썼고 대부분의 루터파 교회들은 찬송가 부르
는 것을 받아들였다. 개혁주의자들에게 찬송가는 성서적이 아니었고 따라
서 허용하지 않았다. 프랑스와 제네바에서 마로(Marot)와 다른 사람들의
운문적인 시편들이 유일한 찬송가였다. 에드워드 4세의 잉글랜드에서 평신
도였던 토머스 스턴홀드(Thomas Sternhold)는 37편의 시편을 운문적인 번
역을 하였다. 존 홉킨스(John Hopkins)는 거기에다 7편을 더했고, 그 다음
에 윌리엄 위팅엄(William Whittingham) 같은 칼빈주의자들은 더 보충하여
서, 마침내 모든 시편들의 운문역을 받아들였다.

　1582년 판(版)은 또한 아침예배와 저녁기도의 기도서 성가의 운문역, 베
니 크레아토르(Veni Creator：오소서, 창조주여!)의 운문역, 그리고 아타나시
우스 신경(the Athanasian creed)을 포함한다. 때때로 그 운문역 시편서는 기

도서와 함께 묶어졌다. 그것은 아침과 저녁기도의 시작과 끝에, 그리고 설교의 전과 후에 사용하는 것이 공식적으로 재가되었다. 그 운문역들 가운데 하나는 — 그 가사와 곡조에 의해 여전히 옛날의 100번째(Old Hundredth)로 알려졌는데 — 현대의 모든 찬송가집에도 남아 있다. 600판 이상이 인쇄되었고, 케임브리지 대학교 도서관의 목록에 있는 마지막 판이 1845년으로 날짜가 되어 있다.

그것이 간직하는 사상에 대한 수단에 어울리지 않는 리듬으로, 운문적인 시편에 많은 남용이 따랐다. 그러나 그 남용의 일부는, 가락이 맞지 않는 회중적인 노래를 싫어하고 오직 성가대 음악만을 원한 사람들에 의해서, 혹은 운문적인 시편들 대신에 비성서적인 찬송가를 지지한 사람들에 의해서, 혹은 '제네바의 무곡(舞曲)들' 같은 가락에 분개하고 그 가사들을 청교도적인 정신과 연합시킨 사람들에 의해서 일어났다. 이러한 것들은 형이상학적인 시(詩)는 아니었다. 그것들은 대중의 종교적인 노래들로 계획되었고, 그리고 부분적으로 그 기준에 의해 판단되어야 했다.

1582년 판(版)이 그 제목 페이지에서 말한 것처럼, 그것들은 교회에서 뿐만 아니라 개인 집에서도 사용되도록 의도되었고, 그래서 사람들은 "부당하게 악을 조장하고 젊은이들을 부패시키는 모든 경건하지 않은 노래들과 감상적인 유행가들을 따로 떼어 놓을 수 있었다." 여기에 있는 것은 윌리엄 위팅엄에 의해 번역된, 시편 23편의 1절이다:

> 주님은 오직 나의 후원자이시며
> 나를 먹이시는 분이시니,
> 그 때에 내가 무엇이 부족하며
> 어떤 궁핍함에 빠지겠는가.
> 가장 안전한 외투로 나를 감싸시며,
> 부드러운 풀밭과
> 그리고 가장 즐겁게 흘러가는
> 시냇물로 나를 몰고가신다.

그것은 노골적일 수 있으며, 그리고 칼빈주의자들에 대한 엄한 비평가는 drives(몰다)라는 단어에 그의 눈썹을 치켜 올릴 것이다. 그러나 엉터리 시 (doggerel)라는 이름으로 이 단순한 성실함을 부르는 것은 거의 정직하지 않을 것이다. 이러한 시편들은 시골 축제에서["겨울 이야기"(Winter's Tale) 4막 3장] 나무피리에 맞춰서 혹은 행진할 때에 군인들에 의해서 불려졌다. 시편에서 나온 한 소절이, 던바(Dunbar)의 전투에서(1650년) 올리버 크롬 웰(Oliver Cromwell)의 입술에서 불렸다는 것은 당연했다. 스턴홀드 (Sternhold)와 홉킨스(Hopkins)라 불리운 그 번역본은 잉글랜드와, 그리고 초기의 개혁파 스코틀랜드 사람들에게, 신약성서 외에 어떤 다른 한 권의 책보다 기독교에 대해서 더 많은 것을 가르쳤다.

제 6 장

급진적 종교개혁자들

　무릇 어떤 혁명이든 그 혁명을 재개혁할 파벌을 만들어 놓는 법이다. 종교개혁이 어떤 일에 성공했던 간에, 그것은 종교개혁을 경멸하는 사람들이 '기능공들의 종교'라고 부른 그러한 유형의 경건을 만들었다. 종교개혁은 종교를 가족들 속으로 가져가게 했고, 모든 사람들에게 신앙의 확증을 성경에서 구하라고 강요했으며, 기독교 세계의 역사에서 이전에 볼 수 없었던 호소력으로 하나님께서 당신의 자녀 한 사람 한 사람에게 관심을 갖고 계심을 밝혔다. 구두 수선공은 그의 성경책을 집으로 가져갔고, 그것을 열심히 읽었으며, 그 자신의 힘으로 진리를 발견했다. 성경에서 생명의 말씀을 찾았고, 그것을 이해하기 위해서 교육을 받거나 학문적인 연구를 할 필요를 느끼지 못했다. 만일 성령의 영감(靈感)만이 그의 마음에 성경에 대한 확신을 심어줄 수 있었다면, 성령의 영감만 그 진리를 설명할 수 있었다.

　인쇄술의 보급에 힘입어 문자 해득률이 높아짐에 따라 교회의 기존의 교육 방식에 의문이 제기되던 그 시점에서 교회 전승의 결박들이 끊어지기 시작했다. 이 단순한 사람들은 모든 사람이 그 자신의 힘으로 성경에서 교리를 찾을 평등한 권리를 가졌다고 믿었다. 그들은 성경에서 묵시적 환상들과 무저갱에 던져진 용을 발견했고, 천국과 성도들의 왕국을 꿈꾸었고, 신실한 신자들 가운데서 그리고 바벨론에서 작은 수의 남은 자들을 모으려 했으며, 부자들과 지식인들을 경멸했다. "하나님께서는 보통 사람들과 군중을 쓰셔서 전능하신 주 하나님이 다스리신다는 것을 선포하신다. 그리스도께서 처음 오셨을 때처럼, 가난한 자들이 복음을 받아들인다. 지혜로운 자들, 귀족들, 부자들 중에서는 복음을 받아들이는 자들이 많지 않지만, 가난한 자들은 다수가 복음을 받아들인다."

재세례파

이 작은 집단들의 구성원들은 일반적으로 재세례파로 알려졌는데, 이는 여러 지도자들이 유아 세례를 부인하는 데 동의했기 때문이다. 그러나 재세례파라는 이름은 경멸조의 용어로 느슨하고 폭넓게 적용되었다. 이 이름은 서로 다른 무수한 견해를 포함했다.

대부분의 경우 작은 집단들은 거의 조직되지 않은, 성경을 읽고 공부하는 조용한 모임들이었으며, 교리들과 관례들 사이에 수많은 다양성이 있었다. 그들은 스위스의 도시들, 라인 지방, 그리고 네덜란드의 여러 도시들 안에서 가장 비옥한 토양을 찾았다. 그러나 그들의 원수들이 그들을 모두 재세례파로 단죄했다는 이유로 그들이 서로 일치했거나 통일된 교훈 체계를 형성했을 것이라고 추론해서는 안 된다.

그들은 대부분 유아 세례를 거부했다. 참 교회는 세상으로부터 부름을 받았다고 믿었으며, 그러므로 대체로 행정관이 참 교회를 지지해야 한다는 관념을 거부하였다. 초기의 재세례파들이 동의한 신앙고백에 가장 가까운 문서인, 이른바 슐라이트하임의 재세례파 신앙고백(Anabaptist Confession of Schleitheim, 1527)은 어른 세례와, 가톨릭적인 모든 것을 포함한 세상으로부터의 분리, 그리고 교구의 교회들과 술집으로부터의 분리를 선포했다. 그 문서는 무력 사용이나 법정에 가는 것, 또한 행정관이 되는 것, 또는 맹세하는 것을 단죄했다.

바깥 세상은 두려운 시선으로 재세례파 집단들을 주시했다. 작은 집단들은 종교적으로 괴벽스러운 사람들이나 무지한 광신자들의 손에서, 일반적인 그리고 역사적인 전통의 구속들로부터 자유롭게 되었으나, 신성모독과 범죄로 끝날 수 있었다. 극좌파의 진영에서는 토마스 뮌처(Thomas Münzer)가 1524년의 불행한 농민 봉기 때 이들을 선동하는 데 사용한 묵시적 자극이 있었다. 세계의 다가오는 종말에 대한 폭넓은 예언들, 무력으로 세워질 하나님의 새로운 왕국을 위한 계획들이 있었다. 기괴한 예언자들에 의해 전파된 그 교리들은 이미 타오를 준비가 되어 있던 사람들에게 쉽게 불을 붙였다. 네덜란드 쉬텐비이크의 시장 바텐부르크의 요한(John of Batenburg)은 개종하지 않은 사람은 누구든 죽음을 당해야 하고, 교회들은 약탈될 수 있으며, 만일 결혼한 한 쪽 당사자가 개종하지 않으면 이혼해야 하고, 재산은 공유해야 하고, 일부 다처제가 옳으며, 그리고 자신이 재림을 예비하는 엘리야라고 주장한 듯하다. 그는 세례를 중시하지 않았는데도 재세례파로 알려졌다. 그러한 부류들 때문에 온건한 재세례파 집단들까지 일반인들에게 함께 매도당했다.

뮌스터

1533년 말 베스트팔렌 뮌스터 시에서 재세례파 집단은, 전임 루터교 목사 베르나르트 로트만(Bernard Rothmann)의 지도하에 시의회를 장악했다. 1534년 초기에 네덜란드의 예언자이자 과거에 여관 주인이었던 라이덴의 요한(John of Leyden)이라는 사람이, 그 도시를 새로운 예루살렘으로 만들라는 부름을 받았다는 믿음을 가지고서 뮌스터에 나타났다. 1534년 2월 9일 그의 당이 시청을 점거했다. 3월 2일까지 세례 받기를 거부하는 모든 사람들을 추방했고, 그곳을 억압받는 자들을 위한 도시로 선언했다. 비록 뮌스터의 주교가 군대를 모집하여 자신의 시를 포위하기 시작했지만, 성에서 발생한 그 반란은 잔인하게 진압되었고, 라이덴의 요한은 새로운 시온의 왕으로 선포되었고, 왕처럼 복장을 했으며, 시장터에 궁정과 권좌를 마련했다. 유무 상통의 공동체가 세워지도록 법이 포고되었고, 일부 다처제의 허용을 위해 구약성경이 예로 들어졌다. 한때 상식 있는 사람이었고, 한때 멜란히톤의 친구였던 베르나르트 로트만은 아홉 명의 아내를 취했다.

그들은 이제 자신들에게 경건하지 않는 자들을 근절하는 의무와 권력이 주어졌다고 믿었다. 세상은 멸망할 것이고 오직 뮌스터만 구원될 것이다. 로트만은 대대적인 반란을 일으키도록 공공연하게 선동을 했다. "친애하는 형제들이여, 전투를 위해 고난을 위한 사도들의 비천한 무기들로 무장할 뿐 아니라, 복수를 위한 다윗의 영광스러운 갑옷으로 무장하라 …… 하나님의 능력을 입고 경건하지 못한 자들을 멸절하라."

게엘렌의 요한(John of Geelen)이라는 전직 군인은 그 도시를 몰래 빠져 나와 이 선언문의 사본들을 가지고 네덜란드로 들어간 뒤 그곳의 도시들에서 갑작스러운 일들을 계획했다. 1535년 2월 어느 날 밤에 한 무리의 남자들과 여자들이 무장을 하지 않고서 벌거벗은 채로 암스테르담의 거리를 달리면서 "화로다! 화로다! 하나님의 진노가 이 도시에 임한다"고 소리쳤다. 1535년 3월 30일에 게엘렌의 요한은 300명의 재세례파들, 남자들과 여자들이 프리슬란트의 한 오래된 수도원을 습격하여 그곳을 요새화하고, 그 지방을 공격하기 위해 돌격하면서 중포 포격을 가해오는 상황에서 간신히 도망쳐 나왔다. 1535년 5월 10일 밤에 게엘렌의 요한은 시에서 연회가 베풀어지는 동안에 30명의 무리와 함께 암스테르담의 시청을 공격하였고, 그 결과 시장과 몇 사람의 시민들이 죽었다. 마침내 1535년 6월 25일에 뮌스터의 성문들은 그 성 안에 있는 제정신을 가진 사람들에 의해 열렸고, 그리고 주교의 군대가 그 도시로 들어갔다. 그때 재세례파 지도자들이 교수형을 당할 때 내걸렸던 시렁들이 여전히 성 람베르트 교회의 탑에 걸려 있다.

백년이 넘도록 뮌스터라는 불길한 이름은 종교적인 관용에 호의적인 주장들을 무너뜨리기에 충분했고, 아무리 법을 준수한 재세례파라도 진압하기를 잘했다고 증명하기에 충분했다. 초기에 재세례파 공격에 가담했던 어떤 사람은 "지금 이 순간 그들은 평화적이고 법을 지키는 양들이지만, 전에 반역했던 것처럼 곧 늑대들이 될 수 있다"고 썼다. 취리히의 츠빙글리의 후계자인 하인리히 불링거(Henry Bullinger)는 "하나님께서는 뮌스터에서의 혁명에 의해 정부의 눈을 열어주셨고, 그 이후로 어느 누구도 무죄하다고 주장하는 재세례파를 신뢰하지 않으려 했다"고 썼다.

만일 광적인 극단론자를 제쳐 놓는다면, 재세례파 집단들은 발전 과정에서 네 지역에서 결합하기 시작했다. (1) 스위스 사람들 ― 츠빙글리 시대에 취리히에서 콘라트 그레벨(Conrad Grebel)과 펠릭스 만츠(Felix Manz)가 결성; (2) 독일 남부 사람들 ― 처음에는 발타자르 후브마이어(Balthasar Hubmaier)와 한스 덴크(Hans Denck)가 이끌었으나, 그들의 사후에 티롤의 기능공 필그림 마르벡(Pilgrim Marbeck)이 주도; (3) 모라비아의 후터파 형제단(the Hutterite Brethren); (4) 네덜란드와 독일 북부의 메노파.

취리히에서는 성경 공부를 위한 작은 모임의 회원들인 약 15명의 사람들이 그들의 자녀들이 세례 받는 것을 거부하였다. 1525년 초에 그 모임의 게오르그 블라우록(George Blaurock)에게서 세례를 받았고, 그후에 그 모임의 나머지 사람들도 세례를 받았다. 며칠 후에 호수 아랫쪽의 촐리콘이라는 마을에서 더 많은 성인들이 세례를 받았고, 그리고 곧 블라우록과 그레벨이 그 지방을 두루 순회하면서 시냇물에서 남자들과 여자들에게 세례를 주었으며, 집에서나 들에서 간단한 예배를 드렸다. 1526년에 취리히의 시의회는 모든 재세례파 교도들을 익사시키라고 명령했다. 재세례파 가운데 한 사람인 펠릭스 만츠는 장애물에 묶여서 강에 던져졌다. 블라우록은 거리에서 채찍질을 당한 뒤 그 나라에서 추방되었다. 그는 티롤로 옮겨갔으나 붙잡혀 1529년에 화형을 당했다.

후터파 (Hutterites)

1526년부터 부분적으로 스위스의 영향을 받은 작은 집단이 모라비아에서 자생적으로 결성되었다. 이 집단은 분열과 역경을 겪은 뒤 1556년부터 1620년까지 분파들 중의 하나가 후터파 형제단으로 평화스럽게 존속했다. 야콥 후터(Jacob Hutter)는 1536년에 사형당했으나, 자신이 세운 특별한 집단에게 사도행전 전반부 몇 장에 근거하여 유무 상통하는 사회가 그리스도인들이 추구해야 할 진정한 목표라는 확신을 심어주었다.

그들은 그 공동체를 '형제의 집'으로 결성했는데, 니콜스부르크에 가면 그때 세워진 브루더호프(Bruderhof, 형제의 집)가 여전히 서 있다. 브루더호프는 몇 개의 크고 작은 건물들로 이루어졌다. 1층은 공동생활을 위해 사용되었고, 식당, 학교, 탁아소, 조리실, 직조실, 대장간, 직업실이 있었다. 지붕들은 높고 경사가 급했으며, 다락방에 가족들이 살았다. 각 브루더호프는 선출된 청지기에 의해 운영되었고, 성찬식은 식당에서 거행되었다. 법령들은 어떤 면에서는 중세 수도원의 회칙을 회상케 하였고, 그리고 전체적으로 보아 이 후터파 공동체들은 가족의 맥락에서 과거의 금욕적인 이상을 매혹적으로 나타낸 집단이었다.

이윤 추구는 개인에 대해서는 금지되었으나 공동체에 대해서는 허락되었다. 초기의 후터파 문서에는 "사유 재산은 사랑의 가장 큰 적이며, 참 그리스도인은 사유 재산에 대한 의지를 포기해야 하고, 만일 제자가 되려 한다면 재산으로부터 자유로워야 한다"고 단정적으로 기록되어 있다. 모든 자재는 자급자족하는 것이 원칙이었고, 따라서 가죽 무두질과 구두 수선 같은 작업은 다 구내에서 이루어졌다. 금속처럼 자급자족이 불가능한 자재는 외부에서 구입했지만, 그럴지라도 장사를 할 의도가 없었고, 되팔려는 의도로 자재를 구입하지도 않았으며, 다만 노동의 결실을 팔 수 있을 만한 것만을 구입했다. "어떤 물건을 구입하여 되팔아 이윤을 남기면 물건값이 비싸져서 가난한 자들의 생계를 위협하게 되고, 그로써 가난한 자들이 부자들의 종으로 전락할 수밖에 없게 되는데, 우리는 이것이 옳지 않다고 생각한다."

이 공동체에 가입하는 모든 사람은 기술을 배워야 했다. 대부분의 온건한 재세례파들처럼 그들도 원칙상 평화주의자들로서, 칼과 창과 총의 제조를 허용하지 않았다. 그들은 정상적인 세금을 지불했으나 공공연하게 군사 목적으로 징수된 세금은 거부하였고, 그 결과 재산이 몰수되는 것을 감내했다. 모든 노동은 서두르지 않고 주의 깊게, 견고하게, 신뢰할 수 있게 해야 했다. 어느 누구도 재산을 증여할 수 없었다. 사람이 사용한 모든 물건은 그가 죽을 때 공동체로 되돌려졌다.

부단한 노동과 세심한 생산, 금욕적인 생활, 그리고 절제된 소비는 부를 의미했다. 1564-1619년의 평화로운 시기에 모라비아의 후터파는 유명해졌는데, 이는 그들이 질 좋은 상품을 다른 어떤 곳에서보다 싼값에 제조할 수 있었기 때문이다. 그들은 의사들, 시계 제조자들, 필경사들, 칼 만드는 사람들, 가구 설계자들, 무엇보다도 마졸리카 도자기 설계자들로 유명했다. 그들의 목욕탕들은 가톨릭 귀족들에 의해 자주 출입되었고, 그들에게 농장이나 양조장이나 제재소를 운영해달라는 문의가 쇄도했다.

그들은 1609년에 한 오스트리아 귀족에게 철제 침대 틀을 팔았고, 1611년에는 브란덴부르크의 마르그레이브에게 금을 풍부히 입힌 마차를 팔았으며, 1613년에 디트리히슈타인(Dietrichstein)의 추기경에게 장식용 시계를 팔았다. 옛 모라비아의 가구 상품 명세서에는 '은과 금박으로 장식된 푸른색 재세례파 주전자와 같은 것'이 들어있으며, 지금도 박물관들에 가면 아름다운 마졸리카 도자기들을 볼 수 있다. 그들의 위대한 내과의사인 초벨(Zobel)은 황제 루돌프 2세(Rudolf II)의 주치의로 기용되었다. 아마도 그들의 전성기에는 인구 2만 명 이상을 거느린 100개의 공동체가 있었던 것으로 추정된다.

삼십년 전쟁의 발발은 그들의 평화와 풍요의 시대를 종식시켰다. 1620년에 제국의 군대가 니콜스부르크를 약탈했고, 1621년에는 정부의 권고를 받은 주교 혹은 우두머리가 그들의 '보물' 창고(그들은 보물을 땅에 묻었다)를 파헤쳤다. 전설과 모략으로 크게 부풀려진 이 보물은 노동 공동체들의 자본금이었다. 1622년에 그들은 모라비아에서 추방되었고, 그리고 나머지는 동쪽으로 도망했다. 슬로바키아, 터키의 여러 지방, 그리고 우크라이나를 거쳐 그들은 1874-79년에 미국의 사우스 다코타로 갔다. 그곳과 캐나다의 북부 지방에 가면 후터파 형제들의 공동체들을 볼 수 있는데, 1954년 당시 약 만 명의 주민이 120개의 브루더호프를 이루고 살면서 재산을 공유하고, 학교에서는 영어를 배우고, 집에서는 독일어를 쓰며, 예배 때 17세기에 작성된 설교들을 낭독하고, 새로운 설교는 허용하지 않되 농기구, 자동차, 전화, 전기 조명은 허용한다.

메노파 (Mennonites)

재산 공유는 뮌스터와 후터파에도 불구하고 재세례파들의 흩어진 집단들 사이에서만 발견되었고, 다른 곳에서는 정통 교회의 방식대로 '각자 서로의 짐을 지는 것'으로 급속히 해석되기에 이르렀다.

그러나 한동안 다른 독특한 관습들이 있었는데, 그 관습들의 흔적도 후터파 집단들 사이에서 발견된다. 후터파 운동의 최종적인 확신은 순수한 회중, 성도의 사회, 그리고 진실로 거듭나고 세상에서 나오되 개인들로서뿐 아니라 사회 단위로 나온 사람들에 대한 믿음이었다. 그들이 유아 세례를 공박하고 국법으로 세워진 교회를 비판하게 된 뿌리는 여기에 있었다. 신도들을 영적으로 뿐 아니라 사회적으로도 세상의 일상 생활을 등지도록 만든 뿌리가 여기에 있었다.

군 복무나 특정 세금을 거부해야 했던 상황은 그들의 평화로운 삶을 가로막는 큰 난제였다. 그러나 절대 순결을 위한 욕구는 그들에게 이것들보다 더 많은 고뇌를 안겨 주었다. 만약 참 그리스도인이 불신자와 결혼한다면 어떻게 될까? 1527년의 한 스위스의 소책자는 신자는 믿지 않는 배우자와 이혼하거나 혹은 차라리 그 결혼이 없었던 것처럼 행동해야 한다고 단언한다. 1536년에 멜란히톤은 튀링겐에서 어떤 재세례파의 심문을 듣고, 피고가 오류 있는 신앙을 직접적인 이혼 사유로 주장한다고 믿었다. 이 고뇌의 다른 흔적들이 그 운동에서 심심치 않게 발견된다. 그러나 분별력 있는 지도자들은 엄격한 견해가 여기서 유지될 수 없다는 것을 알게 되었다.

고뇌의 두번째 근원은 출교였다. 전통적인 교회들에서 출교는 때때로 법에 의한 사회적인 추방 같은 세속적인 형벌을 수반했다. 재세례파는 법과 관계를 갖지 않으려고 했다. 그러나 그들은 순수한 공동체로부터의 배제는 사회적인 배제를 수반해야 한다고 믿었다. 네덜란드의 재세례파 지도자들 가운데 우두머리였던 메노 시몬스(Menno Simons, 1561년에 죽음)는 그 원칙을 15-30년 동안 채택했다.

1556년에 엠덴 회중의 루트거스(Rutgers)라는 회원이 출교되었다. 그의 아내는 그로 인해 자신의 남편과 갈라서서는 안 된다고 믿었고, 그로써 그녀도 출교를 당했다. 그의 아내가 정당하게 출교된 것인가 아닌가에 대한 뒤이은 논쟁으로 메노파는 한동안 분열을 겪었다. 1557년에 슈트라스부르크에서 열린 남부 독일 제세례파 회의는 그 가혹한 조치를 단죄했는데, 메노 시몬스는 처음에는 그 출교에 반대했다가 말년에 이르러 엄격한 입장으로 돌아선 듯하다. 북부 독일과 네덜란드에서 그 운동은 자유파와 엄수파로 나누어졌다.[1]

이러한 분위기에서 모든 재세례파 집단들은, 심지어 18세기까지 공동체 안에서의 결혼을 강하게 선호했으며, 그 이유로 사촌이나 육촌이 결혼하는 것이 흔하게 되었다. 약혼은 강단에서 공포되었고, 스위스의 메노파에서는 집사가 남자의 청혼을 여자의 가족에게 전달하였다.

다른 많은 흥미로운 관습들이 메노파 내에 나타났다. 처음에 성찬식은 가끔 침묵 속에서 예전(禮典)이나 형식 없이 거행되었다. 성찬식 후에 가끔 세족식이 있었고, 남녀는 떨어져 앉았으며, 성찬식의 평화의 입맞춤과 "하나님께서 당신에게 복 주시기를 원한다"는 기원으로 끝났다. 튀링겐의 재세례파는 "우리에게 영원한 하늘의 양식을 주옵시고"라는 구절이 있는 자신들의 주기도문 번역을 유지했다. 보다 더 엄격한 집단들은 의복, 가구, 음식에서 극단적인 단순성을 유지하였다. 성찬식 전의 일요일에 회중은 자기 반성을 위해 모였고, 때때로 그후에 성찬에 나가지 않기로 결정할 수 있었다. 세례는 주로 전통적인 교회들에서처럼 관수(灌水)로 하고 침례에 의하지 않았다. 오늘날 극단적인 미국 아미쉬 메노파의 특별한 관습, 이를테면 단추 달린 옷은 입지 않고 후크 달린 옷만 고집하는(단추를 옷의 장식물로 보았기 때문에) 관습은 유행에 아랑곳 없이 더디게 도입된 것이다. 유행을 받아들이는 것은 세상과 타협하는 것이었다.

---

1) 미국에 있는 구 아미쉬 메노파(the Old Order Amish Mennonites)는 여전히 일종의 출교를 시행한다. 즉, 한 식구라도 한 상에서 먹지 않고 한 밭에서 일하기를 거부한다.

수상(水上) 거주파 (Waterlanders)

이와는 대조적으로 수상 거주파로 알려진 네덜란드의 메노파는 자신들이 살고 있는 사회에 보다 자유롭게 적응할 수 있었다. 그들은 관용의 상황에서 결성되었기 때문에, 여러 방향에서 재빠르게 초기의 엄격함을 수정하기 시작했다. 반전주의 원칙을 단념하지 않으면서도 많은 금액의 돈을 모아서 루르몬트 병영에 주둔하고 있던 오렌지의 윌리엄(William of Orange)에게 건네주었고(1572년), 다음 세기에는 그들의 상선들에게 해적들에 대한 보호로서 대포를 소지하도록 허용했다는 이유로 고소를 당했다. 1581년 당시 그들은 피 흘리는 업무에 종사하는 관직이 아니라면 신도들이 정부의 관직, 적어도 하위 관직을 맡아보는 것을 허용하고 있었다. 그들은 메노파 밖의 사람들과의 결혼을 비판하면서도 관용했다.

1620년까지 그들은 유아 세례를 받은 칼빈주의자들이 다시 세례를 받지 않고 그들에게 가담하는 것을 허용했다. 그들은 서서히 침묵의 기도를 목사에 의한 기도로 바꾸었고, 그리고 시편을 노래하기 시작했다. 네덜란드의 주(州)들은 대체로 그들을 잘 대해주었고, 그들의 양로원들과 고아원들에게 세금을 면제해 주었으며, 그들이 맹세하는 대신에 단언하는 것, 그리고 그들의 군 복무를 돈으로 대신 무는 것을 허락해 주었다. 결론으로, 하나님을 경외하는 이 작은 집단은 네덜란드에서 그 자신들을 은행가들로, 상인들로, 학자들로, 화가들로(뢰이스달〈Ruysdael〉을 포함한) 세웠다. 그들은 뮌스터의 기억보다 더 오래 살아남았다.

소지니파

재세례파 운동의 가장자리에서 보다 신학적으로 결속한 집단이 생겨났는데 그들은 소지니파(the Socinians), 아리우스파(Arians) 혹은 유니테리언파(Unitarians) 등 다양한 명칭으로 알려졌다.

초기의 재세례파 사상가들에게 첨예했던 문제는 초기 교회의 결정들, 특히 그리스도의 본성과 위격과 출생에 관한 결정들을 재평가하는 일이었다.

삼위일체 교리를 성경 원문에 비추어 재검토하고 비평하는 것이 불가피했다. 루터 자신이 '삼위일체'와 '동일 본질' 같은 단어가 기독교 언어에 꼭 필요한 것이 아니라고 천명했다. 물론 루터는 그 단어들이 나타내고자 했던 사상을 전적으로 수용했지만 말이다. 1534년에 로잔에서 비레(Viret)는 삼위일체, 위격, 본질 같은 단어들을 사용하지 않은 채 정통적인 신앙고백서를 작성했다. 칼빈은 아타나시우스 신조를 사용하지 않은 것에 만족했다. 재세례파 운동은 스콜라주의적 난해함과 신학적인 사변에 대하여 반대했으며, 전통적인 사상가들이 삼위일체에 관해 사용한 일부 용어를 작위적인 것으로 정당하게 평가했다.

16세기의 유니테리언파를 18세기의 합리론적 비평가나 심지어 르네상스 인문주의자로 추측하지 말아야 한다. 16세기의 유니테리언파는 이성이나 제도적 권위에 일체 호소하지 않은 성경 학도로서, 스스로 일정한 결론을 도출해 냈다. 성경 본문을 제외한 모든 기독교 역사가 그에게는 아무것도 아니었다. 「사도들 이후의 모든 세계에 반대하여」(*Against the Whole World Since the Apostles*)가 캄파누스(Campanus)라는 재세례파 지도자에 의해 쓰여진 책의 제목이다.

대부분의 재세례파 교도들은 이 문제에서 고대의 정통 신앙 편에 서 있었다. 대부분의 재세례파 교회들은 이 문제에 관심이 없었다. 그들은 신조를 사용하지 않았고, 성경적인 본문에 가깝게 진행되는 예배의 방식에 만족했다. 아담 파스터(Adam Pastor)라는 반(反)삼위일체론자가 독일의 메노파 사이에 두각을 나타냈을 때, 메노 시몬스와 엄격한 지도자들은 그를 출교했다. 그러나 덜 엄격한 진영의 생각은 달랐다.

반삼위일체론적 사고를 채택한 초기의 급진주의자들 가운데 가장 유명하고 영향력이 있었던 사람은 스페인의 미카엘 세르베투스(Michael Servetus)였다. 반삼위일체론의 지도자들 가운데 놀랍게도 높은 비율이 이탈리아나 스페인에서 온 망명자들이었다. 1530년에 19세기나 20세기의 젊은이였던 세르베투스는 라인 지방의 개신교 목사들에게 괴상한 삼위일체론으로 유명했다. 그는 그의 생애가 비극적인 종말로 끝날 때까지 삼위일체 교리를 믿었다. 그는 난해한 스콜라 학자들과 철학자들에 의해 짜여진 잘못된 형태들과 전문적인 용어들을 부수는 것이 자신의 사명이라고 생각 했다.

그는 비상하고 다재 다능한 젊은이였다. 의학을 공부했고 해부학에서 탁 월한 사고를 하였으며 피의 순환을 추측했다. 지리학자 프톨레마이오스 (Ptolemy)의 글을 능숙하게 편집하였다. 1537년에는 파리에서 점성술에 대 해 강의하였고 돈을 벌기 위해 별점을 쳤다. 1546-48년에는 당밀(唐蜜)에 관한 책을 써서 세 번의 개정판을 발행했다. 그는 예상된 세상의 종말이 속히 올 때까지 이러한 다재 다능을 발휘하여 학자로, 편집가로, 그리고 인 쇄 교정가로서 생계비를 벌었다. 리용 근처에서 내과의사로 일하면서 겉으 로는 가톨릭 교도 행세를 하면서 속으로는 교황과 삼위일체론과 유아 세 례를 경멸한 그는 그 사실이 발각되어(이 때 제네바의 칼빈으로부터 지원 이 없지 않았다) 종교 재판소에 의해 이단으로 단죄되었다. 비엔느 종교 재판소 감옥에 수감된 그는 간수의 허락을 받아 잠옷 차림으로 정원을 산 책하는 척하다가 탈옥했다. 그가 파리로 도망하여 정신병에 걸려 죽었다는 소문이 멀리 비텐베르크까지 퍼졌다. 그는 어떤 주말에 제네바를 지나가던 길에 오후 예배에 참석했다가 회중 가운데 신원이 확인되었다.

그는 1533년 10월 27일에 제네바의 성벽 밖 개활지에서 화형을 당했다.

세르베투스는 진리를 추구했으나, 현명하거나 겸손한 사람은 아니었다. 괴팍하고 신경질적이고 불안정하고 입이 걸고 거만한 사람이었다. 그러나 그는 자신의 화형식에 거의 모든 제네바 시민을 끌어들이되, 순전히 지적 오류만 가지고 그렇게 함으로써 여느 인격자들보다 기독교 박애의 증진에 더욱 이바지했다. 그는 이단 때문에 개신교도들에 의해 사형을 당한 첫번 째 사람이 아니었으며, 마지막 사람도 아니었다. 그의 죽음은 우리가 볼 수 있는 것처럼 기독교 세계로 하여금 양심의 문제로 사람을 죽이는 무서운 행렬을 보다 빨리 끝내게 하였다.

라코우 (Rakow)

각 장원의 영주가 자신의 종교를 선택할 자유를 얻었기 때문에 종교개혁은 폴란드에도 번져나갔다. 대 사유지에 있는 개인 예배실에서, 만일 그 소유자가 특정 교리를 지지하면 그 교리는 안전했다. 동쪽으로 도망쳐 온 재세례주의자들은 폴란드의 여러 대 사유지에서 안식처를 찾았으며, 그곳에서 흩어져 있는 개혁주의 회중들에게 인정을 받았다. 한동안 그들은 헝가리와 트란실바니아에서도 비슷한 피난처를 찾았다.

폴란드에서는 재세례파 원칙들을 고백하고 반(反) 삼위일체 교리를 표방하는 소 개혁교회(the Minor Reformed Church)가 설립되었다. 이 교회는 몇몇 대 사유지에 거점을 두었는데, 그중 중요한 곳은 리투아니아의 대법관 라치빌 공(Prince Radziwill, 1565년 죽음)의 후원을 받은 리투아니아의 빌나와, 얀 시에닌스키(Jan Sieninski)라는 재세례파 고관의 후원을 받은 라코우였다. 시에닌스키는 확고한 반삼위일체론자인 자기 아내를 위해 자기 사유지에 새로운 읍을 세우고, 그곳을 아내 겉옷에 새겨진 게(rak) 문장(紋章)을 따서 라코우라고 부른 뒤, 폭넓은 종교 관용을 시행하는 자치체로 건설하도록 특허장을 주었다(1569년).

"나 얀 시에닌스키는 모든 사람에게 알리노니, 앞서 소개한 라코우 사람들의 서로 다른 신앙에 대해 간섭하지 않을 것이고, 대리자들을 세워 획일적인 신앙을 강요하지도 않을 것이다. 그러나 그들 각 사람은, 주님께서 그에게 은총을 주시는 대로, 그리고 진리에 대한 그의 지식이 그를 인도하는 대로, 그 자신과 그의 후손들이 평화롭게 그의 종교를 간직하도록 할 것이다."

라코우에는 폴란드의 다른 사유지들에서 온 급진론자들, 모라비아와 독일에서 온 망명자들, 그들의 부동산을 팔아서 가난한 사람들에게 분배해 주고 온 한두 사람의 폴란드 귀족들, 그리고 라코우가 새 예루살렘이 될 것이라고 믿은 순진한 열광자들이 몰려들었다. 몇 년 동안 종교적인 무정부 상태 후에, 라코우의 시민들은 그 읍을 후터파의 형제의 집(Bruderhof)과 같은 어떤 것으로 전환하기 원했다. 그들은 신약성경 본문을 엄격히 적용한 터에서 그 도시를 조직하였다. 다른 모든 사람처럼 지위고하를 막론하고 목사들은 자신의 손으로 생계를 유지해야 했다. 그들은 농노 해방과 재산 공유를 장려하며, 법정에 대한 호소, 스포츠, 그리고 공공 무도회를 단념시켰고, 종이, 옷, 그리고 도자기 공장들을 세웠으며, 그리고 유니테리언 사상을 담은 저술들을 펴내기 위해 인쇄소를 세웠다(1600년). 1602년에 모든 학생이 노동과 학업을 병행하는 대학이 설립되었고, 설립자의 아들인 야콥 시에닌스키에 의해 재산이 증여되었다.

소지니

1580년에 한 힘있는 지도자가 라코우의 교회에 입교를 청했다. 그는 훗날 유니테리언파에게 소키누스(Socinus)라는 라틴 식 이름으로 알려진 파우스토 소지니(Fausto Sozzini)였다. 소지니는 초기의 많은 급진주의자들처럼 혈통상 이탈리아인으로서, 유력한 시엔 가(Sienese family)의 사람이었다. 그의 삼촌 렐리오 소지니(Lelio Sozzini)는 급진적인 개신교 진영에서 이미 명성을 얻은 사람이었다(세 명의 다른 삼촌은 이단으로 의심을 받거나 고소되었다). 소지니는 피렌체에서 서기로 활동하면서 성경의 권위를 명쾌하고 정통주의적으로 표현하는 것으로 신학적인 명성을 얻었다. 1575년 경에 피렌체에서 바젤로 간 그는 그의 가장 유명한 저서, 즉 속죄로서 갈보리의 인상을 설명한 「그리스도의 구속 사역」(*On the Saving Work of Christ*)을 썼지만 인쇄를 하지는 않았다. 확신 있고 비판적인 급진주의자인 그는 폴란드로 여행하여 그곳에 1580년부터 1604년에 죽을 때까지 그곳에 머물렀다.

그는 폴란드의 교회로부터 입교를 거부당했다. 교회 당국은 다시 세례를 받아야 한다고 말했으나, 그는 세례가 교회의 필수적인 의식이라는 것을 믿을 수 없었다. 계속되는 압력에도 불구하고 그는 결코 복종하지 않았고 라코우에서 성찬을 받지 않았다. 그러나 그는 그들과 함께 예배하였고, 그 교회의 대회들에 참석하되 조용히 앉아 있지 않았으며, 그 결과 부득이하게 지도자가 되었다.

라코우 교인들이 무엇을 부정하는 데서만 서로 일치했기 때문에, 소지니

는 건설적인 사고를 위한 영역으로 들어갔다. 그에게 힘겨웠던 일 중 하나
는 1589년의 흐미엘니크 대회로 하여금 임박한 천년 왕국에 대한 신념을
포기하도록 설득한 일이었다. 그는 광적이지 않은 온건한 평화주의를 변호
했으나, 그럼에도 불구하고 교회들에게 교인들로 하여금 세금을 내고, 법정
을 이용하고, 사유 재산을 소유하고, 투자하여 이자를 받고, 사형 언도나 집
행에 관련된 직위가 아니라면 공직을 맡도록 허용하게 했다. 그는 유니테
리언파에게 교리 체계와 기독교의 전통적인 치밀한 사유 방식을 제공했다.
그의 교훈의 요체는 아무리 삼위일체론에 반대한다 할지라도 그리스도를
신(神)으로 예배해야만 신약성경에 충실하게 된다는 것이었다.

소지니가 죽은 다음 해인 1605년에, 그의 제자들 중의 세 사람이 라코우
에서 소위 라코우 요리문답(Rakovian Catechism)을 발행하였다(라틴어 판,
1609년). 이 요리문답은 아우그스부르크 신앙고백이 루터교도들을 위한 것
이 되었던 것처럼 소지니파를 위한 것이 되었다. 그것은 (허가없이) 영국
의 제임스 1세에게 헌정되었으나 1652년 4월 영국 의회의 명령에 의해 소
각되었다. 루터파와 개혁파의 교수들은 집필과 강의를 통해서 그 요리문답
을 논박했다. 그 요리문답은 어느 정도 건설적인 성격을 띠는 데 성공했으
나, 삼위일체 교리를 부정했을 뿐 아니라 원죄, 세례로 말미암는 중생, 죽음
에 대한 예정, 대속, 이신칭의도 부정했다. 이 요리문답은 그 이상의 교리들
을 부정한 사람들이 들어 있는 급진주의자들의 진영에서 나왔다.

라코우의 종말

소지니파의 삶은 순탄하지 않았다. 소지니 자신은 크라코우의 거리에서
젊은 가톨릭 교도에게 오물 세례를 받은 뒤 군중에게 구타를 당하여 죽었
으며, 그의 문서들은 시장 광장에서 소각되었다. 소지니파의 안전은 가톨릭
교도인 폴란드 국왕이 약해야 보장을 받을 수 있었고, 그들의 취약성은 그
들이 표방한 평화주의가 전시에는 반역으로 몰릴 빌미를 준다는 데 있었
다. 시에닌스키 가의 세번째 세대인 설립자의 손자는 빈(비엔나)의 대학교
에서 공부하는 동안 열렬한 가톨릭 교도가 되었다. 1638년에 라코우 아카

데미에 다니던 두 학생이 라코우 경계에 도발적으로 세워진 십자가 상에 돌을 던졌다. 크라코우의 가톨릭 주교는 바르샤바 제국의회에서 십자가 상의 깨진 조각들을 제시하였고, 그 이후로 인쇄소는 진압되고, 그 아카데미는 폐교되었으며, 소지니파 주민들은 추방되었다. 소지니파의 교회 자리에, 그 주교가 1640년에 새로운 가톨릭 교회의 기초를 놓았으며, 그리고 한 세기 반 후에 여행자들은 어른들이 침례를 받던 장소의 폐허를 여전히 볼 수 있었다.

그리하여 유니테리언 사상의 중심은 폴란드에서보다 급진적인 네덜란드의 메노파에게로 옮겨갔다. 그러나 영국, 네덜란드, 그리고 17세기의 독일에서 소지니의 이름과 작업은 잊혀지지 않았다. 이는 그와 그의 동조자들이 종교개혁의 좌파의 입장에서 한 가지 근본적인 질문을 던졌기 때문이다. 그것은 초기 교회와 그 교훈을 참조하지 않은 채 오직 성경의 권위만으로 삼위일체의 용어를 변호할 수 있는가 하는 질문이었다.

영국의 독립파

솔즈베리의 주교 존 주얼(John Jewel)은 1567년에 돈호법(頓呼法)을 사용하여 대륙의 국가들에게 "우리는 여러분의 재세례파를 모른다"고 썼다. 그러나 그것은 사실이 아니었다. 가톨릭 왕 헨리는 한 해에 13명의 네덜란드 재세례주의자들을 화형시켰다. 개신교도 엘리자베스 여왕은 1575년에 두 명의 네덜란드인 재세례주의자들을 화형시켰다. 삼십구개조(the Thirty-Nine Articles, 1571년)는 무기와 서약을 옹호하고 재산 공동체를 비판한 점에서 유럽으로부터 각종 저서들과 이민들이 영국에 유입되었음을 보여준다. 소수의 외국 재세례주의자들이 에드워드 6세와 엘리자베스의 재위 중에 런던에 도착했다. 그러나 삼십구개조는 그림자와 싸우고 있었다.

작은 집단들은 종교가 안정되지 않은 곳이라면 어느 곳에서나 번성했다. 그리고 엘리자베스 시대의 영국의 종교는 여전히 안정되지 못했다. 그러나 칼빈주의가 지배하는 개신교 국가들과 이웃하고 있던 영국은 중간 길을 선택했다. 교리적 신중함 혹은 전례(典禮)적 보수주의를 비판한 영국의 칼빈주의자들은 영국 국교회에서 갈라지는 것을 원하지 않았으며, 교회 안에서 법적인 수단에 의해 개혁하기를 원했다. 그들의 공격이 격렬하면 할수록 영국 국교회의 방어는 법에 의해 확립된 것처럼 더 단호해졌다. 그리고 적어도 1567년부터는 영국 국교회의 좌파들 중 예배 때 성직자가 중백의(中白衣)를 입거나 성찬 때 무릎을 꿇게 하는 교회에는 도저히 출석할 수 없다고 판단하여 따로 비밀리에 불법 집회를 갖는 집단들 혹은 회중들이 더러 있었다. 이 회중들의 대부분은, 영국 국교회의 제도에 순응하지 않음으로써 정직되거나 면직된 국교회 목사들이 이끌거나 결성했다.

그들은 기도서와 전례, 중백의, 세례 때의 십자가 성호 긋기 등을 사용하여 예배를 드리거나, 법률가들이 세속 법정에서 교회적 권징을 시행하는 것을 용납할 수 없다고 판단했다. 비록 그들 대부분은 단순한 사람들이었지만, 그 지도자들 가운데 한두 사람은 교육을 받았고, 심지어 유식했다. 그들 중 일부는 유아 세례를 거부했는데, 그들이 그 나라에서 쫓겨나 네덜란드에 망명했을 때 네덜란드 메노파의 실례와 영향은 중요해지기 시작했다. 대다수 회중들에게는 계약 사상이 근본적이었다.

각 교인은 하나님과 거룩한 생활에 힘쓰겠다는 계약을 맺었고, 이 계약에 근거하여 회중의 다른 교인들이 윤리 문제에 대해 권징을 시행했다.

종교개혁은 열려있는 성경에 호소하였다. 개혁가들은 들에서 일하는 무학한 농부라도 직접 성경을 읽을 수 있기를 바랐고, 그렇게 되도록 계획했다. 17세기의 노동자는 그 자신의 힘으로 읽기를 시작했고, 주요 개신교 교회들은 자국어 성경에 힘입어 대중의 의식 속에 홍수와도 같은 역동적인 힘을 불어넣었다. 그 홍수는 어떠한 인공적인 운하의 둑으로도, 심지어 당시의 권력자들이 행사할 수 있었던 것보다 더 효과적이거나 엄격한 검열로도 막아낼 수 없는 세찬 것이었다.

17세기 중반의 영국은 '직공', 놋쇠공, 모피공, 마부들이 직접 성경을 읽고서 각자의 신학을 도출해 낼 때 무슨 일이 벌어지는지 보여주는 실험장이었다. 초기의 루터처럼, 어떤 개혁자들은 평신도의 제사장직을 설교하였다. 그것이 평신도 혹은 심지어 여자도, 크롬웰 군대의 헨슨 대령(Colonel Henson)이 아스톤에서 설교단으로 밀고 들어가 설교를 한 것처럼, 목사가 원하든 원하지 않든 어떤 때에라도 집회 때 말할 수 있다는 것을 의미했을까?

종교개혁은 교회 개혁에 착수했었다. 만일 당신이 개혁하기 시작한다면, 얼마나 멀리까지 당신은 개혁할 것이며, 그리고 언제 당신의 개혁이 성공했다고 생각할 것인가? 종교개혁의 한 가지 목적은 교구의 교회들 안에서 수치스럽고 무가치한 사람들을 제거하는 데 있었다는 점에는 의견이 일치되어 왔으나, 여전히 별로 무가치한 일부 사람들이 교구의 교회들 안에서 교역하는 것이 발견되었다. 개혁은 아직 더 수행되어야 했으나, 그 작업은 단지 절반밖에 이루어지지 않았다. 그리고 만일 그 땅의 개신교 관계자들이 그 작업이 진척되기를 허락하지 않는다면, 아마도 무가치한 수록(受祿) 성직자들이 있는 교구 교회를 버리고, 그리고 진지한 신앙에 헌신한 경건한 사람들끼리 따로 모여 예배를 드리는 편이 더 나았다.

교회와 국가의 당국자들은 성직자가 중백의를 입어야 하며, 성찬을 받는 사람들은 성찬식에서 무릎을 꿇어야 한다고 말했다. 하지만 어떤 교인들은 성찬을 받을 때 무릎을 꿇는 것이 성경에 금지되었다고 믿었기 때문에 와서 앉았다. 목사들은 그들을 쫓아버려야 했다. 무릎은 꿇을 수 없고 앉은 자세로 성찬을 받자니 추방을 당하게 된 그들은 따로 회중을 결성하고 보다 성경적이라고 판단한 예배식을 가지고 예배를 드렸다.

분열은 죄였지만, 프랜시스 샤이넬(Francis Cheynell)의 말대로 "그러나 확실한 것은 대주교가 성찬을 받는 온유한 사람들 위에 그러한 짐들을 지우는 것이 외적인 성찬식으로부터 분리하는 사람들보다 더 분열을 조장했다." 분열은 그런 정도로나마 변호되었지만, 반대로 그 원칙은 모든 법에 대한 불복종을 정당화할 것이라는 주장이 제기되었다. 1657년에 한 성난 비평가는 이렇게 말했다. "나는 확신을 가지고 말할 수 있다. 이 논리의 밑바닥에는 재세례파적인 뮌스터의 원칙이 깔려 있다."

1581년에 전에 케임브리지 대학교에서 수많은 청교도들 가운데 좌파에 가담했었던 로버트 브라운(Robert Browne)은 노리치에서 그런 식으로 갈라져 나온 회중을 모았다.

브라운은 재세례주의자들 사이에서 발견되는 어떤 개념들, 즉 교회는 오직 참 기독교인들로 구성될 것이며, 회중은 그 자신을 어떤 '계약'으로 속박하고, 그 자신들의 목사들을 임의로 선택하고 해임하며(그리고 따라서 각 회중이 자신의 생애와 질서의 주권자이다), 행정관들은 종교에서 역할을 갖지 않으며, 국교회와 '민족' 교회는 옳지 않으며, 배우자는 믿지 않는 배우자와 갈라설 수 있다는 개념들을 채택했다. 교회와 국가의 당국자들로부터 강력한 고소를 받아 투옥된 그는 그의 회중 가운데 많은 사람들과 그의 주요한 동료인 교사 해리슨(Harrison)과 함께 네덜란드의 미델부르그로 도망했다(1582년).

미들부르그에서 그 회중은 대립 파벌로 분열되었고, 그리고 몇 달 뒤에 브라운은 스코틀랜드로 떠나 또 다시 투옥되었다. 노리치에 돌아온 그는 다시 회중을 조직했다. 1585년에 그는 캔터베리 대주교에게 복종했고 불편하게 다시 영국 국교회로 복귀하였으며, 48년· 후에 노샘프턴셔 아처치의 영국 국교회 교구목사로 타계했다.

1593년에 청교도들과 분리주의자들을 겨냥한 엄격한 법령이 의회를 통과했고, 그리고 같은 해에 세 명의 지도자들 — 바로우(Barrow), 그린우드(Greenwood), 그리고 펜리(Penry) — 이 교회와 국가에 있어서 체제를 반대하는 민감한 소책자들을 쓴 것 때문에 사형 당했다. 1642년에 내란의 발발 때까지 영국 분리주의자들의 주요 거점은 네덜란드였다. 가장 유명한 집단은 노팅엄셔와 그 주변 지역, 스크루비, 에슨스버러, 바트리, 밥워스, 워크섭, 오스터필드에서 왔다. 그 지도자들 중에서 몇 사람은 예배에서 정해진 모든 형태는 비기독교적이라고 생각했고, 스미스(Smyth)는 시편을 부를 때 책을 사용하는 것은 불법적이라고 생각했다. 비록 성경이 공적으로 낭독되었지만 성경을 낭독할 때는 예언을 덧붙이거나 경건적인 내용의 주해를 덧붙이는 경우가 많았다.

작은 회중들은 예배 때마다 성경적인 예배를 드리기 위해 모든 노력을 다했다. 어떤 영국의 회중들은 아가페 혹은 애찬, 즉 성찬식 전에 거행하는 회중의 공동 식사를 회복시켰다. 다른 사람들은 세족식을 채택했다. 그들은 상호간의 점검과 주중 모임에서 단체의 도덕적인 권징을 시행했다. 존 로빈슨(John Robinson)은 1620년에 메리플라워 호의 항해 전에 교회에 보낸 유명한 연설에서, 빛은 아직도 성경에 충실한 데서 발견되어야 한다는 그들의 느낌을 표현했다.

"그는 주님께서 그의 거룩한 말씀에서 아직 쏟아져 나올 더 많은 진리와 빛을 가지고 계시다는 것을 확신했다 …… 루터교도들은 루터가 본 것에서 한 발도 더 나아갈 수 없었다. 그들은 죽으면 죽었지 하나님께서 칼빈에게 계시하신 뜻을 그 일부라도 받아들이려고 하지 않았기 때문이다. 칼빈주의자들을 보라. 그들은 칼빈이 그들에게 남기고 떠난 그 자리를 고수한다 …… 비록 그들은 그들의 시대에 빛을 비추는 귀중한 사람들이었지만, 그러나 하나님께서는 그들에게 그의 전체의 뜻을 나타내지 않으셨다 ……."

메노파처럼, 영국의 분리주의자들은 항상 교훈적인 모습을 보여주지는 못했다. 분열과 상호 출교로 얼룩진 바벨탑이 있었다. 교회의 권징은 여전히 제자리를 잡지 못했고, 하찮은 문제를 놓고 티격태격하다가 권징의 권위를 잃는 일을 중단하기까지 아직 많은 경험이 필요했다. 가장 괴상한 탈선들 가운데 하나는 자기들을 받아들일 만한 순결한 교회가 없다는 근거로 자기가 자기에게 세례를 베푼, 적어도 두 명의 영국 재세례파 교도들(특히 1608년의 존 스미스)의 행동이었다. 1610년에, 스미스의 작은 회중 가운데서 32명이 수상 거주파 메노파에게 신청했는데, 5년간 시험 기간을 거친 후에 받아들여졌다.

잉글랜드의 침례교도들은, 유럽에 있는 그들의 상대처럼, 보통의 관수(灌水) 세례를 받았다. 대륙뿐 아니라 영국에서도 고립된 목사들이 침례를 가르치고 시행했다. 네덜란드에서 메노파 사람들 가운데 일부는 17세기 초에 침례를 채택했고, 그리고 1641년 영국의 특수침례교(the Particular Baptists, 칼빈주의 신학을 채택한 사람들로 알려지게 됨)는 공식적으로 침례 의식을 택하였다. 침례는 그 이래로 침례주의자 운동의 특징이 되었다. 1640년에 런던에 7개의 침례파 회중이 있었고, 잉글랜드에 47개가 있었으나, 또한 다른 많은 침례주의자들이 네덜란드와 뉴 잉글랜드 같은 해외에 있었다.

뉴 잉글랜드

뉴 잉글랜드에서는 급진론적인 운동이 새로운 형태를 띠었다. 이 지역은 런던의 투자가들의 권장으로 상업적 정착을 한 이민들과, 장로파, 독립파, 침례파 혹은 가톨릭 등 영국 정부의 종교 정책에 반대하여 망명한 이민들이 섞여 건설되었다. 버지니아 회사의 특허장(1606년)에는 하나님의 참된 말씀이 식민지 주민들과 야만인들 모두에게 전파되어야 한다고 명시되었고, 1609년부터 가톨릭 교도들은 추방되었다. 그 정착은 대서양 건너편에 영국 국교회를 재현하는 것을 의도하였다.

성직자들은 공동기도서(the Book of Common Prayer)를 사용해야 했고, 모든 대규모 농장은 교회를 제공해야 했으며, 예배에 참석하지 못한 것에 대한 처벌이 있었고, 성직자들은 '십일조'의 형태로 지원되었으며, 각 성직자는 그의 교구민들로부터 담배 1,500파운드와 옥수수 16배럴을 받게끔 되어 있었다.

그러나 심지어 버지니아에서도 회중이 성직자를 좀더 통제하는 쪽으로 교회 체제가 변경되었다. 사적인 후원의 어떤 역사도 없었고, 대서양 서쪽에는 주교도 없었으며, 견신례도 없었다. 지역 교구 위원회가 영국에서는 갖지 않았던 중요성을 급속하게 띠게 되었다.

1620년에 메이플라워 호가 신대륙에 도착하면서 플리머스에 정착이 시작되었다. 이것은 종교적인 박해로부터 직접적으로 피난처가 되도록 의도한 가장 초기의 식민지였다. 메이플라워 호에 승선한 149명 중에서 35명은 라이덴의 회중으로부터 온 분리주의자들이었다. 41명의 어른들이 배의 선실에서 식민지 정부 수립을 위한 계약에 서명했다. 그들은 나중에 그 항해 자금을 조달해 준 런던의 상인들로 하여금 자기들에게서 손 떼게 하였고,

그리고 1629년에 그들의 정치 체제와 이상에 적합한 한 목사를 확보하였
다. 그러나 그들은 오랫동안 한 작은 집단으로 남아 있었다.

1628년에 매사추세츠 만에 정착이 이루어졌다. 1630년에 이곳은 서픽의
대지주 존 윈스롭(John Winthrop)이 우두머리로 있는, 훨씬 강하고 덜 극
단적인 영국 청교도들의 집단인 매사추세츠 만 회사로 넘어갔다. 이들 가
운데 많은 사람들이 영국 국교회의 친구들이었으며, 최소한 그 안에서 그
들은 영국에 있었을 때 그들의 회원들이 교구 교회들에 출석하는 것을 결
코 막지 않았다.

그러나 매사추세츠의 살렘과 보스턴에서 그들이 이룩해낸 교회의 정치
체제는 국교의 형태를 갖춘 회중교회(Congregationalism)라는 독특한 형태
였다. 그들은 당시 영국 청교도들의 이상을 실천하려고 하였다. 그들은 기
도서의 사용을 거부했고, 비록 장로교의 형태에서처럼 교회 법원을 운영하
지는 않았지만, 정부의 법원을 통해서 도덕적인 권징을 시행했다. 1631년
에 그들은 만일 어떤 사람이 식민지에서 교회의 일원이 아니라면 투표권
을 갖는 시민이 될 수 없다고 결정했다. 1643년에 그곳에는 15,000명의 거
주자들과 단지 1,708명의 시민들이 있었다. 이러한 상황이 교회 가입의 결
정권을 쥔 성직자들에게 막강한 권한을 부여하였으며, 스페인의 식민지들
이 그랬듯이 해외의 목회지에는 과단성 있는 사람들이 많이 몰렸다. 그러
나 최종 판결권은 정부의 법원에 있었다. 그리하여 교회 정부의 형태는 제
네바보다는 취리히를 닮았다. 그것은 1648년의 '케임브리지 강령'에서 성
문화되고 선포되었다.

코네티컷, 뉴 햄프셔, 그리고 로드 아일랜드는 다양한 방법으로 매사추세
츠의 교회 체제의 제한적인 특성에 분개한 집단들에 의해 세워졌다. 코네
티컷은 1635년에 독재자와 준(準) 신정주의 헌법에 같은 심정으로 분개한
사람들에 의해 세워졌으며, 교회의 일원이든 아니든 좋은 인격을 가진 사
람이 투표권을 갖기를 원했다. 로드 아일랜드는 극단적인 회중교회파 신도
로저 윌리엄스(Roger Williams)에 의해 세워졌는데, 그 시점은 그가 분리주
의로 기소되어 1636년의 한 겨울에 매사추세츠로부터 추방되었을 때였다.

여기에 관용과 예배의 자유에 헌신하는 작은 공동체가 커가고 있었는데, 이들은 매사추세츠가 추방한 반체제주의자들을 환영하였다.

메릴랜드는 관용을 표방한 또 다른 공동체였다. 찰스 1세는 1632년에 조지 칼버트(Geroge Calvert), 즉 볼티모어 경(Lord Baltimore)에게 특허장을 주었는데, 그는 로마 가톨릭 교도였으며 개신교도 식민지주의자들과 마찬가지로 로마 가톨릭 피난자들도 끌어들였다.

그러는 동안 영국의 왕과 의회는 싸움에 빠졌으며, 전쟁의 무정부 상태는 개혁의 좌파에게 새로운 경우들을 허용했다. 현대 회중교회제는 일반적인 영국의 청교도주의의 조화에서 내려오며, 매사추세츠의 독특한 상황들 속에서 초기의 독립파 신도들의 보다 급진적인 이상들 가운데 몇 가지를 가지고 형성되었다. 그런 다음 올리버 크롬웰(Olver Cromwell)의 시대에 대서양을 건너 영국의 개방된 기회에 역수출되었다.

제 7 장

칼빈주의에 대한 공격

영국의 주교제주의자들

영국 정부는 — 1562년 내전의 위협하에 있었던 카트린 데 메디치 (Catherine de' Medici)처럼, 네덜란드인들이 분열했던 시기의 침묵자 윌리엄 (William the Silent)처럼, 그리고 스웨덴의 국왕들처럼 — 합리적인 프로테스탄트들을 충분히 만족시킬 정도로 개혁적이면서, 동시에 교황주의자라고 규정되기를 원치 않던 가톨릭 교도들을 충분히 만족시킬 타협적인 체제를 모색하고 있었다. 당시에 프랑스, 네덜란드, 스코틀랜드 등 제국 전반에서는 개혁자들의 지지를 얻고 있었던 스위스 방식이 결여된 형태를 과연 영국의 신교도들이 만족할 수 있는가 하는 문제는 여전히 남아 있었다.

그 당시 독일의 신교도들의 상황은 루터파와 개혁파의 통합을 감히 시도할 수 없는 실정이었다. 독일 상황은 전형적으로 루터파가 지배하면 개혁파 목사들은 완전히 배제되고, 개혁파가 지배하면 루터파 목사들은 완전히 배제되었기 때문이다. 그러나 정치적인 동기들과 개인적인 성향에 의하여, 그리고 헨리 8세에서부터 메리 때까지 있었던 종교적 분쟁에 의하여 분할된 국가의 여론을 영국의 엘리자베스 여왕은 통합하려고 했다. 이것은 외적으로는 온건한 타협처럼 보였지만 루터파와 개혁파의 차이만큼 다른 의견들을 통합하려는 시도나 마찬가지였다.

그 결과는 양쪽 진영에서 예상치도 않고 바라지도 않았던 것이다. 즉 종교적인 사상에 있어서 하나의 토대 위에서 성장했던 커다란 두 개의 집단

은 처음 보기에는 상대방을 지배하거나 추방시켜 버리려는 적대자의 모습
으로 나타났지만, 충돌하는 과정 속에서 무조건 반대만 하려고 하는 극단
을 해소해 보려는 서로의 모습이 나타나게 되었고, 편하지 않더라도 서로
를 어느 정도 존중하며 공존하자는 방향으로 나가게 되었다. 이 두 집단이
바로 칼빈주의자들과 회중교회주의자들이었다. 왕과 의회의 정치적 투쟁으
로 얼룩진 그들의 상호 적대감과 상호 의존성은 1836년 이후에 성공회
(Anglicanism)로 알려지게 된 종교개혁의 독특한 분파를 낳게 되었다.

엘리자베스 여왕과 그녀의 충고자들은 하나의 타협안을 확보하려는 목
표를 두고 있었다. 즉 왕국을 분열시키고 있는 밀림과 같은 분파들 사이에
중도를 확보하는 것이었다. 이러한 중도는 대주교 매튜 파커(Matthew
Parker)처럼 타협이 옳은 것이라고 믿는 사람들에게는 '황금의 평범'으로
인식될 수 있고, 스위스의 어떤 제자들이 즐겨 사용한 표현대로 '답답한
평범', '뒤죽박죽'이라고 할 수 있었다.

그러나 중도와 타협은 충성을 강요하는 데는 종종 실패하는 이상(理想)
과도 같은 것이었다. 로마 가톨릭 교도들과 칼빈주의자들은 자기 나름대로
의 개선과 개혁을 모색하고 있었던 것이다. 중도적인 방안에 대한 강력한
반대는 칼빈주의자들에게서 일어났다. 왜냐하면 대부분의 지각 있는 사람
들은 개혁이 더 이루어져야 한다고 생각하고 있었기 때문이다. 독일 루터
주의자들은 개혁교회들의 침입에 대항하여 자신들의 보수적인 개혁을 쉽
게 옹호하고 있지 못했다.

칼빈주의자들은 영국의 사려 깊은 성직자들의 충성을 명령하였다. 그들
은 유럽의 신교도주의를 대표하고 있었고, 개혁되고 통합된 기독교 왕국의
이상과 스코틀랜드, 스위스, 네덜란드, 팔츠 백작령과 프랑스의 박해받는
위그노파의 신앙을 소유하고 있었다. 그리고 그들의 배후에 있었던 몇몇
평신도 권력자들은 물질적인 동기를 포기한 주교를 원했다. 다른 신교도
국가들은 수도원뿐 아니라 주교들의 토지마저도 몰수했다. 예를 들어 영국
의 경우는 수도원을 몰수하고 부도덕한 방법으로 매매하여 벌어들인 주교
들의 수입을 삭감하였다. 여기에는 값진 것이 예상되었다. 신실하고 개혁적

인 칼빈주의자들 사이에서는 매튜 파커가 마지막 캔터베리 대주교가 되어
야 한다는 교리적 열망이 있었는데, 이것은 칼빈주의자도 아니고 신자도
아닌 사람들에 의하여 어느 정도 암묵적 지지를 받게 되었다.

기독교의 원리 위에 중도적인 방안을 고수하기 위해서는 변명서가 필요
했다.

엘리자베스 여왕의 재위 초에는 비칼빈주의 진영이 무엇을 가르치고 있
었는지 분명하지 않았다. 그렇다고 그들이 루터주의자들이었던 것은 아니
었다. 왜냐하면 루터주의의 성만찬 교리를 받아들이는 사람들은 거의 없었
고 대부분이 칼빈주의의 예정 교리를 참된 것으로 받아들이고 있었기 때
문이다. 1571년에 완성된 형식을 갖추었고, 성직자들이 임명을 받을 때 의
무적으로 서약해야 했던 39개조는 개혁주의자들의 고전적인 교리들, 즉 인
간은 믿음으로만 의롭다 함을 받고, 성례의 은혜는 신자만 받으며, 교회는
성경에 없는 내용을 가르칠 수 없다는 교리들을 가르쳤다.

만약 엘리자베스 여왕 시대의 주교들이 교리적 권위에 대한 안목을 가
지고 있었다면 메리 여왕의 치하에서 망명 생활을 할 때 주교들 몇몇과 친
분이 있었던 취리히의 불링거에게 관심을 가졌을 것이다. 그들은 하나가
되어 오직 여왕과 종교에 대한 국가적 결정에 순종하였고 국가적 결정을
거부하는 칼빈주의자들에게 대하여 대항하였다. 처음에 그들은 주교들이
사도적이며 심지어 교회 통치의 최고 양식이라고 주장하지 않았다. 그들이
주장한 것은 영국 교회와 국가를 통치하는 정부가 주교들을 중심으로 교
회를 합법적으로 조직할 수 있으며, 그렇게 교회를 조직해도 성경의 권위
를 배척하는 것이 아니라는 것이었다. 그 점에 관해서 그들은 루터교도들
과 같았다. 그들은 엘리자베스와 파커의 중도 노선을 옹호했기 때문에 주
교제에 남용의 소지가 있다 해서 반드시 그 제도를 폐지해야 하는 것은 아
님을 입증하는 데 관심이 있었고, 교황의 치하에 남용된 전력이 있는 것은
무엇이든지 깡그리 폐지해야 한다고 주장하는 것은 그릇된 원칙이자 '썩
은 기둥'이라는 점을 입증하는 데 관심이 있었다.

리처드 후커

리처드 후커(Richard Hooker)는 1584년 런던 성당(Temple)의 책임자로 임명받았다. 그의 '설교자'(lecturer), 즉 성당 책임자의 감독권에 저촉을 받지 않는 보좌신부(curate)는 월터 트래버스(Walter Travers)였는데, 그는 외국 장로회에서 안수를 받았고 영국 칼빈주의자들의 정치 표준서라고 할 수 있는 「치리서」(*Book of Discipline*)의 저자였다. 트래버스는 회중들의 '초청'이 있기 전에는 후커가 설교해서는 안 된다고 충고했다. 후커는 그 제안을 거부하였고 책임자 후커와 훈계자 트래버스는 상대방의 교리를 공격하는 설교를 하였다. 이것은 캔터베리 대 제네바의 대결이었다. 후커는 시야가 좁고 문자에 얽매여 자신의 긴 원고를 어리석게 읽었기 때문에 트래버스가 좀더 생동감 있고 대중적이었다. 그래서 후커는 윌트셔에 있는 보스콤과 캔터베리 근처에 있는 비숍스본으로 차례차례 지역 교구를 옮겨 가게 되었다.

제네바에 대항하여 캔터베리를 위해 설교를 한다는 것은 결국 캔터베리가 자신과 반대편인 조직적인 칼빈주의처럼 긍정적인 어떤 것을 말해야 한다는 것을 요구하는 것이었다. 그리고 이러한 논쟁의 결과는 엘리자베스 여왕이 개혁 시에 취했던 중도적인 방식을 그대로 답습하는 것을 의미했다. 후커는 모두 여덟 권으로 된 「교회 정치에 관한 법」(*The Laws of Ecclesiastical Polity*)이라는 글을 구상하였다. 1권에서 4권까지는 1593년에 출판되었고, 5권은 1597년에 출판되었다. 후커는 1600년에 사망하였다. 6권과 8권은 1662년에 출판되었고 7권은 완성된 초판으로 출판되었다. 이러한 사후 작품들에 대한 진정성에 대한 오랜 논쟁 결과, 비록 6권 같은 경우는 다른 사람에 의한 수정의 가능성을 배제할 수 없지만 나머지 권들은 모두 후커의 작품이라는 결론이 도출되었다.

칼빈주의자들은 교회에서 이루어지는 모든 일들이 성경 안에서 명확한 정당성을 가지고 있어야 한다고 주장했고, 이러한 근거 위에서 영국의 기도서와 엘리자베스 여왕의 종교 정책을 공격하였다. 후커의 방어는 그 근거에 신앙에서 이성의 지위를 정당화하려는 시도가 깔려 있었다. 하나님이 성경에 직접 명해 놓으신 분야를 제외하면, 교회와 국가를 통치하는 정부가 하나님의 자연법과 일치시켜야 하는 폭넓은 분야가 있으며, 자연법은 인간의 보편적인 이성으로 알 수 있고, 교회법이나 세속법은 이 자연법의 실질적인 표현이어야 한다는 것이 그의 주장이었다. 인간의 법은 모든 시대의 모든 시대의 세세한 행습을 다 율(律)하지 못한다. 인간 사회는 변하기 때문에 국가나 교회는 성경 법을 따르며, 자연법과 조화를 이루는 관례들 중에서 어떤 것이 교화적이며 편리한 것인지를 정해야만 한다. 국가와 교회는 하나이다. 그렇다면 신자인 국왕은 자기가 정한 법이 자연법과 조화를 이루며 성경에 위배되지 않는 조건하에서 시민에 대해서 뿐 아니라 교회의 정책상에서도 법을 제정할 수 있는 권한과 의무를 지니게 된다. 후커의 산문에 나타나는 문학적인 미와 논리적인 정연함은 그의 저서를 그 안에 다뤄진 당대의 논쟁들보다 차원 높게 우뚝 솟게 했다.

그것은 프로테스탄트 사상에 나타난 새로운 어조였다. 교회와 국가의 통일, 신자 제후들이 종교에 대해 가지는 권한의 정당화(이러한 정당화는 후세대가 칼빈주의자들과 동조하여 남용으로 비판한 영국 정치의 요소들을 변호하는 데까지 나간 것이다), 스위스의 신학 전승이 일반적으로 견지한 칭의와 성례에 대한 견해 등, 표현 방식을 제외하고는 새로운 것이 없다. 다만 중대한 혁신은 후커가 성 토마스 아퀴나스의 편에 머무르게 되었던 이성적인 방어 방법이었다. 개혁은 스콜라 학자들을 무시하기보다 그들을 이용할 수 있게 되었을 때 확실하게 진행되었다.

후커에게 있어서 이론적인 것 외에 새로운 것이 또 한 가지가 있었다. 그는 엘리자베스의 종교 정책을 현명하고 편리하며 성경에 맞는 것이라고 옹호하는 데 열심을 가지고 기도서에 관한 다섯번째 긴 책을 펴냄으로써 청교도들에게 혹독한 비판을 받게 되었다. 그의 침착한 변증에는 이 전례(기도서)를 위대한 전승의 배경에 넣고서 지혜롭고 편리할 뿐 아니라 기독교 역사의 무르익은 열매로서, 개혁주의적이고 보편적인 신앙을 지닌 것으로 보는 애정 어린 마음이 묻어난다.

사도권 계승

후커는 최소한 초반기에는 주교직을 유일하게 권위 있는 성직으로 주장
하려 하지 않았다. 그러한 그가 결국 주교직을 옹호한 이유는 영국의 종교
정책이 주교제를 보존했고 그가 영국 종교 정책 전체의 합법성을 변호하
고 있었기 때문이기도 했고, 과거 가톨릭 시대의 관습 중에서 오류로 볼
수 없는 관습들을 존중했기 때문이기도 했다. 사후에 출판된 작품들에서
그는 주교들의 사도적 권위를 남다르게 강조했다.

그의 동시대인들 중에 어떤 성직자들 — 하드리언 사라비아(Hadrian
Saravia), 매슈 서트클리프(Matthew Sutcliffe), 토머스 빌슨(Thomas Bilson),
랜슬롯 앤드루스(Lancelot Andrews), 존 오버올(John Overall) — 은 주교직
이 그리스도에 의해 보증된 참된 성직의 일부라고 주장했다. 후커는 그들
이 비성경적이 아니라고 주장하였다. 이 새로운 단체는 주교직이 그리스도
에 의하여 세워졌고 성경과 사도적인 관습에 의해 요구된 사역임을 주장
하였다. 그들은 여러 시대를 지나 교회로 이어져온 하나님의 권위를 믿었
다. 교회는 초창기에 세워진 질서를 마음대로 바꿀 수 없다고 했다. 그러나
그들은 루터교나 칼빈주의 교회를 교회로 인정할 수 없다고 생각하지 않
았다. 이는 그들이 아직은 대륙의 광범위한 종교개혁의 교회들로부터 격리
감을 느끼지 않았기 때문이다.

그들은 주장하기를, 대륙에서 이루어진 개혁들은 영국에서 이루어진 것
보다는 운이 없었다고 말한다. "금이 더 좋지만 은도 좋다는 사실을 우리
는 부정하지 않는다"고 조지 다운엄(George Downham)은 기록하였고, 랜슬
롯 앤드루스는 "우리의 형식이 하나님의 권위에 속한 것이기를 원한다고
해서 그것 없이는 구원이 없고 그것 없이 교회는 존재할 수 없다는 것을
의미하는 것은 아니다. 그것 없이 존재하는 교회를 보지 못하는 사람은 장
님이다"라고 위그노 교도인 피에르 뒤 물랭(Peter Du Moulin)에게 편지했
다.

주교들(bishops)이 교회에서 신적인 권위를 가지고 있다는 주장은 사실
상 칼빈주의에 대한 공격이었다. 비록 루터주의자들이 칼빈주의 정책과 부

딪힐 때 자신들의 감독들(superintendents) 혹은 총감독들(general-superintendents)의 권한을 종종 주장하기는 했지만, 이러한 영국의 주장은 프로테스탄트 교회에게는 독특한 것이었다. 보수적인 종교개혁권 안에서 자체의 축성(祝聖)된 주교들을 보유하고 있던 스웨덴은 당시에는 철저한 루터파였기 때문에 그런 주장을 입 밖에 낼 수 없었다.

그러므로 1590년대에는 과연 영국의 주교들이 중세의 주교들과 같은 맥락에서 그들을 계승한 것이 아닌가 하는 문제가 어떤 성직자들에게는 중요하게 대두되기 시작했다. 결론적으로 이러한 연속성을 부정하는 것이 로마 가톨릭과 대항하는 사람들에게는 중요한 문제로 인식되기 시작했다. 만약에 이 프로테스탄트 주교들이 곧 가톨릭 주교들이라는 주장이 있다면 그 주장을 논박하는 일이 긴급한 현안이었다.

'낙스 헤드' 이야기

보너의 교목이었고 엘리자베스 시대의 교회와 타협하지 않았던, 옥스퍼드 대학교 히브리어 교수를 역임한 토머스 닐(Thomas Neal)이라는 연로한 성직자는 1590년경에 기억에 남을 만한 이야기를 했다고 전해진다. 그가 매튜 파커의 대주교 축성식에 참석했다고 주장했다는 소문이 났다. 소문에 따르면 축성식은 램버스 궁전 예배당에서 정식으로 거행되지 않고 치프사이드에 있는 낙스 헤드(Nag's Head)라는 선술집에서 거행되었으며, 축성할 가톨릭 주교가 없었기 때문에 에드워드 왕 시절에 치체스터의 주교였다가 면직 당한 스코리(Scory) 앞에서 파커를 비롯한 몇 사람이 선술집 바닥에 꿇어앉았으며, 스코리는 고개를 조아린 각 사람의 목에 성경책을 대면서 "하나님의 말씀을 신실하게 전파할 권세를 받으라"고 말했다고 한다. 이러한 소문은 16세기가 막을 내리던 시점에 영국 국교회를 거부하는 가톨릭 교도들 사이에서 돌게 되었고, 결국 인쇄되어 나타나게 되었다. 이것은 많은 사람들에게 신빙성 있는 것으로 받아들여졌고, 그 문제는 시대의 쟁점이 되었다.

1613년 캔터베리 대주교의 전속사제 프랜시스 메이슨(Francis Mason)은

램버스 도서관에서 파커의 기록으로부터 적절한 발췌를 하였는데, 여기에
보면 정부 문서에서 인용된 축성식에 관한 기록이 남아 있고, 심지어 노팅
엄의 백작(과거에 무적함대에 맞서 싸운 영국 함대의 사령관 에핑엄의 하
워드 경〈Lord Howard〉)이 그 축성식과 그에 이은 만찬에 참석한 목격담까
지 들어 있었다. 1614년에 로마 가톨릭 저자들이 이 기록이 위조라고 주장
하고 나서자 대주교 애보트(Abbot)는 네 명의 다른 주교들과 네 명의 가톨
릭 사제들을 붙잡아 런던 탑에 감금한 뒤 그 기록을 조사하도록 명령했다.
이 소문은 당사자들에게 불명예를 안긴 채 사라졌지만, 프로테스탄트 주교
들의 진정성(반대로 말하면 허위성)이 칼빈이나 루터에게는 중요한 문제
가 되지 않았을 것 같은 방식으로 양측에게는 중요한 문제로 대두되게 되
었다.

교부들에 대한 연구

주교들에 대한 소송은 반세기 이전에 상상할 수 있었던 것보다 변호하
기가 더 쉬워졌다. 왜냐하면 학자들의 입장이 저항적이지 않았고 비판적인
힘이나 비교하는 힘에서 더디나마 개선적인 자세를 취하고 있었기 때문이
다. 1642년 네덜란드의 역사가 게하르트 보스(Gehard Voss)는 성 아타나시
우스(St. Athanasius)가 아타나시우스 신경을 작성했다는 사실을 입증하였
다.

위그노 교도인 브론델(David Brondel)은 700년간 초기 교황들의 서신으
로 주장되어온 이시도루스 교령집(Isidorian decretals)이 사실은 9세기의 위
조 문서임을 마침내 입증했다. 브론델은 교황 요안(Joan) ― 그는 남자로
변장하여 교황권을 계승하였고 행렬하는 도중에 아기를 낳았다는 이야기
가 프로테스탄트 논쟁자들에 의해서 전해진다 ― 의 이야기는 후대의 위
조라는 사실을 입증함으로써 프로테스탄트 동료들을 괴롭혔다. 이른바 성
클레멘트(St. Clement)의 두 서신은 1633년 옥스퍼드에서 처음으로 인쇄되
었다. 안디옥의 이그나티우스 라틴 역은 1498년에 에타플의 르페브르
(Lefevre)에 의하여 출판되었으나, 제임스 어셔(James Ussher)가 이 문서는

수정되지 않은 진짜라는 사실을 입증(1644)하기 전까지는 거의 모든 학자들에 의하여 위조된 것이라고 믿어졌다. 이 발견은 루터 시대 이후로 제기되었던 성직에 대한 논쟁의 토대를 바꾸어 놓았다.

학문의 발전으로 성 아우구스티누스에 대한 시각이 새로운 관점에서 열리게 되었다. 바울에 대한 해석에 있어서 권위자들 중 거목인 그는 종교개혁 때 가장 크게 부각되었다. 1600년경이나 1630년까지도 그는 여전히 교부들 중에 최고의 자리를 차지하고 있었다. 그러나 성경에 대한 초기 기독교의 이해에는 지금까지 논쟁을 통하여 상대방에 의해 생각된 것보다 더 많은 다양성과 모순이 있다는 사실이 분명해졌다.

교부들은 좀더 급진적인 프로테스탄트들을 덜 지원하고 중도적인 보수주의자들을 더 지원하였다는 사실이 밝혀졌는데, 이것은 예상 밖의 일이었다.

1600-1630년의 종교 상황 속에서 우리는 분위기의 전환을 느끼게 된다. 프로테스탄티즘의 공기 속의 어떤 신선한 바람이 교리와 도덕이라는 궁전을 통과하여 불고 있었는데, 그것은 신비롭게 다가오는 것이어서 붙잡을 수 없는 것이었다. 그 바람의 일부분은 종교개혁의 성숙이다. 그것은 안전과 장성으로부터, 최악의 위험이 사라졌다는 인식으로부터 무르익은 성숙이었고, 가톨릭 시대의 신심(信心) 중 유익한 것은 사용하겠다는 자세였고, 철학자들을 연구하고, 플라톤과 아리스토텔레스를 읽고, 분별력을 가지고 스콜라 철학자들의 사상을 사용하겠다는 의지였다.

개혁 초기에는 진리를 위하여 부르짖어야 했고 이러한 부르짖음은 귀에 거슬리는 독단주의의 나팔로 들릴 수밖에 없었을 것이다. 1600년에도 여전히 나팔소리는 울려퍼졌지만 좀더 풍성한 소리의 하모니를 만들어 내고 있었다. 즉 기도, 성스러운 삶, 고통받는 영혼을 돌봄, 종교 속에서 지성을 추구한 것이다.

당신도 유럽을 휩쓸고 지나간 신선한 바람을 감지할 수 있을 것이다. 경건한 루터주의 문필가들 중 가장 저명한 요한 아른트(Johann Arndt), 스펜서(Spencer)에서 던(Donne)과 보건(Vaugan)에 이르는 영국 시인들의 새로운 형이상학적 신비적 이해들, 토머스 잭슨(Thomas Jacson) 같은 영국인의 플라톤 철학이나, 조만간 프랑스의 데카르트 학파가 가르치게 될 관념론, 청교도 성직자들이나 예수회의 성직자들이 제기한 윤리적 물음들, 반동 종교개혁의 교회 속에서 발휘되었던 스페인의 신비주의 위력 등이 그러한 신선한 바람이었다.

> 나의 하나님 나의 왕이시여, 나를 가르쳐
> 모든 것들 속에서 당신을 보게 하소서.

스펜서, 던, 허버트, 잭슨, 아른트에게서 나타난 이러한 자연 신비주의 혹은 성례적 우주의 자각은 프로테스탄트 교도들로 하여금 옛 가톨릭의 신앙 전승을 가깝게 느끼도록 만들었고, 이것은 결국 그들로 하여금 개혁주의 교회들에만 국한되어 있던 자신들의 눈을 들어 더 넓은 시야를 가지게 하였다. 더 넓은 시야는 종교개혁에 있어서 보수적인 태도를 나타낸 사람들에게 분명히 유리했을 것이다. 그것은 기도라는 전통적인 분위기에 대한 루터주의의 열정을 고무시켰고, 영국의 전례 중심의 예배를 고무시켰다.

칼빈주의 가르침이라는 요새는 두 개의 연약한 보루를 지니고 있었기 때문에 공격하기 쉬웠다. 한 가지는 절대적 예정의 교리가 성경의 지지를 받고는 있지만 다른 성경의 본문과 하나님의 속성에 대한 계시와 일치할 수 없는 것이 아닌가 하는 것이었고, 두번째는 목사들, 장로들, 교회 법원에 의해서 정해진 정책이 과연 성경에 의해 정해진 정책이라고 주장하는 것을 신약 성경이 입증하고 있는가 하는 것이었다.

아르미니우스

야콥 아르미니우스(Jacob Arminius)는 제네바에서 베자(Beza) 밑에서 공부했고, 이탈리아를 여행했으며, 1603년부터 1609년에 죽을 때까지 네덜란드의 라이덴 대학교에서 교편을 잡았다. 신학부의 또 다른 교수는 프랜시

스 고마루스(Francis Gomar)였는데, 그는 영원한 작정 교리를 가장 혐오스
러운 모습으로 만드는 데 완고한 지성과 성실한 재능을 발휘한 인물이었
다. 아르미니우스는 신약성경이 사랑의 하나님을 계시하고 있으며 이것은
죽은 자들이 자신의 행위에 상관없이 지옥에 가게 된다는 해석과 부합되
지 않는다고 주장하기 시작했다. 고마루스파와 아르미니우스파의 논쟁은
점점 가열되었다. 아르미니우스가 사망한 후에 46명의 성직자들은 항변서
(Remonstrance)로 알려진 문서에 동의했다. 이 항변서는 영생에 대한 선택
이 이생의 선행에 달렸으며, 은혜는 거부할 수도 있고 상실될 수도 있으며,
그리스도는 만인을 위하여 죽었다는 사실을 주장하는 것이었다. 이 항변자
들은 국가로부터 독립된 교회에 대한 비판을 논쟁에 끌어들였고, 그로써
교리적 충돌이 네덜란드의 정치 문제와 뒤얽히게 되었다.

1618-1619년에 개혁주의 교회들은 도르트에서 대회를 열었는데, 이 모
임은 거의 개혁주의 교회들의 총회나 마찬가지였다. 이 모임에는 영국, 스
코틀랜드, 스위스, 헤세, 팔츠 백작령의 대표들이 참석했고, 정부의 방해로
참석하지 못한 프랑스의 위그노 교도들과, 신하들의 대부분이 루터교도인
브란덴부르크 선제후를 제외하고 스위스 전통의 모든 주요 교회들이 참여
했다. 그 대회는 심슨 에스피코피우스(Simson Episcopius)가 이끄는 아르미
니우스주의자들과 충돌하였다. 영국의 주교까지도 포함되어 있는 개혁주의
교회 내부에서 고마루스의 극단적인 언어를 정경화하는 것은 불가능한 일
이었다. 그러나 대회는 선택의 근거는 선행과는 관계없이 하나님의 은총에
달려 있는 것이며, 한 번 주어진 은총은 결코 상실되지 않으며, 그리스도는
선택받은 자들을 위하여 돌아가셨으며, 그 은혜는 불가항력적이라고 결정
하였다. 국회는 순종을 거부하는 아르미니우스주의자들을 추방하였다.

에피스코피우스와 추방된 지도자들은 국경을 넘어 스페인령 네덜란드와
프랑스로 망명했다. 1625년 이후에 그들은 네덜란드에서 종교적 관용을 얻
어냈고, 1630년에는 암스테르담에 교회를 세울 수 있도록 허락 받았으며
1634년에는 신학교를 세울 수 있게 되었다. 이성을 토대로 하여 부분적으
로 칼빈주의에 대항한 에피스코피우스는 지도자들을 서서히 이성주의자들

로 만들어 갔고, 모든 신조들과 신앙고백들에 대하여 반(反)교리적 태도를
취하도록 했으며, 그들은 소지니주의자들과 친밀감을 가지기 시작했다. 그
들은 항상 작은 공동체로 남아 있었지만(1841년에 26개의 교회 내지는 예
배 처소를 가지고 있었다), 게하르트 보스, 위고 그로티우스, 진 레클레르크
와 같은 저명한 학자들을 배출하였다. 기독교에서 아르미니우스주의자들은
17세기 말에 프로테스탄티즘을 이끌어 가게 된 이성적 · 반(反)교리적 학
파의 첫 신호탄이었다.

스튜어트 왕가와 영국 주교들

'신자인 제후'가 주교제주의자가 될 필요는 없다. 다만 그는 교회법원
을 주재하고 교회법을 집행하기만 하면 되었다. 북독일에서는 이러한 일들
을 '감독들'(superintendents)이나 '총감독들'(general-superintendents)이 했
고, 스웨덴과 영국에서는 '주교들'(bishops)이 했다. 칼빈주의 교회에서는
교회법원이 결과적으로는 성직자와 백성들이 선출한 사람들의 모임이었고,
이들은 세속 권력과 무관해야 했다. 제임스 1세는 1604년 햄프턴에서 열린
어전 회의에서 "주교가 없으면 왕도 없다"(No bishop No king)고 말했다.
이것을 좀더 감정적으로 표현하자면, 결국 그는 장로들의 청원과 목사들의
설교가 판을 치는 와중에서 스코틀랜드의 약화된 왕권을 강화해 보려는
속셈을 갖고 있었던 것이다.

그의 아들 찰스 1세는 자신의 책임감에 눌려 있었고, 마치 '주교가 없으
면 왕도 없다'는 동등권에 기꺼이 타협한 것 같은 권력의 모양을 유지하려
고 했던 것 같다. 그러므로 이 두 왕들은 계속해서 청교도들을 실망시켰고,
영국 교회 내에 존재하는 반청교도 진영에 있는 사람들의 사기를 올려주
었다. 찰스 1세는 성직자들의 승진 목록을 묻는 것으로 그의 통치를 시작
하였다. 윌리엄 로드(William Laud)는 목록에 P(Puritan, 청교도)와
O(Orthodox, 정통)라는 문자를 표시하였다. 칼빈주의의 대적들은 그 공격의
행렬에 가담하고 있었다.

영국의 왕국에게는 독일이나 스웨덴의 신자 제후들과는 구별되는 무엇이 있었다. 모든 사람들이 합법적인 통치자는 하나님이 부르신 자이며 복종이 그리스도인의 사명이라는 사실을 인정하고 있었지만, 신이 왕권을 방해한다고 마음 속에 새겨진 루터주의자에게는 그러한 조항이 합당한 것이 아니었을 것이다. 고대 계열의 후손으로 중세의 예식에 따라 기름 부음을 받고 왕위에 오른 영국 왕은 르네상스나 종교개혁이 없애지 못한 신비스러운 분위기를 지니고 있었다. 프랑스 혁명 몇 해 전까지 연주창에 걸린 사람들을 치료하기 위해 안수하는 프랑스의 가톨릭 왕을 발견한다는 것은 기이한 일이었다. 엘리자베스로부터 제임스 2세에 이르는 프로테스탄트 통치자들이 계속해서 이러한 제사적인 치료를 수행하였다는 사실과 그 일을 한 마지막 통치자가 1714년의 앤 여왕이었다는 사실 또한 특이한 일이다 (그녀는 조지 1세〈George I〉에게 안수 받을 것을 요구하였고, 그는 그녀가 그것을 하도록 허락했다). 국왕 제임스 1세는 스코틀랜드에서 교육을 받았는데 마지못해 그 의무를 감당했고 미신에 반대하는 설교를 함으로써 자신의 종교적 임무를 시작하였다. 그러나 이러한 내키지 않음은 사라지고 찰스 1세는 더 이상 현기증을 가지지 않았다. 기름 부음 받은 통치자의 초자연적인 분위기는 죽을 때까지 계속되었고, 이 사실은 영국이 남다르게 신적인 권위를 강조하는 교리 형식을 가지고 있다는 사실을 판단할 때 반드시 고려해야 한다.

영어 성경

스튜어트 왕가의 첫번째 업적은 영국 종교개혁 최고의 유산 가운데 하나가 되었다. 그것은 바로 흠정역(the Authorized Version) 성경이었다. 두번째 업적은 영국 정부가 교구 교회들이 읽을 한 권의 성경에 권위를 부여하고 교회의 지도자들에게 구입하도록 명령한 것이다. 그것이 바로 크롬웰(Cromwell)과 크랜머(Cranmer)에 의해 1539년에 발행된 대성경(the Great Bible)으로서, 1568년에는 주교 성경(the Bishop's Bible)이라는 이름으로 발행되었다. 성경의 번역에 권위를 부여한 것이 온건한 종교개혁의 한 부분이었다. 대성경은 신랄한 주와 주석을 담은 틴들(Tyndale) 성경 같은 비공식적 역본들을 없애려는 계획의 일환이었다. 이러한 다양한 역본들은 독립적인 것은 아니었다. 여러 역본들은 이전 것들을 발전시키고 취사선택한 것이며, 틴들의 많은 구절들은 모든 역본들에서 인용한 것이었다.

그러나 엘리자베스 시대에는 가장 대중적인 비공식적 역본, 즉 제네바 성경(the Geneva Bible)에 필적할 만한 흠정역은 없었다. 메리 여왕의 통치 기간에 제네바로 쫓겨난 영국의 개혁자들은 1557년에 신약 개역을 출판하게 되었고, 1560년에는 완성본을 출판했다. 이것이 바로 칼빈과 베자의 학식과 동시대의 프랑스어 판을 토대로 대성경을 신중하게 개역한 것이었다. 이 역본은 치마 성경(Breeches Bible)으로 알려졌다. 이 명칭은 창세기 3:7에서 아담과 하와가 무화과나무를 엮어서 치마를 만들었다는 내용에서 유래했다.

이것은 학적으로 이루어진 편집이었을 뿐 아니라 문체의 발전이기도 했다. 지도와 일람표를 실었고, 1551년 제네바 판을 통하여 인쇄업자 로베르 에티엔(Robert Etienne)에 의하여 소개된 절수(verse numbers)를 표기한 최초의 영어 성경이었다. (에티엔은 파리에서 리용으로 여행하는 동안 신약에 절수를 매겼다고 전해진다.) 절수는 독자들과 설교자들 그리고 학생들에게 전에 누려보지 못한 대단한 편의를 제공했다. 그리고 제네바인들은 독자들의 편의를 고려하여 좀더 훌륭하고 값싼 휴대용 성경을 만들었다. 성경의 페이지 모양은 1560년의 제네바 성경이 나온 이후에도 바뀌지 않았고 신성하게 되었다. 해석에 이용된 단어들은 이탤릭체로 표시했던 베자의 관례를 따라 로마체로 인쇄되었고, 절수의 구분도 있었다. 이제 단일 본문을 찾기가 더 쉬워졌고 계속되는 이야기나 바울의 일관된 변증 같은 것을 발견하기가 다소 어려워졌다.

국왕 제임스 1세는 성급한 질문을 하는 방식으로 자신의 학적인 관점을 나타내지 않았는데, 왜냐하면 그는 제네바 성경이 그 주석에 있어서 '매우 편파적이고 선동적이며 위험하고 반역적인 독단을 풍기는 가장 좋지 않은 성경'으로 생각하고 있었기 때문이다. 그러나 그는 그 일에 많은 관심을 가지고 47명의 학식 있는 번역자들을 뽑았으나 교회의 승진에 따른 급여는 불충분하게 지급했다. 그들은 여섯 개의 조합으로 나뉘었는데, 그중 두 개는 옥스퍼드에서, 두 개는 케임브리지에서, 나머지 두 개는 런던에서 모였으며, 이들은 그들이 소유한 성경책들을 골고루 분배했다. 1568년 주교 성경을 따르고 사람들이 듣기에 익숙한 것들을 필요 없이 변경하지 말 것을 명령받았지만 그럼에도 불구하고 제네바 성경에서 많이 인용하였으며 어떤 것은 영국 국교회를 거부하는 로마 가톨릭 교도들이 1582-1610년에 출판한 두에 성경(the Douai Bible)에서 인용한 것도 있다. 그들은 제네바가 공격했던 논쟁적인 주석들을 첨가시키지 말 것을 요구받았다.

개정판이 세 개의 기관에서 완성되었을 때 열두 명의 위원에 의해 논평이 이루어졌고, 윈체스터의 주교 빌슨(Bilson)과 마일스 스미스(Miles Smith) 박사는 전체를 논평하였고 마무리를 하였으며, 성경에 대한 종교개혁적인 입장의 정황 속에서 번역자가 어떠한 의도를 지니고 있는가에 대한 탁월한 진술을 담고 있는 서문을 첨가시켰다. 그들이 주장하는 바와 같이 그들의 목적은 새로운 번역이 아니라 옛 것을 좀더 좋은 것으로 만들려는 것이었다.

제목이 나타나 있는 페이지를 살펴보면 '교회에서 읽혀지도록 정해져 있다는 것'을 알 수 있다. 그러므로 다른 번역본을 사용한다는 것은 불법적인 것을 의미한다는 것을 나타내는 것은 아니지만 왕의 인쇄업자에게만 인쇄할 수 있는 유일한 권한이 주어졌으며 경쟁하는 인쇄업자가 다른 번역본을 출판하지 못하도록 금지할 수도 있었다. 심지어 주교 성경 중 신약도 1618년 내지는 1619년에 뒤늦게 인쇄되었고 그것의 사용은 17세기 말에야 비로소 가능했다. 제네바 성경은 계속해서 대중의 사랑을 받으면서 폭넓게 사용되었고, 어떤 청교도들은 흠정역(the King James Version)을 고위 성직자들을 위한 성경이 아닌가 의심할 정도였다. 그러나 흠정역은 학적인 장점과 문학적인 형식에 있어서 독자적인 지위를 서서히 확보해 갔다.

영어 번역성경의 점진적인 성장은 영문 공동 기도서에 분명하게 나타난다. 시편은 거의 모두 다 대성경의 개정판(1540년)으로 인쇄되었고, 암송을 하여 신성시하는 관례는 변하지 않았다. 마리아의 송가(the Magnificat)와 시므온의 노래(Nunc Dimittis)는 아마도 크랜머에 의한 독자적인 번역을 통해 개정판으로 나온 듯하다. 서신서들과 복음서들은 1662년까지 흠정역을 따랐다. 연대는 1701년까지는 성경의 난외에 표시되지 않았다. 그 연대들은 아마(Armagh)의 대주교인 어셔(Usser)의 작품 「고대의 연대기와 신약성경」(*Annals Veteris et Novi Testamenti*, 1650-54)에 나오는 계산법을 토대로 한 것이었다. 이 작품 속에서는 세계의 창조를 주전 4004년으로 정하고 있다.

흠정역이 신성시된 반면에 헬라 학문은 여전히 지지 기반이 없었다. 그것이 나타난 지 16년 후에 콘스탄티노플의 주교인 키릴 루카리스(Cyril Lucaris)는 영국의 왕에게 알렉산드리아 사본(the Codex Alexandrinus)으로 알려진 5세기 전반의 대성경 사본을 주었다(대영 박물관 소장). 이것이 제임스 왕의 번역자들에게 알려진 가장 훌륭한 헬라어 사본이었다. 학적인 개정 작업이 미래를 위하여 비축되었다.

로드파

집단에서 가장 유력했던 주교[1]의 이름을 따서 이른바 로드파(Laudians)라고 불렸던 반청교도적 영국의 종교 학파는, 적들에 의해 아르미니우스파라고 공격을 당했다. 네덜란드의 아르미니우스파는 칼빈주의자들의 교리, 특히 예정론을 맹렬히 공격했다. 영국의 주교제주의자들(episcopalians)은 칼빈주의자들의 교리 중에서 특히 장로 제도에 관한 교리를 비난하였다. 이 차이는 중요했다. 하지만 당시에 로드파의 적대 세력이 로드파에 대해서 아르미니우스주의라는 표현을 사용한 것은 전적으로 틀린 것만은 아니었다. 로드파 가운데 어떤 사람들은 아우구스티누스의 형식을 따른 예정

---

1) 윌리엄 로드(William Laud). 1621년 세인트 데이비드의 주교, 1626년 바스와 웰스의 주교, 1628년 런던의 주교, 1633년 캔터베리 대주교, 1645년 처형.

교리 전체를 거부하기도 했지만, 많은 사람들은 제3세대인 칼빈주의자들 사이에서 발견되는 예정에 대한 극단적인 진술들을 거부했던 것이다.[2]

그러나 청교도와 주교제주의자들 사이에서 야기된 중대한 차이점은 교리적인 것이라기보다는 오히려 신앙 열정에서 기인한 것이었다. 비록 교리가 신앙의 열정을 보호해 주고 열정은 교리가 진술되는 언어에 영향력을 미치는 것이기는 하지만 말이다.

주교제 학파는 원래 청교도의 비판에 대항하여 공동기도서와 주교제 정치를 옹호하는 것으로 시작되었다. 그리하여 영국 고교회[2)](High church)와 정기적인 제례 의식과 같은 외적인 의식에 대한 관심이 하나로 연합된 형태가 등장하게 되었고 이러한 연합은 많은 급변의 분위기 속에서도 상실되지 않았다.

조지 허버트의 작품인 「영국 교회」(the British Church)라는 시의 한 구절을 살펴보자:

> 잘 정돈된 자태
> 초라하지도 않고 화려하지도 않은 채
> 최상의 모습을 드러낸다.
> 기이한 형상은 비교할 것이 없다.
> 모두 장식되었든지
> 아니면 아예 장식되지 않았으니……

그런 다음에 시인은 잔뜩 치장한 채 언덕에 앉아 있는 여인과, 초라한 차림으로 머리가 헝클어진 채 계곡에 앉아 있는 여인을 대조한다:

> 그러나, 사랑하는 어머니, 그들에게 없는
> 그 소박함, 그것이 당신의 찬양이며 영광입니다.

---

2) 고(high)라는 단어는 여기서는 시대에 맞지 않게 쓰였다. 이 단어가 처음 쓰인 것은 1687년으로서, '영국 국교회를 공고히 지지하는' 이라는 뜻으로, 특히 비국교파와 대척적인 뜻으로 쓰인다.

그리고 그것은 영원할 것입니다.
고마우신 하나님께서 사랑을 베푸사 당신을
그 은혜로 겹겹이 두르셨습니다.
오로지 당신만을.

오로지 당신만을 — 이것은 유별나게 호의를 입은 종교개혁의 한 분파를 가리키는 표현이다. 시인은 진리를 이 호의의 징표로 보는 데는 분명히 관심이 없다. 시인이 호의의 징표로 삼고 있는 것은 '질서잡힌 세련된 자태' 곧 적당한 외양, 형식과 전례, 저속하지 않고 근실한 위엄이다.

후손들의 눈으로 볼 때 당시의 가장 중요한 저서가 공식 신학 저서들이 아니라 두 권의 기도서, 즉 주로 시편과 고대 그리스 정교의 전례를 토대로 작성되고 저자 사후인 1648년에 출판된 랜슬롯 앤드루스의 「개인 기도 지침」(*Manual of Private Devotions* ⟨*Preces Privatae*⟩)과 1627년 존 코신(John Cosin)이 출판한 「고대 교회의 예배식에서 모은 개인 기도집」(*A Collection of Private Devotions, in the Practice of the Ancient Church*)[3]이었다는 것이 영국 아르미니우스파의 특징이다. 두번째 기도서는 칼빈주의 전승과 경건의 용어에 맞춰 작성되지 않았다. 이 기도서는 처음에는 찰스 1세의 왕비 헨리에타 마리아(Henrietta Maria)의 궁정에 있는 프로테스탄트 귀부인들을 위해 출판되었고(로마 가톨릭 귀부인들은 왕실의 대기실에서 성무일과서를 사용했다), 교황제가 등장하기 이전의 옛 형식에 따른 포켓용 기도서로 제작되었다.

이 기도서를 청교도들의 경건 서적들과 비교해 보면 차이점이 교리적인 내용에 있지 않고 기도의 분위기에 있다는 것을 알 수 있다. 괴팍한 청교도 프린(Prynne)은 코신이 기도서의 보다 보수적인 부분들을 포착하여 부각시킨 점에 분개했다. 프린은 '경건'(devotion)이라는 단어를 언짢게 여겼고, '고대 교회'라는 표현과, 성화와 성상이 합법적이라는 생각과, 비밀 고

---

3) 유명한 the Veni Creator 판본 — '성령이여 오셔서 저희 영혼을 일깨워 주소서 — 은 이 책을 위해 기록되었다.

해를 위한 공개적인 기회를 싫어했다. 코신은 특히 엘리자베스 여왕 통치 초기부터 권위를 주장했다. 프린은 당시에 교황청의 유물이 훗날처럼 완전히 제거되지 않았았고, 코신이 "복음이 한창 무르익은 우리 시대에 그것을 무리하게 도로 끌어들이려는" 잘못된 시도를 하고 있다고 주장했다.

로드파는 스테인드 글라스, 십자가, 심지어 십자가 수난상 등 예술을 교회에 다시 도입했다. 교회 음악을 숭상했고, 제거되었던 오르간을 도로 들여놨다. 계단들에 다시 성스러운 식탁을 설치하고서 그것을 제단이라 불렀으며, 그 둘레에 가로대를 설치했다. (16세기의 성소 가로대들이 지금도 확인된다. 영국 소교구 교회들에 있는 대부분의 가로대들은 19세기 이후에 설치된 것들이지만, 오래된 가로대들 가운데 높은 비율이 로드 때 혹은 왕정복고 이후에 설치된 것이다.) 로드는 성실청(Star Chamber)과 고등종교법원(High Commission)에 부여된 권한을 업고서 교회의 장식을 강화했다.

그가 겨냥한 목표는 복종과 통일이었다. 이를 위해 성직자들에게 중백의를 착용할 것과 성단소(聖壇所)를 복원할 것, 거룩한 이름 앞에서 무릎을 꿇을 것, 기도서를 사용할 것을 강요하려고 했다. 무너진 교회 건물들을 보수했다. 성직자들이 꾀죄죄한 복장을 하는 것, 성소를 방치하는 것, 교회 법원이 재판을 질질 끌고 불합리한 판결을 내리는 것, 성직자가 무식하거나 게으른 것, 대학교들이 여러 갈래로 분열된 것, 청교도 설교자들이 교회 안에 또 하나의 교회를 세우는 것을 맹렬히 비판했다. 로드의 이러한 정책하에 코신은 더럼 주교좌성당을 성화와 성상으로 장식했다.

앤드루스와 로드가 공동기도서에서 이끌어낸 가톨릭적인 예배와 기도와 전례의 기풍은 영국 칼빈주의자들의 교리나 예배와 병존할 수 없었다. 칼빈주의와 논쟁을 벌이던 영국의 성직자들이 자신들의 신학을 아르미니우스에게서 이끌어낸 것은 아니었다. 네덜란드의 아르미니우스가 내세운 교리에 가장 근접했던 영국인 리처드 몬터규(Richard Montague)도 1625년 5월 이후에야 비로소 아르미니우스의 저서들을 읽기 시작했는데, 그 전부터 "온 세상의 칼빈주의자들이 다 덤벼도 나는 상관 없다"고 말하면서, 이미 여러 해 동안 칼빈주의를 공격하고 있었다. 하지만 로드와 그의 추종자들은 의회 안팎에서 아르미니우스주의라는 느슨한 단어로 비판을 당했다. 청교도들은 아르미니우스주의가 로마교에 반쯤 다리를 걸치고 있는 것으로 이해하고 있었다. 그것은 부당한 비판은 아니었을 것이다. 몬터규가 비록 외교적 행동이긴 했겠으나 교황청 특사 판차니(Panzani)에게 자신은 화체설만 아니면 로마 가톨릭 교회의 모든 교리를 다 받아들일 수 있다고 말한 적이 있었고, 측근에게 고대 종교의 스킬라와 카리브디스(소용돌이를 의인화한 바다의 신들)와 같은 청교도주의와 로마교의 틈바구니에 버티고 서는 것이 자신의 의무라고 말했기 때문이다.

런던에서 하원 의원으로 활동하다가 헌팅던셔의 리틀 기딩으로 은퇴한 니콜라스 페라(Nicholas Ferrar)는 1625년에 로드에게 부제(副祭)로 임명을 받고 형제와 처남의 식구들과 공동 생활을 했다. 이들은 하루에 두 번 작은 교회당에 나가 성무일과에 참석하고, 하루에 두 번 집에서 기도 모임을 가졌으며, 그중 몇 사람은 매일 시간마다 작은 기도 모임을 가짐으로써 시편 찬송 전체를 매일 낭송했다. 밤에는 식구들 중 적어도 두 사람이 철야를 하면서 다시 시편 찬송을 낭송했다. 이 공동체는 이웃 주민들에게 구제를 하고, 병자들을 심방하고 어린이들을 가르쳤으며, 집에서는 책을 제본하고 삽화를 그려 넣는 일을 했다. 페라는 1637년에 죽었지만 그 가족은 계속 기도회를 가지다가 결국 1646년에 난입해 들어온 군인들에 의해 해산당했다.

시인 존 던(John Donne)은 1621년부터 죽을 때인 1631년까지 세인트 폴 성당의 수석사제(dean)를 지냈다. 그의 설교는 '로드파' 설교를 단적으로 보여주는 가장 좋은 예였고, 아마 프로테스탄트 설교의 가장 좋은 예였을 것이다. 그의 설교들에 담긴 신학은 종교개혁의 신학이었고, 그 언어는 영국 문학이 꽃피어난 시대의 언어였다.

로드가 추구한 것은 비열한 이상이 아니었다. 교회와 국가는 하나라고 굳게 믿은 그는 교회와 국가가 일치하여 백성에게 옳은 일을 행하도록, 권위를 존중하고 충성과 존경의 심정을 품고 살도록 가르치기를 바랐다.

하지만 대주교 한 사람이 나서서 내켜하지 않는 사람들에게 외적인 존경을 강요할 수 있는 시대는 지나가고 있었다. 레이튼(Leighton), 프린 (Prynne), 배스트윅(Bastwick), 버튼(Burton), 릴번(Lilburne), 이 이름들은 로 드 같은 교회 당국자들에게 귀찮고, 광적이고, 괴팍하고, 귀를 잘린 채 순교 를 당하고, 길거리에서 채찍질을 당하고, 칼을 쓴 채 조롱거리가 되었던 양 심적인 사람들을 생각나게 한다. 영국의 종교 정책에 반대한 사람들은 이 미 오래 전에 성직에서 쫓겨난 상태였는데, 가장 많은 수가 쫓겨난 시기는 1604-1607년이었다.

하지만 로드의 정책은 그와는 달리 일부 성직자들을 비국교도로 몰아가 고, 바다 건너 네덜란드나 아메리카 대륙으로 망명하게 하고, 소교구 교회 에서 탈퇴하여 비밀 집회에 의존하게 만든 결과를 초래했다. 제임스 왕이 즉위하던 1603년에 침례교도들과 회중교회주의자들의 분리 운동은 수적인 면에서 보잘것 없었다. 1641년까지도 그 수는 여전히 대단치 않았으나 더 이상 무시할 만한 규모가 아니었다. 역량 있는 지식인들이 분리파로 넘어 갔으며, 이렇게 된 데에는 로드의 거만한 경거망동도 한몫 작용했다.

영국은 크랜머의 개혁주의적 전례와 엘리자베스의 종교정책에 근거하여 우익과 좌익을 동시에 붙잡아두려고 시도했었다. 하지만 이제 그 시도는 더 이상 성공할 것 같지 않았다. 청교도와 주교제파라는 교회의 두 진영이 저마다 권위 있는 영국 교회로 자임하고, 저마다 서로의 무신앙 혹은 불충 을 비판하고, 상대를 배척하는 쪽으로 나간 반면에, 국왕과 의회는 내전으 로 치달았기 때문이다.

찰스 1세와 스코틀랜드

영국의 청교도를 진압하는 것과 스코틀랜드의 장로파를 진압하는 것은 별개의 과제였다. 스코틀랜드인들은 장로교 형태의 종교개혁을 고수했다.

왕 제임스 1세는 서두르지 않고(그것이 현명한 정책이었다) 그 과제에 다가갔다. 스코틀랜드에서 가장 유력한 장로교도였던 앤드루 멜빌(Andrew Melville)을 대륙으로 추방한 제임스는 스코틀랜드의 옛 주교구들을 하나씩 회복시켰다. 1610년에 그는 스코틀랜드의 주교들 중 세 사람을 런던으로 파견하여 영국의 주교들에게 축성을 받도록 했다. 1618년에는 다섯 가지 조항을 퍼스 종교회의에 상정했다. 이 다섯 가지 조례는 스코틀랜드인들에게 영국의 다섯 가지 종교 관습을 받아들이도록 의무화하는 내용이었다. 그 내용은 성례를 받을 때 무릎을 꿇는 것과, 병자들이 개인적으로 성찬을 받는 것, 필요할 경우에는 개인 집에서 세례를 베푸는 것, 어린이의 견신례를 주교가 시행하는 것, 성탄절, 수난절, 부활절, 승천절, 성령강림절을 지키는 것이었다. 그 종교회의는 86대 41로 다섯 조항을 받아들였지만, 대부분의 소교구들에서 그 조항들은 사문(死文)으로 남았다. 두 세대 동안이나 성찬 때 무릎을 꿇는 것은 비성경적이고 우상 숭배에 가깝다고 배운 회중에게 갑자기 무릎을 꿇으라고 설득하기란 어려웠던 것이다.

하지만 영국의 정책은 더디나마 착실하게 진척되고 있었다. 그 작업은 후대 사람들이 짐작하는 것보다 어렵지 않았다. 영국에서 청교도들이 싫어했던 문제에 관해서 스코틀랜드에는 훨씬 온건한 견해가 있었던 것이다.

1625년에 즉위에 성공한 찰스 1세는 철회령(Act of Revocation)을 공포함으로써 재위를 시작했다. 그 법령은 교회에 위계(位階)를 도입하고 국왕에게 스코틀랜드 토지를 부여하는 데 목적이 있었다. 스코틀랜드 귀족들은 이것이 자기들의 소유권을 무시하는 첫 단계가 아닌가 하고 의심했다. 찰스의 입장에서 스코틀랜드 기성 교회의 반대파를 일으키는 가장 확실한 방법은 종교개혁의 초기에 토지 이전으로 이익을 보았던 사람들의 마음에 불안감을 조성하는 것이었다. 제임스는 장로교도들을 지원하는 방식으로 귀족의 권력을 견제했지만, 찰스는 귀족들을 장로교도들의 진영으로 몰아냈다.

1633년에 찰스는 에든버러에서 대관식을 치렀다. 로드가 그의 고문으로 참석했고, 스코틀랜드인들에게 로마교의 냄새가 물씬 풍기는 정교한 대관식 전례가 사용되었다. 1635년에 찰스는 세인트 앤드루스의 대주교 존 스포티스우드(John Spottiswoode)를 스코틀랜드 대법관으로 임명했다. 1636년에는 주교들이 스코틀랜드 교회들을 위한 교회법을 작성했다. 제1교회법

(Canon I)은 교회 문제에서 국왕의 수장권을 부정하는 사람을 파문에 처한 다고 규정했다. 주교들이 작성한 교회법은 공예배 때 즉흥 기도를 금하고, 성찬대를 제단으로 대체하도록 한 반면에, 총회, 노회, 당회에 관해서는 일 언 반구도 없었다.

왕과 로드는 스코틀랜드의 주교들이 왕국 전체의 통일된 질서를 수립하 기 위해 공동기도서를 받아들이기를 원했다. 주교들은 스코틀랜드인들이 잉글랜드적인 것으로 알려지지 않은 것이라면 흔쾌히 받아들일 것이라고 생각했다. 로스와 던블레인의 주교들이 로드의 조언을 받아 작성한 스코틀 랜드 기도서(the Scottish Book of Common Prayer)는 당시 프로테스탄트권 에서 가장 강력했던 반(反) 칼빈주의 진영, 즉 로드파의 전례 프로그램이 되도록 하는 데 주안점이 있었다. 루터교는 대중 일반의 지지를 받았고 로 드파는 소수의 지지를 받았음에도 불구하고 루터교보다도 강했다. 로드파 는 전례와 주교제 전승에 의해서 칼빈뿐 아니라 루터까지도 공격하려는 성향을 일으켰다는 점에서, 그리고 유럽 대국 중 한 나라의 군주에게 뒷받 침을 받았다는 점에서 그러했다.

스코틀랜드 기도서는 영국의 기도서와 대동소이했지만, 초기(1549년)의 영국 기도서에 깔려 있던 보다 전통적인 분위기로 회귀했다. 이를테면 성 찬을 제사로 보는 암시들과 죽은 자를 위한 기도가 실린 점에서 그러했다. 이 기도서는 사제라는 단어를 장로라는 단어로 대체하고, 외경에서 끌어온 많은 교훈들을 삭제함으로써 칼빈주의 정서에 어느 정도 타협했다. 1637년 에 스코틀랜드 전역의 시장 네거리에 국왕의 담화문이 내걸려, 이 기도서 가 스코틀랜드 유일의 예배 형식이며, 모든 소교구는 부활절 전에 이 기도 서를 두 권씩 구입해야 한다고 공고했다.

민란이 일어날 기미가 보이자, 스코틀랜드의 주교들은 이 기도서의 도입 을 연기했다. 하지만 왕은 7월 넷째 주일에 성 자일스 주교좌 성당에서 이 기도서를 정식으로 사용하도록 명령했다. 수석사제가 기도서를 낭독하려는 순간에 사방에서 야유가 쏟아져 낭독이 좌절되었다. 주교가 나서서 질서를 잡으려고 하는 순간 걸상과 기물들이 그에게 날아왔다.[4] 교회 밖으로 쫓겨난 군중은 흩어지지 않고 남아 있다가 예배가 끝난 뒤 주교에게 거칠게 대들었다. 스코틀랜드 교회회의는 잘 됐다는 듯이 즉각 그 기도서의 사용을 유예했다.

결국 나중에 고집 때문에 처형을 당하게 되는 국왕 찰스는 완고한 어조로 스코틀랜드 교회회의를 질책하면서 기도서를 사용하라고 강요했다. 이렇게 해서 스코틀랜드 국민 계약(the Scottish National Covenant), 즉 최근에 스코틀랜드 교회에 도입된 혁신을 거부하는 엄숙한 유대의 체결로 이어진 장기간의 소요 사태가 시작되었다. 뒤이어 전쟁이 일어나 스코틀랜드인들과 국왕에 반대하는 잉글랜드 의회가 손을 잡게 되었고, 마침내 1643년에 엄숙 동맹과 계약(the Solemn League and Covenant)이 체결되었고, 이 계약에 의하여 잉글랜드 의회파와 스코틀랜드인들은 '주교제'를 폐지하고 잉글랜드와 스코틀랜드 두 왕국에 장로교 정치를 도입하기로 합의했다.

내전과 크롬웰

영국 내전은 종교 전쟁이 아니라 헌법 문제를 둘러싸고 일어난 전투였다. 하지만 국왕에게는 통치권과 징세권이 있었고 의회도 나름대로의 권한을 갖고 있었기 때문에 로드파와 청교도 사이의 투쟁은 실타래처럼 얽혀 있었다. 이제는 청교도들이 원하는 모든 것이 영국 국교회에 수용될 것처럼 보였다. 의회는 1641년에 성실청과 고등종교법원을 폐지하는 법안을 통과시켰고, 1642년에는 상원에서 주교들을 몰아내는 법안을 통과시켰다. 1642년에 내전이 터지자 왕당파는 런던에서 철수하여 국왕 진영에 가세했으며, 의회는 그대로 남아 잉글랜드에서 자체 병력으로 법을 집행할 수 있는 지역을 대상으로 교회 개혁에 착수했다. 곧 주교직과 수석사제직과 참사회원직을 폐지하며 그들의 토지를 몰수한다는 법령이 공포되었다.

---

4) 주교에게 걸상을 집어던진 사람은 제니 게데스(Jenny Geddes)라는 여자 채소장수였다는 유명한 이야기는 1670년경에 처음으로 언급되었다. 문제의 그 걸상이 지금도 스코틀랜드 국립 박물관에 소장되어 있다.

로드의 처형

영국인들이 애국심으로 뭉친 데에는 로마 가톨릭에 대한 두려움이 한몫을 했다. 로드와 그의 파벌, 왕과 로마 가톨릭 교도였던 왕비에 대해 민중은 합리적이든 비합리적이든 그들이 로마 교회를 권장하고 있다고 우려했다. 왕은 그때까지 스페인과 우호적인 외교 관계를 유지해왔고, 대주교 로드는 영국 소교구 교회들 안에 많은 사람들이 로마 교회와 관련짓는 관습이나 장식을 회복시켰다. 1641년에는 아일랜드의 로마 가톨릭 세력이 반란을 일으켜 수천 명의 프로테스탄트 주민들을 학살했다. 그런데도 왕은 아랑곳하지 않은 채 아일랜드 군대를 동원하여 스코틀랜드와 잉글랜드의 반란자들을 진압하겠다고 공언했으며, 왕의 비서가 교황에게 돈과 무기를 보내 협상을 벌여온 사실이 발각되었다. 1641년 당시에는 아일랜드의 '야만적인' 침략자들에 대한 두려움이나 로마에 대한 두려움이 그게 그거였다. 그리고 합리적인 것이었든 비합리적인 것이었든 이 두려움이 형차(刑車)가 되어 융통성 없는 이상주의자 대주교 로드를 사형장으로 몰고 갔다.

의회는 일찌감치 1640년 12월에 로드를 반역죄로 고소하기로 결정해 놓고 있었다. 하지만 정작 그를 런던 탑에 가둬놓고는 어떻게 처리해야 할지 결정하지 못하고 있었다. 1643년 5월에 로드가 아메리카로 추방될 것이라는 소문이 나돌았다. 그 해 가을에 하원은 로드를 재판에 회부하기로 결정했다. 기소자는 윌리엄 프린(William Prynne)이었다. 로드의 명령으로 두 귀가 잘렸다고 주장한 프린은 법정에서는 감정을 배제해야 한다는 신념이 없었다. 그는 로드에 대해서 의회의 제반 권위를 무시한 죄, 선박에 불법 세금을 부과한 죄, 영국의 종교개혁 신앙을 전복하고 영국 국교회와 로마 가톨릭 교회의 화해를 주선한 죄 등을 적용했다. 그 증거로는 잡다한 십자가상들, 제단 난간, 로마 가톨릭 사제들에게 보낸 편지, 그리고 박해받은 청교도들의 증언이 제시되었다. 하지만 이 죄목들에서 예상할 수 있는 대로 반역죄는 성립시키지 못했다. 그러자 의회는 사권(私權) 박탈법(a Bill of Attainder)을 도입했다. 런던 군중의 아우성이 주저하던 귀족들을 압도했고,

그 결과 장기의회(the Long Parliament)는 로드를 처형함으로써 후대의 영국인들이 오랫동안 청교도들의 작업을 불공평과 불법으로 평가하게 된 길에 접어들었다.

웨스트민스터 회의

과거에 국왕에게 속했던 통치권을 전유하게 된 하원은 국왕 수장령에 해당하는 의회 수장령을 견지하고 마치 국가를 지배하듯 교회를 지배하는 경향을 띠었다. 소교구에 성직자들을 임명했고, 몰수 재산을 관장할 위원회를 설치했고, 신도석 사용료를 관장했고, 스코틀랜드 목사들이 잉글랜드의 수록(受祿) 성직자들이 되어야 한다고 주장했으며, 사생활이 문란한 성직자들을 면직시킬 위원회와 약탈당한 성직자들을 도울 위원회를 설치했다. 의회는 성직자들에게 반드시 자문을 구할 것을 인정했고, 121명의 성직자와 30명의 평신도 의회 의원으로 구성된 회의를 웨스트민스터에서 연다고 공고했다. 이 회의는 수석사제 관사의 예루살렘 실에서 개회되어 1643년부터 1649년까지 열렸다.

일부 회의 참석자들에게 마치 개혁교회 전국 총회 같다는 인상을 준 이회의를 하원 의원들은 하원의 자문 회의로 여겼다. 회의의 지도급 성직자들은 장로교도들과 칼빈주의자들로서, 이들은 영국 국교회에 장로들의 권징 체계를 수립하고 싶어했다. 다른 칼빈주의 나라들의 정부들처럼, 영국의회는 이 회의에 그러한 막강한 권징과 출교권을 부여할 의사가 없었다.

웨스트민스터 회의는 단호한 칼빈주의자들 말고도 다른 사람들도 참석했다. 존 셀든(John Selden)처럼 일체의 성직자들의 지배를 혐오하고 따라서 일체의 칼빈주의 정치를 혐오한 영국 법률가들은 사상과 윤리의 자유를 지킨다는 일리 있는 명분을 내걸고서 평신도의 교회 지배 정책을 유지하겠다는 결연한 의지를 보였다. 회의에는 10-11명의 독립파 대표가 참석했는데, 이들은 신설되는 노회들이 독립파를 탄압할 것을 우려하여 장시간의 발언을 통해서 매순간 장로교의 국교화를 거부했다. 밀턴(Milton)은 이러한 의식을 가지고 장로교를 신랄히 비판한 "신설되는 장로직은 과거의 사제직을 확대한 것에 지나지 않는다"는 유명한 문장을 남겼다.

하원은 국왕에 대항하여 스코틀랜드인들과 맺은 동맹, 즉 잉그랜드와 스코틀랜드에서의 통일된 교회 정치를 추구한다는 조항이 포함된 1643년의 엄숙 동맹과 계약 때문에 의원들의 기대 수준을 넘어서는 장로교의 요구를 받아들이지 않을 수 없었다. 한 법령은 런던을 열두 개의 '노회'(classis, 장로의 감독구)로 나누게 했고, 또 다른 법령은 공동기도서 사용을 폐지하고 공예배 모범(the Directory of Public Worship)을 사용하도록 했다. 스코틀랜드의 예배 모범에서 이끌어낸, 따라서 멀게는 제네바 전승에서 이끌어낸 이 문서는 공동기도서에 비해 훨씬 더 융통성이 있었다. 1645년에 의회는 전국에 노회(presbytery)를 설치하고 장로들을 선출하도록 명령했다. 장로들은 뚜렷한 특정 범죄에 대해서만 출교권을 행사할 수 있었고, 여타의 범죄에 대해서는 의회에서 파견된 지역 담당자의 재가가 있을 때에만 출교권을 행사할 수 있었다. 웨스트민스터 회의는 이 제도를 폐지해 줄 것을 청원하여 사소한 수정을 얻어냈으나, 여전히 장로들이 의회의 위원회에 호소할 권한이 있었다.

1646년에 그 제도는 이론상으로는 시행되기 시작했다. 런던과 랭커셔와 그밖에 여기저기 흩어진 지역들에서는 실제로 시행되어 그 효과가 없지 않았다. 성직 수록자는 모두 국민 계약을 받아들이고 예배 모범을 사용해야 했다. 웨스트민스터 회의는 애당초에는 39개조를 개정하는 작업을 시작했으나 새로운 신앙고백서를 작성할 필요를 느껴 웨스트민스터 신앙고백서(the Westminster Confession)를 작성했으며, 이 신앙고백서의 교리 부분들은 의회의 재가를 받았다. 칼빈주의 신학을 비타협적으로 진술한 명문들이 담긴 이 신앙고백서는 곧 잉글랜드와 스코틀랜드 장로교 교리의 고전적 해설서가 되었다. 이 신앙고백서는 지금도 스코틀랜드 교회의 목사 후보생이 반드시 (전반적으로) 동의해야 하는 문서로 남아 있다. 웨스트민스터 회의는 아울러 소요리문답과 대요리문답(a longer and shorter catechism)을 작성했는데, 소요리문답은 스코틀랜드의 표준 교리문답서가 되었고 후대에는 잉글랜드의 비국교파의 교리문답서가 되었다.

웨스트민스터 회의가 내놓은 이러한 산물은 스코틀랜드를 제외하고는 단명하고 말았다.

의회가 영국 전역을 다스린 적은 없었다. 국민 계약을 받아들이라는 의회의 훈령은 폭넓은 지역에서 불복종되었다. 후대의 영국 장로교 지도자인 리처드 백스터(Richard Baxter)는 키더민스터의 자기 교인들이 국민 계약을 받아들이지 못하게 했고, 우스터셔의 목사들에게도 그것을 교인들에게 부과하지 말라고 설득했다. 그리고 마침내 1645년에 네이스비에서 국왕이 처형되고 온 나라에 평화가 찾아왔을 때 전국을 다스린 세력은 의회가 아니라 군대였다. 명목상 그들은 의회의 군대였지만, 군인들은 웨스트민스터가 아닌 자기들의 지휘관들에게 충성을 했고, 1647년부터는 군대가 의회와 권력 투쟁을 벌이기 시작했다.

웨스트민스터 회의에 파견된 스코틀랜드 교회의 대표 중 한 사람인 로버트 베일리(Robert Bailie)는 스코틀랜드 군대가 주둔해 있던 사실이 잉글랜드에서 장로교가 국교의 지위를 누릴 수 있었던 근간이었다고 고백했다. 잉글랜드 군대의 수뇌부는 장로교라기보다 독립파였기 때문이다. 올리버 크롬웰(Oliver Cromwell)과 그의 여러 참모들은 예배의 자유를 신봉했다. 그들의 병사들 가운데 장교들이 기도를 인도하거나 설교를 하는 경우가 종종 있었다. 그들은 자신들뿐 아니라, 내전 동안 엄격한 권징의 부재로 인해 전국에서 우후죽순처럼 생겨난 소규모 독립파 혹은 침례파 회중들도 예배의 자유를 누리게 되기를 바랐다. 그들 중 더러는 공화제 사상을 채택한 반면에, 의회의 다수파는 여전히 입헌 군주제를 마음에 두고 있었다. 소수는 수평파(Leveller)적인 민주주의 사상을 채택했다. 의회는 잉글랜드 군대가 해산하기 전에 그들에게 급여를 지불하지 못함으로써 군대의 입지를 키워 놓는 결과를 초래했다. 그로써 군대가 잉글랜드를 지배하게 되었다.

찰스 1세의 처형

공화제 진영은 왕의 죽음을 당연히 여겼다. 군대에서 광적인 파벌은 자기들이 왕을 처형하는 데 상원의 수족 역할을 했다고 생각했다. 잉글랜드와 스코틀랜드의 장로교도들은 왕의 처형이 사악한 행위였다고 생각했다. 하지만 장로교도들은 이러한 반대 입장으로 인해 잉글랜드의 후세대들에게 좋은 평판을 얻지 못했다. 결국 왕의 죽음은 어느 교파에도 이익을 끼치지 못했고 다만 옛 주교제주의자들만 이익을 보았다. 왕의 몰락과 그 여파는 마침내 잉글랜드 프로테스탄트권의 두 교파(청교도와 주교파) 중에서 두번째 교파가 잉글랜드 국교회를 장악하게 되는 결과를 초래했다.

왕 개인은 주교제 전승을 신봉했다. 정치적인 근거뿐 아니라 신학적 근거로도 그러했다. 그는 여느 주교 못지 않게 스코틀랜드 성직자들과 맞서서 성경 본문을 가지고 능수 능란한 논쟁을 벌였다. 그의 죽음은 범 유럽적인 동정을 불러일으켰을 뿐 아니라, 일부 사람들의 눈에 로드처럼 주교제 정치와 공동기도서를 수호하려다가 목숨을 잃은 순교자로 비치게 했다. 왕이 죽은 직후에 그가 혼자 기도하며 맞이한 최후의 순간을 묘사했다고 하는 「왕의 초상화」(Eikon Basililé)가 출판되어 탄압에도 불구하고 1649년에 50판이나 발행되었다. 이 책의 표지 그림에는 왕이 탁자 앞에서 무릎을 꿇고 있는데, 탁자에는 성경책이 놓여 있고, 왕관은 바닥에 놓여 있고, 왕의 오른손에는 가시 면류관이 들려 있으며, 그의 눈은 천상의 영광스런 면류관을 우러러보고 있다. 온건한 영국 국교도 존 고든(John Gauden)이 쓴 이 책은 찰스를 반란 세력에게 처단된 왕에서 광신도들에게 박해 당한 순교자로 바꾸어 놓았다.

크롬웰 치하의 교회

영국의 내전이 끝나면서 기독교 역사에서 아직까지 없었던 종교적 상황이 조성되었다. 군인 군주가 다스리는 대국이 형성되었던 것이다. 독립교회주의를 선호한 그는 작지만 이제 세력을 키워가고 있던 집단들 중 핵심 세력을 자신의 자유공화국(Commonwealth) 종교 분야의 정예 세력으로 여겼으며, 독립파 선전가들 중 가장 탁월했던 존 밀턴(John Milton)을 비서진에 포함시켰다. 하지만 국가 관리가 종교에 간섭할 수 없다는 소신이 투철한 사람들을 가지고 국교를 수립하기란 어려웠으며, 대다수 민중의 성향도 여전히 온건한 성공회나 장로교에 기울어져 있었다. 크롬웰의 치하에서조차 독립파는 국교회의 변두리에 자리잡은 소수파였다. 그럴지라도 독립파는 강대국 중 처음으로 관용을 얻어냈다. 이 관용은 여러 가지 제약을 갖고 있었다. 교황주의자들은 영국에 불충한 세력으로서 관용에서 배제되었고, 고교회파도 체제에 불충하다는 이유로 배제되었으며, 공공기도서 사용이 금지되었다. 그럼에도 크롬웰 정권은 진정한 관용을 시행한 정권이었다. 1650년에 소교구 교회의 출석을 의무화한 기존의 관행을 철회하는 법령이 공포되었다.

영국인들은 여전히 주일에는 교회에 나가 예배를 드려야 했지만, 그것을 법으로 구속할 수 없었기 때문에 이 철회 법령은 크롬웰 정권의 종교 자유에 중요했다. 크롬웰 자신은 경건한 청교도주의를 선호했지만, 그의 국교는 신비주의적이든 비판적이든, 광교회주의든 합리주의든, 열정주의든 경건주의든 다양한 사상을 허용할 정도로 자유로웠으며, 이러한 방침에 힘입어 영국의 종교 사상은 로드파나 웨스트민스터 회의가 그것을 구속하기 위해 감아놓았던 밧줄에서 팔꿈치를 뺄 수 있도록 해주었다.

새롭고 광범위한 국교의 통제권은 의회의 감독하에 성직 후보자의 자격을 심사하는 독점권을 지닌 성직 자격 심사위원회(the Committee of Triers)에게 부여되었다. 1654년의 위원회는 서른여덟 개에 달했고, 장로파와 독립파 인사를 주축으로 소수의 침례파 인사들이 가담했다. 독립파로서 대표적인 회중주의 신학자인 존 오언(John Owen)은 옥스퍼드 대학교 크라이스트처치 대학 학장과 옥스퍼드 대학교 부총장이 되었고, 그밖의 인사들은 옥스퍼드 대학교의 막달렌 대학, 유니버시티 대학, 지저스 대학의 학장들과, 케임브리지 대학교 펨브로크 홀의 학장, 더블린 대학교의 트리니티 대학의 학장이 되었다. 이들은 탁월한 행정으로 학문 발전에 크게 이바지했다. 한때 대주교 로드가 거처로 사용한 화이트홀의 관사는 1650년부터 국책회의의 기관 목사인 열정적인 독립파 인사 휴 피터스(Hugh Peters)가 사용했다.

1653년의 '빈약한' 의회는 순전히 성경적 원칙에 근거하여 국가를 통치할 수 있는가를 시험했고, 독립파 회중들은 그 무익한 의회에 착실하게 의원들을 파견했다. 독립파 회중들은 웨스트민스터 대수도원, 캔터베리, 그리고 그밖의 대성당들 같은 영국의 몇몇 대 교회당들에서 예배를 드렸다. 제5왕국파(the Fifth Mornachy)라는 작은 집단은 한동안 세인트 폴 대성당의 한 구석에서 예배를 드렸다. 엑서터 대성당은 벽돌담으로 구분되어 한 쪽에서는 장로교 회중이, 다른 쪽에서는 독립파 회중이 예배를 드렸다. 체스터와 도버와 브리스틀에서는 회중교회가 성(城) 안에서 예배를 드렸는데, 이는 수비대 병력의 보호를 받았기 때문이다. 1658년에 독립파 교회들이 마침내 제 모습을 드러내 사보이 교회당에서 전국 회의를 열었고, 100-120곳의 독립파 회중들이 이 회의에 대표를 파견했다.

1660년에는 130명 가량의 독립파 목사들이 크롬웰의 국교회에서 수록(受祿) 성직자가 되어 있었다. 그들 중 더러는 회중들에 의해서 수록 성직자로 선출되었지만, 나머지는 유급 성직 수여권 소유자(patron)에 의해 선출되었다는 점에서 그 운동의 폭을 엿볼 수 있다. 그밖에 베리 세인트 에드먼즈의 회중교회처럼 회중교회답게 존립하기 위해서 국교회 밖에 남아 있는 편을 택한 회중교회들도 더러 있었다. 크롬웰 정권의 국교회 성직자들의 지위와 수입은 정부가 주교들과 참사회원들에게서 몰수한 토지를 기반으로 지급한 지원금으로 크게 향상되었다.

이러한 정책은 찰스 2세의 왕정복고로 물거품이 되었다. 하지만 내전에 따른 사건들과 자유공화국, 그리고 호국경제(護國卿制, Protectorate)는 훗날의 뉴잉글랜드에서처럼 잉글랜드에서도 회중교회와 침례교가 종교계의 항구적인 분자들로 존립할 수 있도록 뒷받침해 주었다. 왕정복고가 이루어진 뒤에도 대주교 로드 시절의 탄압이 다시는 통하지 않았다.

퀘이커교

영국 내전으로 인한 종교적 혼란은 역사가 깊든 짧든 모든 부류의 소집단들에게 다시 없는 기회를 제공했다. 관용에 익숙해진 시대라면 눈길조차 끌지 못할 참람한 기인들과 괴팍한 광신도들이 등장하여 당시 사회에 충

격을 안겨 주었다. 이에 장로교도들은 이단들의 우두머리들과 그들의 '교
설'을 연대순으로 목록을 만들었는데, 이러한 목록은 4세기 말경 성 에피
파니우스(St. Epiphanius)가 이단들의 우두머리들의 목록을 작성한 이래로
기독교 세계가 구경해 보지 못한 것이었다. 묵시적 풍조가 다시 고개를 들
었다. 예를 들어 제5왕국파는 그리스도가 천년간 땅에서 다스릴, 다니엘
2:44에 약속된 왕국을 도래케 하려는 뜻을 품었다. 머글톤파
(Muggletonians)도 있었다. 자신과 자기 사촌이 요한계시록 11장에 나오는
두 증인이라고 주장한 런던의 괴팍한 재단사를 추종한 이 집단은 설교를
배격했고, 머리를 짧게 자른 전도자들의 전도만 들어야 하며, 이성(理性)은
마귀가 만들었다고 가르쳤다.

이단 목록에는 그밖에도 잡다한 집단들이 소개되지만, 그들이 어떤 교설
을 가르쳤는지 역사가가 파악할 수 있는 자료를 남겨놓지 않았다. 리처드
세일(Richard Sale)이라고 하는 뚱뚱한 성(城) 치안담당관은 참회복을 입고
머리에 재를 뒤집어 쓰고 오른손에는 향기로운 꽃을 왼손에는 악취 나는
갈대를 들고 맨발로 더비 시내를 걸어다녔다. 1652년 11월에는 제임스 밀
너(James Milner)라고 하는 퍼니스 지방의 재단사가 열나흘을 금식한 뒤
12월 2일 목요일이 재창조의 첫날이 될 것이라고 예언하면서, 그날에는 배
한 척이 사각 시트에 얹힌 채 하늘에서 내려올 것이라고 했다. 다음 세대
가 광신을 몹시 우려한 일을 생각할 때는 이런 사건들을 기억하는 게 중요
하다. 이런 광신적 행위들은 그 행위자들과 함께 소멸했다. 그중 몇몇 집단
은 오래 존속하는데, 심지어 머글톤파조차 미미한 세력으로 빅토리아 여왕
의 재위 때까지 존속했다.

여전히 재세례파로 알려지고 있었던 이런 급진적인 집단들은 일체의 외
적 형식을 부정하는 것을 경건의 표지로 삼았다. 그들은 종교개혁이 제도
주의를 타도하기 위한 항거였고, 내적 실재를 외적 형식으로 대체하는 행
위에 대한 항거였고, 진정한 참회 대신에 면죄부를 구입하여 구원을 얻는
관행에 대한 항거였다고 주장했다. 이 단순하고 근실한 '기능공들'은 극좌
파의 입장에서 모든 형식의 유효성에 의문을 제기했다. 많은 독립파 교도

들은 무릇 예배란 자유롭게 드려야 한다고 주장하면서 고정된 예배식을 비판했다. 내전 기간에 등장한 구도파(the Seekers)는 성령의 직접 조명을 기다렸고, 일체의 외적 형식에 거부감을 느꼈는데, 심지어 성례와 성경 낭독에 대해서까지도 그러했다.

이런 집단들 중에서 오직 한 집단만 비록 다른 집단들처럼 기괴하게 발생했으면서도 끝내 살아남아 초창기의 기괴한 성격을 극복하고서 마침내 공적인 그리고 전국적인 존경을 받게 되는데, 그들이 바로 친우회(the Society of Friends)이다. 친우회라는 명칭은 한 세기 반 뒤에 붙여진 것이다. 이 집단의 창시자 폭스(Fox)의 초창기 추종자들은 구도파라는 기존 집단에서 나온 사람들이었다.

조지 폭스 (1624–91)

조지 폭스(George Fox)는 레스터셔 페니 드레이튼의 경건한 방직공인 아버지와 '순교자들의 집안 출신'인 어머니에게서 태어났다. 제화업자 밑에서 도제 생활을 하다가 열아홉살에 내전이 터지자 방랑 구도자(Seeker)가 되었다. 기성 교회를 '뾰족탑 집'이라고 부르면서 교회에 나가지 않은 채 성경을 들고 밭이나 과수원을 두루 다녔다. 그의 기행을 걱정한 식구들은 결혼을 주선했고, 다른 사람들은 그를 군대에 보내야 한다고 말했으며, 어떤 성직자는 담배와 시편 찬송을 권했다. 1647년 혹은 1648년에 폭스는 복음전도자가 되었다. 그의 메시지 중 일부는 많은 재세례파의 메시지처럼 맹세와 군 입대를 배척하고, 외적인 종교 의식을 극단적으로 의심하고, 마음이 지극히 단순한 사람이 성령의 임재를 기다릴 수 있고, 배움과 연구가 성경 해석에 아무런 이득도 주지 못한다고 믿었다. "주께서는 옥스퍼드 대학교나 케임브리지 대학교를 나왔다고 해서 그리스도의 사역자가 될 자격을 갖는 게 아니라고 내게 말씀하셨는데, 나는 그 말씀을 듣고 의아한 생각이 들었다. 그것이 사람들의 통념이었기 때문이다"고 그는 말했다. 예배 시간에 소리내지 않고 기도하는 관습은 메노파 중 수상거주파 사이에 널리 시행되었다.

폭스가 전한 메시지의 일부는 16세기 재세례파 집단들 가운데 보다 신
비주의적 색채를 띤 덴크(Denck)나 슈벵크펠트(Schwenckfeld) 혹은 후대의
뵈메(Boehme) 같은 사람들에게서 발견되는데, 그 내용은 본질상 타울러
(Tauler)와 「미지의 구름」(*The Cloud of Unknowing*)의 저자 같은 중세 독일
과 영국의 신비주의자들을 직접 계승하면서도 수도원에 바탕을 둔 가톨릭
적이고 전통적인 환경은 배제한 것이었다.[5] 신자는 영혼 안에 심기운 신성
의 씨앗 곧 '내적 광명'에 힘입어 그리스도를 직접 알기 때문에 외적인 안
내자도 목회자도 권위도 필요치 않다는 것이 그 골자였다. 이 사상은 이전
시대에 급진적인 프로테스탄트 교도들이 설파한 신비주의적 내주와 너무
흡사하고 심지어 표현까지도 흡사한 점을 감안할 때 폭스가 그들로부터,
특히 야콥 뵈메로부터 직접 영향을 받았음에 틀림없다는 주장이 제기되었
다. 그러나 폭스가 뵈메를 알았다는 설은 입증되지 않았으며, 추측건대 초
창기에 그의 사상적 고향이었던 구도파 집단들 가운데 그러한 접근 방식
이나 사고 방식을 발견했던 것 같다.

신비주의란 엘리트의 가슴 속에 자리잡는 법이다. 당시의 분위기에서 사
상가들과 외판원들에게 내면의 빛에 거하라고 권유하는 것은 괴팍한 사람
들을 청하는 것과 다름 없었다. 폭스 자신은 다른 사람에게 절하거나 그
앞에서 모자를 벗기를 거부했고, 부자든 가난한 자든 모든 남녀에게 디
(Thee)와 다우(Thou)라는 대명사를 사용했고, "좋은 저녁입니다"(Good
evening)라는 인삿말을 사용하지 않았으며, 주간의 날들이나 연중의 월들
을 그 이름으로 부르지 않고 숫자로 불렀다. 자신의 정신의 지시에 따라
노팅엄의 세인트 메리 교회에 들어가 설교하고 있던 설교자를 비판했다.
중부 지방의 군(郡)들에서도 예배를 방해했고, 맨스필드 우드하우스에서도

---

5) 카스파르 슈벵크펠트(Caspar Schwenckfeld, 1490-1561). 그는 성례와 무
관한 성령 내주의 신비주의를 가르쳤고, 공동체를 세우려고 노력하지 않았지만,
그의 제자들은 그런 노력을 지속했다. 1618년에 그 집단은 슐레지엔에서만 존
속했다. 1734년에 200명 가량 되는 그의 추종자들이 필라델피아로 이주했고,
오늘날도 펜실베이니아에 가면 교인수 2,000명 내지 3,000명을 헤아리는 슈벵
크펠트파 교회를 볼 수 있다.

그러다가 분노한 회중에게 구타를 당했으며, 창고와 감옥에 숱하게 감금당했다.

리치필드에서는 장날에 맨발로 한길을 오르내리면서 "화 있을진저, 피흘린 리치필드여!"라고 외쳤다. 나체로 거리를 거닐면서 런던을 정죄한 윌리엄 심슨이라는 사람의 편을 들어주었고, 그리스도가 완전하셨듯이 신자도 완전할 수 있고 거의 무오할 수 있다고 가르쳤으며, 성령의 감동을 받아 발언할 수 있다고 가르쳤다. 1651년에 폭스가 내적 광명으로 회심시킨 인물로서 그 운동에서 폭스의 경쟁자가 된 제임스 네일러(James Nayler)는 추종자들이 자신을 하나님의 아들로서 예배하도록 허용하기 시작했다. 그리고 1656년 10월에 네일러는 비가 억수로 퍼붓는 가운데 추종자들이 겉옷을 벗어서 그가 지나가는 길에 깔면서 "거룩하다, 거룩하다, 거룩하다"고 외치는 상황에서 브리스톨에 입성했다. 초창기에는 퀘이커 교도들과 그밖의 광신도들 사이에 별 차이가 없었다. 실제로 퀘이커 교도들(Quakers)이라는 명칭은 원래 다른 집단에 쓰였던 것인데, 폭스에게 잘못 적용되었다.

퀘이커교가 후대에까지 살아남은 비결은 (쉽게 종교적 열정에 빠지는 사람들 덕분이기도 했지만) 폭스의 남다른 열정에 힘입은 퀘이커교의 심오한 종교 사상 덕분이기도 했고, 폭스 자신의 역량이 발전한 덕분이기도 했다. 그는 성숙해 가면서 실천 가능한 일과 허황된 일을 제대로 구분할 줄 아는 실질적인 면모를 드러냈다. 1652년에 그가 얼버스턴 교회의 예배를 훼방했을 때 그의 말이 스워스모어 홀의 마가렛 펠(Margaret Fell)이라는 귀부인의 마음을 사로잡았다. 그 귀부인은 폭스에게 은신처를 제공해 주었고, 유력한 법률가였던 그녀의 남편은 폭스을 흔쾌히 영접했다. 펠 부부가 폭스에게 인간과 세계를 보다 깊이 이해하도록 도와주었음에 틀림없다. 펠이 죽은 뒤에 폭스는 그의 미망인 마가렛과 결혼했다(1669년). 폭스에게는 조직력이 있었다. 그는 세례와 교회당에서의 결혼을 거부할 퀘이커 교도들이 당할 불이익을 재빨리 파악하고는 출생, 결혼, 사망에 관한 등록 체계를 세웠는데, 그 결과로 남은 기록은 1863년에 호적 제도가 생기기 전의 상태를 알려주는 귀중한 자료이다. 1670년에는 그가 세운 진리의 친우회(Friends of the Truth)는 그들의 존재 이유였던 내적 광명과 비성례적 경건주의 교리를 잃지 않은 채 안정된 세력을 얻었다.

주교제주의자들

1645년 8월 26일부터 국가는 공동기도서 사용을 금하되 심지어 가정 예배에조차 사용을 금하고 어기는 자는 1년간 구금에 처한다고 공포했다. 그러나 공예배 모범(the Directory of Public Worship)을 규정한 법령은 국왕의 동의를 받은 적이 없었고, 따라서 왕당파의 입장에서는 공동기도서를 법으로 규정한 의회령을 철회할 수 없었다. 전례에 대한 충성이 국왕에 대한 충성의 일부가 되었다.

공동기도서 사용 금지 법령은 획일적으로 시행되지 않았다. 목이 잘린 국왕 찰스 1세의 시신이 매장되기 위해 윈저에 있는 세인트 조지 대성당으로 운구되었을 때, 애도자들은 주교 적슨(Juxon)에게 공동기도서의 장례식 문구를 낭독하도록 요청했다. 윈저 성의 성주는 공예배 모범이 유일하게 허용된 예식서라고 못박아 말했다. 하지만 일부 성직자들과 평신도들은 개인 예배당들과 접견실들에서 계속해서 과거의 전례를 사용했고, 심지어 올리버 크롬웰의 딸 메리(Mary)도 결혼식 때 그 전례를 사용했다. 은퇴한 일부 주교들은 은퇴지에서 비밀리에 계속해서 성직자들을 임명했다. 소교구 사제들은 공동기도서를 암기하여 인용하거나 사소한 변경을 가한 뒤 낭독하거나 공공기도서 내용을 바탕으로 나름대로의 전례를 작성하는 방식으로 법의 규제를 피했다. 엄격한 성공회교도들은 이렇게 전례를 변경하는 것이 예배 모범을 사용하는 것과 다름없이 불법이라고 믿었다.

하지만 그들은 지하 교회를 조직하려는 시도는 하지 않았다. 주교들 중에서 적슨은 자신의 시골 별장으로 은퇴하여 여우 사냥으로 소일하며 지냈다. 렌(Wren)은 런던 탑에 갇혔고, 브라운릭(Brownrigg)은 17년간 자신의 교구였던 엑서터를 찾아가지 않았다고 하며, 두파(Duppa)는 "나는 거북이처럼 껍질 밖으로 나가지 않음으로써 스스로를 보호한다"고 말했다. 주교들은 전쟁이 터지고 로드가 처형되던 시절을 기억하고서 호기를 발휘하기보다 숨죽이고 있는 쪽을 택했다. 또 다른 의미에서의 이야기가 유명해졌다. 연로한 주교 모튼(Morton)은 이름이 뭐냐고 묻는 어느 나그네의 질문에 "여러분이 어떻게 투표했든 간에 나는 그 늙은이 더럼의 주교요"라고 대답했다. 살아남은 주교들 중에서 이런 정신으로 행동하는 것이 현명하다거나 가능하다고 느낀 사람은 드물었다.

약 3,000명 가량의 수록(受祿) 성직자들이 의회의 의원회들에 의해서 추방당했다. 18세기 초에 존 워커 박사(Dr. John Walker)는 「성직자들의 수난」(The Sufferings of the Clergy)라는 순교록을 편찬했다. 극진한 노력을 들여 많은 귀중한 자료를 남긴 이 책에서 그는 직위를 잃은 수록 성직자의 수를 10,000명으로 추산하는데, 이는 거의 모든 영국 국교회의 성직자들이 고난에도 끄떡하지 않은 주교제주의자들이었던 것처럼 말하는 셈이다. 이 추산은 주교제주의자들이 1662년 이후처럼 1645년에도 지배적이었다는 추론에 근거를 둔 것이다. 하지만 이것은 사실이 아니다. 영국 국교회의 소교구들 가운데 2/3 가량이 교회의 체제 변화에도 불구하고 혼란을 겪지 않았다.

하지만 런던 시내와 잉글랜드 시골의 은거지에서, 파리와 헤이그의 망명지에서, 엄격한 주교제주의 집단은 왕당파와 동일시되었다. 젊은 국왕 찰스는 스코틀랜드 장로교도들과 협상을 벌임으로써, 그리고 한 번은 심지어 국민 계약에 서명함으로써 그들에게 불만과 망설임을 안겨주었다. 하지만 1653년 이후에는 더 이상 망설이는 일이 없었다. 국왕의 입장이 곧 '영국 국교회'의 입장이었고, 영국 국교회의 입장이 곧 국왕의 입장이었으며, '영국 국교회'는 곧 공동기도서와 주교와 사제와 부제로 이루어진 정치를 뜻했다. 1641년에는 주교들을 청교도처럼 혐오했던 지방의 기사 지주들(the Cavalier squire)은 이제 주교제의 부활을 왕정복고만큼이나 고대했다. 청교도들의 탄압은 너무 유약하여 로드파를 말살할 수 없었고, 오히려 청교도라는 단어를 훨씬 더 증오스럽게 만들었을 뿐이다.

샌크로프트(Sancroft)라는 점잖은 사람은 "나는 저 저주받은 청교도 붕당을 지상에서 가장 영광스러운 교회의 폐허로 간주한다!"고 썼다. 장로교도들은 국왕의 처형에 분개하고, 찰스 2세의 복고를 지지하고, 독립파와 크롬웰 정권을 혐오했을지 모른다. 하지만 그들은 혁명의 수문을 열어놓았으며, 따라서 엄격한 왕당파의 눈에는 크롬웰과 함께 멸망의 구덩이에 던져질 자들로 비쳤다.

종교개혁의 역사상 처음으로 영국 프로테스탄트 성직자들은 이제 대륙의 개혁파 교회들과의 사귐을 거부하고 있었다. 주교파 망명자들은 이 점에 동의하지 않았다. 존 코신은 위그노파와의 사귐이 합법적이라고 주장했기 때문이다. 하지만 그는 예외적인 인물이었다. 위그노파는 노회들을 두고 있었는데, 주교제주의자들에게는 노회라는 단어 자체가 몹시 거슬렸다. 게다가 위그노파 목사들은 영국의 청교도 정권에 친화적인 태도를 보임으로써 과거 영국 국교회의 정책을 뒤엎은 그 '불경건'을 덮어주는 듯이 보였다.

1660년에 이루어진 찰스 2세의 왕정복고와 함께 공동기도서와 주교제가 부활되었다. 하지만 중요한 점들에서는 내전 이전의 교회 상태로 돌아가기가 불가능했다.

첫째, 1641년의 교회가 부활되었지, 1640년의 교회가 부활된 것이 아니었다. 성실청과 고등종교법원은 부활되지 않았다. 고등종교법원은 루터교의 교회 법원에 해당하는 영국의 교회 법원으로서, 이 기구를 통해서 국왕의 수장령이 효과적으로 행사되었었다. 하지만 고등종교법원이 부활하지 않았음에도 적절한 대체 기관이 설립되지 않았다. 그러므로 그 결과는 의식하지 못하는 상태에서 포괄적으로 나타났다. 크롬웰은 영국의 종교를 보다 다양하게 만들어 놓고 떠났다. 영국의 종교는 이제 더 이상 단순한 권징 장치라는 좁은 의미로 한정할 수 없게 되었다. 영국 국교회 내에서 사상과 행위의 제약들은 그 이후로 꾸준히 넓혀졌다.

둘째, 종교적 균열들이 보다 깊어졌다. 크롬웰 시대에 고교회파 성직자들은 더욱 고교회적인 입장을 견지한 반면에, 청교도들은 보다 결연한 태도로 주교제와 공동기도서에 반대했다. 영국의 비국교파는 그 이후로 국내에서 항구적인 성격을 띠었다.

셋째, 영국 국교회의 군주들은 이전보다 더욱 보수적인 성격을 띠었다. 칼빈주의자들은 개혁을 바랐으나 실패하고 말았다. 그들이 실패한 양태 때문에 무엇이든 개혁하기가 어렵게 되었고, 그 결과 종교개혁자들이 오랫동안 승인치 않던 다양한 중세적 제도가 19세기나 그 이후까지 영국에 남아 있게 되었다. 엘리자베스 여왕이 영국 국교회를 소제하여 그 먼지를 문밖에 두었다는 것이 청교도들의 평가였다. 내전은 그 먼지조차 신성하게 만들었다. 이 유별난 보수주의는 무엇보다도 공동기도서에 적용되었다. 먼저 그 주요 저자와 메리 시대의 순교자들이 화형을 당함으로써, 다음에는 그것이 신성하다는 의식이 관습으로 자라남으로써, 공동기도서는 '불법적인' 폐지를 당함으로써 오히려 새로운 신성함을 띠게 되었다. 공동기도서는 이제 헌법과 국왕에 대한 충성과 준법성의 일부가 되었다. 그렇기 때문에 청교도의 의식을 삭제하기 위해서 혹은 후대에 민중의 기도를 새로운 세대들의 필요에 맞추기 위해서 공동기도서의 내용을 수정할 필요가 생겼을 때에도 수정을 하기가 더욱 어렵게 되었다.

마지막으로, 프로테스탄트 교회들은 시대가 흐르면서 더욱 분열되었다. 츠빙글리가 루터와 의견 충돌을 겪은 이래로 프로테스탄트 진영은 루터교 아니면 개혁주의 교회로 분열되었었다. 그러나 루터교권에 속한 스칸디나비아의 정치 권력이 증가했음에도 불구하고 개혁주의 교회들이 주도권을 잡았고, 1620년에 이르렀을 때에는 대륙의 개혁주의 교회들과 영국의 개혁주의 교회들이 동맹을 맺는 것이 가능해 보였다.

하지만 영국에서 청교도 진영이 몰락하면서 이런 소망도 물거품이 되었다. 그뒤 개혁주의 신학은 북독일로부터 뿐 아니라 영국의 고교회 성직자들의 막강한 집단으로부터도 비판을 받았다. 다른 한편으로 영국의 비국교도권의 작은 집단들은 대서양 건너의 세력이 커지면서 회중교회와 침례교가 칼빈주의 정치를 받아들이기를 거부했다.

잉글랜드의 내전은 잉글랜드와 스코틀랜드의 종교사에만 중요하지 않았다. 잉글랜드의 내전은 프로테스탄트 종교개혁의 모든 후예들에게 영향을 끼쳤다.

제 2 부

반동 종교개혁

제 8 장

반동 종교개혁

가톨릭 종교개혁

반동 종교개혁(Counter-Reformation)이라는 명칭은 프로테스탄트주의에 대한 투쟁을 암시한다. 반동 종교개혁에는 정치적 국면이 있는데, 그것은 새롭게 일어나는 프로테스탄트 국가들과 싸울 준비가 되어 있었던 가톨릭 세력들의 연합 동맹이었다. 프로테스탄트주의와의 투쟁이 로마 가톨릭 교회 내부에서 개혁 운동이 일어나도록 고무했다는 생각도 일리가 있다. 그러나 프로테스탄트와의 투쟁이 개혁 운동을 일으킨 것은 아니다. 프로테스탄트주의와의 투쟁은 개혁에 새로운 칼날을, 즉 도처에서 개혁을 좌절시킨 기득권과 관료적 보수주의를 척결할 칼날을 주었다. 프로테스탄트와의 투쟁은 개혁에 역동성과 활력과 옛 제도에 대한 애정과 프로테스탄트 방식에 대한 불신을 가져다 주었다.

기득권층이 너무나 막강했기 때문에 어떠한 종교개혁도, 심지어 가톨릭적 종교개혁도 세속 국가의 권력이 커지기 전에는 불가능했다. 개혁이 어려웠던 데에는 각 국가 안에서 교회가 독립된 권력을 보유하고 있었던 점도 작용하였다. 아울러 교황청이 모든 나라 교회를 대상으로 재정적 법적 권리를 유지하려고 한 점도 작용하였다. 스페인과 프랑스 혹은 독일 남부에서 일어난 가톨릭 종교개혁조차 이 나라들에서 로마의 권력을 한층 제한하는 결과를 거두었고, 개혁의 추진력을 교황들이나 성직자들의 도덕적 지적 지도력만큼이나 가톨릭 군주들에게서 끌어냈다.

스페인은 남부에서 이슬람교와 투쟁하는 과정에서 교회와 국가가 십자군의 열정으로 하나가 되었다. 그러기 전에 스페인 국왕은 이미 자신의 무기였던 종교재판소를 통해서, 그리고 어떤 나라든 국왕이 교황의 행동에 가한 일상적인 제약들을 통해서 교회에 대해 결정적인 권력을 행사했다. 1550년에는 새로 발견된 아메리카에서 획득한 부가 스페인으로 흘러 들어오고 있었다. 이러한 새로운 경제력에다 왕조간의 결혼으로 확보된 정치적 지위에 힘입어 스페인은 유럽 국가들 사이에서 지도적 지위를 차지했다. 1562년 이후에 둘로 갈라진 프랑스는 정치적 패권 경쟁에서 뒤처져 있었고, 스페인이 국력이나 외교력에서 필적할 상대가 없는 유럽의 최강대국이 되었다.

스페인은 밀라노와 나폴리와 시칠리아의 공국(公國)들을 다스림으로써 이탈리아를 지배할 수 있었고, 중세에 교황과 황제가 벌인 거대한 투쟁이 이제는 교황과 스페인 왕 사이의 작은 분쟁으로 변했다. 하지만 작은 분쟁의 수준을 넘지 못했다. 마치 중세의 교황들이 작센 족이나 호엔슈타우펜가(家)나 앙주 가(家)에 의존했듯이, 1562년 이후에는 교황이 정치적인 면에서는 스페인 왕에게 의존했기 때문이다. 스페인은 군사 작전과 항해와 지리적 발견에서 유럽의 나머지 국가들을 선도했다. 스페인의 가톨릭 신앙은 마치 자석과 같이 반동 종교개혁의 가톨릭 신앙을 끌어들였다.

1495-1517년에 스페인의 수석대주교였던 추기경 히메네스(Ximenes)는 만약 왕권이 그처럼 직접적으로 개입하지 않았더라면 전통적인 성격을 띠었을 법한 노선으로 스페인 교회에 대한 종교개혁을 주도했다. 그는 수사들과 탁발수사들에게 가난한 생활을 강요했고, 자신이 내건 표준에 미달하는 수도원들을 해산하거나 재산을 몰수했고, 거기서 모인 세입을 자선 시설들이나 가난한 수도원들에 기부했으며, 수록 성직자들에게 각자의 성직록에 거주하도록 의무화했고, 성경을 해설하고, 어린이들을 교육했다. 스콜라 신학자들과 성직자들을 훈련하기 위해 알칼라 대학교를 설립하고, 그곳에서 히브리어와 헬라어 연구를 장려했다.

이 대학교에서 주도적인 학자들 — 그중 더러는 이탈리아에서 초빙되었다 ― 은 에라스무스(Erasmus)의 개혁 및 비평 사상을 우호적으로 받아들였다. 스페인령 네덜란드에서는 비베스(Vives)가 성 아우구스티누스의 저작들을 편집하고 계몽적인 교육 체계를 고안했다. 아마 유럽의 어느 나라에서도 스페인에서처럼 소수의 유력 인사들이 에라스무스의 원칙들을 개혁의 지침으로 그렇게 열정적으로 받아들인 경우는 없었을 것이다. 에라스무스의 원칙들은 1520-2년에 이단 사냥꾼 추니가(Zuniga)에게 몇 차례에 걸쳐 비판을 받았다. 추니가는 스페인 사람들에게 에라스무스가 루터의 등장에 책임이 있다고 확신시키려고 시도했으나 이렇다 할 성과를 거두지 못했다.

스페인의 지적 수위권을 놓고 알칼라가 살라망카와 경쟁을 벌였다. 1502-1517년에 히메네스의 직접적인 지도를 받은 일군의 학자들이 히브리어, 헬라어, 라틴어 본문들과 비평적 본문으로 이루어진 여섯 권의 대역 성경(the Polyglot Bible)을 펴냈다. 이 대역 성경은 교황의 승인이 있어야만 판매가 가능했고(교황의 승인은 1520년에야 비로소 이루어졌다) 따라서 출판이 1522년까지 미루어진 데 반해, 에라스무스의 신약성경은 대역성경이 등장하기 전에 서유럽에 알려져 있었다. 추기경 히메네스의 비평 방식은 에라스무스의 비평 방식에 비해 보다 보수적이었지만, 그의 학문성은 결코 뒤지지 않았다. 1512년에 카스티야 방언으로 복음서들과 서신서들을 옮긴 번역본이 등장하여 중쇄를 거듭했으며, 그 덕분에 스페인인들은 자기 나라 말로 번역된 성경을 구입하는 데 아무런 어려움이 없었다.

하지만 1530년 이후에 스페인의 에라스무스 추종자들은 종교재판소로부터 불승인을 받게 되었다. 그들은 소수의 지식인 집단으로서 그들의 사상은 스페인의 민중이나 대다수 성직자들 혹은 수사들 사이에서 별다른 영향력을 행사하지 못했다. 1537년에 종교재판소는 카스티야 방언으로 번역된 에라스무스의 저서들을 금서로 공포하고 그의 라틴어판 저서들에서 문제되는 대목들을 삭제하도록 명령했다. 종교재판관들은 루터교도들에게 혐의를 두고서 그들을 색출했으나 아무런 증거도 발견하지 못했다. 그러던 중 세비야의 한 집단이 스페인어 성경을 제네바에서 밀수해온 사실이 발각되었다. 종교재판소는 1558-60년에 화형이라는 극단적인 조치로 소수의 무력한 프로테스탄트 교도들과 아마 그밖의 일부 사람들을 처단했다. 종교 재판관들은 한 번 색출에 나서게 되자 만족할 줄을 몰랐다. 이탈리아에서 개신교는 급속히 와해되었다.

새로운 수도회들

중세 가톨릭 교회는 수도 생활로써 최고의 헌신을 표시했다. 교회를 개혁할 필요가 생길 때는 새로운 수도회를 세우거나 기존 수도회를 쇄신하는 것이 오래된 방법이었다. 이탈리아와 스페인에서는 16세기 전반에 새로운 수도회들이 설립되었다. 수도회를 신설하는 것이 기존 수도회를 쇄신하는 것보다 쉬웠다. 그렇게 된 데에는 수도회 쇄신에 앞장서는 개혁자들이 수도회를 분열시킬 가능성이 컸기 때문이기도 했고, 유럽 전역의 수도원 재산이 교회에서 가장 보수적인 세력이었던 기득권과 세속 재산 체제의 일부였기 때문이다. 단독 수도회들이나 집단들은 자체를 개혁하는 데 성공했고, 몇몇 수도회들은 개혁할 필요가 없었다.

옛 질서를 재건하려고 나선 사람 가운데 가장 큰 성공을 거둔 이는 마테오 다 바시오(Matteo da Bascio, 1552년 죽음)였다. 이탈리아에서 농부의 아들로 태어나 프란체스코회 수사가 된 그는 수도회 설립자 아시시의 성 프란체스코가 실천한 단순한 삶을 되살리고 성 프란체스코의 유언을 지키려고 했다. 주위의 만류에도 아랑곳하지 않고 수염을 길렀고, 갈색의 싸구려 수사복에 뾰족한 두건을 착용했다. 훗날 수도회를 떠나 순회 전도자가 되었다.

하지만 그가 거느린 집단은 1528년에 교황에게 정식 수도회로 승인을 받았는데, 뾰족한 갈색 두건이라는 뜻의 카푸친(Capuchin)이라는 명칭이 1535년의 교황청 문서에서 처음으로 발견된다. 카푸친회는 목회적인 자선, 문둥병 환자 구제, 빈민 보호소 운영, 대중 전도에 힘썼고, 기존 프란체스코회의 대형 수도원들과 도시 교회들과 거리를 두었고, 학문 장려를 거부했으며, 도시에서 멀리 떨어진 농촌이나 산촌에 진흙이나 윗가지로 지은 집들을 중심으로 작은 공동체들을 설립했다. 엄수파 파란체스코회(the Observant Franciscans)와 사사건건 대립한 이들은 개혁 작업에 매진함으로써 엄수파를 무언으로 비판했고, 엄수파에서 유능하고 선량한 인사들을 영입했다.

1530년대에 강제 해산 시도를 견뎌냈으며, 그들의 총장이자 이탈리아에서 가장 인기 있는 설교자였던 베르나르디노 오키노(Bernardino Ochino)가 개신교로 전향했을 때(1542) 거의 해산 직전까지 갔었다. 이들은 1572년까지 이탈리아 바깥에서 수도원을 설립하지 못하도록 금지를 당했으나, 그이후로 교세가 급속히 신장하여 반동 종교개혁을 이끈 가장 큰 수도회인 예수회에 버금갔다. 도시와 학문을 경원하던 자세가 수정되었고, 1619년에는 마침내 정식으로 독립 수도회의 자격을 얻어냈다. 카푸친회는 어떤 의미에서는 탁발수사들이 교회 개혁을 위해 수행할 수 있었던 전형적인 사역을 내놓았다.

하지만 대부분의 신생 수도회들은 새 시대에 새로운 정신을 띠고 설립되었다. 이를테면 테아테회(Theatines, 가이타노 다 티에네〈Gaetano da Thiene〉가 1524년에 설립), 소마스키회(Somaschi, 1532), 바나바회(Barnabites, 1533), 예수회(Jesuits), 그리고 로마에서 기도와 목회에 헌신한 형제단인 신애 오라토리오회(The Oratory of Divine Love, 1516) 같은 '오라토리오회'(oratories)라는 명칭을 붙인 군소 단체들과, 혹은 성 필립 네리(St. Philip Neri)가 1575년에 설립하여 오라토리오라는 명칭을 대 종단의 명칭으로 격상시킨 재속(在俗) 사제들의 단체가 그런 수도회들이다. 이 수도회들은 그 계보가 탁발수사들로 거슬러 올라가긴 하지만 그들의 정신과 제도는 새로웠다.

그들은 세상을 등지지 않았다. 그리고 목회 활동과 교구 쇄신에 뜻을 두었다. 엄격히 절제된 생활을 했고, 전도를 했고, 고아원이나 빈민 보호소나 윤락 여성들을 위한 시설을 운영했으며, 어린이들을 가르치고, 병자나 빈민을 구제했다. 신설 수녀회인 우르술라회(Ursulines, 1535)조차 처음에는 구성원들이 가정에서 생활하고 기존에 속했던 소교구 교회에서 예배를 드리면서 정절과 사회 사업에 힘쓰도록 고안되었다.

가톨릭 종교개혁의 개혁 노력을 관통하는 하나의 주제를 손꼽는다면 그것은 보다 구비된 성직자를 찾으려는 노력이었다. 보다 잘 훈련되고 보다 나은 지식을 쌓은 사제들, 자기들의 소교구에 상주하는 사제들, 자기들의 교구에 상주하는 주교들, 열정이 있고 희생 정신이 강하고 선교에 뜻을 품고 고해신부로 훈련을 받고 독신으로 지내면서 성적 정절을 지키고 성직복을 입고서 학교에서 유능하게 가르칠 수 있는 그런 목자들, 부패하지 않고 부패할 수도 없고 교육을 통해 지적 수준을 갖추되 내세에 소망을 두는 그런 사제들을 찾으려는 노력이 가톨릭 종교개혁의 개혁 노력을 관통하는 큰 주제였다.

16세기 초엽의 가이타노 다 티에네(Caetano da Thiene)부터 16세기 말엽의 성 필립 네리(St. Philip Neri)에 이르기까지 보수적인 개혁자들은 바로 이런 목표에 도달하기 위해 주력했다. 그리고 그들은 비록 새로운 사상과 제도를 표방했을지라도 중세의 전통적인 방식이 실천 가능하다는 것을 입증하고 있었다. 예를 들어, 성직자의 의무적인 독신주의가 성경적인가, 바람직한가 아니면 해로운가 아니면 유익한가 하는 정당한 문제 제기가 있을 수 있었다. 하지만 반동 종교개혁은 중세의 축첩제도에 비추어 볼 때 성직자 독신주의는 불가능하다고 주장하는 그런 급진주의자들에게 대답을 제시했다.

예수회

이그나티우스 로욜라(Ignatius Loyola, 이냐시오 로욜라)는 1515년 나바라의 팜플로나 지방 귀푸츠코아에서 성직자 일행과 함께 '대죄'를 저지른 혐의로 고소를 당한 일로 역사의 페이지에 처음 등장한다. 로욜라는 법정에서 자신이 성직자라고 주장했으나 재판관은 그의 이름이 성직자 명단에 없다는 것을 발견했고, 그가 평소에 가죽 갑옷과 흉패를 입고 칼과 단검과 머스킷 총과 다양한 무기를 소지하고 다녔다는 것을 확인했다. 당시에 로욜라가 무슨 일을 했는지 알 수 없지만, 분명한 것은 그가 아직 거룩한 생활을 열망하지 않았다는 것이다.

1521년 5월 21일, 로욜라는 팜플로나에서 프랑스 침공군을 맞이하여 성벽의 붕괴된 지점을 방어하고 있을 때 대포알에 맞아 오른쪽 다리가 으스러지고 왼쪽 다리에 부상을 입었다. 그 뒤에 외과 치료를 받는 동안 죽음의 문턱을 넘나들었다. 다리가 잘못 맞춰져 다시 부러뜨려야 했고, 두번째도 잘못 맞춰져 똑같은 치료를 반복해야 했다. 결국 오른쪽 다리는 기형이 되었고, 따라서 다시는 전투에 참가할 수 없다는 것을 알았다. 그런 처지에서 그가 침상 곁에 둔 유일한 책인 카르투지오회 수사 루돌프(Ludolph)가 쓴 「그리스도의 생애」(*Life of Christ*)를 읽고, 한편으로는 자기 앞날에 관해 생각하며 시름에 잠겨 지내던 중 어느 날 밤에 성모가 아기 예수를 데리고 나타난 환상을 보고서 성인이 되겠다고 결심했다. "성 프란체스코나 성 도미니쿠스가 했던 일을 하면 어떨까?" 그는 우선 예루살렘 순례를 하는 것으로써 인생을 새로 시작하고 싶었다. 몬트세라트의 성소를 찾아간 그는 성모상 앞에서 칼과 단검을 빼들고 성모의 제단 앞에서 마치 철야 감시로써 헌신을 새롭게 다지는 기사처럼 밤을 지새우며 성모상을 지켰다.

예루살렘을 향해 길을 재촉하던 그는 바르셀로나에 들어가려고 했다가 그 도시가 전염병으로 황폐케 된 사실을 알고는 만레사에서 며칠 쉬어 갈 요량으로 여장(旅裝)을 풀었다가 거의 일 년이나 눌러앉았다. 그 지루한 기간 동안 금욕 생활을 하면서 하루에 일곱 시간씩 기도하고, 하루에 세 번씩 자신을 채찍질하고, 한밤중에 일어나 기도하고, 머리카락과 발톱을 자르지 않고, 구걸을 하면서 지냈다. 루터는 그런 노력으로는 마음의 평정을 얻을 수 없다고 깨달았다. 이그나티우스도 같은 사실을 깨달았다. 양심의 가책이 사라질 날이 없었고, 똑같은 죄를 가지고 몇 번이고 고해해야 했고, 미처 고백하지 못한 죄를 생각해 내기 위해 고민하며 지내느라 무기력 상태에 빠졌다.

루터는 로마서를 읽다가 탈출구를 발견했지만, 이그나티우스는 고난 당하시는 그리스도께 순종하는 데 자신의 무쇠 같은 의지를 바침으로써 탈출구를 찾아냈는데, 그것은 교회법에 대한 순종을 골격으로 삼은 순종이었다. 탈진할 때까지 아무것도 먹지 않겠다고 결심하고서 그 결심을 실천하고 있던 그는 고해신부로부터 식사를 하라는 명령을 받고서 그 결심을 버리고 식사를 했다. 루터는 자기 의지를 하나님의 은혜에 맡김으로써 자기 의지를 꺾었다. 이그나티우스는 스스로를 독려하여 교회의 대표자들의 명령에 순종함으로써 자기 의지를 꺾었다. 루터의 사역의 토대가 믿음이었다면, 로욜라에게는 순종이 열쇠였다.

만레사에서 몸도 고달프고 정신도 쉼을 얻지 못하며 지내는 동안, 로욜라는 「영성 수련」(The Spiritual Exercises)의 초록을 썼다. 이 책은 1541년 로마에서 탈고되었다(1541년의 원고가 로욜라의 교정이 가해진 상태로 현존한다. 하지만 이 책은 1548년 교황청으로부터 라틴어 번역 승인이 날 때까지 인쇄되지 못했다). 이것은 독서를 위한 책이 아니다. 실천에 쓰이지 않는다면 무용지물이다. 문체랄 것도 없고 마음을 사로잡는 대목도 없다. 이그나티우스는 신앙에 관해서 조리 있게 말하지 않았다. 이 책에는 몇 가지 기도 생활 지침이 수식어 없이 다만 스페인의 사실주의로 기술되어 있다. 이그나티우스는 독자에게 이 책에 기술된 수련에 몰두케 함으로써 스스로 자기 의지를 지배할 수 있도록 하는 데 뜻을 두었다. 그 수련의 내용을 간단히 소개하자면 이러하다.

수련자는 한 달 동안 은거(隱居)하면서 입을 다문 채 골방에 들어간다. 예배를 드리거나 훈련 감독자와 대화를 나눌 때를 제외하고는 은거에 힘쓴다. 자신과 자신의 부패와 악함을 깊이 생각하고, 자신을 사회에 해독을 끼치는 존재로 간주하고, 상상의 눈으로 지옥의 길이와 너비와 깊이를 바라본다. 그리고 상상력을 동원하여 모든 감각을 다 사용하여 지옥에서 사람들이 지르는 비명을 듣고, 그들의 살이 타는 냄새를 맡고, 자신도 그런 고통을 느낄 수 있게 해달라고 기도한다. 그런 뒤 마찬가지로 거의 사실에 가까운 상상력을 동원하여 하나님의 은혜와 자비로, 베들레헴과 나사렛과 갈보리로 돌아선다.

한 달을 이렇게 징계의 기간으로 잡아 자기 의지가 만들어 놓는 끔찍한 결과들을 느끼고, 그리스도와 성모의 자비가 없으면 절망에서 벗어날 수 없다는 것을 뼈저리게 느낀다. 아름다우시고 인자하신 그리스도께서 아무런 공로도 없는 그를 이런 고통에서 건져내시고, 그를 조금씩 고통의 언저리에서 시온 산의 평안과 영광을 묵상하는 데로 조금씩 끌어올려 주시고, 갈보리에서 살던 그를 부활과 함께 살도록 이끌어내신다. 이 징계의 달은 의지 훈련으로, 즉 새 생활의 길을 선택할 수 있는 의지 훈련으로 이어지도록 계획되었다. 이 새 길은 교회의 가르침과 법규에 순종함으로써 걸어나가는 것이다. 상급 교역자에게 순종하는 것이 군인답게 하나님을 섬길 수 있는 조건이요 전적인 자기 극기를 이룰 수 있는 조건이다. 신자는 그리스도의 신부인 교회에 순종하고 자신의 판단을 버리는 데 힘써야 한다. 고해와 잦은 영성체와 규칙적인 기도서 암송을 시행하고, 수도원 제도, 성직자 독신주의, 성유물, 금식, 면죄부, 순례 같은 교회의 제도들을 존중하고, 스콜라 신학과 교회의 전승과 교황의 법령들을 옹호해야 한다.

이 책은 '교회와 같은 관점에서 생각하기 위한 준칙들'로써 끝맺는다. 이 준칙들에 자기 눈에 희게 보이더라도 교회가 검다고 하면 그렇게 믿을 태도를 가져야 한다는 저 유명한 발언이 실려 있다. (하지만 일반의 견해와는 달리, 로욜라의 제자들이 오랫동안 이 수련을 정규적으로 시행하지 않았음이 입증되었다.)

1523년에 로욜라는 예루살렘을 순례했다. 1526년에는 알칼라 대학교에 들어가 성직자가 될 준비를 했다. 그의 엄격한 생활과 그가 이끄는 작지만 신실한 기도 모임 때문에 그는 종교재판소로부터 의심을 받았고, 한동안 감옥에 갇히기도 했다. 1528년에 다시 성직자가 될 뜻을 품고 파리 대학교에 들어갔다가 다시 종교재판소에 고소를 당했다. 마침내 그는 제자들을 선별하는 지혜를 터득하기 시작했다. 1534년에 파리에서 그의 첫 여섯 제자가 그와 함께 형제단을 결성했다. 그 여섯 명은 로욜라처럼 팜플로나 출신인 프란체스코 사비에르(Francis Xavier), 파베르(Faber. 피에르 르 페브르), 라이네츠(Lainez), 살메론(Salmerón), 보바디아(Bobadilla), 로드리게스(Rodríguez)였다.

이 작은 집단은 몽마르트르의 예배당에서(1534년 8월 15일) 터키인들에게 전도하기 위해 팔레스타인에 가기로 서약했다. 만약 그 일이 불가능하다고 판명되면 교황에게 가서 무슨 사역이든 교황이 정해주는 사역에 헌신하기로 서약했다. 설령 그것이 터키인들이나 그 밖의 박해 세력들에게 가서 전도하는 사역일지라도 개의치 않기로 했다. 1538년에는 팔레스타인에 가기가 불가능하다는 것이 분명해졌다. 그때 사비에르의 마음은 이미 인도인들에게로 향해 있었지만, 그들은 교황을 찾아가 지도를 구했다. 그들은 이탈리아 소교구들의 영적인 빈곤상을 잘 알고 있었고, 그 상태를 개선하기 위해 벌인 노력에 힘입어 어린이 교육자들로, 선교사들과 수행자들로, 인기있는 설교자들로, 자선 시설의 기관 성직자들로서 알려지게 되었다. 1539년 봄 로마에서 이들은 어린이들과 문맹자들에게 하나님의 계명을 가르치는 데 목적을 둔 '예수의 무리'를 결성했다. 이 단체의 구성원들은 교황에게 순종하고 교황이 보내는 곳은 어디든지 간다는 데 각별한 뜻을 두었다. 이 단체에 가입한 사제들은 비록 성무일과의 기도를 낭송해야 했지만 성가대를 이루어 그렇게 하지 않아도 되었기 때문에 자선 사업을 중단하지 않을 수 있었다.

당시에는 새로운 수도회를 설립하기가 여의치 않은 상황이었다. 교황청에서는 교황 하드리아누스 6세(Adrian VI, 1522-3) 때 삐걱거리며 시작된 개혁이 클레멘트 7세(Clement VII, 1523-34) 때에는 정체되거나 악화되었다가, 1539년에 이르러서는 교황 파울루스 3세(Paulus III)와 함께 로마의 여론에 현저히 영향을 끼치기 시작했다. 고위 성직자들 중에서도 혁명적인 사상을 지닌 사람들을 찾아볼 수 있었다. 교황이 예수회에 관해 자문을 구했던 교회법 학자 귀디초니(Guidiccioni)는 네 개의 수도회를 제외한(아마 한 개의 수도회를 제외한) 기존의 모든 남성 수도회들을 해산해야 한다고 믿었다. 마침내 1540년 9월 27일에 예수회는 '교회 군대를 위한 지침'(Regimini militantis ecclesiae)라는 대칙서에 의해서 설립되었다.

예수회는 프로테스탄트와 일전을 벌이기 위한 무기로 설립되지 않았다. 아울러 초창기에는 비타협적인 특징으로 명성을 얻지도 않았다. 1540년의 대칙서는 이 수도회의 목표를 신앙 선포로 공포하였고, 뒤에 '변호'라는 단어가 붙어 '신앙 선포와 변호'라는 표현이 된 것은 훗날인 1550년의 일이었다. 아울러 초기에는 독재적인 수도회도 아니었다. 이그나티우스 자신은 존 울지(John Wolsey)에 비하면 기질이 덜 독재적이었다. 하지만 1540-1555년에 예수회는 숫자와 영향력과 활동 범위에서 급신장을 기록하여 중앙의 강력한 본부에 의해서만 감독될 수 있었고, 아마 그런 본부에 의해서만 한데 결속될 수 있었을 것이다. 그리고 이그나티우스는 기질상 독재자가 아니었고, 혹시 다른 사람이 자신이 설립한 그 수도회를 감독할지라도 만족했겠지만, 그 수도회에 자신의 신앙 이념만큼은 분명히 각인시켰고, 따라서 중앙 본부에 대한 순종의 덕을 뚜렷이 각인시켰다. 「영성 수련」에서 가르친 순종 규율은 새로운 것이 아니었다. 아시시의 성 프란체스코의 수도회칙에서도 비슷한 규율을 찾아볼 수 있고, 그 기원은 성 베네딕투스의 수도회칙과 그 이전의 규율로 거슬러 올라간다. 그럴지라도 그는 자신의 수도회에 종교적 순종의 분위기를 정착시키는 데 성공했고, 그 수도회는 그런 분위기에 힘입어 실질적인 이유들을 위해 바람직한 독재적 수도회칙에 쉽게 적응했으며, 그런 분위기는 그 수도회의 정규 수사들이 교황에게 한 특별한 순종 서약으로 절정에 달했다.

그들은 이교도들과 빈민들을 대상으로 사역하고, 특히 어린이들이나 문맹자들을 교육하는 사제들의 수도회가 되려는 뜻을 세웠다. 이그나티우스는 추종자들 중 신앙 열정이 남다른 사람들이 수도회를 재래적이고 심지어 보다 사색적인 수도회로 변질시키려는 경향을 막는 데 많은 노력을 기울였다. 그들은 고아원과 윤락 여성 재활원과 학교와 빈민 구제 기관을 설립했고, 심지어 시칠리아에는 빈농을 위한 일종의 은행을 설립하기까지 했다. 다른 신설 수도회들은 수사들이 성무일과를 성가대를 이루어 행해야 했던 규정을 수정했지만, 이그나티우스는 그 규정을 아예 폐지하는 혁신적인 조치를 취했다. 이렇게 성무일과를 공동으로 낭송하는 규정이 사라짐에 따라 예수회에서는 수도원의 가장 오래된 의무가 자취를 감추었다.

한때는 열정가요 극단적인 금욕주의자였던 이그나티우스가 성숙한 뒤로는 균형 있게 자기 수도회를 감독하는 흥미로운 모습을 보게 된다. 그는 비록 그뒤로도 엄격하고 금욕적인 생활을 했지만 수사들이 건강을 해쳐가면서까지 무리한 금욕 생활을 하지 못하게 했다. 심지어 어떤 금욕적인 수사가 규정보다 심한 금식을 하는 것을 발견하고는 자기가 보는 앞에서 식사를 하게 했다. 그는 수사들에게 세상에 나가 힘든 일을 감당할 수 있는 건강을 유지하도록 독려했다. 예수회가 성공을 거두었던 큰 비결은 수도원의 옛 이상들을 새 시대의 필요에 과감히 적응시킨 데 있었다.

예수회의 위계(位階)는 복잡했다. 수련수사는 기존에는 1년만 수련하면 되었으나 2년을 수련해야 했고, 과거에 봉쇄 구역에서 수련해야 했던 것과는 달리 일정 기간 구호 시설에 가서 봉사하고 맨발로 순례를 했다. 수련을 마친 수련수사는 가난과 순종과 정절을 골자로 한 간단한 서약을 한 뒤 '스콜라 신학 과정'(scholasticate)으로 들어가 밀도 있는 고등 교육을 받았고, 과정을 수료하면 정식 서약과 수도회 가입을 허락 받을 수 있었다. 만약 가입이 허락되면 나중에 네번째 서약, 즉 교황에게 복종하겠다는 서약을 할 수 있도록 허락되었고, '네번째 서약을 한 사람들'이 예수회의 감독부를 이루었다. 감독부의 인원은 많지 않아 1556년 당시 수사 1,000명 가운데 43명밖에 되지 않았다. 감독부는 총장을 선출할 때나 총장이 소집할 때만 모였고(다만 총장이 정신질환을 앓거나 무능력한 경우는 예외였다), 총장은 네 명의 선출직 고문들의 조언에만 제약을 받으며 죽을 때까지 직위를 유지했다. 예수회의 수도회칙은 이론상으로는 몇몇 중세 수도회들에 비해 총장에게 더 큰 권력을 부여하지도 않고 신부들에게 더 큰 순종을 요구하지도 않았다. 하지만 과거의 수도원장이 관습과 수도원 울타리와 전통과 성문화된 회칙에 제약을 받은 반면에, 예수회 총장은 수도회의 급속한 팽창을 조절하고 수도회의 다양한 활동을 조율할 만한 강한 본부를 필요로 하는 새로운 집단을 감독하고 있었다.

수사들의 수가 증가하면서 수도회의 활동도 다양해졌다. 이교도 선교는 빠뜨리는 것이 허락되지 않았다. 실은 이교도 선교가 이교도와의 투쟁만큼이나 예수회의 주된 사역이었는지도 모른다. 1541년 4월 7일에 프란체스코

사비에르가 세 명의 예수회 동료 수사들을 데리고 리스본에서 배를 타고 인도로 갔다. 그가 여러 대에 걸쳐 인도와 남북 아메리카로 파견된 선교사들 중 최초의 인물이었다.

1540년에도 예수회는 여전히 교육과 빈민 사역에 중점을 둔 군소 집단이었다. 하지만 이그나티우스가 죽던 해인 1556년에 이르면 수사들의 수가 1,000명이 넘었고, 빈민 사역이 아닌 상류층 사역에 힘입어 가톨릭권에서 강력한 세력 집단의 하나가 되었다. 이것은 주로 고등 교육에 힘쓴 결과였다. 시작은 로마 빈민가 소년들을 가르치는 것으로 했으나, 끝은 귀족 자제들을 가르치는 것으로 맺은 셈이다.

프란체스코회는 빈민 사역으로 시작했다가 곧 대학교 교수들을 배출했었다. 이와 비슷한 예수회의 사역 확장은 프란체스코회가 겪은 변화에 비하면 그다지 크지 않았다. 어린이 교육을 효과적으로 하려면 상급 단계로 이끌어 주어야 한다. 중등학교가 변변치 못하면 초등학교가 효과적일 수 없고, 대학교가 변변치 못하면 중등학교가 효과적일 수 없다. 예수회 초창기의 중등학교는 1548년에 메시나에서 개교했다. 이그나티우스는 식견을 발휘하여 시대 감각을 살린 교육 방법을 고안하여 새로운 분위기와 훈련, 르네상스 정신을 살린 실속 있는 라틴어 교육, 예절 교육을 시행했다.

예수회 교육 기관들은 얼마 되지 않아 가톨릭권 유럽의 상류층 자제들을 교육하게 되었다. 그러는 동안 기존 대학교들 내에 대학들을 설립했는데, 최초의 대학은 1542년에 파두아 대학교 내에 설립된 대학이었고, 가장 대표적인 대학은 1551년에 로마에 설립되었다. '예수의 무리'는 가톨릭 고등 교육을 주도하는 교육 수도회가 되었다. 그리고 이 수도회의 교육 방법이 당시 유럽의 여느 교육 방법보다 효과적으로 판명되면서 귀족들과 왕들의 교육도 담당하게 되었다. 양측에게 다 위험의 소지가 있었던 예수회와 가톨릭 국가의 왕실간의 유대 관계는 수준 높은 학교 교육을 기반으로 이루어졌다.

독일의 예수회

예수회의 교육 기관들은 대학교들에서 가톨릭 신앙을 가르치는 과정에서 영향력을 급속히 확산시키고 있던 프로테스탄트 신학자들과 직접 논쟁을 벌이게 되었다. 예수회 자체의 개혁 구도가 종교개혁의 이념과 맞부딪뜨리게 되었고, 종교개혁의 이념은 예수회가 내건 거룩한 로마 교회에 대한 순종이라는 이념과 정면으로 충돌하게 되었다. 예수회의 신학 교육은 그 용도가 처음에는 목회에 있었고, 다음에는 논쟁에 있었으며, 마지막에는 학문 수련으로서 그 자체가 목적이 되었다. 이그나티우스는 힘겨우리 만큼 부지런을 냈음에도 학자는 아니었다. 하지만 그의 첫 제자 여섯 명 가운데 라이네츠와 살메론 두 명은 단기간에 가톨릭권 유럽의 주요 신학자들의 반열에 올랐고, 트렌트 공의회에서 교황의 충실한 옹호자 역할을 했다. 예수회 신부들은 가톨릭 주교들로부터 독일 남부에 와서 일해 달라는 초빙을 받은 순간부터(1542) 자기들이 어느새 프로테스탄트 사상에 대한 투쟁을 주도하고 있고 프로테스탄트 신학자들을 논박할 일을 모색하고 있다는 것을 발견했다. 1549년에 그들은 잉골슈타트의 바바리아 대학교에서 가르치기 시작했는데, 이 대학교가 그 뒤부터 독일에서 예수회의 거점이 되었다. 1552년에 예수회는 로마에 독일인 대학을 설립했다. 그때부터 이그나티우스는 이교와의 전투를 자기 수도회의 주된 사역으로 설정했다. 이그나티우스의 후임으로 총장이 된 사람은 초창기 구성원들 중에서 가장 유능한 신학자이자 논객이었던 라이네츠였다.

1555년에 진지한 사람들은 독일의 보수 진영이 패배했다고 생각했다. 프로테스탄트 진영은 오스트리아, 바바리아, 보헤미아 같은 가톨릭 영토에서 여전히 세력을 확산시키고 있었다.

과거의 신학자들로서는 새로운 신학자들을 맞이하여 대단히 피상적인 논쟁이나 할 수 있었을 뿐 변변한 논쟁을 벌이기가 힘들었다. 요한 에크(John Eck)는 기지를 발휘하여 프로테스탄트 교도들에 대한 반론들을 적은 작은 지침서를 펴냈다. 하지만 좀더 깊이 들어가 보면 지식 있는 성직자들은 종교개혁에 공감하고 있었다. 개혁이 필요하다는 보편적인 신념, 옛 스콜라 전통의 건조함과 진부함, 인문주의의 통찰이 지배하는 세상에서 스콜라 전통의 무기력함, 2류 수준을 벗어나지 못한 가톨릭의 대다수 논객들, 이런 점들이 종교개혁이 일어난 지 40년 동안 전통주의자들의 논증을 빈약하고 설득력 없게 만들었다.

물론 예외도 없지 않았다. 알폰소 아 카스트로(Alfonso a Castro)나 도미닉 소토(Dominic Soto) 같은 스페인의 탁발수사들은 이미 1540년대와 1550년대에 프로테스탄트주의에 대해서 새로운 변증을 내놓고 있었다. 하지만 학문이 향상되고 확신이 돌아오면서, 그리고 신학자들이 성경과 초대 교회를 연구하는 과정에서 프로테스탄트 학자들과 공통된 토대를 많이 발견하게 되면서, 논쟁도 열세 국면이 줄어갔다. 보수주의자들은 새 세상에서 옛 방식을 변호할 수 있는 방법을 발견했고, 때로는 옛 방식이 변호가 가능하다는 사실을 발견하고는 놀라워했다.

독일에서 예수회 수사인 페테루스 카니시우스(Peter Canisius)의 「요리문답」(Catechism)은 이렇게 분위기가 변했음을 보여주는 표징이다. 이 책은 문체가 이해하기 쉬웠고, 명쾌하고 재미있고 성경 본문의 뒷받침을 받았으며, (에크〈Eck〉의 요리문답과는 달리) 공격자들에 대항하기 위한 이빨로 무장하지 않았다. 이 책은 논쟁의 목적을 탈피한 가톨릭 신앙 진술서로서, 프로테스탄트 신학자들 사이에서조차 높은 평가를 받았다. 카니시우스는 가톨릭권인 남부를 여행하면서 제후들에게 가톨릭 신앙을 보호하라고 선동하고, 논쟁과 설교를 하고, 대학들과 교육 기관들을 세웠다. 그 세기의 상당 기간 동안 심지어 정보에 밝은 독일인들조차 예수회 설립자를 카니시우스로 알 정도였다.

설전이나 소책자는 프로테스탄트 학자들과의 전투에서 그다지 중요하지 않은 부분을 차지했다는 점을 잊어서는 안 된다. 프로테스탄트 학자들과 대결할 수 있었던 유일한 방법은 교회를 개혁하는 것이었다. 예를 들어 1550년에 바바리아에서는 과거의 부패 관행들이 여전히 계속되고 있었는데, 신앙이 깊은 제후의 치하에서도 그런 상태가 계속되었다. 성직자가 문맹인 경우가 많았고, 수도원들은 종종 시골 여인숙과 같았으며, 주교 대리들의 관사에는 대개 첩과 여러 사생아들이 있었고, 술에 절어 사는 사제들이 많았다. 바로 이런 상황이 종교개혁의 이상을 북부에서 남부로 끌어들여 확산시켰고, 바바리아의 일부 중산층은 이미 루터교나 재세례파의 사상에 영향을 받고 있었다. 그 물결을 가로막을 수 있었던 유일한 방법은 교회를 개혁하는 것이었다.

독일 남부에서 반동 종교개혁이 약진할 수 있었던 기반은 군사적 대치뿐 아니라 목회적 노력이기도 했다. "이단들과 싸울 때 가장 좋은 방법은 그들의 비판에 가치를 두지 않는 것이다"라고 1585년에 교황 대사 보노미(Bonomi)는 말했다. 하지만 이런 목회적 노력은 국가의 행위였다. 바바리아에서 독실한 가톨릭 교도인 제후 알베르트(Albert)는 예수회 수사들에게 지원을 요청하여 군대와 같은 엄격한 원칙을 가지고 자기 공국(公國)의 소교구들을 개혁했다. 그리고 모든 가톨릭 군주들에게는 이단들을 퇴치하거나 재세례파를 뿌리뽑거나 거짓 책들을 불태우는 일이 소교구들을 개혁하기 위한 노력의 일환이었다.

콘타리니와 카라파

프로테스탄트 진영 — 루터, 헨리 8세(그가 프로테스탄트 교도였다면), 칼빈 — 은 앞으로 열릴 교회의 총공의회에 호소했다. 그들에게는 15세기의 공의회들에 대한 기억이 여전히 남아 있었다. 종교개혁자들 중 가장 전통적인 이들은 총공의회가 교회를 머리에서 발끝까지 개혁하고, 독일 농민전쟁 이후에는 평화를 가져다 주기를 기대했다. 문제는 총공의회가 언제 자유로워지고, 누가 거기에 참석할 수 있으며, 안건은 무엇이 될 것인가 하는 것이었다. 교황청 신학자들은 교황만이 총공의회를 소집할 수 있는 법적 권한을 갖고 있다고 주장했다.

프로테스탄트 신학자들은 그들의 주요한 적이 소집하고 주도하는 공의회에서 공정한 처사를 기대할 수 없었고 기대하지도 않았다. 따라서 양쪽 진영의 양식 있는 인사들이 초대 교회의 위대한 공의회들과 비교할 만한 권위와 신망을 지닌 참 공의회로 인정할 만한 공의회를 소집하거나 소집되도록 막후에서 역할을 해야 하는 엄청나고도 내키지 않는 과제가 황제 카를 5세 같은 온건한 평화론자에게 맡겨졌다.

많은 온건론자들, 특히 독일의 온건론자들은 장래의 공의회에서 치유책을 기대했기 때문에 갈수록 심화되는 분열에 소극적인 입장을 견지했다. 그들은 루터는 원치 않을지라도 개혁은 원했고, 교황들이 개혁을 기피하기 때문에 공의회를 소집하지 않을 소지가 있다고 의구심을 갖고 있었다. 독일인들은 '독일 땅에서 자유로운 기독교 공의회'가 열리기를 바랐다. '자유로운'이라는 말을 대다수 독일인들은 공의회가 교황청으로부터 독립되어야 한다는 뜻으로 이해했다. 황제 카를 5세도 공의회가 독일에서 소집되기를 바랐는데, 그가 진실한 가톨릭 교도이기 때문이기도 했고, 독일의 통일을 원하고 필요로 했기 때문이기도 했다.

교황과 그의 고문들은 한 세기 전의 전임자들과 마찬가지로 비록 가톨릭 교도라 할지라도 독일 황제가 소집할지도 모를 공의회를 의혹과 두려움 섞인 시선으로 바라보았다. 그들의 두려움은 이전에 있었던 공의회가 어떤 것이든 교황의 행동에 제도적인 제약을 가했었다는 기억에서 기인하기도 했지만, 또한 교황청의 기득권층이 그밖의 모든 사람들이 동의한 '머리와 수족의 개혁'을 두려워했다는 사실에서도 기인했다. 그들은 바젤 공의회가 바가지 긁는 아내처럼 교황들을 얼마나 훈계했는지 기억했다. 아울러 콘스탄스 공의회가 교황들을 폐위하고 새 교황을 세운 일을 기억했다. 총공의회가 자신들의 통제 밖에서 열리면 가톨릭 신앙이 변질되고 로마 교황청의 중요성이 사라지는 혁명이 일어날 소지가 있다고 우려했다.

그들도 조만간 공의회가 소집되어야 한다고 인정했지만, 교황이나 교황 특사들이 의장을 맡아 회의를 주도해야 하고, 주교들이 참석한 가운데 전통적인 방식으로 진행되어야 하며, 1512-17년의 라테란 공의회처럼 즉시 교황의 지도를 받아야 한다는 원칙을 굳게 세웠다. 교회가 개혁될 필요가 있다면 교황이 교회법을 가지고 얼마든지 개혁할 수 있다고 생각했다. 공의회가 불가피하다면 로마나 교황청 직할령에서 열려야 한다고 생각했다. 그들은 때때로 새로운 법령이 불필요하다고 믿었고, 국가들은 기존 교회법을 엄격히 적용하면 된다고 믿었다.

추기경 캄페조(Campeggio)는 아우그스부르크 제국의회(1530)에서 "루터파가 과거의 공의회들이 제정한 교회법을 순종하지 않고 있는 마당에 공의회를 열어서 뭘 어쩌겠다는 겁니까?" 하고 발언했다. 루터는 1535년에 교황대사에게 "우리는 공의회가 필요 없습니다. 하지만 기독교 세계는 그 고질적인 오류들을 캐낼 공의회를 필요로 하고 있습니다" 하고 말했다. 이렇게 견해가 상충되는 가운데 황제 카를 5세와 교황 파울루스 3세가 공의회의 장소와 시기와 의제에 합의하기까지는 오랜 세월이 걸렸다.

파울루스 3세(1534-49, 원명은 파르네세)는 좋든 싫든 공의회가 소집되어야 한다는 점을 인정한 교황이었다. 공의회가 열리면 법적 투쟁이 벌어지고, 그 과정에서 로마의 권력이 와해되는 일을 당하지 않으려면 어떤 대가를 치르더라도 공의회를 열어서는 안 된다는 전임자들의 정책을 그는 포기했다. 파울루스 3세는 개인적 행습을 봐서는 개혁 지향적인 교황으로 손꼽힐 만한 인물이 아니었다. 세도 있고 탐욕스런 자기 가문 때문에 시달렸기 때문이다. 하지만 개혁 지향적이든 아니든, 그는 교회를 내부에서부터 개혁할 필요를 절감했다. 그러고서 대범한 조치를 취했다. 비록 열네살밖에 되지 않은 자기 조카를 추기경으로 임명한 뒤 다시 학교로 보내는 구태(舊態)도 보이긴 했지만, 아울러 개혁 지향적이고 인문주의 정서를 지닌 여러 가톨릭 지도자들, 이를테면 피셔(Fisher), 콘타리니(Contarini), 사돌레토(Sadoleto), 카라파(Caraffa), 폴(Pole) 같은 인사들도 승진시켰다. 그리고 이 개혁 지향적인 사람들에게 즉각 행동에 나설 수 있도록 문을 열어주었다.

1536년에 파울루스 3세는 사돌레토와 카라파와 콘타리니와 폴이 참여한 9인 위원회를 만들어 개혁 일정을 작성하도록 지시했다. 1537년에 9인 위원회는 「교회 개혁에 관한 선별 위원회의 보고서」(Consilium de Emendanda Ecclesia)를 발행했다. 위원회는 성직자들에게 자기 임지에 의무적으로 거주하게 하고, 일정한 자격을 갖춘 사람들에게만 성직록을 허락하도록 권고했다. 비록 그들은 무지와 교육의 필요에 관해 이상하게도 입을 다물긴 했지만, 면죄부와 미신적인 종교 행위의 위험성을 인식했다. 그들은 몹시 곤혹스러운 심정으로 수도원의 부패상과 주교권 남용과 추기경들의 탐욕과 무책임, 로마 시에서 자행되는 매춘, 그리고 교황이 성직록을 판매할지라도 그것은 성직매매의 죄가 되지 않는다는 극단적 교회법 학자들의 주장을 솔직하게 지적했다. 몹시 곤혹스러울 정도로 솔직했다고 하는 이유는 곧 그 문서가 유출되어 독일의 프로테스탄트 교도들에 의해 출판되었기 때문이다. 세 명의 추기경이 교회를 빗자루 대신에 여우 꼬리를 가지고 청소하는 모습을 그린 그림이 유포되었다.

가톨릭 교회는 획일적인 단일 구조가 아니었다. 중세 교회에는 다양한 견해가 공존했고, 이제 교황은 자신이 두 개의 상이한 학파에 의해 압박을 받고 있는 것을 깨달았다. 개혁의 필요성에는 누구나 다 동의했다. 하지만 개혁을 해야 한다고 해서 프로테스탄트 교도들을 답습하거나, 태도를 낮춰 양보하거나, 성직자의 결혼을 허용하거나, 평신도에게 성찬의 잔을 주거나 (가톨릭 교회는 평신도에게는 성찬의 떡만 준다), 보다 성경적인 이신칭의 가르침을 권장함으로써 공로 교리를 근거로 관용되어온 행위들을 금해야 할까? 아니면 개혁을 하되 프로테스탄트 교도들과 투쟁하면서, 모든 양보를 거부하고, 중세의 전승 가운데 비프로테스탄트적인 요소들을 발전시키고, 교계제도의 권위를 강화하는 식으로 개혁을 해야 할까?

반동 종교개혁의 역사는 부분적으로는 보수파와 호전적인 진영이 자유파와 온건한 진영에 대해서 거둔 승리의 역사이다.

파울루스 3세에게 임명된 추기경들과 「교회 개혁에 관한 선별 위원회의 보고서」의 저자들 중에서 두 명이 대립 학파의 상징적인 인물로 비쳤다. 한 사람은 초기 예수회를 후원한 추기경 콘타리니(Contarini)였고, 다른 한 사람은 테아테회(the Theatines)를 조직한 추기경 카라파(Caraffa)였다. 콘타리니는 인문주의자들 틈에서 철학을 공부했고, 그런 뒤 베네치아 시의 관료 생활을 했고, 저 유명한 1521년의 보름스 제국 의회에 베네치아 대사로서 참석했으며, 여전히 평신도로 있던 상태에서 1535년에 교황 파울루스 3세에게 추기경으로 임명 받았다.[1] 인간미와 겸양을 갖춘 그는 7년간 로마 가톨릭 종교개혁을 주도하고 독려하였다. 그는 프로테스탄트 교도들의 공로 개념이 상당 부분 사실과 부합하다고 믿고서 칭의 교리를 발표함으로써 프로테스탄트와 가톨릭 양 진영을 만족시킬 만한 신앙 공식을 찾을 마음의 준비가 되어 있었다. 그는 해묵은 성직자들의 부패, 심지어 고위 성직자나 로마 교황청의 부패까지도 이제는 종식되어야 한다고 믿었다.

라티스본 회담 (1541)

유화 정책은 1541년 라티스본 회담에서 절정에 달했다. 그곳에서 독일 가톨릭권에서 가장 온건한 신학자들을 대동하고, 교황 파울루스 3세에게 모호하되 관대한 인상을 주는 훈령을 소지한 콘타리니는 독일 프로테스탄트권에서 가장 온건한 신학자들인 멜란히톤(Melanchthon)과 부처(Bucer)와 한 자리에 앉았다. 콘타리니는 교황의 훈령을 넘어서는 의견을 개진했다. 훈령에서 교황은 처음부터 교황의 수위권을 인정받아야 한다고 요구했었다. 콘타리니는 그 요구가 회담의 암초가 되리라고 내다보고서, 그것을 회담 의제의 마지막 안건으로 미루어 놓았다. 온건파가 아니었으면서도 회담에 참석한 요한 에크는 유화적인 프로그램에 제동을 걸었지만 결국에는 대세에 굴복하였다. 그러면서 회담은 콘타리니의 주도하에 이신칭의 교리에 관해 괄목할 만한 합의를 도출해 냈다.

어느 시대든 초교파 회담에 참여하는 온건파 인사들은 각 교파의 대표들이 한결같이 온건한 사람들만은 아니라는 점을 기억해야 한다. 루터는 회담 결과를 보고 받고는 반신반의했다. 그 합의안이 믿기지 않았다. 한편 로마에서 추기경 카라파는 그 합의안을 신학적 반역으로 규정하고서 신랄하게 비판했다. 프랑스 왕 프랑수아 1세는 황제 카를 5세가 라티스본의 종교 화의(和議)를 근거로 독일을 통일할 것을 우려한 나머지 카라파와 같은 강도로 그 화의를 비판했다. 독일의 우익 가톨릭 진영은 그 화의가 망상에 사로잡힌 것으로서, 루터교도들을 만족시키려면 도저히 양보할 수 없는 것

---

1) 여러 문헌의 기록에도 불구하고, 그는 로마의 신애 오라토리오회 수사였던 적이 없다.

까지 훨씬 더 양보해야 할 것이라고 생각했다. 그러는 동안 라티스본 회담은 콘타리니의 입장에서 포기할 수 없었고 프로테스탄트의 입장에서 수용할 수 없었던 화체설 조항에 부닥쳐 스스로 와해되어가고 있었다. 교황 파울루스 3세는 모호한 합의안을 관용하지 않겠다는 뜻을 분명히 밝혔고, 그로써 평화의 기회는 물 건너 가게 되었다.

이탈리아로 돌아온 추기경 콘타리니는 자신이 이단이라는 소문이 전국에 퍼져 있는 사실을 발견했다. 그는 다음 해인 1542년에 죽었다.

콘타리니가 실패하자 반대파가 전면에 나섰다. 이제 화해는 신기루로 여겨졌고, 교회를 위해 적절한 정책은 교리를 정의하고 오류를 보다 상세하게 단죄하는 것이었다.

콘타리니가 라티스본에 가 있던 그 해에 카라파는 이단을 제거할 새롭고 강력한 종교재판소를 설립해야 한다고 교황을 설득했다. 카라파와 그의 파벌은 가톨릭 교회를 정화하는 길은 이단을 공격하는 데 있으며, 유화 정책이 이단의 증가를 부추기고 있다고 믿었다. 1542년에 카푸친회의 베르나르디노 오키노(Bernardino Ochino)와 아우구스티누스회의 순교자 피터 마터 버미글리(Peter Martyr Vermigli) 같은 저명 인사들이 포함된, 소수이긴 하나 저명한 이탈리아인들이 프로테스탄트 신앙으로 회심하는 사건이 발생하여 카라파 파벌의 신념에 무게를 실어주었다.

1542년 7월 21일 교황의 대칙서(Licet ab initio)에 의해 로마 종교재판소가 설립되었고, 여섯 명의 추기경(카라파를 포함한)이 대종교재판관으로 임명되었으며, 모든 가톨릭 교도들이 그들의 권위에 종속되었다. 그들에게는 이단 혐의자를 투옥하고, 재산을 몰수하고, 유죄 판결을 받은 자를 처형할 권한이 부여되었고, 반면에 사면권은 교황에게만 국한되었다. 카라파는 교황청 재무성의 허락을 기다리지 않은 채 건물을 구입하여 종교재판소 집무실과 지하감옥과 형틀을 설치했다. 그는 종교재판소의 엄격한 규율을 공포했는데, 그중 네번째 규율은 이와 같았다. "이단에 대해서, 누구보다도 칼빈주의자에 대해서는 자신을 낮추어 관용을 베풀어서는 안 된다."

이 새로운 종교재판소 규율은 이탈리아 밖에서는 죽은 문서였다. 가톨릭 군주들은 자기들 나름의 법원을 두고 있었던 터라 자기들 영토 안에 교황청의 새로운 법원을 들이기를 기뻐하지 않았던 것이다. 교황의 영토에서 새로운 종교재판소는 성과를 거두어 참담한 재앙을 초래했다. 연속해서 벌어진 자행된 이단 사냥으로 인도적인 사상가들과 지식인들을 포함한 많은 사람들이 탄압을 받았다. 로마 종교재판소는 지식인 단체들을 의혹의 눈초리로 쳐다보기 시작하고, 도서 판매와 인쇄소들을 통제하기 시작했다. 다채롭고 기발했던 이탈리아의 인문주의는 1527년 로마가 약탈당할 때 처음으로 타격을 받았으며, 이제 보다 규제가 심해진 사회에 적응해야 했다.

1555년에 카라파가 파울루스 4세라는 이름으로 교황에 선출되었다. 교황에 선출될 때 화를 잘 내고 충동적인 일흔아홉살의 노인이었던 그는 두 가지 목표에만 혼신의 힘을 기울였다. 그것은 가톨릭 신앙을 회복시키고 이탈리아에서 스페인의 권력을 퇴치하는, 쉽게 양립시킬 수 없는 목표였다.

이 목표들 사이의 부조화가 카라파의 교황 재위가 갖는 개혁적 가치를 거의 무너뜨렸다. 교황은 스페인의 가톨릭 교도들과 싸우기 위해서 루터파 군대를 이용하지 않을 수 없었다. 그는 영국에 가톨릭 교회를 회복시켰지만 그럼에도 불구하고 스페인과 동맹 관계를 유지하고 있던 영국의 메리 여왕과 캔터베리 대주교 추기경 폴에게 비판을 퍼부었다. 자기 조카들이 역량이 없는 자들인 줄을 알면서도 스페인을 견제하기 위한 자신의 정치적 계획을 달성하기 위해 그들을 활용할 수밖에 없었던 그는 결국 그들이 부패하고 범죄한 사실을 발견하고서는 처단할 수밖에 없었다.

카라파가 파울루스 4세라는 이름으로 재위한 짧은 기간은 1870년까지의 모든 교황이 겪은 딜레마를 가장 뚜렷이 보여준 기간이었다. 그 딜레마란 개혁 성향의 교황이 과연 이탈리아 정계의 핵심도 되고 유럽 열강과 어깨를 나란히 할 수도 있는가 하는 문제였다. 카라파는 재위 기간 내내 불굴의 의지로 개혁을 추진하고, 추문을 일으킨 공인들을 벌하고, 유자격한 인사들을 선별하기 위해 인사에 신중을 기하고(이런 태도 때문에 1558년까지 58개의 주교구가 공석으로 남아 있었다), 대중 여론을 권장하고 지도했다.

로마에서 살고 있던 113명의 주교들 가운데 행정에 필요한 10-12명만 남겨놓고 모두 각자의 교구로 돌려보냈다. 모든 유대인들에게 노란 모자를 쓰고 출구가 하나밖에 없는 집단 거주지에 살도록 했다. 최초의 금서 목록을 발행하도록 했다. 보카치오(Boccaccio)의 「데카메론」(Decameron)도 불온한 내용이 삭제될 때까지 금서 목록에 포함되었다. 금서에 관한 법령은 내용이 무해하더라도 특정 저자들이 집필했거나 특정 인쇄소들이 출판해 낸 책들을 금서로 규정했다. 프로테스탄트권의 많은 방대한 저서들, 에라스무스의 모든 저서들(심지어 종교와 무관한 것까지도), 영국 왕 헨리 8세, 슈타우피츠(Staupitz), 마키아벨리(Machiavelli), 라블레(Rabelais), 피에르 아벨라르(Peter Abelard) 같은 사람들의 저서들, 심지어 코란의 두 판본까지도 이 기괴한 목록에 포함되었다. 이 법령으로 이탈리아 전역에서 책들을 산더미처럼 쌓아놓고 불사르는 진풍경이 벌어졌지만, 프랑스와 스페인에서는 그 법령이 무시되었다. 베네치아에서는 10,000권 이상의 책들이 종려 주일 전의 토요일에 불태워졌다. 대규모 히브리 학교가 있던 크레모나에 (탈무드 제거 명령을 받고) 파견된 식스투스 시에나(Sixtus Siena)는 자신이 12,000권을 불살랐다고 보고했다. 이 재앙은 이탈리아의 군주들에 의해 감소되었다. 토스카나의 공작 코시모(Cosimo)는 산 마르코 수도원 탁발수사들에게 자신의 전임자들이 유증(遺贈)한 책들은 한 권도 소각하지 말라고 지시했다. 후에 금서 목록은 1564년 트렌트 공의회의 금서 목록에 의해 완화되었다. 하지만 금서 목록에 관한 법령이 이탈리아의 도서 판매업자들에게 끼친 충격은 그들의 이익을 보호하기 위한 조치에도 불구하고 거의 재앙에 가까웠다.

권력이 확대된 종교재판소와 누구든 의심할 준비가 되어 있던 교황의 치하에서, 로마 시는 가히 공포정치라 할 만한 분위기에 휩싸였다. "설혹 내 아버지가 이단이라 할지라도 나는 그를 화형시킬 나뭇단을 모을 것이다"고 그 교황은 말했다. 그는 추기경 콘타리니의 후계자 추기경 모로네(Morone)를 감옥에 가두었다. 볼테라의 다니엘(Daniel)에게는 시스티나 부속예배당의 나상들에 옷을 그려 입히는 일을 맡겼다(그 일로 다니엘은 바지 입히는 사람이라는 별명을 얻었다).

만약 1459년의 교황과 1559년의 교황을 비교한다면, 색다른 분위기, 거의 전혀 다른 세계를 발견하게 될 것이다. 그것은 개인 인격의 차이에서 비롯된 차이가 아니었다. 1559년에 이르면 지난 수십 년간 경건한 사람들이 그토록 갈망했음에도 불구하고 좌절하고 말았던 가톨릭 종교개혁이 마침내 로마에서 탄력을 얻었다. 물론 개인들이 이러한 변화를 일으키고 주도했던 것은 사실이다. 하지만 그것은 개인들의 차이만은 아니었다. 1459년의 교황이 1559년에 선출되는 경우나 그 반대의 경우란 생각할 수 없는 일이었을 것이다. 앞의 경우에는 이탈리아 르네상스 세계가 있었다. 그것은 쾌활하고 인간미 넘치고 부패하고, 과거의 방식과 과거의 부패에 적당하게 만족하면서도 사라센 제국에 대한 십자군 전쟁을 생각하고(그것을 십자군 전쟁으로 간주할 수 있다면), 금욕 생활의 가치를 높게 매기되 금욕주의자들을 세상이 닮기보다 우러러봐야 할 사람으로 간주하던 그런 세계였다. 후자의 경우는 진지한 세계였다. 기강과 질서를 추구하고, 탁발수사들을 우러러볼 뿐 아니라 교회가 금욕적 혹은 청교도적 형태에 맞춰가기를 원하고, 나상(裸像)들과 이교적 조상(彫像)들을 의심스런 눈초리로 쳐다보고, 교회 행정의 재정적 부패를 줄이거나 뿌리뽑기 위해 격렬히 투쟁하던 그런 세계였다.

종교적·도덕적·지적 생활의 분위기가 변화되어 가고 있었다. 한때는 임지를 떠나 타지에서 편안하게 살았던 주교들이 이제는 부재 주교들을 비난하는 회람을 발행했다. 한때 면죄부 판매를 독려하는 문서를 작성했던 서기들이 이제는 면죄부 남용을 소리 높여 비판했다. 한때 부도덕한 문학 작품들을 썼던 인문주의자들이 이제는 부끄러운 기색도 없이 그 펜으로 경건 서적들을 집필했다. 1550년대에만 해도 몇몇 인문주의자들은 교황에게 보내는 글에 이교적인 문구나 전설을 삽입했었는데, 이제는 그런 문구들이 낯설게 보였다. 페트루스 아레티노(Peter Aretino)는 베네치아에서 일종의 하렘에서 기거하면서 외설적인 글과 찬사를 써서 돈을 벌던 그런 사람이었다. 하지만 반동 종교개혁이 승리를 거두자 금욕적인 책들을 열심히

써서 경건의 열정과 이교도들에 대한 혐오가 뛰어난 작가로 명성을 얻었
다가 1556년에 뻔뻔스럽게도 자신이 추기경 임명 제의를 거절했었노라고
주장하면서 성 베드로의 기사라는 작위를 지닌 채 죽었다.

학문에 치중하던 이탈리아가 교회의 경건으로 돌아오고 있었다. 이탈리
아 시인들은 종교 시로 선회하고 있었고, 이탈리아 미술가들은 종교 미술
로 선회하고 있었다. 분위기가 바뀌고 있었던 것은 이탈리아뿐이 아니었다.
포르투갈의 이나시오 데 아제베도(Inácio de Azevedo)는 사제의 아들에 주
교의 손자에 수녀들의 아들이자 손자였다. 그는 자신의 출생 내력을 알고
나서 그것이 4중 신성모독이라고 판단했고, 자기 인생을 희생하여 그 죄값
을 치르는 것이 자신의 인생 목표라고 믿고는 예수회에 가입하여 브라질
선교 길에 나섰다가 대서양 한복판에서 해적을 만나 살해되었다. 유럽의
다른 지역에서는 청교도주의를 일으키고 있던 도덕적 엄숙주의의 물결이
이제 가톨릭 종교개혁가들의 손을 강하게 만들고 있었다.

트렌트 공의회

트렌트 공의회는 대단히 중요하다. 무엇보다도 이 공의회는 1545년이 될
때까지 소집되지 못했기 때문이다.

추기경들은 혹시 공의회가 소집되더라도 로마에서 소집되기를 바랐다.
황제 카를 5세는 독일에서 공의회를 개최하려는 뜻을 분명히 밝혔다. 여러
해 동안 교황청의 외교는 공의회가 열리지 못하도록 막후 공작을 하는 데
초점이 맞춰져 있었다. 교황특사 알레안데르(Aleander)는 교황 클레멘트 7
세에게 구미당기는 조언을 했다. "공의회를 제의하지도 직접 거부하지도
마십시오. 오히려 공의회 소집 요구를 기꺼이 수용하겠다는 뜻을 밝히시되,
그 과정에서 겪게 될 난제들을 강조하십시오. 그러면 공의회 소집 요구를
뿌리치실 수 있을 것입니다." 교황특사 체르비니(Cervini)는 공의회 소집을
둘러싸고 막바지 진통을 겪고 있을 때 교황 파울루스 3세에게 "교황이 공
의회의 전권적인 수장이라는 합의가 이루어지지 않는다면 아무런 조치도

취하지 마십시오"라고 주의를 환기시켰다.

공의회 소집이 쉽게 연기될 수 있었던 이유는(공의회 소집의 연기는 기독교 세계에 대단히 큰 해악을 끼쳤다) 카를 5세가 프랑스 왕과 전쟁을 치르고 있었기 때문이었다. 독일의 통일을 두려워하던 프랑스는 총공의회를 두려워했다. 프랑스 왕은 로마 추기경들과 하나도 다를 바 없이 어떻게 하면 티를 내지 않은 채 공의회 소집 요구를 거절할 것인가를 놓고 노심초사했다. 그 동안 몇 번이고 공의회를 소집하는 척하다가 슬그머니 그만둔 교황 파울루스 3세는 공의회를 소집하는 데서 생기는 위험보다 소집하지 않는 데서 생기는 위험이 더 크다고 판단했고, 그 결과 마침내 1545년에 공의회가 열릴 수 있게 되었다. 그렇게 만든 직접적인 원인은 황제와 프랑스 왕이 1544년에 크레피 평화조약을 체결하면서, 왕 프랑수아가 황제의 공의회에 대한 계획을 진척시키는 데 일조하겠다는 비밀 문구를 집어넣었기 때문이었다.

일찍이 1524년부터 트렌트라는 지명이 공의회 소집 장소로 물망에 올랐었다. 이곳은 알프스 산맥 남쪽면의 브레너 고개에 자리잡은 작은 읍으로서, 이탈리아의 가톨릭 주교의 다스림을 받았기 때문에 이탈리아 주교들이 쉽게 접근할 수 있는 곳이었으면서도, 신성로마제국의 영토 안에 있었기 때문에 공의회가 반드시 '독일 영토에서' 소집되어야 한다는 독일의 요구도 들어줄 수 있는 곳이었다.

트렌트 공의회는 장기간 연기된 끝에 1545년 12월 13일에 28명의 주교만 참석한 가운데 개회했다. 황제와 교황은 공의회의 기능에 대해서 기대하는 바가 각기 달랐다. 황제는 교권 남용과 교회의 부패를 개혁하고 루터파에게 성직자 결혼과 이종 배찬(평신도에게 포도주와 떡을 다 주는) 같은 일부 사항을 양보함으로써 독일에 종교적 평화를 정착시키고 싶은 마음이 굴뚝 같았다. 따라서 그는 공의회가 권징 문제만 다루고 교리 문제는 다루지 않기를 바랐다. 그 동안 신학자들을 겪어본 결과 교리 문제는 도저히 해결될 것 같지 않았기 때문이다.

반면에 교황은 공의회를 주재할 자신의 특사들에게 공의회가 무엇보다도 교리 문제를 먼저 다루어야 한다고 지시했다. 그러므로 공의회 대표들은 교리 문제와 권징 문제를 동시에 다루기로 합의했다. 하지만 공의회가 개회된 뒤 열린 세 번의 회기(1545-8, 1551-2, 1562-3) 중에서 첫번째 회기는 주로 프로테스탄트 교도들과의 논쟁에서 대두되는 문제들에 필요하다고 판단된 교리적 정의들에 치중했고, 마지막 회기는 전통주의자들이 개혁이라는 단어를 사용할 때 의도한 권징 법규와 징계에 치중했다.

트렌트 공의회의 신부들은 프로테스탄트 교도들을 온건히 대해야 한다는 의무감을 느끼지 않았다. 1545-8년의 회기 때 그들은 주로 프로테스탄트 사상에 감염되지 않는 지역 출신들이었고, 따라서 자기들에게 오류로 빗나간 교리로 비치는 사상을 단죄하고 싶었다. 이신칭의 교리를 다룰 때, 그들은 믿음만 가지고는 칭의를 얻기에 충분치 않으며, 소망과 사랑을 함께 지녀야 한다고 단언했다. 프로테스탄트 교도들의 '오직 성경'이라는 주장을 다룰 때, 그들은 기록되지 않은 전승과 성경을 다 같이 존중하는 태도로 받아야 한다고 단언했다. 복음의 성례가 두세 가지라는 프로테스탄트 교도들의 주장을 다룰 때, 그들은 성사는 일곱 가지 이상도 이하도 아니라고 못박아 말했다.

프로테스탄트 학자들은 히브리어 성경이 권위 있는 본문의 원전이라고 믿었고, 따라서 헬라어 외경을 도덕을 위한 교훈서로 인정하면서도 정경에는 포함되지 않는 책들로 제쳐놓았다(그 문제는 중세 신학자들에 의해 시원스럽게 해결된 적이 없었다). 트렌트 공의회 신부들은 라틴어 불가타 성경이 정경이며 거룩한 본문이라고 주장했다. 프로테스탄트 신학자들은 미사로써 갈보리의 제사를 반복한다는 교리를 전적으로 가톨릭 신학자들의 책임으로 돌리면서 그 교리가 위험하고 비성경적이라고 믿었다. 그리고 '사적인 미사'를 철저히 뿌리뽑았다. 트렌트 공의회 신부들은 미사에는 그리스도의 진정한 화목제가 있다고 주장하고, 사제 혼자서만 영성체(성찬)를 받는 미사를 권장했다. 프로테스탄트 교도들은 전례(典禮)가 회중이 알아들을 수 있는 언어로 되어야 한다고 항변했다. 주교들은 미사가 예전처럼 라틴어로 진행되어야 한다고 주장했다.

   이런 정의들 혹은 결정들은 트렌트 공의회가 혹시 프로테스탄트 진영과
의 재화합을 진척시킬는지도 모른다는 황제와 그 밖의 온건파의 기대를
여지없이 무너뜨렸다. 주교들이 문제가 된 교리들을 직접 논박했던 이유가
프로테스탄트 신앙이 두려웠기 때문이라는 점을 부인할 수가 없다. 공의회
장에는 프로테스탄트 군대가 트렌트로 진격하고 있다는 소문이 끊이지를
않았다. 주교들은 때로 이단 세력으로부터 목전의 위협을 당하면서 법안을
작성하고 있다는 느낌에 사로잡혔다. 1552년에는 작센의 모리츠가 트렌트
에서 불과 한두 시간 거리인 지점까지 군대를 끌고 오는 바람에 공의회가
서둘러 정회를 했다. 하지만 트렌트의 교리적 법령들이 간혹 논쟁적 어조
를 띠고 있기 때문에 프로테스탄트 교도들이 보기에 실제보다 더 적대적
인 내용으로 들렸다는 점을 간과해서는 안 된다. 어느 정도 중요한 교리적
법령들이 통과된 공의회 초기의 회기들에는 참석 주교들의 수(약 60명)가
상대적으로 여전히 적었다. 하지만 이렇게 적은 수의 주교들 안에서도 중
세 신학의 다양성을 예시할 만큼의 충분히 다양한 견해가 개진되었다. 키
오자의 나키안티(Nacchianti)라는 주교는 심지어 성경에 구원에 필요한 모
든 교훈이 담겨 있다고 믿었고, 공의회가 달리 결정할 때까지 자신의 신념
을 견지할 권리를 고집했다.

   트렌트 공의회의 주교들은 법령들을 입안하는 과정에서 다양한 견해를
지닌 사람들이 가톨릭 교회의 권위 있는 교훈으로 받아들일 수 있는 폭넓
은 결정을 해야 할 필요를 느꼈다. 따라서 트렌트 공의회의 법령들은 주의
깊게 골격이 잡혔다. 법령들에 쓰인 표현이 프로테스탄트 진영의 비판자들
이 믿는 것보다 더 폭넓은 사상의 자유를 허용하게끔 고안했다. 그 골격이
얼마나 세심하게 잡혔는가 하는 점은 20세기에 가서야 비로소 제대로 드
러났다. 지난 50년간 괴레스 학회(Görres Society)는 정경이 공식 선포된 이
면에 벌어졌던 토론과 논쟁의 세부 내용을 자료로 펴내는 일을 해왔다.

   한 가지 예를 들면 쉽게 이해될 것이다. 1546년 4월 8일에 정경에 관한
법령이 그 예다. 후대에 트렌트 공의회를 성토한 비판자들은 이 법령이 전
승을 성경 밖에서 성경과 독립된 상태에서 계시에 버금가는 전거로 격상

시켰다고 항변했다. 그리스도께서 사도들에게 하신 기록되지 않은 말씀이 가톨릭 교회에서 받아들여짐으로써 보증된 전거로 말이다. 반동 종교개혁을 변호한 많은 사람들은 그 법령을 이런 식으로 이해했다. 하지만 논쟁의 세세한 과정을 살펴보면, 비록 그 법령이 그런 해석을 허용할지라도 논쟁에 참여한 모든 사람이 다 그런 해석에 동의한 것은 아님을 알게 된다. 어떤 주교들은 거룩한 로마 교회의 '모든 전승들'이 거룩하다고 공포되기를 바랐을 것이다. 다른 주교들은 이것을 지나친 일반화라고 느꼈다. 이렇게 '거룩한'이라는 수식어를 받을 만한 전승들은 '사도적' 전승, 즉 사도 시대부터 교회에 전수된 전승들이라고 주장할 수 있는 것뿐이라고 느꼈다. 사도적 전승들의 목록을 정경에 포함시켜야 한다는 주장이 제기되었을 때, 이 주장은 그 목록에서 어느 사도적 전승이 부지불식간에 빠질 가능성이 있고, 그로써 그리스도인들이 그 전승을 소홀히 하거나 배척하게 될 수 있다는 이유로 기각되었다. 그러므로 '가톨릭 교회에서 항상 남아온' 전승들만 거룩하게 여긴다는 내용으로 문구의 가닥이 잡혔다. 그 문구를 작성한 사람들 중 일부는 기록되지 않은 교리적 유산을 염두에 두지 않고 주일성수나 유아세례 같은 특정 관습을 염두에 둔 것이 분명하다. 비록 그 법령은 의도적으로 프로테스탄트 진영의 특정 신조들을 겨냥하긴 했지만, 그럴지라도 후대의 통념보다는 프로테스탄트 교리에 덜 적대적이었다. 마찬가지로 다른 법령들, 심지어 제사적 영성체(성찬) 개념이나 이신칭의 개념에 대한 법령들에서도 비슷한 정도의 다양성을 볼 수 있다.

그럼에도 불구하고 그 즉각적인 영향은 온건파가 추진해온 작업에 철퇴를 가했다.

교황과 황제가 격렬한 대립을 벌이던 기간이 지난 뒤인 1551년 10월과 11월에, 마침내 루터파 대표단이 트렌트에 도착하여 자기들의 신학자들을 위해 사전 정지 작업을 벌였다. 그들은 주교들이 교리적 쟁점들을 처음부터 다시 논의하고 이미 결정된 사항들을 모두 무효로 간주하기 전에는 공의회에 참석하지 않겠다는 입장을 밝혔다. 그것은 수긍이 가는 태도였다. 그리고 교황 특사들과 주교들이 루터파 대표단의 주장을 정중하게 거절한 것도 역시 수긍할 만한 태도였다. 두 진영은 공의회라는 단어를 놓고 서로 다른 회의를 염두에 두었다. 트렌트에서 한 번의 회의가 양측을 모두 만족시킬 수 없었다.

공의회는 교황의 직접적인 통제를 받지 않았다. 교황은 공의회 장에 한 번도 들르지 않았다. 교황의 특사들이 회의를 주재하면서 로마 교황청으로부터 수시로 지시와 훈령을 받았고, 이와 마찬가지로 황제나 프랑스와 스페인 왕들의 대표들도 각각 본국에서 수시로 훈령을 받았다. 공의회 참석자 대부분은 이탈리아인들이었다. 하지만 주교들의 수가 늘어나면서(마지막 회기였던 1562-3년의 회기에는 주교의 수가 200명이 넘었다) 후임 교황들은 트렌트에 파견한 대리자들을 통해서 치밀한 외교를 수행해야 했다. 교황들에게 중요했던 것은 공의회가 가톨릭 군주들의 정치욕에 휘둘려서는 안 된다는 것과, 공의회가 교황청 자체에 개혁의 칼을 대서는 안 된다는 것이었다. 로마는 로마 홀로 개혁해야 한다고 생각했다.

스페인의 주교들은 주교가 자기 교구에 상주해야 한다고 못박은 '신적 법'을 완강히 고수했고, 여러 나라들에서 임명받아 스페인의 교구들을 맡은 주교들이 실제로는 로마에 가서 살고 있는 현실을 개탄했다. 교황청은 지나친 사례가 있었음을 시인하면서도 교회의 중앙 행정상 주교들이 자기 교구에 상주하지 못하는 일도 있을 수 있으며, 교회의 중앙 행정이 스페인 주교들의 교리적 열정 때문에 약화되어서는 안 된다고 단호하게 주장했다.

독일 남부의 가톨릭 제후들은 황제 페르디난도(Ferdinand)와 마찬가지로 가톨릭 교회가 이종 배찬과 성직자의 결혼을 허용해 주기를 바랐다. 하지만 가톨릭 교회는 그 요구(1562)를 교묘하게 뒤엎고 성직자 독신주의를 재확인했다. 하지만 교황 특사들은 대체로 집요한 외교적 노력을 수행하지 않았다. 트렌트 공의회는 교황 수하인들의 회의가 아니었지만 혁명적인 회의가 되려는 의도가 없었다. 그리고 1563년에 공의회가 폐회할 때 신부들은 여러 번의 회기에 통과된 모든 법령들을 정식으로 재확인하고 교황에게 공식적으로 그 법령들을 인준해 달라고 요청했다. 그들은 교황에게 새로운 금서 목록을 발행해 주기를 요청했고(그렇게 해서 발행된 것이 카라파의 원 금서목록을 신중하게 다듬은 1564년의 금서목록이다), 교리문답서 (1566), 미사경본(1570), 성무일과서(1568)를 발행해 달라고 요청했다. 공의회가 작성한 법령들은 1564년 1월 26일에 교황 피우스 4세의 대칙서 (Benedictus Deus)에 의해 인준되었다.

공의회의 권징 관련 법령들은 그뒤로 가톨릭 종교개혁의 교회법적 근거가 되었다. 그것이 파죽지세의 영향을 끼치는 경우가 적지 않았다. 면죄부 판매관(quaestor)이라는 직위는 폐지되었다. 주교들에게 각자의 교구를 효과적으로 감독할 권한이 부여되었다. 중세에 주교의 직위와 사역을 자주 무력화시켜 자주 소송의 원인이 된, 주교의 통제에서 제외가 되는 예외 사례들을 대폭 줄였다. 주교든 사제든 경건한 영혼의 목자들의 발자취를 교회법으로 기술했다. 하지만 이런 내용은 과거 공의회들의 훌륭한 권고들보다 더 큰 효과를 낼 가능성이 크지 않았다. 트렌트 공의회는 이 목적을 향해 실질적인 한 걸음을 내디뎠는데, 이것은 결국 그 공의회가 단행한 모든 조치들 가운데서 가장 중요한 조치가 되었다.

자세히 말하자면, 공의회는 대학교가 들어서 있지 않는 모든 교구의 주교에게 소년들과 청년들을 사제로 훈련시킬 신학교를 세우도록 지시한 것이다. 예수회의 대학들이 어느 정도 선례를 제공했다. 새 교육 제도는 성직 후보자들에게 신학을 가르쳤고, 훈련을 통해 경건의 습관이 몸에 배게 했다. 아마 이때 세워진 신학교들이 여느 참사회 학교들보다 가톨릭 종교개혁의 주된 목적, 즉 신학과 경건 생활을 제대로 훈련받은 성직자를 배출한다는 목적을 증진하는 데 보다 효과적이었을 것이다.

교회사에서 무학한 성직자를 교육받은 성직자로 바꿔 놓는 문제만큼 힘든 과제도 없었다. 프로테스탄트 교도들은 사제들이 미사의 문구를 마술 주문처럼 뜻 없이 웅얼거리는 모습을 보고 충격을 받고서 자기들 나름대로의 방식으로 성직자 훈련에 착수했다. 학교들과 대학들을 세웠고, 성직자들의 공부 모임을 제정했고, 성직록을 수여할 때 학문을 권장했고, 목회의 비중을 성례 집행에서 하나님 말씀을 제대로 효과적으로 가르치는 데로 옮겼다. 로마 가톨릭 교회도 이런 모든 방법들을 모방하되, 보다 시급한 설교의 필요성을 배제하지 않았다.

1538년에 로마 시는 재속(在俗) 사제들이 설교할 때 중백의를 입어야 했던 과거의 관행을 잊은 지 오래였다. 재속 사제들이 어지간해서는 설교하는 법이 없었고, 대신에 회중들은 각각 자기 수도회의 수사복을 입고서 설교하는 탁발수사들과 그밖의 수사들의 설교를 듣는 데 익숙해져 있었기 때문이다. 예수회와 후대의 오라토리오회들은 이 폐단을 사제직 개혁의 일환으로 바로잡으려고 나섰으며, 그 결과 트렌트 공의회에서 예수회 수사는 '개혁파 사제'의 명단에 포함되었다. 프로테스탄트 교도들이 '벙어리 개들'을 격렬히 비판하고, 성직자는 설교자가 되어야 한다고 요구하던 상황을 의식하여, 트렌트 공의회는 주교들과 성직자들에게 설교의 의무를 부과했다.

법이 시행되는 것을 감독하기보다 법을 제정하기가 쉽게 마련이다. 성직자는 반드시 교육 받은 사람이어야 하고 설교를 해야 한다고 목소리를 높이기란 어렵지 않았다. 하지만 성직자들의 설교가 지식인들의 귀에 거슬리지 않도록 수준을 갖추는 일은 보다 어려웠고 또 시간도 훨씬 많이 걸렸다. 모든 교구에 신학교를 세워야 한다는 법을 제정하기란 쉬웠다. 하지만 대다수 교구들에 신학교가 설립되기까지는, 그리고 신학교들이 설립 취지에 부합한 양질의 교육을 제공하기까지는 오랜 세월이 걸렸다. 프로테스탄트 나라들에서는 성직자 교육 문제를 해결하기가 한결 수월할 수가 있었다. 왜냐하면 교회법상의 혁명적인 변화에 힘입어 교육 담당자들이 재량권을 가지게 되었고, 적지 않은 재정이 교육 분야에 할당되었기 때문이다. 하지만 프로테스탄트 진영에서도 가톨릭 나라들처럼 오랜 기간의 노력이 필요했다.

프로테스탄트권 나라들에서는 개혁이 종종 교황에 반대하는 제후들의 주도로 진행되었다. 가톨릭 나라들에서도 그 과정이 그리 크게 다르지 않았다. 고위 성직자들이 제후들의 적극적인 혹은 소극적인 지원을 받아 진행되었기 때문이다. 가톨릭권인 프랑스와 독일 남부의 일부 지방에서는 트렌트 공의회의 법령이 인정조차 받을 수 없었고, 스페인은 자기 나라에 유리한 방식으로 그 법령을 받아들였다. 프랑스와 스페인의 왕들을 비롯한 수많은 가톨릭 왕들이 주교 선출에 절대 권한을 행사하고 있던 상황에서 주교들을 개혁하기란 쉽지 않았다.

세월이 흘러 1569년 6월이 되었을 때조차 파리 주재 베네치아 대사는 프랑스 궁정이 "주교구들과 대수도원들을 후추와 계피 상인들 다루듯 한다"고 말했다. 트렌트 공의회는 주로 이탈리아에서 효과적인 개혁을 일으킨 공의회였다. 다른 곳에서는 개혁을 권장하고 자극하는 수준을 넘지 못했다. 공의회 법령은 1580-4년에 프랑스 일부 지방의 교회회의들에서 채택되었고, 잠깐 독립을 주장할 수 있었던 1615년에는 프랑스 전국 성직자 대표단에 의해 엄숙히 채택되었다. 스페인의 성직자 회의들은 즉각 법령에 동의했지만(1564년), 국왕과 결별하기 전에는 실행에 옮길 수 없었다. 독일 남부에서는 교황 특사 코멘돈(Commendone)의 역량에 힘입어 주교들과 가톨릭 제후들(황제를 제외한)이 1566년에 비록 몇 가지 단서를 달긴 했지만 트렌트 공의회 법령을 받아들였다.

교황 피우스 5세

교회의 개혁 세력은 교황이 새롭게 정치적 궁지에 몰리게 된 상황에 힘입어 로마의 보수적인 전통들을 극복했다. 정치적 수장으로 간주되어온 교황은 1510년보다 1565년에는 유럽의 군주들에 비해 중요도가 덜했다. 1510년에 율리우스 2세는 프랑스와 독일 사이에서 정치적 세력 균형을 유지하고 그로써 교황청의 독립과 주권을 보존함으로써 교황령을 유럽 열강의 대열에 올려놓았다. 1565년에는 이 모든 것이 변하였다. 교황은 예전에 비해 말할 수 없이 가난해졌다. 독일과 영국이 떨어져 나갔고, 프랑스는 내전을 치르고 있었으며, 따라서 수수료와 세금이 들어오지 않았다. 스페인의 추기경 콤포스텔라(Compostella)는 1555년에 황제 카를 5세에게 아주 냉소적인 어조로, 교황이 이제는 워낙 가난해서 다른 아무 일도 할 수 없으니 교회를 개혁해야 한다고 썼다. 트렌트 공의회의 법령은 교황청의 전통적인 수입원에 타격을 입혔고, 교황령을 한밑천 잡을 생각으로 성직자가 되려는 사람들에게 매력이 반감한 지역으로 만들었다. 이런 상황을 반전시키기 위해 교황 파울루스 4세(카라파)는 군대를 동원하여 나폴리의 스페인인들을 공격했다가 패하는 바람에 교황령이 40년간 스페인의 지배하에 들어가게 했다.

1565년에 교황 파울루스 4세의 대종교재판관을 지낸 미켈레 기슬리에리(Michele Ghislieri)가 (그의 제자도 측근도 아니었는데도) 교황에 선출되어 피우스 5세가 되었다(1565-72년 재위. 1712년에 시성). 파울루스보다 경건했던 그는 개혁을 타협과 정치와 외교와 같은 범주에 넣고서 경시했다. 그는 단호한 결단력을 지닌 금욕주의자로서 피골이 상접할 정도로 야윈 몸을 가지고 교황이 된 뒤에도 엄격한 탁발수사처럼 생활했다. 그는 한번은 교회에는 대포도 군대도 필요 없고, 교회의 무기는 기도와 금식과 눈물과 성경이라고 말했다. 하지만 기회가 맞으면 영적인 무기 이외의 다른 무기도 쓸 준비가 되어 있었다. 위그노파 포로들을 처형하도록 사주했고, 알바공(the Duke of Alva)이 네덜란드에서 시행한 공포 정치에 사의를 표시하기 위해 축성한 모자와 칼을 그에게 보냈다.

피우스 5세는 칙령을 공포하여 성직매매, 신성모독, 남색, 축첩 행위에 대해 준엄한 벌을 내렸다. 의복이나 연회의 사치와 호화 결혼식이나 혼인을 빌미로 한 과도한 재산 계약을 규제했다. 로마의 모든 윤락 여성들에게 그 도시에서 엿새 안에 떠나도록 했고, 떠나지 않으려면 결혼을 하거나 참회자 수녀원에 들어가도록 했다. 이 법령은 다른 법령처럼 가혹하게 집행되지는 않았지만, 도저히 로마를 떠날 용기가 없는 여성들을 특별 구역에 가두고 그곳에서 그들을 갱생시키기 위한 특별 설교를 시행했다. 또 다른 칙령으로는 집을 가진 모든 거류민들이 여인숙을 찾아가지 못하도록 했다. 그 교황은 측근의 간곡한 만류로 간음죄를 사형으로 처벌하지 않았다.

자녀를 주일학교에 보내지 않는 부모에게 특별한 벌을 내렸다. 평신도와 똑같은 옷을 입은 사제들은 의무적으로 성직복을 입고 면도를 하게 했다. 의사들에게 사각모를 쓰지 못하도록 했다. 의사는 환자가 사제에게 고해를 했다는 증명서를 확인하기 전에는 사흘 이상 왕진을 하지 못하도록 했다. 교황은 연회와 결혼식과 의복의 사치를 규제하려고 노력했고, 보석 상점에 경찰을 급파하여 세상의 그 쓰레기를 몰수했고, 마차 사용에 세금을 부과하여 마차 사용을 줄이게 했으며, 결혼 지참금의 액수를 제한하고 상점 주인들이 간판에 성인들의 그림을 사용하지 못하게 했다.

자신의 주거지에 이교적 화상(畵像)이 있는 게 적합하지 않다고 생각하여 고전 시대의 조각상 몇 점을 로마 주민들에게 주었다. 벨베데레 미술관에 소장된 대형 조각상들 몇 점을 포함하여 더 많은 이교적 예술품들을 나눠주고 싶어했고, 소장품을 대중에게 공개하지 않는다는 조건하에서만 폐기하지 않고 남겨두도록 허용했다. 볼로냐의 분수대에 있는 넵튠 신상을 덮도록 승인했고, 미술가를 고용하여 프레스코화들에 덧칠하게 했다. 비록 대체로는 나신상(裸身像)에 옷을 입히지는 않았지만, 교황이 로마 시 전체를 수도원으로 바꿀 작정이라는 소문이 돌기 시작했다.

이런 유의 사치 규제법을 1570년의 로마에서 강제로 시행하여 효과를 보기란 불가능했다. 교황의 정치 권력이 미치지 않는 곳에서 이 법이 통하지 않기는 마찬가지였다. 교황은 투우를 금지하는 법령을 공포했지만, 스페인의 주교들은 감히 그 법령을 발행하지 못했다. 이 사치 규제법은 도덕적인 정부의 실질적인 사업으로서보다 프로그램과 이상의 상징으로서 더 중요했다. 행정 분야에서 교황은 전임자들의 개혁 노력을 좌절시켰던 장벽들에 부닥쳤다. 교황은 한때 교회에 재산이 필요치 않다고 공언했었다. 하지만 현실상 로마는 거대한 관료 사회와 행정망을 두고 있었고, 따라서 교황 정부는 돈이 없으면 운영할 수 없었다. 과거에는 관직을 돈 받고 팔았었다. 그리고 파산을 맞으면 교황들이 보다 많은 관직을 만들어서 그것을 팔아 재정을 확보했었다.

교황청에서 무위도식자들과 부패하고 무능한 관리들을 정리한다는 것은 행정상의 개혁에 그치지 않았다. 그것은 잔뜩 기대를 걸고서 관직을 샀다가 이제는 자신의 관직과 수입을 잃게 된 사람들에게 보상해 줄 막대한 재정을 확보해야 한다는 것을 뜻했다. 교황 피우스는 로마 교황청 법원(the

Penitentiary)에서 해고된 몇몇 관리들에게 "굶어죽는 것이 영혼을 잃는 것보다 낫다"고 말했다. 기독교라는 이름을 내건 세속 국가가 되느니 차라리 교황청이 무너지는 편이 낫다고 말했다.

하지만 정의감만 가지고는 로마의 관료들을 보상도 하지 않은 채 정리할 수가 없었다. 그는 로마 밖에 사역지를 둔 사제와 주교에게 각자의 성직록으로 돌아가도록 강요하고, 심지어 명령에 불복종하는 일부 주교들을 산 안젤로 성에 감금하기까지 했다. 그것은 질병은 놔두고 증상만 치료하려는 시도였다. 그럼에도 불구하고 그러한 노력은 훗날 다른 교황이 교황청 행정 개혁을 과감하게 단행할 수 있도록 밑받침이 되어 준 점에 의의가 있었다. 베네치아 대사 티에폴로(Tiepolo)는 "로마 사람들은 전보다 훨씬 나아졌거나, 적어도 겉으로만이라도 나아진 것처럼 보였다"고 말했다.

1568년에 교황은 성무일과서를 개혁했다. 과거에 크랜머(Cranmer)가 추진하고자 하던 개혁의 일부를 수용하여, 성무일과서를 보다 분명하고 단순하게 만들고, 시편과 성경 낭독을 본래의 주도적인 지위로 다시 올려 놓고, 성경 이외의 문헌에서 위조된 듯하거나 신빙성 없는 문구들을 삭제했다. 면죄부 발행을 제한했고, 그밖에도 모든 면에서 트렌트 공의회의 법령들과 정신을 실천에 옮기려고 노력했다. 로마의 산타 마리아 마조레에 가면 교황 피우스 5세가 사용하던 트렌트 공의회 법령 사본을 볼 수 있다. 역사가 파스토르(Pastor)는 그 작은 책을 바라보고서 깊이 감동하여 말했다: "이 책은 그의 손에 들어갔을 때 잡초 밭을 온통 갈아엎는 호미가 되었다."

보로메오

개혁 운동의 추진력은 1560년부터 1584년까지 밀라노의 대주교를 지낸 보로메오(Charles Borromeo)의 사역에서 가장 강력하게 발휘되었다. 그는 반동 종교개혁 시대에 대단히 무성했던 화려한 회심을 체험했다. 교황 피우스 4세의 조카로서 열두살 때 성직록을 받고, 교회법상 나이 제한에 미달하는 스물한살에 겸임 성직자이자 대주교가 되고, 스물두살에 추기경이 되고, 추기경의 직위에 부합하지 않는다고 비판을 받을 정도로 사냥에 몰

두하고, 화려함과 과시를 좋아하여 150명의 가신들에게 머리부터 발끝까지
검정색 벨벳 제복을 입히고 살던 그는, 스물다섯살의 나이에 갑자기 성직
(holy orders, 성품)을 받은 뒤부터 이그나티우스의 「영성 수련」을 실천하기
시작했고, 돈벌이가 되는 명목 성직록을 대부분 그만두려고 했고, 수행원
중 절반을 해고하고 나머지 절반에게는 금욕적인 규율을 부과했고, 일주일
에 하루는 빵과 물만 먹었고, 못이 달린 채찍으로 자신을 징계했으며, 설교
를 하기 시작했다. 사람들은 그가 설교하는 것을 가히 충격적으로 받아들
였다. 당시에는 추기경이 설교하는 것을 들어본 적이 없었기 때문이다.

그는 개인적 역량과 로마에서의 지위에 힘입어 트렌트 공의회의 마지막
회기(1562-3) 때 적지 않은 역할을 수행했다. 공의회는 법령 시행 여부를
관찰할 위원회와 가톨릭 교리로 개정한 요리문답을 작성할 또 다른 위원
회를 설치했는데, 보로메오는 두 위원회의 사역 방향을 제시하는 데 이바
지했고, 요리문답의 초안을 개정했다. 이 유명한 요리문답이 어린이나 문맹
자를 위해서가 아니라 소교구 성직자 교육을 위해 작성되었다는 것이 반
동 종교개혁의 특징이다. 보로메오는 트렌트 공의회가 결정한 대로 성무일
과서 개정에 이바지했다. 자신의 대주교구 내에서 트렌트의 권징 법령을
실행하고자 했다. 트렌트 공의회는 자신에게 자신의 교구에 상주하도록 명
령했으나, 그로서는 자신의 교구를 방문만 하고 오게 해달라고 교황을 설
득하는 일만으로도 큰 어려움을 겪었다.

결국 교황 피우스 5세를 설득하는 데 성공하여 밀라노에서 살게 되었는
데, 그가 여러 해 동안 교구에 상주한 최초의 대주교였다. 그는 밀라노에
상주하면서 트렌트 공의회가 명령한 대로 자기 관할 지역의 성직자들을
대상으로 관구와 교구 단위로 교회회의를 열었다. 밀라노에 신학교를 한
곳이 아닌 세 곳을 세웠고, 밀라노 밖에 세 곳을 더 세웠다. 처음에는 이
신학교들을 예수회의 감독에 맡겼으나, 나중에는 예수회에 회의를 느끼고
서 신학 교육의 목적상 성 암브로시우스 헌신회(the Oblates of St.
Ambrose)를 설립했다. 가톨릭권 스위스를 위한 사제들을 양성하기 위해
'스위스 대학'을 설립했다. 아울러 교육 학회를 설립했는데, 이 학회는 그

가 죽을 당시에 740개의 학교를 관장하고 있었다. 그는 대단히 엄격하고 많은 경우 인기를 얻지 못한 영웅적인 인물로서, 전염병 속에서도 목숨을 바칠 각오를 보이고, 세속 군주와 투쟁하는 데서 위안을 얻은 그런 사람이었다. 그는 1548년에 죽었고 1610년에 시성(諡聖)되었다.

잉글랜드의 국교회 기피자들

프로테스탄트 신앙을 받아들인 국가에서는 한결같이 가톨릭 성직자들이 도주했거나 추방을 당했다. 소수만이 변화에 타협하지 않고 다른 나라에 가서 살더라도 전통적인 방식으로 예배를 드리는 쪽을 택했다. 이 사람들은 성당 시설을 회칠하고 파괴하거나, 성직복, 성합, 성상, 망토, 제단, 흔들향로가 성당에서 약탈당해 시장 거리에서 팔리는 것을 달가워하지 않았다.

잉글랜드에서 벌어진 상황을 감안할 때 스코틀랜드나 독일 북부 제후령보다 잉글랜드에서 이런 국교회 기피자들(recusants, 잉글랜드의 가톨릭 교도들)의 수가 더 많았으리라 예상할는지 모른다. 메리 여왕 때 주교들이 거의 모두 교회의 새로운 체제를 받아들이기를 거부한 채 200명 가량의 다른 성직자들을 이끌고 당장 떠났기 때문이다. 에드워드 6세의 재위와 그 뒤 메리의 재위를 겪으면서, 일부 영국 보수주의자들은 가톨릭 신앙이 교황을 필요로 한다고 확신을 갖게 되었다. 런던에 자리잡은 정부는 비록 해외로부터 침공을 받지 않으면 안전했는데도 불구하고 조야하고 단순한 북부 지방을 정복하지 못하고 있었고, 따라서 때때로 웨일스를 지배하기 위해 골머리를 앓아야 했고, 아일랜드를 지배하기 위해서는 더욱 큰 지략을 짜내야 했다.

잉글랜드의 북부 지방과 아일랜드에서는 대 영주들이 독립 군주처럼 행세했다. 그리고 메리 여왕 때 프로테스탄트 교도들이 메리에게 아기가 없다는 사실과 프로테스탄트 진영이 승리를 거둘 것이라는 지식에 용기 백배했던 것처럼, 이제 보수파도 엘리자베스 여왕이 미혼이라는 사실과 왕위계승 예정자인 스코틀랜드의 메리 여왕이 로마 가톨릭 교도라는 사실에서 용기 백배했다. 랭커셔와 아일랜드와 같은 북부의 산지 지방은 아직 종교개혁의 손길이 닿지 않고 있었다.

교황의 지지자들은 당장 자기들의 소교구 교회에서 탈퇴하지 않았다. 평생 교회 예배에 참석하는 것이 습관처럼 되어있던 사람들이었다. 그리고 예배에 참석하지 않으면 벌금을 물기 십상이었다. 1563년에 로마의 한 위원회가 이런 식의 예배 참석을 금한다고 공포했다. 하지만 그들은 이 견해를 무시했고, 비록 그들이 흔쾌히 자국어 전례를 받아들일 마음의 준비가 되어 있지 않았을지라도 그들의 자녀들은 자국어 전례에 익숙해갔다. 그들 중 많은 수가 영어 전례의 온건성과 가톨릭적 분위기에 만족해 했다. 그리고 더러는 초기의 몇 해 동안 교황이 엘리자베스를 파문함으로써 여왕에 대한 적대적인 입장을 분명하게 표명하지 않았다는 구실로 영국 국교회 예배 참석과 국교회 준봉을 정당화했다.

교황 피우스 5세는 잉글랜드의 반동 종교개혁이 참담한 실패로 끝나게 된 데에 일말의 책임이 있다.

1568년에 스코틀랜드 여왕 메리가 스코틀랜드에서 잉글랜드으로 도피했다가 투옥되는 사건이 발생했다. 이 사건은 점증하던 국교회 기피자들에게 규합점을 제공했다. 메리 여왕은 스페인 대사에게 혹시 스페인이 자신을 도와주면 자기가 석 달 안에 잉글랜드 여왕이 되어 전국에 다시 미사를 회복시키겠노라고 말했다. 로마에서는 두 명의 추기경이 근심스러운 표정으로 교황과 마주앉아 장차 있을 봉기를 어떻게 하면 가장 잘 지원할 수 있을까를 논의했다.

1569년 11월 가톨릭권인 북부 지방에서 봉기가 일어났다. 노섬벌랜드와 웨스트몰랜드의 백작들이 교황에게 지원받은 12,000크라운의 자금과 스페인으로부터 받은 지원 약속에 힘입어 다섯 성흔(the Five Wounds) 깃발을 들고서 반란을 일으킨 것이다. 그들은 더럼 주교좌 성당의 성찬상을 훼손하고, 영어 성경을 갈가리 찢고, 다시 미사를 거행했다가, 곧 진압되어 무자비하게 처형되었다. 반란이 진압된 사실을 모른 피우스 5세는 여왕 엘리자베스를 파문하고 폐위하고, 엘리자베스와 그녀의 모든 추종자들에게 그리스도의 몸에 참여할 권한을 부여하지 않으며, 잉글랜드 백성들에게서 여왕에 대한 충성 의무를 벗겨 준다는 내용의 대칙서(Regnans in excelsis, 1570)를 발행했다.

이 대칙서는 스페인 대사관 기관사제에 의해 잉글랜드에 반입되었고, 펠튼(Felton)이라 하는 신사가 그것을 세인트 폴 대성당 뜰에 있는 런던의 주교 궁전 문에 못으로 박아 걸었다가 처형을 당했다. 대칙서에 쓰인 표현은 어리석은 것이었고, 대칙서를 받아본 스페인 왕 필립 2세(Philip II)는 대노했다. 그는 지상 나라들 가운데 로마 교황청의 가장 큰 희망이었는데도 일언반구 사전에 상의조차 받지 못했던 것이다. 이쯤 되자 교황은 잉글랜드 가톨릭 교도들을 반역죄로 낙인 찍었다.

잉글랜드의 많은 무고한 가톨릭 교도들은 반역죄의 낙인이 찍힘으로써 소수의 책임자들과 함께 도매금으로 넘어가게 되었다. 대다수 잉글랜드 가톨릭 교도들은 로마를 중시하면서도 여전히 잉글랜드인들이었고, 따라서 스코틀랜드의 메리 여왕과 스페인 사람들을 위해서 여왕을 멸할 의사가 추호도 없었다. 하지만 교황이 여왕과 교황을 동시에 섬길 수 없다고 만천하에 공포했기 때문에 잉글랜드의 모든 로마 가톨릭 교도들 가운데 옛 신앙을 고수하기 위해 소교구 교회 예배에 참석하기를 거부하는 사람들은 잉글랜드 내에서 잠재적 반역자로 주목을 받게 되었다. 어떤 사람이 국교회를 거부하는 가톨릭 교도들에게 돈을 빌렸더라도 그에 대한 대중의 악감정을 일으키거나 당국자에게 그를 고소하면 그만이었다. 어떤 사람이 잉글랜드 가톨릭 교도의 물건을 훔치거나 그에게 해로운 행동을 하더라도, 가톨릭 교도는 법의 심판을 바랄 수도 없고 고소조차 할 수 없었다. 스코틀랜드의 메리 여왕을 둘러싸고 끊임없이 발생한 음모, 가톨릭 군주를 엘리자베스의 후계자로 세우려다가 물거품으로 돌아간 시도들, 교황이 아일랜드 반란자들에게 자금 지원을 한 사실, 그리고 무엇보다도 스페인으로부터의 위협이 잉글랜드인들의 정신에 로마 가톨릭에 대한 두려움을 깊이 심어주었다.

국가라는 개념이 생기고, 그에 따라 애국심이 생기면서 민족을 초월한 가톨릭 세계라는 기존의 중세적 개념과 충돌하게 되었고, 교황과 국왕 가운데 누구에게 충성을 할 것인가 하는 갈등을 일으켰으며, 민중의 양심을 괴롭혔다. 다른 나라에서는 그 갈등이 상황이나 외교에 의해 덜 고통스러웠다. 역대 교황 중 외교력이 가장 떨어졌던 피우스 5세는 이 양심의 갈등을 적나라한 형태로 만들어 놓았다. 잉글랜드의 대다수 가톨릭 교도들은 잉글랜드 여왕에게 충성을 한 데 반해, 국교회에 반대한 일부 가톨릭 교도들은 교황에 대한 충성을 마치 가이사의 명령보다 하나님의 명령을 존중하는 식으로 받아들였고, 따라서 영국민이 안고 있는 음모와 외국의 침공에 대한 두려움을 정당화했다.

실제로 180명의 수사들과 탁발수사들이 스페인 무적함대의 대열에 끼여 있었고, 왕 필립 2세와 그뒤에 교황이 만약 잉글랜드 침공이 성공할 경우 망명한 추기경 앨런(Allen)을 대법관 겸 캔터베리 대주교로 임명하기로 동의했고, 무적함대가 침공할 때 앨런이 여왕을 사생아요 왕위 찬탈자요 이단으로 비판하는 장황하고 비열한 연설문을 인쇄했고, 700명의 영국 망명자 무리가 네덜란드에 주둔하고 있던 스페인 군대의 대열에 끼여 침공을 준비하기 위해 행군했으며, 1580년에 교황청 서기가 공식 답변서를 통해서 엘리자베스가 가톨릭 신앙에 워낙 큰 해를 입힌 주범이기 때문에 "누구든 하나님을 섬기는 경건한 심정으로 그 여자를 세상 밖으로 내치는 사람은 죄를 범하는 것이 아닐 뿐 아니라 공로를 얻게 된다"고 주장했다.

이쯤 되자 잉글랜드 정부는 처벌 법안을 마련하기 시작했다.

1571년의 의회는 다른 사람을 로마와 화해시키거나 스스로 로마와 화해하는 행위를 반역죄로 규정했다. 이 법령은 국교회에 동조하지 않는 모든 가톨릭 사제들이 반역죄로 처형될 수 있다고 암시했다. 그 법령에 의해서 157년에 커스버트 메인(Curthbert Mayne)이 최초로 처형당했다. 1581년부터 작성된 후속 법안은 반역죄를 명시했다. 1585년에는 잉글랜드에 남아 있는 가톨릭 사제에게 대역죄가 적용되었고, 사제를 숨겨주거나 영접하는 행위가 중죄로 규정되었다. 메인과 그의 후계자들이 대역죄로 처형당했는지 아니면 신앙의 이유로 순교를 했는지 딱 잘라 말하기가 어렵다. 왜냐하면 이제는 그 두 가지 죄목이 동일하게 되었기 때문이다. 메인은 로마 교회적인 방식으로 성찬을 집례하고 장신구들을 나눠 준 혐의로 고소를 당했다.

하지만 그는 그 죄목과 아울러서, 자신이 현재 국왕에게 충성을 하고 있긴 하지만 차후로 어떤 외국 군대가 잉글랜드를 다시 교황에게 충성하게 만들려고 침공해 들어온다면 자신은 그들을 지원하겠다고 자백하지 않을 수 없었다.

1594년 더럼에서 순회 재판이 열렸을 때 오간 대화를 잠깐 소개한다.

> 지사: 그대는 지존하신 여왕 폐하께 가장 사악한 반역죄를 범했다.
> 잉그램(Ingram): 지사님, 저는 신앙 때문에 죽습니다. 지사님과 여기 배석한 모든 분들이 만약 구원을 받게 된다면 여러분 모두에게 그 구원의 근거가 될 바로 그 신앙 때문에 말입니다.
> 판사 보먼트(Beaumont): 뻔뻔스러운 사람이군…… 법은 그대가 대역죄로 인해 죽는다고 말한다…….
> 잉그램: 이 세상에 기독교의 법 가운데 미사의 문구와 제사를 반역으로 규정할 수 있는 법은 없습니다. 미사를 말하고 듣는 것이 반역죄라면 그리스도의 제자들이 거행하는 세족례도 반역죄가 될 것입니다.

국교회를 준봉하기를 거부한 잉글랜드 가톨릭 교도들은 더 이상 견딜 수 없는 궁지에 처하게 되었다. 1580년에 로마로부터 수정된 형태의 충성 서약을 허락하는 특면장(特免狀)을 받았지만 상황은 조금도 나아지지 않았다. 수정된 내용이 가톨릭 교도들의 충성 서약의 가치를 훼손하는 듯한 인상을 주었기 때문이다.

그러는 동안 박해를 피해 대륙으로 간 망명자들은 자체 조직을 결성했다. 로마와 해외에서 지원이 없을 경우 잉글랜드의 가톨릭 교회가 소멸될 것이 틀림없었다. 그러한 지원이 없으므로 사제들과 신학과 성사들을 공급할 수 없게 되었기 때문이다. 1568년에 앨런은 프랑스에 신설된 두에 대학교에 잉글랜드인 대학을 설립하고, 1576년에는 로마에 잉글랜드인 대학을 설립했다. 두에 대학은 1603년 이전에 잉글랜드 선교를 위해 438명의 사제들을 파견했다. 1603년 이전에 리스본과 마드리드와 세빌랴와 발라돌리드에도 잉글랜드인 대학들이 있었다. 앨런은 비록 위험한 방법이긴 하지만 국교회에 반대한 신실한 가톨릭 교도들이 국교회로 넘어가는 것을 막고 그들을 장려하기 위한 효과적인 방법을 고안했다. 그가 훈련한 열정적이고 용감한 사람들에 힘입어 잉글랜드의 로마 가톨릭 교회는 계속 존속할 수 있었다.

1577-1603년에 123명의 사제가 처형되었고, 60명 가량의 남녀가 사제들을 숨겨주거나 지원한 죄로 처형되었다. 예수회의 에드먼드 캄피온(Edmund Campion) 같은 우수한 사제들은 사목(司牧)에 대한 순수한 열정에 불타고 순교를 각오한 사람들이었다. 반면에 예수회의 로버트 파슨스(Robert Parsons) 같은 좀 열등한 사람들은 정치적 술수나 꾀하는 파렴치한 사람들이었다.

이런 각박한 현실 앞에서 잉글랜드의 로마 가톨릭 교도들이 분열을 겪게 되었다는 것은 불가피한 일이었다. 선량한 가톨릭 교도로 지내면서도 엘리자베스 여왕에게 충성을 할 수 있다고 믿은 사람들이 있었는가 하면, 그것이 불가능하다고 믿은 사람들도 있었다. 이러한 견해 차이가 잉글랜드 가톨릭 진영을 두 파벌로 갈라놓기 시작했다. 한 쪽 파벌은 예수회가 보다 엄격한 견해를 고수하기 때문에 예수회가 재속 사제들을 지배하기를 바랐고, 다른 쪽 파벌은 역시 같은 이유에서 예수회의 지배에 반대했다. 로마와 랭스에 있는 잉글랜드인 대학들 ― 네덜란드 전쟁 때문에 두에에 있던 잉글랜드인 대학이 15년 동안 랭스로 이전할 수밖에 없었다 ― 과 많은 가톨릭 교도들이 감금되어 있던 위즈벡 성에서는 그러한 차이가 서로를 분리주의자와 이단으로 손가락질하는 비판으로 이어졌다. 이런 상황이 재속 사제들로 하여금 주교를 요구하게끔 만들었다. 주교가 있으면 예수회의 권위가 꺾이거나 극소화할 것이라고 생각했던 것이다.

용감한 혹은 양심의 가책을 받지 않는 사람들의 노력을 가지고는 소수의 충성을 붙들어 두는 정도밖에 할 수 없었다. 1603년에 제임스 1세가 즉

위하면서 가톨릭 교도들이 돌아왔을 때 잉글랜드에는 국교회에 반대한 가톨릭 교도의 수가 8,570명이었던 것으로 드러났다. 가장 높은 숫자를 기록한 곳은 체셔와 랭커셔였는데, 체스 교구에는 거의 2,500명이 있었다. 국교회에 반대한 가톨릭 교도의 실제 규모를 추산한 다른 기록들은 이보다 훨씬 많은 숫자를 지목한다. 잉글랜드에서는 360명의 사제들이 여전히 비밀리에 활동하고 있었을 가능성이 있고, 아마 100,000명 이상의 가톨릭 교도들이 일시적으로 국교회를 지지하여 벌금형을 피한 듯하다.

북부에서는 향사(鄕士, 요우먼)들과 자영농들, 그리고 심지어 도회지 사람들까지도 국교회에 반대한 가톨릭 교도였을 가능성이 있다. 단순한 사람들은 변화를 싫어했기 때문에 교회에 가기를 거부했을 것이다. 요크의 재단사의 아내인 포터 부인은 교회에 출석하지 않은 이유로 소환을 당했을 때 "교회가 도무지 조상 때와 같지 않으니 교회에 가지 않아도 양심의 가책이 생기지 않는다"고 대답했다. 하지만 북부와 아일랜드를 제외한 다른 곳에서 로마에 대한 충성이 계속될 수 있었던 비결은 조상 대대로 가톨릭 신앙을 이어온 시골 대지주 가문들이 건재한 데 있었다. 시골 사람들은 성사(聖事)를 받지 않으면 로마 가톨릭 교도로 남을 수 없었다. 그런데 사제들이 없으면 성사를 받을 수 없었고, 따라서 사제들은 큰 가문들에서만 은신처와 보호를 얻을 수 있었다.

요즘 영국의 농촌 가옥들에서 발견할 수 있는 '사제의 굴'은 전설이나 신앙심으로 지나치게 부풀려졌다. 이런 교묘하게 지은 은신처들은 북부 지방보다는 남부 지방에서 더 자주 발견된다. 가장 효과적인 은신처는 아무리 노련한 검찰관도 찾아낼 수 없도록 불필요한 공간을 없애는 식으로 가옥 안에 지어졌다. 1606년에 검찰은 힌들립 홀에 사제들이 은신해 있다는 거의 확실한 정보를 확보했다. 그 정보는 사실이었다. 실제로 네 명의 사제가 그 집에 은신해 있었다. 하지만 건물을 거의 분해해 가면서까지 그들을 색출하려고 해보았으나 허사였다. 그 사제들은 여러 날 뒤에야 비로소 발견되었는데, 그것도 그들이 굶주림을 도무지 참을 수 없어서 제발로 기어 나왔기 때문에 가능한 일이었다.

이런 불편한 은신처들은 엘리자베스와 스튜어트가 시대에 국교회에 반대한 가톨릭 교도들이 충직한 시골 대지주들 덕분에 생존할 수 있었던 상황을 낭만적으로 보여 준다. 농촌 가문과 사제와의 이런 관계는 영국의 로마 가톨릭 교회에 지우기 힘든 각인을 새겨 놓았다. 이 각인은 1829년 가톨릭 자유령이 선포될 때까지 지워지지 않고 남아 있었고, 1829년 이후의 방대한 변화들로도 완전히 지워지지 않았다.

1605년에 왕과 하원이 회의를 갖는 하원 의사당을 폭파하려는 음모가 사전에 발각되었는데, 음모 가담자들이 대부분 가톨릭 교도들이었다. 예수회 수도원장 가니트(Garnet) 신부가 고해성사를 받는 중에 그 음모에 대한 정보를 입수했고, 그 외에도 그런 유의 음모가 진행중이라는 막연한 정보를 입수했다. 잉글랜드의 로마 가톨릭 교도들은 만약 그 정보를 사전에 알았다면 거의 모두가 반대했을 것이다. 그러나 스미스필드의 화재 사건과 스페인 무적함대의 침공에 이어 가이 포크스(Guy Fawkes)가 잉글랜드인들에게 로마 가톨릭 교도들의 불충을 입증하는 세번째 상징이 되었다. 국왕은 그 사건을 잊지 않기 위하여 매년 11월 5일에 기념 예배를 드리도록 명령했고, 이 기념 예배 때의 설교는 자비가 아닌 웅변으로 울려 퍼졌다.[2]

화약 음모 사건에도 불구하고, 전염병처럼 번진 사제들의 처형에도 불구하고, 한층 강화된 형법에도 불구하고, 국교회를 기피한 잉글랜드 가톨릭 교도들은 스튜어트 왕조가 가톨릭에 대해서 보다 관용적이고 우호적인 정책을 시행할 것을 기대할 만한 이유가 있었다. 제임스 1세 때 스페인 왕가와 결혼 협상을 벌인 결과 찰스 1세를 로마 가톨릭 여왕인 헨리에타 마리아(Henrietta Maria)와 결혼시켰는데, 헨리에타는 영국으로 건너올 때 주교 1명과 사제 27명을 대동하고 오도록 허락 받았다. 비록 이들 중 대다수는 훗날 해고되었지만 말이다. 1623년에 마침내 주교 한 명이 잉글랜드의 로

---

2) 이 연례 예배는 1858년까지 계속되었다. 17세기 중반부터는 그 날에 런던의 도제들이 모여 격렬한 놀이와 불꽃놀이를 하는 관습이 생겼다. 요크의 주교 (훗날의 왕 제임스 2세)가 하원의 반발을 무릅쓰고 모데나의 메리와 결혼한 1673년경부터는 그 날에 교황 화형식을 거행하는 경우가 가끔 있었다. 18세기 말에는 초상화의 주인공이 가이 포크스로 바뀌기 시작했다.

마 가톨릭 교도들을 위해서 첼시던의 주교로 축성되었다. 비록 그의 후임
자는 1631년에 영국에서 강제 출국을 당했지만 말이다. 대신들 가운데 한
사람은 로마 가톨릭으로 개종하면서 사직을 한 뒤 볼티모어 경으로 격상
되었고, 훗날 아메리카 식민주인 메릴랜드 주 설립자가 되었다.

찰스 1세 때는 교황청 사람들이 왕궁에 출입했고, 여왕의 기념 예배당들
에 모인 많은 회중이나 외국 대사들 앞에서 미사가 집례되었다. 심지어 글
로스터의 국교회 주교 고드프리 구드맨 박사(Dr. Godfrey Goodman)는 임종
하면서 로마 교회로 전향했다. 국교회를 기피한 가톨릭 귀족들은 1678년까
지 상원 의원이 될 자격을 잃지 않았다. 찰스 2세는 크롬웰의 자유공화국
때 망명 생활을 하는 동안 로마 가톨릭을 공감하는 정서를 갖게 되었는데,
그런 정서가 그의 국정 운영이나 윤리 생활에는 어지간해서는 나타나지
않았지만 임종 때는 나타났다.

로마에 대한 의심이 거의 잉글랜드의 특성 가운데 일부가 되었고, 애국
심의 일부가 되었고, 잉글랜드인 기질의 일부가 되었으며, 스튜어트가 왕들
을 자멸하게 만든 바위가 되었다.

반동 종교개혁의 경건

교리뿐 아니라 경건 생활에서도, 프로테스탄트 교도들은 가톨릭 교도들
을 그들이 비판하거나 무너뜨린 관행들을 한층 더 높게 평가하도록 몰고
갔다는 주장이 제기되어왔다. 스페인 사람들이나 이탈리아 사람들은 성인
들의 뼈와 재를 짓밟는 신성모독적인 발자국 소리를 들었고, 북부의 사악
한 무리들이 성모상에 돌을 던지는 소리를 들었으며, 수세기 동안 교회에
그토록 큰 위로를 안겨준 성모에게 분노와 욕설을 토해내는 소리를 들었
다.

로마의 산타 마리아 마조레 성당에 있는 여왕의 기풍을 지닌 섬세한 성
모의 초상은 ― 가톨릭 신자들의 신념에 따르면 ― 성 누가가 실제 인물을
보고 그린 것인데, 복원을 하기 위해서, 그리고 북쪽 사람들이 벗겨내고 있

는 미와 시성을 회복시키고, 이전보다 훨씬 열렬하게 조상(彫像)들과 성물들을 고이 간직하고, 피흘리는 성유물의 이야기나 동상의 눈(누가는 이것을 보다 화려한 보석들로 장식했다)에서 흐르는 눈물 이야기를 이전보다 열심히 듣도록 하기 위해서 중심부(로마)로 옮겨졌다.

그러나 이곳 로마가 프로테스탄트 교도들이 부인했다는 이유로 그들이 부인한 것을 가치 있게 여겼다는 신념은 증거로 입증되지 않는다. 15세기의 경건 생활을 연구하는 학자들은 경건 생활의 많은 형식들이 반동 종교개혁과 자주 연관되어 있는 것을 본다. 유럽의 스페인 종교 문화의 성장으로 고무된 트렌트 시대의 새로운 경건, 새로운 열정이 이러한 옛 형식들을 취하여 확장했다.

반동 종교개혁이 미사와 성무일과서를 다듬긴 했지만, 그 경건의 힘은 전례적이기보다 개인적이었다. 평신도들은 성사를 보다 자주 받도록, 따라서 고해소에 보다 자주 가도록 권장을 받았지만, 미사 때 그들이 드린 기도는 전례 형식에서 따온 것이 아니라 전례 형식과 나란히 동반된 것이었다. 예수회 수사들이 로자리오(묵주)를 손에 들고서 혹은 허리띠에 차고서 거리를 활보할 때, 그들을 적대시한 사람들은 그것을 공격적인 행위로 보았다. 당시는 큰 돈을 들여 무덤과 제단을 장식하고, 화려한 램프와 희귀한 촛대를 갖추는 등 교회당을 화려하게 장식하던 시대였다. 피정(避靜)이 주로 이그나티우스의 「영성 수련」을 실천하려는 의욕에 힘입어 서서히 관습으로 굳어져 갔고, 훗날 17세기 프랑스 작가들에 의해 크게 권장되었다. 교육받은 평신도들은 경건 생활의 목적을 위해 라틴어 번역 성경 불가타를 사용하도록 권장 받았다. 성모에 대한 기도는 비록 대부분의 다른 기도문과 마찬가지로 16세기 후반에 확대되었지만, 눈에 띄게 새로운 형식은 얻지 못했다.

삼종(三鐘)기도(Angelus. 마리아가 수태고지를 받은 것을 기념하는 기도)는 17세기에 가서야 비로소 널리 확산되었다. 스페인 예수회 수사 수아레츠(Suarez) 같은 일부 신학자들은 마리아관을 인간 구속에 협력하게 하는 방식으로 발전시켰다(신학자들은 대개 그런 사색들이 민간 신앙의 경향을 수반하거나 입증하거나 자제하기 전에는 그런 사색들을 삼가는 것이 보통이다).

영성체 의식에도 확장된 점들이 있었다. 과거에는 성체를 교회당에 아무렇게나 보관하고, 심지어 이탈리아에서도 성구보관실의 식기함에 넣어 보관하는 경우도 있었지만, 이제는 성체를 보관하는 방식이 보다 통일되어 정교하게 제작된 성체함을 교회의 대 제단에 설치하게 되었다. 숭배를 위해 성체를 진열하고 그것을 사람들이 축복을 받는 현대적 형태의 강복(Benediction)은 이 시기에 모양을 갖추었다. 빈번한 영성체와 성모에 대한 강렬한 신앙은 종종 그리스도의 인성과 인간애에 대한 묵상을 수반한다.

아빌라의 테레사(Teresa)와 프랑수아 드 살레(Francis de Sales)는 요셉 숭배를 대중화했다. 초기의 반동 종교개혁은 지나치게 엄격하였기 때문에 사치스런 용어 사용을 자제케 했지만, 그 발전 과정에서 감정적 열정을 두려워하지 않게 되었다. 오라토리오회를 프랑스에 도입한 피에르 드 베륄(Pierre de Bérulle, 1629년 죽음)은 1623년에 제목부터가 한 세기 전의 가톨릭 신앙과 구분되는 「예수의 위대함」(Les Grandeurs de Jésus)을 펴냄으로써 예수의 인성에 관한 남다른 열정을 보여주었다. 그를 계승하여 프랑스 오라토리오회 수도원장이 된 샤를 드 콩드랑(Charles de Condren, 1641년 죽음)도 인간 예수에 대한 애정 어린 표현에 성찬식 때 사용하는 강렬한 임재 기원의 표현을 결합하여 비슷한 면모를 보여주었다.

베륄의 제자 뱅상 드 폴(Vincent de Paul, 1581-1660. 1737년에 시성)은 빈민 구제 사역에 헌신했다. 그리고 그가 설립한 남성을 위한 나사로회와 여성을 위한 자선 자매회(뱅상 수녀회)는 가톨릭 종교개혁의 사회 사업의 이상을 가장 훌륭하게 반영하였다. 자선 수녀회는 오늘날 가장 규모가 큰 수녀회가 되었다.

거룩함과 관련된 신체적 '기적'이 중세와 마찬가지로 여전히 중시되었다. 부패하지 않고 남아 있거나 향기를 내는 시신, 몸이 공중에 떠오른 채 남아 있는 수녀, 지상에서 볼 수 없는 빛을 발하는 얼굴, 팔과 발에 십자가에 못박힌 흔적이 나타나는 성흔(무적함대의 출항을 앞두고 스페인 해군 제독에게 자문을 의뢰 받은 리스본의 방문수녀회의 수녀 마리아에게 나타난 것 같은)[3], 수녀의 손가락에 생긴 살의 반지, 영적 사랑의 불꽃을 물질을 태울 정도로 뜨겁게 달아오르게 한 마음, 여러 해 동안 아무것도 먹지 않고 산 수녀, 이러한 신체적이고 심리적인 현상들이 민중에게는 무비판적으로 교회 당국자들에게는 신중하게 가치있게 평가를 받았다.[3]

프로테스탄트 교회들에서는 민중들 사이에서 인기가 있던 이런 중세적 요소가 대단히 신속히 제거되었다는 것이 프로테스탄트 교회들과 반동 종교개혁 사이의 가장 기묘한 차이들 중 하나이다. 영국 왕은 여전히 연주창(連珠瘡)을 고치기 위해 다른 사람에게 손을 댔고, 프로테스탄트 의료 시술자들은 재료 마술에서 해방되지 못했고, 프로테스탄트 천문학자들은 여전히 점성술사들이었고, 그들의 약제사들은 여전히 연금술사들이었으며, 프로테스탄트 마녀 사냥가들은 열정에 타올랐다. 하지만 신비주의적 입신에 따르는 증상들은 그것들을 잊은 수녀원들과 함께 사라졌고, 로마교적인 것이라고 의심을 받았으며, 사라졌어도 아쉬움을 남기지 않았다.

신비주의를 넓은 의미에서 정의하자면 정신 혹은 영혼의 기능을 사용하여 신을 직접적으로 이해하는 것이라고 할 수 있을 것이다. 프로테스탄트 교도들은 마치 자연에 대한 지식이나 성경 지식과 상관 없이도 신을 발견할 수 있다는 식의 그런 유의 주장을 모두 의심했다. 많은 가톨릭 지도자들, 특히 예수회 지도자들도 비슷한 근거로 무분별한 신비주의적 주장을 의심했다. 그런 이유에서 초기의 스페인 신비주의자들은 종종 종교재판소와 갈등을 겪었다.

아빌라의 테레사(1515-82)는 귀족 가문 출신으로서 열여섯살에 수녀가 되었고, 스무살에 카르멜 수녀회에 들어갔다. 카르멜 수녀회는 '개혁의 무풍지대로 남아 있던' 수녀회가 아니었다. 하지만 테레사는 보다 높은 표준

---

3) 훗날 그 수녀의 성흔이 조작되었다는 주장이 돌았다. 하지만 그 주장은 의심스럽다. 왜냐하면 스페인 정부는 그 수녀가 포르투갈의 독립을 지지한다는 것을 알고서는 그녀에 대한 불신을 조장하고 싶어했기 때문이다.

을 요구했고, (1562년부터) 반대를 무릅쓰며 열일곱 개의 수녀원을 설립했다. 1561-2년에 테레사는 자신의 도미니쿠스회 소속 고해신부의 명령을 받아 자서전을 썼는데, 그것은 신경 쇠약과 병과 환상 체험과 종교적 환상들에 관한 이야기였으며, 하나님과 합일을 구하는 기도를 통한 영혼의 장성을 모색하는 심오한 사상과 뒤얽혀 있었다. 아울러 단순하면서도 성숙한 정신, 정돈되지 않고 구두점을 거의 쓰지 않은 채 드러낸 장엄함이 기독교 역사에서 비슷한 예를 찾아보기 힘든 잡문이자, 테레사 자신에게 큰 영향을 준 성 아우구스티누스의 「고백록」의 여성적이고도 억제되지 않은 번안이었다. 비중 있는 기독교 저자들치고 테레사처럼 자유분방하게 글을 쓴 사람은 없었다. 그 자서전을 읽어보면 테레사의 친구들에게 듣지 않더라도 테레사가 이것저것 재지 않고 거침없이 글을 썼다는 것을 알 수 있다.

종교재판소는 테레사의 원고를 압수했고, 테레사는 왕 필립 2세의 도움을 받아 원고를 간신히 되찾았다. 「완전의 길」(*The Way of Perfection*, 1565)과 「내면의 성」(*The Interior Castle*, 1577)에서도 같은 내용을 다루었는데, 「내면의 성」은 종교재판관들에게 압류 당한 자서전을 대신하려고 쓴 책이다. 성은 영혼이고, 성주는 내주하시는 하나님이다. 그리고 기도 생활은 성의 외곽에서 성의 방들을 지나 중앙의 빛으로 나아가는 운동이다. 수녀원의 이러한 경건 생활 속에서 테레사는 자신이 사업 수완이 있는 유능한 여성이자, 수녀회를 조직하고 그것을 강력한 외부의 공격에서 보호하는 실질적인 일을 하는 여성임을 드러내고 있었다. 테레사는 1622년에 시성되었다.

1567년에 테레사는 처음으로 살라망카에서 온 젊은 학생을 만났다. 그는 십자가의 성 요한으로도 알려진 후안 드 예페스(Juan de Yepes, 1542-91)였다. 그는 테레사의 지도를 받아 1568년에 아빌라에서 멀지 않은 두루엘로라는 곳에 맨발의 카르멜회(Discalced Carmelites)의 첫 수도원을 설립했다. 그 뒤 1577-8년의 여러 달을 감옥에 갇혀 지내다가 자기 수도원 부수도원장에게 박해를 당해 죽었으며, 1726년에야 비로소 시성되었다. 그의 저서들은 1618년에 알칼라에서 여러 곳이 잘리고 수정된 형태로 최초로 출판되었다. 하지만 1912-14년이 되면서 비로소 권위 있는 본문이 제대로 알려졌으며, 그는 1926년에 '교회 박사'로 공포되었다.

서정적 순결성을 지닌 스페인 시인이었던 그는 신비주의적 이상을 주석이 달린 연속 송시(頌詩)들인 「카르멜 산 오르기」(*The Ascent of Mount Carmel*), 「영혼의 어두운 밤」(*The Dark Night of the Soul*), 「영혼의 노래」(*The Song of the Spirit*), 「살아있는 사랑의 불꽃」(*The Living Flame of Love*)에 쏟아 부었다. 조용하고 내면적이고, 자기 글을 출판하지 않고, 직업 종교인이 되기보다 평신도가 되기에 힘쓰고, 마음을 위한 서정시를 쓰고, 감정에 영합하지 않고 마음을 보다 순결한 영역으로 끌어올리려고 힘썼던 십자가의 요한에 힘입어, 기독교 세계의 신비주의 전승은 사람들에게 좀처럼 정복되지 않는 정상 중 하나에 발을 디뎠다.

프로테스탄트권에서 칼빈주의자들을 비판한 사람들 사이에서 이미 관찰했고, 일부 예수회 신학자들에게서도 두드러졌던 아우구스티누스주의에 대한 신학적이고도 경건적인 반발은 또 다른 프랑스 저자 프랑수아 드 살레(Francis de Sales, 1567-1622)에게서 가장 매력적인 글로 표현되어 나왔다. 1602-22년에 제네바의 주교를 지낸(하지만 그가 상주한 곳은 제네바가 아닌 안시였다) 그는 1665년에 시성되었다. 그는 1609년에 「경건 생활 서론」(*Introduction to the Devout Life*)을 펴냈고, 1616년에 「하나님 사랑에 관한 논문」(*Treatise on the Love of God*)을 펴냈다.

「경건 생활 서론」은 가톨릭 경건에 새로운 장을 열었다. 예수회가 세상에 들어온 중세의 수도회였듯이, 「경건 생활 서론」은 수도원 봉쇄구역에서 나와 일반 신도의 삶을 영위해 가는 수도원의 경건이다. 그 내용을 간단히 소개하자면, 완전은 특별한 종교인들에게만 가능한 게 아니라 모든 사람에게 가능하다. 아무리 바쁜 사람일지라도 금욕적 희생이나 명상 기도를 수사와 수녀에게 맡겨서는 안 되고, 도시와 법정과 가정 생활에서 자신의 방식으로 실천할 수 있다. 말없이 마음으로 드리는 명상 기도는 모든 사람이 드릴 수 있는 기도이다. 이처럼 프랑수아 드 살레는 당시의 예수회 수사들처럼 경건 생활을 쉽게 혹은 적어도 누구나 예상하는 것보다 훨씬 쉽게 묘사했다.

　루터파나 얀센파나 아우구스티누스주의자들과는 달리, 그는 인간의 의지력에 관해서 대단히 낙관적인 견해를 주장했다. 인간의 의지가 하나님의 아름다움과 인자하심에 이끌려 전진하고 상승하면서 그 자유로운 행동으로 하나님을 향해서 올라간다고 보았다. 몰리나(Molina)와 일부 예수회 수사들이 신학으로 표현했던 것 — 이신칭의 교리와 정반대되는 — 을 프랑수아 드 살레는 경건으로 표현했다. 엄격한 분위기를 유지하면서도 자애로운 정신을 면면히 나타냈다는 점에서, 경건 저서들치고 그렇게 뛰어난 흡인력이나 심리학적 기교를 전달한 책은 드물었다. 그는 궁정인이나 행정관이 수녀처럼 기도를 하거나 스스로를 자제할 수 없다는 것을 잘 알았다. 하지만 매일 겪는 평범한 일에서 스스로를 제어할 기회를 얼마든지 얻을 수 있다고 역설했다. 그는 매주 영성체를 받을 것을 권장했다. 가톨릭 저자들 중에서 처음으로 영적 지도를 수도원 봉쇄 구역 밖으로 끄집어내고 모든 평신도들에게 스승이 될 만한 사람의 지도를 받으라고 권고했다.

라틴어 사용

　1660년에 유럽 학계의 언어는 여전히 라틴어였다. 하지만 일상 생활과 관계되는 분야에서는 라틴어가 더 이상 쓰이지 않았다. 자국어들이 산문이든 시든 문학 언어가 되었던 것처럼, 로마 가톨릭 교회와 동방 정교회 이외의 모든 교회들에서 자국어들이 예배 언어가 된지 오래였다. 학계에서조차 우수한 글들 중 상당수가 민중의 언어로 기록되었다.

　이렇게 자국어들이 크게 존중되면서 라틴어는 전례 언어로 따로 구분되었다. 17세기까지는 라틴어가 어떤 면에서는 여전히 살아 있는 언어였다. 세속 법률가들과 학자들 같은 어른들의 세속 사회의 한켠에서 여전히 살아남아 있었다. 하지만 대체로는 교회와 강의실 안으로 움츠러들어, 더 이상 생활과 거래의 매체가 되지 못하고, 어린이들이 따로 배워야 할, 그리고 자기 문화와 과거를 이해하고 싶은 교육받은 사람들에게 필요한 사어(死

語)가 되었고, 이제는 주로 의식과 전례 언어로 남게 되었다. 1500년에는 라틴어가 '사어'가 아니었다. 에라스무스가 이 언어를 사용하여 당대 최고의 산문을 썼기 때문이다. 하지만 1660년에는 더 이상 라틴어를 가지고 살아있는 글을 쓰기란 불가능했다. 그러므로 가톨릭 전례 언어는 종교개혁 초기보다 말기에는 좀더 소원해졌고, 한층 성직자들에게 국한되었는데, 그것은 종교개혁의 결과이기도 했다.

러시아 교회에서 과거의 슬라브어 전례가 비록 일상 생활에는 쓰이지 않고 미사 때나 쓰이는 언어로 되어 있음에도 불구하고 신성시되었듯이, 교회의 라틴어도 계속해서 살아남긴 했으나 그 영역은 제단과 신학교로 국한되었다. 라틴어는 종교개혁 전에는 가져본 적이 없는 성직자들의 언어라는 지위를 갖게 되었다. 1500년에는 누구나 전례가 라틴어로 기록되어야 한다고 생각했을 것이다. 전례란 최고의 산문으로 기록되어야 하는데, 당시에는 라틴어가 최고의 언어였기 때문이다. 하지만 1650년에 반동 종교개혁권의 라틴어 옹호자라면 라틴어가 전례에 쓰이는 신성한 언어라고 주장했을 가능성이 크다.

가톨릭권의 학문

반동 종교개혁 시대의 가톨릭권의 학문은 출판 통제로 상당한 지장을 받았다. 1633년에 갈릴레오가 유죄 판결을 받은 사건은 꼼꼼한 보수주의자들이 과감하고 독창적인 사상가들에게 언도한 오랜 기간의 유죄 판결들 가운데 가장 악명 높은 사건일 뿐이다. 하지만 학문은 도처에서 검열 때문에 큰 지장을 받았다. 프로테스탄트 검열관들이 단죄한 책들이 가톨릭 검열관들에게 단죄 받은 책들만큼이나 무수히 많았다. 정통 신앙 옹호자들은 일단 원본을 갈가리 찢더라도 출판된 책은 그들의 서툰 가위질을 피하게 마련이라는 사실을 더디게 깨달았다. 갈릴레오를 단죄했던 우르바누스 8세(Urban VIII)와 그의 고문들은 (조르조 데 산티야나〈Giorgio de Santillana〉에 따르면) 과학 시대를 처음으로 맞이하여 당황하던 사람들치고는 그다지 큰 박해자들이 아니었다.

탄압 기관은 때때로 그 폭력성보다는 그 서툰 방식 때문에 더 큰 괴로움을 안겨준다. 프로테스탄트 국가들에서 서적을 매매하고 싶었던 상인들은 필요한 서류를 얻으려면 지겹도록 오래 기다려야 했다. 검열관들의 책상에는 면허를 기다리는 책들이 잔뜩 쌓여 있었으며, 16세기 후반에 이탈리아 저자들을 대상으로 치러진 재판은 그것이 참기 힘든 것이 아니었다고 한다면 아마 실소를 자아내는 것이었을 것이다. 규율들은 제대로 강요하기가 어려웠다. 이단을 칭찬하는 언급이 없어야 했고, 불가타 성경을 인용해서는 안 되었다.

이에 비해 검열관들은 때로 지식인들의 책을 조사할 만한 실력을 갖추지 못한 사람들이었기 때문에 무능하고 소신 없는 사람들이 자주 의존하는 '지연'이라는 방식에 의존하기가 십상이었다. 가장 악명 높았던 지연 사례는 교육 목적상 시급하되 검열관의 입장에서도 큰 책임이 따랐던 학교들과 대학교들의 교과서들에 대한 검열을 지연시킨 사례들이었다.

16세기 로마에서 쓰인 편집의 표준은 17세기 프랑스의 표준과 달랐다. 성 암브로시우스의 편집본은 장래의 교황 식스투스 5세에 의해 마련되었다. 이 편집본은 불가타 본문에서 인용한 모든 성경 구절들을 수정하고, 본문을 변경하고, 어순을 바꾸고, 문단 순서를 바꾸고, 그 성인이 이유 없이 누락시킨 의식의 세부 내용들을 첨가하고, 모호한 내용을 분명하게 다듬고, 괴상한 내용은 삭제했다. 만약 교회의 나머지 문헌들에 대해 이런 관료적인 편집 방식이 확대 적용된다면 가톨릭 학문은 파괴되고 말 것이었다.

반동 종교개혁의 개혁적 검열에서 가장 괴상했던 것은 윤리에 대한 태도였다. 성직자들을 비판하거나 이단의 냄새가 나는 책들이 무자비하게 탄압을 받았다. 보카치오의 「데카메론」은 16세기 내내 여러 번에 걸쳐 삭제판을 내야 했다. 당국자들은 처음에는 이 책을 다른 외설물들과 함께 금서 목록에 올려놓았지만, 곧 비슷한 수준의 외설을 다룬 책들이 자유롭게 출판되도록 허용했으며, 그 결과 「데카메론」은 이탈리아 문학의 고전이 되었다. 자국어 시가 왕성하게 발표된 나라에서 이 책은 몇 안 되는 자국어 산문의 걸작이었다.

피렌체의 코시모 데 메디치(Cosimo de Medici)는 교황 피우스 5세에게 교황청에서 그 책의 삭제판을 출판해 달라고 요청했다. 이 삭제판은 1573 년에 출판되었는데, 서문에는 교황 그레고리우스 13세의 자의 교서(motu proprio)와, 종교재판소 최고 법원의 인가, 피렌체 대 종교재판관의 인가, 그리고 프랑스와 스페인의 왕들, 토스카나와 페라라의 공작들, 그리고 그 밖의 나라들의 수장들이 내준 허가의 문구가 실려 있었다. 이것은 예외적인 개정판이었다. 이단의 냄새가 짙은 단락들, 예를 들어 선행의 효용성에 의문을 제기하는 문장들은 삭제되었고, 수사들이나 사제들을 조롱하거나 행악자들로 묘사하는 단락들도 삭제되었다. 그런 문맥에서 성직자가 등장하면 검열관들은 성직자라는 단어를 평신도로 바꾸었다. 그들은 책에서 외설적인 내용은 남겨두면서도 사제들의 명예는 보호했다.

탄압의 효과를 과장해서는 안 된다. 라티니(Latini)는 키프리아누스 역본에 자기의 이름을 넣기를 거부했는데, 왜냐하면 자신이 받아들일 수 없는 내용 수정을 검열관들이 강요했기 때문이었다. 루이 드 레옹(Luis de León)은 살라망카 대학교에서 강의하면서 불가타 판본에 많은 오역이 들어 있다고 주장했다가 신앙과 도덕에는 무흠했는데도 불구하고 5년간 감옥살이를 했다. 그는 석방되고 나서 "본인이 지난 번에 말한 대로……"라는 말로 강의를 시작했다. 그의 조상(彫像) 좌대에 새겨진 그 문구는 위협받던 학자들의 무언의 지적 정직성을 담은 가장 훌륭한 표현이다. 가톨릭 학자들은 고통에 시달리면서도 학자들로 남았다.

그레고리우스 13세(1572-85년의 교황)는 르네상스 시대의 학문 후원 관행을 부활시켰다. 당대 최고의 해석학자 후안 말도나도(Juan Maldonado)를 반계몽적 반대파에게서 보호해 주었고, 그를 로마로 불러다가 칠십인역 개정 작업을 맡겼다. 1578년에 로마 시에서 3km 가량 떨어진 채석장에서 일하던 인부들이 작은 구멍을 발견한 것을 계기로 거대한 로마의 카타콤이 재발견되었는데, 교회 밑의 묘실들을 제외한 카타콤의 대부분 구역이 잡석들로 채워진 채 그 동안 잊혀져 있었다. 그 뒤 50년에 걸친 고고학자들의 작업으로 지하 내실들이 발굴되었고, 비명(碑銘)들이 수집되었다.

1584년에 교황은 동양 문학 출판을 위해 인쇄소를 세웠는데, 이 인쇄소는 복음서들의 아랍어 역본들을 펴냄으로써 활동을 시작했다. 교황은 바티칸 도서관의 소장 도서들을 철저히 관리하도록 했다. 1580년에는 교회법을 새로 편찬하게 했다. 그가 달력을 개정했을 때 로마 법원은 이성과 천문학의 상징적 승리를 드러내 보였다. 그레고리우스 13세는 달력 개혁 문제를 놓고 대학교들에 자문을 구했고, 소르본 대학교 교수들은 달력을 개혁하면 과거의 교회가 부활절 날짜 계산에 오류를 범한 것을 시인하게 되는 셈이고, 그렇게 되면 교회 권위의 기반이 허약하게 될 것이라고 답변했다.

1582년에 교황은 과거의 달력을 폐지하고 10월 5일을 10월 15일로 개정했다. 이 조치를 가톨릭 국가들은 즉각 받아들여 과학적인 정확을 기한 반면에, 프로테스탄트 국가들은 여전히 옛 달력을 사용했다.[4] 프로테스탄트 국가들은 교황의 명령에 따라 달력을 변경할 의사가 없었고, 로마의 수학자들이 혹시 오류를 범하지 않았는지 발견하려고 했다. 교황이 없앤 그 열흘 동안 독일 전역에는 거센 폭풍이 불었다고 한다. 프로테스탄트권 스위스는 그 달력을 1700-1년에 받아들였고, 영국은 훨씬 뒤인 1752년에야 비로소 받아들였으며, 스웨덴은 1753년에 받아들였다. 동방 정교회권에서는 불가리아인들이 1914-18년의 제1차 세계대전 동안 맨 먼저 받아들였다.

한 가지 연구 영역에서 종교개혁 시대의 논쟁가들이 학문적 진보를 위한 기반을 닦았다. 그것은 역사 연구였다. 가톨릭 학자들로서는 역사 연구라는 기반에 서지 않고서는 프로테스탄트 학자들과 논쟁을 벌일 수가 없었다. 그것밖에는 공통된 기반이 없었던 것이다. 종교개혁은 성경에 호소했고, 반동 종교개혁은 무오한 교회가 이해한 성경에 호소했다. 그러므로 공동의 논쟁 기반은 교회사에 놓여 있었다. 즉, 교회사가 무오한 교회 사상을 뒷받침하는가, 프로테스탄트 교회들의 관행이나 트렌트 공의회의 결정들이

---

4) 독일은 종교가 분열되어 있었기 때문에 그 뒤로 두 개의 달력 체계가 병존했고, 날짜 선정 문제로 제국 의회와 제국 법정에서 혼란을 겪었다.

과거 기독교 시대의 역사에서 뒷받침을 받을 수 있는가의 여부에 놓여 있었다. 각 진영은 자체의 해석을 뒷받침하기 위해서 역사에 호소했고, 때문에 눈부신 진보가 가능했던 학문이 바로 역사였다.

1559-1574년에 루터교의 플라키우스 일리리쿠스(Flacius Illyricus)와 그의 동료 학자들은 마그데부르크판 「세기들」(Century)을 발행했는데, 이 책은 신약성경 시대부터 중세에 이르기까지 교회가 서서히 타락했던 과정을 치밀하게 추적한, 교회사에 대한 최초의 진지하고 학문적인 개관이었다. 학자들은 플라키우스에게 답변을 해야 했고, 그 답변은 오로지 더 나은 학문성에 의해서만 이루어질 수 있었다.

1568년에 오라토리오회 설립자 필립 네리(Philip Neri)는 오라토리오회 수사 카이사르 바로니우스(Caesar Baronius)에게 플라키우스와 「세기들」의 편찬자들을 논박하라는 과제를 부여했다. 바로니우스는 1588년부터 자신이 죽음을 맞이한 해인 1607년까지 모두 열두 권으로 「연대기」(Annals)를 발행했다. 「연대기」는 「세기들」에 못지 않게 편향되었고, 비록 서로 다른 부분에서 부정확한 점을 보이긴 했지만 아무튼 마찬가지로 부정확했다. 그러나 「연대기」는 후대의 학자들에게 없어서는 안 될 자료였다. 왜냐하면 플라키우스와는 달리 바로니우스는 1597년부터 바티칸 도서관에 몸담아 일한 덕분에 그 도서관의 고서들과 사본들을 활용할 수 있었기 때문이다. 「연대기」는 아직 위조임이 밝혀지지 않은 문서들에 일부 기초하여 플라키우스가 부패라고 주장한 관행들이나 신념들이 사실은 기독교 교회의 초창기부터 발견된다는 사실을 입증하려고 노력했다. 바로니우스는 근대 역사 비평학이 초기의 전설들을 위한 증거를 뒤흔들어 놓은 것에 당황하던 사람들에게 만족과 재확신을 주었고, 대중이 고대에 대해 갖고 있던 개념을 아름다운 안개에 넣어 보존했다.

역사 연구는 아무리 부분적인 것일지라도 조만간 진실성과 공평성을 드러내기 마련이다. 이미 17세기 초반에 프랑스 가톨릭 학자들은 17세기 말에 성 마우루스(St. Maur)가 이끄는 프랑스 베네딕투스회 수사들을 비평적 역사가들이란 현대적 칭호에 부합하게 만든 학문 연구에 착수하고 있었다.

1606년에 벨기에의 예수회 수사 헤르베르트 로스바이데(Herbert Rosweyde)는 모든 사상에서 해방되어 학문 연구에 열중할 수 있는 허가를 얻었다. 그는 반동 종교개혁의 경건한 이념들을 증진하기 위하여 성인들의 생애 기록을 대대적으로 수집하려고 계획하되, 그 기록들을 근대 역사 연구의 비평적 기준에 부합하게 편집하여 출판하려는 방침을 세웠다.

그에게는 또 다른 과제가 있었다. 바로니우스를 그의 가장 가공할 프로테스탄트 비판자로부터 변호하는 것이 그중 하나였는데, 그는 1629년에 그 작업을 겨우 시작해 놓고서 죽었다. 그리고 그 동안 해놓은 작업들에서조차 역사 연구의 주된 목적이 프로테스탄트 사가들을 논박하는 것이라는 준칙을 결코 잊지 않았다. 업적과 비평 기교 면에서 그는 바로니우스를 훨씬 앞섰다. 그리고 그의 방대한 계획은 또 다른 예수회 수사인 볼랑(John van Bolland, 볼란드)이 이어받았다. 볼랑은 수도원들의 도서관들을 샅샅이 뒤지며 자료를 확보했고, 유력한 학파를 세웠는데, 그의 이름을 따서 볼랑 파라고 불리는 이 학파는 오늘날도 그 박학함으로 세계에 유익을 끼치고 있다.

새로운 역사학을 가장 비중있게 사용한 사람은 또 다른 예수회 수사인 로베르 벨라르민(Robert Bellarmine, 1621년 죽음)이었다. 세 권으로 된 그의 「우리 시대의 이단들에 대한 논박」(*Disputations against the Heretics of Our Time*, 1586-93)은 종교개혁에 대항하여 반동 종교개혁을 가장 체계적이고 설득력 있게 변호한 책이다. 교황 그레고리우스 13세는 로마의 대학교에 로마에 거주하는 독일이나 영국의 젊은 사제들을 가르칠 변증학 과목을 설치하도록 도왔고, 벨라르민이 그 과목의 초대 교수로 임명되었다. 그는 당대의 새로운 역사 지식을 요한 에크 식의 생생한 현답을 훨씬 넘어서는 차분하고 권위 있는 체계로 발전시켰으며, 논쟁을 두려워하지 않고, 표현이나 외양만 바꾸는 식으로 문제를 해결하려고 들지 않으면서도, 거의 모든 전투 영역에서 어떤 전사 못지 않은 집요한 전투를 벌였다.

성경의 정경, 불가타 성경의 영감성, 성경 해석을 위한 무오한 교회의 필요성, 전승의 권위, 화체 교리와 영성체 제사 교리, 교황 법령들의 무류성

등 트렌트 공의회가 절반쯤 체계화하고 프로테스탄트 진영으로부터 변호 불가능하다는 평가를 받은 교리들이 벨라르민에 의해 제대로 변호되었다. 그는 '가톨릭 신학자들'의 사상을 가지고 '이단들의 오류들을' 하나씩 정리한 다음, 역사와 이성을 기반 삼아 이단들이 더 이상 설 자리가 없음을 증명하려고 했다. 프로테스탄트 학자들은 그를 무시할 수 없었다. 그들은 모든 무기를 동원하여 그를 집중 겨냥했다.

영국 종교개혁이 리처드 후커(Richard Hooker)에 힘입어 지적인 자기 확신을 얻었던 시기에, 반동 종교개혁은 가톨릭권에 불안감을 조장했던 교활성과 부패성을 버렸고, 벨라르민에 힘입어 확신을 회복했다.

정치적 반동 종교개혁

반동 종교개혁이라는 단어는 가톨릭 종교개혁에 느슨하게 적용될 뿐 아니라, 종교개혁과 거리가 먼 동향, 즉 16세기 말 이후로 유럽 가톨릭 국가들이 정치적 권력을 회복한 일과, 그로 인해 프로테스탄트 국가들을 진멸하고 무력으로 가톨릭 신앙을 다시 강요하게 될지 모른다는 점증하던 두려움을 가리키는 데도 적용된다.

이러한 동향이 시작된 때는 1559년에 카토-캉브레에서 프랑스와 스페인 사이에 평화 조약이 체결되고, 곧이어 프랑스에서 종교적 내전이 발생한 때로 거슬러 올라가 잡을 수 있다. 이렇게 볼 수 있는 이유는 프랑스가 그때부터 유럽의 세력 균형의 대상에서 제거되었기 때문이다. 과거에 루터교 국가들이 약하던 시절에 프로테스탄트 진영은 가톨릭 국가인 프랑스의 존재에 힘입어 파멸에서 건짐을 받았다. (역으로 프랑스의 정치적 필요를 프로테스탄트 진영이 훌륭하게 채워주었었다.) 1551년에 교황 율리우스 3세는, 유감스럽게도 프로테스탄트 국가들 및 터키와 동맹을 맺고 있던 프랑스에 대해서 대대적인 전쟁을 선포했다. 1562-1598년에 프랑스는 무정부 상태에 빠져 있었고, 1598년부터는 세력을 회복하기 시작했다. 1629년에야 비로소 프랑스 군대가 유럽 정계에 결정적으로 개입할 수 있었고, 이런 상황에 힘입어 세력 균형은 다시 한 번 프로테스탄트 진영 쪽으로 기울었다. 정치적 반동 종교개혁의 시기는 1562년부터 1629년까지로 잡을 수 있는데, 이 시기는 우연히도 프랑스가 국론 분열로 약화된 시기와 일치한다. 정치적 반동 종교개혁은 스페인과 오스트리아와 이탈리아를 장악하고 있던 합스부르크 왕가의 외교 정책에 좌우되었다.

프로테스탄트 사상의 등장은 프랑스, 독일, 스위스, 아일랜드가 분열을 겪는 데 일조했다. 가톨릭 왕들은 프로테스탄트 사상과 대중 운동이 한데 결속했고, 자신들의 정치적 권위가 가톨릭 교회와 국가의 통일, 그리고 이단 탄압에 달려 있다고 파악했거나, 그렇게 파악했다고 '생각했다. 16세기 후반에 교황 피우스 5세와 그의 후임자들에게 고무를 받은 가톨릭 왕들의 동맹은 교회를 수호하고 프로테스탄트 사상을 무너뜨리기 위한 정치적 동맹의 모습을 갖추기 시작했다. 이 왕들 중에서 가장 강력하고 가장 가톨릭적 색채를 띤 사람은 스페인의 필립 2세였다.

독실하고 단호하고 엄격하고 성인들의 조상(彫像) 앞에서 몇 시간이고 무릎을 꿇고 지내고, 왕궁보다는 수도원 식으로 꾸민 에스코리알(역주: 마드리드 근교에 있는 건축물 혹은 왕궁)에서 살고, 마치 헨리 8세가 영국 교회를 다스린 것처럼 전제적으로 스페인 교회를 다스리고, 이단을 교회 권위에 거역하는 반역죄로 규정한 그는, 스페인과 네덜란드, 이탈리아 남부와 시칠리아, 사르디니아, 밀라노, 남북 아메리카에 있는 모든 스페인 식민지들을 통치했고, 1580년 이후에는 포르투갈과 인도 제국(諸國)에 있는 포르투갈의 식민지들을 통치했다.

필립이 죽은 다음 해인 1599년에 토마소 캄파넬라(Thomas Campanella)는 스페인이 장차 신성로마제국을 계승하게 될 것이고, 마침내 프랑스와 스페인과 이탈리아가 프로테스탄트 교도들이 굴복하지 않을 수 없는 거대한 권력체로 연합할 것이라고 증명 혹은 예언하는 「스페인 군주론」(*De Monarchia Hispanica*)이라는 터무니없는 책을 펴냈다.

그 꿈은 환상이 아니었다. 세 가지 원정 가운데 한 가지만이라도 승리했더라면 성공을 목전에 두었을 것이다. 만약 무적함대가 영국 함대를 격파했다면, 혹은 알바(Alva) 장군이 네덜란드에서 일어난 저항을 진압했더라면, 혹은 가톨릭 동맹이 나바르의 앙리를 격파했더라면, 프로테스탄트 진영은 위태로운 상황에 빠졌을 것이다. 그 꿈은 학자들의 공상에 국한되지 않았다.

교황 식스투스 5세(Sixtus V)는 자신의 갤리선 함대를 보내 터키를 정복하고, 예루살렘을 재탈환하고, 가톨릭 제후들의 동맹을 동원하여 프로테스탄트 진영을 격파하려는 꿈을 품고서 세계를 방대한 비현실적인 동맹으로 에워쌌다. 중세 전성기의 교황처럼 나바르의 앙리를 파문했고, 프랑스에서 위그노파와 대치하고 있던 스페인인들을 돕기 위해서 교황 군대를 파견하는 문제를 거론했다. 러시아를 침공하려는 폴란드를 교황이 지원하는 문제가 논의되었고, 발트해 연안에서 가톨릭 권력이 회복되기를 바라는 희망이 있었으며, 이탈리아에서 알제리를 침공하려는 계획이 있었다.

비가톨릭 국가들에 대한 전쟁을 동기야 어떻든 모두 십자군 전쟁으로 규정하기가 쉬웠다. 그리고 아메리카 정복자들(conquistador: 페루, 멕시코 등을 정복한 스페인인들)처럼 스페인 군인은 자신이 하나님과 왕을 위해 싸우고 있다고 믿었다. 브뤼셀 박물관에 소장된 안토니오 모로(Antonio Moro)가 그린 알바 공작의 초상화를 보면 공작이 흉갑에 그리스도의 수난상을 착용하고 있다. 1572년에 그린 이 그림에서 알바의 곁에는 쾰른의 대주교가 말을 탄 채 권총집들에 권총들을 차고 있다.

그 꿈은 독일에서 가장 근접하게 실현되었다.

1562년에는 가톨릭 세력의 주요 발판이었던 독일 남부의 가톨릭 대국들인 바바리아와 오스트리아가 독일 북부를 따라 프로테스탄트 진영으로 넘어가는 듯했다. 수많은 오스트리아의 사제들과 수사들이 이미 이종 배찬을 시행하고 있었고, 더러는 전례를 수정했고, 죽은 자를 위한 기도를 기도문에서 삭제했으며, 첩을 법적 아내로 대우하고 있었다. 아마 오스트리아 인구의 2/3가 이미 정서적으로는 프로테스탄트 교도들이었으며, 한때 성직자들이 터무니없이 남아돌던 그곳에 이제는 사제 한 사람이 네 개의 소교구를 맡아야 하게 되었다. 바바리아에서는 1563년에 아우그스부르크 신앙고백서를 법제화하자는 제안을 논의하기 위해 잉골슈타트에서 제국 의회가 소집되었다. 그 제안은 기각되었으나, 제국 의회는 성배를 평신도에게도 허용하도록 결정했고, 성직자 결혼을 합법화했으며, 세례식 때 독일어를 사용하도록 허용했다.

교회의 부패가 이미 물리도록 팽배해 있었던 독일 남부에서 북부의 종교개혁의 세력이 들어온다는 것은 교회 권징이 보다 느슨해진다는 것을 뜻했다. 부패하고 세속화한 참사회들과 수도원들에 대한 개혁은 오랫동안 고대하던 것이었고, 따라서 이제 개혁이라는 단어는 이단과 폭도의 지배라는 뜻을 풍기게 되었다. 이런 상황에서 프로테스탄트 세력에 대한 보수파의 저항은 아무리 건전한 것이더라도 모든 종류의 개혁이나 변화를 거부하는 것으로 비쳤다.

요한 에크는 1540년에 추기경 콘타리니(Contarini)에게 쓴 편지에서 "내가 알고 있는 어떤 주교좌 성당에서는 쉰네 명의 참사회원 중에서 사제들은 불과 세 명에 지나지 않습니다"라고 썼다. 에크는 주교도 부제도 사제 서품을 받지 않고서 임명되어 있는 주교좌 성당을 발견했다. 그런 상황에서 북쪽 경계선을 넘어가기만 하면 성직자들에게 결혼이 허용되었으며, 따라서 첩을 두는 관행에 오래 익숙해 있던 미혼 사제들이 첩을 정식 아내로 삼고 자녀들을 떳떳하게 법적 상속자로 삼고 싶어했다.

1561년에는 여러 유력한 독일주교들이 독일 문제를 해결할 수 있는 유일한 방법은 사제들에게 조건을 단 채 결혼을 허용하는 것이라고 주장했다. 바바리아의 공작 알베르트 5세는 트렌트 공의회 앞에 고지하기를, 평신도에게 성배를 허용하고 성직자 결혼을 허용하지 않으면 자기 힘으로는 바바리아를 교황청과 동맹 관계에 묶어 둘 능력이 없다고 했다. 1564년 4월에 교황 피우스 4세는 여러 독일 가톨릭 주교들에게 서한을 보내, 원하는 평신도들에게 이종 배찬을 집례하도록 재가했다. 이러한 상황에서 프로테스탄트 진영은 진보를 거듭했다.

1565-1585년에는 가톨릭과 프로테스탄트 양 진영의 의욕에 감지할 수 있을 만한 변화가 일어났다. 프로테스탄트 진영이 자신감을 잃어간 반면에,

가톨릭 진영은 자신감을 되찾아 갔다. 프로테스탄트 진영의 희망과 기대가 반감된 이유 중에는 바바리아의 알베르트 같은 군주들이 추진한 새롭고 강인한 가톨릭 정책도 크게 작용했다. 하지만 더 큰 이유는 종교개혁이 그 진실성과 당위성에도 불구하고 열정적인 첫 단계에서 기대한 것만큼 성과를 거두지 못했다는 판단에서도 기인했다.

칼빈파 목사 스쿨테트(Scultet)는 1591년에 비텐베르크를 방문했을 때 "우리는 황금 시대가 눈앞에 펼쳐져 있는 줄로 생각했다"고 말했다. 하이델베르크의 목사 보퀸(Boquin)은 1576년에 "대적이 마침내 무장해제를 당한 것 같더니, 어찌된 일인가, 그가 새로운 군대를 일으켜 요새에서 진을 치고 있다"고 말했다. 이런 실망감이 번진 데에는 프로테스탄트 진영의 분열이 한몫했다. 프로테스탄트권 독일에서 가장 비중 있는 나라들은 루터교권이었는데, 시간이 지나면서 루터교가 로마를 두려워한 것만큼 두려워한 개혁파의 정책과 사상이 독일에서 비약적인 발전을 거듭하고 있었다. 잉골슈타트의 예수회 대학교가 부상하고 있을 때 비텐베르크 대학교는 쇠퇴하고 있었다.

실망감이 번지게 된 또 다른 요인은 개혁의 물결이 그 첫 힘을 다 소진한 뒤에 모든 개혁자들이 부닥치게 된 반작용 때문이었다. 인간들의 성격과 지성은 뜻밖에도 자신들을 개혁하려는 시도에 저항하며, 비교적 잘 훈련된 사람들조차 미신과 악습과 느슨한 도덕 생활에 집착하는 것이다. 트렌트 종교개혁과 새로운 수도회들이 개혁을 해냈음에도 불구하고 반동 종교개혁의 진영도 이와 똑같은 상황을 발견하고 있었다. 16세기 말에 프로테스탄트 진영에 대해 강력한 해머 역할을 하던 잘츠부르크 대주교 디트리히 폰 라이테나우(Dietrich von Raittenau, 1587-1612 재임)는 사치스러운 첩과 아들 셋, 딸 일곱을 거느린 것으로 악명을 떨쳤다. 하지만 이렇게 여러 가지 예외가 있었음에도 불구하고 가톨릭 개혁자들은 도처에서 꾸준히 표준을 끌어올렸고, 그들 덕분에 더 이상 '개혁된 부분'과 '개혁되지 않은 부분' 사이에 큰 차이가 존재하지 않게 되었다. 개혁만이 종교개혁을 저항할 수 있는 유일한 길이라고 주장한 가톨릭 교도들이 결국 옳음이 입증되었다.

양 진영의 세력에 변화가 있었다는 것은 그라츠에서, 쾰른에서, 폴란드에서 그 실례를 확인할 수 있다.

그라츠

1570년에 그라츠 주민들은 대개가 프로테스탄트 교도들이었다. 전하는 바로는 그 도시에 가톨릭식 성찬 배령자가 스무 명밖에 되지 않았다고 한다. 1573년에 대공 카를은 그라츠에 예수회 대학을 세운 뒤 시 당국에 기증했으면서도, 여전히 프로테스탄트 교도들에게 신앙과 교육의 자유를 허용해야만 했고, 1578년에 브뤼크 제국 의회에서 그들에게 이 자유를 약속했다. 그러나 그는 자신의 궁정 요리사들에 가톨릭 신자들만 채용하고, 이탈리아 사람들과 바이에른 사람들을 고위직에 승진시키기 시작했다. 1581년에는 복음주의 목사들을 도시에서 추방하고 사제들에게 그들을 대신하게 했으며, 시민들에게는 당시 프로테스탄트 진영에 속했던 시립학교에 다니는 것을 금했다. 그리고 1585-1586년에 가톨릭 신앙의 순수성을 보존하고 이단을 멸한다는 목적으로 예수회 대학을 대학교로 승격시켰다. 대공은 당시에 가톨릭 교도들에게만 시민권을 부여할 만큼 각오가 대단했다. 그는 1590년에 열두 살밖에 되지 않은 자신의 후계자에게 가톨릭 신앙을 지키겠다는 맹세를 받고서 죽었다.

그 소년이 재위할 동안에 프로테스탄트 교도들은 다시 번창했다. 1596년 부활절에 그 어린 공작만이 그라츠의 시민들 가운데 가톨릭 신앙에 부합하는 영성체를 받았다고 잘못 전해졌다. 하지만 그 어린 공작 페르디난드 (Ferdinand)가 성년이 되자 상황은 바뀌었다. 전하는 바로는 그는 "나는 저주받은 나라를 다스리느니 차라리 폐허가 된 나라를 다스리고 싶다"고 말했다고 한다. 1598년에 그는 그라츠에서 모든 프로테스탄트 목사들과 교사들을 추방했다. 1599년에는 모든 프로테스탄트 교회들과 예배당들을 문 닫게 했고, 이 조치에 저항하는 사람들을 무력으로 진압했다. 1628년에는 상류층 가운데 800명의 프로테스탄트 교도들을 국외로 추방했다.

퀼른

아우그스부르크 평화조약은 정치적으로 성공을 거두었다. 1555-1605년에 양 진영은 이 평화조약을 종교 분열에 관한 독일 법의 토대로 삼았다. 양 진영의 지혜로운 군주들은 이 평화조약을 깨뜨리는 게 자기 진영에 이익을 안겨줄지라도 독일을 다시 혼란의 도가니에 몰아넣지 않기 위해서 조약을 깨뜨리지 않으려고 했다. 독일 농부들이 이 '평화로운' 기간 동안 초토화와 징집을 면했다고 생각해서는 안 된다. 국지적으로는 항상 전쟁이 있었고, 따라서 독일의 해묵은 관습대로 징집이 계속되었다.

그럼에도 불구하고 아우그스부르크 평화조약은 두 가지 큰 결함 때문에 시련을 겪었다. 칼빈주의자들의 지위와 교회 토지의 지위라는 두 가지 중요한 면에 대해서 세부 지침을 규정하지 않았던 것이다.

아우그스부르크 평화조약은 가톨릭과 루터파 사이에 체결된 조약이기에, 루터파가 가톨릭의 존재만큼이나 유감스러워했던 츠빙글리파와 칼빈파에 대해서는 일언반구도 하지 않았다. 따라서 칼빈파 영주들과 도시들은 독일에서 존재할 아무런 법적 권리도 갖지 못했다. 하지만 이것은 어처구니없는 일이었다. 왜냐하면 츠빙글리파와 칼빈파의 영주들과 도시들이 독일에 이미 존재하고 있었고, 더군다나 그들의 세력이 점증하고 있었기 때문이다. 그렇지만 이론상으로는 그들의 제국 내에서 아무런 신분적인 지위도 가지지 못했고, 아우그스부르크 평화조약에 집착하는 독일 루터파는 종종 황제와 가톨릭 영지들의 편에 있었다.

아우그스부르크 평화조약의 두번째 결함은 제후 겸 주교가 프로테스탄트로 개종했을 경우에 대한 효과적인 법적 규정을 마련하지 않았다는 것이다. '교회 유보'(Ecclesiastical Reservation)라고 하는 규정이 평화조약 문구에 첨가되었었던 것이 사실이다(참조. 개혁교회의 성장 중 일치신조). 하지만 그 규정은 프로테스탄트 교도들에 의해 법적으로 인정을 받은 적이 없었다. '교회 유보'는 고위 성직자가 프로테스탄트로 전향하면 자동적으로 성직을 사임하는 것이라고 규정했다. 이 규정이 겨냥한 것은 더 이상의 주교구가 세속화되어 프로테스탄트 영토로 귀속되는 것을 막는 것이었다.

한 쪽 진영이 유효하다고 믿고 다른 쪽 진영이 무효라고 믿는 법규라면
갈등거리밖에 될 수 없는 노릇이었다. 그리고 그 법규의 시행 여부는 해당
지역을 어느 진영이 차지하고 있는가 하는 사실에 달려 있었다. 그런데 가
톨릭 진영은 황제 페르디난드 1세의 우유부단한 태도 탓에 마그데부르크
와 할베르슈타트 같은 대교구들이 프로테스탄트 진영으로 넘어가는 것을
막지 못했다. 아우그스부르크 평화조약이 체결되기 11년 전에 쾰른의 대주
교 헤르만 폰 비트(Hermann von Wied)가 프로테스탄트로 전향하여 그 제
후령과 주교구를 일종의 공국령(Principality)으로 확보하려고 했다. 그는
황제 카를 5세의 군대에 의해 폐위되고 그의 의도는 좌절되었다. 하지만
프로테스탄트로 전향한 주교가 선제후(選帝侯)였다면 교회 법 이외의 다
른 고려 사항들이 끼어 들었을 것이다. 만약 한 사람 이상의 선제후가 프
로테스탄트로 전향했다면 프로테스탄트 진영은 선제후단에서 다수를 차지
했을 것이고, 아마 프로테스탄트 교도를 차기 신성로마제국 황제로 선출했
을 것이다.

1582년에 당시 쾰른의 대주교 게파르트 트룩세스(Gebhard Truchsess)는
어떤 수녀와 결혼하고 싶었고, 프로테스탄트로 전향하고 싶었으며, 자기 영
토를 사회에 반환하고 싶었다. 가톨릭권에서 그의 경쟁자였던 바바리아의
에른스트(Ernst)는 종교개혁의 영향을 조금도 받지 않은 사람으로서, 바바
리아 말고도 세 개 지역의 주교구도 차지하고 있었고, 주정뱅이에다가 첩
을 거느리고 있었다.

프로테스탄트 진영에게 당혹스럽게도 가톨릭 교도들이 그에 대해 '교회
유보'를 들고 나왔을 때 루터교도들은 그것에 반대했다. 그렇게 한 이유
가운데는 트룩세스가 친칼빈파로 돌아서는 것이 우려된 점도 있었다. 트룩
세스는 스페인과 바바리아 군대에 의해 자기 교구에서 쫓겨났고, 바바리아
의 제후가 그의 후임자로 임명되었다.

주교가 영적인 면뿐 아니라 세속적인 면까지도 통치하는 군주로 존재하
는 제후-주교구의 존재는 일반적인 가톨릭 권력이 그들을 정치적으로 지
원할 만큼 강하게 되자마자 반동 종교개혁 진영에 유리하게 작용했다. 대

교구를 맡고 있던 가톨릭 주교들은 대부분의 인구가 프로테스탄트 교도들인 지역들을 지배하고 있었고, 따라서 독일에서의 세력 균형이 북쪽으로 기울어 있는 동안에는 프로테스탄트 진영이 아무런 공격도 받지 않은 채 확산되어 갔다. 주교들이 강력한 조치를 취하고 나서기 시작한 것은 세력 균형에 변화가 생겼다는 징후이다. 1599년에 밤베르크의 주교가 주민들에게 미사에 참여하든 교구를 떠나든 택일하라고 명령했는데, 이 명령은 귀족들과 대성당 참사회와 주변의 영주들에게 반발을 샀음에도 불구하고 전반적으로 시행되었다.

1596년에 파데르본의 주교 테오도레 폰 퓌르스텐베르크(Theodore von Fürstenberg)는 자기 교구에서 이종 배찬을 시행한 사제들을 전원 투옥했다. 그의 조치에 반발하여 귀족들이 그의 가축들과 말들을 몰아내기 시작했고, 파데르본 시가 선동가를 선출하여 저항을 했다가 그에 의해 진압되었다. 이렇게 해서 사태를 장악하게 된 주교는 예수회에 재정 상태가 넉넉한 대학을 기증하였고, 미사든 추방이든 택일하도록 명하는 법령을 공포했다. 지리적 정황으로 봐서는 보편적으로 프로테스탄트 진영에 속했음직한 라인 지방이 계속 로마 가톨릭 진영에 남아 있었던 것은 네덜란드에 주둔하고 있던 스페인 군대 때문이기도 했고 반동 종교개혁이 큰 제후-주교구들을 장악하여 활용하는 데 성공했기 때문이기도 했다. '교회 유보'는 그 법률적 불확실성에도 불구하고 중요한 구실을 했다.

폴란드

폴란드의 상황은 1575년에 스티픈 바토리(Stephen Báthory)가 왕으로 선출된 뒤부터 바뀌기 시작했다. 그는 재위 기간 동안 프로테스탄트 교도들과 가톨릭 교도들을 똑같이 보호했고, 자신은 중도 노선을 견지했다. 하지만 동유럽의 전반적인 상황은 로마 교황청에게 유리한 쪽으로 흐르고 있었고, 그의 재위 말경에는 폴란드에 360명의 예수회 수사들이 들어와 있었다. 그의 후임자 지기스문트 3세(Sigismund III, 1587-1632)는 열렬한 가톨릭 교도였다. 그는 반동 종교개혁 진행의 시금석 중 하나인 그레고리우스

달력을 도입하는 데 성공한 뒤 트렌트 공의회 법령들을 받아들였다. 그는 프로테스탄트 교도에게 성직을 수여할 마음이 없었고, 그의 격려에 힘입은 가톨릭 귀족들은 자기들의 영지에서 프로테스탄트 소작인들을 축출했고, 가톨릭 법원들은 심지어 주민들 대다수가 프로테스탄트 교도들인 읍들에서조차 소교구 교회들을 가톨릭 교회들로 되돌려 놓는 판결을 했으며, 루터교 예배를 읍 공회당에서 드리라고 강요했다. 거의 모든 고등교육이 예수회 수사들에 의해 이루어졌다.

1607-8년에 프로테스탄트 영주들은 경솔하게도 일부 가톨릭 교도들과 일부 정교회 교도들이 포함된 불만 세력의 봉기에 가담했다. 결국 이 봉기는 진압되었는데, 이것을 끝으로 폴란드에서는 로마 가톨릭 진영이 최종적인 승리를 거두었다. 소교구 사제가 직접 집례하기 전에는 프로테스탄트 교도와 가톨릭 교도 사이의 결혼이 허락되지 않았는데, 소교구 사제들은 그런 결혼은 집례하기를 거부했다. 이미 1598년에 교황 대사는 이렇게 말했다. "불과 얼마 전만 해도 폴란드에서 이단이 가톨릭 신앙을 완전히 전복시킬지도 모른다고 우려했다. 하지만 지금은 가톨릭 신앙이 이단을 무덤으로 몰아넣고 있다."

예수회

정치적 가톨릭주의는 자만심에 차서 점점 더 공세적인 자세를 취했다. 이러한 변화는 예수회가 국제 사회에서 갈수록 신망을 잃어 가는 모습을 관찰함으로써 표시할 수 있을 것이다. 예수회가 처음 등장했을 때는 그들이 훗날에 받았던 그런 악평을 받지 않았다. 그리고 인도 제국(諸國)과 남북 아메리카에서 그 수사들이 보여준 영웅적 활동을 감안할 때 그들의 이름이 그런 악평을 얻게 되었다는 것이 이상하게 생각될 것이다. 예수회는 교세가 급속히 팽창하다보니 물의를 빚은 사람들도 불가피하게 많이 나온 것이 사실이지만, 그 비율은 다른 수도회들에 비해서 높지 않았으며, 오히려 프란시스 사비에르 같은 탁월한 인물을 배출함으로써 기독교라는 이름을 빛나게 했다.

그들은 엄격하다는 단순한 평판을 받으며 출범했고, 그들이 맨 처음 받은 악평도 근실한 청교도가 받았던 그런 유의 존경스런 악평이었다. 독일에서 예수회라는 명칭이 처음 사용될 때는 조지 왕 시대 영국의 감리교처럼 근엄함과 동의어로 사용되었다. 쾰른의 헤르만 바인스베르크(Hermann Weinsberg)는 "젊은 여성들은 좋은 예수회 회원들이다. 그들은 아침에 다른 일을 하기 전에 먼저 교회에 가서 예배를 드리고 금식을 자주 하기 때문이다." "하는 행동이 예수회 수사 닮았다"고 말하면, 당시로서는 평신도가 지나치게 엄격하게 산다는 뜻이었다.

하지만 교회 안에서는 서로 경쟁하던 과거의 수도회들 사이에 새로운 규합점이 생겼다. 프란체스코회와 도미니쿠스회는, 수도회로 자처하면서도 세상에 속해서 살고 지나친 특권을 누리는 이 신생 수도회를 곱지 않은 시선으로 쳐다보았다. 두 수도회 수사들이 스페인과 일본과 인도 제국과 로마 교황청에서 예수회 수사들을 만났을 때 상이한 방식과 분위기를 접하고는 끊임없이 오해하고 논쟁을 벌였다.

1577년에 어느 괴팍한 도미니쿠스회 수사는 자신이 예수회 수사를 만날 때마다 십자가 성호를 긋는다고 주장했다. 1583년에 잉골슈타트의 프란체스코회 수사들은 그곳의 예수회 수사들을 가리켜 '수사들의 염병'이라고 불렀다. 만약 예수회 수사가 교황에 선출될 수 없다는 분위기만 아니었다면 벨라르민이 1605년에 교황으로 선출되었을 것이라는 것이 당시의 일반적인 생각이었다.

예수회 수사들은 누구보다도 신앙을 앞장서서 선전했던지라 프로테스탄트 진영은 그들이 직면하고 있던 정치적 위기의 확산이 모두 예수회 탓이라고 생각하게 되었다. 엘리자베스 여왕 때의 영국은 가톨릭 교도들이 스페인의 지원을 등에 업고 국가 전복 음모를 꾸밀까봐 대단히 두려워했으며, 예수회를 반역을 부추기는 외국의 세력으로 간주했다. 이러한 영국의 판단은 에드먼드 캄피온(Edmund Campion)에 대해서는 옳지 않았고, 로버트 파슨스(Robert Parsons)에 대해서는 옳았다. 세상의 모든 일에 개입하는 수도회인 예수회는 여러 가톨릭 군주들과 대화의 선을 갖고 있는 것으로 알려졌다. 그중 어떤 수사들은 군주들에게 가톨릭 동맹을 결성하여 프랑스를 침공하라고 권했다는 상당히 설득력 있는 주장도 있고, 또 어떤 수사들은 독일 황제나 바바리아 공작에게 자문을 했다고 한다. 카니시우스(Canisius)는 예수회 수사들을 법정과 궁정에서 몰아내려고 했고, 예수회 총장은 예수회에게 독일 내정에 개입하지 말라고 명령했다. 하지만 예수회 수사들은 독일의 내정에 개입하지 않을 수 없었다. 따라서 예수회에 대한 악평이 커져갔다.

1582년에는 아우그스부르크 시내에서 예수회 수사들이 무리 지어 걸어갈 때 꼬마들이 뒤따라가면서 '적(敵) 예수!'(Jesuswider)라고 소리쳤다. 이 당시에 독일의 일부 지역들에서 예수회 수사들은 '교황의 검은 마부들'이라 불렸다. 1593년에는 프랑크푸르트에서 「예수회의 역사」(History of the Society of Jesus)라는 책이 출판되었다. 한때 예수회에 몸담았다가 혐오하고서 나온 엘리아스 하젠뮐러(Elias Hasenmüller)라는 사람이 쓴 이 책은 예수회와 관련된 이야기들을 모아놓았는데, 이 책이 출판된 뒤로 그들에 관한 전설이 엄청나게 불어나게 되었다. 이를테면 다음과 같은 것들이다(예수회는 영성 수련을 시행할 때 수련자들을 취하게 하여 힘을 내게 한다. 그들은 음식 냄비와 소금 그릇에 몰래 독을 넣는 데 도사들이다. 그들은 파라과이 병합으로 혹은 일본에서 벌인 장사로 막대한 돈을 벌었다. 그들은 교회를 위해서라면 어떤 거짓말을 해도 정당하다고 가르쳤다). 파라과이 병합 과정에서 금을 획득했다는 소문에 대해서는 1640년에 위원회가 세워져 조사를 벌였고, 1657년에 다시 조사를 벌였으나 거짓임이 판명되었다. 옥스퍼드 영어사전에는 1640년 판에 처음으로 예수회(Jesuit)라는 단어에 '반역적인'이라는 풀이가 등장했다.

이처럼 예수회에 대한 악평은 1575-1640년에 생겼다. 악평이 생긴 이유는 그들이 성전(聖戰) 정책을 피할 수 없었거나 피할 용의가 없었기 때문이기도 했고, 성전이 반동 종교개혁의 성공과, 그 성공이 일으키는 두려움과 열기를 표시하는 척도이기 때문이기도 했다.

삼십년 전쟁

태도가 더 공세적으로 되면 될수록 성전을 감행할 가능성이 더욱 커졌고, 따라서 독일 프로테스탄트 교도들은 곧 동맹군을 동원하지 않으면 안전을 지킬 수 없겠다는 우려가 팽배해지기 시작했다.

독일 남부에 자리잡은 도나우뵈르트라는 자유 도시는 프로테스탄트 교도들의 수가 훨씬 많았지만, 가톨릭 예배가 허용되고 있었다. 폭동을 우려한 행정관들의 지시에도 불구하고 베네딕투스회 대수도원장은 (1606년 4월에) 시내에서 가톨릭 의식 행렬을 강행하겠다고 고집했는데, 그렇게 해서 행렬을 하고 돌아가던 대열을 일단의 군중이 공격했다. 1607년에 바바리아의 막시밀리안(Maximilian)은 황제의 허락을 받아 도나우뵈르트를 공격하여 점령한 뒤 그 도시를 패전국처럼 취급하고서 바바리아로 병합했으며, 교회들을 예수회 수사들에게 넘기고 강제로 가톨릭 교회가 되게 했다. 그것은 분명히 아우그스부르크 평화조약을 깨뜨린 행위로 비쳤고, 따라서 프로테스탄트 교도들은 더 이상 그 조약을 믿고서 안전을 기대할 수 없게 되었다.

1608년에 프로테스탄트 국가들이 아우그스부르크 평화조약과 달리 공격을 당한 프로테스탄트 국가들을 방어하기 위해 복음주의 연합(The Evangelical Union)을 결성했다. 이 연합체는 비록 프랑스의 지원을 받긴 했지만 주된 구성 세력은 칼빈파였으며, 팔츠 선제후를 수장으로 삼았으며, 루터교권의 주요 국가인 작센을 포함시키지 않았다. 동맹이 생기면 대립 동맹이 따라 생기는 법인지라 1609년에 바바리아의 막시밀리안이 주도하는 가톨릭 동맹(the Catholic League)이 결성되었다. 양 진영은 군비를 강화하고 있었다.

1618년 5월 13일에 보헤미아 — 그 왕 페르디난드는 오스트리아와 신성로마제국의 군주였다 — 의 프로테스탄트 귀족들은 프라하에서 황제의 사절들을 성의 창문 밖으로 던지고, 예수회 수사들을 그 나라에서 쫓아내고, 그로써 오스트리아에게 반란을 일으켰다. 프로테스탄트 귀족들은 팔츠 선제후 프리드리히 5세에게 왕관을 제의했고, 프리드리히가 그 제의를 받아들임으로써 삼십년 전쟁이 촉발되었다. 보헤미아에 칼빈파 군주가 서면 유럽 전역의 세력 균형이 기울어졌을 것이다.

삼십년 전쟁은 1635년까지만 종교 전쟁이었다. 처음에는 칼빈파와 가톨릭파 간의 전쟁이었다. 작센과 그 밖의 몇몇 루터파 국가들이 선제후 프리드리히의 행위를 어리석고 불법적인 것으로 판단하고서 초연한 입장을 견지했기 때문이다. 전세를 판가름한 흰 산 전투(a battle of White Mountain)에서 황제 군대는 '성모 마리아!'를 외치며 진격하여 승리를 거두었고, 그 승리를 기념하여 로마에 승리의 성모 마리아 교회가 건축되었다. 1620년에 프리드리히는 이미 교회에서 쫓겨난 상태였고, 1623년에는 팔츠 백작령에서도 쫓겨났다. 하지만 전쟁은 계속되었는데, 왜냐하면 황제 군대가 워낙 압도적인 승리를 거두자 이를 견제하기 위해 다른 국가들이 나서게 되었기 때문이다. 덴마크가 참전했고(1625-9), 스웨덴이 1632년에 구스타부스 아돌푸스(Gustavus Adolphus)가 죽을 때까지 그의 지휘하에, 그리고 그 이후에는 수상 옥센스티에르나(Oxenstierna)의 지휘하에 참전했으며, 작센(1631-5)과 무엇보다도 리슐리외(Richelieu)의 지휘하에 가톨릭 국가인 프랑스가 참전했다. 1635년 이후부터 그 전쟁은 더 이상 종교 전쟁이 아니라, 세력을 되찾은 프랑스와 황제가 이끄는 독일 사이의 대립을 축으로 한 근대 유럽의 전쟁이었다.

65년 전에는 프랑스와 폴란드가 가톨릭 진영과 프로테스탄트 진영으로 나뉘어 있었고, 독일 남부가 동요하고 있었으며, 교황청의 정치적 희망이 스페인에 걸려 있었다. 1628년에 이르면 스페인은 크게 쇠약해진 대신에 프랑스가 예전의 로마 가톨릭 국가의 위상을 회복한 뒤 위그노파를 무력한 소수로 고립시켰고, 폴란드는 결정적으로 로마로 돌아서서 프로테스탄트 신앙을 기피했으며, 그런 상황에서 이제 전선은 독일 북부 쪽으로 옮겨가고 있었다. 1620-27년에 그토록 오랫동안 후스파 겸 프로테스탄트 진영이었던 보헤미아가 오스트리아 군대에 굴복하여 가톨릭 국가가 되었고, 프로테스탄트 교도들은 시민권을 박탈당했고, 프라하 대학교가 예수회에게 넘겨졌으며, 30,000여 세대의 프로테스탄트 가정이 추방을 당했다. 이것이 반동 종교개혁의 가장 상징적이고도 항구적인 승리였으며, 이 승리에 뒤이어 제국 다른 지역, 특히 오스트리아에서도 보헤미아에서와 비슷한 조치가 취해졌다. 1628년에는 프로테스탄트권인 독일 북부를 무력으로 강제 개종시키는 것이 훨씬 큰 진척을 이룰 것처럼 보였다. 바바리아 군대가 루터파와 칼빈파를 팔츠 백작령에서 굴복시켰고, 하이델베르크 대학교 도서관에서 귀중한 도서들과 사본들을 약탈했는데, 그 대부분이 오늘날 바티칸 도서관에 소장되어 있다. 발렌슈타인(Wallenstein)이 이끄는 황제 군대가 '중립 지대'인 작센과 브란덴부르크를 제외한 발트해에 이르는 독일 북부를 정복한 뒤 '복구령'(Edict of Restitution)을 강요했다. 이 사건을 정치적 반동 종교개혁의 절정기로 보는 것이 타당하다.

복구령(1629)은 1552년에 프로테스탄트 교도들이 차지한 모든 교회 토지를 도로 가톨릭 교회에 반환할 것을 명하고, 칼빈주의자들에게서 제국의 모든 공민권을 박탈한다고 선언했다. 복구령이 그대로 시행될 경우 프로테스탄트 진영은 1552년 이래로 흡수해온 마그데부르크와 할베르슈타트와 브레멘 같은 거대한 주교구를 잃게 될 상황이었다. 작센과 브란덴부르크 선제후들은 1552년 이래로 광활한 토지를 획득했었고, 브란덴부르크 선제후는 칼빈주의자였다. 만약 복구령이 아무런 제재 없이 시행된다면 독일 프로테스탄트 진영은 와해될 것이었다.

하지만 독일 프로테스탄트 진영은 살아남았다. 그 첫번째 이유는 스스로 발트해의 프로테스탄트 교도들과 스웨덴의 권력을 수호하는 것을 하나님께로부터 받은 소명으로 믿은 스웨덴 왕 구스타부스 아돌푸스의 천재적 재능 때문이었고, 그 다음 이유는 유럽 국가들이 가톨릭의 성전(聖戰)을 중단시키고 세력 균형의 정치를 회복시키기 위해서 개입했기 때문이었다. 만약 복구령이 제대로 강행되었다면 독일 황제의 권력은 스페인, 프랑스, 바바리아로서는 감당할 수 없을 만큼 비대해졌을 것이다. 그 전쟁은 더 이상 종교 전쟁이 아니었다. 프랑스와 스웨덴의 입장에서는 독일의 프로테스탄트 국가들을 존립케 하는 것이 이제 당면 과제가 되었다.

1648년에 베스트팔렌 평화조약이 체결됨으로써 근대 유럽 국가들의 종교 노선이 확정되었다. 이 조약은 프로테스탄트 군주들에게는 권력의 회복을 가져다 주었고, 반동 종교개혁의 정치 원리들에는 타격을 가하였다. 이 조약은 1555년의 아우그스부르크 평화조약을 재수립하였고, 그 조약의 보호를 이제는 가톨릭 진영과 루터교 진영뿐 아니라 개혁주의 진영에까지 확대한다는 중대한 내용을 첨가하였다. 교회 토지 처리 문제에 대한 타협이 이루어져, 1624년 1월 1일 당시에 프로테스탄트 교도들이 차지하고 있던 주교구의 토지들은 프로테스탄트 진영에 남게 되었다. 이것으로 마그데부르크, 브레멘, 할베르슈타트 같은 대교구들에 대한 프로테스탄트 진영의 국유화가 최종적으로 승인되었다.

제국 정부는 동수(同數)의 프로테스탄트 관료들과 가톨릭 관료들로 구성되었다. 합스부르크 왕가의 세습 영토를 제외한 모든 국가는 1624년 이전부터 존재해온 소수 종파에 대해서는 관용해야 했다. 그리고 신앙상의 이유로 추방당한 사람의 재산을 몰수해서는 안 되었다. 프랑스는 대부분의 주민들이 프로테스탄트 교도였던 알자스 지방(슈트라스부르크를 제외한)을 얻었다. 프로테스탄트권 네덜란드와 스위스의 연합 도(道)들은 국가들로 승인되었다. 팔츠 선제후는 팔츠 백작령 저지대와 선제후의 권위를 되찾았으나, 바바리아의 공작은 팔츠 백작령 고지대와 선제후의 권위를 허용받았다(이로써 선제후의 수가 일곱 명에서 여덟 명으로 늘었다).

가톨릭 진영이 1628년에 확보한 영토 중에서 그대로 견지하게 된 곳은 (1) 보헤미아, (2) 전국이 가톨릭화한 오스트리아, (3) 바바리아에 속한 팔츠 백작령 고지대, (4) 알자스 지방 중 프랑스에 속한 지역, (5) 독일 남부에서 프로테스탄트 진영이 가톨릭권으로 승인한 지역이었다. 이에 대한 대가로 프로테스탄트 진영은 가톨릭 진영으로부터 중요한 교회 토지의 국유화가 합법적이라는 승인을 받았고, 네덜란드 공화국의 독립을 승인 받았고, 독일인들이 칼빈주의를 신봉해도 법에 저촉되지 않는다는 승인을 받았으며, 프로테스탄트 영토에 사는 가톨릭 교도들에 대한 실질적인 관용 조치에 대한 대가로 가톨릭 영토에 사는 프로테스탄트 교도들에 대한 실질적인 관용 조치를 승인 받았다.

이렇게 독일 가톨릭 권력자들이 승인했다고 해서 교황도 승인한 것은 아니었다. 교황청은 독일에서 벌어진 성전(聖戰)에서 두드러진 역할을 수행하지 않았었다. 교황은 이탈리아 맹주로서의 정치적 성격을 다시 한 번 발동한 나머지 종교적 승리를 위한 열정에 지장을 초래했다. 10세기에 작센의 오토 가(家) 이래로 교황들은 단일 강대 권력이 유럽을 지배하는 것을 이탈리아에 대한 위협으로, 따라서 자기들의 세속권 보호에 대한 위협으로 간주했었다. 교황들은 프로테스탄트 진영과 맞서 싸울 의도를 품을 때조차 이러한 정치 원칙을 잊은 적이 없었다.

교황 우르바누스 8세(Urban VIII, 1623-44)는 '복구령'을 환영했다. 그러면서도 프랑스와 마찬가지로 혹시 독일에 강력한 황제가 등장하면 그가 이탈리아마저도 지배할 것이라고 판단하고서 프랑스와 추기경 리슐리외를 부추겨서 결국 독일 프로테스탄트 교도들을 구원할 정책을 추구하도록 했다(실은 리슐리외도 진작부터 그런 판단을 내리고 있었기 때문에 교황에게 그런 부추김을 받을 필요가 없었다). 우르바누스 8세는 프랑스와 프로테스탄트 진영간의 동맹을 단죄하기를 거부했고, 1632년에는 그 전쟁을 성전으로 선포해 달라고 부탁해온 황제의 대사에게 냉정한 어조로 대답하기를, 그 전쟁은 종교 전쟁이 아니며 국가 문제와 관련된 전쟁이라고 했다. 한편으로 그는 독일의 가톨릭 신앙이 전국적으로 회복될 것을 요구하면서도, 다른 한편으로는 그러한 회복이 초래할 정치적 결과들을 두려워했고, 따라서 그것을 저지하려고 힘썼다.

따라서 우르바누스의 후임자 교황 인노켄티우스 10세(Innocent X, 1644-55)가 베스트팔렌 평화조약을 받아보고서 한편으로는 대노하면서도 다른 한편으로는 안도의 한숨을 내쉬었을 것이라고 충분히 짐작할 수 있다. 대노한 것은 프로테스탄트 진영에 양보한 사항들 때문이었고, 안도한 것은 독일에 세력 균형이 다시 도래했기 때문이었다. 인노켄티우스는 안도의 표정은 애써 감춘 채 불쾌감만 모든 경로를 통해 표출했다. 자신의 특사 치지(Chigi)를 통해 평화조약 내용에 대해 항의하게 했고, '첼로 도무스 데이'(Zelo domus dei)라는 제하의 교서를 통해 그 조약의 반(反)가톨릭적 조항들이 무효라고 엄숙히 선언했다. 종교개혁이 이룩해 놓은 일이 있다면, 그것은 이렇게 교황이 국가들의 정치에 개입하는 고루한 행위를 쓸모없게 만들어 놓은 것이었다.

제 9 장

가톨릭 해외 정복자들

　가톨릭권 유럽은 자체를 개혁하고 방어하는 동안 남북 아메리카 대륙과 인도 제국(諸國)에 기독교를 선교하고 있었다. 1493-1620년에 스페인과 포르투갈의 선교사들은 지구상의 기독교의 판도를 바꿔놓았다.

　1492년에 콜럼버스(Columbus)는 신세계를 향해 항해를 했고, 1493년에 들어서면 이미 스페인이 포르투갈과 새로운 영토를 놓고 외교적 갈등을 겪고 있었다. 두 나라 정부는 교황에게 중재를 요청했다. 교황이 국제적인 권위를 행사하는 것은 중세에는 익숙한 것이었지만 16세기에는 매우 진부한 것이었다. 1493년 5월 말경에 교황 알렉산더 4세(Alexander IV. 보르지아)는 기존에 발견한 영토와 앞으로 발견하게 될 모든 섬들과 육지에 대한 소유권을 스페인에게 부여하고, 그 영토들이 기존에 어느 기독교 국가에 속한 적이 없다고 규정하고, 과거에 포르투갈에게 부여했던 아프리카 연안에 대한 소유권을 재확인했다. 이로써 아조레스 제도의 서단(西端)에 자리잡은 섬에서 서쪽으로 480 스페인 리그(스페인의 길이 단위) 떨어진 지점에 북극에서 남극을 잇는 경계선이 그어졌다.

　경계선 동쪽에 펼쳐진 지역은 다 포르투갈에게 부여되었고, 서쪽 지역은 모두 스페인에게 부여되었다. 그 뒤 외교관들은 1494년의 토르데샤스 조약을 체결하여 경계선을 서쪽으로 270리그 더 옮기기로 합의하였고, 그 결과 브라질이 스페인령에서 포르투갈령으로 바뀌었다. 교황이 포르투갈과 스페인에게 이 영토들을 부여할 때 내건 유일한 조건은 유럽인들이 원주민들에게 기독교 신앙을 전파해야 한다는 것이었다.

그 뒤로 남북 아메리카 대륙과 인도 제국의 연안 지대에 식민지 개척자들이 정착을 시작했고, 교회들이 세워졌다. 포르투갈 정복자들은 아프리카 서해안과 콩고와 앙골라에 정착했고, 고아를 본부로 삼아(1510) 인도와 실론에 정착했고, 브라질과 세인트 헬레나, 소코트라, 모잠비크에 정착했고, 페르시아 만의 호르무즈에 정착했으며, 말레이 제도의 아치펠라고와 중국 해안에서 떨어진 마카오(1555)에 정착했다. 심지어 일본처럼 식민지화할 수 없었던 곳에서조차 무역소들 주변에 작은 교회들이 세워졌다. 스페인 정복자들은 멕시코와 페루와 서인도 제도를 정복했고, 콜럼비아와 파나마와 카리브해 연안 지방(the Spain Main)에 정착촌들을 세웠으며, 캘리포니아, 뉴멕시코, 칠레, 플레이트 강과 그 후배지(後背地)에 전초 기지들을 세웠다.

스페인 정복자들이 포르투갈 정복자들과 경쟁을 벌인 곳은 극동뿐이었다. 1522년에 마젤란(Magellan)이 세계가 둥글다는 사실을 입증했기 때문에 세계의 맞은 편에도 대서양에 그어진 경계선에 상응하는 새로운 경계선을 그을 필요가 생겼는데, 이 경계선을 긋는 데 필요한 계산이 복잡했다. 스페인인들은 진정한 경계선이 포르투갈에 지구 반쪽을 할당하고 스페인에게 나머지 반쪽을 할당하면서 오늘날 싱가포르 근처의 말라카 근방을 지나간다고 주장했다. 포르투갈인들은 경계선이 필리핀 동쪽의 태평양을 지나간다고 주장했다. 이론상으로는 포르투갈 측의 주장이 옳았지만, 분쟁 결과 극동은 두 개로 분할되었다. 먼저 말라카와 고아를 통해 서쪽 교역로를 잇는 몰루카 제도가 포르투갈에게 넘어갔고, 멕시코를 통해 동쪽 교역로를 잇는 필리핀(필립 2세의 이름을 따서 지음)이 스페인에게 넘어갔다. 이 분쟁은 일본의 기독교사에 치명적인 결과를 초래하게 된다.

남북 아메리카

그 시대 사람들은 문명화와 복음화를 하나로 보았다. 초창기부터 주교구들과 수도원들이 설립되어 기증되었다. 곧이어 학교들이 설립되었고, 1544년에는 신세계의 첫 대학교인 멕시코 대학교가 설립되었으며, 1600년이 되기 전에 리마, 산 도밍고, 보고타에 대학교들이 설립되었다. 아메리카 대륙 최초의 교구는 1511년에 설립된 산 도밍고 교구였는데, 1582년에 이르면 쿠바, 멕시코, 리마, 퀴토, 산티아고, 보고타, 부에노스 아이레스를 포함한 15개의 교구가 더 설립되었다.

기독교가 스페인령 남북 아메리카에 확장된 경위는 군인이 설교자보다 강했다는 점에서 700년 전에 카롤링거 왕조의 선교사들이 독일에 발판을 넓힌 경위와 비슷했다. 많은 경우 헌신적이었던 선교사들은 정복자들을 따라 들어가 그들의 뒤를 따라다니면서 교회와 학교를 세웠다. 그러나 스페인 탐험가들은 중앙 정부로부터 통제를 받지 않았기 때문에 약탈과 살상을 자행할 계획을 세우더라도 쉽게 제재를 당하지 않았다. 그들 중 일부는 오랜 세월 동안 무어족과 투쟁하면서 나라를 세웠던 스페인의 십자군 열정을 상당히 물려받았다.

멕시코 정복자 코르테스(Cortés)는 비록 몰염치하고 방탕한 인물이었을지라도 속에 십자군의 열정이 있었고, 성모 마리아에 대한 헌신감이 충일했고, 품에 마리아 상을 품고 다녔고, 매일 미사 기도문을 암송하고 미사에 참여했으며, 한쪽 군기에는 십자가상을, 다른 쪽 군기에는 카스티야의 문장과 성모상을 그려 넣었다. 이들이 벌인 탐험은 어떤 점에서는 중세 십자군을 제대로 계승한 것으로서(터키에 대해서는 이미 수 차례 감행된 바 있다), 십자군 원정의 맥락에서 평가해야 한다. 신세계 정복자들과 중세 십자군 사이에서는 유사한 광신, 유사한 고결성, 미신, 무공과 약탈의 기회, 그리고 기독교에 새 영토를 열어준 일을 볼 수 있는 반면에, 두 가지 불길한 차이도 볼 수 있다.

첫째는 상대 부족들이 약하고 전쟁을 싫어했다는 점이고, 둘째는 법과 기강이 통하는 정부의 통제에서 훨씬 더 멀리 떨어진 곳에서 싸움이 벌어졌다는 점이다. 코르테스는 멕시코 출룰라의 시민들에게 자신의 권위를 인정하고 기독교 신앙을 받아들이라고 요구했다. 하지만 그들이 스페인인들을 대대적으로 학살할 준비를 하고 있다는 소문을 들은 터에 자기들의 수가 소수에 지나지 않는다는 사실에 두려움을 느낀 코르테스는 촐룰라 읍의 지도자들을 신전 경내로 초대한 뒤 미리 매복하고 있던 군인들에게 머스킷 총 소리를 신호로 그들 중 3,000명 이상을 살해하게 했는데, 그들을 살해하는 데 두 시간이 넘게 걸렸다.

　1532년 11월 16일 저녁에 잉카족의 아타우알파(Atahualpa)가 가마를 타고서 5,000명의 추종자를 거느린 채 피사로(Pizarro)와 스페인인들을 만나러 넓은 카자마르카 광장으로 왔다. 비센테(Vicente) 신부가 그에게 걸어가 기독교 신앙을 설명해 준 다음 잉카족에게 기독교 신앙을 받아들이고 황제의 속국이 되라고 요구했다. 잉카족이 비센테 신부에게 권위의 증거를 요구하자 그 탁발수사는 성무일과서 사본을 내주었다. 아타우알파는 그것을 들여다보다가 화난 얼굴로 땅바닥에 팽개쳤다. 그 탁발수사는 피사로에게 달려가 사면을 해줄 테니 잉카족을 응징해 달라고 요구했다. 광장 주위 건물에 매복해 있던 스페인 군인들이 쏟아져 나와 수천 명의 페루인들을 살륙했다. 스페인인들이 입은 피해는 한 사람의 부상자뿐이었는데, 그것은 피사로 자신이 아타우알파에게 공격이 가해질 때 피하다가 자기 병사에게 당한 상처였다. 여러 달이 지난 뒤에 아타우알파는 살인죄로 교수형을 당했다. 실은 산 채로 화형을 당하는 벌을 언도 받았으나 그를 태울 장작더미가 밑에 쌓이는 동안 자기에게 세례를 베풀어 달라고 청했기 때문에 형의 방식이 교수형으로 대체된 것이다.

　스페인 군대의 잔인함 때문에 기독교 신앙의 아름다움이 멕시코인들이나 페루인들에게 즉각 나타나지 못했다. 마닐라의 어떤 개종자는 스페인인들의 비행을 목격하고서 혼동스러운 표정으로 "저 인간이 그리스도인이냐? 만약 그리스도인이라면 왜 십계명을 지키지 않지?"라고 물었다.

　탁발수사들의 수도회들은 16세기 초의 다른 중세 수도회들만큼이나 개혁될 필요가 절실했다. 다음 몇백 년 동안 그들이 남북 아메리카 대륙에서 시행한 일들에 관한 기록을 보면 마치 환자가 병상에서 일어난 것과 같았다. 프란체스코회와 도미니쿠스회 수사들이 신세계에서 기울인 노력은 너무나 미미하게 알려졌다. 이 두 탁발수도회들과 아우구스티누스회, 그리고 1568년에 페루에, 1572년에 멕시코에 들어간 예수회는 대단히 훌륭한 사역을 펼쳤다.

수사들이 해외 선교를 위해 내린 결단을 과소평가해서는 안 된다. 바다 저편 땅으로 가봐야 반겨줄 집도 없었고, 항해도 아직 안전하지 않았다. 1581-1712년에 중국으로 항해한 376명의 예수회 수사들 가운데 127명이 항해 도중에 죽었다. 선교 역사를 읽을 때는 두 부류의 사람들이 선교 사역에 뛰어들었다는 사실을 봐야 한다. 한 부류의 사람들은 영웅심과 결단력의 소유자들이었고, 다른 한 부류의 사람들은 유럽에서 실패한 사람들이었다. 그 중에서 바르톨로메오 데 라스 카사스(Bartholomew de Las Casas)만큼 인디언들을 보호하는 데 앞장섰던 사람은 없었다.

라스 카사스 (1474-1566)

라스 카사스의 아버지는 콜럼버스와 한 배를 타고서 항해한 선원이었다. 카사스는 여러 지역에서 극단적인 방종과 참혹스런 노예 제도를 목격했다. 신세계에서 처음 서품을 받은(1510) 사제였던 그는 첫 미사를 집전할 때 연보궤에 가공하지 않은 금 덩어리들이 수북히 쌓였고, 스페인에서 포도주가 공급되지 않았기 때문에 미사 때 포도주를 사용할 수 없었다고 한다. 도미니쿠스회가 식민주의자들의 착취 행위에 항의하는 데 감동한 그는 그 수도회에 가입했고, 곧 원주민 보호에 앞장섰다. 강인한 체구와 지칠 줄 모르는 열정의 소유자였던 그는 해안 지대와 섬들을 두루 다니면서 관찰하고 항의하고 불평하고 조직하고 반감을 사고 때로는 인디언들에게 뿐 아니라 같은 나라 사람들에게도 공격을 받아 위험에 처하기도 했고, 제국 정부로부터 적절한 법적 대책을 얻어내기 위해서 대서양을 열네 번이나 항해했으며, 식민지 개척자들뿐 아니라 상인들에게까지 미움을 받았다. 황제는 그에게 항상 호의를 보였지만 실질적인 도움을 베푸는 일이란 거의 없었다. 카사스는 유토피아적인 이상론과 푸념하는 성향으로 자기 진영을 끊임없이 방해하고 괴롭혔다. 하지만 남을 피곤하게 하는 그의 집요함에도 불구하고, 인디언들만큼 아프리카 노예 이민들을 보살펴주지 못한 점에도 불구하고, 지혜롭지 못한 점과 균형 상실에도 불구하고, 그는 종교개혁 시대에 손꼽을 만한 걸출한 위인이었다. 기독교 역사에는 정의를 위해서 중용을 넘어서는 일이 필요할 때가 있다. 40년이 넘도록 라스 카사스는 스페인인들에게 자기 자녀들인 인디언들이 똑같은 인간들이고 따라서 인간 대우를 받아야 한다는 점을 뇌리에 박히도록 상기시켰다. 그는 현장에서 자신의 노력이 효과를 거두지 못한다 싶을 때는 먼저는 추기경 히메네스(Ximenes)를 찾아가고 그래도 효과가 없으면 황제 카를 5세를 찾아가 지원을 받았으며, 1542년에는 '새 법'으로 스페인인들과 인디언들이 법 아래서 동등하다는 보장을 받아냈다.

아메리카 대륙을 정복하는 것이 도덕적으로 정당한 일이었는가? 스페인 신학자 세풀베다(Sepulveda) 같은 라스 카사스의 반대자들은 그렇게 주장했다. 교황 알렉산더 6세는 1493년의 대칙서에서 스페인인들에게 아메리카 대륙을 통치할 권한을 부여하면서, 그들에게 인디언들을 가톨릭 신앙으로 개종시키라고 지시했다. 목적을 달성할 생각이 있으면 방법도 생각해야 한다. 인디언들을 먼저 스페인의 통치와 안정된 정부에 굴복시키지 않은 채 그들을 개종시킬 수 있다고 생각한다면 그것은 환상이다. 인디언들은 미개하고 지력이 떨어지고 어떤 면에서는 사람보다 짐승에 가까운 사람들이다. (세풀베다는 "스페인인들은 마치 인간이 원숭이보다 우수한 것만큼 인디언들보다 우수하다"고 말했다.) 인디언들은 인신(人身) 제사, 우상 숭배, 남색 같은 큰 죄를 짓고 사는 사람들이다. 시민이라면 범죄 현장을 보았을 때 그것을 중단시킬 힘이 있으면 가로막을 의무가 있듯이, 스페인인들은 이런 야만 행위들을 중단시킬 의무가 있으며, 따라서 그들이 치르고 있는 정복 전쟁은 의로운 전쟁이다. 이스라엘 백성은 약속의 땅을 침공해 들어갈 때 합법적인 주권이 없었지만 가나안 부족들의 죄악을 징벌한다는 점에서 그들의 침공은 정당한 것이었다. 비록 이스라엘 백성이 가나안에서 벌인 행동이 아메리카에서 스페인인들에게 전범이 되지는 않을지라도 적어도 스페인인들이 복음 설교자들에게 기회를 제공하기 위해서 인디언들에 대해 통치권을 수립하는 것은 정당한 일임을 과거 이스라엘 백성의 행위에서 암시를 받을 수 있다. 전쟁은 사람들을 회심케 하려는 것이 아니라 굴복시키려는 것이다. 인디언들이 스페인의 속민(屬民)이 되면 설교자들이 설교를 할 수 있게 될 것이고, 그러면 인디언들이 기독교가 평화의 종교로서 정복 군인들의 만행에 반대한다는 사실을 알게 될 것이다. 성 아우구스티누스는 "사람을 강권하여 데려다가"(눅 14:23)라는 구절에 대해서 무력을 사용하여 사람들을 회심케 하는 행위를 정당화하는 뜻으로 이해했다.

라스 카사스는 이런 논리로 기독교 제국주의를 변호하는 것이 역겨웠다. 그는 인디언이 혹시 어린이 수준일지라도 엄연히 인간이라는 것을 알았다. 그는 피사로가 정복한 잉카인들보다 차라리 피사로 자신이 야수에 더 가깝다고 믿었다. 인간은 기본적인 권리들을 누리지 못하면 진정한 의미에서 도덕적일 수가 없다고 생각했고, 기독교 회중 사상은 가정의 신성함과 재산권이 제대로 보호받는 국가 정책을 요구한다고 보았으며, 스페인령 아메리카의 유일한 희망은 원주민들에게 카스티야 주민들과 같은 권리들을 주는 데 있다고 생각했다.

그러므로 이교 왕들의 왕권이 합법적이고, 이교도의 재산을 존중해야 하고, 이교 신앙은 정복을 위한 정당한 구실이 되지 못하며, 인디언들이 저지른 범죄는 인디언들의 법으로 처벌되어야 하고 그것이 유럽 군대의 공격을 끌어들일 구실이 되지 못한다고 주장할 필요가 있었다. 스페인인들은 원주민 부족들을 회심시킬 의무를 교황으로부터 받아 가지고 있다. 하지만 유일하게 참되고 유일하게 실천 가능한 방법은 교회가 이미 승인한 방법, 즉 합리적 사유와 온유한 설득, 그리고 실제 생활로써 보이는 그리스도인의 모범이라는 방법뿐이다. 스페인 왕이 아메리카에 대해 주권을 받은 것은 마음대로 해적질하고 착취하도록 하기 위함이 아니라, 정의와 평화로 통치하고, 그로써 복음 전파를 돕도록 하기 위함이다. "사람을 강권하여 데려다가"라는 성구가 비록 과거에는 강제 회심을 뒷받침하는 뜻으로 인용

되었지만, 진정한 강권이란 오직 내면적인 것이며, 영혼의 거역할 수 없는
확신이다.

1550년에 스페인 법정에서 세간의 주목을 받으며 벌어진 논쟁에서, 라스
카사스와 세풀베다는 그 문제를 놓고 격렬한 논쟁을 벌였다. 그 논쟁 기록
을 읽어보면 십자군의 성전, 남용되거나 사용되지 않는 땅을 차지하는 행
위의 도덕적 정당성, 박해의 권리와 관용의 권리, 스콜라주의적인 이교관
등 옛 사상과 새 사상이 엎치락 뒤치락하는 것을 볼 수 있다. 하지만 무엇
보다도 인디언 보호에 앞장섰던 라스 카사스와 그의 후임자들은 훗날 국
제법이라 불리게 될 것의 창시자들로서 존경을 받아야 한다.

라스 카사스는 기독교 선교를 구실로 한 전쟁은 반(反) 기독교적이고 기
독교에 대한 반감을 불러일으킨다고 주장했다. 이에 대해 전사(戰士)들은
자기들이 선교사들을 보호할 따름이며 설교의 장애물을 제거하고 있노라
고 답변했다. 라스 카사스는 그들의 주장이 단순히 강도질을 하기 위한 구
실이라고 일축하고서, 혹시 그것이 구실이 아닐지라도 자비의 법을 범하는
것이라고 주장했다. 회심으로 인도하는 유일한 길은 하나님의 말씀을 평화
롭게 설교하는 것과 거룩한 생활로 모범을 보이는 것뿐이라고 했다. 그는
이런 논리를 입증하기 위해 논문을 한 편 썼지만, 이 논문은 아주 먼 훗날
인 1941년에야 비로소 출판되었고, 따라서 최초의 현대적 전도 이론의 공
로는 페루에서 인디언들 틈에 들어가 사역한 예수회 수사 요셉 아코스타
(Joseph Acosta)에게 돌아갔다. 아코스타는 1588년에 「인디언들에게 복음
을 전파하는 일에 관하여」(*On the Preaching of the Gospel among the
Indians*)라는 유명한 소책자를 펴냈는데, 이 소책자는 선교 이론을 최초로
체계적으로 다룬 책이다. 이 소책자는 여러 가지 내용 중에서 군사적 '보
호', 집단 세례, 교훈, 자국인 사제 같은 개념을 고려한다.

그들이 인디언들의 편에 서서 노예 제도 교리를 꾸준히 단죄한 것은 반
동 종교개혁 교황들의 공로이다.

이런 모든 이상론자들의 노력에도 불구하고, 아메리카에서 활동한 스페
인 성직자들(그리고 브라질과 아프리카에서 활동한 포르투갈 성직자들)은

대부분 자기들의 목회를 받던 노예들이나 농노들의 생활 형편에 개의치 않았다.

1541년에 이르면 스페인 정부가 식민지에 대한 통제권을 상당 부분 장악하게 되었고, 상당수가 우수한 통치자들이었던 총독들이 정복 과정에서 발생한 최악의 결과들을 치유하려고 시도했다. 인도 제국(諸國)의 위원회 (the Council of the Indies)가 국가 관리들뿐 아니라 성직자들에 대해서까지 임명을 관장했다. 이 위원회가 식민지 교회에 끼친 영향은 마치 헨리 8세가 영국 국교회에 끼친 영향만큼이나 절대적이었다. 총독은 세속 행정을 위임받았을 뿐 아니라 교회당을 짓고 교구를 조직하고 원주민들을 교육하는 책임도 위임받았다. 재정과 기부가 이 사업에 투입되었는데, 이렇게 식민지 정복이 수반한 세속적·종교적 성격을 가장 잘 환기시키는 것이 있다면 그것은 웅장한 바로크식 대성당이 우뚝 서 있는 스페인령 아메리카 도시들의 넓은 광장들이다.

1569년에 종교재판소가 국왕의 통치를 보다 먼 곳까지 미치게 하는 기관으로서 신세계에 설치되었다. 걸출한 교회 행정가들 가운데 가장 유력했던 사람은 1580-1606년에 리마의 대주교를 지내고 페루의 사도로 알려진 투리비오(Turibio)였다. 1583년에 그는 지역 교회회의를 열어 인디언들과 흑인들의 권리들을 보호하기 위한 법안을 통과시켰고, 그들을 교육했고, 요리문답을 포함한 교과서들을 퀴추아 어로 번역했고, 부족들을 꾸준히 찾아다녔다. 1594년에는 국왕 필립 2세에게 자신이 이미 500,000명의 원주민들에게 견신례를 베풀었노라고 편지를 썼다. 그는 1726년에 성인으로 시성되었다.

인디언들은 열의를 가지고 기독교 신앙을 받아들였다. 어려웠던 점은 그들이 언제든 신앙을 버릴 마음도 있었다는 데 있었다. 선교사들은 대개 아주 간단한 예비 교육을 시행한 뒤에 세례를 주었다. 그런 상황을 감안할 때 1537년에 파울루스 3세(Paul Ⅲ)가 대칙서를 통해서 인디언들이 세례를 받을 능력을 구비하고 있다고 굳이 공포할 필요가 있었는지 의아하다.

1647년에 콩고에 도착한 펠릭스 데 빌러(Felix de Viler)는 자기 일행이 4

년만에 600,000명이 넘는 어른 원주민들에게 세례를 주었다고 말했다. 1524-1531년에 프란체스코회 선교사들은 백만 명이 넘는 멕시코인들에게 세례를 주었다. 겐트의 페드로(Peter of Ghent)는 1529년 6월 27일에 멕시코에서 보낸 편지에서 하루에 14,000명을 세례 주었다고 썼다. 세례를 받기 위해 교리문답자로서 오랜 세월 준비를 하던 관습은 4, 5세기에 유행한 적이 있었고, 그 뒤로 선교지에서는 19세기에 가서야 비로소 되살아났다. 스페인 선교사들은 세례 지망자들이 아주 간단한 진리를 이해하고 있으면 그들에게 세례를 주었다. 요리문답은 어린이들뿐 아니라 어른들까지 포함한 모든 사람에게 가르쳤지만, 세례를 주기 전이 아닌 세례를 주고 난 다음에 가르쳤다. 1541년에 선교사들은 뉴 갈리시아의 인디언들에게 세례 받기 전에 유일하신 하나님이 천지를 지으셨다는 것과, 인간이 영혼과 육체로 지음을 받고 원죄를 지었다는 것, 그리고 그리스도의 신성, 천당과 지옥, 선한 천사들과 악한 천사들을 믿을 것과, 그들이 교황과 황제의 신민(臣民)임을 고백할 것을 요구했다. 그들은 세례를 받은 뒤에는 일요일과 성일들에 교회에서 공식적으로 요리문답을 배우고 암송해야 했다.

집단 세례 관행은 중세 초 북유럽의 집단 개종과 동일한 영향을 남겼다. 즉, 세례를 받은 뒤에도 마술과 미신과 무지가 그대로 지속되었던 것이다. 코르테스는 어떤 도시에 들렀을 때 그곳 원주민들에게 기독교 하나님께 예배해야 하고, 아울러 자신이 타고 온 말들 가운데 발을 저는 한 필을 보살펴야 한다고 매우 엄격하게 명령했다. 원주민들은 그의 명령을 깍듯이 받아 모셨다. 말에게 과일과 꽃을 갖다가 먹였다. 그런데 그 말이 죽었다. 그들의 혼란스런 마음에는 혹시 말과 기독교의 하나님이 같지 않은가 하는 의문이 들었다. 훗날 프란체스코회 선교사 두 명이 그 도시를 찾아갔을 때 원주민들이 말의 화상을 만들어 놓고 그것을 경배하고 있는 모습을 보았다. 원주민들은 말이 천둥과 번개의 신이라고 믿고 있었던 것이다. 오늘날까지 멕시코의 산지에는 기독교가 전래되기 전에 숭배하던 신들을 숭배하고, 기독교 사제가 마을 점술가들 중 낮은 서열을 차지하고 있는 원시 부족들이 있다.

하지만 신세계의 모든 미신들이 모두 고대 종교들이 살아남은 것이라고 생각하는 것은 성급한 판단이다. 미신들조차 유럽에서 수입되었을 가능성이 있고, 실제로 그렇게 수입된 미신들이 있다.

언어 문제는 처음에는 커다란 장애였고, 인디언들은 고해하러 오기를 좋아했다. 여러 해 동안 고해신부가 통역자를 통해서 고해를 듣는 것이 허용되었으나, 이 관행은 1567년 리마 공의회의 결정으로 마침내 금지되었다. 비록 브라질에서는 1580-90년까지 지속되었지만 말이다. 인디언 언어들이 서서히 연구되었고, 문법학교들이 세워졌으며, 요리문답서와 미사경본이 인쇄되었다.

중세의 유산은 집단 세례뿐 아니라 성찬 참여 자격을 허용하는 데 인색했던 점으로도 나타났다. 브라질에서 예수회 선교사들은 1573년에 처음으로 촌락들의 인디언들 중 선별된 사람들에게 부활절 성찬을 허용했다. 1574년부터 그들은 보다 자주 성찬에 참여하도록 허용되었고, 그중 극소수가 시험을 거쳐서 한 달에 한 번씩 성찬을 받았다. 멕시코에 들어간 프란체스코회 선교사들은 인디언들에게 보다 자유롭게 성찬에 참여하도록 권장했다. 미사와 교회력은 축제 분위기로 진행되는 행렬들, 성인들을 기리는 축일들, 세례식이나 결혼식 때의 엄숙하면서도 들뜬 잔치들로 꽉 찼다. 교황이 이그나티우스 로욜라를 시복(諡福)했다는 소식이 마닐라에 전해졌을 때(1609), 그 도시 사람들은 실물 크기의 이그나티우스 상을 예수회 성당 대제단 위에 세우고 보석으로 치장하였으며, 성당 탑에서 불꽃 축포를 쏘아 올렸고, 백일장이 개최되었고, 학생들이 말을 타고 퍼레이드를 벌였고, 성 미가엘 성당 마을의 무용단이 발레를 공연했는데, 절름발이와 소경처럼 비틀거리면서 무대에 올라온 이들은 무릎을 꿇고 복자(福者) 이그나티우스에게 간절히 호소한 다음 경쾌하게 일어서서 칼춤을 추었다. 인디언들 사회에는 어디를 가든 참회자들과 채찍 고행자들이 있었으며, 인디언들은 성 영성체회나 성모회 같은 신앙 단체들에 가입했다. 결혼은 끝없는 고통을 주었다. 왜냐하면 인디언 부족들은 많은 경우 일부다처제를 시행했고, 로마는 몇몇 복잡한 상황에 대해서는 면책을 베풀 필요가 있었기 때문이다. 인디언들에게 고등 교육을 시행하려는 이상은 제대로 시행되지 못했다. 페루의 위대한 총독 프란시스코 데 톨레도(Francisco de Toledo)는 추장들의 자녀를 교육하기 위해 리마에 대학을 짓기 시작했지만, 그가 스페인으로 돌아가자 공사가 중단되었고, 훗날 세워진 대학들은 스페인 청년들밖에 받아들이지 않았다.

스페인인들은 이상주의자들조차 인디언들이 어린이 수준밖에 되지 않는다고 생각하고서 그들을 후견하는 정책을 채택했다. 선교사들은 주민들을 사랑했으나, 때로는 자녀 양육에 모험을 걸지 않는 독점적인 부모처럼 행동했다. 그들은 인디언이 사제가 된다는 것을 상상조차 하기 어려운 일로 생각했다. 멕시코에서는 일부 진보적인 선교사들이 프란체스코회 선교사들과 주교 후안 데 수마라가(John de Zumáraga)의 주도로 원주민 사제를 양성할 계획을 세웠고, 일찍이 1536년에 멕시코시티 근교에 인디언들만 들어갈 수 있는 대학을 짓고 사제 양성에 들어갔다. 그 대학은 멕시코인들을 교육하는 데 성공을 거두었지만, 단 한 명의 멕시코인 사제도 배출하지 못했다. 스페인 평신도들은 멕시코인이 사제가 된다는 생각에 거부감을 느꼈고, 도미니쿠스회 선교사들은 그 대학을 혐오했으며, 그런 분위기에서 그 대학은 서서히 쇠퇴의 길에 접어들다가 결국 16세기 말에는 폐교되는 운명을 맞았다.

멕시코인 중에서 최초로 사제 서품을 받은 사람은 아마 1679년에 옥사카의 주교가 된 니콜라스 델 푸에르토(Nicholas del Puerto)일 것이다. 실로 뒤늦은 일이었다. 그 밖의 나라에서 원주민이 최초로 사제 서품을 받은 것은 칠레가 1794년이었고, 파라과이가 1768년 이후였으며, 필리핀이 1725년이었다. 아메리카 식민지 시대에는 아메리카를 통틀어 단 한 명의 원주민 사제도 없었던 셈이다.

원주민 기독교 공동체

남북 아메리카의 인디언들은 당시에는 유럽인들을 동등한 자격으로 만날 역량이 없던 사람들이었다. 완전히 다른 두 인종을 대상으로 하나의 기독교적 정책을 수립하는 데 따르는 어려움과, 정착민들이 원주민들을 학대하거나 타락시키지 못하도록 예방하는 데 따르는 어려움 때문에, 훗날 미국에 생긴 인디언 보호구역이나 여러 현대 국가들에 있는 보호 구역들과 같은 제도를 시행하지 않을 수 없게 되었다.

라스 카사스는 섬들을 대상으로 모범적인 다인종 정착을 시도했으나 이 시도는 인디언과 스페인 사이에 전쟁이 일어나는 바람에 실패로 끝났다. 하지만 특히 프란체스코회와 아우구스티누스회에서는 어린이들이 교육을 받고 주민들이 서로에 대해서와 식민지 건설자들에 대해서 보호를 받는 인디언 기독교 마을들을 조직하는 것이 서서히 정책으로 자리를 잡게 되었다. 브라질의 예수회는 곧 그 방식을 채택했다.

하지만 그 과정에서 작은 정부의 기능을 하게 된 것이 탁발수사들과 사제들에게는 여간 성가신 일이 아니었다. 그들은 행정관들의 기능을 수행하고, 범죄자에게 태형을 명령하고, 재정을 관리하는 등의 업무를 수행해야 했고, 아마 소규모 군대를 지휘하기까지 해야 했을 것이다. 마닐라의 도덕적인 신학자들은 1630년에 선교사 사제가 자신이 이끄는 공동체의 지도자로서 침략자들을 막기 위해 군대를 편성하여 매복을 하는 것이 가능한지 판단해 달라는 자문을 받았다. (대답은 가능하다는 것이었다. 매복이 합법적인 자위 조치라는 것이었다.) 1565-72년에 예수회 총장을 지낸 귀족 프란시스 보르지아(Francis Borgia)는 선교사들이 이런 기능을 맡아서는 안 된다고 조언했다. 1597년의 총장 클라우디우스 아콰비바(Claudius Aquaviva)는 보다 강경한 입장을 가지고 그 제도를 고치려고 시도했다. 하지만 그 제도를 고친다는 것은 불가능했다. 인디언들은 정착민들을 조금도 신뢰하지 않았지만 성직자들만큼은 신뢰했다. 따라서 공정하게 통치하고 제대로 복음을 전파하려면 성직자들로서는 다른 대안이 없었다.

그보다 더 난처했던 점은 인디언들이 멕시코나 페루의 주된 발전 과정에서 소외되었던지라 장년 세계의 기개와 역량을 갖출 만한 준비를 못했다는 점이었다. 예를 들어 오늘날 멕시코가 안고 있는 정치 문제들 가운데 일부는 인디언을 국가 생활에 제대로 흡수하지 못한 데서 기인했다. 하지만 이러한 난처한 상황을 당시의 스페인 선교사들은 예견할 수가 없었다.

원주민을 보호하는 점에서 가장 성공을 거둔 시도는 과라니스 부족을 대상으로 펼친 파라과이 기독교 공동체들(the Reductions of Paraguay)이었다. 프란체스코회와 예수회 선교사들은 1583~1605년에 파라과이(즉, 아순시온을 중심으로 한 오늘날 파라과이 지역)에 들어가서 활동했다. 1605년에 예수회 선교사단이 두번째로 아순시온에 도착했다. 이들은 우선 자신들의 정착지를 스페인 왕의 직할 통치를 받는 지역으로 만듦으로써 식민지 정부로부터 독립을 확보했다. 이들은 서른 개 가량의 원주민 기독교 공동체(Reduction), 즉 중심에 성당과 병원과 수도원과 학교가 들어선 대 사유지를 설립했고, 학교에서는 우수한 어린이들에게 스페인어와 심지어 라틴어까지 가르쳤다. 이 공동체에서 원주민들은 백인들의 타락에서 벗어난 작은 세계를 이룬 채 교회에 다니고 재산을 공유하는 규율로써 교육을 받았다. 공동체 구성원들은 빠짐없이 매일 미사와 저녁기도에 참석했고, 일터에서 찬송가를 사용했으며, 매일 어린이들에게 요리문답을 가르쳤다. 일과 시간은 매일 여덟 시간이었고, 합주 음악과 연극과 운동이 권장되었다. 초창기의 공동체들 가운데 적어도 한 곳에서는 교회에서 주일 미사가 끝난 뒤에 모든 사람에게 구구단을 의무적으로 암송하는 방식으로 구구단을 가르쳤다.

이들은 토지 갈취자들과 노예 상인들로부터 공동체를 지켜야 했다. 토지 갈취자들과 노예 상인들이 원주민 기독교 공동체들을 여러 곳 파괴하고 무수한 원주민들을 죽이거나 노예로 잡아가고, 신부들에게 정글을 헤치고 15,000명을 이끌고 탈출하게 하도록 만들었던 것이다. 예수회는 원주민들에게 군사 훈련을 시킬 수 있는 권리를 얻기 위해 국왕에게 청원했고 마침내 그 권리를 얻었으며, 그뒤로부터 사병(私兵)들이 이들 원주민 농촌 사회를 오염에서 지켰다.

남 아메리카나 중앙 아메리카의 대다수 원주민들이 보호구역에서 살았다고 생각해서는 안 된다. 그들 대부분은 '식민지' 소교구들에서 일반 성직자들의 목회를 받으며 살았다. 소교구 교회들은 그다지 개혁적 성향을 띠지 않은, 스페인이나 포르투갈에서 이식(移植)된 교회들이었다. 17세기의 키토(오늘날 에콰도르의 수도로서 잉카 문명의 유적지)에는 성직자의 수가 평신도의 수와 엇비슷했다. 유럽에서 가톨릭 교회가 근대화 과정을 겪고 있는 동안 해외에서는 중세 교회가 계속 연명하고 있었던 셈이다.

포르투갈인들

스페인인들이 남북 아메리카에서 활동하고 있는 동안, 포르투갈인들은 동쪽으로 이동했다. 그들의 이동 경로는 교구들이 신설된 역사로써 추적할 수 있다. 마데이라 교구가 1514년에 설립되었고, 케이프 베르데 교구가 1532년에 설립되었고, 고아가 1533년에 제국의 극동 총독부 좌소(座所)로, 그리고 1558년부터 대주교구로 설립되었고, 중국 해안에 인접한 마카오가 1576년에, 그리고 아프리카 동해안에 인접한 모잠비크가 1612년에 설립되었다. 포르투갈 선교부들은 아프리카 동부의 소팔라로 이동했다가 거기서 잠베지 강을 타고 테테로 올라갔고, 콩고 강을 타고 에티오피아로 올라갔다. 예수회 선교사 베네딕트 데 고에스(Benedict de Goes)는 아르메니아 상인으로 가장한 채 카이버 고개를 통과한 뒤 아프가니스탄을 관통하여 힌두쿠쉬 산맥을 넘어 중국령 투르케스탄으로 들어갔다가 중국의 쉬저우[徐州]에서 죽었다. 포르투칼의 선교부들은 많은 결함이 있었지만 용기나 모험심에서는 결함이 없었다. 그들은 다른 유럽인들보다 인종의 장벽을 덜 의식했다.

극동의 포르투갈인들은 색다른 문제에 부닥쳤다. 포르투갈의 국력이 스페인보다 약한 상태에서 포르투갈인들은 잉카와 아즈텍 문명 사람들보다 훨씬 더 강력한 문화들과 종교들을 접했다.

그들은 처음에는 사역의 규모를 제대로 이해하지 못했다. 극동의 일부 지역들에서는 개종 속도가 남북 아메리카만큼이나 빠르게 진행되었다. 필리핀에서 스페인의 선교사들은 동양에 진출한 모든 선교회들 중에서 가장 괄목할 만한 성공을 거두어서, 1585년에는 400,000명이던 회심자 수가 1620년경에는 2백만 명으로 급증해 있었다. 마닐라는 1571년에 건설되었고, 1579년부터 한 명의 주교를, 1595년부터 한 명의 대주교를, 1619년부터 도미니쿠스회가 운영하는 대학교 한 곳을 갖게 되었다. 필리핀은 극동에서 유일한 가톨릭 국가가 되었다. 필리핀의 경우를 생각하면 다른 나라들에 대한 선교 전망도 무한히 밝다고 예상하는 것이 자연스러웠다.

1541년 4월 7일에 프란시스 사비에르가 세 명의 동료를 데리고 리스본에서 배를 타고 인도 제국(諸國)으로 향할 때 그의 손에는 교황뿐 아니라 포르투갈 왕에게 받은 인증서가 들려 있었다. 사비에르는 인도양의 모든 연안 지방에 대해 교황의 대리자 자격을 갖고 있었고, 포르투갈 왕으로부터 받은 신임장과, 식민지에 주재하는 모든 포르투갈 관리들에게 가능한 모든 수단을 동원하여 그를 지원하라는 왕의 명령서를 소지하고 있었다.

흡인력과 고상함을 지닌 귀족이면서도 성격은 매우 단순하고 직설적이었던 그는 귀족 자제들에게 사랑 받는 교사나 남독일 궁정의 후덕한 고문에 적합한 그런 사람으로 보였을 것이다. 인도 고아에 도착하여 주교를 축성하고 주교좌 성당 한 채와 수도원들과 여러 채의 성당들을 지어 신자들로 북적대게 만든 그는 트라방코르로 사역지를 옮겼고, 그곳에서 다시 말라카와 말레이 반도로 옮겼으며, 그곳에서 다시 암보이나에 갔다가 트라방코르로 돌아왔다. 1549년에 그는 일본 왕에게 보내는 서한을 지닌 채 고아에서 일본으로 항해했다. 일본에서 2년간 길거리에서 전도하고 승려들과 논쟁을 하며 보내던 중 일본을 개종시키기 위해서는 우선 중국을 개종시켜야겠다고 결심했다. 중국에 입국할 수 있는 증명서를 받기 위해서 고아로 돌아갔다. 하지만 싱가포르에서 더 가기가 어렵다는 사실을 발견했다. 그럼에도 불구하고 어떻게 해서든 광저우[廣州]로 들어가려고 노력하다가 1552년 말에 마카오 근처에서 죽었다.

사비에르는 순간적 판단력이나 직관이나 열정이 남달랐고, 언제나 새로운 사역지를 뚫고 들어가 미지의 부족들을 회심시키는 데 열의가 있었고, 그렇게 하다가 신앙을 위해서 위험을 당하는 것도 마다하지 않았다. 자신이 선교지에서 만난 무수한 언어들 가운데 어느 하나도 숙달하지 못했고, 어느 한 곳에 지긋이 붙어있지 않았으며, 어느 날 갑자기 생각이 바뀌면 즉각 짐을 챙겨 방랑을 계속했다. "만인에게 만물을"이 이그나티우스의 선교사들에게 낯익은 좌우명이었는데, 사비에르는 그들 중 누구보다도 사람들을 대할 때 사심이 없고 호쾌하고 동정이 많았으며, 그 덕분에 힌두교도들이나 회교도들이나 일본인들과 빨리 친화하고 그들 사이에서 스스럼없이 지냈다.

그는 집단 개종 방식을 따랐다. 포르투갈 관리들의 뒷받침을 받아 강압이라는 세속적인 방법을 활용했고, 관리들이 제대로 뒷받침을 해주지 않는다고 판단이 들 때는 왕에게 호소했다. 남북 아메리카에서 스페인 선교사들이 그랬듯이 그도 집단 세례를 시행했다. 케이프 코모린 근처에 있는 어부의 해안에서 그는 통역자들을 데리고 이 마을 저 마을을 두루 다녔다.

그는 휴대용 종을 쳐서 마을 사람들을 한 자리에 모아 놓고서, 이미 타밀 어로 번역되어 있던 사도신경과 주기도문과 십계명과 마리아 찬미가를 낭송하곤 했다. 며칠 뒤나 몇 주 뒤에 청중이 그 내용을 충분히 터득하고서 사도신경대로 신앙을 고백하면 그들에게 세례를 주었는데, 팔이 아파 제대로 들 수 없을 때까지 많은 사람들에게 세례를 주었다.

그렇게 세례 받은 초신자들로 하여금 다른 회심자들에게 세례를 주고 주례를 하고 주일마다 그들이 고백한 사도신경을 가르치는 임무를 맡긴 채 그곳을 떠나곤 했다. 학교들을 세워놓고도 유럽의 사제들을 교사로 영입할 수 있을 때는 미련 없이 떠났다. 이러한 목회적 관심이 이러한 전도 방식에 따르는 결핍을 메꿔줄 수 없었지만, 아무튼 그가 문을 열어둔 곳에 다른 사람들이 들어가서 사역을 했다. 한 사람의 힘으로 그렇게 많은 문을 열었다는 것은 보통 일이 아니었다.

아시아에서 전도자들은 아메리카 선교부들이 만나지 못한 장벽에 부닥쳤다. 그것은 아시아의 대 종교들이었다. 1579년에 대 몽고의 군주 아크바르(Akbar)의 궁전에 찾아간 예수회 수사들은 아크바르가 파테푸르-시크리에 지은 사원이 기독교 예배를 관용한다는 사실을 발견했으나, 그 사원 건물을 파시교와 힌두교와 자이나교와 불교의 신자들과 함께 사용해야 했다. 기독교의 전통적이고 정상적인 태도는 우상을 반드시 찍어버려야 한다는 것이었다.

1560년에 인도의 어느 귀족이 부처의 사리라고 하는 유물을 고아에 가지고 왔는데, 정부는 재정이 바닥났는데도 불구하고 그 유물을 100,000파운드에 팔겠다는 귀족의 제안을 받아들이려고 했으나 대주교가 개입하여 그것을 부숴 버렸다. 아메리카와 필리핀에 들어간 스페인인들은 옛 토착 종교들은 모두 이교이므로 분쇄해야 하고, 그렇게 이교를 타파하고 깨끗해진 터에 새 종교를 소개해야 한다는 원칙을 따랐다. 필리핀 마닐라의 주교는 중국의 회심자들에게 변발을 자르고 머리 모양을 스페인인들처럼 다듬으라고 강요했고, 그것을 이교 관습에서 해방된 진정한 표징으로 간주했다. 1571년에 예수회 선교사 빌렐라(Vilela)는 일본 카수가의 신사(神祠)에서 춤을 추고 있는 신도들을 보고 나서 "제2의 엘리야가 와서 바알의 선지자들에게 했던 일을 그곳에서 해주었으면 하는 심정이 굴뚝같았다"고 썼다.

그러나 인도와 중국의 종교 상황에서 기독교 세계 안에 자리잡고 있던 이러한 히브리적이고 배타적인 전통은 처음으로 도전 혹은 수정을 당하게 되었다. 힌두교가 관용과 절충을 덕목으로 삼고 있다는 것을 발견했을 때, 힌두교나 불교가 성결과 금욕 생활을 숭상하는 것을 발견했을 때, 일부 기독교 선교사들은 이 종교들을 새롭게 보기 시작했고, 타종교를 배척하는 행위를 참다운 전도에 장애로 여겨 혐오하게 되었다. 사비에르조차 우상을 타파해야 한다는 기존의 관념을 수정했다.

비기독교권의 관습이나 신앙에 대한 이런 온건한 태도는 도미니쿠스회가 주로 싫어하고 문제 삼던 태도로서, 예수회에 의해서 극대화되었다.

남북 아메리카와 필리핀에서 대다수 스페인 선교사들은 원주민들의 전래 종교들에 기독교 신앙의 터전이 될 만한 내용이 하나도 없다는 듯이 행동했다. 1531년에 수마라가(Zumárraga) 주교는 멕시코에서 본국에 보낸 편지에서 선교사들이 500채 이상의 신전들과 20,000개 이상의 우상을 파괴했다고 썼다. 베르나르디노 데 사하군(Bernardino de Sahagún) 신부는 인류

학적인 관점에서 부족들을 깊이 연구했는데, 이것은 사라져가고 있던 그 사회에 관한 긴요한 증거가 되는 연구였다. 하지만 사하군 신부는 동료들에게는 인기가 없었다. 그의 책들은 탄압을 받아 현대에 와서야 겨우 출판되었으며, 그에게는 후계자도 없었다. 인신 제사와 조야하고 혐오감을 주는 종교 의식들을 접한 선교사들은 그것을 귀신들린 행위로 보기보다는 기독교 진리의 원시 모습과 유사한 것으로 보았다. 하지만 스페인 선교사들이 아메리카 대륙에서 부족 종교를 접한 경험은 이제 임박하게 다가온 기독교와 힌두교, 기독교와 불교와의 만남에 아무런 토대도 제공해 주지 못했다.

아시아의 종교들에 부닥친 선교사들에게 가장 시급했던 문제는 언어, 즉 기독교 교리를 설명하는 데 필요한 용어 문제였다. 기독교 교사가 타종교에서 사용하는 용어들을 사용하면 훨씬 알아듣기 쉽게 기독교를 설명할 수 있겠지만, 비기독교권에서 기독교와 전혀 무관한 속뜻이 담긴 단어를 쓰다가 청중을 오도할 우려가 있었다. 사비에르는 벽두부터 그 문제에 부닥쳤다. 그는 일본에 갔을 때 하나님이라는 단어를 불교권의 동의어 다이니치로 번역해서 쓰다가 몇 달 후에 그 번역에 따르는 큰 폐단을 발견하고는 포르투갈어인 데우스(Deus)로 바꾸어 썼다. 이 단어는 정통신앙에는 부합했지만 일본인들은 알아들을 수 없었다.

선교사들은 타종교들을 더 잘 알게 되면서 실질적인 문제들에 부닥치게 되었다. 일찍이 스페인 선교사들은 선교 방식에 대해서 그다지 고민을 하지 않았다. 선교지의 모든 옛 관습들을 무시하고, 개종자들을 그리스도인들로 만들 뿐 아니라 스페인인들로 만들었으니 말이다. 포르투갈 선교사들도 고아에서는 동일한 정책을 추진했다. 초창기에 포르투갈 선교사들이 인도인들을 위해 만든 요리문답에는 "당신은 그리스도인이 되기를 원합니까?"라는 질문이 "당신은 유럽인들의 계급에 합류하기를 원합니까?"로 번역되어 있었다. 하지만 포르투갈 선교사들은 이런 방식이 현실에서 먹히지 않는다는 사실을 발견하고는 일본과 중국 혹은 인도의 사회 관습들 중 어떤 것이 단순히 사회적이고 정치적이며, 어떤 것이 종교적이되 기독교적 의미를 가질 수 있는 것인지, 그리고 어떤 것이 세례 받는 일과 양립할 수 없는 것인지를 판단해야 했다.

중국에서는 조상 숭배가, 인도에서는 카스트 제도가 사회 제도의 근간을 이루고 있었다. 중국에서 예수회 선교사들은 조상 숭배가 종교 행위가 아니라 사회적 관습이며, 혹시 종교 행위라 하더라도 가톨릭의 죽은 자를 위한 기도와 다를 바 없다고 주장했다. 예수회 선교사들은 중국인들이 기독교를 대체 종교, 새로운 종교가 아닌 자기들의 열망을 최고로 충족시켜 줄 종교로 대해 주기를 바랐다. 하지만 예수회에 반대하는 수도회들은 예수회 선교사들을 나사가 풀린 사람들 정도로 대했다.

1631년에 마닐라의 스페인령에서 온 프란체스코회 선교사 한 명과 도미니쿠스회 선교사 한 명이 베이징에 갔다가(그것은 포르투갈의 입장에서 볼 때 불법 행위였다) 예수회 요리문답이 미사라는 단어를 번역할 때 중국의 조상 숭배 의식[제사]을 가리키는 치(tsi, 祭)라는 단어를 사용하는 것을 발견했다. 어느 날 밤 두 사람은 변장을 하고서 제사에 참석했다가 중국 그리스도인들이 제사에 참여한 것을 보고서 비분강개했다. 이렇게 해서 한 세기가 넘도록 아시아 선교회들을 괴롭힌 '제사' 논쟁이 시작되었다.

베이징에서 이 주목할 만한 모험을 주도한 예수회 선교사는 마테오 리치(Matthew Ricci)였다. 그는 고전 중국어를 익혔고, 중국인과 똑같은 옷을 입고 다녔고, 중국의 과학을 공부했고, 기독교를 유교의 성취로 소개했으며, 전통적인 조상 숭배 제사를 흔쾌히 받아들였다. 1599년에 난징에 첫 가톨릭 교회를 지었고, 1601년에는 베이징에서 황제 신종(神宗)을 알현하고 그 앞에서 시간을 알리는 시계를 선보였다. 그 시계를 보고서 깊은 감명을 받은 신종은 그에게 연금을 주었다.

리치가 탁월한 세계 지도를 그리되 중국이 한복판을 차지하게끔 그리고, 십자가와 성경 본문은 여백에 둔 것이 이런 식의 선교 방식의 전형적인 특징이었다. 리치의 선교 방식은 멕시코에 들어간 스페인 선교사들의 강경한 선포와 상극을 이루었다. 리치는 중국 지식인들을 초대하여 몇 시간씩 차를 마셔가면서 과학과 철학 문제를 논했다. 그는 1610년에 죽었는데, 그 무렵에는 베이징에 천주교회가 세워져 있었고, 세례 받은 천주교인들이 중국 전역에 2,000명 가량 흩어져 있었다.

리치가 죽고 잠시 반(反) 기독교 운동이 일어났다가 시든 뒤에 중국 선교는 1622-1666년에 중국에 체류한 아담 샬(Adam Shall) 신부에 의해 속 개되었다. 그는 리치의 계획에서 발전시킨 방법을 사용하여 중국 황실이 자신을 필요로 하게끔 만들었다. 길일(吉日)과 액일(厄日)이 표기된 중국 달력은 정교한 천문학에 토대를 둔 것이었다. 샬 신부는 천문학을 철저히 공부한 뒤 이슬람권의 천문학 거장들의 부정확성을 증명함으로써 황실에 요긴한 사람이 되었고, 중국 천문대 소장이자 수학 담당 대신으로 승진했다. 중국어로 대수와 기하 교과서를 여러 권 썼고, 대포 주물을 제작했다.

황실은 그의 조상들에게까지 예우를 표했고, 그에게 천계 비밀의 대가 (Master of the Mysteries of Heaven)라는 칭호를 부여하였으며, 일부 중국인들은 기독교를 '위대한 샬의 종교'라고 불렀다. 그는 동료 선교사들과의 관계가 순탄치만은 않았는데, 그렇게 된 데에는 성급하고 조롱을 참지 못하는 성격 탓도 있었지만, 그보다는 예수회 선교사가 과연 대신이 되는 것이 옳으냐, 아무리 간접적으로나마 액일(厄日)을 결정하는 데 참여하는 게 옳으냐는 의문을 제기 받았기 때문이었다.

그는 말년에 반역죄로 사형을 선고받았으나 실제로 처형되지는 않았다. 그의 친구 겸 후계자인 베르비스트(Verviest) 신부는 수학 위원회 회장에 임명되었고, (가톨릭 신부의 복장인 영대와 중백의를 입은 채) 당시 중국에 알려진 그 어떤 대포보다 우수한 대포를 만들었으며, 자신이 만든 대포에 일일이 기독교 성인의 이름을 새겨 넣었다.[1]

예수회의 영향은 갈수록 종교적 색채는 줄어들고 순전히 과학적인 면만 부각되었다. 따라서 마테오 리치의 후계자들이 과연 가톨릭의 절대적인 교리들과 중국 종교와 문화에 대한 합당한 동정을 조화하는 비결을 발견했는가 하는 회의적인 질문을 던질 만하게끔 되었다. 하지만 리치의 방법론

---

1) 베르비스트가 개정한 달력은 중국 정부가 금세기에 재개정할 때까지 널리 쓰였다.

은 헛되지 않았다. 1650년에 이르면 중국 본토의 여러 도시들에 가톨릭 교회들이 흩어져 있었던 것이다. 하지만 당시까지 중국인 사제는 한 사람도 세워지지 않았다.

일본은 필리핀과 마찬가지로 성공적인 선교지가 되어가는 듯했다. 1577년에 어떤 선교사는 자신만만하게 "선교사들만 충분하다면 십 년 안에 일본 전역이 기독교화할 것이다"라고 썼다. 1579년에 예수회 선교사들은 나가사키라는 새로운 읍을 건설하여 그곳을 기독교 개종자들의 거점으로 만들었고, 이미 일본인 개종자들의 수가 100,000명에 달한다고 주장했다. 1587년에는 개종자 수가 200,000명에 240개의 교회, 2개의 예수회 대학, 그리고 귀족 자녀들을 위한 1개의 학교가 있다고 발표했다. 당시 일본에는 아직 확실한 중앙 정부가 없고 봉건 귀족들, 즉 다이묘가 할거(割據)하고 있었고, 기독교 다이묘가 어린 교회를 보호했다. 일본인들은 유럽인들을 남방에서 온 오랑캐로 여기면서도 그들의 기술에 관심을 보였고, 예수회 선교사들이 본국 정부 관리들의 과민한 항의에도 불구하고 감행한 마카오를 통한 포르투갈 상인들의 무역에는 훨씬 더 큰 관심을 보였다.

하지만 기독교 신앙의 급속한 확장에 갑자기 제동이 걸렸다. 일본의 귀족들은 아메리카의 추장들과는 달리 무능하지 않았고, 그들 가까이에는 언제든 기독교를 배척하도록 충동질할 만한 불교와 신도 승려들이 있었다. 1580-1614년에 세 명의 장군이 일본에 강력한 중앙 정부를 수립했다. 새로운 중앙 정부는 한동안은 그리스도인들을 불교 승려들의 거만한 행동을 견제하는 데 유용한 수단으로 보았다. 그러던 중 지방 기독교 다이묘가 절대 권력을 가로막는 유일한 장애가 되기 시작했다. 비기독교 영주들에게 예수회 선교사들을 유용하게 생각하게 만들어주던 포르투갈의 마카오 무역상들은 덴마크 상선들이 일본에 도착하기 시작하면서부터 큰 충격을 받았고, 필리핀에 거주하던 스페인인들이 과거에 교황청이 분할한 세계 판도를 근거로 권리를 주장하면서 프란체스코회 선교사들을 일본에 상륙시킬 때 훨씬 더 큰 충격을 받았다. 심지어 일본에서는 스페인 선교사들이 스페인 정복자들과 협력했다고 알려졌다.

예수회 신부 알론소 산체스(Alonso Sánchez)는 선교부의 관점에서 중국에 대한 침공과 무력 강점 계획안을 작성했고(1586), 마닐라 주교는 스페인 왕 필립 2세에게 "율리우스 카이사르도 알렉산더 대왕도 이런 기회를 가져본 적이 없습니다. 영적인 견지에서 볼 때도 사도 시대 이래로 이렇게 원대한 계획을 꿈꿔본 적이 없습니다"라고 말했다. 1596년에 스페인 범선이 일본 해안에 좌초했을 때 그 배의 조타수는 일본 군주의 고문에게 선교사들이 스페인 정복 사업을 크게 도왔다고 말했다고 알려진다. 이런 상황에서 일본의 군주는 선교사들을 마치 영국의 엘리자베스 여왕이 예수회 수사들을 스페인 침공의 선봉대로 대했던 것과 같은 태도로 대했다. 다양한 법령들과 몇 차례의 십자가형이 정책 변화를 알렸다. 1614년에 일본의 군주 이에야스는 선교사들을 반역죄와 참된 교리를 전복하려고 한 죄로 고소하고, 그들을 일본에서 추방했다.

그런 뒤 기독교 역사에서 유례를 찾기 힘든 박해가 시작되었다. 1614-1646년에 4,045명의 일본 가톨릭 교도들이 순교했는데, 그중 더러는 참수나 화형을 당했고, 더러는 큰 가마솥에서 서서히 익어 죽었으며, 더러는 분뇨 구덩이에 거꾸로 매달린 채 머리에 상처를 입고 여러 날 피를 흘리며 고통을 당하다가 죽었다. 1627년부터는 신자의 혐의를 받은 사람들이 진흙 발로 그리스도나 성모의 화상을 밟도록 강요를 받았다. 1623년부터는 여러 지방에서 모든 주민이 해마다 특정 불교 사찰에 속했다는 증명서를 절이나 관리에게 의무적으로 제출해야 했다. 1637-8년에는 무수한 그리스도인들이 쉬마바라 농민 반란에 가담했다가 실패하여 대 살육을 당하게 되었을 때 그리스도인임을 부인하는 사람들은 목숨을 건졌으나 나머지 사람들은 남녀노소를 불문하고 모두 처형되었다. 당시의 집계에 따르면 희생자수가 37,000명이었다고 한다.

일본은 1638년의 법령으로 외국인들의 입국을 금했다. 1642년에 여덟 명의 예수회 선교사들이 은밀히 상륙했다가 즉각 발각되어 모진 고문 끝에 처형되었다. 1643년에는 열 명이 더 상륙했다가 구덩이에 거꾸로 매달

리는 고문 끝에 신앙을 포기한 듯하다. 박해는 전국에서 주기적으로 지속
되었다. 오늘날 고문서 보관서가 개방되었을 때 1660-1691년에 붕고에서
486명의 그리스도인들이 처형당하거나 옥사(獄死)했다는 사실이 밝혀졌다.
1614년에 일본에는 300,000명 가량의 그리스도인들이 있었는데, 1697년에
는 그 수가 대단히 미미했다.

  기록에 남은 기독교 역사에서 교회에 대한 박해가 이처럼 대규모로 이
처럼 참혹하게 가해진 적은 없었다.

  마테오 리치의 선교 방식은 인도차이나 반도에서 활동한 알렉산더 데
로데스(Alexander de Rhodes)와 인도 남부에서 활동한 로베르트 데 노빌리
(Robert de Nobili) 등 두 명의 예수회 선교사들에 의해 모방되어 큰 성과
를 거두었다.

  1606년부터 노빌리는 인도 남부의 마두라이에서 활동을 벌였다. 그는 사
니아시(Sannyasi)라고 하는 브라만 계급의 고행자에게 말을 배우고, 브라만
고행자가 입는 짙은 노란색 옷을 입고, 삭발을 하고 귀걸이를 한 채 풀집
에서 채소만 먹으면서 은수자(隱修者)처럼 살았다. 브라만 계급 사람들은
그를 성자로 존경하기 시작했고, 마침내 그를 자기들 중 한 사람으로 인정
했다. 그는 힌두교의 지혜와 기독교를 조화시킨 저서들을 타밀 방언으로
집필했다. 고대의 베다 경전에 나오는 찬미와 비슷한 내용의 기독교적 시
들을 썼다. 자신의 브라만 계급 회심자들에게 기존의 종교복을 입고 다니
도록 허용했고, 힌두교의 몇몇 축제에 참석하도록 허용했다. 자신이 개교한
학교에서 이교 의식을 계속 수행하도록 허용했고, 힌두교의 신분 차별을
존중했다. 신분이 낮은 사람이 자기 몸을 만지는 것을 허락하지 않았고, 신
분이 낮은 사람에게 영성체를 집례할 때는 작은 작대기 끝에 빵을 꽂아 내
밀었다. 그런 모습을 보고서 일부 유럽인 동료 선교사들이 충격을 받은 것
은 당연한 일이었다. 그들은 그의 탄핵을 요구하는 서신을 교황청에 줄기
차게 보냈다. 1618년에 그는 고아 대주교의 법정에 소환 당했는데, 브라만
고행자의 복장을 하고서 법정에 나타나 사람들을 놀라게 했다. '말라바르

지방 의식에 관한 건'이 로마에 보고되었다. 1623년에 로마는 "좀더 자세한 정황을 알 수 있을 때까지" 노빌리를 단죄하기를 거부했고, 그 조치에 힘입어 노빌리는 이 특이한 전도를 계속한 결과 마두라이의 그리스도인 4,000명 가운데 26명의 브라만 계급 개종자들을 얻었다.

스페인 왕과 포르투갈 왕은 스페인 왕이 본국 교회를 통제하던 것에 비해 훨씬 더 절대적으로 선교지 교회들을 통제했다. 이러한 통제는 1508년 교황의 대칙서[Universalis Ecclesiae]에 의해 재가를 받았고, 먼 지역에 떨어진 그리고 때로 통제의 손길이 제대로 미치지 않는 교회들을 초기에 조직하는 데 중요한 역할을 했다. 교회들은 성장해 가면서 선교 노력을 구속하는 경직된 틀이 되었다. 그러나 로마 교황청은 17세기에야 비로소 선교지에 보다 직접 개입할 수 있었는데, 그것은 스페인과 포르투갈의 정치 권력이 약화되고 있었기 때문이었다.

16세기 말에 로마는 선교에 관한 문제들을 결정할 추기경 위원회를 설치했고, 1622년에 교황 그레고리우스 15세는 이 위원회를 선교 노력을 지도할 포교 성성(布敎聖省, the Sacred Congregation of Propaganda)으로 격상시켰다. 포교성성은 초창기에는 스페인과 포르투갈 왕들의 권위에 부닥쳐 어려움을 겪었다. 교황청의 파송을 받아 중국으로 가던 어떤 주교는 풍랑을 만나 필리핀 해안에 상륙했다가 스페인인들에 의해 태평양 쪽으로 돌려보내져 원치 않는 세계 일주를 해야 했다. 그러던 중 예수회 선교사 알렉산더 데 로데스가 인도차이나에서 선교 활동을 증진할 목표를 세워놓고서 자기가 원하는 것을 마드리드나 리스본이 아닌 로마로부터 얻어낸 사건은 포르투갈의 정치 권력이 약해지고 선교지에 대한 교황청의 간섭이 증가하고 있다는 중요한 징후였다. 그러나 17세기 중반에 포르투갈의 국력이 극도로 약해지면서 동방에서 가열되어온 가톨릭 선교는 한풀 꺾이게 되었고, 과거에 교황 알렉산더 보르지아가 그렇게 기울어 가던 국가에게 세계의 절반을 위임했던 것이 경솔한 처사였음이 입증되었다. 포교성성에 답지된 초기의 보고서들은 반동 종교개혁이 아메리카나 동인도 제국(諸國)의 일부 교구들에는 전혀 미치지 못했음을 보여준다.

동양에서 활동한 포르투갈 선교사들은 서방에서 활동한 스페인 선교사들에 비해 본토인 사제를 양성하는 데 미적거리지 않았다. 콩고의 아프리카 추장 아들의 경우 일찍이 1518년에 포르투갈에 유학한 뒤에 주교로 축성되었다. 마테오 리치는 중국인 사제들을 양성할 것을 촉구했다가 끝내 중국인 사제를 얻지 못하자 크게 실망했으나, 중국에는 조혼(早婚) 풍습이 있어서 사제를 양육하기에 남다른 어려움이 있었다. 일본과 인도에서는 본토인 사제가 배출되어, 일본의 경우 이미 1601년에 사제 서품을 받은 본토인이 생겼다.

인도에서는 마테오 데 카스트로(Matthew de Castro)라는 브라만이 사제 서품을 원했으나 고아의 대주교에게 거절당했다. 카스트로는 직접 로마로 가서 신학 수업을 받은 뒤 사제 서품을 받고서 고아로 돌아왔다. 하지만 고향에서 학대와 불신을 받던 끝에 경찰의 보호에도 불구하고 로마로 다시 도피했다. 1637년에 교황청으로부터 주교 축성을 받은 그는 이달칸에서 사역하기 위해서 그곳으로 배를 타고 갔다. 이달칸은 고아 근처에 있었지만 포르투갈의 통제를 받지 않는 곳이었다. 고아의 대주교는 그에게 협조하기를 거부하고, 그에게 성무중지령을 내렸으며, 그가 너무 급속히 사제로 임명한 원주민들을 옥에 가두었다. 그는 다시 로마로 떠났다가 1645년에 에티오피아의 대리감목(代理監牧, vicar apostolic)으로 임명되었으나 그 나라에 입국하지 않은 채 로마로 돌아왔다가 다시 에티오피아로 가라는 명령을 받았다. 그는 순교를 자청하는 사람이 아니었던지라 에티오피아 대신에 아그라의 무갈제국 황제를 찾아갔다. 그 뒤 로마로 되돌아온 그는 19년 동안 포교성성의 인도 문제 고문으로 일했다.

초대 인도인 주교가 당한 이런 운명은 인도인 성직자 양성을 주장하는 사람들을 낙담시켰다. 하지만 로마는 위축되지 않은 채 그의 조카들 중 두 명을 대리감목으로 인도에 파견했다.

1656년에는 고아에만 180명의 인도인 사제들이 있었다. 물론 그들의 수준은 높지 않았고 따라서 포르투갈 정부는 여전히 그들을 차별했지만, 본토인 성직자 양성을 가로막았던 장애물은 이제 영구히 제거되었다.

이렇게 해서 아메리카와 아시아에 신생 교회들을 위한 터가 닦였고, 유럽의 가톨릭권은 신앙의 신세계를 존재케 했다.

이 시기에 기독교 세계의 분파들이 상대방 진영의 선교지에 들어가기란 여간 힘든 일이 아니었다. 유럽의 그리스도인들이 해외로 이주할 때 현지의 타 종파 그리스도인들과 정치적으로나 경제적으로 적대 관계에 놓이는 것이 어렵지 않았다. 어떤 스페인 군사령관은 플로리다 해안에서 200명의 프랑스 위그노 교도들을 학살했는데, 그들을 학살한 이유는 그들이 위그노 교도들이기 때문이라기보다 프랑스인들이기 때문이었다. 일본에서는 영국과 네덜란드가 포르투갈을 적대시하는 상황이 이제 막 자라난 교회의 싹을 짓밟아 버린 재난을 초래했다. 북아메리카에서는 캐나다에 있는 프랑스 가톨릭 정착촌들(뉴 프랑스)이 위그노 교도들을 법으로 추방했으나 그 법이 엄격하게 적용되지는 않았다.

17세기에 영국과 네덜란드 해군력이 증가하면서 유럽의 정치 무대는 먼 바다에까지 확대되었고, 그런 추세에 따라 프로테스탄트와 가톨릭의 반목도 확대되었다. 네덜란드는 1619년에 바타비아를 건설하고, 1641년에 말라카를 함락하고, 1658년에 실론을 정복했다. 네덜란드와 영국은 국력이 쇠약해진 포르투갈이 비워놓고 떠난 지역들을 차지하면서 가톨릭 선교사들이 일궈놓은 결과들을 무참히 파괴했다. 네덜란드의 약탈자들이 푸에토리코의 성당에서 훔친 종들이 뉴암스테르담(훗날의 뉴욕)에 있는 네덜란드인 교회에 걸렸다. 하지만 지구는 여전히 모두에게 광활했다.

여러 예수회 선교사들이 보여주었듯이, 아시아의 대종교들을 공감을 가지고 접근하려는 시도는 조만간 기독교 사상에 영향을 끼칠 수밖에 없었다. 하지만 그 영향은 종교개혁 시대가 지나가고 이성의 시대가 도래할 때까지 지연되었으며, 이성의 시대가 도래했을 때는 중요한 질문들을 재고하지 않을 수 없게 되었다. 그런 질문들이란 계시의 법이 자연법과 어떤 관계를 맺고 있는가, 기독교 윤리학이 자연 윤리학과 어떤 차이가 있는가, 부분적인 '계시'가 그리스도인이 아닌 사람들에게 부여되었다고 말할 수 있

는가 따위였다. 아시아가 기독교 교회를 대면했을 때 대두되었던 이런 큰
질문들은 종교개혁 시대에는 제대로 답변되지 못했다. 마테오 리치는 베이
징에서 중국의 장구한 역사를 감안할 때 구약성경의 연대기를 개정할 필
요가 있다고 느끼기 시작했다. 하지만 유럽의 지식인들에게는 17세기 후반
이 되어서야 비로소 이런 질문들을 중요하게 느끼기 시작했다. 1681년이라
는 느즈막한 시기에 보쉬에(Bossuet)는 지중해와 유럽 세계 바깥으로 나가
지 않은 채 「세계사 강론」(*Discourse of Universal History*)을 쓸 수 있었다.

16세기에 지식인들을 당혹스럽게 만들었던 질문들 중 더러는 후대의 관
점에서 볼 때 사소한 것임이 입증되었다. 초콜릿이 발견되자 신학자들은
금식 규정을 작성하기 위해서 초콜릿이 음식인지 음료인지 판단하지 않을
수 없었다. 하지만 초콜릿이 금욕에 해롭다는 의심이 생겼고, 마침내 일부
수도회들은 초콜릿을 먹지 못하도록 규정했다. 알폰소 산체스 신부는 필리
핀에서 마카오로 여행을 마치던 날에 성 아타나시우스 축일(5월 2일) 미사
를 집례하려고 하다가 마카오 교회들이 성 십자가 발견 축일(5월 3일) 미
사를 거행하는 것을 발견하고서, 그럼에도 불구하고 자신도 마카오 교회들
도 교회력을 잘못 계산하지 않았음을 알고는 크게 당혹해했다. 새로 발견
된 이들 남북 아메리카의 부족들은 성경에 따르면 모두 아담의 자손들이
고, 노아의 자손들임에 틀림없다. 만약 모든 동물들이 방주의 짐승들에게서
유래했다면, 동물들은 어떻게 대양들을 건너 인도 제국까지 건너왔을까?
예수회 선교사 아코스타는 사람들과 동물들이 북극을 경유해서든 남극을
경유해서든 유럽이나 아프리카에서 남북 아메리카로 이동할 수 있는 육지
가교를 지금도 발견할 수 있다고 생각했다(그는 아틀란티스를 터무니없는
전설로 간주했기 때문이다). 하지만 유럽에서 찾아볼 수 없는 아메리카의
동물들은 어떻게 된 것인가?

만약 그 동물들이 아라랏 산에 걸린 방주에서 나왔다면 왜 유럽에는 그
런 종류들이 없을까? 모든 동물은 다 방주에서 나왔으므로, 일부 종들은
자기들의 생활 방식에 가장 적합한 서식지를 만났을 때 다른 지역들을 버
리고 그곳에 정착하거나 다른 지역들에서 멸종했다고 추측하는 것이 옳다.

아코스타는 항해를 통한 세계 일주가 이루어지고 있을지라도 사람들이 불충분한 자료에 기초하여 지구가 평평하다고 가정했던 고대 교부들이나 교회 박사들을 업신여기는 일이 생길까봐 걱정했다.

제10장

동방 정교회

기독교 세계의 분열된 교회들 중에서 가장 오래된 교회는 적대국 치하에서 오랜 세월 고통을 겪고 있었다. 1526년에 터키는 발칸 반도, 에게 해, 크림 반도, 베오그라드, 그리고 헝가리의 2/3에 대하여 정복을 완료한 상태였다. 거룩한 정교회(Holy Orthodox)로 자부하던 교회의 대다수 지교회들은 당시에 이교 세계의 지배를 받고 있었다.

십자군 정신

서방에서 십자군 정신은 소멸되지 않았지만, 십자군 전쟁을 일으키는 데 따르는 실질적인 어려운 문제를 극복할 만큼 활발하지는 않았다. 이상론자들과 정치인들은 십자군을 일으켜 터키를 치자고 주장했다. 1518년 3월 14일에 교황 레오 10세(Leo X)는 성 베드로 성당에서 미네르바 성당까지 맨발로 걸어가서 성전(聖戰)을 선포하는 침묵 설교를 했다. 16세기 내내 레오의 추종자들은 동일한 목표를 말하고 계획했다. 황제 카를 5세는 최고의 정치적 목표가 콘스탄티노플 함락이라고 생각했고, 프랑스 왕 프랑수아 1세는 황제 계승 문제를 놓고 협상을 벌일 때 만약 자신이 성공을 하면 3년 안에 콘스탄티노플에 들어가 있든지 죽어 있든지 둘 중 하나일 것이라고 말했다. 한 세기 뒤까지도 리슐리외의 '회색의 명사'(Grey Eminence) 카푸친회 신부 조세프(Joseph)는 이슬람교에 대한 성전을 부르짖는 「터키」(the Turciad)라는 장황한 시를 썼다.

이렇게 큰 열망을 현실에서는 받쳐줄 힘이 없었다. 유럽 강대국들은 터키보다 서로를 더 두려워했다. 그런 상태에서 회의론이 대두했다. 에라스무스는 만약 십자군 전쟁에서 승리하게 되더라도 교황이 과연 터키 정부보다 동방을 더 훌륭하게 통치하리라는 보장이 있느냐는 냉소적인 질문을 던졌다. 십자군 전쟁을 열망하던 대다수 사람들조차 경제적 동기를 충족받아야 하던 상황에서, 당시 유럽의 절반은 동쪽보다 서쪽을, 즉 남북 아메리카나 희망봉이나 인도를 바라보기 시작했다. 스페인인들은 십자군 전쟁을 원하면서도 코르테스와 멕시코를, 피사로와 페루를 바라보았다. 그리고 스페인이 유럽의 강대국으로 떠오르면서 스페인의 지원 없는 십자군 전쟁이란 그 결과가 뻔했다.

서방 국가들은 1571년에 터키에 대한 십자군 전쟁에 가장 근접하게 의견 일치를 보았으며, 그렇게 십자군 전쟁에 가까이 접근한 일은 유럽사에서 다시는 볼 수 없었다. 술탄(터키의 군주)이 베네치아령 키프로스를 공격할 것이라는 소문이 돌았다. 정치적 난관에 개의치 않던 이상론자인 교황 피우스 5세는 중세적인 방식에 의존하여 기독교 국가 동맹을 일으키려 하였고, 심지어 베네치아인들이 키프로스를 잃는 것보다 동방에 파견될 스페인 군대에게 공격당할 일을 더 걱정하게 만들었다. 아무튼 그 교황은 상당한 신망과 역량을 발휘하여 오스트리아의 돈 요한(Don John)이 지휘하는 스페인, 베네치아, 교황청, 이탈리아 연합 함대를 결성하는 데 성공했다. 그리스 서해안에서 떨어진 레판토 해전에서 터키 함대는 격파되었고, 그로써 지중해의 서방 해군력은 보존되었다.

하지만 그것이 서방의 마지막 십자군 동맹이었다. 동맹군은 승리를 거두었으면서도 키프로스를 수복하지도 못했고 터키 군대를 봉쇄하지도 못했다. 기독교 동맹은 와해되었다. 피우스 5세는 레판토 해전 이후 다섯 달 만에 죽었고, 그의 시도는 시대착오적인 것이 되고 말았다. 십자군에 대한 열망은 스페인 군인들이나 피렌체 군인들, 몰타의 성 요한 기사단이 터키 제국 해안 지방을 습격하여 노략질을 하는 것으로 소진되었다.

터키 치하의 교회

동방 정교회가 터키 치하에서 번성했다고는 말할 수 없다. 교회 재산이 몰수되었고, 지식인들은 서방으로 망명했고, 기독교 군주가 직접 통치하던 오랜 관행이 무너졌고, 농민들은 무거운 조세 부담에 짓눌렸으며, 수많은 남자 어린이들이 이슬람교에 등록되었다. 빈곤하게 된 도시들과 농촌 마을들은 사제들의 생계를 지원하고 교회당을 보수하느라 크게 허덕였고, 많은 지역, 특히 소아시아 교회 지역에서는 곧 무너질 만큼 낡은 교회 건물들이 많았으며, 버려진 교회 건물들도 적지 않았다. 가난한 기독교 농민들은 아들들을 터키 군대에 입대시켜 이슬람교 병사로 교육받게 하는 데 주저하지 않았다. 기독교의 쇠퇴는 콘스탄티노플의 식객 정도로 전락한 비시디아 수도대주교처럼, 목양하는 교인들은 없으면서 직함만 거창한 고위 성직자들의 존재에서 금방 엿볼 수 있다. 그 시대 바티칸에서 그에 해당하는 직함과 마찬가지로, 비시디아 수도대주교라는 고대의 직함은 사실상 이교 지역의 명의 주교(名義主教, titular bishop)의 직함이 되었다.

하지만 동방의 모든 옛 기독교 지역이 한결같이 가난에 허덕인 것만은 아니다. 예루살렘과 시나이 같은 순례 명소들은 비록 경계는 삼엄했지만 꾸준한 번성을 누렸다. 예루살렘이나 콘스탄티노플의 관리들과 교회들은 여전히 서방의 스페인 왕이나 교황에게 연금이나 간접 지원을 받았다. 콘스탄티노플에 체류하고 있던 부유한 베네치아와 제노아의 상인들과 서방 국가들의 대사들이 콘스탄티노플의 정교회들에게 또 다른 방향에서 간접 지원을 제공했다. 자본 교역은 주로 그리스 상인들이 주도했고, 비록 고위 관리가 되려면 이슬람 교도가 되어야 했으나(하지만 어떤 그리스도인이 헝가리 평원에서 술탄의 군대를 지휘했다는 이야기를 들으면 이런 규칙에도 가끔은 예외가 있었다는 것을 알게 된다) 그리스도인들은 대부분 건축업, 조선업, 대포 제조업 등에 참여하여 상당한 자금을 축적했다.

1570년경에 미카엘 칸타쿠체네(Michael Cantacuzene)라고 하는 유서깊은 가문 출신의 그리스인은 러시아 모피를 판매하는 터키 상인회를 결성하여 큰 명성을 얻었고, 그로 인해 총대주교에게 주말마다 초대를 받아 자문도 해주고 교훈도 받았다. 적어도 도시의 성직자들은 연명할 수 있었고, 그들의 교회들도 유지될 수 있었다. 약탈자들은 항상 교회 연보궤를 전리품으로 삼은 듯하다. 하지만 전체를 놓고 볼 때 터키 치하의 그리스도인들은 가난에 허덕이며 살았다. 그들이 콘스탄티노플에서 서방으로, 모스크바로 혹은 발칸 반도의 공국들로 구걸 여행을 벌인 이야기들이 많이 전해진다.

술탄은 비잔틴 제국의 전임자들처럼 콘스탄티노플 총대주교 선출을 통제하기를 좋아했다. 술탄은 대개 그 총대주교구를 팔거나 (꼭 언급하고 넘어가야 할 점은) 총대주교 당선자에게 높은 사례금을 받았다. 이 점에서 그는 프로테스탄트 여왕 엘리자베스나 프랑스와 스페인의 일부 가톨릭 군주들과 다를 바 없었다. 다른 점이 있었다면 콘스탄티노플에서 더 큰 액수의 사례금이 오갔다는 점뿐이다. 총대주교 선출 때 콘술에게 바친 사례금은 1453년에는 한푼도 없었지만 1466년에는 크게 올랐고, 1537년에는 3,000다카트로 올랐다. 연례 조공은 500다카트에서 4,100다카트로 치솟았다.[1]

사례금의 규모가 커진 이유는 정부의 직접 징수 때문이라기보다는 서로 앞다투어 정부에 보다 큰 액수를 제시하여 상대방을 좌절시키려 한 경쟁 파벌들 때문이었다. 1555년에 총대주교 요아삼 2세(Joasaph II)는 비상한 재능을 발휘하여 선거 사례금의 액수를 줄이는 데 성공했으며, 훗날 공교

---

1) 술탄들만 일방적으로 매도하는 것이 아님을 밝혀두기 위해서 다른 군주들의 사례도 기록하고 넘어가고자 한다. 엘리자베스 여왕은 세입을 챙기기 위해서 옥스퍼드 교구를 21년 동안이나 공석으로 비워두었고, 가톨릭의 대표적인 군주 스페인의 필립 2세도 비슷한 이유로 톨레도 주교를 수년간 투옥시켰다. 그런가 하면 페르시아의 에레반을 다스린 이슬람계 통치자들은 아르메니아의 수석 교구를 경매에 부쳤을 뿐 아니라, 돈이 충분히 걷히지 않을 때는 주교들을 고문하기까지 했다. 여러 나라 정부들은 신자들의 헌금에 세금을 부과하기 위한 다양한 장치들을 채택했다.

롭게도 (혹시 연대기 저자의 글이 신빙성 있는 것이라면) 성직매매의 죄로 폐위되었다. 그밖에도 유력한 그리스 평신도들도 교회를 위하여 정부에 대해 막후 영향력을 행사한 대가로 적지 않은 사례금을 받아갔다. 미카엘 칸타쿠체네(Michael Cantacuzene)는 총대주교 메트로파네스(Metrophanes)의 선거 때(1565) 참모로 일한 대가로 상당액의 다카트를 받아 챙겼다고 전해진다. 교회를 경멸하는 정부의 박해와 통치는 순교자들을 낳고, 그들의 피로 교회의 씨앗이 되게 한 점도 있긴 하지만, 아울러 교회 조직이 기득권 세력으로 변질되는 더할 나위 없이 좋은 기회도 제공했던 셈이다.

술탄은 마음에 들지 않으면 총대주교를 제거했고, 따라서 총대주교직은 결코 안정된 자리가 아니었다. 정교회 주교들의 계보는 터키 치하에서 배출된 순교자들의 명단과 일치한다. 영국에서도 1550-1650년에 두 명의 캔터베리 대주교가 처형을 당했지만, 당시에 현명한 사람이라면 캔터베리 대주교직과 콘스탄티노플 총대주교 직을 놓고 택일을 제안 받았다면 절대로 콘스탄티노플 쪽을 택하지 않았을 것이다.

위험은 대개 물리적으로 다가오기보다 도덕적으로 다가왔다. 터키 정부는 대개 타종교에 대해서, 적어도 정교회에 대해서는 관용 정책을 시행했기 때문이다. 총대주교 선거 사례금조차 왕실이 정교회에 대해 반감을 갖고 있었다는 징표라기보다는 왕실이 부패했음을 보여주는 전형적인 사례였다. 이따금씩 열정적인 술탄이나 법학자가 나서서 모든 그리스도인들을 뿌리뽑는 것이 터키인의 의무라고 천명하곤 했다. 그 중에서 사형수를 불에 서서히 구워 죽이는 방식을 금지시킨 인도적인 조치로 터키 역사가에게 찬사를 받는 셀림 1세(Selim I)라는 피에 굶주린 군주는 그리스도인들을 말살하고 싶었으나 큰 인내심을 발휘하여 자제했다고 전해진다. 하지만 이런 기록은 사실보다는 허구에 가깝다.

터키 정부는 정교회의 어린이들에게 의무적으로 터키 식 교육을 받게 했고 터키 정부의 필요에 따라 어린이들을 동원했다. 읍 단위의 모든 정복지에서 교회당을 적어도 한 채씩 징발하여 이슬람 사원으로 개조하였고, 읍이나 도시의 규모가 큰 경우에는 여러 채의 교회당을 징발했다. 일례로 콘스탄티노플에서만 성 소피아 대성당 말고도 적어도 여덟 채의 교회당을 징발했다. 1537년에 콘스탄티노플의 이슬람교 기도 시보원들(muezzins, 사원 첨탑에서 큰 소리로 기도 시간을 알리는 사람들)은 이슬람교의 법에 따라 정복된 도시의 모든 기독교 교회당들을 파괴해야 하며, 콘스탄티노플은 정복된 도시라고 주장했다. 총대주교는 성 소피아 성당을 빼앗긴 이래로 자신의 대성당을 삼은 성모 파마카리스토스 성당(Our Lady Pammacaristos)에 있는 성모상을 끌어안고 애가를 읊고, 터키 수상과 법률가들에게 자문을 구하고, 각계 인사들에게 선물을 배포한 뒤, 자칭 102살로서 콘스탄티노플 함락 때 참전했었다고 주장하는 무스타파(Mustapha)라고 하는 연로한 증인을 고용했으며, 이 노인은 콘스탄티노플 시가 정복된 것이 아니라 항복했다고 증언했다.

터키의 재판관들은 총대주교의 탄원을 받아들였고, 교회는 위험을 넘긴 것에 대해서 호칭 기도와 감사 기도로써 축하했다. 스페인 함대가 파트라스를 약탈했다는 소식이 답지되자 1595년에 그리스도인들에 대한 대대적인 박해 계획이 다시 검토되었고, 1646년에도 그 계획이 다시 고개를 들었으나 실행되지는 않았다. 박해 계획을 포기한 것이 터키에게 유리했고, 터키 정부도 터키에게 유리하니까 포기했다. 대 박해 계획은 터키의 관행과 정책에 맞지 않았던 것이다.

터키인들은 여러 도시들을 함락할 때 교회들을 다른 건물들과 마찬가지로 교회당들도 약탈했지만 파괴하지는 않았다. 교회를 격리시키는 쪽을 선호하였고, 저 멀리 육지와 바다에서도 보이는 파마카리스토스 성당의 돔 지붕에 서 있던 높은 십자가를 제거하도록 명령함으로써 정교회의 사기를 저하시켰다. 1586년에 터키는 파마카리스토스 성당에서 그리스도인들을 추방했고, 1601-1924년에 총대주교는 보다 규모가 작은 성 조지 성당으로 만족해야 했다. 그러나 교회들은 소아시아의 일부 지역들에서처럼 그리스도인들이 전부 추방되지 않은 경우에는 동요하지 않았다. 만약 이슬람 교도들이 교회당을 개조하여 이슬람교 사원으로 만들었다가 나중에 사용하지 않게 되면, 키프로스의 라르나카에서 그랬듯이 그리스도인들은 그렇게 사원으로 개조된 교회당을 도로 사들였다. 다마스쿠스에서는 기독교와 이슬람교가 큰 교회당을 분할해서 사용했는데, 그것은 퍽 기이한 일로서 아마 유일한 사례였을 것이다. 아토스 산의 수도원들은 터키의 정복에도 불구하고 이렇다 할 고통을 당하지 않은 듯하며, 그 덕택에 1542년에 총대주교 예레미야(Jeremiah)는 스타브로니키타라는 새로운 대형 수도원을 그곳에 설립할 수 있었다. 시내 산 위에 세워진 성 카테리나 수도원은 아마 정치적 고려에서 경내에 이슬람교 예배당 한 채를 세우도록 허용하긴 했지만, 무거운 조세 압박 외에는 방해를 받지 않았다. 자금 능력만 있으면 교회당들을 보수하거나 장식하기란 쉬웠다. 비록 어느 총대주교가 허가 없이 교회당을 신축했다는 이유로 파면당한 일(1502)에서 볼 수 있듯이 그것은 미묘한 작업이긴 했지만 말이다. 주교들의 거동은 비교적 자유로웠으며, 안디옥, 알렉산드리아, 예루살렘의 총대주교들은 콘스탄티노플에서 어려움 없이 교회회의를 개최할 수 있었다.

그리스와 발칸 반도, 그리고 신생 러시아 공국들에서는 여전히 정교회가 일반인들의 교회였다. 크레타, 유보이아, 그리고 알바니아 일부 지역에 이슬람교가 진출했다는 사실은 이슬람교로 개종한 그리스도인들이 있었음을 뜻했다. 1582년에 무라드 3세(Murad III) 계승자의 할례식과 같은 국가적인 행사가 있을 경우에는 많은 수의 그리스도인들이 신앙을 버렸음을 드러냈다. 그러나 유럽의 거의 모든 지역에서 이슬람교는 소수 지배 계급의 종교로 남았다. 기독교의 옛 전례와 성례적 구조는 여전히 가난하고 억압받는 민중의 생활 속에 스며 있었다. 살로니카는 이슬람 사원은 6채뿐인 데 비해 20채의 교회당과 4채의 수도원을 보유하여 여전히 그리스적 성격을 강하게 간직했다. 1570년경에 소피아에는 13채의 이슬람 사원이 있었지만, 그곳 수도대주교구는 300여개의 교회와 2개의 교회 학교를 감독하고 있었다.

그리스의 신비주의적 요소들이 이슬람교에 얼마나 강한 영향을 끼쳤는가 하는 것은 보다 단순한 이슬람교 사원이 그리스 정교회로부터 받은 영향에 잘 나타난다. 비잔틴 교회들 중에서 가장 고상한 성 소피아 성당은 비록 지붕에 이슬람 사원의 뾰족탑이 붙고 이슬람 사원으로 개조되었지만, 그곳의 성지를 방문하는 그리스도인들의 발길이 끊이지 않았으며, 터키인들도 언약궤의 나무로 만든 문들이나 베들레헴 우물에서 가져온 돌로 단장한 신성한 우물을 보기 위해서 방문객 대열에 합류했다. 때로는 터키인들이 유서 깊은 교회 건물들을 안내하는 직업 안내인들을 통해서 터키인들 사이에 조금씩 형성된 식견을 이용하여 성 소피아 성당에다 자신들의 전승을 첨가하기도 했다.

터키인들이 전하는 바로는 성 소피아 성당의 돔이 그 선지자(모하메트)가 태어나던 날에 무너져 내렸는데, 이슬람교의 성자 키드르(Khidr)가 나타나 건축자들에게 메카에서 가져온 모래와 젬젬 우물에서 길어온 물과 그 선지자의 침을 회반죽에 이기라고 가르쳐 주기까지는 그 성당의 돔을 보수할 수 없었다고 한다. 살로니카에 있는 성 데메트리우스(St. Demetrius) 성당 묘지는 이슬람교 사원으로 개조되었는데도 여전히 기독교 순례지로 남았고, 곧 이슬람교의 순례지가 되었다. 터키인들이 병고침이나 그밖의 유익을 얻기 위해서 은밀히 기독교 세례를 받았고 — 그중에는 술탄 무라드 3세(1585)도 끼어 있었던 듯하다 — 코란뿐 아니라 요한복음 서문이 포함된 부적을 몸에 지니고 다녔다는 유력한 증거가 있다.

셀림 2세(Selim II)는 기독교 성인들이 자신을 도왔다는 신념 때문에 아토스 산의 세로포타무의 성인 상 앞에 놓인 6개의 은 등잔에 기름을 공급했다고 한다. 그는 그리스도인들에게 우호적이었으며 교회 건물을 자유롭게 복구하거나 신축하도록 허락했다. 한편 신앙이 단순한 그리스도인들이 필요할 때는 사제뿐 아니라 이슬람교 사원의 기도 시보원들에게 조언을 구했다는 증거가 있다. 기독교 여성들이 터키 후궁에 들어가는 일이 생기면서 두 종교의 신조와 미신이 뒤섞이는 일이 쉽게 발생했다. 이런 실망스러운 상황하에서 정교회가 힘과 연속성을 유지했다고 뒷받침할 만한 확실한 증거는 없다. 정교회 사제들은 신자들 틈에서 가난하고 평범한 소작농으로 지냈겠지만, 그 직책은 여전히 존경을 받았다. 이 점은 정교회 여신도들이 총대주교 관저의 출입문과 그곳을 지키는 두 근위병 앞을 지나갈 때 십자가 성호를 그었다는 사실이 잘 말해준다. 정교회가 속국 백성의 존립과 민족성과 일치됨에 따라 유서 깊은 전승에 대한 의식이 과거와 마찬가지로 혹은 과거보다 더욱 강하게 지속되었다.

술탄의 법정은 그리스 정교회에 대한 총대주교의 교권을 강화해 주었다. 터키인들은 정교회를 하위 법을 지닌 속국 민족으로 대했고, 콘스탄티노플 총대주교를 그 민족의 대표자로 간주했다.

16세기에 총대주교는 이미 그리스인들 사이의 분쟁을 조정할 만한 사법적 기능을 확보하기 시작했다. 터키 정부는 정교회의 교계 제도를 인정한 터에서 제국 내의 다른 주교들과 수도대주교들에 대한 총대주교의 관할권을 꾸준히 강화했다. 1576년에 이르면 총대주교는 콘스탄티노플 총대주교구가 설립된 이래로 주교들에 대한 임면권(任免權)에서 여느 전임자들보다 큰 권한을 확보하고 있었다. 터키 정부는 대개 새로운 정복지 내의 교회들을 수도에 복속시키는 정책을 취했다. 발칸 반도에서는 좀 예외였는데, 이는 정교회에 우호적인 지역 관리들의 정책이나 영향력에 힘입어 페크의 세르비아계 대주교와 오크리다의 불가리아계 대주교가 상당한 정도의 자치권을 행사했기 때문이다. 콘스탄티노플의 경우 도시 내부의 여러 갈등 요인에도 불구하고 총대주교의 권한이 꾸준히 강화되다가 18세기에 이르러서 절정에 달하게 되었다.

동방 정교회와 라틴 교회

로마에 대한 정교회의 태도는 약해지지 않았다. 로마의 자만심에 정교회는 예전과 다름 없이 불쾌감을 가지고 있었던 것이다. 헝가리와 폴란드에서는 일부 지역이 정교회권이었고 일부 지역이 가톨릭권이었는데, 두 진영의 대립이 해묵은 반감에 끊임없이 불을 지폈다. 그럼에도 불구하고 라틴 교회의 신학적 영향력이 거의 제약을 받지 않은 채 그리스 교회 곳곳에 확산되었다.

라틴 신학의 영향이 동방에 확산된 것은 새삼스러운 일이 아니었다. 십자군 원정 이래로 고립적인 비잔틴 전통은 서구의 방법론과 사상을 인식함으로써 혹은 그것들에 대한 수용과 반발에 의하여 변형되었던 것이다. 1204년 이후에 콘스탄티노플과 베네치아령 레반트 지역 같은 도시들에 한동안 라틴인 성직자들이 임명되면서 라틴 교회와 정교회의 의사소통이 가까워졌다. 그리고 이런 의사소통이 몽고족의 침입과 오스만 터키의 새로운 공세로 인해 방해를 받긴 했으나, 콘스탄티노플의 연약함 즉 터키에 대적하여 서방의 도움을 필요로 하는 절박한 정치적 요구가 결국에는 그리스 교회와 이탈리아 교회간의 밀접한 연합을 1453년 이전까지 수백 년 동안 유지하게 만들었다.

이러한 관계는 1453년에 콘스탄티노플이 터키에 의해 함락된 뒤에도 깨지지 않았다. 16세기에 정교회의 전도 유망한 청년들이 터키 치하에서는 평등한 교육을 받을 수 없었으므로 이탈리아로 건너가 파두아 대학교 같은 곳에서 공부했다. 터키의 침공이 그랬듯이, 그 뒤에 이어진 터키의 통치도 동방인들 사이에 지울 수 없는 변화를 일으켜 놓았다. 정교회들은 자신들의 정체를 잃은 적이 없었고, 자신들의 전례(典禮)와 전통적인 생활 방식과 표현 방식을 잃은 적이 없었다. 하지만 이제는 라틴의 스콜라 신학자들로부터 배운 방법론과 용어에 힘입어 나름대로 최상의 교리 형식을 배웠다(혹은 그것을 배운 사람들이 더러 있었다). 정교회 신학자들은 칠성사 교리를 가감 없이 받아들였고, 성찬 때 그리스도의 실재적 임재 방식에 대해서 전임자들보다 한 단계 더 나아가 질문했다. 간단히 말해서 그들은 과거의 전승에 낯선 신학 문제들을 질문했고, 이에 대한 서방 신학자들의 대답이 동방 교회 전승에 서서히 흘러들어와 전승의 일부가 되었다. 동방인들의 사고에 화체설이라는 단어가 들어간 것이 가장 현저한 예다.

라틴 신학의 용어는 이미 중세 마지막 세기들 때 동방 신학에 유입되었다. 하지만 이제 정교회권 폴란드와 심지어 러시아의 서부에서는 신학 교육이 부분적으로는 라틴어로 이루어졌다. 키에프에서는 정교회 학생들 교육에 로마 가톨릭 교과서들이 사용되었다. 1569년에 우크라이나는 폴란드와 리투아니아와 정치적으로 합병되었는데, 1596년에는 브레스트-리토브

스크 합병에 의해서 우크라이나 교회가 로마와 연합하게 되었다. 정교회 교계제도가 부활된 1596-1620년에 키에프 수도대교구들은 로마 가톨릭 교회의 동방 가톨릭교회 교구들(Uniate members)이었다. 이렇게 해서 외형과 실질이 매우 정적이고 보수적이었던 정교회의 신학 전승은 조금씩 영향을 받아갔다.

터키는 동방에 있는 로마 가톨릭 교회들을 분리주의적 소수로 간주하고서 여러 경로를 통해서 방해했다. 과거에 베네치아령이었던 에게 해의 섬들, 보스니아, 세르비아, 알바니아에는 많은 라틴 그리스도인들이 살았고, 심지어는 트레비존드에도 라틴 그리스도인들이 더러 살고 있었다. 동방의 라틴 교회들로서는 터키의 통치자들에게 자신들이 동방 정교회라는 인식을 심어주는 것이 보다 안전했다. 터키 정부는 서방 교회의 전도로부터 정교회를 보호하는 보호자의 모습을 보이는 데 관심이 있었다. 비록 정교회 당국은 터키 정부에 대해 라틴 교회의 전도를 불법화해달라고 설득한 끝에 1728년에 가서야 비로소 소기의 목적을 달성했지만 말이다. 가끔씩 교황이 나서서 동방 교회와의 전통적인 재통일안을 모색했고, 교황 사절이 콘스탄티노플 총대주교를 만나 정중한 태도로 그 문제를 협의했으나 성과는 없었다.

레바논과 시리아와 팔레스타인에는 로마 교회에 속한 동방 가톨릭 교회들이 있었다. 로마에 그리스 대학이 한 곳 설립되었으나 번성하지 못했다. 1576년에 로마는 레반트에 로마 가톨릭 요리문답 그리스어판 12,000부와 트렌트 공의회 법령집 12,000부를 보냈으나, 그것을 소중히 간직한 사람들이 과연 있었는지 상상하기 어렵다. 1583년에 교황은 콘스탄티노플에 소규모 예수회 수도원을 설립하고서 세 명의 신부와 두 명의 평신도 수사를 보냈으나, 이들은 3년 뒤에 모두 전염병에 걸려 죽었다. 예수회 수도원은 1609년에 프랑스 대사의 보호를 받아 다시 문을 열었다.

정교회와 프로테스탄트 교회들

이러한 상황에서 서방의 종교개혁으로 인한 긴장이 비록 피상적이긴 했지만 동방에도 전달되었다.

프로테스탄트 교회들이 정교회에 관심을 보인 것은 자연스러운 일이었다. 루터는 동방 기독교사를 연구하면서 로마 교회의 주장들이 배척되어야 한다는 확신을 갖게 되었다. 프로테스탄트 교회들, 특히 루터교회들은 때때로 동방의 교구들과 우호 관계를 맺는 것이 가능한 일이라고 생각했다. 서방에 유학 온 그리스 학생들은 파두아와 베네치아를 거쳐 튀빙겐에서 강의를 들었는데, 이 대학교에서 루터교 신학자 마르틴 크라우스(Martin Kraus)가 그리스 교회와 복음주의 교회의 연합이 가능하다고 가르쳤다. 1559년에 멜란히톤의 루터교도 친구가 심혈을 기울여 아우그스부르크 신앙고백서를 그리스어로 번역했다.

어떤 외교부 전속 성직자는 이 신앙고백서 번역본을 콘스탄티노플 총대주교 예레미야 2세에게 전달하면서, 두 교회의 의식은 명백히 다르지만 교리에서는 일치되는 모습을 보고 싶다는 뜻을 전했다. 이에 대해 총대주교는 두 교회가 서로 일치하지 않은 점들을 진술함으로써, 그리고, 루터교도들이 정교회의 가르침을 수용하고서 정교회에 가입하지 않겠느냐고 정중히 권했다. 그런데 총대주교의 답변이 적힌 문서가 불행하게도 폴란드의 로마 가톨릭 사제의 손에 들어갔고, 그가 정교회와의 연합에 대한 루터교의 희망이 허망한 것임을 입증하기 위해서 그 문서를 인쇄해 배포했다. 총대주교는 분파에게 고상하게 답변한 것 때문에 교황 그레고리우스 13세에게 축하를 받는 기쁨 혹은 시련을 겪었다.

루카리스 (1572-1638)

키릴 루카리스(Cyril Lucaris)는 서방 교회의 방식을 상당히 잘 알고 있던 그리스인이었다. 그는 베네치아와 파두아 대학교에서 공부했고, 이탈리아어와 라틴어를 쉽게 구사했으며, 폴란드에서 정교회의 논객 겸 교사로 활동했기 때문이다. 그는 폴란드에서 활동하면서 관점이 변했다. 로마에 대해 정교회를 변호하려고 힘썼던 그는 당시에 폴란드에서 여전히 세력을 과시하고 있던 프로테스탄트 교회들을 동맹 세력으로 여겼다. 루카리스는 통일을 위해서 프로테스탄트 교회들과 함께 먼 길을 갈 준비가 되어 있었다. 그리고 프로테스탄트 교회의 교리들 중 더러는 사실이라고 진심으로 받아들였다.

그는 1602년에 알렉산드리아의 총대주교가 되었고, 1620년에는 다름 아닌 콘스탄티노플 총대주교가 됨으로써 콘스탄티노플 주재 프로테스탄트 대사들에게는 환영을, 가톨릭 대사들에게는 우려 섞인 반응을 얻었다. 총대주교에 취임한 그는 캔터베리 대주교와 그 밖의 유력한 프로테스탄트 지도자들과 우호 관계를 맺었다. 캔터베리 대주교에게 아랍어 모세 오경 사본을 선물했고, 영국 왕에게는 성경의 알렉산드리아 사본을 선물했다. 휘하의 젊고 유능한 사제들을 옥스퍼드와 헬름슈테트와 제네바로 유학 보냈다. 그는 전례(典禮)에서 성인들에 대한 호칭 기도를 속으로는 부인하면서도 겉으로는 따라야 하는 게 고통스러웠다.

그는 네덜란드 대사를 통해서 자신의 「신앙 고백서」(Confession of Faith)를 제네바에서 출판하도록 허락했는데, 이 문서에는 칼빈의 용어가 가득했고, 이 문서를 보고서 정교회의 신앙이 자기들과 일치한다고 생각한 프로테스탄트 교도들은 크게 환영했다. 그가 가르친 내용은 정교회가 성경의 권위에 복속되어 있고 따라서 오류를 범할 수 있다는 것과, 택자(擇者)는 선행과 관계 없이 영생을 얻도록 예정되었다는 것, 복음은 두 가지 종류의 성례를 가르친다는 것, 그리고 개혁주의적인 영성체(성찬) 교리였다. 정교회의 수장이 프로테스탄트와 유사한 신앙 고백서를 출판했다는 사실은 유럽에서 적지 않은 센세이션을 일으켰다.

하지만 루카리스는 치열한 경쟁 관계에 있던 콘스탄티노플의 외교관들 틈에서 때로는 놀이개가 되고 때로는 음모의 주동자가 되다가 1638년에 술탄의 지시로 교수형을 당했고, 그의 시신은 보스포루스 해협에 던져졌다. 그의 신앙고백서는 그가 죽은 직후에 열린 두 번의 교회회의에서 단죄를 당했다. 정교회에서 루카리스를 앞장서서 논박했던 페트루스 모길라(Peter

Mogila)가 예수회 신학자 페드로 카니시우스(Peter Canisius)의 요리문답 같은 로마 가톨릭의 전거들에서 자신의 신학 내용을 상당 부분 이끌어 내고 그것을 먼저 라틴어로 출판했다는 사실은 동방 교회와 서방 교회간에 강력한 유대 관계가 생겼음을 보여주는 증거이다.

1672년에 예루살렘에서 열린 정교회 대 교회회의는 프로테스탄트 이단들의 오류를 정식으로 단죄하였다.

정교회와 프로테스탄트 사이에는 자연스러운 동정심이 존재하지 않았다. 공포의 황제라 불린 러시아의 차르 이반(Ivan)이 1577년에 리보니아의 코헨하우젠을 함락했을 때, 그는 도심에서 어느 루터교 목사가 우호적인 분위기에서 신학 토론을 벌이는 것을 지켜 보았다. 적어도 루터교 목사가 루터를 성 바울과 비교하기 전까지는 분위기가 우호적이었다. 하지만 루터를 성 바울과 비교하는 말을 듣는 순간 이반은 말채찍으로 그 목사의 목을 날려버리고서 "너와 너의 루터는 마귀에게로 가라!"고 외친 뒤 말을 타고 갔다. 로마가 정교회를 아무리 반감을 가지고 대했을지라도, 정교회는 프로테스탄트 교회들의 언어와 정서와 교리에 대해 동질감을 느끼기보다는 오히려 언제나 낯설고 이상하고 전통에서 벗어나고 오류에 빠진 듯한 인상을 받았다.

정교회가 이런 다양한 영향들을 접했으면서도 종교개혁과 반동 종교개혁을 모두 다 빗겨갔다는 것은 기독교 역사에서 대단히 중요한 사실이 아닐 수 없다. 역사에 만약이라는 가정을 붙여 봐야 별 소용이 없겠지만, 터키의 철권 통치가 정교회로 하여금 그토록 역동적이었고 그토록 큰 변화를 일으켰던 두 세력을 피할 수 있게 했다는 점만큼은 분명히 말할 수 있을 것이다.

모스크바

정교회의 세력이 지속되었다는 사실은 정교회가 발칸 반도를 장악했을 뿐 아니라 북쪽과 동쪽으로 꾸준히 확장되어간 데서 엿볼 수 있다.

러시아인들은 항상 콘스탄티노플을 바라보았고, 남쪽에서 신앙을 받아들 였으며, 자신들이 슬라브 정교에 의해서 기독교 세계에 참여하고 있다고 느꼈다.

러시아는 1505년에 대 이반 3세(Ivan III the Great)가 대평원의 작은 공 국들을 바탕으로 수립한 나라이다. 그는 콘스탄티노플의 마지막 로마 황제 의 질녀 소피아(Sophia)와 결혼했고, 스스로를 동로마 기독교 유산의 상속 자로 여겼다. 그런 뜻에서 비잔틴의 군기였던 쌍두 독수리 기장을 러시아 군대의 군기로 채택했다. 이런 개념들이 러시아의 전통과 독재정이 형성되 는 데 강력한 역할을 했다. 1505년에서 1533년 사이의 어간에 필로테오스 (Philotheos)라는 수사가 차르에게 쓴 편지에는 이런 내용이 들어 있다: "이제 두 로마는 멸망하고 없지만 세번째 로마인 우리 모스크바는 건재합 니다. 그리고 네번째 로마는 영원히 없을 것입니다 …… 이 세상에서 당신 만이 유일한 기독교 황제이십니다."

이런 사고 방식의 절정은 1589년에 모스크바 총대주교구가 수립된 일이 었다. 콘스탄티노플의 예레미야 2세가 구호금을 얻으려고 모스크바를 방문 했다가 후한 구호금을 받아 가지고 돌아가는 길에 차르가 지명한 사람을 서열이 예루살렘 총대주교에 버금가는 모스크바 초대 총대주교로 축성했 던 것이다.

러시아 공국은 이제 동방에서 정교회를 국교로 받아들이고 이슬람교의 지배를 받지 않는 유일한 나라가 되었다. 일찍이 1576년에 어느 혜안이 있 는 베네치아인은 모스크바의 군주가 불가리아, 세르비아, 보스니아, 모레아, 그리스 사람들과 동일한 신앙을 고백하게 될 때, 그가 말 한 마디로 터키 백성을 해방 전쟁에 동원할 수 있다는 정치적 가능성을 내다보았다. 과연 혜안이 있는 사람의 전망이었다. 하지만 러시아는 동방 유럽에서 효과적인 정치력을 발휘할 수 있기까지 수많은 무정부 상태와 내전을 겪어야 했고, 그런 기간을 겪지 않았다면 정교회 교도들을 보호하지도 해방시키지도 못 했을 것이다. 한동안 러시아와 동방간의 교류는 주로 구제 사업을 목적으 로 한 방문이나 콘스탄티노플을 경유한 러시아 순례자들의 예루살렘 방문에 국한되었고, 아토스 산에 러시아인들이 점차 많은 관심을 가지고 찾아 간 정도에 국한되었다.

러시아가 팽창하면서 정교회 신앙도 확산되었다. 읍이라고는 별로 없는 광활한 나라에서 수도원들은 식민지들을 건설했고, 그 결과 대규모 농지를 소유하게 되었다. 수도원 주도하에 식민지들은 16세기 내내 계속 성장했다. 이곳에서 기독교 세계에서 거의 유일하게도 고대 이집트의 독거(獨居) 수 도 생활이라는 원초적 이상이 숲 지대를 중심으로 꾸준히 재개되었고, 반 면에 보다 규모가 큰 수도원들은 농민들을 위해서 원거리 소교구들을 설 립하고 교회당들을 건축했다.

노보예체르스크의 키릴(Cyril)은 맨발로 순례를 했고, 20년간 들짐승들 틈에서 초근목피로 연명하다가 1517년에 뜻을 세우고는 비엘로체르스크에 암자를 짓고 정주(亭主)했다. 1517년의 유럽 어느 곳에서도 이렇게 초기 켈트족 아일랜드를 생각나게 하는 신선함을 발견할 수가 없었다. 6년 전에 출판된, 낭비적인 수사들을 세련되게 풍자한 「우신 예찬」(*The Praise of Folly*)은 먼 나라 이야기이다.

제 3 부

종교개혁과 교회 생활

제 11 장

분열된 기독교 세계

1204년에 콘스탄티노플이 십자군에 의해 함락된 이래로 서방 교회는 동방 교회와 돌이킬 수 없는 분열을 겪었다. 종교개혁이 남긴 뚜렷한 결과는 서방 기독교를 한층 더 갈라놓고 있었다. 이렇게 분열이 가능하게 된 이유는 민족 국가들이 대두하면서 기독교 세계라는 사상이 쇠퇴했기 때문이다 (민족 국가들의 등장은 프로테스탄트 진영의 승리에 따라온 결과가 아니라 그 원인이었다). 서방 기독교 세계는 세속적 분열을 겪을 준비를 한 뒤에 비로소 종교적 분열로 들어가는 문을 열었다. 프로테스탄트의 반란과 반동 종교개혁의 강경한 대응은 교회를 둘로 쪼개놓았을 뿐 아니라 정치적 분열에 따른 적대감을 한층 강화시켰다.

종교 전쟁들은 엄격한 의미에서 보면 종교 문제를 둘러싸고 일어난 전쟁일 뿐이다. 네덜란드 도시들은 제국과 스페인의 지배와 조세 징수에 저항하여 독립과 자유로운 교역을 쟁취하기 위해 싸우고 있었고, 스페인은 반란을 일으킨 백성을 진압하기 위해서 싸우고 있었다. 어떠한 대 전쟁도, 심지어 스페인의 무적함대가 영국을 침공한 전쟁도, 교황 우르바누스 2세가 성지를 되찾기 위해 최초로 감행한 십자군 전쟁과 같은 이상적인 의미에서의 십자군 전쟁이 아니었다. 그 전쟁들을 종교 전쟁이라 부를지라도, 가톨릭 진영이 프로테스탄트 진영에 대해서 그들이 프로테스탄트라는 이유만으로 죽이려고 했다거나, 프로테스탄트 진영이 가톨릭 진영에 대해서 그들이 가톨릭이라는 이유만으로 죽이려고 했다는 뜻으로 그렇게 부르는 것은 아니다. 몽테뉴(Montaigne)는 이렇게 말했다. "오로지 종교에 대한 순수한 열정이나 애국심이나 국왕에 대한 충성심 때문에 입대하지 않은 병사들을 가톨릭 군대에서 제외시켜 보면 한 개 중대를 구성할 인원도 남지 않을 것이다." 종교 전쟁에 가장 가깝게 접근한 것은 1572년 파리에서 가톨릭 패거리들이 잠을 자고 있던 수천 명의 위그노 교도들을 살해한 성 바르톨로메오 축일 대학살이었다. 하지만 그 대학살은 여왕 카트린 데 메디치(Catherine de' Medici)가 지시한 것으로서, 그의 정신과 마음에 종교적인 동기들이 자리잡고 있었을 리 만무하다.

사람들이 분열되는 것은 이권에 대한 염려 때문이기도 하고, 독재에 대한 우려 때문이기도 하고, 탐욕 때문이기도 하고, 항상 인간을 갈라놓는 의심 때문이기도 하다. 유럽이 종교 진영들로 갈라지게 되면서 종교의 차이가 두려움과 정치적 불일치의 깊은 동기가 되었다. 그러므로 종교 전쟁이 순수한 십자군 전쟁의 의미에서 볼 때 종교 전쟁이 아니라고 주장하더라도, 병사들의 마음에 박해에 대한 두려움이나 이단에 대한 적대감이 뚜렷이 자리잡고 있거나 잠재해 있지 않았다는 뜻은 결코 아니다. 많은 경우에 그런 심리가 자리잡고 있었고, 개인이든 집단이든 병사들의 마음에 종교적 동기가 가장 지배적인 동기였다.

17세기에 들어서면서 일부 사람들은 이런 종교적 동기에 대해 냉소적인 태도를 취하기 시작했다. 존 셀든(John Seldon)은 종교를 전쟁의 동기로 내세워야 한다고 주장하면서, 그 이유를 설명하기를, 종교란 하층민의 이해뿐 아니라 상층민의 이해까지도 동시에 건드리는 유일한 동기이기 때문이라고 했다. 16세기에만 해도 이런 궤변은 들어보기 힘들었다.

1648년에 이르면 서유럽의 종교 지도가 향후 300년간 지속되게 될 모습으로 이미 형성되어 있었다. 북부는 프로테스탄트 진영이 장악했다. 스웨덴, 노르웨이, 덴마크, 아이슬란드, 그리고 독일의 북부와 중부의 국가들은 루터교회가 장악했다. 스코틀랜드, 네덜란드, 헤세, 팔츠 백작령, 그리고 독일 서부의 몇몇 국가들은 칼빈주의, 즉 개혁주의 교회가 장악했다. 남부는 가톨릭 진영이 장악했다. 스페인, 이탈리아, 오스트리아, 바바리아, 그리고 독일 서부의 나머지 지역들이 가톨릭 진영에 속했다. 그리고 유럽 대륙을 가로지르며 아직 승리가 확정되지 않은 분쟁 지역들의 벨트가 형성되어 있었다. 아일랜드에서는 영국의 정치적 방패 아래 확산되어 가던 종교개혁에 대응하여 로마 가톨릭 교회가 기득권을 지키기 위해 투쟁을 벌였다. 영국에서는 칼빈주의자들이 스코틀랜드와 네덜란드의 지원을 받아 보다 보수적인 혹은 덜 보수적인 종교개혁 형태에 대응하여 칼빈주의적 정치를 수립하기 위해 계속 투쟁했다. 프랑스에서는 위그노 교도들이 거의 40년에 걸친 전쟁 끝에 존립을 위한 법적 권리는 확보했으나 교세는 크게 위축되어 군소 교파로 전락했다. 스위스에서는 칼빈주의 곧 개혁주의의 약진이 한풀 꺾이고 반동 종교개혁 세력이 밀라노의 지원에 힘입어 되살아나 가톨릭 주(州) 국가들과 독일 중부의 중앙에 위치한 일부 국가들에게서 전통적인 충성을 확보했다.

이렇게 열정과 민족주의와 정치적 의심과 종교 논쟁으로 인한 분열들에도 불구하고 그것을 극복하는 하나의 기독교 교회에 대한 사상이 있었을까?

거의 없었다. 두려움이 관용을 짓밟았다. 네덜란드의 어느 고위 성직자는 침묵 왕 윌리엄(William the Silent)의 암살 사건을 격찬하는 시를 썼다. 존 녹스(John Knox)의 가톨릭 정적들은 그의 출생과 조상과 인격에 관한 비열하고 파렴치한 소문을 퍼뜨렸다. 프로테스탄트 성직자들은 예수회 수사 로버트 파슨스(Robert Parsons)의 출생에 관한 저급하고 근거없는 풍문을 퍼뜨렸고, 충직한 영국 국교회 성직자인 파슨스의 형제 존(John)이 흥분한 채 이 풍문을 반박하자 그가 교황파에 동조하는 게 틀림없다는 풍문이 퍼졌다. 이 풍문은 결국 시비가 가려지지 않았다.

전통적인 성직자가 신앙이나 종규(宗規)에 대해 교회와 견해를 달리할 때는 교회 안에서 입지를 찾기가 쉽지 않았다. 정통 로마 가톨릭 교회는 가시적 교회 밖에는 구원이 없으며, 가시적 교회의 구성원이 되려면 로마 교황에게 복종하는 것이 필수적이라고 믿었다. 참되고 온전한 신앙이 없으면 구원을 받을 수 없으며, 무오한 교회의 가르침을 믿지 않으면 참되고 온전한 신앙을 가질 수 없다고 했다. 정통 칼빈주의 교회는 가시적 교회 밖에는 구원이 없으며, 그리스도인은 말씀이 순결하게 선포되고 성례가 바르게 집행되는 지교회의 교인이 되어야 한다고 믿었다. 칼빈주의자들은 이러한 특성들을 로마 가톨릭 교회에서 찾아볼 수 없었기 때문에 로마 가톨릭 교도가 진정한 의미에서 그리스도 교회의 지체가 될 수 있다고 생각하기가 쉽지 않다는 것을 발견했다.

관용이 통하기 어려운 엄격한 논리들은 양 진영의 사상가들이 발휘한 기교나 자애나 진기함에 의해서 누그러졌다. 이 면에서 시대의 흐름에 아랑곳하지 않은 사람들이 있었다. 그들은 하나의 기독교 제국이라는 중세적 이론을 현실성 없이 이상화하면서도, 이제는 하나의 울타리 안에 기독교의 세 개의 큰 집단인 가톨릭 교회와 루터교와 개혁주의 교회를 평화롭게 수용할 수 있는 하나의 제국을 발견하기를 기대했다.

프랑스의 앙리 4세는 심지어 유럽 전체를 하나로 아우르는 공의회를 개최할 생각까지 했다. 공의회를 통해서 유럽의 현안들을 처리하고, 프로테스탄트 진영이든 가톨릭 진영이든 기독교 국가들 사이의 전체적인 군축(軍縮)을 계획하고, 기독교권 유럽의 통합군을 유지하고, 전쟁들을 터키 정벌로 제한하고자 했던 것이다. 스코틀랜드 왕 제임스 6세(James VI)는 레판토에서 터키에게 대승을 거둔 일을 축하하는 시를 썼고, 스코틀랜드인들 중에서 왕이 가톨릭의 승리를 축하한 사실을 비판한 사람들은 소수에 지나지 않았다. 1608년에 베오그라드의 스테판 판노니우스(Stephen Pannonius)는 삼위일체설을 믿는 모든 기독교 교회들을 관용하는 터에서 네덜란드에서 그리스에 이르고, 영국에서 폴란드에 이르는 거대한 유럽 제국을 세우려는 꿈을 꾸었다.

인문주의 정신이 강력한 힘을 발휘하고 중산층이 인구수와 교육 수준 면에서 계속해서 증거하는 세계에서는 교파간의 장벽이 낮아지지 않을 수 없었다. 종교가 달라도 경제적 이윤에 대한 동기 앞에서는 장벽이 없었다.

서적 판매상들은 검열이 느슨하면 어디든 넘나들었다. 프로테스탄트 작곡가들이 가톨릭 교회들을 위해 미사곡과 모테트를 작곡했고, 가톨릭 작곡가들이 프로테스탄트 교회들을 위한 코랄(chorale)을 작곡했다. 교육도 신학교육만 제외하고는 장벽을 몰랐다. 종교개혁과 혹은 기독교 세계의 민족적 종교적 구분은 학자들간의 국제 교류의 정착을 지연시켰다. 학자들은 학문적 성과가 유용하다는 평가를 받기 전에는 국가의 후원을 받지 못했는데, 학문적 성과가 유용하다는 것은 일반적으로 논쟁에 효과적임을 뜻했다. 하지만 고전 연구는 이러한 난관을 뛰어넘었다. 낭트 칙령이 공포된 뒤에 프랑스에서는 학자들의 순수한 동호회가 생겼는데, 이 동호회는 종교적 장벽을 초월했고, 가톨릭 왕실과 위그노 출신 수상 쉴리(Sully)에게 격려를 받았으며, 역사가 드 투(de Thou)와 고전학자 이삭 카소봉(Isaac Casaubon)이 주축이 되었다.

유능한 신학자들은 교리의 거친 가장자리들을 부드럽게 다듬었다. 로마 가톨릭 진영에서는 대대로 저명한 사상가들이 만약 외부적 상황이 달랐다면 가톨릭 교도였을 사람에게 입지를 마련해 주려고 노력했다. 추기경 벨라르민(Bellarmine)은 진지한 프로테스탄트 교도와 세례를 미처 받지 못한 채 죽은 교리문답 교육자 사이의 상관 관계를 넌지시 암시했다. 다른 사람들은 보다 노골적으로 단순하고 제대로 교육을 받지 못한 이단자의 신앙과 어린이의 신앙을 비교하여 말했다. 그러므로 심지어 프로테스탄트 교회들 안에서도 신비주의적 방법에 힘입어 영혼으로는 가톨릭 교회를 신봉하는 사람들이 있을 수 있었다. 그러나 종교개혁 시대에 프로테스탄트 교도들이 이런 자유로운 입회를 권유받았다고 주장할 수는 없다.

프로테스탄트 진영에는 견해차가 보다 광범위했다. 개혁주의 목사들은 로마 교회와의 결별을 옷이 다시 깁지 못할 정도로 찢긴 것으로, 옷에서 좀 먹은 부분을 잘라낸 것으로, 그리고 옷의 나머지 부분을 깨끗이 세탁한 것으로 느꼈다. 그들은 교회의 외형과 분위기를 바꾸었고, 가톨릭 교회당에 들어갈 때 낯설고 거부감이 생기고 이해할 수 없는 분위기를 발견했으며, 개혁교회와 중세 기독교와의 연속성을 느끼지 못했다. 과거 역사에서 자기들과 맥이 통하는 신자들을 찾을 때도 가톨릭 전승의 주류에서 찾지 않고 후스파와 위클리프파와 발도파 같은, 중세 기독교 세계에서 박해 받던 소수에게서 찾았다. 자기들의 출처를 찾을 때도 성경을 바라보았고, 15세기의 부패한 기독교권에서조차 반쯤 감추어지고 은밀한 성경 종교의 흔적을 발견하기를 기대했다. 반동 종교개혁이 자기들이 유래한 참 교회와 조금도 유사점을 지니고 있음을 전혀 인정하지 않았다. 계시록을 묵상하면서 그 책의 표징들과 시대의 징조들을 비교할 때도 로마 교황을 자줏빛 옷을 입은 여인이나 짐승이나 적그리스도로 보았다.

칼빈 자신은 로마 가톨릭 교회에 참 교회의 '자취들'이 남아 있음을 인정했다. 건물은 이미 붕괴되었지만 분별력을 가지고 보면 돌더미 속에서 여전히 권위 있는 초석들을 발견할 수 있다고 했다. 대부분의 개혁주의 신학자들은 로마 교회 당국자들과 그 신자들을 구분해서 대하는 입장을 견지했다. 하나님의 자비로 로마 가톨릭 교도도 구원을 받을 수 있지만, 그것은 개인 자격으로, 남은 자로, 바다에서 건져올린 물고기로, 바알 선지자들 틈의 엘리야와 참 선지자들처럼, 로마 교회로부터 그리고 로마 교회에도 불구하고 구원을 받은 남은 자로 구원을 받을 수 있는 것뿐이며, 로마 교회의 사역과 그 성사(聖事)들을 통해서 구원을 받을 수 있는 것은 아니라고 했다. 그리고 그들이 구원을 받는 것은 결국 참 교회에 속했기 때문이지, 로마 가톨릭이라는 가시적 교회에 속했기 때문은 아니라고 했다.

루터교는 한 걸음 더 나갈 준비가 되어 있었다. 루터교도 개혁교회처럼 로마교회 당국자들과 신자들을 구분했다. 하지만 루터교는 개혁교회에 비해 중세 교회와의 연속성을 더욱 강하게 느꼈다. 그래서 교회의 외형에도 별로 변화를 가하지 않았다. 루터교인들은 로마 가톨릭 교회에 들어가도 낯선 느낌을 받지 않았다. 루터교는 미사와 고해성사를 그대로 유지했고, 의식(儀式) 면에서 보수적인 태도를 취했다. 루터와 멜란히톤은 항상 자기들이 옛 교회의 불결한 점들을 씻어냈다고 믿었고 또 그렇게 가르쳤다. 그들은 15세기와 그 이전 시대 교회를 되돌아볼 때 자기들의 선조들을 중세 전승의 주류에서, 즉 아퀴나스, 오컴, 둔스 스코투스 같은 신학자들의 맥락에서 찾았다. 그 선조들은 로마 교회 안에서 구원을 받았고, 그 교회에서 문제가 되는 것은 교황제였지 그 가시적 교회 자체는 아니었다고 했다. 그 교회에서 그 선조들은 세례를 받았고, 성경 낭독을 들었고, 성사를 받았고, 그리스도의 실재적 임재를 믿었고, 그리스도의 사제직을 공유했다고 했다.

후커(Hooker)를 비롯한 영국의 신학자들은 로마 가톨릭 교회에 대해 루터교만큼 인정을 하지 않았지만, 때로는 중세 교회와 당시 로마 교회와의 연속성을 흔쾌히 인정함으로써 훨씬 더 강렬한 용어로 로마 교회를 인정했다. 후커는 이렇게 썼다. "로마 교회의 여러 가지 추악하고 가증스러운 면들에 관해서는 그 교회와 대화할 용의가 전혀 없지만, 그 교회가 집요하게 고집하는 기독교의 중요한 진리들에 관해서 우리는 그들이 예수 그리스도의 가족의 일원임을 흔쾌히 인정한다."

존 던(John Donne)은 친구에게 이렇게 썼다. "자네도 알다시피, 나는 신앙이라는 단어에 족쇄를 달거나 그것을 감금한 적이 없다. 그것을 로마나 비텐베르크나 제네바에 가둔 적도 없다…… 로마나 비텐베르크나 제네바는 모두 한 태양에서 나온 실질적인 광선들이다……그들은 북극과 남극처럼 상극을 이루고 있는 게 아니다."

따라서 각 교파는 다른 교파에도 참 교회의 신자들이 있다고 머뭇거리면서 시인한 셈이다. 로마 가톨릭 교회와 개혁교회는 그 사람들이 부패하거나 이단적인 교회에 몸담고 있을지라도 참 그리스도인들이라고 생각했다. 루터교와 영국 국교회는 그들이 참 그리스도인이라고 생각했고, 이단설이나 부패가 로마 가톨릭 교회에서 참 교회의 특징들을 모조리 박탈할 수 없다는 점을 최소한 그 부분적인 이유로 제시했다.

신학에 관심이 있는 사람들은 로마 교회와 프로테스탄트 교회에서 이끌어 낼 수 있는 동의를 도표로 만드는 과감한 시도를 하곤 했다. 그 중에서 가장 유명한 사람은 쾰른에서 활동한 플랑드르 어 교사 게오르그 카산더(George Cassander, 1566년 죽음)인데, 쾰른은 라인 지방의 일부 다른 도시들에 비해서 평화적인 분위기가 지배적이었다. 카산더는 가톨릭 인문주의

자이자 에라스무스의 추종자이자 프로테스탄트에 우호적인 태도를 지닌 관용 정신의 소유자였다. 그는 나름대로의 사상을 제시했는데, 그 사상의 중요한 요소들은 스콜라 학자들에게서 암시적으로 찾아볼 수 있고, 멜란히톤 같은 화해 지향적인 사상가에게서 보다 분명하게 찾아볼 수 있지만, 당시에는 아직 종교 논쟁의 전면에 부각되지 않았고 이제 긴 논쟁의 역사에 부각될 것이었다.

그것은 다름 아닌 근본적 신조들(fundamental articles)에 관한 사상이었다. 이 원칙이 온화한 음성과 다음과 같은 유명한 표현에 실려 발표되었다(아마 1620년대에): "본질적인 신조들에 대해서는 통일; 비본질적인 신조들에 대해서는 자유; 모든 것에 대해서 관용." 하지만 이 구도는 학문적이었고, 강의실 냄새가 물씬 풍기는 것이었으며, '본질적인 신조들'을 어떻게 결정할 것인가 하는 문제는 대답되지 않은 채 그대로 남았다.

이러한 유의 논의가 한동안 유익하게 평가받은 나라는 스웨덴뿐이었다. 스웨덴 왕 요한 3세(John Ⅲ)는 카산더를 비롯한 기독교 재통일을 주장하는 신학자들의 저서를 연구하였고, 로마 가톨릭 여성을 아내로 맞아들였다. 그는 1571년에 새 법령을 공포하여 라틴어 시편 찬송가와 기도서를 사용하도록 허용하고 고해성사, 파문, 대중 참회를 위한 공적 장치를 마련했다. 웁살라의 대주교 라우렌티우스 페트리 고투스(Laurentius Petri Gothus)도 요한 3세와 같은 정신으로 고대 교부들을 연구했고, 17개 조항 — 죽은 자를 위한 기도, 성인 숭배, 수도 생활의 부활 등 — 에 동의한 뒤에 주교관, 홀장(笏杖), 반지, 성유(聖油)를 갖춘 채 축성을 받았다. 과거에 폐쇄했던 수도원들 중 몇 곳의 문을 다시 열었다.

1576년에 왕은 한층 더 로마화한 전례(典禮)인 「스웨덴의 붉은 책」(*the Red Bood of Sweden*)의 초안을 작성하고, 1577년 의회에서 그것을 받아들이도록 하였으며, 그것을 전국에 확산시키려고 했다. 1577년에 예수회 수사 안토니 포세비누스(Antony Possevinus)가 스웨덴에 나타나 왕에게 트렌트 공의회의 결의 사항을 지체 없이 수용하도록 설득했다. 왕은 신앙 고백서를 만들었고, 로마 가톨릭 방식으로 성사를 받았다. 그리고 교황을 적그리스도라고 부른 린코에핑의 주교 올라프슨(Olafsson)을 폐위했다. 루터의 요리문답을 폐지하고 대신에 카니시우스(Canisius)의 요리문답을 채택했으며, 예수회의 활동을 허용했다. 그러나 왕은 성찬식 때 평신도에게도 잔을 줄 것과, 스웨덴어 전례를 사용할 것과, 성직자 결혼과, 종교개혁으로 인한 법률적 변화들을 인정할 것을 로마 교회에 요구했다. 그러나 교황은 더 이상의 양보를 거절했다. 그런 상황에서 로마 가톨릭 왕비 카트린이 1583년에 죽었고, 그뒤를 이어 예수회가 스웨덴에서 추방되었다. 그리고 스웨덴 왕 요한 3세는 한동안 정교회에 마음을 두다가 결국 스웨덴 종교개혁의 보수적인 전통을 받아들였다. 그가 죽자 왕관이 폴란드 왕 지기스문트(Sigismund)에게 넘어갔는데, 그는 로마 가톨릭 교도였다. 요한의 형제 카를(Charles)은 지기스문트가 권력을 차지하는 것을 가로막았고, 웁살라에서 열린 교회회의는 아우그스부르크 신앙고백서를 신앙 표준 문서로 정식으로 채택했고, 루터의 요리문답을 부활시켰으며, 1571년 의식법을 간추린 문서가 예배 모범이 되었다. 이제 카산더 같은 사람들의 이상은 더 이상 발붙일 곳이 없었다.

기독교 세계의 장벽은 비록 빈번하지는 않았어도 서적들을 통해서 극복되었다.[1] 17세기 프로테스탄트 신학자들은 스페인의 예수회 신학자들을 배척하기도 했지만 그들에게서 많은 것을 배우기도 했다. 후커는 성 토마스 아퀴나스에게서 배웠다. 1600-1640년에 옥스퍼드와 케임브리지 대학교의 교수들과 학생들은 벨라르민의 저서와 반동 종교개혁의 스콜라 신학자들의 글을 읽었다. 청교도인 존 프레스턴(John Preston)은 이발소에서 머리를

---

1) 서적들은 때때로 저자와 내용이 식별되지 않은 덕분에 국경을 넘나들었다. 멜란히톤의 「신학총론」의 어떤 판본은 베네치아에서 인쇄되고 로마에서 호평을 받으며 읽히다가 나중에 가서야 프란체스코회 수사에 의해 저자가 발각되어 모두 소각 처분되었다. 파리에서는 성무일과서가 출판되었는데, 그 뒤에는 칼빈이 작성했다고 전해지는 기도문들이 부록으로 실려 있었다. 부처의 시편 주석은 저자가 알려지기 전까지 가톨릭 교도들 사이에서 인기를 얻었다고 한다. 스캘리저(Scaliger)는 이런 진기한 현상을 전하면서 실소를 머금은 채 "그러니 우리가 문제 삼는 것은 어떤 내용인가 하는 것이 아니라 누가 말했는가 하는 것인 셈이다"라고 말했다.

깎으면서 아퀴나스의 「신학대전」(*Summa*)을 읽곤 했는데, 머리카락이 책에 떨어지면 입으로 불어버리고 나서 계속 읽었다. 역사가들은 교파들의 경계선을 넘나들었으며, 대 문헌집이 출처와 상관 없이 사용되었다. 케임브리지 대학교 세인트 존스 대학 도서관에 소장된 어떤 친필 원고의 저자는 역사 학도에게 추기경 바로니우스(Baronius)를 소개하면서 배울 점이 많은 사람이지만 "그를 신뢰하는 방식에는 주의하라"고 권고한다. 아이작 월턴(Isaak Walton)은 교황 클레멘트 8세가 후커의 첫 저서를 감탄과 존경의 자세로 읽었다는, 부수적이고 외경적인 요소로 윤색된 이야기를 전한다. 추기경 벨라르민은 청교도 윌리엄 휘태커(William Whitaker)의 초상화를 자기 도서관에 걸어두고서, 방문객들에게 그 초상화를 가리키면서 "내가 알고 있는 가장 박식한 이단"이라고 말했다고 한다. 추기경 바르베리니(Barberini)는 위고 그로티우스(Hugo Grotius)의 「진실에 대하여」(*De Veritate*)를 격찬하고 그것을 늘 곁에 두고 읽었다고 한다.

보다 보수적인 프로테스탄트 교파들인 루터교나 영국 국교회는 중세의 경건서들이나 심지어 반동 종교개혁의 경건서들을 계속해서 사용했다. 가톨릭 교도들이 루터의 찬송들을 사용할 태세가 되어 있었듯이, 루터교도들도 스스로 경건을 계발하거나 남에게 경건을 가르칠 때 가톨릭 저서를 사용하기를 두려워하지 않았다. 아이작 베사이어(Isaac Basire)는 프랑수아 드 살레(Francis de Sales)의 「경건 생활 입문서」(*Introduction to the Devout Life*)가 자기 약혼녀의 신앙에 도움이 될 줄로 생각하여 그 책을 선물하면서, 주의할 필요가 있는 단락에는 여백에 십자가 표시를 했고 "나머지는 모두 안전하다"고 일러주었다.[2]

「그리스도를 본받아」(*The Imitation of Christ*)는 여러 권의 영어 번역서

---

2) 대주교 윌리엄 로드는 1637년에 「경건 생활 입문서」를 1,100부 내지 1,200부를 수거하여 불태웠다. 그것은 경건서에 대한 유례없는 대학살이었다. 로드를 그렇게 몰고 간 특별한 상황이 있었다. 대주교의 전속 사제가 그 책에 대해서 문제되는 대목들을 삭제한 판본을 출판하도록 면허를 내주었는데, 인쇄업자와 번역자가 인쇄하기 전에 검열 받은 대목들을 도로 집어넣었던 것이다.

가 나왔으며, 스페인의 경건서 작가 그라나다의 루이스(Luis)의 책들도 프로테스탄트권에서 번역되어 소개되었다. 루이스는, 어떤 프로테스탄트 편집인으로부터 필적할 사람이 없는 영적 대가라는 평가를 받은 반동 종교개혁권의 저자이다. 프로테스탄트 편집인들은 가톨릭권의 저서들을 소개할 때 자기들 독자의 입맛에 맞게 일부 대목을 수정했다. 이를테면 수사는 '신앙 깊은 사람'으로, 사제는 '목사'로, 성인들은 '거룩한 옛 교부들'로, 아시시의 성 프란체스코는 '어느 거룩한 사람'으로, 성 토마스는 '위대한 스콜라 학자 아퀴나스'로 고치는 식이었다. 그러나 저자가 교황주의자가 아니냐는 불평이 제기되면, 어느 프로테스탄트 번역자의 말대로 "옥수수 밭에 잡초가 자랐다고 해서 옥수수 수확을 못하겠는가? 장미꽃이 가시 돋친 줄기에서 자란다고 해서 꺾어서야 되겠는가?"라고 답변했다.

스페인의 저서들이 프로테스탄트 도서관들에 쏟아져 들어왔다. 존 던은 1623년에 자기 서재를 살펴보다가 스페인 저자들의 책이 다른 나라 저자들의 책에 비해 많다는 것을 발견했다. 가장 파격적인 예는 그 영국인(존 던)이 음모가로 두려워하고 혐오한 예수회 수사 로버트 파슨스의 「결심서」(*The Book of Resolution*)가 쓰인 것이다. 버니(Bunny)라고 하는 영국 국교회 목사는 요크 대주교의 후원 아래 그 책에서 문제되는 대목을 삭제했는데, 심지어 그가 담임하는 교회에서 어느 성직자가 그 책을 큰 소리로 낭독했다고 한다. 그 소식을 들은 파슨스는 "버니 목사는 마치 내가 영국 국교회의 좋은 성직자처럼 말하도록 만든다"고 불평했다. 강직한 프로테스탄트 교도들은 라틴어 경건서를 사용하기를 부끄러워하지 않았다.

상당수의 신학서들과 무수한 경건서들이 교파간의 장벽을 뛰어넘는데 성공했으며, 이것은 귓속말로나마 기독교 세계가 계속 존재했음을 입증해 준다. 관용이 채찍질을 당하고 피를 흘리면서도 결국 사다리를 타고 올라가 방주로 들어간 것이다.

제 12 장

교회 권력의 쇠퇴

교회를 정부에 압력을 행사할 수 있는 조직으로 간주할 때 1600년대의 교회는 1500년대의 교회에 비해 권력이 위축되었다.

여기서 우리가 주의할 점은 과장을 피해야 한다는 점이다. 평신도 권력자들은 이미 1500년대에 교회 권력으로부터 상당한 정도의 자유를 확보했다. 그럴지라도 1600년대에 들어서도 교회의 구속력은 여전히 맹위를 떨치고 있었다. 국가의 왕권은 종교개혁에 의해서 탄생하지 않고 신장되었다. 그리고 왕권이 획일적으로 신장된 것도 아니다. 스코틀랜드 같은 나라들에서는 한때 귀족 주교들 사이에서 지위를 유지하기 위해 투쟁했던 왕이 이제는 대중적 기반을 지닌 설교자들 사이에서 투쟁을 하고 있었다. 칼빈주의적 정치나 친(親) 칼빈주의적 정치가 우세한 곳에서는 어김없이 세속 정부가 예전보다 강하지 못하고 교회에 비해 여전히 약세를 면치 못하고 있었다. 스코틀랜드의 설교자 앤드루 멜빌(Andrew Melville)은 국왕 제임스 6세의 면전에서 국왕을 가리켜 '하나님의 어리석은 신하'라고 비판할 수 있었다.

로마 교황청이 공포한 파문령들을 생각해 보자. 이 준엄한 공격은 종교개혁에 얽몰되어 경청되지도 이목을 집중시키지도 못한 듯하다는 생각이 들 때가 종종 있다. 마치 폭포수 가장자리에 서서 아무리 크게 소리쳐도 그 소리가 폭포의 굉음에 묻혀 들리지 않듯이 말이다. 종교개혁은 유럽의 절반을 교황의 사법권에서 이끌어냄으로써 로마 교황청이 한때 견책에 무게를 실어 주었던 그 실질적인 조치(파문)를 취하지 못하도록 막아주었고, 파문을 도덕적 신망을 잃은 가톨릭 성직자들에게나 효력을 발휘하게 만들었다. 그러나 교황 보니파키우스 8세(Boniface VIII)가 두 세기 전에 아나니에서 납치되던 날 이래로, 교황은 유럽의 군주들 사이에서 세심하게 행보했다. 교황이 나폴리 여왕을 파문하고 싶어도 그 순간에 어떤 야심적인 군주가 그 영토를 차지할 뜻을 내비칠 때만 파문령이 효과를 발휘했다. 교황이 베네치아에 성무 중지령을 내리고 싶어도 밀라노가 세속적 이유로 베네치아를 공격하고 싶어할 때만 그것이 통했다. 그리고 파문과 성무 중지령 같은 무기는 괴상한 상황들에서 여전히 사용되었다. 이를테면 교황 우르바누스 6세(Urban VI)는 노케라 성에 갇힌 채 공격을 당할 때 하루에 세 번 종과 책과 촛불을 들고서 성의 창문에 나타나 공격을 하는 군인들을 준엄하게 파문하는 우스꽝스러운 모습을 연출했다.

종교개혁에 대한 파문도 1521년에 루터에게 내려진 파문이나 헨리 8세에게 내려진 파문처럼 공허하게 끝난 경우가 많았다. 하지만 교황청이 개혁을 하고 도덕적 위신을 되찾은 뒤에는 파문이 결코 하찮은 일로 끝나지 않았다. 1570년에 교황 피우스 5세는 영국 여왕 엘리자베스를 파문했다. 교황의 대칙서는 영국의 로마 가톨릭 교도들의 앞날을 짓밟았고, 훗날 로마 교회의 관점에서 볼 때 후회막급한 조치였다. 그 대칙서가 끼친 효력 혹은 무효력은 훗날 교황에게 다른 나라 군주를 섣불리 파문해서는 안 된다고 설득하는 데 사용되었다. 하지만 그 대칙서는 무의미한 것이 아니었다. 그것은 영국의 일부 로마 가톨릭 교도들로 하여금 음모에 동조하게 하고 여왕을 비합법적 군주로 믿게 만들었다. 영국 정부는 가만히 앉아서 당하지는 않았다. 그 시대의 프로테스탄트 국가 중에서 로마 가톨릭에 대해 가장 혹독한 처벌법으로 대응했던 것이다. 1573년에 추기경 보로메오(Charles Borromeo)는 밀라노의 막강한 스페인 총독과 귀족들과 노동자들에 대해서 자신을 수행하지 않았다는 혹은 자기 앞에서 모자를 벗지 않았다는 이유로 파문을 선포했다. 20년 뒤에 프랑스의 앙리 4세는 가톨릭 동맹군에 맞서서 권좌를 지키기 위해 투쟁을 벌이고 있었다. 교황은 앙리를 파문에 처하고, 그가 프랑스의 왕권을 얻지 못하도록 방해하려고 했다. 파문령은 그 왕을 좌절시킬 만큼 위력을 떨치지는 못했지만, 그의 성공을 몇 년 지연시킬 정도는 위력을 발휘했다. 개혁된 교황들이 발하는 우레는 르네상스 시대 교황들에 비해 심각하게 다루어졌다. 교황들의 조치는 소기의 목적을 달성해 낼 만큼 강력하지는 못했지만 신실한 가톨릭 교도들에게 근심을 안겨줄 만큼은 되었다. 그뒤로 그 무기는 바티칸 지하 묘지를 오래 삭은 흙으로 덮기 시작했고, 엄숙한 문구로 된 총괄적인 파문 칙서로 세족식 목요일의 의미를 빛나게 하기 시작하는 등, 한때 왕들로 하여금 무릎을 꿇게 만들었던 강경한 심판보다는 고풍스런 의식처럼 되어 갔다.

파문과 교회의 권징

만일 교황의 파문이 효력을 발휘하지 못했다면 그것은 파문이 시대에 뒤떨어진 조치였기 때문이 아니었다. 오히려 정반대였다. 성직자들의 목회적 권징 — 그 최종적인 조치는 언제나 파문(출교)이어야 했다 — 은 16세기에 오히려 더 큰 효력을 발휘했다. 교회 권징은 1600년대에 들어서면서 더욱 효력을 발휘했는데, 그 이유는 새로운 국가들에 의해 힘이 실렸기 때문이다. 교회를 적절하게 개혁할 수 있었던 것은 오로지 세속 권력이었다. 그리고 교황령에서처럼 성직자가 권징을 시행하는 경우에도 성직자가 세속 군주로서의 권력을 가지고 그것을 시행했다.

유럽의 모든 국가들에서는 파문이 예전처럼 내세뿐 아니라 현세에서의 징벌도 수반했다. 예를 들어, 영국에서는 파문을 당한 사람이 법적 권익을 박탈당했고, 재산을 빼앗기더라도 법정에 고소를 할 수 없었고, 증인의 지위를 인정받지 못했고, 결혼을 할 수 없었고, 기독교식 장례를 치를 수 없었으며, 혹시 40일 동안 파문을 당한 상태를 그대로 유지할 경우 거룩한 교회를 경멸했음을 입증하는 주교의 인장이 찍힌 영장이 치안관에게 송부되어 체포 및 구금을 당했다. 루터는 파문(출교)을 지상의 형벌로 격하하고 천상의 권한을 부정했으며, 그것이 목사와 그의 회중의 재량에 따라 시행되는 지교회의 목회적 권징이어야 한다고 믿었다. 하지만 국가를 통제하는 자의 입장에서는 과거와 같은 형태의 파문이 유용한 측면이 있었고, 그런 동기에서 루터교에서는 출교의 법적 측면이 목회적 측면을 계속해서 지배했다.

영국에서도 이와 비슷하게 법적 측면이 두드러지는 것을 발견할 수 있다. 출교령은 진정한 의미에서는 목회적 권징으로 사용되었지만, 교회법에 대한 복종을 확보하는 방식으로도 쓰였다. 출교를 당한 당사자들은 그것을 더 이상 하나님의 심판으로 간주하지 않고 다만 행정관의 판결쯤으로 간주했다. 출교령은 십일조세 납부법과 같은 법을 시행하거나 교회 법원에 강제 소환하는 데 계속해서 사용되었다. 1812년 말에 어떤 영국 여성은 법정을 경멸한 죄로 'de excommunicato capiendo'라는 제하의 영장으로 구속되었는데, 재판 과정에서 의회는 충격을 받고서 그런 사안에 출교를 사용하는 제도를 폐지하고 다른 징벌로 대체하게 되었다.

중세의 교회처럼 개혁교회는 명확히 국가에 대한 범죄가 아닌 윤리적 비행에 대해서 교인들에게 권징을 시행했다. 런던 시내에 소재한 세인트 보톨프스 올드게이트 교회의 교적부에서 무작위로 추출한 다음 사례가 그 전형적인 예에 속한다:

> 윌리엄 에리쉬(William Erishe)가 교구 목사에게 지불해야 할 사례금을 지불하지 않은 죄로 출교를 받고서도 결혼을 하고자 했으므로, 교회법에 따라 사면을 받기 전에 상기의 윌리엄 에리쉬가 스탠호프 박사의 판결에 따라 설교 시간에 자리에서 일어선 채 상기의 죄에 대해 하나님과 사람 앞에서 용서를 구한 비망록. 이 참회는 주후 1583년 12월 15일에 시행되었음.

에리쉬씨는 그렇게 참회한 뒤에도 설교자에게 설교 사례금을 지불해야 했다. 엘리자베스 시대 런던의 세인트 폴스 크로스 교회에서는 설교 시간에 참회자 무리가 흰 천을 두르고 초를 든 채 서 있는 모습을 심심치 않게 볼 수 있었다. 유럽 전역에서 참회자들이 설교 시간에 여전히 흰 천을 두르고 서 있었고, 스코틀랜드나 독일 일부 지역의 권징 체계에서는 참회자들이 교회당 기둥에 고정시킨 쇠 차꼬를 차고 서 있어야 했다. 영국 교회에서 참회를 강요당한 마지막 사람들 중 한 명은 1849년에 마을에서 사기를 저지른 펜 디튼(Fen Ditton)이라는 사람이었다.

교회 법정이 부과한 징벌이 교회의 윤리적 권징의 형태에 그치지 않고 치안의 유용한 수단이기도 했기 때문에(그 두 법의 차이를 구분하기가 쉽지 않았다), 세속 정부는 성직자들의 출교권을 거부했고, 그럼으로써 성직자들이 행정관들에게 문의하지 않은 채 교회 밖의 범죄에 대해서도 징벌을 가하는 일이 발생했다. 이 문제에 관한 논쟁은 교황주의자들과 칼빈주의자들이 한 쪽에 서고, 루터교와 영국 국교회와 츠빙글리파 신학자들의 뒷받침을 받는 모든 정부들이 다른 한 쪽에 선 채 이루어졌다.

'에라스투스적인'(Erastian)이라는 단어는 국가가 교회 문제에 부당하게 간섭하는 것을 상징하게 되었다. 하지만 정작 에라스투스(Erastus, 참조. 제5장 개혁교회의 성장. 독일, 일치 신조 부분)는 국가가 교회의 사적인 문제에 간섭할 수 있다고 가르친 적이 없고, 대신에 교회는 세속 정부 고유의 문제에 간섭해서는 안 되고, 세속적 징벌은 세속 법정의 판결에 의해서만 가해져야 한다고 가르쳤다. 비록 스페인과 이탈리아에서는 '징벌의 시행은 세속 정부에게 위임한다'는 과거의 관행이 오래 유지되었고, 프로테스탄트 국가들에서도 그 관행의 잔재를 발견할 수 있었지만, 유럽 전역에서 그의 견해가 우세하게 되었다.

종교개혁 시대는 법정의 효율성이 증가하여, 시대가 요구하는 윤리적 권징을 조직적으로 시행할 수 있는 기구가 되었다. 국가의 법정들이 이제는 과거에 비해 훨씬 더 효율성을 갖추고 대중의 신뢰도 얻게 됨으로써 교회 법정 체계가 더 이상 필요 없게 된 시점이 도래했고, 따라서 교회 법정은 교회의 내부 생활과 성직자의 윤리적 권징을 제외하고는 서서히 사라지게 되었다. 출교(파문) 뒤의 징벌은 비교적 단순한 시대에 적합했던 제도로서,

거친 사회를 결속시키는 데 이바지했다. 17세기에 들어서 사람들이 세속 법정의 정의롭고 강력한 공권력을 신뢰하게 되면서 대 파문은 자취를 감 추었다.

도피처

도피처(sanctuary)에 관한 권리에도 똑같은 일이 발생했다. 피의 결투와 빈곤한 공권력으로 대표되던 과거에는 피고가 공정한 재판을 받을 수 있 을 때까지 은신하여 목숨을 부지할 수 있는 도피처 제도가 필요했다. 도피 처 개념은 기독교의 전유물은 아니다. 하지만 성소들을 두고 있던 기독교 세계에서는 문제에 휘말린 사람들이 제단으로 도피하는 일이 발생했고, 로 마 황제들은 그 행위를 법으로 보장했다. 중세 말에는 제단으로 도피하는 행위가 법의 집행을 피하는 수단이 되었다. 15세기 초 런던의 세인트 마틴 르 그랜드 교회에서 있었던 사례처럼 악명 높은 몇몇 사례들을 보면, 공공 도피소에서 생활하던 일군의 사람들은 면책 특권 지역에서 사는 화적떼나 다름 없었다. 하지만 도피처는 순박한 민중이 많이 사용했다. 비벌리에 있 는 세인트 존 교회의 도피처 명부를 보면 1538년 이전에 500명 가량 되는 사람들이 60년간 그곳에 피난하여 살고 있었다. 교황청을 포함한 중세 말 의 대다수 정부들은 도피처의 권한을 축소하려고 시도했다.

16세기에 들어서 권력이 보다 강화된 국가들은 그런 무정부 상태를 관 용하지 않았다. 1539년에 프랑스 정부는 빌레-코테레트 법을 제정하여 민 사 문제에 대해 도피처를 사용할 수 없게 했고 형사 문제에 대해서도 그 범위를 크게 축소했다. 1540년에 영국 왕 헨리 8세는 도피처의 수효를 반 으로 줄이고 살인, 강간, 노상 강도, 도둑질, 신성 모독 등의 범죄에 대해서 는 도피처 사용권을 박탈했다. 영국에서는 도피처 사용권이 1624년에야 비 로소 폐지되었고, 그 이후에도 더럼과 체스터에서는 팔츠 백작령처럼 1697 년까지 도피처의 특권들이 유지되었다. 모든 프로테스탄트 국가들은 일부 국가들이 다른 국가들에 비해 속도만 늦었을 뿐 종교개혁 과정에서 도피처의 권한을 모두 폐지했다. 스코틀랜드에서는 과거와 같은 형태의 권한이 일찍부터 폐지되었는데도 불구하고 홀리루드 공원이 1880년까지 채무자들에게 이론적으로나마 도피처로 존속했다. 로마 가톨릭 국가들에서는 그 권한이 축소되었다. 특히 교황 그레고리우스 14세가 그 조치에 앞장섰는데, 그는 1591년에 도피처들에서 암살자들, 이단들, 반역자들, 화적들, 교회 재산을 도둑질한 자들을 쫓아냈다. 하지만 가톨릭권에서는 도피처가 종종 일으키는 명백한 불편한 상황들에도 불구하고 주로 교권 독립의 상징으로서 그것을 유지하는 것이 원칙이 되었다. (1770년에 바덴 공국의 교회에서는 셔츠 한 장과 신발 한 켤레를 훔친 죄로 고소당한 사람을 보호하는 데 1,173플로린이 들었다.) 프랑스에서는 파리에 소재한 개신교 교회당(the Temple) 같은 몇몇 봉쇄 구역들이 1789년 대혁명 때까지 존속했다. 도피처는 슐레지엔에서는 1743년에, 토스카나에서는 1769년에, 독일의 가톨릭권 국가들에서는 19세기 초에 폐지되었다. 가톨릭 국가들에 가면 그 자취를 지금도 발견할 수 있다. 이탈리아에서는 오늘날도 유효한 1929년에 무솔리니(Mussolini)와 교황 사이에 체결된 정교 협약(政敎協約)은 세속 관리들이 교회 당국자들에게 사전에 고지하지 않은 채 교회에서 세속적 기능을 행사할 수 없도록 규정하였다. 파문에 따른 징벌들처럼, 도피처의 권한도 비교적 단순한 세계에서 통했다. 사법권의 증대가 그런 제도를 진부한 것으로 만들었다.

성직의 특전

기독교 로마 제국의 초창기와 야만족 왕국들의 시대에 성직자들은 일정한 면제 혜택을 받았다. 자체의 법 체계, 즉 교회 법정에서 재판을 받을 수 있는 권리를 받았다. 중세 말에 접어들기 전까지는 이 면제 혜택이 성직자들에게 뿐 아니라 평신도로 살면서도 소품(小品) 성직을 내세울 수 있는 사람들에게까지, 글을 읽을 수 있음을 증명할 수 있는 거의 모든 사람들에게까지 확대됨으로써 중세 정부를 취약하게 만든 요인 중 하나가 되었다.

중세의 군주들은 그 면제 혜택을 축소하기 위해서 모든 조치를 다 취했다. 국가 기강이 잡힌 나라 가운데 그런 제도를 관용할 수 있는 나라는 없었으며, 영국의 헨리 7세 같은 새로운 군주들은 종교개혁 전에 그 제도를 정비하였다.

프로테스탄트 국가들은 그 제도를 여러 가지 방식으로 폐지하였다. 교황청은 과거의 모든 특전을 유지하려고 힘썼기 때문에 그 제도를 유지하려고 했다. 하지만 가톨릭 군주들은 다양한 방법을 동원하여 프로테스탄트 군주들과 마찬가지로 성직의 특전을 효과적으로 통제하기 위해 힘썼다. 일부 루터교 국가들은 한동안 계속해서 목사들을 세속 법정의 관할 대상에서 제외시켰고, 그 목적을 위해 교회 법원을 일종의 영적 법원으로 간주했다. 1611년의 스웨덴 헌장(the Swedish Charter)은 어떠한 사제도 먼저 주교와 참사회에 의해서 조사를 받지 않고서는 재판에 회부될 수 없다고 규정했다.

잉글랜드는 1513년의 법령으로 경미한 반역죄, 살인, 성소에서의 강도질, 노상 강도, 가옥이나 곡물 창고에 대한 방화 같은 죄를 범한 성직자들에게서 특전을 박탈했으며, 실질상 성직자가 아닌 사람에게서 특전을 박탈했다. 그 법령은 논란을 빚었고, 당장 효력을 발휘하지는 못했지만, 헨리 8세의 종교개혁으로 일련의 법령들이 제정되면서 기존의 권리들이 박탈되었고, 잉글랜드에서도 스코틀랜드에서처럼 성직의 특권이 사라지는 것처럼 보였다. 1576년까지도 성직자는 초범일 경우 교회 법정에서 자신의 결백을 증거해 줄 면책 선서자들을 끌어 모을 수만 있다면 재판을 피할 수 있었다. 하지만 1576년에 엘리자베스 정부는 면책 선서자 제도를 폐지했다. 1872년까지 (일상적인) 성직의 특전이 최종적으로 폐지되지 않았다는 것은 영국 종교개혁 때 예상할 수 없었던 잔존물들 중 하나이다.

국가 관리로서의 성직자

종교개혁 이전에 국가의 고위 관리직이 고위 성직자들로 채워진 것은 자연스러운 일이었다. 그것은 평신도보다 성직자가 필요한 교육을 더 많이 받았기 때문이기도 했고, 국가 행정이 효과적이려면 교회 행정이 효과적이어야 했기 때문이기도 했고, 세속 관리들에 대한 연금이 교회 재산에서 충당될 수 있을 경우에는 왕실 국고를 축내지 않고 지불되었기 때문이기도 했으며, 성직자들이 공적 지위상 군주의 고문이 되지 않을 수 없었기 때문이기도 했다.

울지(Wolsey) 같은 추기경이 왕의 수상으로 활동한 그런 유서 깊은 관습이 가톨릭 국가들에서는 18세기까지 존속했다. 17세기 중반에는 리슐리외와 마자랭 같은 추기경들이 프랑스의 실질상 군주들이었다고 해도 과언이 아니다. 라인 지방의 유서 깊은 제후-주교들은 독일 황제의 보호하에 나폴레옹 시대까지 군주로서의 지위를 유지했다. 그러나 가톨릭 국가들에서조차 평신도가 대신(大臣)이 될 기회가 더 많았다. 정부가 갈수록 복잡해지면서 르네상스 계통의 학교들에서 교육을 받은 공무원들의 수가 갈수록 더 많이 필요하게 되었다. 대중 여론은 주교들이 자기들의 교구에 상주할 것을 요구했고, 국왕을 보필한다는 명분하에 자기들의 교구에 얼굴 한 번 비치지 않는 주교들을 그다지 관용해 주지 않았다.

프로테스탄트 국가들에서는 그 과정이 덜 점진적이었다. 군주들은 교회 재산에 대해서 보다 큰 법적 권한을 확보했고, 국가를 통치하는 데 고위 성직자들의 도움이 필요치 않았다. 무지를 증오한 프로테스탄트 교도들의 성향과 교회 재산의 전용에 힘입어 프로테스탄트 국가들에서는 평신도의 교육 수준이 비약적으로 상승했다. 프로테스탄트 교회의 목회 이념도 교회의 연금을 받으면서 국가의 일을 수행하는 주교나 성직자를 적대시했다. 루터교권의 여러 나라들에서는 주교들이나 목사들이 예전처럼 제후를 도와 세속적인 업무를 수행하는 경우가 종종 있었다. 스웨덴에서는 성직자가 의회 의원의 직위를 그대로 유지했다.

다른 나라들에서는 교회의 대표들이 국가 위원회의 위원으로 존속했다. 이를테면 영국에서는 주교들이 과거와 마찬가지로 상원의 일부 의원직을 차지했고, 1840년대나 1850년대까지는 성직자가 행정관이나 치안판사의 기능을 수행하는 것이 당연시되었다. 스튜어트가의 초기 왕들은 의회와 미숙한 투쟁을 벌이면서 국왕으로서의 대권을 쟁취하려는 과정에서 다른 프로테스탄트 군주들보다 중세의 관행을 부활시키는 데 더욱 근접했다. 1621-1625년에 링컨의 주교 윌리엄스(Williams)는 70년간 설치된 국새상서(國璽尙書, Lord Keeper) 직을 처음으로 역임했다. 캔터베리 대주교 로드는 1635년부터 재무 위원회와 추밀원의 외교 위원회에 몸담았다. 런던의 주교 적슨(Juxon)은 1636-1641년에 헨리 7세 이래로 성직자로서는 처음으로 국가 재정위원장을 지냈고, 곧 해군 대신이 되었다. 1635-1639년에 세인트 앤드루스의 대주교 스포티스우드(Spottiswoode)는 스코틀랜드의 대법관을 지냈다.

하지만 이러한 실험이 성공적이었다고 말할 수는 없다. 한편으로는 대주교 로드에게서 그러한 면을 발견하게 되는데, 로드는 자신이 관심을 둔 모든 문제들에 대해서 강력한 소신을 견지하면서도 재정 면에서는, 가령 비누 독점권에 관해 그릇된 조언을 하는 등 강직한 성품에 어울리지 않는 부실함을 보여 주었다. 다른 한편으로 들 수 있는 예는 정치 투쟁과 목회 활동을 동일시한 성직자들이다. 종교개혁은 프로테스탄트 성직자들에게 좀 아프긴 하지만 건강에 유익한 자극을 주었다. 마치 1860-70년의 이탈리아 혁명이 머뭇거리는 교황청에게 자극을 주어 교황령이라는 해묵은 몽마(夢魔)로부터 벗어나게 했던 것처럼 말이다.

교회 재산의 전용

법인으로서의 교회는 1500년대보다 1600년대에 더 가난했다. 왕실 재무관들이나 자치체의 재무관들, 귀족들이나 시골의 대지주들이나 공무원들 같은 평신도들이 중세 초에 경건한 신도들의 증여에 힘입어 형성된 교회 재산의 상당 부분을 가로챘다.

일부 프로테스탄트 국가들에서는 국가가 교회 재산을 차지하려는 동기를 가지고 종교개혁을 지원하기도 했다. 어떤 교회 재산은 낭비되는 듯이 보였고, 실제로 낭비되는 경우도 많았다. 당시 유럽 모든 나라들은 행정의 효율을 기해야 하는 상황에서 16세기에 진행된 인플레이션 때문에 화폐 가치가 하락함으로써 정부들이 예전보다 파산할 위기에 더욱 봉착했으며, 따라서 정부들은 눈먼 재산에 군침을 흘리지 않을 수 없었다.

스웨덴이 루터교 종교개혁을 채택한 주요 동기는 국가 재정이 파탄 상태에 있었고, 세입을 크게 늘리지 않으면 존립하기 힘들게 되었고, 세입을 늘리는 길은 더 많은 교회 토지를 기부 받는 길밖에 없었으며(교회법상 교회 재산은 양도할 수 없었기 때문이다) 교회 토지를 기부 받으려면 로마의 권력이 꺾여야 했던 데에 있었다.

영국 왕 헨리 8세는 누구보다도 로마 권력을 떨쳐버리고 싶은 심정이 굴뚝같았지만 자신의 대리인 토머스 크롬웰(Thomas Cromwell)의 조언에 힘입어 수도원들을 접수하는 방식으로 왕국을 부유하게 할 수 있다고 확신했다. 루터교의 외교관 미코니우스(Myconius)는 영국 성직자들과 벌일 신학적 협상에 큰 기대를 걸고 왔다가 영국 왕의 그러한 정책에 적대감을 갖게 되었다. "왕 헨리의 유일한 관심사는 교회의 수입뿐이었다. 그는 성인들의 묘지에서 금과 은을 벗겨갔고 …… 교회의 토지를 강탈했다…… 그것이 헨리가 원했던 복음이었다." 그 루터교 외교관이 분개한 것은 이해할 만한 일이었다. 그의 말에는 일말의 진실이 있었기 때문이다.

국고를 가장 크게 불려준 것은 수도원들로부터 몰수한 토지 재산이었다. 대성당 참사회의 잔재가 남아 있던 스웨덴 같은 몇몇 나라들을 제외한 루터교권과 칼빈주의권 국가들에서는 주교들과 참사회원들이 보유하고 있던 증여 재산이 똑같은 경위를 거쳐 제후령 정부든 자치령 정부든 정부의 국고로 환수되었다. 정부들은 수도원들에 대해서 그랬듯이 교회 재산에도 일부 손을 대는 경우가 종종 있었다. 하지만 교회의 재산 상실을 과대 평가해서는 안 된다.

독일에서 반동 종교개혁이 강력하고 열정적으로 전개되던 1580년이라는 느즈막한 시기에 트레베스 대성당의 가톨릭 참사회원들은 예외 없이 그 지방에서 부유한 성직록에 기대어 사는 평신도 귀족들이었고, 그들 중에

사제는 한 명도 없었다. 만약 국가가 프로테스탄트로 전향하여 그런 집단
이 소유한 증여 재산을 몰수하게 되면 그 재산 중에 적어도 일부는 교육이
나 목회로 전용할 수 있는 기회가 생겼다. 그런 재산을 몰수하고 나서 딱
히 전용할 데가 없을 경우에 그 재산은 이 부류의 귀족들에게서 다른 부류
의 귀족들에게로 넘어간 꼴밖에 되지 않았다. 다만 새 부류의 귀족들이 적
자(嫡子)들에게 그 토지 재산을 유증할 명백한 권리를 확보하고 나서 원래
의도한 목적과는 달리 다른 목적으로 영구히 전용하는 예외적인 경우도
있었다.

　프로테스탄트 당국자들은 과거에 교회에 증여된 재산의 일부를 확보하
기 위해서 때로는 그 증여가 이루어질 당시의 법률적이고 가톨릭적인 계
약 내용을 놓고 절충을 벌여야만 했다. 루터교권 독일에서는 루터교 성직
자들이 과거의 증여 재산에 대한 법적 권리를 얻을 요량으로 삭발례와 심
지어 독신주의 혹은 가톨릭 식의 주교 축성까지도 받아들였다는 일이 있
었다고 한다.

　현실과 절충한 이런 유형의 전형적인 사례는 국토의 대부분이 주교의
토지였던 스코틀랜드에서 볼 수 있다. 스코틀랜드에서는 성직자들이 재산
권과 함께 기존의 주교제하의 교구들을 법적으로 차지하기 전에는 토지를
한 뼘도 차지할 가망이 없었다. 스코틀랜드의 목사들은 초창기에는 모든
성직록에 부과된 1/3세금이라는 알량한 봉급을 지급 받았는데, 이것은 얼
마나 엄청난 금액이 스코틀랜드 귀족들의 호주머니로 들어갔는가를 여실
히 보여 주는 제도였다. 1572년에 녹스(Knox)의 동의하에 '주교들'이 임명
되었는데, 그 목적은 주로 과거의 주교구 세입 중 일부를 확보하려는 데
있었다. 후대 사람들은 그들을 '모형 송아지'(tulchan) 주교들(명의 주교들)
이라고 불렀다. 모형 송아지는 암소에게 젖을 더 많이 내도록 유인하기 위
해서 소가죽으로 만든 가짜 송아지였기 때문이다. 그 별명에는 그들이 보
다 많은 교회 수입을 국왕과 귀족들에게 돌아가게 한 통로들이었다는 비
판이 깔려 있다. 이 기록에 뭐라고 써 있든 간에 ― 오늘날의 지식으로는
그 내용이 불확실하다 ― 당시에 주교들이 임명된 주된 목적은 정부가 교

회 재산을 통째로 삼키지 못하도록 막는 데 있었다.

스코틀랜드와는 달리 영국은 주교제가 존속했지만, 그렇다고 해서 주교령 토지들이 국고에 기여하는 데서 면제 받은 것은 아니었다. 엘리자베스 여왕은 한 번은 주교 에드윈 샌디스(Edwin Sandys)에게 자기는 절대로 주교구 소유의 토지에 손대지 않겠다고 말했다. 하지만 종교개혁 시대의 군주들 중에서 영국의 엘리자베스만큼 왕실에게는 유리하고 교구에게는 불리하게 임차 계약을 맺고 교환하고 기타의 방식으로 흥정을 하는 데 성공한 군주는 없었다. 1559년에 의회는 여왕에게 '주교 토지 교환령'(Act for Exchanging Bishop's Lands)이라는 불길한 법령을 안겨주었다. 이 법령에 힘입어 여왕은 주교가 임명되지 않은 채 남아 있는 교구에 대해서 수입의 일부를 차지하는 대가로 속인(俗人)에게 돌아간 성직록과 십일조를 주었다. 스트라이프(Strype)에 따르면, 이런 식으로 여왕과 그녀의 대신들은 자기들의 마음에 드는 주교의 가옥들과 토지들과 세입들을 차지하는 대신에 무너진 성당, 허물어진 가옥 혹은 대리자들과 보좌신부들이 딸린 연금 등 부담이 큰 성직록들을 주었다.

여러 교구들이 오랫동안 공석으로 남겨진 상태에서 정부가 그 교구들의 세입을 받아갔는데, 포르투갈에서 망명한 왕은 엘라이 교구의 수입을 받아 생활했기 때문에 엘라이의 주교라는 별명이 붙었다. 런던의 주교 피택자 리처드 플레처(Richard Fletcher)는 여왕이 제안한 터무니없는 흥정을 수락하지 않았다는 이유로 가택 연금을 당한 채 수락을 강요당했다. 돈 거래는 대부분 주교직을 넘겨줄 때와 받을 때 이루어졌다. 그러므로 1575년에 캔터베리 대주교 파커(Parker)가 죽자 어느 냉소적인 궁정인은 모든 주교들에게 동시에 다른 교구들로 전근하도록 하자고 제안하고서(뱅거 교구, 세인트 아사프 교구, 세인트 데이비즈 교구는 가난하고 웨일스에 소재하기 때문에 '조용하게 있으므로' 제외시켰다), 이 일이 주교들에게 '큰 피해를 주지 않은 채' 시행될 수 있게 하는 안(案)을 작성했다. 이와 같은 소모적 관행은 엘리자베스의 재위 기간 내내 계속되었으며, 왕 제임스 1세 때에 가서야 비로소 중단되었다. 영국 종교개혁 이후의 어떤 주교도 윈체스터의 세인트 메리 대학과 옥스퍼드의 뉴 칼리지 대학을 설립한 위컴의 윌리엄 (William of Wykeham)의 업적을 추종할 만한 여력이 없었다.

1575년에 케임브리지 대학교 트리니티 대학 학장이던 휘트기프트 (Whitgift)는 엘라이의 주교 콕스(Cox)에게 쓴 편지에서 "교회의 세속 재산이 성직자들을 그것에 의존하여 손을 벌릴 수밖에 없는 거지들로 만듭니다"라고 말했다. 휘트기프트는 아마 지갑에만 관심이 있고 어떻게 해서든 떼돈을 벌려고 하던 평신도들을 염두에 두고서 그 말을 한 듯하다. 하지만 그 여파는 무시할 수 없을 만큼 컸다. 한때는 국가의 대 귀족들과 어깨를 나란히 하거나 그들 위에 군림하던 교회의 귀족들(고위 성직자들)이 이제는 갈수록 국가의 귀족들에 종속되어 갔는데, 이 일은 교회 재산에 대한 국가의 약탈이 성공적으로 이루어지면서 진행되었다.

소교구 교회들

종교개혁은 소교구 교회들의 위상을 깎아내릴 의도가 전혀 없었다. 정반대로 회중과 그 교회를 어떻게 해서든 말씀이 참되게 전파되고 성례가 올바로 집행되는 신앙 생활의 강력한 가정으로 끌어올리려는 것이 종교개혁의 의도였다. 비록 탐욕스런 귀족들이 성직록들에서 돈을 많이 갈취해 가긴 했지만, 그런 사례는 점차 노골성을 띠지 않게 되었고, 소교구의 필요와 유용성은 보다 분명해졌다.[1] 독일과 스위스의 일부 지역들, 그리고 크롬웰 치하의 영국에서 주교구나 대성당의 재산을 소교구의 필요에 할당해준 일은 실질적으로 소교구들을 강하게 해주었다.

1600년대에 시골 소교구의 보좌신부는 쥐꼬리만한 봉급으로 연명했다. 그의 빈곤한 처지는 1500년대와 다를 바 없었고, 15세기에 발생한 극심한

---

1) 대체로는 점차 노골성을 띠지 않게 되었다. 하지만 스웨덴의 구스타부스 바사(Gustavus Vasa)는 13,700개의 장원〈莊園〉― 그중 거의 절반이 소교구 성직자들의 생계를 지원하고 있었다 ― 을 다시 차지함으로써 소교구의 존립에 치명적인 해를 가하였다.

인플레이션의 여파로 화폐 가치가 크게 떨어졌다. 그러므로 서면상으로는 봉급이 올랐지만 생활 수준은 예전보다 하나도 나아진 게 없었다. 유능한 성직자에게 적절한 봉급을 주기란 한층 더 어려웠다. 왜냐하면 종교개혁의 이념이 한때 교회나 국가의 유능한 인재들에게 보상을 하는 데 사용되었던 성직 겸임 제도 관행에 쐐기를 박았기 때문이었다. 교회당을 보수할 재정을 확보하기란 예전과 다름없이 어려웠다. 웅장한 대성당을 신축하기 위한 재정을 확보하기란 훨씬 더 어려웠다. 15세기와 16세기의 첫 1/4분기는 교회당 건축의 위대한 시기였다. 반면에 엘리자베스 시대는 시골에 웅장한 별장을 건축한 점에서 위대한 시기였다. 영국의 고풍스런 대성당들 중 어느 곳이든 생각을 가지고 측랑(側廊)을 둘러보면 1500년대의 가능성과 1600년대의 가능성 사이의 차이를 쉽게 확인할 수 있다. 16세기에 대주교 로드는 세인트 폴 대성당을 복원할 뜻을 세웠을 때 재정 확보의 난관에 부닥쳐 그 사업을 위한 전국적인 운동을 벌이지 않을 수 없었다.

양 시대의 교회 재정에 이런 차이가 나게 된 것은 평신도들의 교회 재산 갈취 못지 않게 화폐 가치 하락도 한 몫 했음에 틀림없다.

종교개혁은 혁명이었고, 혁명은 언제나 파괴를 수반하는 법이다. 구 정권에서 신 정권으로 권력이 이양되면 설혹 내전을 겪지 않더라도 국가 기강과 백성의 충성도가 이완되고, 존 녹스가 불한당과 같은 대중이라고 부르곤 했던 대중의 시위의 기회가 늘어나는 부작용을 피하기 어렵다. 하지만 약탈과 내전으로 중세 유럽의 예술 골동품들이 큰 피해를 입었다고 봐서는 안 된다. 어떤 유서 깊은 교회당들은 이제는 쓸모 없는 수도원 교회들이었기 때문에 폐허로 전락했다. 성당 내에 기부금에 의해 세워진 작은 예배당들은 그 용도와 유지비가 사라진 뒤에는 여전히 사용되고 있던 대성당 내에서조차 철거하도록 허용되었다.

성인들의 유물이나 그들의 유물이라 주장되던 것들은 쓰레기더미로 변했지만, 그중 적지 않은 유물들이 독실한 사람들에 의해 보존되어 이를테면 포르투갈 상 로케에 있는 성유물 보관소 같은, 유럽 남부의 새로운 보고(寶庫)들에 수집되었다. 이런 수집은 비록 성유물에 비해 규모는 작지만 성직복에 대해서까지도 이루어졌다. 낡은 목제품들은 떼어내고 분지른 다음, 어느 지방에서는 땔감으로, 다른 지방에서는 교회당 보수에 쓸 목재로 썼지만, 어떤 지방에서는 그대로 보존했다.

중세의 예술품과 건축물들을 종교개혁 시대에 가톨릭 진영에 남은 나라들보다 프로테스탄트 진영에 섰던 나라들에서 더 많이 발견하게 된다는 것은 특이한 사실이다. 물론 예외도 많지만, 대체로는 과거의 유물들을 훼손한 것은 주로 약탈자들의 손이 아니라 복원자들의 손이었다. 16-17세기에 바로크 운동이 유럽 남부를 휩쓸면서 중세 교회들의 형체를 바꾸어 놓았다. 바로크 운동은 더디게나마 북유럽 나라들에도 들어와서 이를테면 런던의 세인트 폴 대성당을 필두로 대형 교회당들이 들어서게 했고, 그 과정에서 뜻하지 않게 프로테스탄트 종교개혁이 시도했던 것보다 더 큰 규모로 중세 예술과 건축의 흔적들을 파손했다.

과거의 유물을 보존하는 점에서는 재정이 넉넉한 교회일수록 덜 보수적이었고, 재정이 부족한 교회일수록 보수적이었다. 바로크 운동의 열풍이 휩쓸었던 남유럽의 나라들에서는 교회가 여전히 많은 토지 재산과 증여 재산들을 소유하고 있었고, 성직자들이 대형 교회 건물들을 신축할 여력이 있었다. 반면에 여러 프로테스탄트 나라들에서는 종교개혁을 거치면서 부분적으로는 정부의 조치로 부분적으로는 16세기에 발생한 인플레이션으로 교회의 증여 재산이 감소했으며, 그 결과 대다수 프로테스탄트 교회들은 선대로부터 물려받은 교회당을 수리해 가며 사용했다. 그들이 과거의 보물들을 보존한 것은 그것들을 사랑했기 때문이 아니라 새 것을 구입할 여력이 없었기 때문에 옛것을 간직할 수밖에 없었던 것이다.

교회 비품의 망실은 심각한 수준에 있었다. 런던에 있는 시 교회인 세인트 보톨프스 올드게이트 교회의 기록에서 당시의 상황을 엿볼 수 있다. 교회 비품의 망실은 일찍이 왕 헨리 8세가 죽은 직후인 1547년부터 시작되었다. 그 교회의 회중은 영어로 예배를 드리는 것을 좋아하고 열성을 보였으나, 보좌신부는 라틴어가 사라진 것에 분개하여 새로운 영어 전례서로 시편을 낭독하거나 찬송하기를 거부했다. 회중의 청원으로 런던 시장은 그

보좌신부를 면직시켰고, 10월 6일에 새로 부임한 보좌신부가 영어로 네 차례의 결혼식을 주례했다. 그렇게 해서 기존의 전례서는 쓸모가 없어지자, 11월 14일에 기존의 전례서들이 18실링에 팔렸다. 그 책들을 구입한 사람은 다섯 권의 미사 경본과 아홉 권의 순교자 수난기, 그리고 그밖의 각종 전례서들을 모두 15실링에 구입했는데, 그중 더러는 찢어지고 더러는 무가치한 책들이었다. 그뒤 열두 달 동안 세인트 보톨프스 올드게이트 교회의 회중은 창고에 남아 있던 양초들을 꺼내 40실링에 양초 상인에게 팔았으며, 성직복들 — 그리스도와 천사들과 사도들과 성모를 금색 새들과 함께 수놓은 제단복들, 금빛 꽃으로 장식한 벨벳 망토 두 벌 — 을 내다 팔았다. 성직복들은 대부분 콘힐에 사는 재단사에게 팔렸는데, 경매 때 그 교회는 6펜스 가격의 맥주로 경매 신청자들을 접대했다. 1551년에 그 교회의 위원회는 교회당 곁에 보좌신부와 서기를 위한 관사들을 매입하기 위해서 교회의 종들과 식기 일부를 매각하기로 결정했다. 하지만 회중의 일부가 종들을 매각하는 데 동의하지 않는 바람에 관사들을 매입할 자금을 마련하는 데 어려움을 겪었다. 왕실 위원회가 교회 재무에 개입하여 '국왕이 쓰신다'는 명목으로 교회 재정을 전용하고, 대신에 소교구에는 영수증 한 장과 그 재정이 안전히 보관되어 있다는 보증서를 주었을 때, 그 교회 위원회는 서로 논쟁을 벌이는 소작인들에 지나지 않았다. 2년 뒤에 여왕 메리가 집권하면서 그 교회 위원회는 다시 촛대와 십자가상과 성배와 성체포(聖體布)와 흔들 향로와 주수병(酒水甁)과 망토와 향과 미사 경본을 구입했다. 어떤 기부자가 그들에게 성직복들을 주었지만, 그 가격들을 보면 품질 면에서 새 것이 옛것보다 조악했다는 것을 알 수 있다.

중세 교회는 교회나 국가의 안녕을 해칠 정도로 대단히 부유했다. 이것이 일반화되고 추상화된 진술로서 우리의 지적 동의를 요구하는 일종의 명제처럼 되어 있다. 하지만 일반적인 진술을 접어두고서 구체적인 상황을 놓고 생각해 보자. 성 보톨프스 교회의 위원회가 보좌신부와 서기를 위한 관사들을 매입하기로 계획을 세워 두었던 돈을 징발 당하고 그 대신 왕실 위원회의 명의로 그 액수만 적힌 영수증을 보고 있는 모습을 상상해 보면 그들의 깊은 탄식을 이해할 수 있을 것이다.

돈은 곧 힘인데, 그렇다고 볼 때 1600년대의 교회는 1500년대의 교회보다 힘이 약했다. 윤리적 권위는 개혁에 힘입어 증가했어도, 정치적 권력은 감소했다. 그리고 이에 대해 일부 이상주의자들은 정치력 감소가 윤리적 권위 증가에 필요했다고 생각했다. 교회가 부패한 원인을 콘스탄티누스 황제가 기독교를 국교로 제정한 데서 찾고, 교회 재정을 기독교 세계에 깊이 뿌리 내린 만악의 근원으로 본 중세 사상가들이 만약 종교개혁의 결과들을 보았다면 불쾌해하지 않았을 것이다.

신자 제후와 기독교 교리

왕들이 신적 권리에 의해 통치한다는 도그마는 성경을 사용하는 모든 사람들이 공통적으로 인정하는 견해였다. 시민이 어느 정도 깊숙이 저항과 반란에 참여할 수 있으며, 왕이 독재에 의해 백성의 충성을 상실하게 되는 조건이 혹시 있다면 그것이 무엇인가 하는 문제들이 광범위하고 시급하게 논쟁되던 쟁점들이었다. 하지만 세속 권력이 하나님께로부터 나온다는 교리는 모든 사람이 공통되게 인정했다. 아울러 군주가 자기 백성의 윤리와 신앙에 대해서 책임을 갖는다는 것도 공통된 견해였다(재세례파나 브라운파 같은 일부 소집단을 제외하고는). 중세 때와 마찬가지로 군주는 진리를 확립하고 수호하며, 정통 신앙을 가르치는 성직자들을 보호하고, 부패한 성직자들과 이단들을 추방할 의무가 있었다.

그렇다면 진리를 수호하고 오류를 추방하는 군주가 무엇이 진리이고 무엇이 오류인가를 판단할 책임을 가지고 있을까? 17세기 중반 홉스(Hobbes) 시대 이전에는 이런 주장을 하는 사람이 없었으며, 세상에는 국가가 성경과 교회로부터 받은 진리의 체계가 존재한다는 것이 일반적인 견해였다.

하지만 프로테스탄트 교회들은 국가가 종교를 국교화한다고 해서 교회 권력자들, 이를테면 교황이나 교계제도에 묵종해야 한다는 견해를 절대적으로 주장할 수가 없었다. 교계제도는 성경에 비추어 검증해 볼 때 오류를 범한 것이 확인될 수 있었기 때문이다. 국가가 개입하여 성경적 진리에서 과거의 억압들을 제거하지 않으면 성경적 진리에는 자유가 있을 수 없었다. 국가가 무슨 권위를 가지고 개입하는가라는 질문이 제기되었을 때, 루터는 그것을 옆집에 불이 났을 때 물을 길어다가 불을 꺼주어야 할 이웃의 책임에 비유했다. 옆집에 불이 나면 이웃 사람들은 근거나 허락 따위를 생각지 않고 불을 꺼야 할 필요를 보고서 속히 그곳에 달려가 불을 끄는 데 무슨 일이든 도와야 한다.

국가의 주권에 대한 견해들이 정치 학자들에 의해 검토되면서, 교회 권력자에게는 세속 군주의 동의 없이 온 백성을 구속할 권리가 없다는 견해가 대두했다. 로마 교황청은 여전히 교회법과 그 법을 제정한 교황들과 공의회들의 법령이 만민에게 구속력을 가져야 한다고 주장했다(따라서 예를 들어 사제가 결혼하면 그것은 국가에 의해 처벌 받아야 할 죄라고 주장했다). 칼빈주의자들은 교회법원(consistory)이 교회 내에서 입법 기구가 되어야 하며, 세속 국가는 교회법원의 법령들을 실행할 의무가 있다고 주장했다(따라서 예를 들어 교회법원이 간음죄를 범한 소녀를 발견했다면 그 소녀를 벌할 책임은 세속 권력에게 있다는 것이었다). 하지만 가톨릭 국가들과 칼빈주의 국가들에서조차 정부들은 이런 절대적인 주장을 그대로 받아들이고서도 정부로 남기를 기대할 수 없었다.

스페인과 프랑스와 오스트리아의 가톨릭 왕들은 다양한 방법을 동원하여 교황청의 내정 간섭을 뒷받침하는 법적 근거를 제한하려고 노력했다. 제네바나 스코틀랜드나 네덜란드의 칼빈주의 정부들은 조만간 교회법원이 제정한 법령들의 법적 강제성을 제한하려고 노력했다. 그리고 비텐베르크나 취리히나 캔터베리에서 사상을 형성한 사람들은 교회법원(혹은 영국의 주교회의⟨convocation⟩ 같은 유사한 기관들)의 독립적 권력을 배격하고, 교회법원은 그 효과적인 사법권을 세속 군주에게서 얻는다고 주장했다.

교회법원의 독립성을 부인한다는 게 무엇이었는지를 자세히 살펴보자. 그들은 교회 당국자들이 교리나 의식이나 교회 내의 관습을 검토할 수 있다는 점을 부정한 것이 아니었다. 그들이 부정한 것은 교회 당국자들의 결정이 세속 군주의 동의와 법령과 상관없이 법적 효력을 가질 수 있다는 생각이었다. 그들은 세속 군주만이 백성에게 구속력을 갖는 법을 제정할 수 있다고 주장하고 있었다. 교회 당국이 삼위일체를 부정하는 이단에 대해서 화형을 언도하거나 간음자에 대해서 공중 앞에서의 채찍질 형을 언도하는 일이 있을 수 있다. 그렇다고 해서 군주가 실제로 화형이나 채찍질 형을 집행해야 할 의무가 있는 것은 아니다. 아울러 혹시 형을 집행할지라도 사전에 교회의 권고를 검토해야 할 의무를 면제받는 것은 아니다. 군주는 백성의 안녕과 편의를 도모해야 하며, 다른 어떤 권위도 기독교 신앙의 가장 중대한 진리가 걸려 있을 때조차 군주가 하나님께 부여받은 이 권위를 면제해 주지 않는다.

그러므로 이 이론에 따르면 기독교 국가의 그리스도인 군주가 교리를 숙고하지 않는다는 것은 불가능하다. 교회 당국자들이 어떤 부류의 가르침에 대해서 오류이거나 악하거나 부도덕하니 법으로 금해야 한다고 선언했다고 가정하자. 그러면 군주는 그 금지령을 시행해야 하므로 이 가르침이 정말로 오류이거나 부도덕한 것인지를 검증할 의무를 피할 수 없다. (그들의 주장에 따르면) 군주의 도덕적 의무에는 자기 영토에서 참된 예배만 허용해야 할 의무와, 신성모독과 부도덕과 우상숭배를 탄압할 의무가 포함된다. 대부분의 경우에는 어떤 것이 신성모독이고 우상숭배인지 금방 파악할 수 있다. 금방 파악할 수 없을 경우에 군주는 경건하고 학식 있는 목회자들에게 자문을 구해야 한다. 하지만 아무리 이 법이 영적 문제에 관한 것임을 들먹일지라도 군주가 그 법이 과연 국가와 백성에게 유익한지를 최종 판단할 책임은 면제되지 않는다.

그렇다면 강단에서는 무엇을 가르쳐야 하는가? 아니면, 강단에서 무엇을 가르치라고 적극적으로 강요할 수 없는 노릇이므로, 강단에서 무엇을 가르치지 못하도록 금해야 하는가? 프로테스탄트 목사들은 화체설이 오류이므로 성경적 교회에서는 가르쳐서는 안 된다고 말한다. 만약 이런 입장이 법적 효력을 가지려면 군주가 화체설 설교를 법으로 금해야 한다. 그렇게 될 경우 군주는 어떠한 조언을 끌어모을 수 있다 할지라도 신학의 영역에 들어가지 않을 수 없게 된다.

로마나 제네바의 대담한 논객들은 이와 같은 사상을 가리켜 '황제 교황주의'라고 비난했다. 그들은, 비잔틴의 선례에 호소하거나 콘스탄티누스나 유스티니아누스의 사례들을 가지고 종교에 세속 권력이 필요함을 예증한 입장을 조롱했다. 종교 문제에서 비잔틴 황제의 권력은 일반 역사에 비해 오히려 덜 포괄적이거나 절대적이었다. 그리고 이론상 종교에 대한 프로테스탄트 군주의 권한도 마찬가지로 제한적이었다. 군주는 하나님 말씀에 위배되는 것을 명령할 수 없었다. 프로테스탄트 국가에서 국가가 만약 하나님의 말씀에 위배되는 법률을 제정한다면 백성은 그 법률에 복종해서는 안 된다. 이런 이유에서 군주의 권력은 세속 영역보다 종교 영역에서 한층 폭이 좁았다. 성경은 종교 영역에 대해 더 많은 것을 규정해 놓았기 때문이다. 군주는 하나님이 금하신 것을 명령해서도 안 되고 하나님이 명령하신 것을 금해서도 안 된다. 군주는 바울의 복음을 전하는 것을 금하거나 성례를 올바로 집행하는 것을 금할 수 없다. 물론 그렇게 하는 것이 물리적으로 불가능하다는 말은 아니며, 만약 그렇게 한다면 비그리스도인 독재자처럼 행동하는 것이고 따라서 백성은 그를 복종하지 않아도 된다는 말이다. (그 군주에게 저항해야 하는가 하는 것은 별개의 문제이다. 이 부류의 논객들은 대부분 그렇게 해서는 안 된다고 주장했다.) 군주는 새로운 신조를 작성하거나 새로운 성례를 제정할 수 없다. 군주는 남자들끼리의 결혼이나 아기들간의 결혼이나 어머니와 그 아들간의 결혼을 합법화할 수 없다. 이런 것들은 군주가 범접할 수 없는 불변의 법들이다.

이같은 이론을 가장 분명하고도 똑똑하게 진술한 글은 네덜란드의 아르미니우스주의자 위고 그로티우스의 「종교에서 군주의 권한에 관하여」(*On the Sovereign's Power in Religion*)에서 찾아볼 수 있을 것이다(이 책은 저자가 죽은 뒤인 1647년에 출판되었다). 하지만 실질상 동일한 이론이 비칼빈주의권과 비재세례파권 프로테스탄트 교파들에서 두루 발견되며, 그중에서 가장 탁월한 글들은 제임스 1세 때의 영국 이론가들의 글에서 발견된다. 그 이론을 황제 교황주의나 에라스투스주의라고 비판하기가 쉬웠다. 하지만 교회와 국가의 통일이 국가에 필요하다고 믿은 한, 그리고 관용이 불가능하다고 믿은 한, 그것은 방어가 가능한 이론이었다. 교황이나 장로교회가 세속 군주의 동의를 받지 않은 채 — 따라서 군주는 군주이기를 그치게 된다 — 모든 백성에게 구속력을 갖도록 제정한 법률이 대안으로 나타났기 때문이다. 유럽은 법에 간섭하지 않는 방법을 배워가고 있었다. 교회로부터 나오는 조언과 그것을 강제로 시행하는 것은 별개였다.

이 이론의 논리는 중요한 결과들을 초래했다.

이 이론은 보다 극단적인 형태를 띠었을 때 프로테스탄트 사상가들로 하여금 신앙 영역에 간섭할 군주의 권리를 훨씬 더 옹호하게 만들었다. 종교개혁의 국가관에 발생한 큰 변화는 법적인 변화, 즉 성직자의 입법권을 국가에 종속시킨 것인 듯하다. 그러므로 루터교권 독일에서는 중세의 주교가 행사했던 모든 사법권이 세속 군주에게 넘어갔다고 널리 주장되었다. 영국에서는 1540년에 사도들이 사도적 권위를 가지고 주교들을 세웠는지, 아니면 주교들을 세울 기독교 군주가 없었기 때문에 필요상 그들을 세웠는지 답변해 달라는 질문이 제기되었을 때, 캔터베리 대주교 크랜머(Cranmer)는 머뭇거리면서, 주교의 사법권은 대법관의 사법권과 마찬가지로 군주에게서 유래했다고 답변했다. 왕은 국가의 각기 다른 영역들을 다스릴 대신들이 필요했는데, 그중 일부가 세속 관리들이고 일부가 교회 당국자들이라고 했다. 하지만 크랜머의 이론은 극단으로 치우친 것으로서, 훗날 영국 에라스투스주의자들도 그처럼 멀리 나가지 않은 듯하다.

왕이 말씀이나 성례를 관장할 수 있다는 주장이 제기된 적은 없었다. 이 분야에서 왕은 다른 모든 사람들과 마찬가지로 말씀에 종속되었다. 그로티우스와 그밖의 사람들은 중요한 구분을 함으로써 크랜머의 지나치게 단순한 구분을 탈피했다. 즉, 기독교 목사는 말씀과 성례를 맡은 대신의 자격으로 당연히 그 권위를 그리스도께로부터 받지만, 국가 관리의 자격으로 군주로부터 사법권을 부여받는다고 했다. 기강이 바로 선 국가에서는 목사가 어떤 의미에서는 그 사회의 관리가 되어야 한다는 합의가 있었기 때문이다. 목사는 백성의 윤리를 감독하고, 유언과 출생과 결혼과 죽음을 다루며, 어린이 교육을 맡았다. 목사가 국가 관리가 되는 것은 불가피했으며, 그런 점에서 그의 사법권은 틀림없이 군주에게서 유래된 것이었다. 그렇지 않다면 군주는 더 이상 군주일 수가 없었다.

그러므로 군주는 교리를 작성하고, 무엇을 설교해야 하고 무엇을 설교하지 말아야 할지를 결정하는 일에 합법적 권한을 갖는다. 문제는 군주가 제정한 교리가 하나님의 말씀에 부합한가 하는 것이며, 이 질문은 교황이나 대회나 그밖의 기관이 제정한 교리에 대해서도 똑같이 제기되어야 한다. 만약 자국의 경건하고 학식 있는 목사들이 군주가 제정한 교리에 반대한다면, 그것은 군주가 교리를 작성하는 과정에서 독재적으로 행동했음을 보여 주는 반증일 것이다.

독일에는 "클레베스의 공작이 자기 공국에서는 교황이다"라는 속담이 있었다. 이런 이론이 보다 극단적으로 시행되면 목사들의 권위는 사정없이 짓밟혔다.

1588년에 츠바이브뤼켄의 공작 요한(John)이 격한 루터파에서 필립파(Philippist)로 전향했는데, 그는 백성에게 자신을 따르라고 명령할 때 다음과 같이 말했다고 한다. "군주들은 성령을 모시고 있는데, 성령께서 때때로 군주의 정신에 밝은 빛을 비춰주시기를 기뻐하시므로 백성은 임의로 부는 바람 같으신 성령을 따를 태세를 갖춰야 한다." 필자는 이런 유의 극단적 주장들을 괴벽스러운 것으로 평가한다. 하지만 실지로 나타난 결과가 이론보다 더 극단적일 수가 있다.

영국 왕 찰스 1세는 성직자들 가운데 자신에게 가장 충직한 지지자들에게조차 당혹스럽게도 예배를 위한 왕령을 공포했을 뿐 아니라 스코틀랜드 교회를 위한 교회법(혹은 그가 교회법이라고 부른 것)까지도 공포했다. 영국 국교회의 39개조에서 제20조의 첫 구절은 영국 주교회의로부터 어떠한 승인도 받지 않은 채 왕권에 의해 첨가되었다. 위고 그로티우스 같은 이론가였다면 군주는 하나님 말씀에 위배되는 어떠한 법도 공포하지 않는다는 한 가지 조건을 가지고 이런 행위들에서 어떠한 부당한 점도 발견하지 못했을 것이다.

군주의 수위권(首位權)은 비칼빈주의권의 교회와 국가에 관한 이론에 필요했던 것 같다. 주권이 한 개인에게 귀속된다고 믿을 경우에는 군주의 수위권을 주장하는 것이(합리적인 방식이 아닌 정서적 공감의 방식으로) 조금은 더 쉬웠다. 그로티우스나 셀든(Selden) 같은 보다 명석한 이론가들은 왕의 책임과 과두정의 책임과 의회의 책임 사이에는 아무런 차이가 없다는 것을 간파했다. 만약 종교에 관한 법을 집행해야 한다면, 의회는 그것이 선한 법인가를 검토해야 할 의무를 면치 못할 것이고, 그 의무를 성직자단이나 교회의 총회에 떠넘길 수 없을 것이다. 하지만 어떤 성직자들은 종교 문제에 관해서 의회에 주권을 허용한 일에 관해 가책을 느꼈다. 1625년에 옥스퍼드에서 영국 의회가 소집되었을 때, 의원들은 신학교 강의실에서 회의를 열었고, 의장은 흠정강좌 신학 교수(the Regius Professor of Divinity)가 평소에 강의하던 자리에 혹은 그 곁에 앉았다. 그리고 로드파 성직자들은, 이 첫 회기가 의회로 하여금 의회가 종교 교리를 결정할 수 있다는 관념을 심어주었다는 전설을 가졌다. 이 특별한 주권 행사가 선출된 평신도들의 회의체보다는 기름부음을 받은 한 사람의 군주에게 더 적합하다는 정서가 있었다.

신자 군주들의 주권은, 개방적인 후손이 부적절한 선(善)이라고 시인할 만한 방식으로 교회에 영향을 주었다. 만약 군주가 분쟁을 막기 위해 종교 문제에 관해 충분한 동의를 확보했다면, 그는 사람들의 마음을 들여다보고 싶은 마음을 갖지 않았다. 몇 가지 중요한 예외가 있을 수 있었지만, 대개는 비칼빈주의권과 비가톨릭권 국가들이 칼빈주의권이나 가톨릭권 국가들에 비해 교리상 보다 폭넓은 자유를 허용했다. 1571년에 작성된 영국의 39개조와 칼빈주의의 웨스트민스터 신앙고백서를 비교해 보자. 캔터베리 대주교 휘트기프트는 39개조가 학문적인 분쟁을 막기에는 지나치게 광범위하다는 것을 발견하고서 새로운 조항들을 추가하려고 시도했다. 그것이 예정 교리를 자세하게 정의한 1595년의 램버스 조항(the Lambeth Articles)이었다. 버글리 경(Lord Burghley)은 그 조항에 관해서 듣고는 대주교에게 자기 판단에는 그 문제가 지나치게 불가사의한 것 같다고 말했고, 여왕은 분개하여 대주교에게 그 조항을 취소할 것을 요구했다. 그로티우스는 종교적 정의(定義)를 자제하는 것이 군주의 덕목이라고 주장했다. 설혹 군주와 그의 교회가 어떤 교리를 사실로 믿을지라도, 그것을 강요하는 것은 옳지 않을 수 있다고 했다. 그로티우스는 옛 속담(Dogmata definienda sunt paucissima)을 감동적으로 사용하여 "하나님에 관한 진리를 말하는 것은 위험하다"고 말했다.

관용

종교개혁은 관용을 가능하게 만들었다. 처음에는 그런 의도로 시작하지 않았다. 분할된 유럽의 국가들과 교회들은 결국에 가서는 자기들이 관용을 시행하지 않으면 자멸하고 만다는 사실을 깨달았다.

프로테스탄트 진영은 처음부터 반대파를 그다지 적대시하지 않는 분위기였다. 그들 자신이 국교회로부터 이탈한 사람들이었던 그들은 반대파를 탄압하는 일에 조금 주저했다. 루터는 거의 관용적인 태도로 시작했다가 종교의 자유가 몰고 온 무정부 상태를 지켜보고, 또 명석한 두뇌의 소유자인 멜란히톤이 종교적 탄압을 단호히 주장하는 것을 보고서 초기에 가졌던 태도를 버렸다. 프로테스탄트 국가들은 승인 받지 못한 교리를 가르치는 교사들에게 설교를 금하는 것을 당연하게 여겼다. 아울러 국가가 법을 사용하여 사람들에게 교회에 출석하도록 권장하는 것도 당연하게 여겼다.

영국 국교회와 독일 루터교와 네덜란드 개혁교회와 혹은 스페인 가톨릭 교회에서 시민들은 정당한 사유 없이 소교구 교회 예배에 출석하지 않으면 벌을 받았다. 여전히 주요 교파들은 마치 회중에게 간음이 정당한 행위라고 꾀는 설교자를 제재하는 것이 유익한 것처럼 회중에게 무신론에 빠지게 하거나 유아 세례를 부질없는 행위로 생각하게 하는 설교자를 제재하는 것이 유익하다고 믿었다. 민중의 윤리와 민중의 종교적 견해가 서로 다른 두 가지가 아니라 하나였다.

그 시대 사람들을 놓고 지각 있는 그리스도인이라면 종교적 견해를 박해하는 것이 얼마나 그릇된 일인지 당연히 깨달았어야 했다고 주장한다면 그것은 시대착오적인 생각일 것이다. 정반대로 당시의 지각 있는 기독교 성직자들 대다수는 교리적 오류가 세속 권력에 의해 징벌되어야 한다는 데 동의했다. 이 대다수 성직자들은 칼빈과 그의 교회법원 위원들이나 교황 피우스 5세와 그의 종교재판관들 같은 엄격한 사람들뿐 아니라, 멜란히톤 같은 인간미 넘치는 학자들이나 성 프랑수아 드 살레 같은 점잖고 경건한 가톨릭 교도들로도 구성되었다.

1553년에 미카엘 세르베투스(Michael Servetus)가 제네바에서 반삼위일체 이단설을 주장한 죄로 처형되었다. 비록 지도적인 프로테스탄트 신학자들은 그 처형이 지극히 정당했다는 칼빈의 견해를 지지했지만, 보다 구체적인 변호를 하지 않을 수 없을 만큼 많은 항의가 쏟아졌으며, 그 결과 다음 해에 베자(Beza)는 「이단들이 국가 행정관에 의해 처벌되어야 하는가?」 (*Whether Heretics Should be Punished by the Civil Magistrate?*)라는 책을 출판하게 되었다. 이 책은 민감한 시기에 집필된지라 독설이 적지 않게 눈에 띄지만, 그럴지라도 당대의 견해를 훌륭하게 표현했다. 그중 주요 주장들을 소개하자면 다음과 같다. 행정관은 자기 백성의 윤리 문제에 관여했다 ─ 이 명제는 16세기에는 정신나간 사람이나 시비를 걸 만큼 지극히 당연한 일로 비쳤다. 한때 베자가 시인했듯이, 사생활은 엉망이면서 공적 의무는 훌륭히 수행하는 사람이 소수 있는 것이 사실이라면, 그들은 워낙 예외적인 존재들이어서 행정관의 기능을 일관성 있게 수행할 수 없다.

그리스도께서는 온유하셨고, 그리스도인에게 다른 뺨도 대라고 가르치셨으며, 자비와 관용을 베풀라고 하셨다고 한다. 하지만 이단자 처벌을 비판하는 자들은 어째서 행정관이 살인자들을 처벌해서는 안 된다고 한 목소리로 주장하지 않는가? 양떼를 늑대에게서 보호하는 것이 진정한 자비이지, 양떼를 방치하는 것은 자비가 아니다. 그렇다면 문제는 행정관이 악을 벌해야 하는가 하는 것이 아니라 이단설이 도둑질 같은 악인가 하는 것이다. 이단설이 사회의 윤리 생활에 끼치는 해악은 도둑질 못지 않게 파괴적

임을 부인할 수 없다.

그 이단자가 자기 양심에 순종한 진실한 사람이라고 한다. 만약 반전주의자가 포위 공격을 당하고 있는 성을 돌아다니면서 수비대에게 무기를 놓으라고 권한다면, 여러분은 과연 그가 양심에 순종하고 있고 따라서 그를 벌해서는 안 된다고 탄원하겠는가? 마찬가지로 신앙은 강요해서는 안 되고 설득할 수 있을 뿐이라는 말이 들린다. 물론이다. 이단에 대한 징벌은 이단에게 신앙을 강요하기 위해 제정된 것이 아니다. 그 징벌은 소자(小者)들이 곁길로 빗나가는 것을 막고, 양들을 이리에게서 보호하고, 사회를 보존하고 그로써 하나님의 영광을 가리는 것을 제거하기 위해 제정되었다. 우리가 무력으로 기독교 신앙을 퍼뜨리기를 원한다는 것은 중상 모략일 뿐이다. 대학교 당국자들은 정신이 온전한 사람들이 이구동성으로 거짓이라고 평가하는 사상을 가르친 교수를 면직시킨다. 그를 면직시켰다고 해서 그것을 잔혹한 행위라고 하는가?

국가는 참 종교를 보호하고 또 당연히 보호해야 한다. 박해를 비판하는 대부분의 사람들도 그 사실은 인정한다. 왜냐하면 그들은 극단적인 경우들 — 무신론자들이나 신성모독자들 — 은 반드시 벌받아야 한다고 인정하기 때문이다. 이렇게 징벌이 정당하다면 과연 사형이 정당하지 않다고 주장할 수 있는가 하는 문제가 남는다. 이 문제를 다루자면 괴팍한 사람들을 만나야 할 뿐 아니라, 사형시켜 버리면 참회의 기회가 없지 않느냐고 주장하는 선량하고 이지적인 사람들도 만나야 한다.

먼저 강조하고 넘어가야 할 점은 잔인함과 경솔함을 피해야 한다는 것이다. 아무에게도 신앙을 강제로 갖게 할 수는 없으며, 그리스도인들은 온유하고 자비로워야 한다는 점을 기억해야 한다. 하지만 우리의 첫번째 의무는 양들에 대한 것임도 잊어서는 안 된다. 분명한 사실은 이단설이 사형으로 다스려지는 범죄들처럼 중죄라는 점이다(뮌스터의 재세례파를 생각해 보라). 이단자에게 사형을 부과해서는 안 된다고 말하는 것은 어떤 죄에든 사형을 부과해서는 안 된다고 말하는 것과 같다. 아무도 그렇게 생각지 않을 것이다. 살인은 사람의 육체를 멸하지만 이단설은 사람의 영혼을 멸하고 하나님의 엄위에 직접 도전하는 것이기 때문에 사실은 여느 범죄보다 중차대하다고 말할 수 있다.

이러한 베자의 주장은 적어도 프로테스탄트권에서는 지배적인 여론이 신앙 문제에 대한 징벌 자체를 반대하는 것이 아니라 이단자에게 사형을 부과하는 일에 반대하는 쪽으로 움직이기 시작했음을 보여 준다. 1600년 이후에는 이 죄목으로 처형된 사람은 거의 없었다. 하지만 행정관들이 한 국가 안에서 오직 하나의 종교만 보호해야 한다는 견해는 훨씬 더 오랫동안 남았다.

징벌 문제는 두 가지 전제에 걸려 있었다. 첫째는 진리가 모든 지각 있는 사람들에게 알려진다는 것이었고, 둘째는 한 개 이상의 종교를 널리 받아들이면 국가가 존립할 수 없다는 것이었다. 사건들을 겪는 과정에서 이 두 가지 전제가 오류로 입증될 때까지는 관용이 확립될 수가 없었다.

한편 유럽 교회들 사이에서 소리 없이 조성되곤 하던 자유스러운 분위기 — 예를 들어 바젤과, 폴란드의 한두 도시, 그리고 그 세기 말에는 네덜란드에서 — 에 편승하여 독창적인 이론가들은 보다 폭넓은 관용을 요구하는 글을 출판하되 탄탄한 논리적 기반 위에서 그런 요구를 했다. 그들은 재세례파 사상이나, 그리스도의 왕국이 이 세상에 속하지 않으므로 행정관은 종교와 전혀 무관하다고 항변하던 급진적인 집단들의 사상에 영향을 받은 경우가 많았다.

세바스티안 카스텔리오(Sebastian Castellio. 카틸론〈Chatillon〉을 라틴식으로 발음하여 카스탈리오〈Castalio〉라고도 함)는 제네바로 망명했으나, 칼빈에게 정통 신앙에서 벗어난 사람이라는 의심을 받고서 그곳에서 성직 임명을 거부당했다. 그는 바젤로 물러가서 그곳에서 몇 년 동안 가난하게 살다가 그리스어 교수가 되었다. 바젤에서조차 다양한 이단설을 가르친 혐의로 재판을 받았고, 1563년에 여전히 의심을 받다가 죽었다. 그는 세르베투스의 처형에 충격을 받고서 비장한 심정으로 16세기에 관용을 지지한 가장 중요한 헌장인 「이단들은 처형되어야 하나?」(*Whether Heretics Are To Be*

Persecuted?)를 출판했다. 베자는 그를 제대로 파악하고서 그를 자신의 주적 (主敵)으로 간주했다. 그 책은 인용문들을 편집하는 방식으로 집필되었으며, 카스텔리오가 편집인이었다. 하지만 가장 심한 독설이 담긴 인용문들에는 출처를 밝히지 않았으며, '편집인'이 비판의 목적으로 그 인용문들을 직접 집필한 듯하다.

카스텔리오가 제기한 주장들 자체는 중요한 것들이 아니다. 실제로 그는 칼빈이나 베자의 치밀한 논리에 대항할 만한 사상적 역량이 없었다. 그의 글은 정치 사상에는 사리에 맞지 않는 내용이었고, 다만 그리스도인의 심정과 그리스도인의 양심에 대고 외친 내용이었을 뿐이다. 그리스도께서 어떤 분이셨는가? 그렇다면 그리스도를 본받아야 할 그리스도인들은 서로에게 어떻게 대해야 하겠는가?

> "세상의 창조주시요 왕이신 그리스도시여, 당신은 보고 계십니까? 당신께서 당신답지 않게 그토록 잔인하고 그토록 본연의 모습과 달리 되시는 겁니까? 당신이 땅에서 사실 때 당신만큼 온유하고 당신만큼 자비롭고 당신만큼 악행을 참아주신 분이 없으셨습니다 …… 사람들은 당신을 채찍질하고 침 뱉고 가시 면류관을 씌우고 강도들과 함께 십자가에 못박아도, 당신은 이런 악을 행하는 자들을 위해서 기도하셨습니다. 그런데 이제 당신은 이토록 변하셨습니까? …… 그리스도시여, 만약 당신이 이런 처형과 고문을 명령하셨다면 마귀에게 무슨 할 일을 남겨두신 셈입니까?"

카스텔리오가 내뱉은 양심의 절규는 베자가 공유할 수 없었던 것, 즉 진리가 발견하기 어려운 것이라는 가정에 근거를 둔 것이었다. 우리는 진짜 이단들이 누구인지 아는가? 그리스도와 그의 사도들은 이단들로 처형을 당했다. 우리가 선량하고 무고한 사람들을 그렇게 죽이고 있지 않다고 보장할 수 있는가? 만약 당신들이 이단을 정의하라는 질문을 받으면 세상에 기독교 교리들이 이토록 다양한 상황에서 어떻게 그 대답을 하겠는가? 카스텔리오는 이렇게 썼다. "나는 이단이라는 단어가 무슨 뜻인지를 주의 깊게 조사해 보았다. 그 결과 이단이란 당신들이 동의하지 않는 사람이라는 결론밖에 내릴 수 없었다."

카스텔리오에게조차 국가가 신성모독과 극단적인 유형의 그릇된 가르침을 징벌할 수 있다는 것이 자명하게 보였다. 하지만 그는 무력이 진리를 수호하는 데는 가냘픈 무기라고 생각했다. "사람을 죽이는 것은 교리를 수호하는 것이 아니라 사람을 죽이는 것일 뿐이다."

카스텔리오의 책은 관용을 지지하는 입장에서 가장 큰 영향력을 끼친 출판물이었다. 처음에는 관용을 주장하는 사람들이 이 책을 이곳 저곳에서 산발적으로 자주 인용했으나, 17세기의 1/4분기가 지나면서 그 주장은 마치 합창처럼 우렁찬 한 목소리로 터져 나왔다.

기독교 세계는 한 사회에 한 개 이상의 종교를 허용하면 국가가 번성할 수도 없고 존립할 수도 없다는 신념을 계속 유지했다. 프로테스탄트 시민이 어떻게 가톨릭 군주에게 충성을 바치겠으며, 가톨릭 시민이 어떻게 프로테스탄트 군주에게 충성을 바치겠는가? 매일의 경험이 그 견해를 확증했다.

그럼에도 불구하고 종교개혁은 기독교 지식인들로 하여금 관용 받을 권리에 대한 폭넓은 신념으로 향하는 가장 중요한 걸음을 내딛게 만들었다. 종교개혁이 약진할 수 있었던 이유는 유럽에 가톨릭과 프로테스탄트의 대립적인 신앙고백서들이 생기게 했고, 그 결과 일부 국가들에서는 두 개의 신앙고백서 중에서 하나가 국가 전체를 장악하는 데 실패했기 때문이다. 사람들은 한 사회에 두 개의 공식 종교가 병존하면 국가가 존립할 수 없다고 믿었다. 하지만 만약 피치 못할 상황이나 전도 열정이나 정치적 결정에 의해서 지배적인 종교에 속하지 않는 적지 않은 수의 소수파 시민들이 국가를 수립하게 되면 어떻게 될까?

가톨릭 국가들 중에서 스페인과 포르투갈과 이탈리아, 프로테스탄트 국가들 중에서 스코틀랜드와 네덜란드와 스칸디나비아 제국에는 별 문제가 없었다. 종교개혁은 완승을 거두지도 않았고 완패를 당하지도 않았다. 이들 나라들의 대다수 시민들은 하나의 종교를 견지했다. 물론 스코틀랜드 북동부의 가톨릭 교도들이 헌틀리 가(the Huntly)의 보호를 받아 살아남았고, 이탈리아 북서부에 소수의 발도파(Waldensians)가 칼빈주의권 스위스와 긴밀한 동맹하에 살아남았으며, 독립을 쟁취한 네덜란드의 남부 지역에 입장을 분명히 밝히지 않은 다수의 농민들이 인접한 스페인령 가톨릭권 네덜란드에 사는 이웃들과 형제들처럼 가톨릭 신앙을 유지했던 것이 사실이다. 하지만 이런 미미한 혹은 무력한 소수는 무시할 수 있었다. 만약 스페인에서 프로테스탄트 목사가 설교를 하기 시작한다면 그는 처벌을 당했다. 만약 가톨릭 사제가 스코틀랜드에서 미사를 집례하기 시작하면 그 역시 처벌을 받았다. 이런 나라들에서는 관용에 대한 새로운 사상이 나타날 것 같지 않았다. 17세기에 박해를 가장 유능하게 옹호한 사람은 스코틀랜드 장로교도 새뮤얼 러더퍼드(Samuel Rutherford, *A Free Disputation against Pretended Liberty of Conscience*, 1649)였다. 이탈리아에서는 1832년까지도 교황 그레고리우스 16세가 양심의 자유를 '정신착란'으로 단죄했다. 국민의 대다수가 한 종교를 신봉한 나라들은 관용으로 급속히 달려가지 않았다.

하지만 독일과 프랑스와 폴란드와 잉글랜드에서는 종교개혁이 스코틀랜드의 프로테스탄트주의나 스페인의 가톨릭주의만큼 절대적인 승리를 거두지 못했다. 그 나라들에서는 성직자들이 끊임없이 그 문제를 놓고 고심했고, 가톨릭과 프로테스탄트 성직자들은 여러 가지 중대한 허용을 했다. 그 문제를 학교에서 제기하듯이 제기하여, 먼저 프로테스탄트의 입장에서 "미사가 우상 숭배인데 우상 숭배를 관용하는 것이 반드시 죄가 아닌가?" 하고 묻고, 다음에는 가톨릭의 입장에서 "이단이 악인데 가톨릭 제후가 자기 영지에서 이단을 관용하는 것이 반드시 죄가 아닌가?" 하고 묻는다고 가정해 보자. 많은 사상가들은 "그렇다. 어떤 상황에서든 우상 숭배나 이단을 관용하는 것은 중죄이다"라고 긍정적으로 대답했다.

하지만 다른 사람들은 이 엄격한 결론을 불쾌하게 받아들였다. 독일에서 예수회 대학 교수로 활동하다가 1624년에 죽은 마르틴 베카누스(Martin Becanus, 태생으로는 네덜란드인)는 이 결론이 이성보다는 감정에서 나온 것이라고 주장했다. 이단의 수가 도저히 탄압할 수 없을 만큼 많다면 어쩔 것인가? 그때는 제후가 그들을 관용하지 않고 탄압한다면 가톨릭권에 더 큰 재앙을 초래할 것이다. 반대로 제후가 이단들을 박멸하는 데 성공한다고 할지라도, 나중에 가서 자비를 베풀었다면 유익할 뻔했다고 생각하거나, 만약 프로테스탄트 교도들에게 관용을 베푼다면 가톨릭 교도들이 자기들의 신앙에 더욱 열정을 품고 더욱 자기를 부인하고 더욱 충성스럽게 되고 자기들의 신앙을 전파하는 훌륭한 선교사들이 될 것이라고 생각하게 될 수도 있다. 그런 조건들하에서는 불태워 죽이기보다 관용하는 것이 나은 경우들이 많을 수 있다.

낭트 칙령과 프랑스 및 독일의 분열 결과가 어떻게 여러 학파들의 사상을 자유롭게 하였는가 하는 것은 분명하다. 루터교의 게르하르트(Gerhard)는 Loci Theologici(1619, 27권)에서 그 문제를 간결하게 논평했다. 만약 한 왕국이 통일되어 있으면 관용은 그릇된 정책이다. 만약 왕국이 분열되어 있으면 군주는 분열의 현실을 감수해야 한다. 국가 자체가 존립하지 못하는 것보다 차라리 종교가 일치하지 않은 상태로 국가가 존립하는 것이 더 낫다. 프랑스인 총장 자냉(President Jeannin)은 두 종교가 평화롭게 공존하는 것이 공멸로 이끄는 전쟁보다 낫다고 말했다.

그러므로 관용에 대한 기독교의 주된 명분은 원칙이 아닌 편의주의 (expediency)에 근거하고 있었다. 가톨릭권과 루터교권과 개혁주의권의 사상가들 중에서 그 누구도 편의주의라는 개념을 넘어서지 못했다. 하지만 이런 허용의 비중을 과소평가해서는 안 된다. 종교 탄압의 명분은 종교 교리(행정관의 도덕적 의무)와 정치적 가정(종교가 분열되면 국가가 존립할 수 없다) 사이의 일치에 걸려 있었다. 베카누스와 게르하르트 같은 사람들은 프랑스 같은 나라들이 비록 종교가 분열될지라도 존립할 수 있으며 종교 분열을 계속 허용하는 한에서만 존립할 수 있다고 시인함으로써 이 일치를 파괴했다.

1570년에 발행된 프랑스의 「정치」(Politiques)는 편의주의가 박해를 지원하지 않음을 분명히 지적했다. 일단 이 버팀목이 제거되자 행정관들의 도덕적 의무의 본질을 재검토하기가 쉬워졌다. 탄압이 적절치 못하다고 시인함으로써 시작한 정치인들은 그것이 얼마나 도덕적 의무가 될 수 있는가를 질문하는 것으로 마쳤다. 그리스도인의 양심에 대고 부르짖은 카스텔리오의 절규가 서서히 기독교 세계 안으로 들어오고 있었다.

제13 장

목회사역과 예배

종교개혁과 반동 종교개혁은 개혁자들이 원했던 것을 반드시 다 성취하지는 못했을지라도 사제의 제단 사역이든 목사의 강단 사역이든 기독교 사역의 표준을 높여 놓았다. 그리고 만약 **사제처럼 민중처럼**이라는 격언이 설득력이 있다면 그 업적은 사회와 개인의 삶에 강력한 영향을 끼쳤다.

종교개혁 이전과 종교개혁 이후를 흑과 백으로 대조하여 보는 것은 옳지 않다. 15세기 초에 집필된 「그리스도를 본받아」(*The Imitation of Christ*. 본서는 세계 기독교 고전 시리즈 2권으로 본사에 의해 번역 출판됨 — 편집자주) 는 중세 말의 고상하고 심오한 경건과, 종교개혁을 일으키는 데 이바지한 중세 기독교 이상의 힘을 떠올리게 하는 데 충분하다. 1600년대부터는 기독교 사역이 1400년대에 때로 그랬던 것처럼 세속적일 수 있었던, 즉 부패할 수 있었던 증거가 많다.

몇몇 로마의 추기경들은 과거와 하나도 다를 바 없는 방법을 동원하여 재산을 긁어모았다. 1596년 말에 40개의 프랑스 주교직을 여전히 평신도들이 차지하고 있었다. 아일랜드 카셀의 프로테스탄트 대주교 메일러 매그러스(Meiler Magrath)는 근실한 사람이 아니었는데도 그곳 말고도 아일랜드의 주교구 세 곳을 더 차지했고, 직접 혹은 여러 명의 자녀를 통해서 무수히 많은 성직록들(런던에는 그 수가 70개라는 소문이 돌았다)을 관할했다. 물론 종교개혁 내내 예외적인 경우들을 발견하기란 어렵지 않았다.

하지만 종교개혁 이후에는 대체로 독직(瀆職)과 부패와 불법과 성직자의 비상주(非常駐) 관행과 성직매매가 줄어들었고, 교육과 설교와 목회 활동과 평신도 및 성직자의 신앙 지식 수준이 향상되었으며, 목사들 혹은 사제들 사이에 세속성은 줄어들고 신앙 열정은 고양되고, 미신은 줄어들고 신앙은 늘어나고, 무미건조한 주지주의는 줄어들고 성경적 이해는 늘어났다.

종교개혁과 반동 종교개혁의 이상들은 제단 사역 중심의 이상과 목회 사역 중심의 이상으로 예리하게 구분된다. 보다 단호한 보수주의자들이 기독교 사역의 최상이자 궁극적인 행위가 미사 집례라는 개념을 포기할 가능성이 없었던 반면에, 형식이나 의식에 의한 구원에 반대한 종교개혁자들은 성례가 비록 중요하고 없어서는 안 될 부분이긴 하되 교인들에 대한 전체 사역의 한 부분이라고 보았고, 그 사역 가운데 최상이자 궁극적인 것을 하나님 말씀 해석으로 보았다. 한쪽에서는 제단이, 다른 쪽에서는 강단이 교회의 초점이었다.

하지만 이런 거친 대조에는 많은 예외가 따르기 마련이다. 가톨릭권에서도 일부 인사들은 항상 강단과 설교에 우선권을 두고 싶어했다. 루터교도들은 제단을 제단으로 남겨 놓았다. 그리고 비록 잉글랜드의 소교구 교회들은 대주교 로드의 개혁이 실패하기 전에 대개 스위스의 방식을 따라 제단을 성찬상으로 바꿔 놓았지만, 대다수 잉글랜드 대성당들은 1642-8년의 내전 이전까지는 제단을 그대로 유지했다. 프로테스탄트권 잉글랜드와 독일과 스위스와 스코틀랜드의 일부 지역들에서는 1500년대보다 1600년대에 더 훌륭한 설교와 교육이 이루어졌다. 하지만 반동 종교개혁권인 밀라노와 그 밖의 도시들, 특히 예수회나 도미니쿠스회가 세력을 떨치던 지역에서도 상황은 마찬가지였다. 가톨릭권의 일부 지역, 특히 이탈리아 남부와 프랑스와 독일의 일부 지역에서는 목회 사역이 예전처럼 잠잠했다. 서방 기독교 세계는 목회와 윤리 표준을 끌어올리기 위해 분투했고 그 노력이 헛되지 않았지만, 그 진행 방식은 상황이 허락하는 대로 혹은 사람들이 반응을 보이는 대로 어수선하게 이루어졌다.

중세 말기에 목회 사역을 다룬 유용한 지침서들이 여러 권 출판되었다. 이 지침서들을 프로테스탄트든 가톨릭이든 16세기 말의 지침서들과 비교해 보면 분위기가 상당히 달라진 것을 알 수 있다. 중세의 지침서들은 다소 전례 중심적으로서, 목회 사역과 의식 집례가 뒤섞인 가운데 정확한 의식 집례에 더 비중을 두었다. 역사의 장을 200년 앞으로 넘기면 이제 지침서들이 앵무새처럼 반복된 설교를 지양할 필요성과 올바른 의식 집례는 마음에서 우러나온 경외심에서 비롯된다는 점을 보다 강조한다. 그 지침서들은 보다 제대로 교육된 사역, 즉 항상 설교가 이루어지고, 강단이 목회자의 기쁨이요 권위가 되는 사역, 성경과 교부들에 대한 연구를 늘 포함하고 있는 사역을 염두에 두고 집필되었다. 반동 종교개혁 지침서들도 프로테스탄트 지침서들과 질적인 면에서 동일했다.

프로테스탄트 지침서들은 대개 마을의 가족 생활의 형태로서 아내와 자녀들과 가족, 심지어는 과수원과 가축 같은 항목에 관한 전례 없는 새로운 부분을 실었다. 반동 종교개혁 지침서들도 비록 성경 공부를 그다지 강조하지 않고 신학 지식과 교회사를 보다 강조하긴 했으나 강단과 내면의 진실성, 그리고 학문과 교육에 프로테스탄트 못지 않은 비중을 두었다. 반동 종교개혁의 지침서들은 사역자를 나쁘지 않은 의미에서의 '직업인'의 모습과, 교회 행정가로서의 모습으로 좀더 부각시키고, 그가 가르쳐야 할 교리들을 더 길고 상세하게 소개하며, 성경 해석이 교회의 해석에 부합해야 할 필요성을 한층 강조한다.

조지 허버트(George Herbert)의 「성전의 사제」(*A Priest to the Temple*, 1632년에 솔즈베리 근처에서 집필)에 나오는 프로테스탄트 목회자와 찰스 보로메오(Charles Borromeo)의 「목회자들에게 주는 교훈」(*Instructions to Pastors*, 1565년 직후에 밀라노에서 집필)에 나오는 가톨릭 사제를 비교해 보면, 허버트의 목사는 이탈리아의 성직자에 비해 사회성이 강하고, 대중에게 보다 가까이 다가간다. 그는 대중 사이에서 그들 영혼의 감독인 동시에 친구이며, 그들을 식탁에 초대한다. 보로메오의 목회자는 평신도가 초대하는 저녁 식사를 될 수 있는 대로 거절한다. 보로메오의 이상에는, 조용하고 인간미 넘치고 점잖고 헌신적인 허버트의 이상에 비해 더 뜨거운 열정 같은 것이 있다. 이 비교는 두 저자의 인격의 어떤 면모를 보여 주기도 하지만, 종교개혁의 목회자와 반동 종교개혁의 목회자 사이의 대조를 예시하는 것으로 받아들일 수도 있다.

성직자의 결혼

프로테스탄트 성직자들의 위상에 가장 큰 영향을 준 것은 법적인 결혼이었다. 비록 나라마다 심지어는 교구마다 관습이 조금씩 달랐지만, 교황 알렉산더 4세 이래로 옛 시대의 많은 사제들이 첩을 거느렸다. 어떤 소교구들은 그 관습을 좋게 여겼으며, 가톨릭 후원자들이 여자를 거느리지 않은 사람을 사제로 임명하기를 거부한 사례도 없지 않았다. 크게 존경받은 어떤 프랑스 사제는 자기 책에 자기 사생아들을 정기적으로 목욕을 시켰다고 담담하게 적었다. 1476년에 브라운슈바이크의 대성당 참사회는 참사회원들과 주교 대리자들에게 첩을 내보내지 말되, 대성당 봉쇄구역이 아닌 다른 곳에 살게 하라고 지시했다. 스코틀랜드에서는 1548-1556년에 평신도들의 자녀 다섯 명에 대해 성직자들의 서자 두 명이 적자(嫡子)로 인정을 받았는데, 그것은 성직자들과 평신도들의 인구 차이를 감안할 때 놀랄 만큼 높은 비율이었다. 정부를 정식 아내로 인정하고 서자들을 정식 자녀들로 인정한 것은 프로테스탄트주의가 성직자들에게 하사한 가장 큰 선물이었다. 전하는 바로는, 루터는 카테리나 폰 보라와 결혼하기 전에 일년 동안 동침을 하지 않았다고 한다.

반동 종교개혁의 교황들은 결혼을 허용하라는 압박을 받았다. 1400년부터 에라스무스를 포함한 몇몇 보수적인 종교개혁자들은 성직자 결혼을 탄원하고, 동방정교회의 사례를 증거로 제시했다. 소수이면서도 강력한 프로테스탄트 집단이 있는 가톨릭 국가들은 성직자 결혼을 허용해야 한다고 거듭 요구했고, 그 문제에 관해 합리적인 견해를 담은 바바리아와 오스트리아인들의 탄원서가 1562년의 트렌트 공의회에 제출되었다. 프랑스 주교들은 심지어 성직자 독신주의를 존속시키려고 한다면 노인들이나 성직에 임명해야 할 것이라고 주장했다. 독신 성직자는 극소수이고 기혼 성직자가 대부분이라는 냉소적인 말이 있었다. 교황은 몇몇 군대 수도회들의 수사들에게는 추문을 사전에 막기 위해 독신 규율을 면제해 주었다.

트렌트 공의회는 그 문제에 관해 타협하지 않았다. 1563년 11월에 공의회는 성직자들과 수사들과 수녀들이 정식 결혼을 할 수 있다고 주장하는 모든 사람들과, 독신 생활보다 결혼 생활이 낫다고 주장하는 모든 사람들에게 아나테마(저주)를 선포했다. 하지만 공의회의 선포는 겉으로 보는 것만큼 그다지 비타협적인 것은 아니었다. 결혼한 사람이 사제 서품을 받을 수 있는가 하는 문제는 결정하지 않은 채 남겨 두었기 때문이다.

트렌트 공의회의 법령이 효력을 발휘하기까지는 여러 해가 걸렸다. 1583년에 프랑스에서 트렌트 공의회 법령집이 출판되는 것을 거부한 어느 프랑스 귀족은 이탈리아에서는 성직자들의 윤리를 개혁하는 그 법령에 아무도 관심을 갖지 않는다는 주장을 폈다. 지방 교회회의들은 꾸준히 하지만 반신반의하면서 그 법령을 반복해서 공포했다. 잘츠부르크 대주교가 1616년이라는 뒤늦은 시기에 용단을 내어 확보한 것은 사제들이 첩들을 6km 떨어진 곳으로 보내야 하고 자녀들도 멀리 떨어진 지역이 아니면 공개적으로 함께 살아서는 안 된다는 내용의 법령이 고작이었다.

16세기 중반부터 도입되어 1614년에 의무화된 한 가지 실질적인 지원 대책은 고해소(告解所)였다. 하지만 동거 관습은 서서히 줄어들었고, 진정한 독신 관습이 보다 보편화했다. 권징이 제대로 통했기 때문이든, 아니면 개혁 운동에 대한 열정 때문이든, 아니면 일반적인 윤리 표준이 높아졌기 때문이든, 17세기의 증거는 16세기의 증거와 사뭇 다르다. 만약 트렌트 공의회 법령들과 반동 종교개혁이 축첩 관행을 막지 못했다면 성직자가 아내를 가져도 괜찮다는 기대와 정부(情婦)가 용인되거나 존중된다는 안도감을 승인하게 되었을 것이다.

프로테스탄트권에서는 성직자 결혼이 들뜬 분위기에서 시작되었다가 곧 세상에서 지극히 자연스러운 일로 자리를 잡았다. 루터가 바르트부르크에 있는 동안 몇몇 사제들이 결혼을 하기 시작했고, 1523년에 루터는 전직 아우구스티누스 탁발수도회 총장이자 자기 친구인 벤케슬라스 링크(Wenceslas Link)의 결혼식 때 성직자의 결혼을 지지하는 설교를 했다. 1525년에 루터는 친구들을 만찬에 초대한 뒤 사전 예고도 없이 그들 앞에서 카테리나 폰 보라와 결혼식을 치렀다. 프로테스탄트 국가들은 앞다투어 목사들의 결혼을 합법화했다. 칼빈은 아내와 사별한 뒤 재혼하지 않았지만 친구들과 동료들에게 교회의 유익을 위해 결혼하라고 권했다.

성직자들보다 관습에 대해 보수적이게 마련인 평신도들로서는 그러한 변화에 적응하기가 쉽지 않았다. 루터의 절친한 친구들 중 여러 명이 그의 결혼을 불쾌하게 받아들였다. 법률가들은 대다수 평신도들보다 더 보수적이어서, 1536년에 가서도 비텐베르크 법률가들은 루터의 비위를 거슬려 가면서까지 사제들의 자녀들이 서자들이라는 주장을 견지했다. 성직자 결혼이 시작된 초기에 일부 평신도들은 결혼한 사제들에게 성찬을 받으러 나오지 않았고, 심지어 산파들조차 성직자 아내가 출산할 때는 아이를 받아주지 않았다고 전해진다.

영국의 엘리자베스 여왕은 시종 일관 결혼하지 않은 주교들을 선호했고, 성직자의 아내가 대학과 대성당의 경내에 발을 들여놓지 못하도록 했다. 1561년에 세실(Cecil)은 캔터베리 대주교에게 쓴 편지에서 "여왕께서는 성직자가 결혼해서 사는 것을 한사코 못마땅해 하십니다"라고 썼다. 분명히 알 수 있는 것은 여왕 말고도 교구 사제의 아내를 사귐에 받아들이기를 어색해 한 사람들이 많았다는 점이다. 엘리자베스의 재위 초에 세번 강을 건너는 나룻배에서 승객들이 교구 사제들의 두 아내를 보고 조롱했다가 싸움이 벌어진 사례도 있었다. 결혼하지 않은 대주교 로드조차 똑같은 조건을 구비한 성직 후보자들 중에서 고른다면 자신은 결혼하지 않은 사람을 고르겠다고 경솔히 말했다가 빈축을 산 적이 있었다. 영국에서 엘리자베스는 성직자의 결혼을 합법화한 에드워드 6세의 법령을 갱신한 적이 없고, 다만 그 관행을 정당한 권리보다는 시혜로 허용했다. 성직자의 결혼법은 제임스 1세 때에 가서야 비로소 정식으로 갱신되었다.

아울러 성직자들은 적합한 아내를 얻기가 쉽지 않았다. 때로는 나이든 첩이 쉽게 아내가 되는 경우도 있었고, 봉급이 형편없이 작았던 시골의 성직자는 어쩔 수 없이 하녀와 결혼한 경우도 있었다고 한다. 당국자들은 부적합한 결혼을 막으려고 노력했다. 웁살라의 대주교는 자기 교구의 성직자들에게 주교와 참사회의 동의 없이는 결혼하지 않겠다는 서약을 받아냈다. 엘리자베스 여왕은 결혼하려는 성직자에게 자기 교구의 주교 및 두 행정관의 승인과 '여자가 섬기는 곳'의 주인과 여주인의 동의를 받도록 했으며, 이 명령은 법정에서 효력을 발휘했다.

하지만 모든 게 신속히 자연스러워졌다. 1561년 10월에 발송된 조사표는 런던 대주교구의 성직자들 가운데 절반이 이미 결혼한 상태였음을 보여준다. 성직자 결혼이 합법화한 지 한 세대만에 거의 모든 사람이 마치 성직자 독신주의가 먼 옛날의 일이었다는 듯이 행동하고 있었다. 대주교 로드 때 어느 로드파 저자는 젠트리 계층(the gentry, 귀족 다음의 신사 계층)이 딸을 교구 사제에게 시집 보내는 것을 최고로 생각할 정도로 성직이 높은 존경을 받았다고 전한다. 1610년에 가서도 노샘프턴셔의 국왕 자치구에서는 어떤 부부가 성직자의 아내에게 욕을 하면서 "세상에 사제들이 결혼을 하다니 웬 해괴망측한 일인가" 하고 말해 놓고 곤욕을 치르는 일이 발생했다. 그리고 그 세기 중반까지도 사제들의 아이들은 불행한 인생을 살게 된다는 전설이 사라지지 않았다. 실은 이미 교구 사제들의 아들들이 교회와 국가에서 고위직에 오른 예가 무수히 많았는데도 말이다.

종교개혁을 평가할 때는 수많은 양심적인 사람들이 쏟아부은 노력과 그로 인해서 세워질 수 있었던 진실하고 명예로운 가정들과 가문들을 잊어서는 안 된다.

성직자들의 사회적 지위

엘리자베스와 스튜어트가 시대 영국의 젠트리(신사)들은 때때로 주교들이 진토에서, 비천한 집안에서 자란 사람들이라는 점을 못마땅하게 여겼다.

하지만 종교개혁은 성직자들의 사회적 지위와 신분에 대해서 예상할 수 있는 것만큼 큰 차별을 하지 않았다. 중세 교회는 항상 유능한 사람들에게 문을 열어 놓았고, 프로테스탄트 교회들도 그러한 태도를 계속 견지했다. 1575-1645년에 캔터베리 대주교를 지낸 다섯 명의 프로테스탄트 인사들 가운데 두 명은 성공한 의류업자의 아들들이었고, 한 명은 농부의 아들이었고, 한 명은 부유한 상인의 아들이었으며, 당시의 용어로 '신사' (gentleman)로 표기할 수 있었던 사람은 딱 한 사람뿐이었다. 하지만 종교개혁 전에도 고위 성직을 귀족들이 독점한 것은 아니었다. 1414-1532년에 캔터베리 대주교를 역임한 일곱 명의 인사들 중에서 다섯 명은 평범한 집안, 즉 요우먼(yeomen. 자영농, 향사)이나 지방의 대지주의 아들이었고, 두 명만 최상류층 출신이었는데, 한 사람(부르쉬에〈Bourchier〉)은 외가쪽으로 왕 에드워드 3세의 혈통을 이어받은 플랜태저넷 왕가 사람이었다. 1556-8년에 대주교를 지낸 레지널드 폴(Reginald Pole)도 최상류층 출신이었다.

이와 필적할 만한 점을 교황이 된 사람들에게서도 엿볼 수 있다. 1471-1521년에 교황을 지낸 다섯 명 가운데 세 명이 최상류층 출신으로서, 한 명(레오 10세)은 피렌체 대공 로렌초(Lorenzo)의 아들이었고, 다른 한 명은 제노아 귀족 가문 출신이었다. 하지만 다섯번째 교황(식스투스 4세)은 출신이 보잘것 없었다. 1559-1591년에 교황을 지낸 다섯 명 가운데 두 명은 미천한 집안 출신이었고, 한 명은 파산한 중산층 출신이었고, 한 명은 소귀족 가문 출신이었으며, 한 명은 볼로냐의 좋은 가문 출신이었다. 하지만 역대 고위 성직자들의 분포가 다 이러했다고 단정해서는 안 된다. 필자가 위와 같은 자료를 소개한 목적은 미천한 집안 사람들도 중세 교회를 지배하는 지위에 오르긴 했지만, 종교개혁과 반동 종교개혁이 그 문을 더 넓게 열어 놓았음을 예시하기 위함이다. 두 진영의 종교개혁이 그렇게 문을 넓게 열어놓게 된 이유는 르네상스로 말미암은 새 세계가 귀족의 아들들에게 다른 문들을 열어 주었기 때문이기도 했고, 사회 전체의 기반이 그만큼 더 넓어지고 있었기 때문이기도 했다.

하위 성직자들 가운데 최빈곤층은 종교개혁 이전에도 최저 생계 수준에서 그다지 벗어나지 않았고, 종교개혁 이후에도 그런 수준을 크게 벗어나지 않았다. 그들은 십일조의 인플레이션에 약간의 덕을 입었다. 물론 새로운 재원(財源) 가운데 가장 큰 부(富)에는 십일조를 매길 수 없었지만 말이다. 소교구 성직자의 사회적 지위는 1500년과 1600년 사이에 대체로 크게 변하지 않았다. 하지만 평신도들의 지위 변화와 비교해 보면 변한 것이 있었다. 평신도들은 갈수록 부유해진 반면에 소교구 성직자들은 예전 수준을 그대로 유지했기 때문이다.

프로테스탄트 교회에서는 성직자들에 대한 이중 급여 표준이 비록 극복되는 경우도 있긴 했지만 대체로 보편화했다. 그것이 도시 성직자와 시골 성직자를 구분짓는 지표였다. 도시 성직자는 고등 교육을 받았고, 젠트리나 심지어 귀족의 딸과 결혼했고, 사회적으로 존경을 받았으며, 그에 합당한 경제적 대우를 받았다. 1529년에 비텐베르크 시의 목사는 200굴덴(gulden)을 받았고, 나중에는 300굴덴과 50부셸의 곡물을 받은 데 반해, 시골의 목사들은 20굴덴을 받았다고 전해진다. 시골의 성직자들은 주로 농부 가정에서 태어나 농부의 딸과 결혼했고, 대지주나 평신도 후원자의 지배를 받았으며, 최저 생계비를 받고 모자라는 비용은 손수 노동해서 충당했다. 그 노동이란 대개 가축 사육이었다. 교구 사제들이 자신의 사제관에서 돼지들과 양들을 사육하는 경우가 종종 있었던 것이다.

독일에서는 목사가 비록 급여는 형편없이 낮았을지라도, 세금을 내지 않았고 맥주 양조권을 사용했다는 점에서, 그리고 (1527년 이후 작센의 경우에서 볼 수 있듯이) 회중이 목사관을 보수하고 수리해주어야 할 의무가 있었던 점에서 몇 가지 혜택을 누렸다.

독일 일부 지방에서는 성직자들이 극빈 상태에 떨어져 한때 중세 교회들에서 생겼던 성직자 거지들이 프로테스탄트 교회들에서도 생겼다. 독일의 목사들은 때때로 생계를 유지하기 위해서 세상 직업에 종사했다. 그 중에는 가죽 무두질업과 직조업도 있었고, 리넨 제조업도 있었으며, 버터와 치즈 행상도 있었다. 크닙스트로(Knipstro)는 자신이 슈트랄준트에서 성 마리아 교회의 부제로 시무할 때 아내의 삯바느질에 힘입어 겨우 구걸하는 신세를 면할 수 있었노라고 말했다. 독일의 시골 성직자들은 대부분 돼지와 가축 몇 마리쯤은 사육했고, 그렇게 해서 연명했다. 오래 전에 리처드 후커(Richard Hooker)에게 배웠던 제자가 '공유지에서 양 몇 마리를 치면서' 호라티우스(Horace)의 「송부」(Odes)를 읽고 있는 은사의 모습을 보았다는, 잘 믿기지 않는 유명한 이야기가 전해진다. 러틀랜셔의 리딩턴의 소교구 목사는 개초장이(蓋草匠—: 이엉으로 지붕 이는 사람 — 역주)의 조수로 일하며 생활비를 벌었다. 배딜리의 밀즈 씨(Mr. Mills)는 탄광 갱부였으며, 그밖에도 영국 성직자들이 대장장이, 밧줄 제조공 같은 직종에 종사했다고 알려진다. 이런 현상이 악폐였다면 이것은 종교개혁의 산물이 아니라 종교개혁이 치유하지 못한 악폐였다. 기독교 세계 전역에서 교회 당국자들은 성직자가 텃밭을 가꾸고 가르치거나 강의하는 일을 제외한 여타의 직종에 종사하는 것을 달가워하지 않았다.

평신도의 부는 증가하는 데 비해 성직자의 수입은 제자리 걸음을 하고 있었기 때문에 부모들은 자녀들이 성직자가 되는 것을 권장하지 않았다. 1625년경 조지 허버트(George Herbert)가 법원의 동료에게 자신이 성직자가 되려 한다고 말했을 때, 그 친구는 간곡하게 만류하면서, 성직은 "너무나 천한 직종이고, 너의 가문과 탁월한 역량과 정신적 자산에 비교할 때 너무나 하찮은 직종"이라고 말했다. 그러자 허버트는 이렇게 대답했다. "과거의 부패가 성직자들을 하찮은 사람들로 만들었고 사제라는 신성한 직함을 경멸스럽게 만들었지만, 나는 그 직함을 명예롭게 만들기 위해 힘쓸 것이다."

독일 북부의 올덴부르크에서 사역한 아흔다섯 명의 목사들을 대상으로 그 아버지들이 어떤 직업에 종사했는가를 조사한 내용이 전해진다. 쉰다섯 명은 목사였고, 열여섯 명은 농부였고, 두 명은 군인이었고, 일곱 명은 상점 주인이었고, 한 명은 라틴어 교사였고, 여섯 명은 성당 지기 혹은 사찰이었고, 여섯 명은 시장 혹은 시의회 의원이었으며, 두 명은 귀족이었다.

느슨한 계산에 따르면 17세기 스웨덴 성직자들 중 절반이 성직자 집안 출신이었다고 한다. 그 직종(이제는 그렇게 불리게 되었다)은 거의 세습이 가능하게 되었다. 1624년에 죽은 엄격한 루터교 신학자 베네딕트 카르프조프(Benedict Carpzov)는 4대에 걸친 후손이 성직을 세습했는데, 그중 한 명은 신학 박사가 되었고, 마지막 다섯번째 후손은 1803년에 죽었다. 뉘른베르크의 목사였던 멜란히톤의 친구 요한 파브리키우스(John Fabricius)는 4대에 걸친 후손이 성직을 세습했는데, 그중 두 명이 그와 마찬가지로 뉘른베르크에서 목사로 사역했다.

시골 목사는 전임자들에 비해 평신도 귀족과 젠트리에게 조금 더 의존했다. 중세 말 교회의 시골 목사도 다른 사람에게 의존하긴 했지만 주로 대수도원장과 부재 주교들 같은 성직자들에게 의존했다. 프로테스탄트권의 시골 목사는 젠트리에 보다 많이 의존했다. 삼십년 전쟁 당시의 독일에서는 젠트리들의 전속 목사들이 그들의 집사나 하인처럼 일했다고 하지만, 당시가 전시였음을 감안해야 한다. 하위 성직자들은 자기들을 후원하는 귀족들의 악행을 검열할 만한 처지가 못되었다. 17세기에 독일에서는 일부 목사들이 후원자들을 각별히 존경한 나머지 젠트리들에게 따로 성찬을 받을 수 있도록 허용하거나, 심지어는 귀족들에게 성찬을 집행할 때 보다 공손한 문구를 사용한 특별한 전례를 사용했다. 덴마크에서는 왕 크리스티안 3세(Christian III)가 1551년에 목사들의 자녀들을 후원자들의 하인처럼 다루어서는 안 된다는 법을 통과시켜야만 했다.

하지만 가난한 시골의 의존적인 성직자들은 후원자들의 큰 악을 보고도 그것을 책망할 힘이 없었다. 이렇게 종교개혁자들이 성직자들의 사회적 위상을 높이는 데 성공하지 못했을지라도, 교육의 표준은 서서히 그리고 힘겹게 끌어올리고 있었다. 갈수록 많은 수의 성직자들이 학교와 대학교에서 교육을 받았다. 재산으로 얻지 못한 존경을 서서히 학식에 힘입어 받아갔다. 종교개혁과 반동 종교개혁 모두 교육받은 목회자를 양성하는 데 성공했다. 독일 대학교의 신학자들과 대도시 교회의 목사들은 충분한 급여를 받았고, 네덜란드나 잉글랜드나 스코틀랜드의 같은 레벨의 성직자들처럼 종종 큰 존경을 받았다. 독일의 도시들에서 목사는 상원의원들보다 서열이 앞섰다. 1654년에 죽은 독일의 목사 발렌틴 안드레아이(Valentine Andreae)

는 좋은 도서관과 몇몇 희귀 사본들과, 알브레흐트 뒤러(Albrecht Dürer)가 그린 '성모' 화와 홀바인(Holbein)이 그린 '성 바울의 회심' 화를 소유했다. 영국에서는 성직자들이 학문에 몰두하여 결국 향학열로 명성을 얻었다. 오늘날에 비해 1630년 당시의 성직자들이 헬라어뿐 아니라 히브리어에 대해 적어도 피상적인 지식이라도 더 많이 가지고 있었다. 성직자들의 윤리와 정치 활동에 관해 식견 있는 비판을 가했던 영국 법률가 존 셀든(John Selden)은 "일찍이 이처럼 성직자들이 학식을 갖춘 적은 없었다는 것은 모두가 시인하는 바이다. 성직자들이 무식하다고 비난할 사람은 아무도 없다"고 말했다.

모든 주요 프로테스탄트 교회들은 대학교 학위를 성직자 임명 조건으로 삼으려고 노력했다. 그러는 과정에 목표의 문턱에서 실질적인 어려움을 발견했다. 1544년에 라이프치히에서 열린 회의가 이 점에 관한 규율을 제시했는데, 그것이 그런 유의 여러 결정들 가운데 최초의 것이었다. 1550년에 바이마르 시는 시골 성직자 지망자들에게 보다 쉬운 시험을 제시했는데, 그들이 도시로 전근하려면 보다 어려운 시험을 다시 치러야 했다.

멜란히톤이 1549-55년에 비텐베르크에서 성직 후보자들에게 치르게 한 시험 이야기가 전해진다. 시험은 주로 헌신에 관련된 게 아니라 정통 신앙에 관련된 것이었다. 성직 후보자는 프로테스탄트의 가르침과 로마 가톨릭의 가르침의 차이, 그리고 프로테스탄트 가르침의 성경적 근거를 이해해야 한다. 멜란히톤은 윤리학과 교회사에 관해서 몇 가지 문제를 냈고, 교의학에 관한 까다로운 문제를 냈으며, 그답지 않게 첨예한 분위기에서 구두 시험을 진행했다. 시험은 대개 라틴어로 진행되었고, 한 시간 가량 걸렸다. 따라서 많은 성직 후보자들이 대학교의 신학 교재가 아닌 멜란히톤의 교과서들을 공부하지 않을 수 없었다. 1545년에 슈테틴에서는 낙방한 성직 후보자들에게 초라한 집에 기거하면서 시험 준비를 더 하도록 명령했다. 1552년에 멜란히톤은 성직 후보자들뿐 아니라 시험관들에게도 도움을 주려는 뜻에서 「성직 후보자들의 시험」(*Examination of Ordinands*)을 출판했고, 이 책은 곧 교회의 공식 교재로 채택되었다. 비텐베르크에서는 시험이 간단한 설교로 마침으로써, 성직 후보자들에게 그 직무의 중요성을 환기시켰다. 루터의 성직 임명 전례에는 그리스도께서 위하여 죽으신 사람들을 돌보고, 그리스도인답게 살고 아내와 자녀들도 그렇게 살도록 인도하겠다는 내용의 간단한 서약이 실려 있었다.

가톨릭이든 프로테스탄트든 유럽의 모든 나라들에서는 성직 임명 전에 한 가지 이상의 시험을 실시했다. 그리고 이미 임명을 받은 성직자에게도 일정 과정의 신학 공부를 의무적으로 하도록 만들었다. 1586년에 콜체스터의 대부제는 몇 가지 필독서들을 고지하고, 성직록 수임자들에게 개인 교수의 지도하에 표본적인 설교들을 작성하도록 지시하고, 자신이 다음 번에 방문할 때 지시를 이행했음을 보증하는 증명서를 요구했다. 1573년에 링컨의 주교는 25명을 사제로 임명했는데, 그 중에서 8명이 대학 졸업자였다. 1583년에는 그가 임명한 32명의 사제 중에서 22명이 대학 졸업자였다. 1585년에 링컨 교구에는 대학 졸업장을 지닌 성직자가 399명이 있었는데, 1603년에는 그 수가 646명으로 늘었다.

설교

성직자들에게 고등 교육을 시행한다는 것은 절대적인 과제였다. 왜냐하면 그들에게 설교자와 교사로서 보다 많은 것이 요구되었기 때문이다.

엄격한 프로테스탄트 교도들은 일요일에 설교가 포함된 예배를 두 번은 드려야 한다고 주장했다. 하지만 그것을 관습으로 정착시키지 못하는 경우가 많았다. 모든 소교구 교회가 다 시골 사람들에게 주일에 한 번 내지 두 번씩 설교를 들려주지는 못했을 것이다.

시골 소교구들에 성직자를 편성하는 문제에는 두 가지 서로 다른 대답이 있었다. 하나는 교육받은 성직자에 대한 이상에 못 미치더라도 성직 임명의 수준을 낮춰서 그 정도의 성직자들에게 설교하도록 세우는 것이었다. 그 결과 특히 대륙에서는 구두수선공과 기능공과 그 밖의 역량을 갖추지 못한 사람들이 강단에서 알아듣지 못할 무식한 소리를 떠들고 있다는 불평이 쏟아졌다. 하지만 그런 방침은 하나님 말씀을 해석할 사람이 전무한 것보다는 무학한 사람이라도 있는 편이 낫다는 이유로 옹호되었다. 물론 그 무학한 사람이 성경을 존중하는 신앙인이라는 전제하에서 말이다. 캔터베리 대주교 매튜 파커(Matthew Parker)는 소교구들을 성직자로 다 채우려는 건전한 동기에서 지나치게 많은 인원을 단기간에 사제로 임명했다가 곧 후회하고서 정책을 수정했다. 그가 취한 대안은 설교에 각별히 신경을 써서 설교자 자격을 합당한 자격을 갖춘 사람으로 제한하고, 시골 소교구들에 대해서는 예배 때 독서자가 낭독하는, 공식적으로 출판된 설교문을 듣는 것으로 만족하게 했다.

1620년경에 쉬롭셔의 이튼 콘스탄틴에 있는 마을 교회는 네 명의 독서자가 돌아가면서 시무했다. 네 명은 저마다 그 마을 학교의 교사들로서 한결같이 무식했고 두 명은 부도덕했다. 그들은 주일과 성일에 공동기도서를 낭독했고, 설교권은 허락 받지 못했고, 학교에서 가르쳤는데, 주중에 늘 술을 마시고 취하면 소년들에게 채찍질을 해대다가 결국 면직 당했다. 그 마을을 포함한 주변 마을들에는 열두 명의 연로한 성직자들이 있었는데, 모두 여든살 가량 된 그들 중 설교자는 하나도 없었고 대부분 추문을 일으키며 살았다. 인근에는 유능하고 헌신적인 사람들이 섬기는 교회가 서너 군데 있었다. 하지만 그들의 설교를 듣기 위해 자기 소교구를 이탈하면 마을 사람들에게 '청교도'라는 이름으로 광신자 취급을 당했다.

1597년에 노픽 대부제구를 대상으로 이루어진 시찰 결과를 보면 일년에 네 번 설교하는 교회가 여든여덟 곳이고, 설교를 아예 하지 않는 교회가 여덟 곳으로 나타난다.

민중만큼이나 해묵은 성직자들의 무지를 해결하는 일은 수삼 년의 노력 가지고는 되지 않는 일이었다. 하지만 그 정도의 노력으로 성취한 바가 있었다. 16세기 말에 하르츠 산맥의 광부들이 비록 제대로 이해하고 쓴 것은 아닐지라도, 신학이라는 추상적인 용어를 사용할 수 있었던 것이다. 인쇄본으로 남은 1600년과 그 이후의 설교들을 놓고 판단하건대, 회중은 20세기의 대다수 회중들에 비해 신학적 이해력을 더 많이 갖고 있었다. 설교를 회중에게 듣기 좋게 하려는 데 치중하지 않았고, 논쟁을 회피하지 않았으며, 교인들의 죄 문제를 직접 지적했다. 훗날 관습으로 굳어진 설교 형태보다 더 빈번하게 군주에 대한 반역자들 혹은 교황주의자들, 분리주의자들, 재세례파를 비판했고, 그런 경우에는 완곡한 표현을 쓰지 않았다.

1621-1631년에 시인 존 던(John Donne)은 런던의 세인트 폴 성당의 강단에서 종교개혁 시대와 더 나아가 모든 기독교 시대를 통틀어 아름답고 깊이 있는 설교로 손꼽히는 설교를 했다. 그 설교들은 어느 시대의 교회에서든 따라잡기가 쉽지 않은 수준이었다. 프로테스탄트 설교자들의 공통된 신념은 설교자가 언제나 설교자들의 생각을 넘어서고 그들의 정신을 위로 향하도록 이끄는 어떤 것을 담아 설교해야 한다는 것이었다. 존 던은 이런 신념이 실현되었을 때조차 자기 회중에게 성경과 신학 지식의 높은 표준을 기대했고, 회중 가운데 일부 사람들이 그의 설교를 듣고 얻었다고 표명한 유익을 놓고 판단해 볼 때 그는 결국 회중에게서 그러한 표준을 발견했다.

시골과는 달리 도시들에서는 설교가 자주 이루어졌다. 형편만 되면 예배 때마다 성경 강해 설교를 할 필요가 있다고들 믿었다. 토르가우 같은 작은 읍에서는 주중에 다섯 번 설교가 포함된 예배를 드렸다. 슈트라스부르크는 주교좌 성당에서 매일 아침 저녁으로 설교를 했고, 그 밖의 여러 교회들은 주중에 네 번 설교를 했다. 이렇게 해서 총 횟수가 설교자들과 회중 모두에게 증가할 수 있었다. 로스턱 시에서는 1640년 한해 동안 설교수가 도합 1,500회로 집계되었다.

루터교권의 일부 비판자들은 설교 횟수가 지나치게 많으며, 과도한 설교가 설교자와 회중에게 다 해롭다고 주장했다. 프라우슈타트의 헤르베르거(Herberger)는 "이 도시에서는 우리 설교자들이 설교하다가 죽겠다"고 말했다. 영국에서 랜슬롯 앤드루스(Lancelot Andrews)는 자신이 하루 두 번 하는 설교에서 한 번은 잡담을 풀어놓는다는 뼈있는 한 마디로 자신의 반대 의사를 표현했다. 하지만 설교에 대한 탐욕은 대단했다. 채더튼(Chaderton)은 한 번은 두 시간 동안 설교한 다음, 설교를 더 한다면 회중의 인내력을 시험하는 것이 되기 때문에 마치겠다고 말했다. 하지만 "하나님을 위해서 계속하세요! 제발 부탁입니다. 더 해주세요!"라는 외침이 터져 나오자 그는 한 시간을 더 설교했다.

16세기 교회들은 새로운 비품을 하나 들여놓아 강단에 놓았다. 그것은 모래시계였다. 모래시계가 강단에 올라간 일은 종교개혁 전에는 드문 일이었고, 엘리자베스 시대의 영국 소교구 교회들에서는 흔한 일이었다. 지각 있는 많은 사람들이 한 시간을 회중에게 참아줄 것을 요구할 수 있는 한계선으로 간주했다. 물론 루터교 장례식 설교 같은 특별한 경우에는 한 번에 세 시간을 하는 설교도 없었던 것은 아니지만 말이다. 칼빈은 파렐이 길고 장황하게 설교하는 것을 나무랐다. 크랜머는 래티머에게 왕이 지루해하지 않도록 설교를 한 시간 반 넘게 하지 말라고 조언했다. 대다수 교회 법규는 적어도 주일에는 설교 시간을 한 시간을 채우라고 요구했다. 그러나 인쇄된 설교들은 한 시간이 못되는 설교들도 많았음을 증명한다. 인간미 넘치는 멜란히톤은 감각 기관 중에 귀가 가장 먼저 지치므로 설교 시간이 30분이면 충분하다고 생각했다. 당시에 30분짜리 모래시계가 사용되었다고 알려진다. 그 모래시계 제작자들은 반드시 정확하지만은 않았고 가끔씩 회중에게 유리하게 오류를 범했다. 48분만에 정확히 끝나는 한 시간용 모래시계가 오늘날까지 남아 있다.

주일 아침 예배를 드리기 전에는 대개 요리문답 교육이나 공과 공부가 있었는데, 이 시간에는 어린이들뿐 아니라 어른들도 종종 참석했다. 루터교권 독일에서는 현직 제후들까지도 요리문답 교육 시간에 참석했다고 한다. 이런 관행은 17세기가 진행되는 동안 학교 교육이 향상되면서 서서히 중요성을 상실해 갔고, 교회보다 학교 교실이 요리문답 교육에 더 적합한 장소가 되었다. 1550-1650년의 한 세기 동안 프로테스탄트 평신도들 사이에는 성경 지식이 광범위하게 확산되었다. 그 진보는 더디고 고르지 않았다. 1590년에 사우스 요크셔의 오스터필드에서 태어난 윌리엄 브래드퍼드 (William Bradford)는 어린 시절에 마을 사람들이 성경에 일자 무식이었던 일을 기억했다. 하지만 정반대의 증거도 많았다는 것은 두 가지 사례로도 충분하다. 1650년에 몬트로스의 후작이 포로로 붙잡혀 사형지로 가던 중 케이스에 체류한 날은 주일이었다. 그곳 성직자는 성경에서 아각과 아말렉 족에 관한 본문을 가지고 그를 비판하는 설교를 했다. 그러자 그는 "계속 욕하거라, 랍사게야!"라고 말하고는 설교자에게 등을 돌렸다. 1652년에 쿠파 교회에는 영국군 출신의 장로교도와 독립교도의 논쟁을 듣기 위해 군중이 몰려들었다. 주제가 무엇이었을까? 원죄와 예정과 예배 형식이었다.

교회 건물

설교의 중요성이 새롭게 부각되면서 교회 구조도 바뀔 필요가 생겼고, 강단을 보다 높거나 중앙에 자리잡도록 배치할 필요가 생겼다. 1575년에 로마의 예수회 본부에는 헤수(Gesù) 성당이라는 대형 교회당이 건축되었다. 호전적이고 높은 설교소였다. 프로테스탄트 교도들은 교회당을 거의 신축하지 않았는데, 그것은 폐허로 변한 기부 받은 건물들 때문에 시달렸기 때문이기도 했고, 기금이 없어서 교회당이 흉가로 변하도록 방치하고 교구민들에게 다른 교회당을 유지해야 하는 어려운 과제를 떠안겼기 때문이기도 했다.[1]

루터교 예배를 위해 건축된 최초의 교회당인 토르가우의 성 예배당 (castle chapel, 1543)은 단순한 제단 하나만 있었을 뿐 내진은 없었다. 1631년에 건축된 세인트 폴스 코벤트 가든 성당은 주랑 현관 하나에 단순한 직사각형으로 구성되었다. 개혁파 교회들 가운데서 가장 큰 교회당은 샤랑통

---

1) 엘리자베스 시대의 잉글랜드에서 흉가로 변한 대표적인 교회들은 주임사제가 과거에 수도원 출신이어서 공석이 되고 따라서 교회당 내진(內陣)의 수리 책임이 이제 여왕에게로 돌아간 교회들이었다. 여왕의 관리들은 내진을 수리하는 데 드는 비용을 지불하는데 전혀 관심이 없었다. 전환기에 겪은 또 다른 고통은 마을에 남아 있던 옛 관습에서 생겼다. 퓌스톤에서는 네어버러에 있는 세인트 로버트 수도원이 대대로 제단을 덮는 아마포를 공급했었다. 따라서 교구민들은 자연히 여왕이 아마포를 공급할 것으로 기대했으나 결국 제단은 맨 상으로 남게 되었다.

에 세워졌던 위그노파 교회(1623)로서, 5,000명을 수용할 수 있는 두 줄의
주랑(柱廊)으로 이루어진 단순한 직사각형 건물과, 설교소 한 채와 그밖의
소소한 부대시설들이 있었다.[2]

하지만 에든버러나 암스테르담의 유서 깊은 교회당들이 보여주듯이, 많
은 경우는 기존 성당의 골격을 그대로 사용했다. 가끔 오래된 신랑(身廊)
이 설교소로, 오래된 내진이 성례소로 쓰이곤 했다. 강단은 보다 높아져서
1648년에 이르면 대형 3층단이 처음으로 모습을 드러냈다. 심지어 어떤 루
터교 교회들에서는 개혁교회의 영향을 받아 강단이 가장 부각되었는데, 대
표적인 사례를 들자면 라우엔부르크(1615)처럼 강단이 제단 앞에 배치된
경우도 있었고, 슈말칼덴의 궁정 교회(1590)처럼 강단이 거의 제단 꼭대기
에 배치된 경우도 있었다. 이러한 배치는 엄격한 루터파의 반대에도 불구
하고 헤세와 튀링겐에서 보편화되었다.

영국의 엘리자베스 시대와 제임스 1세 시대에는 모든 소교구에서 유능
한 설교자를 찾기란 불가능하다고 판단하고서 낭독을 진정한 예배 수단으
로 내세운 기도서파와 예배 때는 반드시 성경이 해석되어야 한다고 주장
한 청교도파 사이에 논쟁이 벌어졌다. 그 결과 독서대가 교회 기구의 필요
한 항목으로 대두되었고, 그 위치는 대개 낭독자가 동쪽을 뒤로 한 채 회
중을 향하도록 배치되었다. 독서대는 1604년에 교회법으로 모든 영국 교회
들에 의무적으로 비치되었다. 영국의 몇몇 교회들(조지 허버트가 시무하던
헌팅턴셔의 리튼 브롬스월드 교회, 니콜라스 페라가 시무하던 리틀 기딩
교회)은 높이가 똑같은 두 개의 강단 ― 하나는 독서자용이고 다른 하나는
설교자용 ― 을 갖고 있음으로써 기도와 설교가 동등한 비중으로 다뤄졌
음을 보여 준다.

성직복

---

2) 샤랑통 교회는 1685년 루이 14세에 의해서 파괴되었다.

루터교 목사는 거리에서 검정색 긴 가운을 입었다. 칼빈은 당시의 판화 몇 점에 허리가 잘룩한 웃옷과 반바지를 입은 모습으로 나타나며, 대다수의 개혁파 목사들은 평신도와 구분될 만한 복장을 피했다. 루터교 목사들이 목에 두른 주름 깃은 일부 성직자들의 반발을 받아가며 세속적 혁신으로 시작되었다가 곧 정식 예복이 되어 점점 커지다가 결국 17세기 중반에 '짐스러운 깃'이 되었다.[3] 방문수도회들(Visitation orders)은 성직복에 멋을 내는 것을 금지했는데, 전하는 바로는 유색 성직복을 입거나 발끝이 위로 올라간 신발을 신거나 턱수염을 군인처럼 다듬은 독일 목사들이 제재를 받았다고 한다.

루터교 회중들은 성직자가 평신도처럼 유색 옷을 걸치고서 제단이나 강단에 서는 것을 몹시 싫어했고, 교회 당국은 이것을 곧 제재해야 할 폐단으로 간주했다. 츠빙글리는 1523년 가을에 검정 가운을 입고서 설교하기 시작했고, 루터는 1524년 10월 9일 오후부터 검정 가운을 입기 시작했으나, 아침 예배 때는 탁발수사의 수도복과 고깔을 착용한 채 설교했다. 검정 가운이 개혁파 교회에 급속히 퍼졌지만, 루터교회들에서는 변화의 속도가 다양했다. 아우그스부르크에서 그들은 코프(고위 성직자가 특별한 예식 때 입는 긴 망토 — 역자주)를 입은 설교자의 설교는 절대로 듣지 않는다고 결의했고, 뷔르템베르크에서는 1536년에 그것을 금했다. 하지만 북부에서는 성직복, 특히 중백의(中白衣. 소매가 넓은 흰 성직자복 — 역자주)가 훨씬 더 오래 지속되었다. 뉘른베르크에서는 중백의가 1810년에 가서야 비로소 폐지되었다.

영국에서는 성직복이 청교도와 주교파 사이의 쟁점들 가운데 하나가 되었다. 좀더 구체적으로 말하자면, 성직자가 교회에서 중백의를 입는 문제와, 성직자가 거리에서 금방 식별되는 복장을 착용하는 문제가 그 쟁점의

---

3) 깃은 오늘날까지도 일부 루터교회들에, 특히 독일 북부의 루터교회들에 남아 있다. 현대의 성직자 칼라는 그 기원을 멀리 추적해 보면 사제들이 평신도와 똑같은 큰 깃을 착용하는 것을 막고 단순한 칼라를 착용하도록 하려던 반동 종교개혁의 근엄한 시도에서 비롯된 것이다.

골자였다. 청교도 목사 레이놀즈 박사는 1604년의 햄프턴 궁정 회의에서 터키 가운을 입고 나타나 물의를 일으켰다. 1604년의 영국 교회법은 영국의 성직자들이 루터교 성직자들처럼 거리에서는 검정 학위(學位) 가운을 입고, 교회에서는 기존의 중백의를 입어야 한다고 규정했다. 크롬웰 치하에 청교도인 옥스퍼드 대학교 부총장은 챙이 뒤로 젖혀진 모자와 스페인 풍 가죽 부츠를 신고 나타나 불쾌감을 주었다고 한다.

교회의 내부 장식

1600년경에 영국 어느 마을 교회의 강단에 선 프로테스탄트 성직자는 옛 교회와 비슷한 점을 많이 발견했을 것이다. 옛날 그대로 현관 옆에는 돌 성수반(聖水盤)이 놓여 있었고, 세례반(洗禮盤)도 옛날 그 자리에 있었고, 트인 신랑(身廊, 회중석)에 등받이 없는 의자들과 몇 개의 벤치가 놓인 것도 그대로였고, 회중석 한 쪽에는 남자들이,

다른 한 쪽에는 여자들이 앉아 있는 것도 그대로였고, 고관들의 지정석(당시에는 다소 커짐. 한두 개의 개인 지정석이 새로 추가되었을 것이다)도 그대로였으며, 바닥에 골풀과 밀짚이 깔린 것도 그대로였다. 골풀과 밀짚이 그대로 깔려 있었던 이유는 이 마을 교구 위원회가 다른 일부 마을들처럼 교회당 바닥에 판석을 깔 경제적 여유가 없었기 때문이다(18세기에 가서도 어떤 시골 교회들은 바닥이 그냥 땅바닥이었다). 교회당 한쪽 구석에는 흙더미가 쌓여 있었음직한데, 하지만 그 흙은 교회당 안에 시신을 매장하는 데 쓰였다.

노인들 가운데 더러는 여전히 교회당에 들어서면 제단을 향해 절을 했다(비록 시골 아낙네들은 이것을 성직자에 대한 인사로 잘못 알았지만 말이다). 그 교회는 70년 전의 똑같은 교회와 비교해 볼 때 그 성직자에게 냉랭함과 어색한 단정함, 황량함과 썰렁함을 느끼게 해주었을 것이다. 떡갈나무 화상 칸막이가 여전히 내진과 회중석을 분리하고 있었지만, 화상 칸막이 위에 높이 걸려 있는 그리스도의 십자가 수난상은 사라졌고, 왼쪽과 오

른쪽에 있던 조상(彫像)들도 사라졌고, 벽에 걸렸던 그림들도 제거되었으며, 과거에는 항상 최신의 밝은 빛깔로 교회당 내부에 장밋빛과 따스한 느낌을 주었으나 이제는 방치되어 정신을 산란스럽게 하고 교회를 천박스럽게 만든 프레스코들은 차가운 회칠 밑에 감춰졌다. 오르간은 혹시 기존 교회에 설치되어 있었을지라도 이제는 찾아볼 수 없었다. 그 성직자는 아마도 왕실의 문장(紋章)과 ─ 비록 그것을 교회에 장식하는 것이 법으로 강요되지는 않았을지라도 ─ 벽에 새겨진 십계명 문구들을 보았을 것이다. 그 압도적인 인상은 어둠에서 빛으로, 포근함에서 근엄함으로, 복잡함에서 공허감으로 바뀌었음에 틀림없다. 그리고 그것을 보고 어떤 반응을 보이느냐 하는 것은 그의 습성뿐 아니라 취향과 기질에 따라서도 결정될 것이었다.

많은 사람들은 마을과 그 마을의 교구 사제와 그 마을의 전통에 의존했다. 하지만 예배자들의 태도는 과거에 비해 덜 엄숙하고, 경외심도 덜하고, 압박감도 덜했을 것이다. 예나 그때나 교회 서기와 개 관리인이 있었고, 아이를 조용히 시키는 소리와 약간 돌아다니는 정경이 있었을 것이다. 하지만 교회당에서 과거처럼 사업 거래를 하거나 흥정을 하는 일은 줄어들었을 것이고, 회중석이 마을 사람들의 세속 생활의 중심지가 되어 뒷공론이 오가는 공회당 같은 느낌은 덜 주었을 것이다. 변화를 과장하는 것은 옳지 못하나, 엄숙함 쪽으로 진행된 몇 가지 변화는 이미 완연하게 나타났다. 변화가 생긴 이유는 서로 다른 도덕적 관습과, 선행과 품행에 대한 새로운 개념 때문일 수도 있고, 예배자들을 능동적인 회중으로 만들려고 한 새로운 전례 때문일 수도 있다.

중세의 마을 회중은 예배 관련 예술에 대부분 소극적이었을 것이다. 교회 종이 엄숙한 순간을 알리면 그들은 제단 쪽으로 몸을 돌려 혹은 무릎을 꿇었고 혹은 낮은 소리로 기도문을 암송했다. 하지만 대체로 예배는 그들에 의해서 드려지지 않고 그들을 위해서 드려졌으며, 제단에서 사제 한 사람이나 여러 사람이 드리는 예배를 그들은 구경하고 들었다. 그리고 예배의 중요한 순서 외에는 비교적 수동적이었기 때문에, 많은 사람들은 예배 시간에도 집에서 생각하던 세상일을 계속해서 생각했다. 시골의 프로테스탄트 대지주들은 여전히 신도석에 앉아서 사업 거래를 했다고 전해지지만, 새로운 전례는 대지주들에게까지도 예배에 몰두할 것을 요구하기 시작했다.

중세의 많은 사회들에서는 교회당이 마을의 유일한 공공 건물이었다. 공회당이 없었기 때문에 읍 사람들이나 마을 사람들은 관습적으로 교회당을 사업장, 법정, 장터, 학교, 산책터, 연회장으로 사용했다. 후대의 관점에서 볼 때 교회당에서는 말 판매에서부터 시작하여 장바구니를 놓고 수다를 떠는 여인들에 이르기까지 경건치 못한 장면이 많이 연출되었다. 유럽 남부에서는 그 전통이 깨끗이 사라지지 않았다. 심지어 인구 밀집 지대에 자리잡은 세인트 폴 주교좌 성당 같은 프로테스탄트 교회당에서도 19세기까지 그런 장면을 심심치 않게 구경할 수 있었다. 이런 행위에는 잘못된 점들이 많지만, 그래도 그때 사람들은 교회를 자기들의 것으로 느꼈고, 문자 그대로 시시콜콜한 일을 교회 안으로 가지고 들어왔으며, 교회를 하나님을 만나는 초자연적인 장소로 뿐 아니라 친구들을 만나는 자연적인 장소로도 간주했다.

16세기의 관습이 변화해간 행적을 추적하기란 어렵다. 듣건대 프로테스탄트 교회의 수랑(袖廊: 십자형 교회당 옆의 가지 부분 — 역자주)들이 여전히 탄약 창고로 쓰였고, 독일 농부들이 교회당을 서늘한 맥주 저장고로 사용했고, 프로테스탄트 교회의 내진(內陣)이 소교구 도서관으로 쓰였고, 교구사제들이 십일조로 받은 양털을 종루에다 보관했고, (한동안) 독일의 교회들이 연극 공연장으로 쓰였고, 흉가가 된 시골 교회당은 건초 창고가 되었다고 한다. 또한 지역 사회의 모임과 검시관(檢屍官)의 검시 행위, 빈민 구호, 그리고 때로는 교회 재판이 교회당에서 이루어졌으며, 학교 건물이 생길 때까지 교회당이 학교로 쓰였다. 아메리카 최초로 선거에 의해 구성된 입법부인 1619년 버지니아 의회는 제임스타운 교회의 성가대석을 의사당으로 사용했다.

교회당에 과거의 분위기가 어느 정도 그대로 남은 이유는 성직자들이 어떤 면에서는 지방 정부의 관리들이었기 때문이다. 성직자들은 영국의 경우에 엘리자베스 정부가 제정한 빈민 구호법을 자기 교회 위원들을 데리고 시행했고, 스웨덴에서는 세금을 징수하고 호적을 관리했고, 모든 나라에서 기존의 교육 책임을 담당했고, 정부로부터 여성들의 넓은 챙 달린 모자나 단정치 못한 신식 패션을 책망하는 설교를 해달라는 부탁을 심심치 않게 받았으며, 교구 위원들을 시켜서 국교 기피자들을 색출해 달라는 요구를 받았다. 루터가 구십오개조를 교회 문에 내걸면서부터 교회 문이나 현관 주랑은 계속해서 게시판 역할을 했다. 성직자들이 정부의 관리들이기도 했기 때문에 그 게시판은 때때로 파산자에 대한 채권자들의 명단이 실리는 등 공공 게시판 역할도 수행했다. 1580년의 작센 교회의 법규와 1604년의 영국 교회법은 그런 세속적 공지 사항을 게시하는 것을 금했지만, 결국에는 존경심보다는 편의가 앞서게 되었다.

대주교 로드(Laud)는 특유의 열정을 발휘하여 그 교회법이 뿌리내리게 하려고 노력했고, 그 일환으로 글로스터의 주교 굿맨(Goodman)이 판사들에게 분기 재판을 교회당에서 열도록 허락해준 일에 대해서 그를 고등종교법원(the High Commission)에 소환했다. 1571년에 요크의 대주교 그린달(Grindal)은 교회당에서 만찬을 갖거나 교회당 뜰에서 무도회를 갖는 것을 금하고, 행상인들이 예배 시간에 교회 현관 앞에서 상품을 진열하는 것을 금할 필요를 느꼈다. 일찍이 1599년에 대륙을 여행한, 지성과 인간미를 지닌 에드윈 샌디스(Edwin Sandys)라는 영국인은 대륙의 로마 가톨릭 교회에서 예배 시간에 잡담과 웃음소리가 그치지 않고 분위기가 산만한 것을 보고서 깜짝 놀랐다.

당시 사회인들의 뇌리에 교회가 점차 시장터나 읍 공회당의 면모를 탈피하고 보다 학교와 같은 면모를 띠어 가는 것으로 비쳤다고 생각하면 사실에서 크게 벗어나지 않을 것이다. 즉, 교회는 여전히 사회에 필요한 건물로서, 남자들과 여자들이 그곳에 모여 특별한 기능을 수행하고 특별한 혜택을 받았고, 그곳에 모여 여전히 자연스럽게 한담을 나누었지만, 사람들의 뇌리에 점차 구별된 건물이라는 의식이 자리잡아 갔다. 마치 옛 성당의 성소가 그 범위와 영역을 신랑(회중석)을 지나 서쪽 문 끝까지 확대해 가고 있었던 것과 같았다.

교회당을 세속적 용도에 써서는 안 된다는 이런 견해의 논리적 귀결은 예배 시간을 제외한 다른 시간에는 교회당 문을 잠그는 것이었다. 시골 교회들은 과거에도 종종 잠겨 있었기 때문에 교회당 문을 잠근다는 것이 새삼스러운 일이 아니었다. 1600년경에는 교회당을 하나님께 예배드리는 장소로 구별해야 한다는 의식이 자라났고, 이런 의식은 예배 시간을 제외한 다른 때에는 교회 문을 닫아야만 성취될 수 있었다. 1603년에 뉘른베르크의 세발두스 교회는 비록 영구히 문을 닫은 것은 아니지만 문을 닫았다. 1616년에 취리히의 수석 성직자 브라이팅거(Breitinger)는 시의회에 교회당 문을 닫도록 조언했다. 무역업자들이 여전히 교회당에 와서 사업 계약을 체결하고 아이들이 교회당에 들어와 뛰어 놀면서 좌석을 더럽힌다는 것이 그 이유였다. 나는 프로테스탄트 교회들이 교회 문을 항상 열어 두어 개인들이 와서 기도할 수 있도록 해야 한다는 정서가 존재했다는 흔적을 알지 못한다. 과거에는 개인적으로 교회에 들어가서 독서대에 놓인 큰 성경책을 가지고 공부하도록 권장하던 때도 있었지만, 이제는 개인이 저마다 휴대용 성경을 지니고 있었다. 개인 기도는 가정에서 드리는 것이 더 적합하다고들 믿었다.

프로테스탄트 성직자들은 예배 때 주의를 집중하고 예배자의 단정한 태도를 취할 것을 요구했다. 개혁교회들에서는 장로들이, 영국 국교회에서는 교회 위원들이 예배 시간에 버릇없이 행동하고 걸어다니고 잡담하고 밖으로 나가고 늦게 도착하는 행위를 단속했다. 16세기 말부터는 교구 관리들이 파견되어 예배 시간에 막대기를 들고 회중석을 돌아다니면서 온당치 못한 행위를 제재했다. 하지만 교회에 나오는 동기에 강제적인 요소가 끼어 있는 한에는 어쩔 수 없이 교회에 나온 사람들이 신앙으로 예배 드리러 나온 사람들과 똑같이 행동할 수는 없는 노릇이었다. 교구 관리들은 소음은 막을 수 있었지만 기도의 분위기를 조성할 수는 없었다.

잡담과 활동이 허용되지 않으니까 그 대안으로 등장한 것이 잠자기였다.

교구 위원들은 예배 시간에 잠자는 자들을 깨우라는 지시를 받았으나, 잠자는 자들은 사라지지 않았다. 게르하르트(Gerhard)는 메이저(Major)의 장례식 조사 때 아무도 그 위인이 교회에서 잠자는 것을 본 적이 없다는 말을 하는 게 옳겠다고 느꼈다는 말을 들으면 당시에는 예배 시간에 잠자는 것이 흔한 일이었음을 금방 알 수 있다. 앤드루스(Andrews)는 어떤 양심적인 사람에게 상담 요청을 받았다. 그 사람은 설교 시간에 조는 것이 유기(遺棄)된 증거라는 말을 듣고서 졸지 않기 위해서 백방으로 노력을 해보았지만 여전히 졸았다는 것이다. 앤드루스는 그 사람에게 그것은 육체의 잘못이지 정신의 잘못은 아니며, 따라서 주일에 예배당에 오기 전에 식사량을 줄이는 게 좋겠다고 조언해 주었다고 한다. 링컨셔 보스턴의 교회에서는 예배 시간에 회중의 절반이 자고 있었다는 어느 목격자의 주장도 있다. 칼빈 당대에 제네바에서는 자크 피카르(Jacques Pichard)가 설교 초장부터 자기 시작하더니 도중에 다리에 쥐가 나서 깨어나 다리를 질질 끌고 나가면서 옆 사람을 원숭이라고 부르는 바람에 회중과 설교자에게 방해를 주었다.

이런 예외적인 사례들에 관해 듣게 되는 것은 그런 현상이 큰 문제로 부각되었다는 반증이다. 예배는 엄숙하게 드려야 한다. 이러한 논리의 결과는 예배 시간에 유아들을 배제하고, 따라서 아이 어머니들을 배제하는 것으로 나타났다. 1634년의 아일랜드 교회법은 교회 위원들에게 회중석에 얌전히 앉아 있지 못하는 아이는 예배 시간에 데려오지 말도록 경고하라고 지시했고, 1616년에 퍼스에서 열린 교회회의는 교구 위원에게 '떠드는 꼬마들'을 빨간색 작대기로 몰아내라고 지시했다.

교회에 출석하지 않는 행위를 처벌할 수 있는 한 단정한 예배 태도는 기대할 수 없었다. 탁월한 찬송가 작사자 폴 게하르트(Paul Gerhardt)는 1628년에 비텐베르크에 도착했을 때 루터가 구십오개조를 내걸었던 그 성 예배당에서 기도를 드리고 싶은 마음이 있었지만 욕하고 술 마시고 싸우는 학생들의 소음 때문에 뜻을 이루지 못했다고 한다. 영국의 전례는 성찬을 받을 때 무릎을 꿇을 것을 명했지만, 큰 교회에서는 무릎을 꿇는 사람이 없었던 것 같다. 그 이유는 청교도적인 정서 때문이라기보다는 교회 바닥이 땅바닥에 밀짚이 깔려 있을 뿐 무릎 방석도 없었던 과거의 관습 때문이었다. 형편없는 부랑자였던 프랑스 왕 앙리 3세는 미사 시간 내내 강아지를 데리고 놀았다. 반면에 특히 칼빈주의권 국가들에는 공예배 때 회중이 주의를 집중하고 엄숙한 태도를 취했다는 신뢰할 만한 기록들이 남아 있다.

후손들에게는 무례한 행위로 비쳤겠지만, 당대인들에게는 그렇지 않았던 한 가지 관습이 있었는데, 그것은 남자들이 교회에서 모자를 쓰고 예배를 드리는 관습이었다. 그들은 기도할 때 그리고 성찬식 때는 당연히 모자를 벗었지만, 당시의 그림들에서는 회중이 모자를 쓴 채 설교를 듣는 장면을 많이 보게 된다. 이 관습은 로드파와 청교도파를 구분짓는 차이가 되었다. 로드파는 모자를 벗으려고 했기 때문이다. 스위스의 일부 지역에서는 모자를 쓰고 예배를 드리는 관습이 19세기까지 지속되었다.

살아남은 관습들

프로테스탄트 지역의 시골 사람들은 종종 옛 관습을 그대로 유지했다. 그러지 말라고 철저히 교육을 받기 전에는 교회에 들어갈 때 여전히 십자가 성호를 긋거나 성찬대를 향해 절을 했다. 개혁주의권 나라들에서조차 시골 사람들이 그런 교훈을 반드시 받아들인 것만은 아니었고, 혹시 받아들였더라도 주의를 기울이지 않을 때가 많았다. 시골 교회의 목사들도 그 문제에 대해 무관심한 경우가 많았고, 혹시 바로잡으려고 나섰다가도 교인들에게 무시를 당하는 경우도 있었다. 먼 옛날부터 이어져 내려온 관습들은 종교개혁에 의해서 뿌리뽑히지 않았다. 그 관습들에는 중세 교회가 이교권에서 받아들여 기독교식으로 각색한 것들도 있었고 교회가 직접 만들어낸 것도 있었다. 단순한 사람들의 상상에서 발생한 것도 있었고, 기독교 전 시대로부터 유산으로 이어져온 것도 있었다. 한때 사람들에게 고해(告解)할 것을 알리던 펜케이크 벨이라고 부르는 오순절 화요일의 커다란 종은 본래의 의미가 잊혀진 채 시골의 종탑에서 계속 울려퍼지다가 결국 주부들에게 식사 준비 시간을 알리는 신호로 통하게 되었다. 농부들은 여전히 수난 주일은 완두콩과 강낭콩으로, 부활절은 계란으로 기념했고, 종려주일에는 종려 행렬이 폐지되거나 금지되었는데도 불구하고 소년들이 여전히 버드나무 가지를 모았다. 시골 교회를 공식 방문한 고위 성직자들은 노인들이 무덤가에서 묵주알을 세며 기도하는 모습, 십자가 상 앞에서 왼발을 빼고 절을 하는 모습, 오른쪽에 십자가를 만나면 돌아가는 모습, 이웃 사람의 가슴을 향해 십자가 성호를 그음으로써 기분을 상하게 하는 모습을 발견했다(하지만 일부 루터교 교회들에서는 십자가 성호가 여전히 권장되었다). 종을 치는 것은 여전히 벼락을 막기 위한 것으로들 믿었고, 따라서 성직자들은 벼락을 막기 위해 종들에 세례를 시행하거나 축성된 향을 피우는 행위를 하지 못하도록 훈계했다. 독일의 시골 사람들은 번개가 칠 때 내켜하지 않는 성직자들의 등을 떠밀어 억지로 종을 치게 했으며, 퀴머스브루크 주민들은 폭풍이 불 때 종을 치지 않으면 폭풍이 건물을 대번에 무너뜨리니 반드시 종을 쳐야 한다고 굳게 믿었다. 선량한 프로테스탄트 교도들조차 "하나님 고인의 영혼에 자비를 베푸소서"라고 말하는 것을 막기가 쉽지 않았으며, "우리를 위해 기도 드리옵소서"(ora pro nobis, 마리아에게 비는 호칭 기도)라는 문구가 새겨진 비명들이 훼손되지 않은 채 많이 남아 있다.

루터교권 국가들에서는 새로 도입된 미사가 비록 형식은 단촐해졌지만 과거의 미사와 크게 달라지지는 않았다. 멜란히톤은 어떤 성직자에게 회중을 생각해서 될 수 있는 대로 변화를 줄이라고 조언했다. 루터교의 미사는 세월이 흐르면서 변했지만 그 속도는 더뎠다. 등불, 성직복, 예배식에 라틴어가 쓰이는 부분, 제단, 성가대, 전례 찬송, 절하고 무릎 꿇는 법, 십자가 수난상, 화상들, 자수(刺繡) 등이 교회들마다 약간씩 달랐다. 프랑크푸르트에서는 16세기 말까지도 종교개혁 이전의 미사 경본이 그대로 쓰였다. 개혁교회 목사 볼프강 무스쿨루스(Wolfgang Musculus)가 아이제나흐에서 루터교 예배에 참석한 1536년부터 스웨덴 주재 청교도 치하의 영국 대사가 스카라 주교좌 성당 미사에 참석한 1653년까지 개혁교회 사람들이 루터교 전례를 보고 나서 충격을 받은 사례들이 끊이지를 않았다. 1635년이나 되어서도 함부르크에서는 예배식에서 라틴어를 없애려는 운동이 칼빈주의라는 이유로 고소를 당했다.

개혁주의권 나라들에서는 소수의 사람들이 교회가 창고 같다거나 교회당에 무릎 굽혀 인사할 대상이 없다는 이유로 불평했다. 서섹스에서 전투가 벌어질 당시인 1569년에 그곳 회중은 혹시 성직자가 교황을 비판하면 그 교회를 떠나라는 통보를 받았는데, 그곳 사람들은 여전히 묵주를 사용하고 있었다. 1566년에 가련한 워터하우스 수녀(Mother Waterhouse)는 자기가 영어로 기도하려는 것을 사탄이 방해하고서 라틴어 기도문을 자꾸 머리 속에 밀어 넣는다고 불평했다. 제네바의 한 시민은 운율 시편송을 부르자니 옛날에 사제들이 부르던 노래들이 자꾸만 생각나서 머리가 아프다고 투덜댔다. 제네바에는 과거에 수사였던 목사가 있었는데, 그는 수사의 방식으로 손을 맞잡는다는 이유로 빈축을 샀다.

변화가 그렇게 급진적으로 일어났는데도 그 변화를 목격한 예배자들의 세대가 아무런 방해나 혼란도 겪지 않았으리라고는 도무지 기대할 수 없다.

반면에 혼동과 불만의 증거는 그리 많지 않았다. 전통을 수호하기 위한 항거는 없었다. 대부분의 항거는 좀더 근본적인 변화를 일으키고 싶은 사람들, 다시 말해서 옛 전례와 옛 관습과 옛 장식의 잔존 요소들이 아직 뿌리뽑히지 않은 교황주의의 추억을 너무나 깊이 간직하고 있다고 간주한 사람들에게서 나왔다. 종교개혁이 일반 회중에게 끼친 충격을 이해하려면 미사와 연관된 미신들이 일부 지식인들에게 반감을 심어주었고, 그 반감은 거의 신체적으로 표출될 만큼 강한 것이었다는 점을 이해할 필요가 있다. 전하는 바로는 존 녹스가 미사에 대해 취했던 태도는 그가 미사에 참석했던 시절에 미사에서 신성한 구석을 조금도 발견하지 못했고, 영혼을 하늘로 이끌고 올라가는 힘을 전혀 느끼지 못했으며, 결국 미사란 우상에게 바치는 거짓 예배라고 판단했던 것을 알아야만 비로소 이해할 수 있다.

많은 지식인들은 단출해지고 성경적이고 자국어로 된 전례를 대하면서 마음 깊은 곳에서 해방감과 정화감을 느꼈다. 마치 마구간과 같은 교회를 신적 진리의 생수로 말끔히 소제한 것과 같은 기분이었다. 그들은 마치 옛 것에서 더 이상 좋은 것을 보지 못하는 개종자의 심정으로 새 것의 능력에 환호했고, 옛것의 흔적을 정신과 눈에서 씻어내고 싶어했다.

주일

예배 때 질서와 경외심에 대한 소망과 밀접히 연관된 것은 주일을 보다 엄격하게 지키고 싶은 소망이었다. 과거에도 주일은 예배 드리는 날이었지만, 놀이와 오락과 축구와 연회와 철야제를 즐기는 날이기도 했다. 닭싸움, 매사냥, 사냥, 주사위 놀음, 공놀이, 곰 골리기, 맥주 축제 — 이런 것들이 당시에 교회당 보수 비용을 마련하기 위한 행사들이었고, 도수 높은 맥주를 담은 나무통들이 교회나 교회 뜰에서 일반 대중에게 판매되었으며, 그 수익금이 교회 재정으로 들어갔다. 루터교도들은 주일에 대해 엄격하지 않았다. 그들은 습관적인 노동이나 시장을 열 준비를 하는 행위를 비판했지만, 카젤 시는 공현축일에 연례 박람회와 시장을 열었고, 퀴스트린 시는 칠순 주일(사순절 전의 제3일요일)에 시장을 열었다. 다름슈타트의 영주 게오르 그는 일요일에 열게 되어 있는 모든 박람회를 평일로 옮겼다. 하지만 그는 예외적인 인물이었다.

온건한 프로테스탄트 교도들은 안식일 엄수주의(sabbatarianism. 1585년 이후 영국 청교도 진영의 표지가 됨)로 널리 알려진 극단적 태도를 취하지 않은 채 주일에 노동이나 오락을 하지 않았다. 주일에 오락에 참여하는 사람들 중에는 마을 하녀들에게서 태어난 사생아들의 비율이 높았다. 엘리자 베스의 재위 끝까지 지속된 '탐관오리들의' 축제 때는 소교구에서 성질 급한 사람들이 스카프와 리본과 레이스로 치장한 희한한 옷을 입고 죽마와 용을 타고 피리와 북을 연주하고 종을 치면서 교회에 나타나 교회 안을 빙빙 도는 동안 나머지 회중은 의자에서 일어나서 그들을 보며 박장대소했다. 주일에 오락을 하고 교회에서 맥주를 마시는 행위는 많은 영국 성직자들이 옹호했는데, 대주교 로드도 예외가 아니었다. 그렇게 한 동기에는 교인간의 친목을 도모할 뿐 아니라 교회 기금 형성에도 도움이 되었다는 이유도 있었지만 말이다.

중세의 자치 도시와 중세의 교구는 비행을 제재하려고 노력했다. 주일을 거룩하게 보내려는 의지도 거기에는 담겨 있었다. 따라서 주일을 엄숙히 보내기 위한 입법은 프로테스탄트 교도들에게는 새로운 것이 아니었다. 그들은 그런 태도를 조상에게 물려받았다. 마을 사람들에게 주일 예배에 참석하도록 만들려는 세속 당국의 노력을 물려받았듯이 말이다. 하지만 종교개혁은 주일을 워낙 근본적으로 변화시켰기 때문에 17세기 중반에 가면 개혁주의권 나라들의 교회들은 로마 가톨릭권 나라들과 사뭇 다른 분위기가 정착되어 있었다.

영국은 교회법원이 법적 권위를 얻은 적이 없고, 법원이 예배 후에 가장행렬이나 오락이나 마상 창시합을 허용했고, 왕 제임스 1세와 찰스 1세가 주일에 행하는 무해한 오락이 지나친 간섭을 받지 않도록 「오락서」(The Book of Sports, 1618. 1633년에 재발행)를 발행하고 재발행한 나라인데도 불구하고 왕정복고 시대조차 주일이 훗날 빅토리아 여왕 때에나 있음직한 엄숙한 분위기에서 지켜졌다. 그리고 이런 분위기는 비록 스위스 종교개혁자들이 주일을 제외한 모든 성일들을 단번에 폐지하고, 주일과 여름철 평일 저녁만 오락과 대중 레크레이션 시간으로 정해 놓은 상태였는데도 불구하고 지켜졌다. 주일이면 상점들은 문을 닫았고(우유 상점과 종종 정육점은 예외를 인정받았다), 시장과 박람회는 다른 날로 옮겨졌고, 곰과 황소 골리기 놀이는 금지되었고, 예배 시간에 선술집은 문을 닫았으며, 오락이 금지되었다.

1662년까지도 런던의 어느 가난한 구두수선공은 주일 밤에 구두 한 켤레를 주문 받아 한밤중까지 수선을 하다가 주일 밤에 작업을 한 사실이 탄로날까봐 아침 일찍 일어났다. 하지만 몰인정한 이웃이 그가 밤에 일하는 것을 보고서 신고를 하는 바람에 그는 구금과 삼을 으깨는 중노동 형을 선고받았다. 엘리자베스 시대 후반부터는 선술집 주인에게 영업 허가증을 발행하는 경우가 종종 있었는데, 예배 시간에 응급 상황이 아니면 아무것도 팔지 않겠다는 것이 그 조건이었다. 때로는 아침 기도 시간을 알리는 마지막 종이 울릴 때 선술집에서 손님을 다 내보내는 것이 조건이 되기도 했다.

이런 엄숙한 분위기와 비교해 볼 때 안식일 논쟁으로 알려진 논쟁은 그다지 중요하지 않았다. 그 쟁점의 핵심은 모세의 안식일 규례가 기독교의 주일에도 모든 점에서 적용되느냐 하는 것이었다. 그 규례가 그대로 적용된다고 주장하는 사람들은 주일에 어떤 유의 오락도 거부한 반면에, 반대파는 오락이 무해하며 또 신체적 오락은 사람에게 좋다는 근거로 예배 시간에만 오락을 허락지 않았다. 영국에서는 안식일 논쟁이 니콜라스 바운드(Nicholas Bound)라는 청교도가 1595년에 출판된 「안식일의 진정한 교리」(*The True Doctrine of the Sabbath*)라는 책에 의해 시작되었다. 이 쟁점이 스튜어트가의 국왕과 반(半)청교도적인 의회 사이의 논쟁으로 비화되었다. 이 논쟁이 격렬하게 된 까닭은 안식일에 공놀이를 하는 행위가 살인 죄만큼이나 대죄라고 말한 서머셋의 설교자처럼 모세 율법을 지나치게 과장했기 때문이기도 했고, 안식일 엄수를 순종의 시험으로 삼은 국왕의 지혜롭지 못한 처사 때문이기도 했다.

하지만 안식일 논쟁 자체는 주일을 조용하고 경건히 보내려는 분위기가 꾸준히 증가한 사실만큼 중요하지 않았다. 의회의 두 가지 법령(1625년과 1627년)은 교구민들이 운동을 하기 위해 자기들의 소교구 밖에서 모이는 것을 금했고, 주일에 곰 골리기, 황소 골리기, 오락을 하는 것을 금했으며, 마부, 짐꾼, 가축 상인이 주일에 탈것이나 가축을 몰거나 도축업자가 가축을 도살하여 고기를 파는 행위를 금했다. 이 법령들의 내용은 1677년의 법령에 의해서 갱신되었다.

음악

종교개혁 최대의 전례적 혁신은 회중 찬송이었다. 중세 말의 수사들에게
는 낯익었고 평신도들에게는 낯설었던 찬송 혹은 운율 시편송이 프로테스
탄트 교회들에서 회중 찬송의 주요 매체이자 경건 생활에 가장 큰 원동력
이었다.

루터교권 독일에서는 루터나 그의 동료들이 오래되어 누구나 다 부를
줄 아는 민요에 맞춰 작시한 위대한 찬송들을 사용했다. 하지만 영국에서
는 개혁주의권 나라들과 마찬가지로 가사가 오직 성경적일 때만, 즉 시편
일 때만 허용되었다. 마일스 커버데일(Miles Coverdale)이 무수히 번역해
놓은 시편 가사들이 아직 (단선율) '앵글리칸 찬트'라는 이름으로 알려지
지 않은 새로운 선율에 붙여져 주교좌 성당이나 훈련된 특별한 성가대가
있는 교회들에서만 연주되었다. 시골 교회들에서는 커버데일의 가사들이
사제와 서기에 의해 낭독되었고, 일반 예배자에게는 아직 허용되지 않았다.
하지만 시작 부분과 끝 부분을 찬송으로 하는 경우도 있었다. 이것이 스턴
홀드(Sternhold)와 홉킨스(Hopkins)가 번역한 운율 시편들이었다.

하지만 회중들이 찬송이나 운율 시편을 서슴없이 받아들였다고 생각해
서는 안 된다. 1640년까지도 취리히에 있던 열한 개 교회 중에서 네 개가
예배식에 회중 찬송을 넣지 않았고, 루터교권 스웨덴에서는 17세기가 될
때까지 회중 찬송이 드물었다. 영국 시골 소교구의 수록(受祿) 성직자들은
회중에게 찬송하도록 설득하기가 어렵다는 사실을 발견했는데, 그 주된 이
유는 회중이 가사를 배우는 데 더뎠고, 더러는 아예 글자를 읽을 줄 몰랐
기 때문이다. 1640년 이전에 독서자(reader)가 시편을 한 절을 낭송하면 온
회중이 그 절을 반복하여 노래하는 관습이 생겼다. 1643년의 웨스트민스터
회의는 모든 교회에서 이 관습을 따를 것을 권고했다. 그것이 당시의 수준
에서 시행할 수 있었던 최선책이었지만, 가락이 서로 맞지 않고 끊기는 일
이 틀림없이 생겼을 것이다.

시골 교회 찬송의 음악적 수준과 훈련된 성가대가 있는 주교좌 성당이
나 도시 교회 찬송의 음악적 수준은 천양지차였다. 수도원의 해체로 음악
관련 직업이 큰 타격을 입었고, 그 뒤에 원상을 회복하기까지 많은 시간이

걸렸다.

가톨릭 종교개혁자든 프로테스탄트 종교개혁자든 과거의 음악이 지나치게 공교하므로 단순화해야 한다는 데 공감했다. 작곡자들이 곡을 지나치게 복잡하게 써서 가사의 의미를 훼손하는 일이 때로는 대 오페라의 경우에 필적할 만큼 불합리하고 지나쳤다. 에라스무스는 "현대 교회 음악은 회중이 한 단어도 이해할 수 없게끔 작곡된다"고 썼다. 종교개혁과 반동 종교개혁에 의해 깨어나거나 촉진된 기독교 내의 청교도 계열은 마치 교회의 불필요한 장식을 미심쩍게 생각하듯이 음악을 미심쩍게 생각했다. 가톨릭 음악가들은 한때는 트렌트 공의회가 혹시 음악에 중대한 타격을 가하여 자기들도 직업상 프로테스탄트 나라들의 작곡가들이 당한 것과 같은 재난을 당하지나 않을까 걱정했다. 취향과 전례에 일어난 혁명에 정신과 기질을 재조정할 필요가 비록 가톨릭권에서는 그 정도가 덜했으나 여전히 압박감을 주었다. 교회는 음악이 단순해야 한다고 강조했다. 그리고 가톨릭과 프로테스탄트 양 진영에 문제가 되었던 것은 어떻게 하면 단조롭고 무디지 않은 채 단순할 수 있는가 하는 점이었다. 프로테스탄트권에서 팔레스트리나(Palestrina)나 올랜도 기번스(Orlando Gibbons)의 곡들은 단순성 안에 최상의 예술이 있음과, 그 단순성으로부터 대단히 고상한 교회 음악이 나왔음을 확인할 수 있다.

멜란히톤은 종교 음악을 대단히 훌륭한 기독교 예배 수단으로 믿었다. 루터는 음악이 사람에게서 나온 은사가 아니라 하나님께로서 나온 은사이기 때문에 음악을 단죄하는 사람과는 친하게 지낼 수 없다고 말했다. 조지 허버트는 교회 음악에 대해서 돈호법을 사용하여 "내가 네 안에서 여행하면 너는 천상의 문에 이르는 길을 안다"고 썼다. 음악을 주된 레크레이션으로 삼았던 허버트는 솔즈베리 대성당의 음악을 들으러 일주일에 두 번씩 자신의 시골 소교구에서 말을 타고 갔다고 한다. 비록 여러 가지 정황으로 미루어 당시 솔즈베리 성가대의 수준이 썩 훌륭한 편은 못 되었지만 말이다. 영국에서는 대성당 음악이 수년간 곱지 못한 시선을 받았다. 심지어 존 해킷 박사(Dr. John Hacket)조차 장기의회(the Long Parliament) 앞에 대성당들의 존립을 탄원하면서도 정작 교회 음악에 대해서는 이렇다 할 탄원을 하지 못한 채, 기도용으로 집필된 시가 떨리는 소리와 가락으로 사라져 버린다는 주장을 인정하지 않을 수 없었다.

대성당들의 음악가들은 자국어 가사로 된 새로운 음악의 요구에 부닥쳤으며, (영어로만 가사를 쓴) 마벡(Marbeck)과 탈리스(Tallis)라는 이름들은 당시의 음악가들이 그 요구에 어떻게 대처했는지를 보여 준다. 옛 세계의 음악 전승은 서서히 소멸했고, 버드(Byrd) 같은 작곡가들은 옛 종교와 옛 음악을 선호하면서도 필요상 어쩔 수 없이 새로운 방식으로 작곡했다. 에드워드 6세의 재위 초로 거슬러 올라가는, 보들리언 도서관에 소장된 웨인리 사본(the Wanley manuscript)은 아침과 저녁 기도 송가의 악보들과, 여러 편의 앤섬(anthem. 영어 가사를 붙인 交誦), 그리고 성찬식을 위한 열 곡의 서로 다른 악보들을 싣고 있다. 그리고 프로테스탄트 나라들 가운데 북독일과 스칸디나비아 다음으로 가장 보수적이었던 영국에서는 하나님의 영광을 위한 옛 음악 전승이 지속되었는데, 이 음악 전승은 처음에는 구름 같은 것에 가려진 채 출발했으나 엘리자베스 재위 때 자리를 잡았고 그 세기 말이 되기 전에는 많은 성직자들에 의해 교회 예배에 도움이 되는 참되고 아름다운 보조 수단으로 인정을 받았다.

종교개혁을 거친 영국 교회 예배의 가장 위대한 음악적 성취인 앵글리칸 찬트(the Anglican chant)는 17세기 초까지는 보편화되지 않았고, 거의 언제나 본래의 단선율 형태를 유지했다. 이중 찬트는 1700년 이후에 가서야 비로소 보편화되었다. 자유공화국(the Commonwealth, 1649-53년의 영국 정체) 이전까지는 회중이 들을 수 있도록 하기 위해서 주교좌 성당에서 교창용(交唱用) 단구(短句)(versicle)와 응창(應唱)(response)뿐 아니라 일과(lesson. 아침 저녁 기도 때 읽는 성경의 일부분)도 음창(吟唱)하였다. 엘리자베스 재위 때 새로운 영국 음악이 얻은 또 한 가지 영광은 역사적으로 과거의 모테트(motet, 성경의 문장 등으로 작곡한 다성 악곡 — 역자주)에서 유래한 앤섬(anthem)이었다.

트렌트 공의회는 교회의 음악을 감독하고, 평이한 찬트의 단순성과 활용을 권장하기 위한 규칙을 제정했다. 그러나 이렇게 단순성을 추구했음에도 불구하고 새로운 종류의 음악 연주, 즉 설교와 함께 극적이고 음악적인 상징들을 회중의 마음을 사로잡는 수단으로 사용한 성 필립 네리(St. Philip Neri)의 자극을 받아 생긴 오라토리오(oratorio)의 출현을 막지 못했다. 최초의 본격적인 오라토리오는 17세기 초에 출현했다. 그리고 17세기의 새로운 분위기는 보다 세련되고 풍요로웠다.

바로크 정신은 과거 반동 종교개혁이 추구한 단순성에 반발했다. 이제 반드시 묘사되어야 할 것은 승리한 웅장한 교회였고, 새로운 건축술로 지은 돔(dome) 밑에서 화려하게 장식된 성직복을 입은 사제들이 집례하는 예배와, 화상들로 가득한 교회당 벽들, 조상(彫像)들로 장식된 기념비들, 그리고 엄숙한 화성을 자아내는 오르간들이었다. 종교 행렬은 더욱 정교해져서, 수레들에 각광(脚光)들과 입상(立像)들을 싣고 각종 깃발과 횃불을 든 채 군악대의 나팔 연주에 맞춰 행진했다. 그것은 구경하는 사람들의 마음을 압도하는 지극히 풍성하고 넘쳐 흐를 정도로 장식된 분위기였다. 1639년에 이탈리아의 어떤 주교좌성당이 열 대의 오르간, 그리고 여러 대의 류트(기타 비슷한 14-17세기의 현악기 — 역자주)와 바이올린을 갖추고 있었다고 전해지는데, 이 성당의 대 예배는 틀림없이 대형 성가대가 협연하는 연주회의 인상을 주었을 것이다. 오르간 연주회는 이탈리아에서 보편화되었다. 전하는 바로는 30,000명의 청중이 로마의 성 베드로 성당에서 프레스코발디(Frescobaldi, 1608)의 연주를 감상했다고 한다.

이탈리아의 바이올린 협주곡들 가운데 많은 곡들이 교회에서의 연주, 특히 성체 거양 순서를 위해 작곡되었다. 바로크 풍 미사곡들 가운데 가장 웅장한 곡은 오라치오 베네볼리(Orazio Benevoli)가 1628년에 잘츠부르크 주교좌 성당의 축성 예배를 위해 작곡한 것이다. 옛 음악의 고요함은 사라지고 있었고, 열정과 감격과 애수와 시정(詩情)과 흥분이 본격적으로 추구되었다. 중세 음악이 수도원 봉쇄구역의 음악이었다고 한다면, 바로크 음악은 봉쇄구역에서 세상으로 나오고 있던 음악이었다.

개혁교회들은 오르간을 허용하려고 하지 않았다. 개혁교회들이 왜 오르간을 반대해야 했는지 얼른 생각해서는 이해하기가 쉽지 않다. 오르간은 현란하고 비성경적인 사운드로 교회당을 채웠고, 성가대가 예배를 주도하면서 회중을 치유하려고 하는 가운데 회중을 수동적인 대상으로 만들었으며, 회중에게는 그들의 마음을 정결케 씻어 주던 것을 씻어 내버리는 정교하고 복잡한 악기를 상징했다. 루터는 오르간을 그다지 좋아하지 않았는데도 많은 루터교회들에는 오르간이 그대로 남았으며, 그로써 회중과 성가대와 오르간이 조화를 이루어 프로테스탄트 교회 음악의 꽃봉오리의 하나인 코랄(chorale)을 만들어 냈다.

하지만 칼빈주의 나라들에서는 양질의 오르간들이 살아남은 네덜란드를 제외하고는 오르간을 좋아하지 않았다. 그 나라들에서는 오르간이 무수히 교회에서 제거되거나 팔렸으며, 교회 음악가들도 무수히 해고되었다. 취리히의 민중 교회의 오르간 주자가 자신의 거대한 오르간을 사람들이 도끼로 부숴 버리는 모습을 보고서 울었다는 이야기가 전해진다. 하지만 많은 오르간들이 파괴되었다는 이야기는 과장된 것이다. 폭도에 의해 오르간들이 파괴된 사례는 극히 드물었기 때문이다. 많은 수의 오르간들은 선술집이나 부잣집에 팔렸고, 혹은 그 부품들이 해체되어 팔렸으며, 그렇지 않으면 좀이 슨 채 방치되었다. 영국 우스터 주교좌성당에서는 오르간의 파이프를 해체하여 성직자의 식기를 만드는 데 사용했고, 그 틀은 침대를 만드는 데 사용했다.

제네바 시의 공문서에 자세히 적힌 내력을 보고서 알 수 있는 한 가지 특이한 사례는 칼빈 시대에 그 도시의 리브 교회에 있었던 준수한 오르간이다. 1544년에 어떤 사람들이 그 오르간을 거추장스럽게 여겨서 그것을 넓은 공간이 있는 성 베드로 교회당(제네바 소재. 칼빈이 목회하던 교회)으로 보내자고 제안했다. 칼빈은 그것을 성 베드로 교회당으로 옮기면 잠음이 일어날 소지가 있다고 말했고, 시의회는 그것을 경매에 부치기로 결의했다. 경매 담당자는 음전(音栓. 오르간의 음색 또는 음넓이를 바꾸기 위한 마개)이 떨어져 나갔고 바람통들 중 하나가 부러진 것을 발견했고, 따라서 시의회는 오르간을 팔기 전에 우선 수리하도록 비용을 지불했다. 그런데도 구입 희망자가 나타나지 않자, 그것을 반드시 치워야겠다고 판단한 시의회는 칼빈의 만류를 무릅쓰고서 그것을 성 베드로 교회당으로 보내기로 결정했으나, 결국 오르간은 리브 교회에 15년간 방치되어 기능이 저하되었다. 1562년에 시의회는 마침내 파이프들의 금속을 녹이기로 결정했고, 시립 자선 기관이 그것을 가져다가 식기로 만들어 쓰도록 허락했다.

영국에서는 로드파가 여러 주교좌 성당들과 소교구 교회들에 오르간을 다시 들여놓았다. 제임스 1세 겸 6세(스코틀랜드에서는 제임스 6세였음 — 역자주)는 홀리루드 예배당에 오르간을 설치했으나, 설치 시공을 맡은 기술자는 자신이 차라리 터키의 포로가 되었을 때 더 나은 대우를 받았었노라고 말했다. 1644년에는 영국의 모든 오르간들이 매각되거나 해체되었다. 시골의 개혁파 교회에는 오르간이 없었다. 아울러 대체로는 교회의 계랑(階廊)에 현악기 연주자나 플룻 연주자가 아직은 없었다. 다만 대체로 소교구 목사의 인도로 회중이 한정된 수의 곡을 가지고 단음으로 꾸밈없이 부르는 찬송이 있었을 뿐이다. 이러한 찬송은 비록 쉐드웰(Shadwell)에게는 "농부들이 곡조도 맞지 않는 서글픈 목소리로 하나님을 찬양한다"고 경멸을 당했지만, 실은 장엄한 오라트리오로서 하늘에 상달되었음에 틀림없다.

스테인드 글라스 창문

엄격한 프로테스탄트들은 교회에서 악기를 사용하는 것은 반대했으면서도 악기들을 교회 바깥에 두지 아니했듯이, 미술 작품에 대해서도 교회에서 지나치게 두드러지지만 않으면 반대하지 않았다. 청교도들은 교회당에서 성화(聖畵)들을 치웠지만, 개인 저택에는 좋은 작품들을 골라 걸어 두었을 공산이 크다. 스위스에서는 교회당에서 철거된 스테인드 글라스 작품들을 개인 가정들로 가져갔고, 곧 스위스 노동자들이 유럽의 스테인드 글라스 제조업을 선도하게 되었다. 큰 규모를 자랑하는 몇몇 주교좌 성당(케임브리지 킹스 칼리지 성당, 엑서터 성당, 요크 성당이 영국에서는 가장 유명하다)과, 스테인드 글라스에 대해서 지역 대지주가 공감을 하거나 굳이 나서서 그것을 치우라고 하는 사람이 없는 몇몇 시골 교회들에서는 고풍스러운 스테인드 글라스가 그대로 살아남았다.

스테인드 글라스들 중에서 떨어지거나 깨지는 것들이 더러 있었는데, 이는 르네상스 식 글라스가 문식(文飾, Decorated, 13-15세기 영국 고딕 제2기의 양식 — 역자 주) 식 글라스에 비해 취약하고 얇았기 때문이며, 글라스에 보다 정교한 회화 작품을 만들어 내려는 욕구가 납 창틀의 폭을 될 수 있는 대로 줄이려는 위험한 시도를 낳았기 때문이다. 영국의 로드 시대에 플랑드르의 미술가들(특히 아브라함⟨Abraham⟩ 형제들과 베르나르드 반 링게⟨Bernard Van Linge⟩)은 스테인드 글라스 예술에 주목할 만한 작품들을 남겼는데, 그 중의 걸작이 옥스퍼드 대학교의 일부 대학 건물들에 보존되어 있다. 하지만 교회는 밝아야 하고 벽은 희어야 한다고 생각한 대다수 프로테스탄트 교도들은 스테인드 글라스가 예배에 부적합하고 방해가 된다고 믿었다. 영국에서 스테인드 글라스에 가해진 파괴는 1559년의 첫번째 과격한 파괴와 내전 기간 중의 보다 치밀한 파괴를 제외하면 산발적인 경향을 띠었다. 평유리가 더 투명했지만 스테인드 글라스를 모두 평유리로 갈아 끼우려면 비용이 만만치 않았다. 대부분은 스테인드 글라스가 떨어지거나 깨질 때까지 그냥 놔두었고, 창문을 수리해야 할 때 평유리로 갈아 끼웠다. 수리에 드는 비용은 교구 사제(혹은 목사), 교회 위원들, 지역 대지주의 호주머니에서 나오거나 소교구의 재정에서 충당되었다.

1629년에는 이른바 채광 사건이 발생했다. 솔즈베리의 세인트 에드먼드 교회는 대대로 채색창을 보존해 왔다. 그 중에서 심하게 금이 간 채색창에는 성부 하나님이 옆에 주머니가 달린 붉고 푸른 겉옷을 입은 키 작은 노인으로 묘사되어 있었다. 또 다른 채색창은 성부 하나님께서 제도용 컴퍼스를 가지고 해와 달을 창조하시는 모습이 묘사되어 있었다. 다른 채색창들에는 성부 하나님께서 다양한 식물들과 동물들과 사람을 지으시는 모습이 묘사되어 있었고, 마지막 채색창에는 팔걸이 의자에 앉아 휴식하는 모습이 묘사되어 있었다. 그런데 그 교회의 순진한 교인들이 자기들의 좌석으로 가면서 창문에 대고 절을 했다고 알려졌다.

솔즈베리 지역구의 하원 의원 헨리 쉐필드(Henry Sherfield)는 어떤 여인
이 그렇게 하는 모습을 보고서 충격을 받고는 다음 번 교구 위원회에 창문
들을 모두 평유리로 교체하자는 동의안을 제출했다. 그 동의안이 가결되었
는데도 주교가 가로막고 나서는 바람에 아무런 조치도 취해지지 않았다.
시간이 지나도 아무런 소식이 없자 쉐필드는 교회지기의 아내에게 열쇠를
얻어다가 교회 안에 들어가 안에서 문을 걸어 잠근 다음 의자를 밟고 올라
가 지팡이로 창문의 스테인드 글라스를 박살내 버렸다. 당시는 대주교 로
드가 실권을 쥐고 있을 때였기 때문에 그 의원은 500파운드의 벌금형을
선고 받았다. 로드가 실권을 잡고 있지 않았을 때는 틀림없이 이와 비슷한
사건들이 일어났을 것이고 처벌도 받지 않았을 것이다.

종교개혁 시대에 북유럽에서는 그 밖의 미술 분야들이 음악처럼 '세속
화'되었다. 그 이유는 미술가들이 이전 시대 미술가들보다 신앙이 덜했기
때문이 아니라(오히려 그 반대인 경우가 많았다), 교회들이 미술가들의 후
원자 겸 고용자 역할을 중단했기 때문이다. 이제 미술가들은 부자 평신도
들의 저택을 치장하는 일을 하고 있었다.

제14 장

결론

종교개혁 이전까지 기독교 세계는 평신도 귀족들과 교회 귀족들이 교회가 부당하게 거둬들인 재산을 바탕으로 부귀영화를 누리는 현실을 개탄했었다. 이제 종교개혁 이후에 평신도 귀족들이 과거와 비교할 수 없을 만큼 막강한 재력을 보유하게 되었고, 그들의 재산은 더 이상 교회의 재산이 아니었다. 지금까지 교회가 지나치게 많은 재산을 보유해 왔다면 적어도 이 교회의 재산은 흔쾌히 개혁되었다.

르네상스 전통에 서 있던 비평가들은 성경과 현실 교회 사이의 괴리감을 고통스럽게 의식했다. 서방 교회의 절반은 현실 교회를 성경을 이해하는 열쇠로 선택했고, 나머지 절반은 현실 교회를 판단하는 잣대로 성경을 선택했다. 서방 기독교 세계는 분열된 채 통일을 기약할 수 없게 되었다. 서방이 프로테스탄트와 로마 가톨릭으로 양분된 상황은 마치 한 근원에서 흘러나온 두 강이 저마다의 교리와 경건이라는 강바닥을 깊게 파놓음에 따라 영구적으로 고착되었다.

렘브란트(Rembrandt)의 성화(聖畵)는 당시 네덜란드의 삶을 빌어 성경 이야기의 내면을 꿰뚫는다. 그의 작품은 가족과 일반 가정을 그린 그림으로서, 북유럽 종교개혁의 정신을 내쉰다. 반면에 엘 그레코(El Greco)의 성화는 이 세상에 속하지 않은 사람들을 묘사하고, 천상의 거룩한 영역까지 올라가고, 구별된 정신을 드러내고, 여전히 수도원 봉쇄 구역을 그리면서도

세상을 향해 수도원 문으로 들어오라고 손짓하는 등 스페인 종교개혁의
정신을 내쉰다. 두 개의 서로 다른 경건의 물줄기는 각자 제길로 흘러가는
과정에서 아나테마(저주)의 단호한 교리적 제재 조치들보다는 미세하되
과거에 못지 않은 중요한 방식으로 신자들을 바른 길로 인도할 수 있었다.

기독교 세계는 그렇게 많은 성직자들이 여자와 불법 관계를 맺은 채 사
는 현실에 대해 고민했었다. 그러다가 종교개혁 이후 서방 교회의 절반은
성직자의 결혼을 합법화했고, 나머지 절반은 성직자 독신주의를 유지하기
위해 씨름을 했고, 그 씨름에 성과가 없지만은 않았다.

기독교 세계는 성직자들의 무식과 그로 인한 민중의 무지를 통탄했었다.
그런 무지를 성직자의 복장이나 예배자의 신체적 자세를 바꾼다고 치유할
수는 없는 일이다. 당시의 목회적 열정은 교육에 집중되었고, 인쇄술의 발
달에 힘입어 사제와 목사와 평신도의 수준이 꾸준히 높아졌다.

기독교 세계는 효율적인 근대 국가가 교회와 교회법의 면책 특권들과
양립할 수 없다는 사실을 발견했다. 그 결과 모든 곳에서 그러한 면책 특
권들이 폐지되거나 제한되었다.

기독교 세계는 기독교 윤리와 평신도들의 관행 사이에 패여 있는 커다
란 골을 비극적인 일로 인식했었다. 종교개혁은 욕정과 교만과 탐욕과 압
제를 치유할 수 없었다. 국가의 치안이 새로 확립되고 공권력 체계가 향상
되면서 민중을 교화하는 점에서 설교 못지 않은 위력을 발휘했다. 하지만
일반적인 도덕 수준, 예절과 관습의 질은 향상되었다.

가정 예배가 보다 보편화했고, 성경 지식이 보다 넓어지고 깊어졌으며,
교회에서의 태도도 겉으로는 보다 조심스러워졌다. 시편이 평신도의 찬송
이 되었고, 경건 저서들과 시들이 유행했다. 종교개혁 시대 경건서의 최고
봉 가운데 하나는 「천로역정」(*Pilgrim's Progress*)이었다. 이 책은 하나님의
주권적 은혜를 찬송하고, 크리스챤(the Christian)이라는 주인공의 장성 과
정을 추적하며, 직업 성직자들에게 초점을 맞추지 않고 논밭이나 부엌에서
일하는 평범한 사람들에게 초점을 맞추었다.

기독교 세계는 수도회들에서부터 교회 관료제에 이르기까지 교회의 다

른 면들이 주목을 받느라 정작 가장 중요한 소교구가 홀대를 당하는 현실을 개탄했었다. 종교개혁은 종교적 열정과 일부 교회 재산을 목사와 신도들을 유지하는 데로 돌려놓았다.

중세 기독교는 부유하고 다양했지만, 가구가 잔뜩 어질러지고 제단은 어두침침하고 모퉁이는 먼지로 가득한 교회와 같았었다. 종교개혁 시대는 비록 무분별한 파괴라는 유감스러운 일을 자행하는 가운데서도 잔뜩 어질러진 것을 치우고, 단순한 이상을 추구하고, 예배자들의 시선을 진정으로 중요한 데로 쏠리게 했다. 루터 이후에는 프로테스탄트든 가톨릭이든 과거처럼 하나님의 은혜와 주권을 무시하는 관행을 모방하기가 불가능하게 되었다. 루터가 부르짖은 항거(the Protest)가 구원은 의식(儀式)으로 말미암지 않는다는 — 즉, 외적 행위나, 면죄부 판매자나, 순례나, 감동을 일으키는 성모가 구원을 가져다 주지 않는다는 — 내용으로 이루어진 동안에는 그 항거가 성공을 거두었다. 한때 비텐베르크 성문에 내걸렸던 구십오개조는 혁명을 의도한 것이 아니었다. 그러나 구십오개조가 요구한 핵심은 결국 성취되되 프로테스탄트권에서만 성취된 게 아니었다.

1650년경에는 신학적 관심의 초점이 이신칭의에서 다른 데로 바뀌어 있었다. 루터와 그의 세대에게 필요했던 것은 이신칭의 교리뿐이었다. 그것은 행위에 의한 종교, 의식(儀式)과 외적 행위에 의한 구원을 비판하는 예언에 필요한 주장이었다. 루터와 그의 세대는 마음과 의지의 종교를 부르짖을 필요가 있었다. 1650년에도 그들은 여전히 마음과 의지의 종교를 외칠 필요가 있었지만, 교회사의 모든 시대에 필요한 것보다 더 열정적으로 외칠 만큼 그 필요가 절박하지는 않았다.

이제 새로 대두된 큰 필요는 윤리였고, 신학의 주된 문제도 선한 삶의 과정과 장성이 되어 있었다. 17세기 프랑스 교회를 지배한 신학 논쟁은 예수회 수사들의 이른바 이완된 윤리적 교훈에 초점이 맞춰져 있었다. 청교도들은 '결의론'(決疑論, casuistry), 즉 양심의 문제를 연구했다. 그리고 제레미 테일러(Jeremy Taylor) 같은 영국 국교회주의자들은 그 문제를 더 심층적으로 연구했다. 종교개혁 시대를 계기로 싹이 난 근실함은 윤리를 중심으로 밀어 넣되, 윤리를 신앙의 대체가 아닌 신앙의 결과로 보았다. 이렇게 해서 이신칭의는 비록 여전히 프로테스탄트권에서 핵심적인 교리였으면서도 약간 관심의 뒷전으로 밀려났다. 그것을 받아들이는 사람들도 있었고 받아들이지 않는 사람들도 있었다. 이제는 다른 문제들이 쟁점으로 떠올랐다.

사실상 세계는 기독교 세계의 전쟁을 수반한 교리 논쟁들에 약간 지쳐 있었다. "분쟁을 그치자. 자비와 관용을 되찾자. 본질적인 교리들을 최소한도로 줄이고 서로의 공통 분모를 찾자" 이러한 주장이 세력을 얻어가고 있었다. 1648년의 베스트팔렌 조약으로 기독교 세계는 안도의 한숨을 내쉬었고, 정치적 평화뿐 아니라 지적 평화를 모색하는 데로 돌아섰다.

1660년의 영국에서는 종교개혁(Reformation)이라는 단어가 기피를 당했다. 이 단어는 200여년 동안 영광스럽고 선망의 대상이 된 단어였다. 희망과 이상을 제시한 단어였다. 이 단어는 중세의 거룩을 향한 극진한 노력을 감싸안았고, 과거의 황금기와 같은 순수한 시대를 되돌아보았다. 그런데 이제 마침내 이 단어는 이상(理想)의 후광을 상실하게 되었다. 오히려 광신과 파괴와 불만과 연관지어졌다. 선량한 사람을 그냥 놔두지 않고 광적인 비판자들을 선동하는 골치 아픈 단어가 되었다. 이 무렵에 이르면 세계가 개혁되고 파괴되되 땅바닥으로 내려앉을 정도로 개혁된 종교개혁에 의해 골머리를 앓고 있다는 소리가 들리기 시작한다.

많은 이들이 주된 과업이라고 생각했던 일은 성취되었다. 이제는 인간의 제도라는 게 얼마나 불완전한가를 기억해야 할 때였고, 도무지 만족을 모른 채 끊임없이 변화를 외쳐대거나, 합리적인 사람들이 무해하거나 유익하다고 보는 관습들을 형식주의나 우상숭배로 보게끔 사람들을 호도함으로써 건전한 목회 노력을 매도하지 않도록 주의해야 할 때였다. 어느 시인은 그러한 부정적인 풍조를 다음과 같은 시구(詩句)로 꼬집었다.

마치 종교가 수정되는 것 외에는
다른 아무 목적도 가지지 않고 있는 것처럼. (Hudibras, 1663)

기독교 세계는 16세기와는 다른 관심사와 열망을 지닌 채 새로운 시대로 접어들고 있었다. 그들은 세상이 이미 변할 만큼 충분히 변했다고 생각했다. 이제는 보존하고 안식하고 구원하고, 차분함과 이성이 해내게 될 일을 지켜봐야 할 때가 도래했다.

그러나 결국에는 이성이 신앙과는 사뭇 다른 방식으로 종교개혁에 못지않은 혁명적인 과업을 수행해 내게 되었음이 판명되었다.

참고문헌

총론

FOR a fuller reading list, refer to the select bibliography in my *The History of the Church*, published by the Historical Association (Helps for Students of History, no. 66). For documents, H. A. Oberman, *Forerunners of the Reformation*, 1967; H. J. Hillerbrand, *The Reformation in its Own Words*, 1964; B. J. Kidd, *Documents Illustrative of the Continental Reformation*, 1911.

제1부 항거

1. 개혁을 위한 외침

For general background, good chapters in *New Cambridge Modern History*, vol. 1. Denys Hay, *The Italian Renaissance*, 1961, for the south. J. Huizinga, *The Waning of the Middle Ages*, 1924 (Penguin Books, 1965), for the north. R. H. Bainton, *Erasmus of Christendom*, 1970. H. Maynard Smith, *Pre-Reformation England*, 1938, is a good and sympathetic study of English religion on the eve. R. W. Chambers, *Thomas More*, 1935 (Penguin Books, 1963).

For reference, E. G. Léonard, *A History of Protestantism*, Eng. trans., 2 vols., 1966–7.

2. 루터

The works of Luther are being published in English translation in America in 55 volumes, 1955 onwards. Good selections in the Library of Christian Classics, vols. xv–xviii; and vol. xix on Melanchthon and Bucer.

Biographies of Luther: Popular but excellent, R. Bainton, *Here I Stand!*, 1951. E. G. Rupp, *The Progress of Luther to the Diet of Worms 1521*, a very readable and scholarly account of the young Luther. Fuller in R. H. Fife, *The Revolt of Martin Luther*, 1957. R. Stupperich, *Melanchthon*, Eng. trans., 1966. For political background: (e.g.) K. Brandi, *The Emperor Charles V*, Eng. trans. 1939. Catholic view in J. Lortz, *The Reformation in Germany*, Eng. trans. 2 vols, 1963.

3. 칼빈

Several good translations of the *Institutes*. Outline biography of Zwingli by J. H. Rilliet, Eng. trans. 1964. A fuller biography of Bucer by H. Eells, 1931. Of Calvin by R. N. Carew Hunt, 1933. Best general modern study of Calvin by F. Wendel, Eng. trans. 1963. J. T. McNeill, *The History and Character of Calvinism*, 1954, is a useful survey.

4. 1559년까지 잉글랜드의 종교개혁

Documents in G. R. Elton, *The Tudor Constitution*, 1960. Smaller selection in H. Gee and W. J. Hardy, *Documents Illustrative of English Church History, 1896.*

Distinguished study in A. G. Dickens, *The English Reformation*, revised ed. (paperback) 1967. Fundamental on suppression of the monasteries, M. D. Knowles, *The Religious Orders in England*, vol. iii, 1959. For helpful summary with different view, G. W. O. Woodward, *The Dissolution of the Monasteries*, paperback, 1966.

Among biographies, consult especially those of Ridley and Cranmer by J. Ridley (1957, 1962) and those of Tyndale, Foxe, and Coverdale (1937, 1940, 1953) by J. F. Mozley. For the Prayer Books, F. Procter and W. H. Frere, *A New History of the Book of Common Prayer*, 3rd ed. 1905 (still in print). *Henry VIII*, by J. J. Scarisbrick, 1968.

5. 개혁교회의 성장

For background, McNeill (see under chapter 3). P. McNair, *Peter Martyr in Italy*, 1967.

For the French, outlines in J. E. Neale, *The Age of Catherine de' Medici*, 1943. Or A. J. Grant, *The Huguenots*, Home University Library, 1934. R. M. Kingdon, *Geneva and the Coming of the Wars of Religion in France*, 1956.

For the Germans, T. M. Parker in *New Cambridge Modern History*, vol. 3 (1968).

For the Swedish Reformation, M. Roberts, *The Early Vasas*, 1968.

For the Dutch, P. Geyl, *The Revolt of the Netherlands*, 2nd ed. 1958. Biography of William the Silent by C. V. Wedgwood, 1944.

For Scotland, outline in J. H. S. Burleigh, *A Church History of Scotland*, 1960. Important monograph in G. Donaldson, *The Scottish Reformation*, 1960. *Life of Knox* by J. Ridley, 1968. Good modernized edition of the chief source, Knox's own history, by W. C. Dickinson, 1950. Narrative in G. Donaldson, *From James V to James VII*, 1965.

For puritanism: W. Haller, *The Rise of Puritanism*, 1938, paperback, best general survey. Christopher Hill, *Society and Puritanism in Pre-Revolutionary England*, 1964. P. Collinson, *The Elizabethan Puritan Movement*, 1967. For their worship, Horton Davies, *The Worship of the English Puritans*, 1948. For their relation to art generally, P. Scholes, *The*

Puritans and Music, 1934. For the theatre, see (e.g.) the account in E. K. Chambers, *The Elizabethan Stage,* 1923.

For the Bible, see *Cambridge History of the English Bible,* vol. 2 (1963), ed. S. L. Greenslade.

6. 급진적 종교개혁자들

General survey in G. H. Williams, *The Radical Reformation,* 1962. Select documents in *Spiritual and Anabaptist Writers,* ed. G. H. Williams and A. M. Mergal in Library of Christian Classics, vol. xxv. Good short introduction by E. A. Payne in *New Cambridge Modern History,* vol. 2, chapter 4. The Mennonite Encyclopaedia has many valuable articles. E. G. Rupp, *Patterns of Reformation,* 1969.

For Socinians, general survey in E. M. Wilbur, *A History of Unitarianism, Socinianism and its Antecedents,* 1945.

For early English Baptists, E. A. Payne, *The Free Church Tradition in the Life of England,* 2nd ed. 1952, outline. Fundamental study in C. Burrage, *The Early English Dissenters,* 1912. For the English radicals, G. F. Nuttall, *The Holy Spirit in Puritan Faith and Experience,* 1946. For the radicals in America, P. Miller, *Orthodoxy in Massachusetts 1630–1650,* 1933.

7. 칼빈주의에 대한 공격

Izaak Walton's *Lives* are an important and easily accessible source for the whole anti-Calvinist movement in England; many editions. Many corrections to his life of Hooker in C. J. Sisson, *The Judicious Marriage of Mr Hooker,* 1940. Good general introduction to Hooker in F. Paget, *An Introduction to the Fifth Book of Hooker's Treatise . . . ,* 1907.

For Arminius: A. W. Harrison, *The Beginnings of Arminianism,* 1926. P. Geyl, *The Netherlands in the Seventeenth Century,* part i, 1961.

For the Laudians: biography of Laud by H. R. Trevor-Roper, 2nd ed. 1962. Of Andrewes, P. A. Welsby, 1958. For the Laudians after Laud's death, R. S. Bosher, *The Making of the Restoration Settlement,* 1951.

For the Church under Cromwell: W. A. Shaw, *A History of the English Church 1640–1660,* 1900. G. F. Nuttall, *Visible Saints; The Congregational Way 1640–1660,* 1957.

For the Quakers: the best edition of Fox's journal, 1952. And see W. C. Braithwaite, *The Beginnings of Quakerism,* new ed. 1955.

제2부 반동 종교개혁

8. 반동 종교개혁

General surveys in P. Janelle, *The Catholic Reformation,* 1949, and B. J. Kidd, *The Counter-Reformation 1550–1600,* 1933. H. O. Evennett, *The Spirit of the Counter-Reformation,* 1968. Best general study of Jesuits by H. Boehmer. Of the Capuchins by Father Cuthbert, 1928. Good survey of the new religious orders by H. O. Evennett in *New Cambridge Modern History,* vol. 2, chapter 9. Very readable narratives of early Jesuits in

J. Brodrick, *The Origin of the Jesuits*, 1940, and *The Progress of the Jesuits*, 1947.

The first sessions of the Council of Trent are studied afresh and profoundly by H. Jedin, *History of the Council of Trent*, vols. 1–2, Eng. trans. 1957 and 1961. The last session, briefly, in H. Jedin, *Crisis and Closure of the Council of Trent*, Eng. trans. 1967.

For the Popes of the Counter-Reformation the big history by L. Pastor (Eng. tr.) is indispensable.

For the recusants in England, useful outline in E. I. Watkin, *Roman Catholicism in England*, Home Univ. Library, 1957. Best general account in A. O. Meyer, *England and the Catholic Church under Elizabeth*, Eng. tr. 1916. Or P. Hughes, *Rome and the Counter-Reformation in England*, 1942.

9. 가톨릭 해외 정복자들

General for Americas in R. B. Merriman, *The Rise of the Spanish Empire*, 4 vols., 1918–34. Good study of Las Casas etc. in L. U. Hanke, *The Spanish Struggle for Justice in the Conquest of America*, 1960. Popular English biographies of Ricci and Nobili by V. Cronin. Important, C. R. Boxer, *The Christian Century in Japan 1549–1650*, corrected ed. 1967. C. R. Boxer, *Race Relations in the Portuguese Colonial Empire, 1415–1825*, 1963. R. Ricard, *The Spiritual Conquest of Mexico*, Eng. trans. 1966.

10. 동방 정교회

General survey in D. Attwater, *The Christian Churches of the East*, 2 vols., 1947–8. S. Runciman, *The Great Church in Captivity*, 1968. P. Miliukov, *Outlines of Russian Culture*, vol. i, *Religion and the Church*, 1942.

제3부 종교개혁과 교회 생활

Useful survey of European disunity in R. Rouse and S. C. Neill (ed.), *A History of the Ecumenical Movement 1517–1948*, 1954.

For the life of the ordinary clergy the best book (for England) is C. Hill, *Economic Problems of the Church from Archbishop Whitgift to the Long Parliament*, 1956. And A. T. Hart, *The Country Clergy in Elizabethan and Stuart Times 1558–1660*, 1958.

On toleration etc.: general in J. W. Allen, *A History of Political Thought in the Sixteenth Century*, 1928 (paperback). The best study of the European problem of toleration is J. Lecler, *Toleration and the Reformation*, Eng. trans., 2 vols., 1960. R. H. Bainton's *The Travail of Religious Liberty*, 1951, approaches the subject through nine short biographies.

Excellent introduction to the history of church furniture in J. C. Cox, *English Church Fittings*, 1923; or the same author's *Pulpits, Lecterns, Organs*, 1915. Good survey in G. W. O. Addleshaw and F. Etchells, *The Architectural Setting of Anglican Worship*, 1948.

For music, P. Le Huray, *Music and the Reformation in England*, 1967. *New Oxford History of Music*, iv (ed. G. Abraham): *The Age of Humanism, 1540–1630*, 1968.

역자 후기

영국의 역사가 카(E. H. Carr)의 말처럼 역사는 현재와 과거의 끝없는 만남이다. 그 끝없는 만남의 역사는 기독교 역사에도 동일하게 적용될 수 있을 것이다. 기독교인은 신앙을 통해 지난 역사 속에서 말씀하신 하나님과 오늘을 지키시며 내일을 축복하시는 그분과 만난다. 이 만남은 항상 역사적 금지와 비판, 반성을 통해 새로운 감동과 기대감을 제공한다. 지난 2,000년의 기독교 역사는 바로 이의 구체적인 실례이다.

특별히 중세 가톨릭 교회의 부패와 타락을 더 이상 묵과할 수 없다고 판단한 개혁자들의 개혁에의 외침은 옛 시대의 몰락과 새 시대의 도래로 단적으로 실증된다. 이로써 철옹성 같던 가톨릭 교회는 개혁의 소용돌이에 휘말리며 마치 여리고성처럼 무참히 무너져 내렸다. 이제 그 누구도 이 개혁의 거센 물결을 제재할 수 없었다. 하나님은 오직 그의 나라와 그의 의를 구하며 말씀에 사로잡혀 평생을 헌신한 잘 훈련된 그의 종들을 통해 이 놀라운 과업을 이루셨다. 격변하던 시기에 이처럼 놀라운 역사를 이루신 하나님의 역사와 섭리, 그의 손에 붙들려 끝까지 충성하며 헌신한 개혁자들을 보면서 우리는 하나님께서 허락하실 또 다른 소망을 기대해 본다.

본서는 바로 이 같은 목적과 이해와 기대를 동시에 획득할 수 있는 좋은 안내서라고 확신한다. 그 이유는 본서에서 쉽게 발견할 수 있듯이 저자는 세계적 명문 대학(옥스퍼드와 케임브리지)의 교수로서 오랜 강의와 연구 활동을 통해 축적된 역사 지식을 폭넓고 깊게 구체적으로 분출해 내기 때문이다. 저자의 이 같은 역사 지식의 중량감은 종교개혁의 이상에서 출발하여 그 개혁이 어떻게 확대 발전해 갔는가를 통해 증명된다. 저자는 개혁 당시 주도적으로 활동했던 신앙의 영웅 루터와 칼빈, 츠빙글리를 포함하여 이 외에도 북유럽 각지에서 다양하게 전해된 개혁의 전 과정을 다루며 또한 개혁의 쟁점 사항들을 심도 있게 취급한다. 한 마디로 저자는 본서에서 종교개혁을 통해 나타나는 역사의 위기와 변화, 발전과 소망을 구체적으로 제시한다. 따라서 역자는 본서가 하나님의 섭리와 역사를 바로 이해하며 믿고 실천하고자 하는 이들과 특별히 한국 교회의 개혁과 학문적 추구에 힘쓰는 이들에게 영적 지침서로서 큰 유익이 되기를 바란다. 그분의 놀라운 능력과 섭리와 감동을 경험하며 감사할 수 있기를 바란다.

끝으로, 한결같은 사랑으로 오랫동안 격려해온 믿음의 동역자 조성모 목사님과 특별히 본서의 출판을 위해 남다른 열정으로 시종일관 심혈을 기울여 주신 크리스챤 다이제스트의 박명곤 사장님께 심심한 감사를 표한다.

연구실에서 역자 식.

종교개혁사

초판 발행   1999년 8월 25일

중쇄 발행   2011년 5월 25일

발행처   **크리스찬다이제스트**

발행인   박명곤

주소   경기도 고양시 일산동구 정발산동 1193-2

전화   031-911-9864, 070-7538-9864

팩스   031-911-9824

등록   제 98-75호

판권   ⓒ 크리스찬다이제스트 1999

총판   (주) 기독교출판유통

          전화 031-906-9191~4

          팩스 080-456-2580